EASY TURKISH COURSE

For Information :
FONO Açıköğretim Kurumu
Gündoğdu Cad. No:49
34016 Merter – ISTANBUL

ISBN : 975 471 233 6

Printed in Turkey

EKO OFSET - İSTANBUL
Tel.: (0212) 612 36 58
-2004-

CONTENTS

1.	Turkish Alphabet	10
2.	Vowels	11
3.	Consonants	12
4.	Vowel Harmony	16
5.	Sentence Structure	17
6.	Bu, Şu, O	18
7.	Değil	20
8.	Bu nedir?	21
9.	Questions	22
10.	Burası, Şurası, Orası	25
11.	Neresi	25
12.	Short Answers	26
13.	Plural	31
14.	Bunlar, Şunlar, Onlar	31
15.	Bunlar, Şunlar, Onlar (Nedir)	32
16.	Yoksa	33
17.	Negative Sentence with Plurals	35
18.	Question Forms with Plurals	36
19.	Ve	37
20.	Adjectives	40
21.	Numbers	42
22.	Burada, Şurada Orada	44
23.	Nerede	45
24.	Negatives and Questions	45
25.	Var, Yok	46
26.	Locative Case	50
27.	Ne, Neler	53
28.	Kim, Kimler	54
29.	Nerede	55
30.	Personal Pronouns / Suffixes	60
31.	Ama, Fakat	63
32.	Üstünde	72
33.	Yanında	73
34.	Numbers	74
35.	Colours	78
36.	Nasıl	79
37.	Arkasında	79
38.	Altında	80
39.	Önünde	80
40.	Kaç tane	84
41.	Yakında, Uzakta	85
42.	Number	87
43.	İle	88
44.	Quantifiers	91
45.	Country, Nationality, Language	92

46.	Nereli	93
47.	Possasive Case	97
48.	Kimin	99
49.	-lı, -li, -lu, lü	100
50.	-sız, -siz, -suz, -süz	100
51.	Possesive Pronouns	103
52.	Compound Nouns	110
53.	Days	111
54.	Ortasında	111
55.	Karşısında	112
56.	Hangi, Hangisi	112
57.	Kaç yaşında?	113
58.	Verbs	116
59.	Imperatives	117
60.	Ablative Case	123
61.	Birkaç, Biraz	129
62.	Hiç	129
63.	Imperatives	133
64.	Present Continuous	140
65.	Birçok	151
66.	İçin	154
67.	İle	155
68.	Ve	156
69.	Çok	159
70.	Ne zaman	161
71.	-ki	161
72.	Hepsi	170
73.	Hiçbir, Hiçbiri	171
74.	Bazı, Bazısı	172
75.	Present Simple	175
76.	The Question Marker "Mı"	187
77.	Present Continuous / Simple - Negative Questions	192
78.	Yok	193
79.	Hiç	194
80.	Ya da, Veya	194
81.	İçine	197
82.	-mek / -mak İstemek	198
83.	Asking for / Telling the Time	204
84.	Bilmek, İstemek	206
85.	Geçe, Kala	209
86.	Time	210
87.	Adverbs of Frequency	210
88.	"ile" used with Personal Pronoun and Demonstratives	211
89.	-dir, -dır, -den / -dan beri	215
90.	-den beri	216
91.	Sonra	216
92.	Saatlik, Günlük, Haftalık, Aylık, Yıllık	217
93.	Ne zaman, Saat kaçta	217

94.	... kere (defa, kez) / times	220
95.	saatte (günde, haftada, ayda, yılda) ... kere	221
96.	ne kadar sık, kaç kere (kez, defa)	221
97.	-bilmek	226
98.	Yes / No Questions with -bilmek	229
99.	Negative Forms with -bilmek	231
100.	Wh- Questions with -bilmek	232
101.	Çalmak	233
102.	Biri(si), Bir yer, Bir şey	237
103.	Summary of Short Answers	238
104.	Günde (haftada, Ayda, Yılda) ... Saat (Gün, Hafta, Ay)	239
105.	Ağız - Ağzı, Burun - Burnu	242
106.	Sahip Olmak (Var Olmak) - Question Form	249
107.	Sahip Olmak - Negatives	250
108.	Questions with "Kaç (tane)" and "Kimin"	251
109.	Tenses (Review)	254
110.	Future Tense	260
111.	Future Tense - Questions	265
112.	Olmak	267
113.	Future Tense - Negative	271
114.	Questions	273
115.	Future Tense - Short Answers	274
116.	Directions	276
117.	Dışarı, İçeri	277
118.	Hakkında	278
119.	Demek, Söylemek	282
120.	Adding the Plural Suffix to the Last Noun	283
121.	İle	283
122.	The Optative Yapayım / Yapayım mı	284
123.	-mek için / In Order To	288
124.	Gibi	289
125.	Summary	293
126.	The Be-Suffix in Past Tense Form	298 - 303
127.	Dün, Geçen, Önce	306
128.	Ay	308
129.	Öğle	308
130.	Var and Yok in the Past	309
131.	Be-Suffix Sentences in the Past	309
132.	Possession / Ownership in the Past	314
133.	Past Tense with Verbs	318 - 324 - 326 - 329
134.	The Past Simple with Question Words	334
135.	Short Answers in the Past Simple	335
136.	Belki	335
137.	Possessive Pronouns	335
138.	Tabi, Elbette	340
139.	Niçin, Neden	341
140.	İçin / For	341
141.	Karın	346

142.	Verbs and Objects	347
143.	-ebilmek Structure with Present / Past Tenses	348
144.	Korkmak	352
145.	Comparatives	352
146.	Diğer, Diğeri	359
147.	The Necessity Suffix -meli /-malı	359 - 363 - 397
148.	Başka (bir)	368 - 397
149.	Artık	369 - 397
150.	Bu Yüzden	369 - 397
151.	Acıkmak, Doymak	369 - 398
152.	-ile Evlenmek / To Be Married To	370
153.	Review of Necessity Suffix Usage	370
154.	Review of Ability Suffix Usage	371
155.	Comparison	373 - 379
156.	Kadar	380 - 397
157.	Adverbs	384 - 397
158.	-(ç)cı, -(ç)ci -(ç)cu, -(ç)cü	386 - 398
159.	Months and Seasons	391 - 398
160.	First, Then	392 - 398
161.	Comperatives with Adverbs	392- 398
162.	Comparison of Adjectives	396
163.	Superlatives	396
164.	The Past Continuous Tense	400 - 405 - 410 - 447
165.	Geç Kalmak / To Be Late	405
166.	Üst, Alt / Up, Down	411
167.	Questions In The Past Continuous	411
168.	Gerunds	411 - 448
169.	Yakmak	415
170.	Açmak	415
171.	-sız, -siz, -suz, -süz / without	416
172.	-mek zorunda olmak	416 - 421 - 448
173.	Ordinal Numbers	422 - 448
174.	Bugün ayın kaçı? / What's the date?	424
175.	Conditional Sentences	427 - 432 - 449
176.	Önce	437 - 449 - 534 - 535
177.	Sonra	439 - 450 - 535
178.	(y)arak, (y)erek	442 - 450 - 536
179.	(y)ıp, (y)ip, (y)up, (y)üp)	443 - 450 - 536
180.	-(ı/i/u/ü)yorken	444 - 450 - 536
181.	Vazgeçmek	453
182.	Hiç, Hiç kimse, Hiçbir şey	454
183.	Herkes, Her şey	455
184.	Negative Questions	456 - 458
185.	Kendi	458
186.	Participles as Adjectives	464
187.	Doğmak	465
188.	Kadar	465 - 537
189.	-den … -e Kadar	467 - 538

190. -madan, -meden.. 467 - 538
191. -i istemek... 470 - 476
192. Sürmek 477
193. Years 477
194. -i söylemek...478
195. -e yardım etmek 478
196. Çağırmak..481
197. Gibi 481
198. Tercih etmek .... 482 - 488
199. Gerçek..483
200. Okumak...486
201. Mezun olmak...486
202. İmkansız...487
203. -ar / -er ... -maz / -mez... 488 - 538
204. mişli Geçmiş Zaman .... 491 - 496
205. Verb Tenses 501
206. Ait Olmak / To Belong to..506
207. -ardı, -erdi / Used to .... 507 - 511
208. -e / -a göre / According to 508
209. -ken .... 513 - 539
210. -ken used with Verbs....................................... 513 - 538 - 539
211. Yerine...517
212. -lık, -lik, -luk, -lük...518
213. Ağrımak 518
214. Ya ... Ya(da)..519
215. Ne ... Ne(de)...519
216. Hem ... Hem(de)...519
217. Olarak...519
218. Yoksa 520
219. Bahsetmek...522
220. -mek gerek / Lazım .... 522 - 528
221. -dığı için...530
222. Üzülmek..534

KURS HAKKINDA / ABOUT THE COURSE

This Foundation Course covers the basics of Turkish, introducing modern, practical grammar rules for Turkish as it is currently used in a way which we hope you will enjoy. First, a few general points about the language.

Belonging to the Altay branch of the Ural-Altay, Turkish is a suffix-based language-that is, words and grammatical features are built up through the use of suffixes (endings added to words/root forms).

In Turkish each letter has only one sound value (as opposed to English in which the same letter may be pronounced differently in different words.) This means that once the sound values are learnt, new words can be spoken without risk of pronunciation error.

Like many other languages, Turkish does not have a masculine/neuter/feminine gender system. Moreover, it doesn't have articles (a and the in English). Only extremely rarely are plurals irregular. As in most languages adverbs are derived from adjectives, as regards to Turkish most adjecties are also used as adverbs. There are no irregular verbs in Turkish, while very few verbs changes when forming tenses.

ABOUT THE LESSONS

- Vocabulary is one of the most important aspects of language. New words and example sentences are given at the beginning of each lesson.

- Grammar points are given in clear language. After each grammar point there are plenty of examples.

- Words and phrases used frequently in everyday language are introduced through sections entitled 'Text'.

- From the tenth lesson onwards, every even-numbered lesson has a reading passage with questions, enabling you to check and practice what has been learnt.

- Practice is vital in language learning. Therefore, at the end of each lesson there are practice exercises with answers.

HOW TO STUDY?

To gain the maximum benefit from this book, we suggest you follow these guidelines:

- Start each lesson at the beginning and follow it through.

- Do not jump sections, even if you know the subject. Do not rush through lessons without properly taking in what is being taught. When the 96 lessons are completed, your relationship with this organisation need not end - we will be here to help.

- Always do the practice at the end of each lesson. This will help you retain what has been taught and use what has been learnt.

- Check over the words and grammar points of previous lessons now and then, say, twice a month.

- Repeat what you have learnt as often as possible. This is important because with foreign languages it is so easy to forget what has been learnt.

TURKISH ALPHABETH – TÜRK ALFABESİ

The Turkish alphabet is composed of 29 Roman letters - 21 consonants and 8 vowels.

A a	a		M m	me
B b	be		N n	ne
C c	ce		O o	o
Ç ç	çe		Ö ö	Ö
D d	de		P p	pe
E e	e		R r	re
F f	fe		S s	se
G g	ge		Ş ş	şe
Ğ ğ	yumuşak g		T t	te
H h	he		U u	u
I ı	ı		Ü ü	ü
İ i	i		V v	ve
J j	je		Y y	ye
K k	ke, ka		Z z	ze
L l	le			

Turkish is very easy to read as each vowel has a single sound value which never changes (ie. vowels are always pronounced in the same way.)

VOWELS

Turkish has eight vowels, each with just one sound value. The letter a, for example, is always pronounced the same, in every word in which it appears. The table below gives examples for each vowel sound in English, German and French.

letter		pronunciation		examples
	English	German	French	Adam kadın Kapak
A a	cup, blood ton, supper cousin	alle	--- --- ---	
E e	bed, ever measure said, many	hell Bäcker	--- --- ---	ev ekmek bel
I ı	cousin open, actor picture	bitten danken	--- --- ---	ılık ışık kız
İ i	big, did dinner, pig pretty	Minute	--- --- ---	İngiliz Birinci iyi
O o	hot rocket fog	offen	--- --- ---	oto on soru
Ö ö	no English equivalent	Mörder Söller Förster	peu, neveu deux rocheux	göl önsöz görmek
U u	book, would butcher full, put	Butter		uzun su tuz
Ü ü	no English equivalent	Glück, Müll fünf plündern	plume, cru salut musée	üzüm üst Üç

* Similar but not equal to the black letters.

^imi

The symbol ^, may be placed over the vowels **a, u,** or **ı,** thus, **â, û, î.** It is little used in contemporary Turkish, and the difference between vowels with and without the symbol ^ is very slight. If **â** follows a **k** or **g** (eg **kâğıt, dükkân**), it has the effect of softening these letters.

CONSONANTS

Like vowels, consonants have only a single sound value, regardless of the preceeding or following letters (ie the pronunciation of consonants does not change).

harf	okunuşu			örnekler
	İngilizce	Almanca	Fransızca	
B b	as in English	wie im Deutschen	--- --- ---	bir baba kaba
C c	join, just gentle, bridge judge	Dschungel	--- --- ---	cam acı acaba
Ç ç	chair, chest watch, match concerto	Tscheche deutsch	--- --- ---	çay çocuk aç
D d	as in English	wie im Deutschen	--- --- ---	dam adam kadın
F f	as in English	wie im Deutschen	--- --- ---	fil ufak fındık
G g	girl gun forget	wie im Deutschen	--- --- ---	gün genç organ
Ğ ğ	see below	siehe unten	---	---
H h	hat, historic behave perhaps	ach, noch	--- --- ---	hoş hasta cephe
J j	measure pleasure garage, vision	Garage Loge	Journal --- ---	jeton müjde jelatin
K k	as in English	wie im Deutschen	--- --- ---	kapı kim akıl
L l	as in English	wie im Deutschen	--- --- ---	lamba elma al, kol

M m	as in English	wie im Deutschen	--- --- ---	masa memur hamam
N n	as in English	wie im Deutschen	--- ---	neden anlam
P p	as in English	wie im Deutschen	--- --- ---	para kapı sap
R r	as in English	Zungen-**r**	--- --- ---	resim aralık kar
S s	as in English	lassen, reißen	---	su, sis
Ş ş	**she, shut** **cautious** **official**	**sch**ön, Ti**sch**	--- --- ---	şu kaşık baş
T t	as in English	wie im Deutschen	--- --- ---	tarih tatil At
V v	**v**ase, e**v**ent in**v**ite **v**iew	**W**asser **V**ioline sch**w**er	--- --- ---	ver hava varmak
Y y	as in English	**j**eder, **J**aguar	--- --- ---	yas ayak ay
Z z	as in English	le**ss**en rei**s**en **s**onne	--- --- ---	zor uzun az

Ğ ğ

Turkish words never start with ğ. In essence, ğ lengthens the preceeding vowel-sound.

     doğru = dooru   **yağ** = yaa

These pronunciation rules may seem confusing at the beginning, but you will soon get used to them.

PRACTICE 1

A : Read these words below letter by letter: **Ankara, Atatürk, Türkçe, İstanbul, Londra, Zonguldak, Lüleburgaz**

B : Read the words below aloud. (Do not worry about their meaning.)

Vowels

1. **A :** al, at, az; yap, sat, kap; damla, burda, orda
2. **E :** el, et, ez; yem, sen, kep; bekle, demle, senle
3. **I :** ılık, ısı, ışık, ısrar, ızgara, tıkırtı, dırdır
4. **İ :** iz, it, im; tim, fil, bir; ikinci, dikine, sivri
5. **O:** on, ot, ok; son, don, tok; sopa, sorun, futbol
6. **Ö :** öz, öt, öv; gör, döv, çöp; öpücük, böğürtlen, önemli
7. **U :** us, ur, un; sun, bul, duş; durum, uyku, bulut
8. **Ü :** ün, üç, üs; dün, gün, yün; üzüm, sürüm, lütfen

Consonants

1. **B :** bura, bıçak, bilgisayar, bilet
2. **C :** cam, cuma, cumartesi, ucuz, pencere
3. **Ç :** çay, çadır, açmak, peçete, içki
4. **D :** dalga, ada, düz, adres, döviz
5. **F :** fikir, farklı, afacan, büfe, mutfak
6. **G :** getirmek, sigorta, Ege, gazete, otogar
7. **Ğ :** eğlence, ciğer, çiğköfte, soğuk , şamfıstığı
8. **H :** havlu, havale, kahve, siyah, anahtar
9. **J :** jöle, jambon, buji, mesaj, masaj
10. **K :** kebap, durak, balık, dükkân, ekmek
11. **L :** limon, lüfer, bal, kalorifer, pul
12. **M :** meyve, mektup, midye, klima, palamut
13. **N :** nasıl, neden, kadın, sabun, şampanya
14. **P :** para, pasaport, portakal, çinakop
15. **R :** resim, renk, araba, büro, biber
16. **S :** su, sepet, asker, sıcak, saat
17. **Ş :** şeker, duş, kaşık, eşya, gişe
18. **T :** tarak, tabak, otel, tuvalet, istasyon
19. **V :** vişne, vermek, vagon, pilav, tavuk
20. **Y :** yemek, yatak, yastık, kayıp, tereyağı
21. **Z :** zarf, zeytin, deniz, benzin, gazoz

VOCABULARY

EV Bir ev	HOUSE A house
KİTAP Bir kitap	BOOK A book
ADAM Bir adam	MAN A man
SEPET Bir sepet	BASKET A basket
ÖĞRENCİ Bir öğrenci	STUDENT A student
ÖĞRETMEN Bir öğretmen	TEACHER A teacher
KALEM Bir kalem	PENCIL A pencil
DEFTER Bir defter	NOTE-BOOK A note-book
KAPI Bir kapı	DOOR A door
ODA Bir oda	ROOM A room
MASA Bir masa	TABLE A table
KEDİ Bir kedi	CAT A cat
OKUL Bir okul	SCHOOL A school
ÇOCUK Bir çocuk	CHILD A child
SALON Bir salon	HALL A hall

BİR Bir çocuk	A, AN A child
BU Bu okul	THIS This school
ŞU Şu okul	THAT That school
O O masa	THAT That table
-DIR (-D/TİR, -D/TUR, -D/TÜR) O bir okuldur.	IS That is a school.
GÖZ Bir göz	EYE An eye
SÖZLÜK Bir sözlük	DICTIONARY A dictionary
GÜL Bir gül	ROSE A rose

VOWEL HARMONY

Turkish is a suffix-based language. The root does not change but takes suffixes. The suffixes indicate things like verb tense, personal pronoun, plurals and negatives.

In this lesson we will look at the 'be-suffix'. The English verb 'to be' can be translated by the Turkish **olmak**. In the third-person singular (English is), the be-suffix may be **-d(t)ır, -d(t)ir, -d(t)ur, -d(t)ür**. Which of these is used follows certain rules -the rules of vowel harmony.

Vowel harmony is one of the most important features of Turkish, unlike anything in English. It is the character of the eight Turkish vowels which establishes the rules, these eight vowels being divided into two basic groups:

Vowels :   **a, ı, o, u   e, i, ö, ü**

The first group **(a, ı, o, u)**, are back vowels, the second group **(e, i, ö, ü)** are front vowels. When adding suffixes to roots the vowels used in the suffixes are determined by the last vowel of the root. If the last vowel of the root is a front vowel, then all suffix vowels will also be front vowels, and vice versa.

In the word **masa** (table), for example, the last vowel, **a**, is a back vowel so all suffixes added to **masa** will use back vowels. Which of the four back or front vowels is used is also specified by rules, given in the table below.

	root	*suffix*	
After	e or **i**	**dir**,	
After	a or **ı**	**dır**,	
After	ö or **ü**	**dür**,	
After	o or **u**	**dur**	is used

	root	suffix
masa	<u>a</u>	ı = dır
kapı	<u>ı</u>	ı = dır
salon	<u>o</u>	u = dur
okul	<u>u</u>	u = dur

In the above examples, because the root words have back vowels (as the last vowels), suffixes also use back vowels.

The word **ev** (house) has as its (last) vowel **e** which is a front vowel - so suffixes will also take front vowels.

	kök	ek
ev	<u>e</u>	i = dir
öğrenci	<u>i</u>	i = dir
göz	<u>ö</u>	ü = dür
gül	<u>ü</u>	ü = dür

Because in the above examples the (last) vowels are front vowels, their suffixes also have front vowels.

Using t instead of d in suffixes

When the root ends in **ç, f, h, k, p, s, ş** or **t** and the first suffix begins with **d**, this **d** is changed to **t**. The root word **kitap** ends with **p** so the **-dır** suffix becomes **-tır**.

kitaptır   **çocuktur**   **sepettir**   **sözlüktür**

SENTENCE STRUCTURE

Having looked at vowel harmony, let us see basic sentence structure.

Bu bir ev**dir**.   This **is** a house.

Bu	This
bir	a
ev	house
dir.	is.

As shown above, English and Turkish have different sentence structures.

a) In both languages the subject comes at the beginning of the sentence. **Bir** (a, one) may come before the noun and after the subject. In English, however, 'is' comes before the object, whereas in Turkish the verb (in this example **-dir**, the be-suffix) comes after.

Bu bir ... .   This ... a ... . This is a ... .
Bu bir ev ... .   This is a house.

b) Turkish sentences take **-dır, -dir, -dur, -dür** according to vowel harmony.

Bu bir evdir.	This is a house.
Bu bir öğrencidir.	This is a student.
Bu bir gözdür.	This is an eye.
Bu bir güldür.	This is a rose.
Bu bir masadır.	This is a table.
Bu bir kapıdır.	This is a door.
Bu bir salondur.	This is a hall.
Bu bir okuldur.	This is a school.
Bu bir kitaptır.	This is a book.
Bu bir sepettir.	This is a basket.
Bu bir çocuktur.	This is a child.
Bu bir sözlüktür.	This is a dictionary.

BU, ŞU, O

In Turkish, to talk about nearby things, **bu** (this) is used, and for far away things **şu** or **o** (that) are used.

Bu bir defterdir.	This is a note-book.
Şu (O) bir kedidir.	That is a cat.
Şu (O) bir kalemdir.	That is a pencil.
Bu bir öğrencidir.	This is a student.
Şu (O) bir sepettir.	That is a basket.
Bu bir güldür.	This is a rose.
Şu (O) bir gözdür.	That is a rose.

SENTENCE PATTERN – CÜMLE KALIBI

In the table below are given sentences using the suffixes we have seen in this lesson.

Bu / Şu	bir	noun	be
Bu	bir	ev	dir.
Şu	bir	masa	dır.
Bu	bir	okul	dur.
Şu	bir	gül	dür.
Bu	bir	kitap	tır.
Şu	bir	sepet	tir.
Bu	bir	çocuk	tur.
Şu	bir	sözlük	tür.

PRACTICE 2

A: Fill the gaps.
1. **Bu ... evdir.** 2. **... bir kitaptır.** 3. **Şu bir öğrenci ...** 4. **Şu bir okul ...** 5. **... bir kedi ...** 6. **... ... adam ...**

B: Add the appropriate suffix (-d(t)ır, -d(t)ir, -d(t)ur, -d(t)ür).
1. **Şu bir kalem ...** 2. **Bu bir çocuk ...** 3. **Şu bir masa ...** 4. **Bu bir okul ...** 5. **Şu bir sözlük ...**

C: Make simple sentences using these words, as indicated.Example : salon→ Bu bir salondur.
1. **sepet** 2. **adam** 3. **göz** 4. **kedi** 5. **sözlük**

D: Translate into English.
1. **Bu bir odadır.** 2. **Şu bir kalemdir.** 3. **Şu bir okuldur.** 4. **Şu bir sözlüktür.** 5. **Bu bir öğrencidir.**
6. **Bu bir gözdür.**

E: Translate into Turkish.
1. This is a room. 2. This is a hall. 3. That is a basket. 4. That is a cat. 5. That is a rose. 6. This is a dictionary.

PRACTICE 2 - ANSWERS

A. 1. **Bu (bir) evdir.** 2. **(Bu Şu, O) bir kitaptır.** 3. **Şu bir öğrenci(dir).** 4. **Şu bir okul(dur).** 5. **(Bu Şu, O) bir kedi(dir).** 6. **(Bu Şu, O) (bir) adam(dır).**
B. 1. **Şu bir kalemdir.** 2. **Bu bir çocuktur.** 3. **Şu bir masadır.** 4. **Bu bir okuldur.** 5. **Şu bir sözlüktür.**
C. 1. **Bu bir sepettir.** 2. **Bu bir adamdır.** 3. **Bu bir gözdür.** 5. **Bu bir kedidir.** 8. **Bu bir sözlüktür.**
D. 1. This is a room. 2. That is a pencil. 3. That is a school. 4. That is a dictionary. 5. This is a student. 6. This is an eye.
E. 1. **Bu bir odadır.** 2. **Bu bir salondur.** 3. **Şu bir sepettir.** 4. **Şu bir kedidir.** 5. **Şu bir güldür.** 6. **Bu bir sözlüktür.**

VOCABULARY

PENCERE Şu bir penceredir.	**WINDOW** That is a window.
BAHÇE Bu bir bahçedir.	**GARDEN** This is a garden.
KUŞ Bu bir kuştur.	**BIRD** This is a bird.
NE Şu nedir?	**WHAT** What is that?
DEĞİL O bir bahçe değildir.	**NOT** That is not a garden.
SANDALYE Şu bir sandalyedir.	**CHAIR** That is a chair.
KÖPEK Bu bir köpektir.	**DOG** This is a dog.
TELEVİZYON Şu bir televizyondur.	**TELEVISION** That is a television.
BARDAK O bir bardaktır.	**GLASS** That is a glass.
TABAK Bu bir tabaktır.	**PLATE** This is a plate.

DEĞİL

To make a negative sentence in Turkish, the be-suffix is omitted from the object, and **değil** added (perhaps with the be-suffix, eg **değildir**.)

Positive – Olumlu	*Negative – Olumsuz*
Bu bir kedidir. This is a cat.	**Bu bir kedi değildir.** This is not a cat.
Bu bir tabaktır. This is a plate.	**Bu bir tabak değildir.** This is not a plate.

Şu bir okuldur. That is a school.	**Şu bir okul değildir.** That is not a school.
Şu bir kuştur. That is a bird.	**Şu bir kuş değildir.** That is not a bird.
O bir penceredir. It is a window.	**O bir pencere değildir.** It is not a window.
O bir televizyondur. It is a television.	**O bir televizyon değildir.** It is not a television.

In negative sentences **değil** rather than **değildir** is usually used.

Bu bir köpek değildir. **Bu bir köpek değil.**	This is not a dog. This is not a dog.
O bir bardak değildir. **O bir bardak değil.**	It is not a glass. It is not a glass.

negative sentence structure

Bu, Şu,, O	bir	noun	değil(dir)
Bu	bir	kalem	değil.
Şu	bir	sözlük	değil.
O	bir	ev	değil.
Bu	bir	bahçe	değil.
Şu	bir	öğretmen	değil.
O	bir	salon	değil.

BU NEDİR?

A simple question in Turkish is the one above. **Şu** and **o** (that and it) may also be used.

Bu nedir? **Şu nedir?** **O nedir?**	What is this? What is that? What is it?

Bu nedir? What is this?	**Bu bir kalemdir.** This is a pencil.
Şu nedir? What is that?	**Şu bir öğrencidir.** That is a student.
O nedir? What is it?	**O bir sandalyedir.** It is a chair.

The most common answer to this type of question is the one which begins **o** (it).

Bu nedir? What is this?	**O bir penceredir.** It is a window.

21

Şu nedir? What is that?	**O bir evdir.** It is a house.
Bu nedir? **Şu nedir?**	**O bir odadır.** **O bir masadır.**

QUESTIONS – SORULAR

To make a question from a statement formed with the be-suffix, add one of the question markers **-mı, -mi, -mu, -mü** before the suffix, according to the rules of vowel harmony.

Bu bir masadır. This is a table.	**Bu bir masa-mı-dır?** Is this a table?
Bu bir odadır. This is a room.	**Bu bir oda mıdır?** Is this a room?
Şu bir köpektir. That is a dog.	**Şu bir köpek midir?** Is that a dog?
Şu bir sözlüktür. That is a dictionary.	**Şu bir sözlük müdür?** Is that a dictionary?
Şu bir çocuktur. That is a child.	**Şu bir çocuk mudur?** Is that a child?
O bir gözdür. It is an eye.	**O bir göz müdür?** Is it an eye?

questions table

Bu, Şu	bir	noun	question marker	be-suffix
Bu	bir	kalem	mi	dir?
Şu	bir	kapı	mı	dır?
O	bir	salon	mu	dur?
Bu	bir	sözlük	mü	dür?
Şu	bir	bahçe	mi	dir?
O	bir	kuş	mu	dur?

Now look at the positive, negative and question forms in the example sentences below.

Positive – Olumlu	Negative – Olumsuz	Question – Soru
Bu bir defterdir.	Bu bir defter değildir.	Bu bir defter midir?
Şu bir bardaktır.	Şu bir bardak değildir.	Şu bir bardak mıdır?
O bir çocuktur.	O bir çocuk değildir.	O bir çocuk mudur?
O bir sözlüktür.	O bir sözlük değildir.	O bir sözlük müdür?
Bu bir gözdür.	Bu bir göz değildir.	Bu bir göz müdür?

PRACTICE 3

A: Make these sentences negative
1. **Bu bir salondur.** 2. **Şu bir kitaptır.** 3. **Bu bir sandalyedir.** 4. **O bir kuştur.** 5. **Şu bir televizyondur.** 6. **Bu bir köpektir.**

B: Make these sentences positive.
1. **Bu bir adam değildir.** 2. **Şu bir sepet değildir.** 3. **Bu bir öğrenci değildir.** 4. **O bir defter değil.** 5. **Şu bir tabak değil.** 6. **O bir bahçe değil.** 7. **Bu bir kuş değil.** 8. **Şu bir gül değildir.**

C: Fill the gaps.
1. **Bu ... dir?** 2. **Bu ... ev ...** 3. **... ne ...?** 4. **Şu ... dir?** 5. **Bu ... köpek ...** 6. **Şu ... ?**

D: Answer the questions starting with **o** and using the word in brackets.
1. **Bu nedir? (kapı)** 2. **Şu nedir? (pencere)** 3. **Bu nedir? (kitap)** 4. **Şu nedir? (bahçe)** 5. **Bu nedir? (köpek)** 6. **Bu nedir? (sandalye)** 7. **Şu nedir? (kuş)** 8. **Bu nedir? (tabak)**

E: Change these statements into questions
1. **Bu bir kalemdir.** 2. **Şu bir sözlüktür.** 3. **O bir televizyondur.** 4. **Bu bir salondur.** 5. **O bir okuldur.** 6. **Şu bir defterdir.** 7. **O bir sepettir.** 8. **Bu bir kuştur.**

PRACTICE 3 - ANSWERS

A. 1. **Bu bir salon değildir./değil.** 2. **Şu bir kitap değildir.** 3. **Bu bir sandalye değildir.** 4. **O bir kuş değildir.** 5. **Şu bir televizyon değildir.** 6. **Bu bir köpek değildir.**
B. 1. **Bu bir adamdır.** 2. **Şu bir sepettir.** 3. **Bu bir öğrencidir.** 4. **O bir defterdir.** 5. **Şu bir tabaktır.** 6. **O bir bahçedir.** 7. **Bu bir kuştur.** 8. **Şu bir güldür.**
C. 1. **Bu nedir?** 2. **Bu bir evdir.** 3. **Bu/Şu nedir?** 4. **Şu nedir?** 5. **Bu bir köpektir.** 6. **Şu nedir?**
D. 1. **O kapıdır.** 2. **O penceredir.** 3. **O kitaptır.** 4. **O bahçedir.** 5. **O köpektir.** 6. **O sandalyedir.** 7. **O kuştur.** 8. **O tabaktır.**
E. 1. **Bu bir kalem midir?** 2. **Şu bir sözlük müdür?** 3. **O bir televizyon mudur?** 4. **Bu bir salon mudur?** 5. **O bir okul mudur?** 6. **Şu bir defter midir?** 7. **O bir sepet midir?** 8. **Bu bir kuş mudur?**

FONO

AÇIKÖĞRETİM KURUMU

VOCABULARY

ÇANTA Şu bir çantadır.	BAG That is a bag
ANAHTAR Bu bir anahtar değildir.	KEY This isn't a key.
ÇİÇEK Şu bir çiçek midir?	FLOWER Is that a flower?
AĞAÇ O bir ağaç mıdır?	TREE Is it a tree?
BURASI Burası bir okuldur.	THIS (PLACE) This (place) is a school.
ŞURASI Şurası bir ev midir?	THAT (PLACE) That (place) is a house.
ORASI Orası bir bahçe değildir.	THAT (PLACE) That (place) isn't a garden.
NERESİ Postane neresidir?	WHICH PLACE Which place is a post-office?
EVET Evet, bu bir çiçektir.	YES Yes, this is a flower.
HAYIR Hayır, o bir çanta değildir.	NO No, It isn't a bag.
PARK Şurası bir parktır.	PARK That (place) is a park.
HASTANE Burası bir hastane mi?	HOSPITAL Is this (place) a hospital?
POSTANE Orası bir postane değildir.	POST-OFFICE That (place) isn't a post office.

Omitting "Bir"

In the example sentences using the **-dır** suffix, it is not necessary to use **bir**.

Bu bir çantadır.	Bu çantadır.
O bir elmadır.	O elmadır.
Şu bir çiçek midir?	Şu çiçek midir?
Bu bir çanta mıdır?	Bu çanta mıdır?
O bir masa değildir.	O masa değildir.
Bu bir ev değildir.	Bu ev değildir.

BURASI, ŞURASI, ORASI

In Turkish , **burası, şurası** and **orası**, are used to talk about places. They can be translated as *this* or *that* (or perhaps *it*), and are used when we are actually in the place, or pointing towards it. We don't have this idea in English, and to make it clear the word 'place' is given in brackets in the translations, although it would not normally be used. (Compare: This place is a school. / This is a school.)

BURASI

Burası is used for nearby places.

Burası bir bahçedir.	This (place) is a garden.
Burası bir odadır.	This (place) is a room.
Burası İstanbuldur.	This (place) is Istanbul.
Burası bir hastanedir.	This (place) is a hospital.

ŞURASI, ORASI

Şurası and **orası** are used for places which are at a distance.

Şurası bir evdir.	That (place) is a house.
Şurası bir postanedir.	That (place) is a post-office.
Orası bir parktır.	That (place) is a park.
Orası İzmirdir.	That (place) is İzmir.

Questions and negative sentences with **burası, şurası, orası**.

Burası bir okul mudur?	Is this (place) a school?
Burası bir postane midir?	Is this (place) a post-office?
Şurası bir hastane midir?	Is that (place) a hospital?
Şurası İzmir midir?	Is that (place) İzmir?
Orası bir salon mudur?	Is that (place) a hall?
Orası İstanbul mudur?	Is that (place) Istanbul?
Burası bir okul değildir.	This (place) isn't a school.
Şurası bir ev değildir.	That (place) isn't a house.
Orası Ankara değildir.	That (place) isn't Ankara.

NERESİ?

Neresi is used to make questions - usually following **burası, şurası** or **orası** to ask for the names of places or what they are. In writing the **-dır** suffix is used at the end of these types of questions, but not in speaking.

Burası neresi(dir)?	What is this place?
Burası bir postanedir.	This (place) is a post-office.
Şurası neresidir?	What is that (place)?
Şurası bir parktır.	That (place) is a park.
Orası neresidir?	What is that (place)?
Orası bir okuldur.	That (place) is a school.

Short Answers – Kısa Cevaplar

In lesson 3 we saw positive sentences formed with **bu, şu** and **o**. Now we see these words used to make answers to questions.

Bu bir kitap mıdır?	**Evet, bu bir kitaptır.**
Is this a book?	Yes, this (it) is a book.
Şu bir köpek midir?	**Evet, şu bir köpektir.**
Is that a dog?	Yes, that (it) is a dog.
O bir televizyon mudur?	**Evet, o bir televizyondur.**
Is it a television?	Yes, it is a television.
Burası bir salon mudur?	**Evet, burası bir salondur.**
Is (this place) a hall?	Yes, (this place) is a hall.
Orası bir okul mudur?	**Evet, orası bir okuldur.**
Is that (place) a school?	Yes, that (place) is a school.

Particularly in speaking, answers to this type of question are typically shortened (as in English). Unlike English, however, for short answers in Turkish the subject word **bu, şu, o** is left out, and not the noun. The **-dır** suffix (corresponding to 'is') is also omitted.

Bu bir ağaç mıdır?	**Evet, ağaç(tır).**
Is this a tree?	Yes, it is.
Şu bir kuş mudur?	**Evet, kuş(tur).**
Is that a bird?	Yes, it is.
O bir köpek midir?	**Evet, köpek(tir).**
Is it a dog?	Yes, it is.
Burası bir park mıdır?	**Evet, park(tır).**
Is this (place) a park?	Yes, it is.
Şurası bir bahçe midir?	**Evet, bahçe(dir).**
Is that (place) a garden?	Yes, it is.

As mentioned previously, both **bir** and the **-dır** suffix can be left out, and in fact this is usual in spoken Turkish.

Bu kedi mi?	**Evet, kedi.**
Is this a cat?	Yes, it is.

Şu ağaç mı? Is that a tree?	**Evet, ağaç.** Yes, it is.
O kalem mi? Is it a pencil?	**Evet, kalem.** Yes, it is.
Burası oda mı? Is this (place) a room?	**Evet, oda.** Yes, it is.

For negative sentences, use **hayır** (no) and **değil** (yes).

Bu bir ev midir? Is this a house?	**Hayır, bu bir ev değildir.** No, this (it) isn't.
Şu bir çanta mıdır? Is that a bag?	**Hayır, şu bir çanta değildir.** No, that (it) isn't.
Burası bir postane midir? Is this (place) a post-office?	**Hayır, burası bir postane değildir.** No, it isn't.
Şurası bir park mıdır? Is that (place) a park?	**Hayır, şurası bir park değildir.** No, it isn't.

Study these short answers.

Bu bir pencere midir? Is this a window?	**Hayır, pencere değil(dir).** No, it isn't.
Şu bir göz müdür? Is that an eye?	**Hayır, göz değil(dir).** No, it isn't.
O bir kuş mudur? Is it a bird?	**Hayır, kuş değil(dir).** No, it isn't.
Burası bir okul mudur? Is this (place) a school?	**Hayır, okul değil(dir).** No, it isn't.
Orası bir ev midir? Is that (place) a house?	**Hayır, ev değil(dir).** No, it isn't.

Whereas the noun is repeated in positive short answers, in negative short answers it can be omitted. Again, we see the **-dır** suffix left out.

Bu ev mi? Is this a house?	**Hayır, değil.** No, it isn't.
Şu defter mi? Is that a note-book?	**Hayır, değil.** No, it isn't.
Burası okul mu? Is this (place) a school?	**Hayır, değil.** No, it isn't.

When the answer is negative, a positive, correct answer usually follows.

Bu bir tabak mı? Is this a plate?	**Hayır, değil. Bu bir bardaktır.** No, it isn't. It is a glass.
Şu bir kapı mı? Is that a door?	**Hayır, değil. Şu bir penceredir.** No, it isn't. It is a window.
O bir ağaç mı? Is it a tree?	**Hayır, değil. O bir çiçektir.** No, it isn't. It is a flower.
Burası Ankara mı? Is this (place) Ankara?	**Hayır, değil. Burası İstanbuldur.** No, it isn't. This (place) is Istanbul.

PRACTICE 4

A: Change this sentences to positive, negative or question forms, as indicated.
1. **Burası bir parktır.** (negative) 2. **Şurası bir evdir.** (question) 3. **Burası bir postane değildir.** (question) 4. **Orası bir okul mudur?** (negative) 5. **Burası Ankara mıdır?** (positive) 6. **Orası bir hastanedir.** (question) 7. **Burası İstanbul değildir.** (positive) 8. **Şurası bir bahçe midir?** (negative)

B: Make these statements into questions.
1. **O bir çantadır.** 2. **Bu bir bardaktır.** 3. **Şu bir çiçektir.** 4. **O bir tabaktır.** 5. **O bir penceredir.** 6. **Bu bir kapıdır.** 7. **Şu bir sandalyedir.** 8. **Bu bir gözdür.**

C: Make these sentences negative.
1. **Bu bir anahtardır.** 2. **Şu bir kuştur.** 3. **O bir köpektir.** 4. **Şu bir evdir.** 5. **Bu bir adamdır.** 6. **O bir kedidir.** 7. **Şu bir sepettir.** 8. **Bu bir sözlüktür.**

D: Give positive short answers.
1. **Bu bir anahtar mıdır?** 2. **Şu bir bardak mıdır?** 3. **O bir televizyon mudur?** 4. **Burası bir park mıdır?** 5. **Orası bir ev midir?** 6. **Bu bir defter midir?**

E: Give negative short answers.
1. **Bu bir çanta mıdır?** 2. **Şu bir kapı mıdır?** 3. **O bir sepet midir?** 4. **Şu bir sözlük müdür?** 5. **Burası bir hastane midir?** 6. **Orası İzmir midir?**

F: Translate into English.
1. **Burası bir okuldur.** 2. **Şurası bir hastanedir.** 3. **Bu bir çantadır.** 4. **Evet, bu bir defterdir.** 5. **Hayır, burası okul değildir. Burası evdir.** 6. **Şu bir sözlüktür.** 7. **Şu nedir?** 8. **Orası neresidir?** 9. **Bu bir çocuk değildir.** 10. **Bu bir televizyon mudur?**

G: Translate into Turkish.
1. This is a man. 2. That isn't a key. 3. What is it? 4. Is it a chair? 5. That place is a post-office. 6. Yes, it is a door. 7. No, it isn't. It is a basket. 8. Is this (place) a hospital? 9. Is that a dog? 10. It isn't a window.

PRACTICE 4 - ANSWERS

A. 1. Burası bir park değildir. 2. Şurası bir ev midir? 3. Burası bir postane midir? 4. Orası bir okul değildir. 5. Burası Ankaradır. 6. Orası bir hastane midir? 7. Burası İstanbuldur. 8. Şurası bir bahçe değildir.

B. 1. O bir çanta mıdır? 2. Bu bir bardak mıdır? 3. Şu bir çiçek midir? 4. O bir tabak mıdır? 5. O bir pencere midir? 6. Bu bir kapı mıdır? 7. Şu bir sandalye midir? 8. Bu bir göz müdür?

C. 1. Bu bir anahtar değildir. 2. Şu bir kuş değildir. 3. O bir köpek değildir. 4. Şu bir ev değildir. 5. Bu bir adam değildir. 6. O bir kedi değildir. 7. Şu bir sepet değildir. 8. Bu bir sözlük değildir.

D. 1. Evet, anahtardır. 2. Evet, bardaktır. 3. Evet, televizyondur. 4. Evet, parktır. 5. Evet, evdir. 6. Evet, defterdir.

E. 1. Hayır, çanta değildir. (Bu) bir anahtardır. 2. Hayır, köpek değildir. (Şu) bir kedidir. 3. Hayır, sepet değildir. (O) bir çantadır. 4. Hayır, park değildir. (Orası) bir postanedir. 5. Hayır, okul değildir. (Şurası) bir parktır.

F. 1. This (place) is a school. 2. That place is a hospital. 3. This is a bag. 4. Yes, this is a note-book. 5. No, this place isn't a school. This (place) is a house. 6. That is a dictionary. 7. What is that? 8. What is that (place)? 9. This isn't a child. 10. Is this a television?

G. 1. Bu bir adamdır. 2. Şu bir anahtar değildir. 3. O nedir? 4. O bir sandalye midir? 5. Orası bir postanedir. 6. Evet, o bir kapıdır. 7. Hayır, (o) değildir. O bir sepettir. 8. Burası bir hastane midir? 9. O bir köpek midir? 10. O bir pencerede değildir.

29

VOCABULARY

OTOBÜS Bu bir otobüs müdür?	BUS Is this a bus?
TREN Hayır, bu bir tren değildir. Arabadır.	TRAIN No, this isn't a train. This is a car.
ARABA Şu bir arabadır.	CAR That is a car.
BUNLAR Bunlar çocuktur.	THESE These are children.
ŞUNLAR Şunlar portakal mı?	THOSE Are those oranges?
ONLAR Onlar köpek değildir.	THEY They aren't dogs.
YOKSA Bu bir çiçek midir yoksa ağaç mıdır?	OR Is this a flower or a tree?
ELMA Şu bir elmadır.	APPLE That is an apple.
PORTAKAL Hayır, bu bir portakal değildir. Elmadır.	ORANGE No, this isn't an orange. This is an apple.
OTEL Orası otel midir?	HOTEL Is that place a hotel?
LOKANTA Burası bir lokantadır.	RESTAURANT This place is a restaurant.
GEMİ Şu bir gemi değildir.	SHIP That isn't a ship.
RESİM O bir resim midir?	PICTURE Is it a picture?
ŞOFÖR Bu bir şoför müdür?	DRIVER Is this a driver?

DOKTOR	DOCTOR
O bir doktor değildir.	He isn't a doctor.
POLİS	POLICEMAN
Bu bir polis değildir.	This isn't a policeman.

PLURAL – ÇOĞUL

Nouns are made plural by adding the plural suffixes **-lar** or **-ler**, according to the rules of vowel harmony (if the last vowel of the noun word is **a, ı, o** or **u** add **-lar**, if it is **e, i, ö** or **ü** add **-ler**).

kitap	kitaplar	book	books
araba	arabalar	car	cars
kapı	kapılar	door	doors
televizyon	televizyonlar	television	televisions
kuş	kuşlar	bird	birds
defter	defterler	note-book	note-books
polis	polisler	policeman	policemen
göz	gözler	eye	eyes
şoför	şoförler	driver	drivers
gül	güller	rose	roses

As **bir** refers to singularity, it is not used with plurals.

bir araba = a car   **arabalar** = cars   **bir otobüs** = a bus   **otobüsler** = buses

BUNLAR, ŞUNLAR, ONLAR

You have already seen **bu, şu** and **o**, now the forms **bunlar, şunlar** and **onlar** are introduced.

bu	bunlar
this	these
şu	şunlar
that	those
o	onlar
it	they

As you can see, in order to make plurals with **bu, şu** and **o**, the letter **n** is added before the plural suffix **-lar**.

bu - n - lar, şu - n - lar, o - n - lar

To make **Bu bir evdir** plural, **bu** changes to **bunlar**, **ev** to **evler**, and **bir** is omitted.

Bu bir evdir. = This is a house.   **Bunlar evlerdir.** = These are houses.

Combining the plural and be-suffixes **-lerdir, -lardır**, is considered not to sound good, and the plural suffix preceeding the be-suffix is usually omitted - adding a plural suffix to **bu (bunlar)**, for example, is enough.

Bu bir kedidir. This is a cat.	**Bunlar kedidir.** These are cats.
Şu bir anahtardır. That is a key.	**Şunlar anahtardır.** Those are keys.
O bir otobüsdür. It is a bus.	**Onlar otobüsdür.** They are buses.
Bu bir çiçektir. This is a flower.	**Bunlar çiçektir.** These are flowers.
Şu bir televizyondur. That is a television.	**Şunlar televizyondur.** Those are televisions.
O bir resimdir. It is a picture.	**Onlar resimdir.** They are pictures.

We can see from the above sentences that whereas in English the plural suffix (the letter s) is always used (added to the noun to make it plural), in Turkish the plural can be indicated just by **bunlar/şunlar/onlar**. Note also that the be-suffix may be used but does not change - the English equivalent, 'is', becomes 'are' for plurals.

Bunlar (Şunlar, Onlar) Nedir?

Having seen question forms with **bu/şu/o**, we now look out question with these in the plural.

Bunlar nedir? **Şunlar nedir?** **Onlar nedir?**	What are these? What are those? What are they?
Bu nedir? What is this?	**Bu bir kedidir.** This is a cat.

Answers usually use **o/onlar** rather than **bu/bunlar**.

Bunlar nedir? What are these?	**Onlar evdir.** They are houses.
Şunlar nedir? What are those?	**Onlar tabaktır.** They are plates.
Onlar nedir? What are they?	**Onlar bardaktır.** They are glasses.
Bunlar nedir? What are these?	**Onlar kapıdır.** They are doors.
Şunlar nedir? What are those?	**Onlar sözlüktür.** They are dictionaries.

YOKSA

Yoksa (= or) is used when we want to ask which of the alternatives in a question is correct. **Yoksa** joins two complete sentences. (Note that the question marker is repeated, but **bu/şu/o** is not.)

Bu bir otobüs müdür yoksa bir tren midir?	Is this a bus or a train?
Şu bir öğretmen midir yoksa bir öğrenci midir?	Is that a teacher or a student?
O bir okul mudur yoksa bir ev midir?	Is it a school or a house?
Bu otobüs mü yoksa tren mi?	Is this a bus or a train?
O okul mu yoksa ev mi?	Is it a school or a house?

As these questions cannot be answered by just 'yes' or 'no', a full sentence answer is necessary.

Bu bir çanta mıdır yoksa bir sepet midir?
Is this a bag or a basket?

O bir çantadır.
It is a bag.

Şu bir köpek midir yoksa bir kedi midir?
Is that a dog or a cat?

O bir kedidir.
It is a cat.

PRACTICE 5

A: Make these words plural.
adam, çocuk, masa, sandalye, anahtar, çiçek, bahçe, park, tren, otobüs, kedi, köpek, resim, pencere, kapı, doktor, öğrenci, öğretmen, çanta

B: Make these sentences plural.
1. **Bu bir defterdir.** 2. **Şu bir çantadır.** 3. **O bir parktır.** 4. **Bu bir resimdir.** 5. **Şu bir öğretmendir.** 6. **O bir sözlüktür.** 7. **Bu bir arabadır.** 8. **Şu bir portakaldır.**

C: Answer these questions using the word in brackets.
1. **Bu nedir? (tren)** 2. **Şunlar nedir? (köpek)** 3. **Bunlar nedir? (ağaç)** 4. **Onlar nedir? (çiçek)** 5. **Şunlar nedir? (kapı)** 6. **Onlar nedir? (bardak)** 7. **Şunlar nedir? (sepet)** 8. **Bunlar nedir? (araba)** 9. **Onlar nedir? (sözlük)** 10. **Bunlar nedir? (pencere)**

D: Join the sentences using **yoksa**.
Example : Bu bir evdir. Bu bir okuldur. → Bu bir ev midir yoksa bir okul mudur?
1. **Bu bir kedidir. Bu bir köpektir.** 2. **Şu bir tabaktır. Şu bir bardaktır.** 3. **O bir televizyondur. O bir resimdir.** 4. **Bu bir otobüstür. Bu bir arabadır.** 5. **Şu bir polistir. Şu bir şofördür.** 6. **O bir çantadır. O bir sepettir.** 7. **Bu bir evdir. Bu bir okuldur.** 8. **O bir öğretmendir. O bir öğrencidir.**

E: Translate into English.
1. **Bunlar kalemdir.** 2. **Bunlar penceredir.** 3. **Şunlar portakaldır.** 4. **Şunlar çantadır.** 5. **Onlar sözlüktür.** 6. **Bunlar sandalyedir.** 7. **Onlar masadır.** 8. **Şunlar arabadır.**

PRACTICE 5 - ANSWERS

A. adamlar, çocuklar, masalar, sandalyeler, anahtarlar, çiçekler, bahçeler, parklar, trenler, otobüsler, kediler, köpekler, resimler, pencereler, kapılar, doktorlar, öğrenciler, öğretmenler, çantalar

B. 1. **Bunlar defterdir.** 2. **Şunlar çantadır.** 3. **Onlar parktır.** 4. **Bunlar resimdir.** 5. **Şunlar öğretmendir.** 6. **Onlar sözlüktür.** 7. **Bunlar arabadır.** 8. **Şunlar portakaldır.**

C. 1. **Bu bir trendir.** 2. **Onlar köpektir.** 3. **Onlar ağaçtır.** 4. **Onlar çiçektir.** 5. **Onlar kapıdır.** 6. **Onlar bardaktır.** 7. **Onlar sepettir.** 8. **Onlar arabadır.** 9. **Onlar sözlüktür.** 10. **Onlar penceredir.**

D. 1. **Bu bir kedi midir yoksa bir köpek midir?** 2. **Şu bir tabak mıdır yoksa bir bardak mıdır?** 3. **O bir televizyon mudur yoksa bir resim midir?** 4. **Bu bir otobüs müdür yoksa bir araba mıdır?** 5. **Şu bir polis midir yoksa bir şoför müdür?** 6. **O bir çanta mıdır yoksa bir sepet midir?** 7. **Bu bir ev midir yoksa bir okul mudur?** 8. **O bir öğretmen midir yoksa bir öğrenci midir?**

E. 1. **These are pencils.** 2. **These are windows.** 3. **Those are oranges.** 4. **Those are bags.** 5. **They are dictionaries.** 6. **These are chairs.** 7. **They are tables.** 8. **Those are cars.**

VOCABULARY

KIZ Şu bir kız mıdır?	GIRL Is that a girl?
OĞLAN Bunlar oğlandır.	BOY These are boys.
ÇATAL Bu bir çatal değildir.	FORK This isn't a fork.
BIÇAK Şu bir çatal mıdır yoksa bir bıçak mıdır?	KNIFE Is that a fork or a knife?
KAŞIK Onlar kaşıktır.	SPOON They are spoons.
FİNCAN Şu bir fincandır.	CUP That is a cup.
TOP O bir top mudur?	BALL Is it a ball?
AT Şu bir at değildir.	HORSE That isn't a horse.
KÖPRÜ Burası bir köprüdür.	BRIDGE This place is a bridge.
ŞİŞE Bu bir şişe midir yoksa bir fincan mıdır?	BOTTLE Is this a bottle or a cup?

Negative Sentences with Plurals

In the previous lessons we saw how in sentences with the be-suffix **-dır, değil** is placed before it to make the negative.

Bu bir tabaktır. This is a plate.	**Bu bir tabak değildir.** This isn't a plate.

Sentences with plurals are made similarly.

Bunlar tabaktır. These are plates.	**Bunlar tabak değildir.** These aren't plates.

Şunlar çataldır.	**Şunlar çatal değildir.**
Those are forks.	Those aren't forks.

Bunlar bıçak değildir.	These aren't knives.
Şunlar şişe değildir.	Those aren't bottles.
Onlar at değildir.	They aren't horses.
Bunlar portakal değildir.	These aren't oranges.
Şunlar çanta değildir.	Those aren't bags.

Question Forms with Plurals

Bu bir tabaktır.	**Bu bir tabak mıdır?**
This is a plate.	Is this a plate?

Questions are made with plurals in the same way.

Bunlar tabaktır.	**Bunlar tabak mıdır?**
These are plates.	Are these plates?

Şunlar çataldır.	**Şunlar çatal mıdır?**
Those are forks.	Are those forks?

Bunlar elma mıdır?	Are these apples?
Şunlar defter midir?	Are those note-books?
Onlar kaşık mıdır?	Are they spoons?
Onlar kedi midir?	Are they cats?
Bunlar anahtar mıdır?	Are these keys?
Şunlar pencere midir?	Are those windows?

Let us look at short answers to these types of questions.

Bunlar araba mıdır?	**Evet, arabadır. (Evet, onlar arabadır.)**
Are these cars?	Yes, they are. (Yes, they are cars.)
Bunlar resim midir? Hayır, değildir.	**(Hayır, onlar resim değildir.)**
Are these pictures?	No, they aren't. (No, they aren't pictures.)

Şunlar top mudur?	**Hayır, değildir.**
Are those balls?	No, they aren't.

Onlar ağaç mıdır?	**Evet, ağaçtır.**
Are they trees?	Yes, they are.

Şunlar pencere midir?	**Hayır, değildir.**
Are those windows?	No, they aren't.

Bunlar sandalye midir?	**Hayır, değildir. Onlar sepettir.**
Are these chairs?	No, they aren't. They are baskets.

Onlar defter midir?	**Hayır, değildir. Onlar kitaptır.**
Are they note-books?	No, they aren't. They are books.

Bunlar araba mıdır yoksa otobüs müdür?
Are these cars or buses?

Onlar arabadır.
They are cars.

VE

Using the pictures below, make appropriate sentences using **Bu ... dır** or **Bunlar ... dırlar**.

kitap ve defter = book and note-book
evler ve okullar = houses and schools

Bu bir evdir ve şu bir okuldur.
Bunlar penceredir ve şunlar kapıdır.
Burası bir okuldur ve şurası bir evdir.

otobüs ve tren = bus and train
öğretmenler ve öğrenciler = teachers and students
This is a house and that is a school.
These are windows and those are doors.
This place is a school and that place is a house.

PRACTICE 6

A: Make these sentences negative.
1. **Bunlar çantadır.** 2. **Onlar anahtardır.** 3. **Şunlar gemidir.** 4. **Onlar köprüdür.** 5. **Bunlar şişedir.** 6. **Onlar attır.**

B: Change these statements into questions.
1. **Bunlar resimdir.** 2. **Onlar tabaktır.** 3. **Şunlar lokantadır.** 4. **Onlar toptur.** 5. **Şunlar televizyondur.** 6. **Bunlar sandalyedir.**

C: Give short answers in the positive and negative.
1. **Onlar kaşık mıdır?** 2. **Bunlar at mıdır?** 3. **Şunlar portakal mıdır?** 4. **Onlar çiçek midir?** 5. **Bunlar ağaç mıdır?**

D: Give short answers in the negative followed by the (positive) correction, using the word in brackets.
Example : Bunlar ev midir? (okul) → Hayır, değildir. Onlar okuldur.
1. **Bunlar defter midir? (sözlük)** 2. **Onlar çiçek midir? (ağaç)** 3. **Bunlar kalem midir? (anahtar)** 4. **Şunlar masa mıdır? (sandalye)** 5. **Onlar pencere midir? (kapı)**

E: Fill the gaps.
1. Şunlar kaşık ..... ? 2. O ..... at ..... ? 3. Bu bir masa değil ..... . 4. Onlar ..... ? 5. Bu bir çiçek midir ..... bir ağaç mıdır? 6. Onlar sözlük ..... ? 7. Bu ..... kız mıdır ..... bir oğlan mıdır? 8. O ... kitap .... defter ..... ?

F: Translate into English.
1. **Onlar attır.** 2. **Bu bir köprü değildir.** 3. **Şunlar top mudur?** 4. **Onlar çatal değildir.** 5. **Bunlar şişe midir? Hayır, değildir. Onlar fincandır.** 6. **Onlar bıçak mıdır? Evet, bıçaktır.** 7. **Bu bir sandalye midir yoksa bir masa mıdır?** 8. **Onlar ütü müdür?** 9. **Burası bir hastanedir ve orası bir postanedir.** 10. **Bunlar polis midir yoksa şoför müdür?**

G: Translate into Turkish.
1. These are apples. 2. Those, aren't children. 3. Are they baskets? 4. Are these bottles? No, they aren't. They are glasses. 5. Are they horses? Yes, they are. 6. This is a hall and it is a room. 7. They aren't policemen. 8. Are these dictionaries? 9. Is this a cup or a glass? 10. Are they flowers or trees?

PRACTICE 6 - ANSWERS

A. 1. **Bunlar çanta değildir.** 2. **Onlar anahtar değildir.** 3. **Şunlar gemi değildir.** 4. **Onlar köprü değildir.** 5. **Bunlar şişe değildir.** 6. **Onlar at değildir.**

B. 1. **Bunlar resim midir?** 2. **Onlar tabak mıdır?** 3. **Şunlar lokanta mıdır?** 4. **Onlar top mudur?** 5. **Şunlar televizyon mudur?** 6. **Bunlar sandalye midir?**

C. 1. **Evet, kaşıktır./Hayır, değildir.** 2. **Evet, attır./Hayır, değildir.** 3. **Evet, portakaldır./Hayır, değildir.** 4. **Evet, çiçektir./Hayır, değildir.** 5. **Evet, ağaçtır./Hayır, değildir.**

D. 1. **Hayır, değildir. Onlar sözlüktür.** 2. **Hayır, değildir. Onlar ağaçtır.** 3. **Hayır, değildir. Onlar anahtardır.** 4. **Hayır, değildir. Onlar sandalyedir.** 5. **Hayır, değildir. Onlar kapıdır.**

E. 1. **mıdır** 2. **bir, mıdır** 3. **dir** 4. **nedir** 5. **yoksa** 6. **müdür** 7. **bir, yoksa** 8. **bir, mıdır, yoksa, bir, midir**

F. 1. They are horses. 2. This isn't a bridge. 3. Are those balls? 4. They aren't forks. 5. Are these bottles? No, they aren't. They are cups. 6. Are they knives? Yes, they are. 7. Is this a chair or a table? 8. Are they irons? 9. This place is a hospital and that place is a post-office. 10. Are these policemen or drivers?

G. 1. **Bunlar elmadır.** 2. **Şunlar çocuk değildir.** 3. **Onlar sepet midir?** 4. **Bunlar şişe midir? Hayır, değildir. Onlar bardaktır.** 5. **Onlar at mı? Evet, attır.** 6. **Bu bir salondur ve o bir odadır.** 7. **Onlar polis değildir.** 8. **Bunlar sözlük müdür?** 9. **Bu bir fincan mıdır yoksa bir bardak mıdır?** 10. **Onlar çiçek midir yoksa ağaç mıdır?**

38

FONO
AÇIKÖĞRETİM KURUMU

VOCABULARY

BÜYÜK Bu büyük bir odadır.	BIG This is a big room.
KÜÇÜK Bu bardak küçüktür.	SMALL, LITTLE This glass is small.
UZUN Şunlar uzun kalemdir.	LONG These are long pencils.
KISA O kısa mıdır yoksa uzun mudur?	SHORT Is it short or long?
YENİ O yeni bir evdir.	NEW It is a new house.
ESKİ Şu eski bir televizyon mudur?	OLD Is that an old television?
TEMİZ Burası temiz bir odadır.	CLEAN This place is a clean room.
PİS Şu pis bir köpektir.	DIRTY That is a dırty dog.
PAHALI O pahalı bir araba değildir.	EXPENSIVE It isn't an expensive car.
UCUZ Bu çanta ucuz mudur yoksa pahalı mıdır?	CHEAP Is this bag cheap or expensive?
KADIN Bu kadın güzel değildir.	WOMAN This woman isn't beautiful.
ERKEK Bu bir erkek midir yoksa kadın mıdır?	MAN Is this a man or a woman?
GÜZEL O kız güzel midir?	BEAUTIFUL, NICE Is that girl beautiful?
ÇİRKİN Şu adam güzel midir yoksa çirkin midir?	UGLY Is that man beautiful or ugly?

ADJECTIVES – SIFATLAR

In Turkish, as in English, adjectives go before nouns, describing their size, shape, colour, etc. (eg big - **büyük**, long - **uzun**)

büyük	big
masa	table
büyük masa	the big table
büyük bir masa	a big table
güzel	beautiful
kız	girl
güzel kız	the beautiful girl
güzel bir kız	a beautiful girl

As you can see from the above examples, **bir** comes between the adjective and noun (unlike English).

küçük bir kedi	a small cat
çirkin bir kadın	an ugly woman
yeni bir araba	a new car
ucuz bir kitap	a cheap book
Bu bir okuldur.	This is a school.
Bu eski bir okuldur.	This is an old school.
Bunlar yeni okuldur.	These are new schools.
O bir odadır.	It is a room.
O küçük bir odadır.	It is a small room.
Onlar büyük odadır.	They are big rooms.

Bunlar pahalı arabadır.	These are expensive cars.
Onlar temiz odadır.	They are clean rooms.
O nedir?	What is it?
O küçük bir kuştur.	It is a small bird.
Şunlar nedir?	What are those?
Onlar pis kaşıktır.	They are dirty spoons.

Bu küçük bir odadır.	This is a small room.
Bu küçük bir oda değildir.	This isn't a small room.
Bu küçük bir oda mıdır?	Is this a small room?
Bu küçük bir oda mıdır	Is this a small room or
yoksa büyük bir oda mıdır?	a big room?

Orası temiz bir lokantadır.	That place is a clean restaurant.
Orası temiz bir lokanta mıdır?	Is that place a clean restaurant?
Hayır, değildir. Orası pis bir	No, it isn't. That place is a dirty
lokantadır.	restaurant.

Look carefully at these two sentences.

Bu eski bir hastanedir.	This is an old hospital.
Bu hastane eskidir.	This hospital is old.

As in English, in Turkish sentences it is possible for adjectives to come at the end. In the first sentence, **bu** is used as a demonstrative (as the subject of the sentence), and precedes the adjective (**eski**). In the second sentence, **bu** is used as a determiner (answering the question, 'which?' - 'Which hospital?' 'This hospital.'), in which case it precedes the noun (**hastane**), and the adjective (**eski**) is placed at the end of the sentence (with the be-sufix).

Şu büyük bir parktır.	That is a big park.
Şu park büyüktür.	That park is big.

Look carefully at these sentences.

Bunlar yeni defterdir.	These are new note-books.
Bu defterler yenidir.	These note-books are new.

In Turkish, when the demonstrative is plural, the noun need to be. For example, in the sentence **Bunlar yeni defterlerdir, defter** can be used without the plural suffix **-ler**. In English this is not so ('notebooks' with the plural **s** must be used).

Used adjectively, the demonstrative remains in the singular (**bu/şu/o**) and it is the noun which takes the plural suffix. The demonstrative pronoun **bunlar** in the first sentence above becomes the adjectival pronoun **bu** in the second sentence, with the noun **defter** used in the plural (**defterler**).

Bunlar uzun kalemdir.	These are long pencils.
Bu kalemler uzundur.	These pencils are long.

Şunlar kısa ağaçtır.	Those are short trees.
Şu ağaçlar kısadır.	Those trees are short.

Bunlar ucuz televizyondur.	These are cheap televisions.
Bunlar ucuz televizyon mudur?	Are these cheap televisions?
Bunlar ucuz televizyon değildir.	These aren't cheap televisions.

Bu televizyonlar ucuzdur.	These televisions are cheap.
Bu televizyonlar ucuz mudur?	Are these televisions cheap?
Bu televizyonlar ucuz değildir.	These televisions aren't cheap.

Bu ucuz bir sözlüktür.	This is a cheap dictionary.
Bu ucuz bir sözlük müdür?	Is this a cheap dictionary?
Evet, ucuzdur. / Hayır, değildir.	Yes, it is. / No, it isn't.
Pahalıdır. (Bu pahalı bir sözlüktür.)	It is expensive. (This is an expensive dictionary.)

Bu sözlük ucuzdur.	This dictionary is cheap.
Bu sözlük ucuz mudur?	Is this dictionary cheap?
Evet, ucuzdur. / Hayır, değildir.	Yes, it is. / No, it isn't.
Pahalıdır. (Bu sözlük pahalıdır.)	It is expensive. (This dictionary is expensive.)

Bunlar yeni arabadır.	These are new cars.
Bunlar yeni araba mıdır?	Are these new cars?
Evet, yenidir. / Hayır, değildir.	Yes, they are. / No, they aren't.
Eskidir. (Bunlar eski arabadır.)	They are old. (These are old cars.)

Bu arabalar yenidir.	These cars are new.
Bu arabalar yeni midir?	Are these cars new?
Evet, yenidir. / Hayır, değildir.	Yes, they are. / No, they aren't.
Eskidir. (Bu arabalar eskidir.)	They are old. (These cars are old.)

Words for numbers from 0 to 10 are listed below.

0	sıfır	zero
1	bir	one
2	iki	two
3	üç	three
4	dört	four
5	beş	five
6	altı	six
7	yedi	seven
8	sekiz	eight
9	dokuz	nine
10	on	ten
	bir kalem	one pencil
	üç ev	three houses
	dört araba	four cars
	altı adam	six men
	sekiz portakal	eight oranges
	on masa	ten tables

Unlike English, in Turkish the noun following a number is not used in the plural.

two apples	**iki elma**	(not **iki elmalar**)
seven girls	**yedi kız**	(not **yedi kızlar**)

Numbers Used with Adjectives

Like English, in Turkish adjectives come between the number and the noun.

yedi kız	seven girls	**yedi güzel kız**	seven beautiful girls
üç ev	three houses	**üç yeni ev**	three new houses

PRACTICE 7

A: Put the adjectives at the end of the sentence.
1. **Bu güzel bir kızdır.** 2. **Şu pis bir çataldır.** 3. **O eski bir çantadır.** 4. **Onlar yeni evdir.** 5. **Şunlar pahalı arabadır.** 6. **Bunlar büyük portakaldır.** 7. **O küçük bir kedi değildir.** 8. **Bu ucuz bir kitap mıdır?**

B: Put the adjective in brackets into the sentence.
1. **Bu bir evdir. (yeni)** 2. **Şu bir çantadır. (büyük)** 3. **O bir ev midir? (küçük)** 4. **Bunlar bardaktır. (temiz)** 5. **Şunlar oda mıdır? (pis)** 6. **Bu bir hastane değildir. (eski)** 7. **Onlar televizyondur. (ucuz)** 8. **O bir araba değildir. (pahalı)**

C: Write these numbers as words.
3, 5, 6, 8, 4, 10

D: Make these sentences positive, negative or questions, as indicated.

1. **Bu küçük bir masadır. (olumsuz)** 2. **Şu güzel bir kadın mıdır? (olumlu)** 3. **Onlar eski sandalyedir. (soru)** 4. **Bu sepet büyük değildir. (soru)** 5. **Şunlar pis odadır. (olumsuz)** 6. **O kedi küçüktür. (soru)** 7. **Şu kitaplar yeni midir? (olumsuz)** 8. **Bu otobüs uzun değildir. (soru)**
E: Translate into English.
1. **dört bardak** 2. **altı temiz çatal** 3. **sekiz pahalı araba** 4. **Bu kitaplar yenidir.** 5. **Şunlar yeni evdir.** 6. **Şu eski bir gemidir.** 7. **Onlar pis şişe midir?** 8. **Bunlar temiz masa değildir.** 9. **Bu büyük bir okul mudur?** 10. **Şu resimler eskidir.** 11. **Şu küçük bir çantadır.** 12. **O kadın güzel midir?** 13. **Onlar kısa ağaç değildir.**

F: Translate into Turkish.
1. That pencil is long. 2. Are these small birds? 3. They aren't expensive dictionaries. 4. Is this a cheap note-book? 5. This is a long bus. 6. Those baskets aren't big. 7. These are old pictures. 8. Are these windows dirty? 9. That is a big dog. 10. It isn't a short pencil. 11. three girls 12. six cheap books 13. five clean plates

PRACTICE 7 - ANSWERS

A. 1. **Bu kız güzeldir.** 2. **Şu çatal pistir.** 3. **O çanta eskidir.** 4. **O evler yenidir.** 5. **Şu arabalar pahalıdır.** 6. **Bu portakallar büyüktür.** 7. **O kedi küçük değildir.** 8. **Bu kitap ucuz mudur?**
B. 1. **Bu yeni bir evdir.** 2. **Şu büyük bir çantadır.** 3. **O küçük bir ev midir?** 4. **Bunlar temiz bardaktır.** 5. **Şunlar pis oda mıdır?** 6. **Bu eski bir hastane değildir.** 7. **Onlar ucuz televizyondur.** 8. **O pahalı bir araba değildir.**
C. üç, beş, altı, sekiz, dört, on
D. 1. **Bu küçük bir masa değildir.** 2. **Şu güzel bir kadındır.** 3. **Onlar eski sandalye midir?** 4. **Bu sepet büyük müdür?** 5. **Şunlar pis oda değildir.** 6. **O kedi küçük müdür?** 7. **Şu kitaplar yeni değildir.** 8. **Bu otobüs uzun mudur?**
E. 1. Four glasses. 2. Six clean forks 3. Eight expensive cars 4. These books are new. 5. Those are new houses. 6. That is an old ship. 7. Are they dirty bottles? 8. These aren't clean tables. 9. Is this a big school? 10. Those pictures are old. 11. That is a small bag. 12. Is that woman beautiful? 13. They aren't short trees.
F. 1. **Şu kalem uzundur.** 2. **Bunlar küçük kuşlar mıdır?** 3. **Onlar pahalı sözlük değildir.** 4. **Bu ucuz bir defter midir?** 5. **Bu uzun bir otobüstür.** 6. **Şu sepetler büyük değildir.** 7. **Bunlar eski resimdir.** 8. **Bu pencereler kirli midir?** 9. **Şu büyük bir köpektir.** 10. **O kısa bir kalem değildir.** 11. **Üç kız** 12. **Altı ucuz kitap** 13. **Beş temiz tabak**

VOCABULARY

BURADA Yeni defter buradadır.	HERE The new note-book is here.
ŞURADA Adamlar şuradadır.	THERE The men are there.
ORADA Büyük köpek oradadır.	THERE The big dog is there.
NEREDE Öğretmenler nerededir?	WHERE Where are the teachers?
VAR Burada bir sepet vardır.	THERE IS/ARE There is a basket here.
YOK Orada bir ev yoktur.	THERE ISN'T/AREN'T There isn't a house there.
KUTU Bu küçük bir kutudur.	BOX This is a small box.
ZOR O ders zor mudur?	DIFFICULT Is that lesson difficult?
KOLAY Bu ders kolaydır.	EASY This lesson is easy.
DERS Bu zor bir derstir.	LESSON This is a difficult lesson.
FABRİKA Fabrika nerededir?	FACTORY Where is the factory?
İŞÇİ İşçiler oradadır.	WORKER The workers are there.

BURADA ŞURADA ORADA

Burada is an adverb of place, used to refer to something which is near (English, 'here').

Kadın buradadır. **Güzel kadın buradadır.**	The woman is here. The beautiful woman is here.

Çantalar buradadır.	The bags are here.
Yeni çantalar buradadır.	The new bags are here.

Bardaklar buradadır.	The glasses are here.
Temiz bardaklar buradadır.	The clean glasses are here.

Şurada and **orada** are used for things at a distance. In English we would use 'there' for both.

Otobüs şuradadır.	The bus is there.
Uzun otobüs şuradadır.	The long bus is there.

Kızlar şuradadır.	The girls are there.
Güzel kızlar şuradadır.	The beautiful girls are there.

Televizyon oradadır.	The television is there.
Yeni televizyon oradadır.	The new television is there.

Gemiler oradadır.	The ships are there.
Büyük gemiler oradadır.	The big ships are there.

NEREDE

The question word **nerede** (= where) we met in the last lesson.

O nedir?	What is it?
O nerededir?	Where is it?
Bu nerededir?	Where is this?
Şu nerededir?	Where is that?
Bunlar nerededir?	Where are these?
Şunlar nerededir?	Where are those?
Onlar nerededir?	Where are they?

Öğretmen nerededir?	Where is the teacher?
Sepet nerededir?	Where is the basket?

İşçiler nerededir?	Where are the workers?
Güller nerededir?	Where are the roses?

Büyük ev nerededir?	Where is the big house?
Ucuz kitaplar nerededir?	Where are the cheap books?
Eski resimler nerededir?	Where are the old pictures?

object	where	be-suffix
Adam	nerede	dir?
Kutu	nerede	dir?
İşçiler	nerede	dir?

Sentences in Negative and Question Forms

Kutu burada mıdır?	Is the box here?
Büyük çanta burada mıdır?	Is the big bag here?

Pahalı araba şurada mıdır?	Is the expensive car there?
Top orada mıdır?	Is the ball there?
Kutu burada değildir.	The box isn't here.
Büyük çanta burada değildir.	The big bag isn't here.
Pahalı araba şurada değildir.	The expensive car isn't there.
Top orada değildir.	The ball isn't there.
Eski resimler orada değildir.	The old pictures aren't there.

Kutu burada mıdır?	Is the box here?
Evet, buradadır.	Yes, it is.
Hayır, değildir.	No, it isn't.
Kutu nerededir?	Where is the box?
(Kutu) şuradadır.	(The box) is there. / It is there.

Kedi şurada mıdır?	Is the cat there?
Evet, şuradadır.	Yes, it is.
Hayır, değildir.	No, it isn't.
Kedi nerededir?	Where is the cat?
(Kedi) buradadır.	(The cat) is here. / It is here.

Yeni anahtarlar orada mıdır?	Are the new keys there?
Evet, oradadır.	Yes, they are.
Hayır, değildir.	No, they aren't.
Yeni anahtarlar nerededir?	Where are the new keys?
(Yeni anahtarlar) buradadır.	(The new keys) are here. / They are here.

In the sentence above, the question may be answered without repeating **kedi**.
Kedi nerededir?
Buradadır.

Again, the be-suffix (**-dır**) may be omitted.

Kutu buradadır.	The box is here.
Kutu burada.	The box is here.

Kutu burada mıdır?	Is the box here?
Kutu burada mı?	Is the box here?

Kutu burada değildir.	The box isn't here.
Kutu burada değil.	The box isn't here.

VAR YOK

Var and **yok** are used to say whether something exists or is in a certain place, or not.

...... var.	There is ......
...... bir kalem var.	There is a pencil......

Burada bir oğlan var.	There is a boy here.
Burada bir otobüs var.	There is a bus here.
Şurada bir kız var.	There is a girl there.
Şurada bir kutu var.	There is a box there.
Orada bir pencere var.	There is a window there.
Orada bir sandalye var.	There is a chair there.

Var and **yok** are used for both singular and plural nouns. They do not change.

Burada otobüsler var.	There are busses here.
Şurada işçiler var.	There are workers there.
Orada sandalyeler var.	There are chairs there.
Burada üç adam var.	There are three men here.
Şurada on tabak var.	There are ten plates there.

PRACTICE 8

A: Answer these questions using the words in brackets.
1. **Köpek nerededir? (burada)** 2. **Yeni okul nerededir? (burada)** 3. **Sandalyeler nerededir? (şurada)** 4. **Şu nedir? (pencere)** 5. **Onlar nedir? (ağaç)** 6. **Küçük çocuklar nerededir? (orada)** 7. **Bu bir araba mıdır yoksa bir otobüs müdür? (otobüs)** 8. **Eski çantalar nerededir? (orada)** 9. **Onlar ağaç mıdır yoksa çiçek midir? (ağaç)** 10. **Şu bir ev midir? (Evet)**

B: Put these sentences into positive, negative or question form, as indicated.
1. **Küçük kedi buradadır. (olumsuz)** 2. **Eski arabalar burada değildir. (olumlu)** 3. **İşçiler şuradadır. (soru)** 4. **Yeni evler orada değildir. (soru)** 5. **Güller burada mıdır? (olumlu)** 6. **Büyük toplar orada mıdır? (olumsuz)** 7. **Gemiler oradadır. (olumsuz)** 8. **Şu temiz bir odadır. (soru)**

C: Put the adjectives in brackets into these sentences.
1. **Ev nerededir? (küçük)** 2. **Arabalar buradadır. (yeni)** 3. **Bu bir toptur. (büyük)** 4. **Orada bir ev var. (eski)** 5. **Onlar derstir. (zor)** 6. **Tabaklar nerededir? (temiz)** 7. **Şurada masalar var. (uzun)** 8. **Kadın buradadır. (güzel)**

D: Translate into English.
1. **Orada bir adam var.** 2. **Küçük kedi nerededir?** 3. **Burada üç öğrenci var.** 4. **Öğretmen ve öğrenciler şuradadır.** 5. **Pahalı çanta buradadır.** 6. **Eski resim burada mıdır? Hayır, değildir. O nerededir? (O) şuradadır.** 7. **Yeni otobüs burada değildir.** 8. **Şurada dört büyük köpek var.**

E: Translate into Turkish.
1. There are two keys here. 2. The long trees are there. 3. Is the ugly child here? 4. Where are the new boxes? 5. The hospital and the factory are old. 6. There is a dirty glass here. 7. The new dictionaries aren't there. 8. There are five small rooms here.

PRACTICE 8 - ANSWERS

A. 1. **Köpek buradadır.** 2. **Yeni okul buradadır.** 3. **Sandalyeler şuradadır.** 4. **O bir penceredir.** 5. **Onlar ağaçtır.** 6. **Küçük çocuklar oradadır.** 7. **O bir otobüstür.** 8. **Eski çantalar oradadır.** 9. **Onlar ağaçtır.** 10. **Evet, evdir.**
B. 1. **Küçük kedi burada değildir.** 2. **Eski arabalar buradadır.** 3. **İşçiler şurada mı?** 4. **Yeni evler orada mı?** 5. **Güller burada değildir.** 6. **Büyük toplar orada değildir.** 7. **Gemiler orada değildir.** 8. **Şu temiz bir oda mıdır?**
C. 1. **Küçük ev nerededir?** 2. **Yeni arabalar buradadır.** 3. **Bu büyük bir toptur.** 4. **Orada eski bir ev var.** 5. **Onlar zor derstir.** 6. **Temiz tabaklar nerededir?** 7. **Şurada uzun masalar var.** 8. **Güzel kadın buradadır.**
D. 1. There is a man there. 2. Where is the small cat? 3. There are three students here. 4. The teachers and the students are there. 5. The expensive bag is here. 6. Is the old picture here? No, it isn't. Where is it? It is there. 7. The new bus isn't here. 8. There are three big dogs there.
E. 1. **Burada iki anahtar var.** 2. **Uzun ağaçlar oradadır.** 3. **Çirkin çocuk burada mıdır?** 4. **Yeni kutular nerededir?** 5. **Hastane ve fabrika eskidir.** 6. **Burada pis bir bardak var.** 7. **Yeni sözlükler orada değildir.** 8. **Burada beş küçük oda var.**

VOCABULARY

UÇAK	AEROPLANE
Burada eski bir uçak var.	There is an old aeroplane.
TAKSİ	TAXI
Taksi nerededir?	Where is the taxi?
PEYNİR	CHEESE
Peynir buradadır.	The cheese is here.
YUMURTA	EGG
Orada sekiz yumurta var.	There are eight eggs there.
BUZDOLABI	REFRIGERATOR
Buzdolabı orada değildir.	The refrigerator isn't there.
RADYO	RADIO
Yeni radyo buradadır.	The new radio is here.
TELEFON	TELEPHONE
Telefon nerededir?	Where is the telephone?
SİNEMA	CINEMA
Bu büyük bir sinemadır.	This is a big cinema.
YATAK	BED
Bu yatak temizdir.	This bed is clean.
ELBİSE	DRESS
Şu elbise pahalı mıdır?	Is that dress expensive?

VAR MI?

Now we will look at **var** used in questions.

...... var.	There is ......
...... var mı?	Is there ......

Burada bir top var.	There is a ball here.
Burada bir top var mı?	Is there a ball here?
Şurada bir elbise var mı?	Is there a dress there?
Orada bir radyo var mı?	Is there a radio there?
Burada bir yatak var mı?	Is there a bed here?
Orada işçiler var mı?	Are there workers there?

Şurada yumurtalar var mı?	Are there eggs there?
Orada iki doktor var mı?	Are there two doctors there?
Burada üç kız var mı?	Are there three girls here?

YOK

Yok is the opposite of **var**, telling us that things aren't in a certain place or do not exist.

...... var.	There is ......
...... yok.	There isn't ......

Burada bir top yok.	There isn't a ball here.
Şurada bir elbise yok.	There isn't a dress there.
Orada bir radyo yok.	There isn't a radio there.
Burada bir yatak yok.	There isn't a bed here.
Orada işçiler yok.	There aren't workers there.
Şurada yumurtalar yok.	There aren't eggs there.
Orada iki doktor yok.	There aren't two doctors there.
Burada üç kız yok.	There aren't three girls here.

To make negative questions with **yok**, the question marker is **mu** (following vowel harmony).

Burada bir çiçek yok mu?	Isn't there a flower here?
Şurada bir elbise yok mu?	Isn't there a dress there?
Orada bir radyo yok mu?	Isn't there a radio there?
Burada öğrenciler yok mu?	Aren't there students here?
Orada iki doktor yok mu?	Aren't there two doctors there?

Short Answers – Kısa Cevaplar

Burada bir top var mı?	Is there a ball here?
Evet, var. (Evet, burada bir top var.)	Yes there is. (Yes, there is a ball here.)
Hayır, yok. (Hayır, burada bir top yok.)	No, there isn't. (No, there isn't a ball here.)
Şurada bir elbise var mı?	Is there a dress there?
Evet, var.	Yes, there is.
Hayır, yok.	No, there isn't.

Orada bir radyo var mı?	Is there a radio there?
Evet var.	Yes, there is.
Hayır, yok.	No, there isn't.
Şurada iki doktor var mı?	Are there two doctors there?
Evet, var.	Yes, there are.
Hayır, yok.	No, there aren't.

NOUN CASES

The Locative

Turkish has five noun cases, each made by adding a particular suffix. In this lesson we shall look at one of these (the rest will be introduced later).

To make the locative case we add the locational suffix **-de/-da**, according to vowel harmony (**-de** when the last vowel is **e, i, ö, ü, -da when it is a, ı, o, u**).

The locative used to give information about the position of something or someone. English equivalents are the prepositions 'in, on, at'. Study these examples.

Let us take the word **masa** as an example. The last vowel being **a, -da** is used. For the word **ev**, on the other hand, as the last vowel is **e** the locational suffix is **de**.

masa	a	table
masada		on the table
kapı	ı	door
kapıda		at the door
salon	o	hall
salonda		in the hall
okul	u	school
okulda		in the school
ev	e	house
evde		in the house
taksi	i	taxi
takside		in the taxi
göz	ö	eye
gözde		in the eye
ütü	ü	iron
ütüde		on the iron

İzmirde	in Izmir
televizyonda	on television
gemide	on the ship
odada	in the room
pencerede	at the window
sinemada	at the cinema
hastanede	at/in hospital

If the word ends in **ç, f, h, k, p, s, ş, t** , **-te/-ta** is used instead of **-de/-da**.

ağaç	ç	tree
ağaçta		in the tree

uçak	k	aeroplane
uçakta		on the aeroplane
kitap	p	book
kitapta		in the book
•		
otobüs	s	bus
otobüste		on the bus
sepet	t	basket
sepette		in the basket
sözlükte		in the dictionary
bardakta		in the glass

We can make sentences using **var** and **yok** with nouns in the locative.

Evde bir adam var.	There is a man in the house.
Masada bir tabak var.	There is a plate on the table.
Odada yataklar var.	There are beds in the room.
Sepette portakallar var.	There are oranges in the basket.
Otobüste bir oğlan var.	There is a boy on the bus.
Okulda dört öğretmen var.	There are four teachers in the school.
Pencerede küçük bir kuş var.	There is a small bird at the window.

Bahçede bir köpek var mı?	Is there a dog in the garden?
Masada bir şişe var mı?	Is there a bottle on the table?
Evde dört oda var mı?	Are there four rooms in the house?
Bahçede pahalı bir araba var mı?	Is there an expensive car in the garden?
Odada çocuklar var mı?	Are there children in the room?
Bahçede bir köpek yok.	There isn't a dog in the garden.
Odada çocuklar yok.	There aren't children in the room.
Evde dört oda yok.	There aren't four rooms in the house.
Masada temiz bir tabak yok.	There isn't a clean plate on the table.

Locational suffixes may be used in sentences with the be-suffix (although, as previously mentioned, the third person form **-dir** is not usually used in speaking).

Köpek bahçededir.	The dog is in the garden.
Adam arabadadır.	The man is in the car.
Portakallar sepettedir.	The oranges are in the basket.
Ucuz çantalar fabrikadadır.	The cheap bags are in the factory.
Eski kalemler çantadadır.	The old pencils are in the bag.

Köpek bahçede değildir.	The dog isn't in the garden.
Adam arabada değildir.	The man isn't in the car.
Portakallar sepette değildir.	The oranges aren't in the basket.
Ucuz çantalar fabrikada değildir.	The cheap bags aren't in the factory.
Eski kalemler çantada değildir.	The old pencils aren't in the bag.

Köpek bahçede midir?	Is the dog in the garden?
Adam arabada mıdır?	Is the man in the car?
Portakallar sepette midir?	Are the oranges in the basket?
Ucuz çantalar fabrikada mıdır?	Are the cheap bags in the factory?
Eski kalemler çantada mıdır?	Are the old pencils in the bag?

PRACTICE 9

A: Make these into questions.
1. **Evde bir kadın var.** 2. **Bahçede üç küçük kuş var.** 3. **Kedi evdedir.** 4. **Temiz bardaklar masadadır.** 5. **Arabada iki çocuk var.**

B: Make these into negatives.
1. **Masada tabaklar var.** 2. **Parkta büyük bir köpek var.** 3. **Anahtarlar çantadadır.** 4. **İşçiler fabrikadadır.** 5. **Bahçede küçük bir kız var.**

C: Give short answers in the positive or negative as indicated.
1. **Okulda dört öğretmen var mı? (olumlu)** 2. **Kutuda kalemler var mı? (olumsuz)** 3. **İşçiler otobüste midir? (olumlu)** 4. **Kuşlar ağaçta mıdır? (olumsuz)** 5. **Orada telefon var mı? (olumlu)**

D: Fill the gaps.
1. **Telefon masa..... .** 2. **Çocuk sinema... ...?** 3. **Salon..... resimler var.** 4. **Oda... sandalye var ...?** 5. **Kuş ağaç..... değildir.** 6. **Taksi... şoför var ...?** 7. **Öğretmen otobüs..... .**

E: Look at the example and make three sentences for each pair of words.
Example : kutu - kalem → Kutuda kalem var. Kutuda kalem yok. Kutuda kalem var mı?
1. **masa - tabak** 2. **araba - doktor** 3. **ev - telefon** 4. **ağaç - kedi** 5. **okul - öğretmenler** 6. **oda - yatak** 7. **salon - televizyon** 8. **hastane - doktorlar**

F: Translate the following sentences into English.
1. **Odada iki kadın var.** 2. **Bahçede pahalı bir araba var.** 3. **Masada üç tabak ve üç kaşık var.** 4. **Eski kitap okulda mı?** 5. **O hastane İstanbulda değildir.** 6. **Çantada kitaplar var mı?** 7. **Resimler salonda mı? Evet, salondadır.** 8. **Adamlar oteldedir.**

G: Translate the following sentences into Turkish.
1. **There are two dictionaries in the bag.** 2. **The big bottles are on the table.** 3. **The students aren't in the garden.** 4. **Is there a man on the bus?** 5. **Is the dog on the chair?** 6. **There aren't five oranges in the basket.** 7. **Is the cheese on the table? No, it isn't.** 8. **Is the doctor on the plane?**

PRACTICE 9 - ANSWERS

A. 1. **Evde bir kadın var mı?** 2. **Bahçede üç küçük kuş var mı?** 3. **Kedi evde midir?** 4. **Temiz bardaklar masada mıdır?** 5. **Arabada iki çocuk var mı?**
B. 1. **Masada tabaklar yok.** 2. **Parkta büyük bir köpek yok.** 3. **Anahtarlar çantada değildir.** 4. **İşçiler fabrikada değildir.** 5. **Bahçede küçük bir kız yok.**
C. 1. **Evet, var.** 2. **Hayır, yok.** 3. **Evet, otobüstedir.** 4. **Hayır, değildir.** 5. **Evet, var.**
D. 1. **dadır** 2. **da mı** 3. **da** 4. **da, mı** 5. **ta** 6. **de, mı** 7. **tedir**
E. 1. **Masada tabak var. Masada tabak yok. Masada tabak var mı?** 2. **Arabada doktor var. Arabada doktor yok. Arabada doktor var mı?** 3. **Evde telefon var. Evde telefon yok. Evde telefon var mı?** 4. **Ağaçta kedi var. Ağaçta kedi yok. Ağaçta kedi var mı?** 5. **Okulda öğretmenler var. Okulda öğretmenler yok. Okulda öğretmenler var mı?** 6. **Odada yatak var. Odada yatak yok. Odada yatak var mı?** 7. **Salonda televizyon var. salonda televizyon yok. Salonda televizyon var mı?** 8. **Hastanede doktorlar var. Hastanede doktorlar yok. Hastanede doktorlar var mı?**
F. 1. **There are two women in the room.** 2. **There is an expensive car in the garden.** 3. **There are three plates and three spoons on the table.** 4. **Is the old book in the school?** 5. **That hospital isn't in Istanbul.** 6. **Are there books in the bag?** 7. **Are the pictures in the hall? Yes, they are.** 8. **The men are in the hotel.**
G. 1. **Çantada iki sözlük var.** 2. **Büyük şişeler masadadır.** 3. **Öğrenciler bahçede değildir.** 4. **Otobüste bir adam var mı?** 5. **Köpek sandalyenin üstünde mi?** 6. **Sepette beş portakal yok.** 7. **Peynir masanın üstünde mi? Hayır, değildir.** 8. **Doktor uçakta mı?**

VOCABULARY

DUVAR	WALL
Duvarda eski bir resim var.	There is an old picture on the wall
TAVAN	CEILING
Tavanda bir lamba var mı?	Is there a lamp on the ceiling?
YER	FLOOR, GROUND, PLACE
Çanta yerde midir yoksa masada mıdır?	Is the bag on the floor or on the table?
MUTFAK	KITCHEN
Mutfak nerededir?	Where is the kitchen?
BANYO	BATHROOM
Burada büyük bir banyo var.	There is a big bathroom
BİLGİSAYAR	COMPUTER
Orada bir bilgisayar var mı?	Is there a computer there?
KOLTUK	ARMCHAIR
Büyük koltuklar salondadır.	The big armchairs is in the hall.
KİM	WHO
Bu adam kimdir?	Who is this man?
DOLAP	CUPBOARD
Dolapta yeni elbiseler var.	There are new dresses in the cupboard.
LAMBA	LAMP
Odada lamba yok.	There isn't a lamp in the room.
DÜKKÂN	SHOP
Dükkânda iki işçi var.	There are two workers in the shop.
PARA	MONEY
Çantada para var mı?	Is there any money in the bag?
KÂĞIT	PAPER
Kâğıtlar nerededir?	Where is the paper?

NE – NELER

We have seen sentences using the question word **ne** (what).

Bu nedir?	What is this?
Bu bir kutudur.	This is a box.

Now we look at sentences which combine **ne** and **var**.

Evde ne var?	What is (there) in the house?
Evde bir buzdolabı var.	There is a fridge in the house.

Masada ne var?	hat is (there) on the table?
Masada iki tabak ve üç bardak var.	There are two plates and three glasses on the table.

Duvarda ne var?	What is (there) on the wall?
Duvarda eski bir resim var?	There is an old picture on the wall.

Çantada ne var?	What is (there) in the bag?
Çantada para var.	There is some money in the bag.

If you think that a question using **ne** will have an answer in the plural, add the plural suffix **-ler** to **ne**.

Bahçede neler var?	What are there in the garden?
Bahçede çiçekler var.	There are flowers in the garden.

Çantada neler var?	What are there in the bag?
Çantada anahtarlar ve kalemler var.	There are keys and pencils in the bag.

KİM - KİMLER

Kim is another question word, in English 'who'.

Evde kim var?	Who is there in the house?
Evde bir adam var.	There is a man in the house.

Bahçede kim var?	Who is there in the garden?
Bahçede güzel bir kadın var.	There is a beautiful woman in the garden.

Hastanede kim var?	Who is there in the hospital?
Hastanede bir doktor var.	There is a doctor in the hospital.

As we saw with the question **ne**, again add **-ler** if the expected answer is plural.

Hastanede kimler var?	Who are there in the hospital?
Hastanede doktorlar var.	There are doctors in the hospital.

Parkta kimler var?	Who are there in the park?
Parkta çocuklar var.	There are children in the park.

As in English, short answers can be given without repeating the place.

Odada ne var?	What is there in the room?
Bir yatak var.	(There is) a bed.

Ağaçta ne var?	What is there in the three?
Kuş var.	(There is) a bird.

Köprüde neler var?	What is (there) on the bridge?
Taksi ve otobüsler var.	There are taxis and buses.
Salonda kim var?	Who is there in the hall?
Bir adam var.	There is a man.
Okulda kimler var?	Who is there in the school?
Öğrenciler var.	There are students.
Otobüste kimler var?	Who are there on the bus?
Öğretmenler var.	There are teachers.

The question word **kim** can be used with demonstratives, as in these examples.

Bu kim(dir)?	Who is this?
Şu kim(dir)?	Who is that?

Answers will specify the name.

Bu kim?	Who is this?
Bu Sumru.	This is Sumru.
O kim?	Who is it?
O Kenan.	It is Kenan.

Such questions can be asked using **bu/şu/o** adjectivally.

Bu adam kim(dir)?	Who is this man?
Bu çocuk kim(dir)?	Who is this child?
Şu adam kim?	Who is that man?
Şu doktor kim?	Who is that doctor?
O kadın kim?	Who is that woman?

Here are answers to this type of question.

Bu adam kimdir?	Who is this man?
Bu adam Ahmettir.	This is Ahmet.
Şu doktor kimdir?	Who is that doctor?
Şu doktor Hasandır.	That doctor is Hasan.

In speaking it is usual to use shortened forms, as in these examples.

Bu adam kimdir?	or, instead	**Bu adam kim?**
Bu adam Ahmettir.	or, instead	Ahmet.
Şu doktor kimdir?	or, instead	**Şu doktor kim?**
Şu doktor Hasandır.	or, instead	Hasan.

NEREDE

We saw the question word **nerede** previously. Here we see it used with the grammar introduced in this lesson.

Okul nerededir?	Where is the school?
Okul şuradadır.	The school is there.
Telefon nerededir?	Where is the telephone?
Telefon oradadır.	The telephone is there.

Answers to the question **nerede** use the locational suffix.

Yeni kitaplar nerededir?	Where are the new books?
Yeni kitaplar çantadadır.	The new books are in the bag.
Dolap nerededir?	Where is the cupboard?
Dolap odadadır.	THe cupboard is in the room.
Kızlar nerededir?	Where are the girls?
Kızlar sinemadadır.	The girls are in the cinema.

In answers, rather than repeat the subject, **o/onlar** can be used, or nothing at all, as shown below.

Bardak nerededir?	instead	Bardak nerede?
Bardak masanın üstündedir.	instead	O masanın üstündedir.
	or only	Masanın üstündedir.

Notes

From this lesson onwards, reading passages with questions and answers containing newly introduced grammar points will be given at the end of every other lesson. It will be preceded by a section with new vocabulary. Study these carefully.

de, da

Da, de (according to vowel harmony) is used to mean 'too, also'. It is unaffected by question or negative form (although in the negative 'either' is a better translation.)

Odada sandalye de var.	There is also a chair in the room.
Masada defter de var mı?	Is there also a notebook on the table?
Çantada anahtar da yok.	There isn't a key in the bag, either.
Kedi de buradadır.	The cat is here, too.

READING PASSAGES

Bu nedir? Bir masadır. Büyük bir masadır. O odadadır. Masada ne var? Üç tabak, üç çatal ve üç kaşık var. Bardak da var mı? Evet, var.

What is this? It is a table.It is a big table. It is in the room. What are there on the table. There are three plates, three forks and three spoons. Is there a glass, too? Yes, there is.

Burası neresidir? Bir dükkândır. Küçük bir dükkândır. Dükkânda neler var? Uzun bir masa, sandalyeler ve dolap var. Duvarda bir resim de var. Resim eski mi yoksa yeni mi? O yeni. Eski değil.

Where is this place? It is a shop. It is a small shop. What are there in the shop? There is a long table, chairs and a cupboard. There is also a picture on the wall. Is the picture old or new? It is new. It isn't old. What is there on

> Masada ne var? Bir bilgisayar, radyo ve kâğıtlar var. Kalem de var mı? Hayır, yok.

> the table? There is a computer, a radio and some paper. Is there a pencil, too? No, there isn't.

Questions and Answers to the Reading Passage

Bu nedir?
What is this?

O bir masadır.
It is a table.

Masa büyük müdür yoksa küçük müdür?
Is the table big or small?

Büyüktür.
It is big.

Masa nerededir?
Where is the table?

Odadadır.
It is in the room.

Masada ne var?
What are there on the table?

Üç tabak, üç çatal ve üç kaşık var.
There are three plates, three forks and three spoons.

Bardak da var mı?
Is there a glass, too?

Evet, var.
Yes, there is.

Dükkân küçük müdür yoksa büyük müdür?
Is the shop big or small?

Küçüktür.
It is small.

Dükkânda masa var mı?
Is there a table in the shop?

Evet, var.
Yes, there is.

Dolap da var mı?
Is there a cupboard, too?

Evet, var.
Yes, there is.

Resim nerededir?
Where is the picture?

O duvardadır.
It is on the wall.

Resim eski midir yoksa yeni midir?
Is the picture old or new?

Yenidir.
It is new.

Masada ne var?
What is there on the table?

Bilgisayar, radyo ve kâğıtlar var.
There are a computer, a radio and some papers.

PRACTICE 10

A: Answer using the word in brackets.
1. **Kediler nerede? (bahçe)** 2. **Öğrenciler nerede? (okul)** 3. **Bardak ve tabaklar nerede? (masa)** 4. **Elbiseler nerede? (dolap)** 5. **Çiçek ve ağaçlar nerede? (park)**

B: Make questions from these sentences using **ne** and **kim**.
1. **Masada elma var.** 2. **Bahçede iki kedi var.** 3. **Evde bir televizyon var.** 4. **Fabrikada bir adam var.** 5. **Okulda bir öğrenci var.** 6. **Otobüste bir çocuk var.** 7. **Çantada bir kalem ve bir anahtar var.** 8. **Defterde zor bir ders var.** 9. **Hastanede bir doktor var.** 10. **Dükkânda iki işçi var.**

C: Make questions and answers, as shown.

Example : masa (defter) → Masada ne var? Masada defter var. ev (adam) → Evde kim var? Evde adam var.

1. **araba (çanta)** 2. **ev (çocuk)** 3. **oda (öğretmen)** 4. **masa (bardak)** 5. **dükkân (bilgisayar)** 6. **sinema (kız)** 7. **duvar (resim)** 8. **tavan (lamba)** 9. **banyo (Ahmet)** 10. **taksi (kadın)**

D: Make these into negatives
1. **Kutuda on kalem var.** 2. **Kadın banyodadır.** 3. **Yerde çanta ve top var.** 4. **Sandalyede bir kız var.** 5. **Yumurtalar masadadır.**

E: Translate into English.
1. **Masada neler var? Bardaklar var.** 2. **Kız nereededir? Kız okuldadır.** 3. **Bahçede kimler var? Çocuklar var.** 4. **Bu zor bir ders midir? Hayır, kolaydır.** 5. **Sepette elma ve portakallar var.** 6. **Resim nereededir? Resim duvardadır.** 7. **Tavanda ne var? Lamba var.** 8. **Dükkânda bir radyo ve bir bilgisayar var.** 9. **Mutfakta ne var? Buzdolabı var.** 10. **Çantada anahtar da var mı?**

F: Translate into Turkish.
1. Are there two dogs in the garden? 2. There isn't that doctor in the hospital. 3. What is there in the park? There is a car in the park. 4. There is also a television in the room. 5. Who are there in the hall? There are five teachers in the hall. 6. Where is the long pencil? It is on the floor. 7. The cheap dresses are in the shop. 8. Is there a clean plate on the table?

PRACTICE 10 - ANSWERS

A. 1. **Kediler bahçededir.** 2. **Öğrenciler okuldadır.** 3. **Bardak ve tabaklar masadadır.** 4. **Elbiseler dolaptadır.** 5. **Çiçek ve ağaçlar parktadır.**
B. 1. **Masada ne var?** 2. **Bahçede ne var?** 3. **Evde ne var?** 4. **Fabrikada kim var?** 5. **Okulda kim var?** 6. **Otobüste kim var?** 7. **Çantada ne var?** 8. **Defterde ne var?** 9. **Hastanede kim var?** 10. **Dükkânda kim var?**
C. 1. **Arabada ne var? Arabada çanta var.** 2. **Evde kim var? Evde çocuk var.** 3. **Odada kim var? Odada öğretmen var.** 4. **Masada ne var? Masada bardak var.** 5. **Dükkânda ne var? Dükkânda bilgisayar var.** 6. **Sinemada kim var? Sinemada kız var.** 7. **Duvarda ne var? Duvarda resim var.** 8. **Tavanda ne var? Tavanda lamba var.** 9. **Banyoda kim var? Banyoda Ahmet var.** 10. **Takside kim var? Takside kadın var.**
D. 1. **Kutuda on kalem yok.** 2. **Kadın banyoda değildir.** 3. **Yerde çanta ve top yok.** 4. **Sandalyede bir kız yok.** 5. **Yumurtalar masada değildir.**
E. 1. What are there on the table? There are glasses on the table. 2. Where is the girl? The girl is at school. 3. Who are there in the garden? There are the children in the garden. 4. Is this a difficult lesson? No, it isn't. It is easy. 5. There are apples and oranges in the basket. 6. Where is the picture? The picture is on the wall. 7. What is there on the ceiling? There is the lamp on the ceiling. 8. There are a radio and a computer in the shop. 9. What is there in the kitchen? There is a refrigerator in the kitchen. 10. Is there a key in the bag, too?
F. 1. **Bahçede iki köpek var mı?** 2. **Hastanede o doktor yok.** 3. **Parkta ne var? Parkta bir araba var.** 4. **Odada bir televizyon da var.** 5. **Salonda kimler var? Salonda beş öğretmen var.** 6. **Uzun kalem nereededir? O yerdedir.** 7. **Ucuz elbiseler dükkândadır.** 8. **Masada temiz bir tabak var mı?**

VOCABULARY

BEN Ben bir öğretmenim.	**I** I am a teacher.
SEN Sen bir doktorsun.	**YOU** You are a doctor.
BİZ Biz mühendisiz.	**WE** We are engineers.
SİZ Siz memursunuz.	**YOU** You are officials.
AMA, FAKAT Bu ev büyük ama pahalıdır.	**BUT** This house is big but expensive.
MÜHENDİS Mühendis buradadır.	**ENGINEER** The engineer is here.
MEMUR Zafer bir memurdur.	**EMPLOYEE** Zafer is an employee.
DİŞÇİ Dişçi takside mi?	**DENTIST** Is the dentist in the taxi?
İŞADAMI İşadamı İstanbuldadır.	**BUSINESSMAN** The businessman is in Istanbul.
HEMŞİRE Hemşireler hastanede mi?	**NURSE** Are the nurses in the
SÜTÇÜ Biz sütçüyüz.	**MILKMAN** We are milkman.
SABUN Banyoda sabun var mı?	**SOAP** Is there a soap in the bathroom?
HALI Yerde büyük bir halı var.	**CARPET** There is a big carpet on the
GENÇ O hemşire genç midir yoksa yaşlı mıdır?	**YOUNG** Is that nurse young or old?
YAŞLI Yaşlı kadın parktadır.	**OLD** The old woman is in the park.

PERSONAL PRONOUNS – ŞAHIS ZAMİRLERİ

In Turkish there are six personal pronouns, used to stand for people or things. They are listed here with English translations.

BEN	I
SEN	YOU
O	HE, SHE, IT
BİZ	WE
SİZ	YOU
ONLAR	THEY

Two points should be made clear here.

A) We have seen **o** used as a demonstrative and adjectival pronoun.

O bir kitaptır.
O kitap masadadır.

O is also used as a personal pronoun. Whereas English has three words (he, she, it) used to talk about males, females and non-living/non-human things, in Turkish there is only the single word **o**.

B) The English 'you' has two Turkish equivalents, **sen** and **siz**. **Sen** is the singular and informal (used between friends and family or when talking to children). **Siz** is the plural, used also for formality.

PERSONAL SUFFIXES

After personal pronouns a noun or adjective comes. These nouns and adjectives take personal suffixes, which, as you can see, are the same as the be-suffix.

Ben	**-(y)ım, -(y)im, -(y)um, -(y)üm**
Sen	**-sın, -sin, -sun, -sün**
O	**-dır, -dir, -dur, -dür**
Biz	**-(y)ız, -(y)iz, -(y)uz, -(y)üz**
Siz	**-sınız, -siniz, -sunuz, -sünüz**
Onlar	**-dır, -dir, -dur, -dür**

Usage of these suffixes follows the rules of vowel harmony.

BEN (I)

Ben bir işadamıyım.	I am a businessman.
Ben bir öğretmenim.	I am a teacher.
Ben bir doktorum.	I am a doctor.
Ben Kemalim.	I am Kemal.

The pronoun **ben** takes the suffix **-ım, -im, -um, -üm** according to vowel harmony. As two vowels do not go together in Turkish, when the word ends in a vowel, the buffer **y** is used. The word **işadamı** ends with a vowel, so when the first person suffix is used a buffer **y** is necessary.

Ben bir işadamı-y-ım.	I am a businessman.
Ben bir öğrenci-y-im.	I am a student.
Ben bir sütçü-y-üm.	I am a milkman.

SEN (YOU)

The second person singular suffix takes **-sın, -sin, -sun, -sün**, according to vowel harmony.

Sen bir işadamısın.	You are a businessman.
Sen bir sütçüsün.	You are a milkman.
Sen bir öğrencisin.	You are a student.
Sen bir dişçisin.	You are a dentist.
Sen Kemalsin.	You are Kemal.

O (HE, SHE, IT)

For **o**, use **-dır, -dir, -dur, -dür**. For words ending in **ç, f, h, k, p, s, ş, t**, the **d** in the suffix becomes **t**.

O bir işadamıdır.	He is a businessman.
O bir sütçüdür.	She is a milkman.
O bir öğrencidir.	She is a student.
O bir dişçidir.	She is a dentist.
O Kemaldir.	He is Kemal.
O bir mühendistir.	He is an engineer.
O bir köpektir.	It is a dog.

In speaking, **o** is usually used without the personal suffix.

O bir işadamı.	He is a businessman.
O bir öğretmen.	He is a teacher.
O bir doktor.	She is a doctor.
O bir mühendis.	He is an engineer.

BİZ (WE)

Biz takes **-ız, -iz, -uz, -üz**, again with buffer **y** as necessary.

Biz işadamıyız.	We are businessmen.
Biz doktoruz.	We are doctors.
Biz sütçüyüz.	We are milkmen.
Biz hemşireyiz.	We are nurses.

SİZ (YOU)

Siz takes **-sınız, -siniz, -sunuz, -sünüz**

Siz işadamısınız.	You are nurses.
Siz doktorsunuz.	You are doctors.
Siz sütçüsünüz.	You are milkmen.
Siz hemşiresiniz.	You are nurses.
Siz şoförsünüz.	You are drivers.

ONLAR (THEY)

Onlar uses the same suffixes as **o** (**-dır, -dir, -dur, -dür**). Depending on the relevant rules, **-ler/-lar** may be added, as shown in the sentences below.

Onlar işadamıdır(lar).	They are businessmen.
Onlar sütçüdür(ler).	They are milkmen.
Onlar öğrencidir(ler).	They are students.
Onlar dişçidir(ler).	They are dentists.

Onlar mühendistir(ler).	They are engineers.
Onlar polistir(ler).	They are policemen.

The personal suffix may be omitted.

Onlar işadamı.	They are businessmen.
Onlar doktor.	They are doctors.
Onlar polis.	They are policemen.

In spoken Turkish, person pronouns (and the word **bir**) are typically omitted, as this information is given through the use of personal suffixes. Compare the following pairs of sentences.

Ben bir öğretmenim.	I am a teacher.
Öğretmenim.	I am a teacher.

Ben bir işadamıyım.	I am a businessman.
İşadamıyım.	I am a businessman.

Sen bir mühendissin.	You are an engineer.
Mühendissin.	You are an engineer.

O bir polistir.	He is a policeman.
Polistir.	He is a policeman.

O bir şofördür.	He is a driver.
Şofördür.	He is a driver.

Biz hemşireyiz.	We are nurses.
Hemşireyiz.	We are nurses.

Siz işadamısınız.	You are businessmen.
İşadamısınız.	You are businessmen.

When **onlar** is left out, the plural suffix **-dırlar, -dirler, -durlar, -dürler** is used, to specify plurality. When **onlar** is used, **-ler/-lar** use is optional.

O polistir.	**Onlar polistir.**
Polistir.	**Polistirler.**

Onlar dişçidir(ler).	**Onlar sütçüdür(ler).**
Dişçidirler.	**Sütçüdürler.**

We have seen personal suffixes added to nouns, but they are also used with adjectives.

Ben yaşlıyım.	I am old.
Ben güzelim.	I am beautiful.

Sen yaşlısın.	You are old.
Sen gençsin.	You are young.

O güzeldir.	He is beautiful.
O çirkindir.	He is ugly.
Biz yaşlıyız.	We are old.
Biz çirkiniz.	We are ugly.
Siz yaşlısınız.	You are old.
Siz gençsiniz.	You are young.
Onlar gençtir.	They are young.
Onlar çirkindir.	They are ugly.

Both adjectives and nouns can be used.

Ben genç bir öğretmenim.	I am a young teacher.
Sen yaşlı bir öğretmensin.	You are an old teacher.
O güzel bir kadındır.	She is a beautiful woman.
Biz genç işadamıyız.	We are young businessmen.
Siz yaşlı adamlarsınız.	You are old men.
Onlar genç doktordur.	They are young doctors.

Personal suffixes can be added to the locational suffix **-de/-da**.

Ben evdeyim.	I am at home.
Sen bahçedesin.	You are in the garden.
O parktadır.	He is in the park.
Biz okuldayız.	We are in the school.
Siz otobüstesiniz.	You are on the bus.
Onlar sinemadadır.	They are in the cinema.

Use of Personal Pronouns instead of Nouns

Personal pronouns can take the place of nouns when the person or thing referred to is known, perhaps already mentioned.

Mehmet bir doktordur.	Mehmet is a doctor.
O bir doktordur.	He is a doctor.
Çocuklar okuldadır.	The children are in the school.
Onlar okuldadır.	They are in the school.
Sen ve ben evdeyiz.	You and I are in the house.
Biz evdeyiz.	We are in the house.
Otobüsler köprüdedir.	The buses are on the bridge.
Onlar köprüdedir.	They are on the bridge.
Nevin bir doktordur.	Nevin is a doctor.
O yaşlı bir doktordur.	She is an old doctor.

AMA, FAKAT

Ama, fakat (= but) are conjunctions joining sentences together.

Ev büyüktür.	The house is big.
Ev pahalıdır.	The house is expensive.

These two sentences can be joined using **ama/fakat**. In this process the first sentence loses its suffix -**dır** and the second loses its subject.

Ev büyük ama (fakat) pahalıdır.	The house is big but expensive.
Kadın güzel ama (fakat) yaşlıdır.	The woman is beautiful but old.
Bardaklar büyük ama (fakat) pistir.	The glasses are big but dirty.

Some Useful Expressions

Günaydın.	Good morning.
İyi akşamlar.	Good evening.
İyi geceler.	Good night.

There is no Turkish equivalent to the English 'good afternoon'. Use **iyi günler** instead.

İyi günler.	Good day(s).

İyi günler can be used at any time of day, and as an expression of farewell.

Merhaba.	Hello, Hi.

Merhaba is used as a greeting, at any time.

PRACTICE 11

A: Make sentences using the personal pronoun given.
1. ben - doktor 2. sen - mühendis 3. biz - öğrenci 4. siz - yaşlı 5. o - memur 6. onlar - dişçi 7. sen ve ben - öğretmen 8. ben - işçi 9. onlar - büyük 10. siz - şoför 11. biz - sütçü 12. o - genç 13. sen - hemşire 14. ben - işadamı 15. biz - mühendis

B: Replace the noun with an appropriate personal pronoun.
1. Çocuklar bahçededir. 2. Mehmet genç bir mühendistir. 3. Zeynep ve İnci güzel kızdır. 4. Ali ve ben evdeyiz. 5. Metin ve sen gençsiniz. 6. Ev büyüktür. 7. Arabalar ucuzdur. 8. Servet ve ben hemşireyiz.

C: Make sentences, replacing the personal pronoun with a personal suffix.

Example : Sen – öğrenci → Öğrencisin.
1. Ben - genç bir hemşire 2. Sen - güzel bir kadın 3. O - pahalı bir bilgisayar 4. Siz - mühendis 5. Biz - işadamı

D: Make single sentences out of the pairs given using **ama**.
1. Araba büyüktür. Araba pahalıdır. 2. Kadın güzeldir. Kadın yaşlıdır. 3. Tabaklar büyüktür. Tabaklar pistir. 4. Resimler eskidir. Resimler pahalıdır.

E: Translate into English
1. **Ayşe güzel bir hemşiredir.** 2. **Biz öğrenciyiz.** 3. **Genç adam doktordur.** 4. **Sen yaşlı bir mühendissin.** 5. **Onlar pahalı arabadır.** 6. **Bu ev büyük ama pahalıdır.** 7. **Siz dişçisiniz.** 8. **Ben uçaktayım.**

F: Translate into Turkish.
1. This man is a policeman. 2. You are a milkman. 3. We are old drivers. 4. Cemile and I are in that car. 5. This picture is old but expensive. 6. I am a businessman. 7. Young woman is in the shop. 8. You are in the bathroom.

PRACTICE 11 - ANSWERS

A. 1. **Ben doktorum.** 2. **Sen mühendissin.** 3. **Biz öğrenciyiz.** 4. **Siz yaşlısınız.** 5. **O memurdur.** 6. **Onlar dişçidir(ler).** 7. **Sen ve ben öğretmeniz.** 8. **Ben işçiyim.** 9. **Onlar büyüktür(ler).** 10. **Siz şoförsünüz.** 11. **Biz sütçüyüz.** 12. **O gençtir.** 13. **Sen hemşiresin.** 14. **Ben işadamıyım.** 15. **Biz mühendisiz.**
B. 1. **Onlar bahçededir(ler).** 2. **O genç bir mühendistir.** 3. **Onlar güzel kızdır(lar).** 4. **Biz evdeyiz.** 5. **Siz gençsiniz.** 6. **O büyüktür.** 7. **Onlar ucuzdur(lar).** 8. **Biz hemşireyiz.**
C. 1. **Genç bir hemşireyim.** 2. **Güzel bir kadınsın.** 3. **Pahalı bir bilgisayar.** 4. **Mühendissiniz.** 5. **İşadamıyız.**
D. 1. **Araba büyük ama pahalıdır** 2. **Kadın güzel ama yaşlıdır.** 3. **Tabaklar büyük ama pistir.** 4. **Resimler eski ama pahalıdır.**
E. 1. Ayşe is a beautiful nurse. 2. We are students. 3. The young man is a doctor. 4. You are an old engineer. 5. They are expensive cars. 6. This house is big but expensive. 7. You are dentists. 8. I am on the plane.
F. 1. **Bu adam bir polistir.** 2. **Sen bir sütçüsünüz.** 3. **Biz yaşlı şoförüz.** 4. **Cemile ve ben şu arabadayız.** 5. **Bu resim eski ama pahalıdır.** 6. **Ben bir işadamıyım.** 7. **Genç kadın dükkândadır.** 8. **Siz banyodasınız.**

VOCABULARY

ZENGİN O kadın zengindir.	RICH That woman is rich.
FAKİR Şu adam fakir midir yoksa zengin midir?	POOR Is that man poor or rich?
AVUKAT Avukat evdedir.	LAWYER The lawyer is at home.
ASKER Bahçede askerler var.	SOLDIER There are soldiers in the
SEKRETER Dükkânda bir sekreter var.	SECRETARY There is a secretary in the shop.
SOKAK Arabalar sokaktadır.	STREET The cars are in the street.
İYİ O iyi bir çocuktur.	GOOD, WELL, FINE She is a good child.
KÖTÜ O kötü bir adamdır.	BAD He is a bad man.
YORGUN Yaşlı adam yorgundur.	TIRED The old man is tired.
AYAKKABI Büyük ayakkabılar nerededir?	SHOE Where are the big shoes?
GÖMLEK Şu gömlekler pahalı mıdır?	SHIRT Are those shirts expensive?
CEKET Bu ceket eskidir.	JACKET This jacket is old.
ŞİMDİ Doktor şimdi hastanededir.	NOW The doctor is in the hospital now.

Question Form of Sentences with Personal Suffixes

The question marker **-mı/-mi/-mu/-mü** comes between the word and personal suffix.

66

To make a question from the statement **Ben zenginim,** insert the question marker **-mi** and add the buffer **y** before the personal suffix.

Ben yaşlı - mı - y - ım?	Am I old?
Ben zengin - mi - y - im?	Am I rich?
Ben yorgun - mu - y - um?	Am I tired?
Ben işçi miyim?	Am I a worker?
Ben sütçü müyüm?	Am I a milkman?
Ben yaşlı mıyım?	Am I old?

Sen yaşlı - mı - sın?	Are you old?
Sen zengin - mi - sin?	Are you rich?
Sen yorgun - mu - sun?	Are you tired?
Sen memur musun?	Are you an employee?
Sen yorgun musun?	Are you tired?

O yaşlı - mı - dır?	Is he old?
O şoför - mü - dür?	Is he a driver?
O hemşire midir?	Is he a nurse?
O memur mudur?	Is he an employee?
O güzel midir?	Is he beautiful?

The suffix **dır** is usually omitted.

O yaşlı mı?	Is he old?
O yorgun mu?	Is he tired?

Biz yaşlı - mı - yız?	Are we old?
Biz yorgun - mu - yuz?	Are we tired?
Biz hemşire miyiz?	Are we nurses?
Biz memur muyuz?	Are we employees?
Biz güzel miyiz?	Are we beautiful?

Siz yaşlı - mı - sınız?	Are you old?
Siz yorgun - mu - sunuz?	Are you tired?
Siz şoför - mü - sünüz?	Are you drivers?
Siz hemşire misiniz?	Are you nurses?
Siz memur musunuz?	Are you employees?

Onlar yaşlı - mı - dır?	Are they old?
Onlar şoför - mü - dür?	Are they drivers?
Onlar hemşire midir?	Are they nurses?
Onlar memur mudur?	Are they employees?
Onlar evde midir?	Are they at home?

NEGATIVE FORM

To put sentences using personal suffixes into the negative, use **değil** after the noun or adjective and add the personal suffix to **değil**.

Ben yaşlı değilim.	I am not old.
Ben zengin değilim.	I am not rich.
Ben hemşire değilim.	I am not a nurse.

Ben evde değilim.	I am not at home.

Sen genç değilsin.	You are not young.
Sen doktor değilsin.	You are not a doctor.
Sen evde değilsin.	You are not at home.
Sen sinemada değilsin.	You are not in the cinema.

O genç değil(dir).	She is not young.
O memur değil(dir).	She is not an employee.
O evde değil(dir).	She is not at home.
O sinemada değil(dir).	She is not in the cinema.

Biz yaşlı değiliz.	We are not old.
Biz genç değiliz.	We are not young.
Biz memur değiliz.	We are not employees.
Biz evde değiliz.	We are not at home.

Siz zengin değilsiniz.	You are not rich.
Siz doktor değilsiniz.	You are not doctors.
Siz hemşire değilsiniz.	You are not nurses.
Siz sinemada değilsiniz.	You are not in the cinema.

Onlar yaşlı değil(dir).	They are not old.
Onlar genç değil(dir).	They are not young.
Onlar memur değil(dir).	They are not employees.
Onlar evde değil(dir).	They are not at home.

Useful Expressions

Nasılsınız?	How are you?

Typical responses to this question are:

İyiyim, teşekkür ederim.	I am fine, thank you.
Teşekkür ederim, iyiyim.	I am fine, thank you.
İyiyim, sağ olun.	I am fine, thank you.
İdare eder.	I am OK.

Nasılsın is, of course, used with people you can address as **sen**. A response question is typical, beginning **sen** or **siz**.

Siz nasılsınız?	(And) how are you?
Sen nasılsın?	(And) how are you?

Ben de iyiyim, teşekkür ederim.   I too am well, thank you.

Here are some responses expressing appreciation.

Teşekkür ederim.	Thank you.
Çok teşekkür ederim.	Thank you very much.
Teşekkürler.	Thanks.
Çok teşekkürler.	Many thanks.
Sağ olun.	Thank you.

Sağ ol.	Thank you.

Responses:

Bir şey değil.	It is nothing. (Not at all.)
Rica ederim.	Not at all.
Rica ederim, bir şey değil.	

DIALOGUE

ASLI : Merhaba Hasan.	Hello Hasan.
HASAN: Merhaba Aslı.	Hello Aslı.
ASLI : Nasılsın?	How are you?
HASAN: İyiyim, teşekkür ederim.	I am fine, thank you.
Sen nasılsın?	And how are you?
ASLI : Ben de iyiyim.	I too am well.
HASAN: Öğretmen nerede?	Where is the teacher?
ASLI : Odada.	She is in the room.
HASAN: İyi günlcr.	Good days.(Goodbye.)
ASLI : İyi günler.	Good days.(Goodbye.)
JUNRİ: Günaydın.	Good morning.
GÜLAY: Günaydın.	Good morning.
JUNRİ: Banyo nerede?	Where is the bathroom?
GÜLAY: Şurada.	Over there.
JUNRİ: Banyoda sabun var mı?	Is there any soap in the bathroom?
GÜLAY: Evet, var.	Yes, there is.
JUNRİ: Mutfak nerede?	Where is the kitchen?
GÜLAY: Orada.	Over there.
JUNRİ: Mutfakta buzdolabı var mı?	Is there a refrigerator in the kitchen?
GÜLAY: Evet, var.	Ycs, thcrc is.
JUNRİ: Masa var mı?	Is there a table'?
GÜLAY: Evet, var.	Yes, there is.
JUNRİ: Masada peynir var mı?	Is there any cheese on the table?
GÜLAY: Hayır, yok.	No, there isn't.
ÖMER: Bahçede kim var?	Who is there in the garden?
IŞIK: Çocuklar var.	There are children.
ÖMER: Kediler de var mı?	Are there cats, too?
IŞIK: Evet, var.	Yes, there are.
ÖMER: Evde kim var?	Who is there in the house?
IŞIK: Ayşe var.	(There is) Ayşe.
ÖMER: O öğretmen mi?	Is she a teacher?
IŞIK: Hayır, değil.	No, she isn't.
ÖMER: Hemşire mi?	Is she a nurse?
IŞIK: Evet, hemşire.	Yes, she is.
ÖMER: O şimdi nerede?	Where is she now?
IŞIK: Hastanede.	She is in the hospital.
ÖMER: Hastane nerede?	Where is the hospital?
IŞIK: Bakırköyde.	It is in Bakırköy.

PRACTICE 12

A: Make sentences using personal pronouns with **işadamı** and **yaşlı**, as below.
Example : doktor
1. **Ben doktorum.** 2. **Sen doktorsun.** 3. **O doktordur.** 4. **Biz doktoruz.** 5. **Siz doktorsunuz.**
6. **Onlar doktordur.**

B: Change into questions.
1. **Ben hemşireyim.** 2. **Onlar öğrencidir.** 3. **Ahmet iyi bir doktordur.** 4. **Sen yaşlı bir öğretmensin.** 5. **Biz şimdi evdeyiz.** 6. **Siz iyi bir şoförsünüz.** 7. **O güzel bir kızdır.** 8. **Biz şimdi yorgunuz.**
C: Make these negative.
1. **Biz yaşlı kadınız.** 2. **O küçük bir evdir.** 3. **Ben şimdi okuldayım.** 4. **Sen iyi bir çocuksun.** 5. **Biz sinemadayız.** 6. **Adamlar uçaktadır.** 7. **Siz kötü bir dişçisiniz.**

D: Rewrite using the pronoun given in brackets.
1. **O bir mühendistir. (ben)** 2. **Sen genç bir kadınsın. (o)** 3. **Biz orada değiliz. (siz)** 4. **Ben bir hemşire değilim. (sen)** 5. **Onlar sinemada mıdır? (biz)** 6. **Siz iyi dişçi misiniz? (onlar)** 7. **Ben yaşlı bir sekreter değilim. (biz)** 8. **O çirkin bir kadındır. (sen)**

E: Translate into English.
1. **Ben bir mühendis değilim.** 2. **O iyi bir öğretmendir.** 3. **Sen genç bir kadınsın.** 4. **O eski bir cekettir.** 5. **Biz askeriz.** 6. **Siz şimdi neredesiniz? Biz şimdi dükkândayız.** 7. **Biz yorgun değiliz.** 8. **Onlar hastanede mi? Hayır, değil. Onlar doktor değildir.**

F: Translate into Turkish.
1. We are not nurses. 2. Are they good engineers? 3. She is a bad secretary. 4. I am not at home now. 5. Are you tired? 6. You are bad workers. 7. They aren't on the bus. 8. I am an old businessman.

PRACTICE 12 - ANSWERS

A. 1. **Ben işadamıyım. Sen işadamısın. O işadamıdır. Biz işadamıyız. Siz işadamısınız. Onlar işadamıdır. Ben yaşlıyım. Sen yaşlısın. O yaşlıdır. Biz yaşlıyız. Siz yaşlısınız. Onlar yaşlıdır.**
B. 1. **Ben hemşire miyim?** 2. **Onlar öğrenci midir?** 3. **Ahmet iyi bir doktor mudur?** 4. **Sen yaşlı bir öğretmen misin?** 5. **Biz şimdi evde miyiz?** 6. **Siz iyi bir şoför müsünüz?** 7. **O güzel bir kız mıdır?** 8. **Biz şimdi yorgun muyuz?**
C. 1. **Biz yaşlı kadın değiliz.** 2. **O küçük bir ev değildir.** 3. **Ben şimdi okulda değilim.** 4. **Sen iyi bir çocuk değilsin.** 5. **Biz sinemada değiliz.** 6. **Adamlar uçakta değildir.** 7. **Siz kötü bir dişçi değilsiniz.**
D. 1. **Ben bir mühendisim.** 2. **O genç bir kadındır.** 3. **Siz orada değilsiniz.** 4. **Sen bir hemşire değilsin.** 5. **Biz sinemada mıyız?** 6. **Onlar iyi dişçi midir?** 7. **Biz yaşlı bir sekreter değiliz.** 8. **Sen çirkin bir kadınsın.**
E. 1. I am not an engineer. 2. She is a good teacher. 3. You are a young woman. 4. It is an old jacket. 5. We are soldiers. 6. Where are you now? We are in the shop now. 7. We aren't tired. 8. Are they in the hospital? No, they aren't. They aren't doctors.
F. 1. **Biz hemşire değiliz.** 2. **Onlar iyi mühendis midir?** 3. **O kötü bir sekreterdir.** 4. **Şimdi evde değilim.** 5. **Sen yorgun musun?** 6. **Siz kötü işçisiniz.** 7. **Onlar otobüste değildir.** 8. **Ben yaşlı bir işadamıyım.**

VOCABULARY

HAVA Şimdi hava sıcaktır.	WEATHER The weather is hot now.
SICAK Bu oda sıcaktır.	HOT This room is hot.
SOĞUK Orada hava soğuk mudur?	COLD Is it cold there?
SABAH Bu sabah hava kötüdür.	MORNING It is bad this morning.
AKŞAM Bu akşam evde misiniz?	EVENING Are you at home this evening?
İÇİNDE Çantanın içinde ne var?	IN What is there in the bag?
ÜSTÜNDE Masanın üstünde tabaklar var.	ON There are plates on the
YANINDA Araba evin yanındadır.	NEAR The car is near the house.
OTOBÜS DURAĞI, DURAK Otobüs durağı nerededir?	BUS-STOP Where is the bus-stop?
MARKET, SÜPERMARKET Markette neler var?	SUPERMARKET What are there in the market?
ECZANE Eczane sinemanın yanındadır.	CHEMIST'S The chemist's is near the cinema.
DENİZ Çocuklar şimdi denizdedir.	SEA The children are in the sea now.

İÇİNDE

The word **içinde** (= in) is a preposition. The word before **içinde** names the thing which something or someone is in. To this word, to connect it to **içinde**, is added the suffix **(-n)ın**. The **n** is used as buffer if the word ends in a vowel, and alternatives are **(-n)in, (-n)un, (-n)ün**.

For example, the word **çanta** ends with a vowel, so it takes **-nın**.

çantanın içinde = in the bag
eczanenin içinde = in the chemist's

bahçenin içinde = in the garden
kutunun içinde = in the box

Park ends with a consonant, and takes **-ın**.

parkın içinde = in the park
defterin içinde = in the note-book

salonun içinde = in the hall
otobüsün içinde = on the bus

There are some exceptions. If the word ends with **ç**, **k** or **p**, these letters change to **c**, **ğ** or **b** respectively. However, if the word has only one syllable or has a consonant immediately before the **ç**, **k**, **p**, these letters do not change.

ağaç - ağacın
mutfak - mutfağın

bardak – bardağın   kaşık – kaşığın
sözlük - sözlüğün   kitap - kitabın

Let us compare the words **park** and **top**. The word **park** has a consonant before the **k**, so the **k** does not change. Nor does the **p** in **top** change, because **top** has only one syllable.

park - parkın

top - topun

Okulun içinde öğrenciler var.
Defterin içinde bir kalem var.
Otobüsün içinde bir kadın var.

There are students in the school.
There is a pencil in the notebook.
There is a woman in the bus.

Bahçenin içinde bir kedi var.
Lokantanın içinde masalar yok.
Sinemanın içinde adamlar var mı?

There is a cat in the garden.
There aren't tables in the restaurant.
Are there men in the cinema?

Mutfağın içinde buzdolabı ve
masa var.
Bardağın içinde ne var?
Kitabın içinde kalem var.

There are a refrigerator and a table in the
kitchen
What is there in the glass?
There is a pencil in the book.

Sentences can be made using the suffix **-dir** with **içinde**.

Portakallar sepetin içindedir.
Çocuklar odanın içinde midir?
Kedi bahçenin içinde değildir.
Masalar lokantanın içinde değildir.
Buzdolabı mutfağın içinde midir?

The oranges are in the basket.
Are the children in the room?
The cat isn't in the garden.
The tables aren't in the restaurant.
Is the refrigerator in the kitchen?

ÜSTÜNDE

The preposition **üstünde** (= on) has the same characteristics as described for **içinde**.

masanın üstünde
sandalyenin üstünde
kutunun üstünde
köprünün üstünde

on the table
on the chair
on the box
on the bridge

çatalın üstünde
evin üstünde
televizyonun üstünde

on the fork
on the house
on the televion

otobüsün üstünde	on the bus
ağacın üstünde	on the tree
tabağın üstünde	on the plate
sözlüğün üstünde	on the dictionary
kitabın üstünde	on the book

Masanın üstünde bardaklar var.	There are glasses on the table.
Arabanın üstünde büyük çantalar var.	There are big bags on the car.
Halının üstünde çocuklar var mı?	Are there children on the carpet?

Evin üstünde küçük köpekler var.	There are small dogs on the house.
Otobüsün üstünde bir kedi yok.	There isn't a cat on the bus.
Ağacın üstünde bir kedi var mı?	Is there a cat on the tree?
Yatağın üstünde elbiseler var.	There are dresses on the bed.
Köpeğin üstünde ne var?	What is there on the dog?

Let us review this subject using some of the words previously introduced.

masada	on the table
evde	in the house
arabada	in the car
köprüde	on the bridge
odada	in the room

The same ideas can be expressed using prepositions.

masada - masanın üstünde	on the table
arabada - arabanın içinde	in the car
köprüde - köprünün üstünde	on the bridge
okulda - okulun içinde	in the school

The locational suffix **-de/-da** might mean either **on** or **in**, depending on context. **Üstünde** and **içinde** are used to specify which of this is intended, if necessary. If there is no reason to make this distinction explicit, the locational suffix is usually used, **masada**, for example, rather than **masanın üstünde**, **evde** rather than **evin içinde**.

Bardaklar masanın üstündedir.	The glasses are on the table.
Küçük köpekler evin üstünde değildir.	The small dogs aren't on the house.
Kedi otobüsün üstünde midir?	Is the cat on the bus?
Anahtar sandalyenin üstünde değildir.	The key isn't on the chair.
Elbiseler yatağın üstündedir.	The dresses are on the bed.
Güzel kadın atın üstündedir.	The beautiful woman is on the horse.

YANINDA

Another preposition, **yanında** (= near) differs from **üstünde** and **içinde** in that these can be expressed using the **-de/-da** suffix whereas there is no such suffix equivalent for **yanında**.

kapının yanında	near the door
pencerenin yanında	near the window
kutunun yanında	near the box
köprünün yanında	near the bridge

fincanın yanında	near the cup
evin yanında	near the house
okulun yanında	near the school
otobüsün yanında	near the bus
ağacın yanında	near the tree
sözlüğün yanında	near the dictionary
köpeğin yanında	near the dog
kitabın yanında	near the box

Kapının yanında bir sandalye var.	There is a chair near the door.
Pencerenin yanında büyük bir masa var.	There is a big table near the window.
Köprünün yanında park var mı?	Is there a park near the bridge?
Evin yanında bir bahçe yok.	There isn't a garden near the house.
Otelin yanında bir eczane var.	There is a chemist's near the hotel.
Ağacın yanında çocuklar var.	There are the children near the tree.
Yatağın yanında dolap yok.	There isn't a cupboard near the bed.
Kitabın yanında bir kalem var.	There is a pencil near the book.

Sandalye kapının yanındadır.	The chair is near the door.
Sinema lokantanın yanında mıdır?	Is the cinema near the restaurant?
Park köprünün yanında değildir.	The park isn't near the bridge.
Kedi kızın yanındadır.	The cat is near the girl.
Eczane otelin yanında mıdır?	Is the chemist's near the hotel?
Çocuklar ağacın yanında değildir.	The children aren't near the tree.
Dolap yatağın yanındadır.	The cupboard is near the bed.

NUMBERS – RAKAMLAR

We have seen the numbers 0-10.
Now, we see numbers up to 100.

on	ten
on bir	eleven
on iki	twelve
on üç	thirteen
on dört	fourteen
on beş	fifteen
on altı	sixteen
on yedi	seventeen
on sekiz	eighteen
on dokuz	nineteen
yirmi	twenty
yirmi bir	twenty one
yirmi iki	twenty two
yirmi altı	twenty six
yirmi sekiz	twenty eight
otuz	thirty
kırk	forty
elli	fifty
altmış	sixty

74

yetmiş	seventy
seksen	eighty
doksan	ninety
yüz	hundred

yedi çocuk	seven children
on beş öğrenci	fifteen students
yirmi iki oda	twenty two rooms
otuz üç işçi	thirty three workmen
doksan dört kapı	ninety four doors

The word **tane** is often used after the number.

yedi tane çocuk	seven children
on iki tane kalem	twelve pencils
kırk beş tane ev	forty five houses

Evde yedi tane çocuk var.	There are seven children in the house.
Evde yedi çocuk var.	There are seven children in the house.

Çantada on iki tane kalem var.	There are twelve pencils in the bag.
Okulda on beş tane öğrenci var.	There are fifteen students in the school.
Fabrikada altmış beş tane çanta var.	There are sixty five bags in the factory.

DIALOGUE

ADNAN : Merhaba.	Hello.
YILDIZ: Merhaba Adnan.	Hello Adnan.
ADNAN : Nasılsın?	How are you?
YILDIZ: Sağ ol, iyiyim. Sen nasılsın?	Fine, thanks. And you?
ADNAN : Ben de iyiyim.	I too am well.
YILDIZ: Bu sabah deniz soğuk mu?	Is the sea cold this morning?
ADNAN : Hayır değil, ama hava soğuk.	No it isn't, but the weather is cold.
YILDIZ: Evet. Bu akşam otelde misin?	Yes. Are you at the hotel this evening?
ADNAN : Hayır, değilim. Evdeyim.	No, I am not. I am at home.
YILDIZ: Ev nerede?	Where is the house?
ADNAN : Lokantanın yanında.	It's near the restaurant.
YILDIZ: İyi günler.	Have a nice day. Goodbye.
ADNAN : İyi günler.	Have a nice day. Bye.

PRACTICE 13

A: Answer these questions using the words in brackets.
1. **Kalem nerededir?** (masanın üstünde) 2. **Çocuk nerededir?** (arabanın içinde) 3. **Bardaklar nerededir?** (dolabın içinde) 4. **Okul nerededir?** (fabrikanın yanında) 5. **Köpek nerededir?** (evin üstünde) 6. **Sandalyeler nerededir?** (salonun içinde) 7. **Şoför nerededir?** (otobüsün yanında) 8. **Elbiseler nerededir?** (yatağın üstünde)

B: Add the appropriate suffix.
1. **ev - içinde** 2. **kapı - yanında** 3. **top - üstünde** 4. **salon - içinde** 5. **köprü - üstünde** 6. **tabak - içinde** 7. **ağaç - yanında** 8. **buzdolabı - üstünde** 9. **kitap - üstünde** 10. **at - yanında**

C: Rewrite as in the example.

Example : Odanın içinde yatak var. → Odada yatak var.
1. **Evin içinde polisler var.** 2. **Köprünün üstünde arabalar var.** 3. **Arabanın içinde çanta var.** 4. **Buzdolabının içinde peynir var.** 5. **Kutunun içinde kitaplar var.**

D: Rewrite as in the example.

Example : Odada yatak var. → Odanın içinde yatak var.
1. **Yatakta elbiseler var.** 2. **Bahçede kediler var.** 3. **Okulda öğretmenler var.** 4. **Masada bilgisayar ve radyo var.** 5. **Sepette portakal ve elma var.**

E: Rewrite as in the example.

Example : Odanın içinde yatak var. → Yatak odanın içindedir.
1. **Fabrikanın içinde işçiler var.** 2. **Evin yanında park var.** 3. **Sandalyenin üstünde kitaplar var.** 4. **Ağacın üstünde kedi var.** 5. **Hastanenin yanında eczane var.**

F: Write these numbers as words.
6 - 9 - 16 - 24 - 35 - 48 - 53 - 61 - 72 - 89 - 93

PRACTICE 13 - ANSWERS

A. 1. **Kalem masanın üstündedir.** 2. **Çocuk arabanın içindedir.** 3. **Bardaklan dolabın içindedir.** 4. **Okul fabrikanın yanındadır.** 5. **Köpek evin üstündedir.** 6. **Sandalyeler salonun içindedir.** 7. **Şoför otobüsün yanındadır.** 8. **Elbiseler yatağın üstündedir.**
B. 1. **evin içinde** 2. **kapının yanında** 3. **topun üstünde** 4. **salonun içinde** 5. **köprünün üstünde** 6. **tabağın içinde** 7. **ağacın yanında** 8. **buzdolabının üstünde** 9. **kitabın üstünde** 10. **atın yanında**
C. 1. **Evde polisler var.** 2. **Köprüde arabalar var.** 3. **Arabada çanta var.** 4. **Buzdolabında peynir var.** 5. **Kutuda kitaplar var.**
D. 1. **Yatağın üstünde elbiseler var.** 2. **Bahçenin içinde kediler var.** 3. **Okulun içinde öğretmenler var.** 4. **Masanın üstünde bilgisayar ve radyo var.** 5. **Sepetin içinde portakal ve elma var.**
E. 1. **İşçiler fabrikanın içindedir.** 2. **Park evin yanındadır.** 3. **Kitaplar sandalyenin üstündedir.** 4. **Kedi ağacın üstündedir.** 5. **Eczane hastanenin yanındadır.**
F. altı - dokuz - on altı - yirmi dört - otuz beş - kırk sekiz - elli üç - altmış bir - yetmiş iki - seksen dokuz - doksan üç

VOCABULARY

ALTINDA
Ağacın altında bir adam var.

UNDER
There is a man under the three.

ARKASINDA
Polis evin arkasındadır.

BEHIND
The policeman is behind the house.

ÖNÜNDE
Öğrenciler okulun önünde midir?

IN FRONT OF
Are the students in front of the school?

RENK
Elbise ne renktir?

COLOUR
What colour is the dress?

MAVİ
O top mavidir.

BLUE
That ball is blue.

SİYAH
Araba siyah mıdır?

BLACK
Is the car black?

YEŞİL
Yeşil elbise nerededir?

GREEN
Where is the green dress?

BEYAZ
Kediler beyazdır.

WHITE
The cats are white.

KIRMIZI
Kırmızı çanta sandalyenin üstündedir.

RED
The red bag is on the chair.

SARI
Sarı kutu buradadır.

YELLOW.
The yellow box is here.

NASIL
Bugün nasılsınız?

HOW
How are you today?

KAHVERENGİ
Kahverengi ev sinemanın yanındadır.

BROWN
The brown house is near the cinema.

BUGÜN
Ben bugün evdeyim.

TODAY
I am at home today.

Short Answers to Questions with Personal Pronouns

Answers to qouestion **Sen bir öğretmen misin?** might be.

Evet, ben bir öğretmenim. or short answers would be;	or	**Hayır, ben bir öğretmen değilim.**
Evet, öğretmenim.	or	**Hayır, değilim.**

O bir doktor mudur?
Is he a doctor?

Evet, doktordur.
Yes, he is.

Sen bahçede misin?
Are you in the garden?

Evet, bahçedeyim.
Yes, I am.

Siz işçi misiniz?
Are you workmen?

Evet, işçiyiz.
Yes, we are.

Onlar hemşire midir?
Are they nurses?

Evet, hemşiredir.
Yes, they are.

Ben bir öğretmen miyim?
Am I a teacher?

Evet, öğretmensin.
Yes, you are.

Biz öğrenci miyiz?
Are we students?

Hayır, değiliz.
No, we aren't.

Köpek bahçede midir?
Is the dog in the garden?

Evet, bahçededir.
Yes, it is.

COLOURS

Words for colours like **beyaz, sarı, mavi** (white/yellow/blue) can be used as adjectives or nouns used as adjectives they come before the word they describe.

kırmızı çanta = red bag
beyaz top = white ball

siyah sandalye = black chair
kahverengi halı = rown carpet

Sarı elbise buradadır.
Kırmızı çantalar dükkândadır.
Kahverengi halı nerededir?

The yellow dress is here.
The red bags are in the shop.
Where is the brown carpet?

Used as nouns, the suffix **-dır** is added.

Elbise sarıdır.
Deniz mavidir.
Halı kahverengi midir?
Çantalar kırmızı değildir.

The dress is yellow.
The sea is blue.
Is the carpet brown?
Are the bags red?

Ne Renk

The question **ne renk** (= what colour) is used to find out the colour of something.

Çanta ne renktir?
What colour is the bag?

Çanta beyazdır.
The bag is white.

Kalem ne renktir?
What colour is the pencil?

Kalem kahverengidir.
The pencil is brown.

In both questions and answers, the suffix **-dır** may be omitted.

Çanta ne renk?
Beyaz.

Kutu ne renk?
Siyah.

NASIL

As in English, the question word **nasıl** (= how) has various uses.

Sen nasılsın?	How are you?
Siz nasılsınız?	How are you?
O nasıl?	How is she?
Fatma nasıl?	How is Fatma?
Ev nasıl?	How is the house?
Bu araba nasıl?	How is this car?
Hava nasıl?	How is the weather? (What is the weather like?)

Here are answers to these questions.

Ben iyiyim.	I am fine.
Biz iyiyiz.	We are fine.
O iyidir.	She is fine.
Fatma iyidir.	Fatma is well.
Ev büyüktür.	The house is big.
Bu araba eskidir.	This car is old.
Hava sıcaktır.	The weather is hot.

ARKASINDA

Another preposition, **arkasında** (= behind) follows the same rules given for previous prepositions.

kapının arkasında = behind the door	**parkın arkasında** = behind the park
öğrencinin arkasında = behind the student	**evin arkasında** = behind the house
kutunun arkasında = behind the box	**okulun arkasında** = behind the school
köprünün arkasında = behind the bridge	**otobüsün arkasında** = behind the bus
ağacın arkasında = behind the tree	**yatağın arkasında** = behind the bed
bardağın arkasında = behind the glass	**çocuğun arkasında** = behind the child

Kapının arkasında bir adam var.	There is a man behind the door.
Kutunun arkasında top var mı?	Is there a ball behind the box?
Köprünün arkasında bir ev var.	There is a house behind the bridge.
Parkın arkasında bir hastane yok.	There isn't a hospital behind the park.
Otobüsün arkasında bir taksi var.	There is a taxi behind the bus.
Ağacın arkasında ev var mı?	Is there a house behind the tree?
Yatağın arkasında bir dolap var.	There is a cupboard behind the bed.

Adam kapının arkasındadır.	The man is behind the door.
Top kutunun arkasında değildir.	The ball isn't behind the box.
Ev köprünün arkasında mıdır?	Is the house behind the bridge?
Ev ağacın arkasındadır.	The house is behind the tree.
Defter sözlüğün arkasında mıdır?	Is the note-book behind the dictionary?

ALTINDA

Altında (= under) is another preposition.

buzdolabının altında	under the fridge
köprünün altında	under the bridge
sepetin altında	under the basket
televizyonun altında	under the television
ağacın altında	under the tree
bardağın altında	under the glass
kitabın altında	under the book

Çantanın altında bir kitap var.	There is a book under the bag.
Buzdolabının altında kalem var mı?	Is there a pencil under the refrigerator?
Kutunun altında anahtar yok.	There isn't a key under the box.
Fincanın altında tabak var.	There is a plate under the cup.
Televizyonun altında masa var mı?	Is there a table under the television?
Ağacın altında çocuklar var.	There are children under the tree.
Yatağın altında kedi yok.	There isn't a cat under the bed.

Kitap çantanın altındadır.	The book is under the bag.
Kalem buzdolabının altında mıdır?	Is the pencil under the refrigerator?
Anahtar kutunun altında değildir.	The key isn't under the box.
Halı sepetin altında değildir.	The carpet isn't under the basket.
Küçük köpek otobüsün altındadır.	The small dog is under the bus.
Defter sözlüğün altındadır.	The note-book is under the dictionary.
Kalem kitabın altında mıdır?	Is the pencil under the book?

ÖNÜNDE

Önünde (= in front of) is another preposition.

lokantanın önünde	in front of the restaurant
pencerenin önünde	in front of the window
adamın önünde	in front of the man
okulun önünde	in front of the school
şoförün önünde	in front of the driver
ağacın önünde	in front of the tree
bardağın önünde	in front of the glass
kitabın önünde	in front of the book

Kapının önünde bir adam var.	There is a man in front of the door.
Sandalyenin önünde çanta yok.	There isn't a bag in front of the chair.
Radyonun önünde şişe var mı?	Is there a bottle in front of the radio?
Köprünün önünde arabalar yok.	There aren't (any) cars in front of the
Adamın önünde bir çocuk var.	There is a child in front of the man.
Otobüsün önünde kedi yok.	There isn't a cat in front of the bus.
Uçağın önünde arabalar var.	There are cars in front of the plane.
Kitabın önünde sözlük var mı?	Is there a dictionary in front of the book?

Adam kapının önündedir.	The man is in front of the door.
Çanta sandalyenin önünde değildir.	The bag isn't in front of the chair.
Şişe radyonun önünde midir?	Is the bottle in front of the radio?
Öğrenci öğretmenin önünde midir?	Is the student in front of the teacher?
Kedi otobüsün önünde değildir.	The cat isn't in front of the bus.
O televizyonun önündedir.	He is in front of the television.
Dolap yatağın önünde değildir.	The cupboard isn't in front of the bed.

BİR SOKAK

A STREET

Burası Çamlık Sokak.
Eski bir sokaktır.
Büyük ve eski evler var.
Yeni evler de var.

This place is Çamlık Sokak. It is an ol
street.
There are big and old houses. There are
also new houses.

Sokakta bir araba var. Bir adam ve bir
çocuk arabanın içindedir. Arabanın
önünde bir köpek var. Köpeğin
yanında yaşlı bir adam var. Sokakta
kedi de var. O, eski bir evin önündedir.
Evin arkasında bahçe var. Ağaçlar ve
çiçekler bu bahçededir.

There is a car in the street. A man and
a child is in the car. There is a dog in
front of the car. There is an old man near
the dog. There is also a cat in the street
It is in front of an old house. There is a
garden behind the house. The trees and
the flowers are in this garden.

Eczane eski evin yanındadır. Eczane-
nin yanında bir dükkân var. Elbiseler
ve çantalar dükkânın içindedir. Dük-
kânın önünde ne var? Sarı bir taksi var.
Şoför taksinin yanındadır. O genç bir
şofördür. Taksinin üstünde bir köpek
var. O ne renk? Beyaz bir köpektir.

The chemist's is near the old house.
There is a shop near the chemist's. The
dresses are bags in the shop. What is
there in front of the shop? There is a
yellow taxi. The driver is near the taxi. He
is a young driver. There is a dog on the
taxi. What colour is it? It is a white dog.

Taksinin önünde bir otobüs var. O,
küçük bir otobüstür. Otobüsün içinde
dört erkek ve beş kadın var.

There is a bus in front of the taxi.
It is a small bus. There are four
men and five women in the bus.

Questions and Answers to the Reading Passage

Çamlık Sokak eski mi yoksa yeni midir?
Is Çamlık Sokak old or new?

Eskidir.
It is old.

Sokakta bir araba var mı?
Is there a car in the street?

Evet, var.
Yes, there is.

Arabanın içinde kimler var?
Who are there in the car?

Bir adam ve bir çocuk var.
There are a man and a child in the car.

Arabanın önünde ne var?
What is there in front of the car?

Bir köpek var.
There is a dog.

Köpeğin yanında kim var?
Who is there near the dog?

Yaşlı bir adam var.
There is an old man.

Sokakta kedi var mı?	Evet, var.
Is there a cat in the street?	Yes, there is.
Bahçe nerededir?	Evin arkasındadır.
Where is the garden?	It is behind the house.
Eczane nerededir?	Eski evin yanındadır.
Where is the chemist's?	It is near the old house.
Dükkânda neler var?	Elbiseler ve çantalar var.
What are there in the shop?	There are dresses and bags.
Taksi nerededir?	Dükkânın önündedir.
Where is the taxi?	It is in front of the shop.
Şoför genç midir yoksa yaşlı mıdır?	Gençtir.
Is the driver young or old?	He is young.
Taksinin üstünde ne var?	Bir köpek var.
What is there on the taxi?	There is a dog.
Otobüs büyük müdür yoksa küçük müdür?	Küçüktür.
Is the bus big or small?	
	It is small.
Otobüsün içinde kimler var?	Dört erkek ve beş kadın var.
Who are there in the bus?	There are four men and five women.

PRACTICE 14

A: Answer using the words in brackets.
1. **Adam nerededir? (araba - içinde)** 2. **Kadın nerededir? (ev - önünde)** 3. **Köpek nerededir? (ağaç - altında)** 4. **Bilgisayar nerededir? (masa - üstünde)** 5. **Şoför nerededir? (otobüs - arkasında)** 6. **Ev nerededir? (hastane - yanında)**

B: Select the appropriate word.
1. **Ben ...... yim.**   a. **doktor** b. **işadamı** c. **hemşire** d. **öğretmen**
2. **Hakan evin ..... dir.**   a. **yanında** b. **altında** c. **arkasında** d. **önünde**
3. **Bu dükkân ..... dir.**   a. **küçük** b. **büyük** c. **pahalı** d. **eski**
4. **Sen ..... sun.**   a. **öğrenci** b. **erkek** c. **çocuk** d. **kötü**
5. **Siz ..... sınız.**   a. **genç** b. **iyi** c. **yaşlı** d. **çirkin**
6. **Biz ..... iz.**   a. **iyi** b. **öğrenci** c. **genç** d. **yaşlı**

C: Write out as words.
1. **15** 2. **22** 3. **36** 4. **54** 5. **68** 6. **77** 7. **89** 8. **93**

D: Fill the gaps.
1. **Bu elbise ..... renktir?** 2. **Siz nerede .....?** 3. **Ben bir hemşire ..... .** 4. **Kedi ağaç ..... altındadır.** 5. **Adam sinema ..... içindedir.** 6. **Biz şimdi parkta ..... .** 7. **Araba köprü..... üstündedir.** 8. **Sandalye yatak..... yanındadır.**

E: Translate into English.
1. **Bu araba ne renktir?** 2. **Bugün nasılsınız?** 3. **Bahçede yirmibeş ağaç var.** 4. **Hemşire arabanın içindedir.** 5. **Otobüs köprünün üstündedir.** 6. **Büyük sandalye yatağın yanındadır.** 7. **Fabrikanın arkasında hastane var.** 8. **Evin önünde bahçe yok.**

F: Translate into Turkish.
1. Is the bag black or brown? 2. Is she a good nurse? No, she isn't. 3. Is Ahmet at home today? 4. What are there in the supermarket? 5. The car is behind the bus. 6. The children aren't in front of the house. 7. Are there big plates on the table? 8. What is there in the box?

PRACTICE 14 - ANSWERS

A. Adam arabanın içindedir. Kadın evin önündedir. Köpek ağacın altındadır. Bilgisayar masanın üstündedir. Şoför otobüsün arkasındadır. Ev hastanenin yanındadır.

B. 1. c 2. d 3. d 4. c 5. c 6. b

C. on beş, yirmi iki, otuz altı, elli dört, altmış sekiz, yetmiş yedi, seksen dokuz, doksan üç

D. 1. ne 2. siniz 3. yim 4. ağacın 5. nın 6. yız 7. nün 8. yatağın

E. 1. What colour is this car? 2. How are you today? 3. There are twenty-five trees in the garden. 4. The nurse is in the car. 5. The bus is on the bridge. 6. The big chair is near the bed. 7. There is a hospital behind the factory. 8. There isn't a garden in front of the house.

F. 1. **Çanta siyah mıdır yoksa kahverengi midir?** 2. **O iyi bir hemşire midir? Hayır, değildir.** 3. **Ahmet bugün evde midir?** 4. **Süpermarkette neler var?** 5. **Araba otobüsün arkasındadır.** 6. **Çocuklar evin önünde değildir.** 7. **Büyük tabaklar masanın üstünde midir?** 8. **Kutunun içinde ne var?**

VOCABULARY

KAÇ, KAÇ TANE Masada kaç tane tabak var?	**HOW MANY** How many plates are there on the table?
AÇIK Pencere açık değildir.	**OPEN** The window isn't open.
KAPALI O kapı açık mıdır yoksa kapalı mıdır?	**CLOSED** Is that door open or closed?
MANAV Manav süpermarketin yanındadır.	**GREENGROCER'S** The greengrocer's is near the supermarket.
KASAP (DÜKKÂNI) Kasap (dükkânı) yakın mıdır?	**BUTCHER'S** Is the butcher's near?
PEMBE Odada pembe bir dolap var.	**PINK** There is a pink cupboard in the room.
MOR Bahçede mor çiçekler var.	**PURPLE** There are purple flowers in the garden.
YASTIK Sarı yastık yatağın üstünde midir?	**CUSHION** Is the yellow cushion on the bed?
YAKIN Otobüs durağı yakın değildir. Uzaktır.	**NEAR** The bus-stop isn't near. It is far.
UZAK Şu fabrika uzaktır.	**FAR** That factory is far.
BALKON Balkonda küçük bir masa var.	**BALCONY** There is a small table in the balcony.
PERDE Perdeler kapalıdır.	**CURTAIN** The curtains are closed.

KAÇ TANE

beş tane kedi   **sekiz tane kalem**

To ask for the number of something, **kaç tane** (= how many) is used.

kaç tane ev   how many houses

84

kaç tane çocuk	how many children
kaç tane koltuk	how many armchairs

To make a complete sentence using **kaç tane**, follow this structure. At the beginning of the sentence comes the place (if there is one), and then comes **kaç tane**.

Bahçede kaç tane ..... ?

After the question word comes the thing of which we want to know the number: **Bahçede kaç tane ağaç ...... ?** At the end comes **var**.

Bahçede kaç tane ağaç var?	How many trees are there in the garden?

Kaç tane ağaç var?	How many trees are there?
Kaç tane ev var?	How many houses are there?

Salonda kaç tane koltuk var?	How many armchairs are there in the hall?
Yatağın üstünde kaç tane yastık var?	How many cushions are there on the bed?
Evin yanında kaç tane araba var?	How many cars are there near the house?
Balkonda kaç tane sandalye var?	How many chairs are there in the balcony?

Odada kaç tane sandalye var?	How many chairs are there in the room?
Dört tane sandalye var.	There are four chairs.

Fabrikada kaç tane işçi var?	How many workers are there in the factory?
Elli tane işçi var.	There are fifty workers.

Odada kaç tane pencere var?	How many windows are there in the room?
Üç tane pencere var.	There are three windows.

In the above sentences, **tane** need not be used.

Evde kaç oda var?	**Dört oda var.**
or only	**Dört.**

Duvarda kaç resim var?	**Beş resim var.**
Okulda kaç öğretmen var?	**On öğretmen var.**

As well as **tane**, numbers might be followed by words for containers, such as **kutu / paket / şişe** (box / packet / bottle). We shall return to this subject later.

YAKINDA, UZAKTA

Yakın and **uzak** can be as adjectives.

Ev yakındır.	The house is near.
Okul uzaktır.	The school is a long way.

When **-da** is added they become locational adverbs.

| yakında | near |
| uzakta | far |

In this form they can be placed at either the beginning or end of sentences.

Yakında bir postane var mı?	Is there a post office near (here)?
Postane yakında mıdır?	Is the post office near?
Yakında bir süpermarket var.	There is a supermarket near (here).
Süpermarket yakındadır.	The supermarket is near.
Uzakta bir ev var.	There is a house far away.
Ev uzaktadır.	The house is a long way.

Yakında küçük ve ucuz bir ev var mı?   Is there a small and cheap house near (here)?

Hayır, yok.   No, there isn't.

It is quite common to add **-lar** to these words used adverbally.

yakın -lar - da   **uzak - lar - da**

Yakınlarda bir süpermarket var mı?	Is there a supermarket near here?
Yakınlarda bir okul yok.	There isn't a school around here.
Yakınlarda iyi bir hastane var.	There is a good hospital around here.

Bu can be used before **yakınlarda**.

Bu yakınlarda bir süpermarket var mı?	Is there a supermarket around here?
Bu yakınlarda bir eczane yok.	There isn't a chemist's around here.

Uzaklarda bir ev var.	There's a house far away.
Uzaklarda bir otobüs durağı var.	There's a bus stop far away.

Aydın şimdi uzaklardadır.   Aydın is now far away.

We have seen **-de/-da** added to nouns.

masada	on the table
evde	at home
salonda	in the hall
bahçede	in the garden
okulda	at school

-De, -da may also be added to personal pronouns.

bende	on me
sende	on you
onda	on him/her/it
bizde	on us
sizde	on you
onlarda	on them

* When **-da** is added to **o** the letter **n** is added.
Bende para yok.   I haven't got any money on me.

Sende kalem var mı?	Have you got a hen on you (with you)?
Onda bir kitap var.	He's got a book with him.
Top bizdedir.	We have got the ball (with us).
Anahtar sizde değildir.	You haven't got the key (with you).

Adamda bir defter var.	The man has got a note-book.
Selmada bilgisayar yok.	Selma hasn't got a computer.
Telefonda kim var?	Who is on the phone?
Yemekte ne var?	What is for lunch/dinner?

kimde	on whom

Kimde anahtar var?	Who has got a key. (Literally: On whom is there a key?)
Çanta kimdedir?	Who has got the bag? (Litarelly: On whom is the bag?)

NUMBERS

We have seen numbers 0-100. **Numbers after 100 continue in the same way.**

101	yüz bir	one hundred and one
102	yüz iki	one hundred and two
103	yüz üç	one hundred and three
104	yüz dört	one hundred and four
105	yüz beş	one hundred and five
106	yüz altı	one hundred and six
107	yüz yedi	one hundred and seven
108	yüz sekiz	one hundred and eight
109	yüz dokuz	one hundred and nine
110	yüz on	one hundred and ten

Now, larger numbers.

100	yüz	one hundred
200	iki yüz	two hundred
300	üç yüz	three hundred
400	dört yüz	four hundred
500	beş yüz	five hundred
600	altı yüz	six hundred
700	yedi yüz	seven hundred
800	sekiz yüz	eight hundred
900	dokuz yüz	nine hundred
1000	bin	thousand
1100	bin yüz	one thousand one hundred
2000	iki bin	two thousand
5000	beş bin	five thousand
10.000	on bin	ten thousand
20.000	yirmi bin	twenty thousand
55.000	elli beş bin	fifty five thousand
100.000	yüz bin	one hundred thousand
300.000	üç yüz bin	three hundred thousand
700.000	yedi yüz bin	seven hundred thousand
1.000.000	bir milyon	one million

1.200.000	**bir milyon iki yüz bin**	one million two hundred thousand
2.350.000	**iki milyon üç yüz elli bin**	two millon three hundred and fifty thousand.
10.000.000	**on milyon**	ten millon
1.000.000.000	**bir milyar**	one billion

ile

İle has two functions. First, it is similar to **ve** (= and).

Ahmet ile Ayşe	Ahmet and Ayşe
bardak ile tabak	the glass and the plate
doktor ile hemşire	the doctor and the nurse
sen ile ben	you and I

Ahmet ile Ayşe buradadır.	Ahmet and Ayşe is here.
Çocuk ile kedi bahçede mi?	Are the child and the cat in the garden?
Defter ile kalem çantanın içindedir.	The note-book and the pencil are in the bag.

Second, **ile** is similar to **beraber** (= with).

İşadamı sekreter ile beraberdir.	The businessman is with the secretary.
O, Ali ile beraberdir.	She is with Ali.

İle is not normally used as above - instead the **i** is omitted and **-le/-la** added as a suffix, according to vowel harmony. The buffer **y** is added before **-le/-la** if the word ends in a vowel.

after e, i, ö, ü → -le(-yle)   after a, ı, o, u → -la(-yla)

Ahmetle Ayşe	**bardakla tabak**
defterle kalem	**çocukla kedi**
senle ben	**doktorla hemşire**

kediyle köpek	**kutuyla çanta**
köprüyle ev	**radyoyla bilgisayar**

Kediyle köpek bahçededir.	The cat and the dog are in the garden.
Defterle kalem nerededir?	Where are the note-book and the pencil?
Bardakla tabak masadadır.	The glass and the plate are on the table.
Masada radyoyla bilgisayar var.	There are radio and the computer on the
Odada halıyla sandalye yok.	There aren't the carpet and the chair in

Doktor hemşireyle beraberdir.	The doctor is together with the nurse.
Kadın köpekle beraber parktadır.	The woman is in the park together with the dog.

DIALOGUE

MELEK : Dükkânda kaç elbise var?	How many dresses are there in the shop?
NİLAY : On beş tane.	There are fifteen.
MELEK : Elbiseler nerede?	Where are they?
NİLAY : Orada. Dolabın içinde.	There. They are in the cupboard.
MELEK : Kaç tane çanta var?	How many bags are there?

NİLAY : Otuz tane.	There are thirty.
MELEK : Çantalar ne renk?	What colour are the bags?
NİLAY : Yeşil. Kahverengi de var.	They are green. There are also brown ones.
ADAM : Bu yakınlarda bir postane var mı?	Is there a post-office near here?
KADIN: Evet, var.	Yes, there is.
ADAM : Uzak mı yoksa yakın mı?	Is it far or near?
KADIN: Yakın. Şurada, Fatih Sokakta.	It is near. It is over there, in Fatih Street.
ADAM : Fatih Sokak neresidir?	Where is the Fatih Sokak?
KADIN: Şurası. Postane lokantanın yanındadır.	It is there. The post-office is near the restaurant.
ADAM : Postane şimdi açık mı?	Is it open now?
KADIN: Evet, açık.	Yes, it is.
ADAM : Çok teşekkür ederim.	Thank you very much.
KADIN: Bir şey değil.	Not at all.

PRACTICE 15

A: Answer, using the number given in brackets.
1. Evde kaç tane oda var? (4) 2. Masada kaç tane bardak var? (8) 3. Fabrikada kaç tane işçi var? (125) 4. Okulda kaç tane öğrenci var? (250) 5. Bahçede kaç tane ağaç var? (10) 6. Denizde kaç tane çocuk var? (13)

B: Put the words in correct order.
1. var - masa - odada - iki 2. kaç - elma - tane - var - sepette 3. nerededir - elbise - kırmızı 4. hastanede - doktorla - değildir - hemşire 5. sizde - değildir - bilgisayar 6. yakınlarda - bu - bir - var - mı - otel 7. bir - ev - bu - mi - yoksa - otel - mi - bir 8. halı - büyük - mı - salonda 9. kutu - kırmızı - altındadır - masanın 10. önünde - arabanın - otobüs - mi

C: Rewrite using **ile** as a suffix, as in the example.
Example : Öğrenci ile öğretmen buradadır. → Öğrenciyle öğretmen buradadır.
1. Pencere ile kapı açıktır. 2. Otobüs ile araba sokaktadır. 3. Defter ile kalem çantanın içindedir. 4. Elma ile portakal buzdolabının içindedir. 5. Kız kedi ile beraberdir.

D: Translate into English.
1. Adamla kadın evdedir. 2. Bu yakınlarda iyi bir lokanta var mı? 3. Hastanede kaç tane doktor var? 4. Beyaz elbise nerededir? Yatağın üstündedir. 5. Bende para yok. 6. Odada yeşil bir halı var. 7. Kimde anahtar var? 8. Adam otobüs durağının yanında mı? 9. Çocukla kadın şimdi banyodadır. 10. Büyük sözlük kimdedir?

E: Translate into Turkish.
1. How many children are there on the balcony? 2. The worker and the businessman are in the factory. 3. The curtains are closed. Where are they? 4. The driver is behind the car. 5. Is there a big tree near here? 6. Is the wall blue or white? 7. There are one hundred and twenty five bags in the shop. 8. Is the greengrocer's near? No, it isn't. It is far. 9. There are two green cushions on the bed. 10. How many pictures are there on the wall?

PRACTICE 15 - ANSWERS

A. 1. Evde dört tane oda var. 2. Masada sekiz tane bardak var. 3. Fabrikada yüz yirmi beş tane işçi var. 4. Okulda iki yüz elli tane öğrenci var. 5. Bahçede on tane ağaç var. 6. Denizde on üç tane çocuk var.

B. 1. Odada iki masa var. 2. Sepette kaç tane elma var? 3. Kırmızı elbise nerededir? 4. Doktorla hemşire hastanede değildir. 5. Bilgisayar sizde değildir. 6. Bu yakınlarda bir otel var mı? 7. Bu bir ev mi yoksa bir otel mi? 8. Büyük halı salonda mı? 9. Kırmızı kutu masanın altındadır. 10. Otobüs arabanın önünde mi?

C. 1. Pencereyle kapı açıktır. 2. Otobüsle araba sokaktadır. 3. Defterle kalem çantanın içindedir. 4. Elmayla portakal buzdolabının içindedir. 5. Kız kediyle beraberdir.

D. 1. The man and the woman are at home. 2. Is there a good restaurant near here? 3. How many doctors are there in the hospital? 4. Where is the white dress? It is on the bed. 5. There isn't any money on me. 6. There is a green carpet in the room. 7. Who has got the key? (Literally: On whom is there a key?) 8. Is the man near the bus-stop? 9. The child and the woman are in the bathroom now. 10. Who has got the big dictionary (Literally: On whom is the big dictionary?)

E. 1. Balkonda kaç (tane) çocuk var? 2. İşçiyle işadamı fabrikadadır. 3. Perdeler kapalıdır. Onlar nerededir? 4. Şoför arabanın arkasındadır. 5. Bu yakınlarda büyük bir ağaç var mı? 6. Duvar mavi midir yoksa beyaz mıdır? 7. Dükkânda yüz yirmi beş tane çanta var. 8. Manav yakın mıdır? Hayır, değildir. O uzaktır. 9. Yatağın üstünde iki yeşil yastık var. 10. Duvarda kaç (tane) resim var?

VOCABULARY

BANKA Banka açık mıdır?	**BANK** Is the bank open?
CADDE Caddede iki otobüs var.	**STREET** There are two buses in the street.
BACA Evin üstünde uzun bir baca var.	**CHIMNEY** There is a long chimney on the house.
KAHVE Masanın üstünde bir fincan kahve var.	**COFFEE** There is a cup of coffee on the table.
ÇAY Evde çay var mı?	**TEA** Is there any tea in the house?
SÜT Buzdolabında iki şişe süt var.	**MILK** There are two bottles of milk in the refrigerator.
EKMEK Süpermarkette ekmek var mı?	**BREAD** Is there any bread in the supermarket?
ET Buzdolabında bir kilo et var.	**MEAT** There are one kilo of meat in the refrigerator.
SU Masada bir bardak su var.	**WATER** There is a glass of water on the table.
AĞIR Şu dolap ağırdır.	**HEAVY** That cupboard is heavy.
HAFİF Hafif bir çanta var mı?	**LIGHT** Is there a light bag?
ŞEKER Masada şeker var mı?	**SUGAR** Is there any sugar on the table?

QUANTIFIERS - MİKTARLAR

kilo	kilo, kilogramme
gram	gramme
dilim	slice

şişe	bottle
fincan	cup
bardak	glass
paket	packet
kutu	box

We have already seen many of these words. **Tane** (seen earlier and not given again here) has a wider meaning (something like piece or item).

Before the quantifiers listed above, a number is given here and then the item.

bir kilo et	one kilo of meat
bir kilo peynir	one kilo of cheese
üç kilo portakal	three kilos of oranges
dört kilo elma	four kilos of apples

Yarım and **buçuk** can both be used with a quantifier like **kilo**.

yarım kilo et	half a kilo of meat
yarım kilo peynir	half a kilo of cheese

Buçuk is used when there is a number.

bir buçuk kilo et	one and a half kilos of meat
üç buçuk kilo elma	three and a half kilos of apples
yedi yüz elli gram et	750 grammes of meat
dört dilim ekmek	four slices of bread
iki şişe süt	two bottles of milk
üç fincan kahve	three cups of coffee
dört bardak çay	four glasses of tea
üç paket şeker	three packets of sugar
iki kutu kahve	two boxes of coffee

COUNTRY MEMLEKET	NATIONALITY MİLLET	LANGUAGE LİSAN

COUNTRY		NATIONALITY		LANGUAGE	
Türkiye	Türkiye	**Türk**	Turkish	**Türkçe**	Turkish
İngiltere	England	**İngiliz**	English	**İngilizce**	English
Fransa	France	**Fransız**	French	**Fransızca**	French
Almanya	Germany	**Alman**	German	**Almanca**	German
İtalya	Italy	**İtalyan**	Italian	**İtalyanca**	Italian
İspanya	Spain	**İspanyol**	Spanish	**İspanyolca**	Spanish
Amerika	America	**Amerikalı**	American	**İngilizce**	English
Rusya	Russia	**Rus**	Russian	**Rusça**	Russian
Yunanistan	Greece	**Yunan**	Greek	**Yunanca**	Greek
Bulgaristan	Bulgaria	**Bulgar**	Bulgarian	**Bulgarca**	Bulgarian
Çin	China	**Çinli**	Chinese	**Çince**	Chinese
Japonya	Japan	**Japon**	Japanese	**Japonca**	Japanese
İran	Iran	**İranlı**	Iranian	**Farsça**	Persian
Arabistan	Arabia	**Arap**	Arabian	**Arapça**	Arabic

As you can see from this table, there are no fixed rules for making words for nationalities out of words for countries. To make words for languages, however, there is a fixed rule; add the language suffix -ca/-ce.

Alman	Almanca
İtalyan	İtalyanca
İspanyol	İspanyolca
Rus	Rusça
Japon	Japonca
Arap	Arapça
Türk	Türkçe
Fransız	Fransızca
İngiliz	İngilizce

To talk about where someone comes from (their hometown, country of origin, etc), use the suffix -li, -li, -lu, -lü.

Ankara	Ankaralı	from Ankara
İzmir	İzmirli	from İzmir
İstanbul	İstanbullu	from İstanbul
Ürgüp	Ürgüplü	from Ürgüp
Konya	Konyalı	from Konya
Giresun	Giresunlu	from Giresun
Antalya	Antalyalı	from Antalya

Nereli

This question is used to ask where someone comes from.

O hemşire nerelidir?	Where is that nurse from?
Bu kadın nerelidir?	Where is this woman from?
Sen nerelisin?	Where are you from?

O İstanbulludur.	He is from Istanbul.
Kadın Edirnelidir.	The woman is from Edirne.
Ben İzmirliyim.	I am from Izmir.

Burası Almanyadır.	This place is Germany.
Ahmet şimdi Türkiyededir.	Ahmet is in Turkiye now.
Japonya nerededir?	Where is Japan?
İşadamı İspanyadadır.	The businesswoman is in Spain

O kadın Almandır.	That woman is German.
Sen Fransızsın.	You are French.
Onlar Amerikalıdır.	They are American.
Ben Türküm.	I am Turkish.
Mühendis İtalyandır.	The engineer is Italian.

Ali Giresunludur.	Ali is from Giresun.
Doktor Adanalıdır.	The doctor is from Adana.
Ben İstanbulluyum.	I am from Istanbul.

O kitap İngilizcedir.	That book is in English.

Sözlük Fransızca mıdır?
Bu kitap Türkçedir.

Is the dictionary in French?
This book is in Turkish.

Bu Servet. O bir hemşiredir. O
İstanbulludur. Genç bir hemşiredir.
Servet şimdi hastanede değil. O
sinemadadır.

This is Servet. She is a nurse. She
is from Istanbul. She is a young nurse.
Servet isn't in the hospital now. She
is at the cinema.

Şu adam Oğuzdur. O bir işadamıdır.
O Antalyalıdır. Genç bir işadamıdır.
Oğuz şimdi Antalyada değil. O
Almanyadadır.

That man is Oğuz. He is a businessman.
He is from Antalya. He is a young
businessman. Oğuz isn't in Antalya now.
He is in Germany.

PARKTA

IN THE PARK

Bu sabah hava güzel ve sıcak.
Sokakta çocuklar var.

It is nice and hot this morning.
There are children in the street.

Burası bir park. O büyük bir parktır.
Parkın içinde çocuklar, kadınlar ve
adamlar var. Büyük ağaçlar ve çiçekler
de var. Banklar ağaçların altındadır.
Bankın üstünde bir kadın var. O yaşlı
bir kadın. Onun yanında küçük bir
çocuk ve bir köpek var.

This place is a park. It is a big park.
There are children, women and men in the
park. There are also big trees and flowers.
The benches are under the trees. There is
a woman on the bench. She is an old
woman. Tere is a little child and a dog
near her.

Ağaçların üstünde kuşlar var. Kahve-
rengi ve sarı kuşlar. Genç bir kadın
ve bir adam bir ağacın altındadır.
Parkın arkasında büyük bir ev var. Kapı
kapalıdır. Pencereler açıktır. Balkonda
bir adam var. Orada çiçekler de var.

There are birds on the trees. Brown
and yellow birds. The young woman
and a young man are under a tree.
There is a big house behind the park.
The door is closed. The windows are
open. There is a man on the balcony.
There are also flowers there.

Evde dört tane oda, bir mutfak ve bir
banyo var. Mutfak ve banyo büyüktür.
Masa mutfaktadır. O büyük bir masa-
dır ama buzdolabı küçüktür. Kedi
masanın altındadır.

There are four rooms, one kitchen and
one bathroom in the house. The kitchen
and the bathroom are big. The table is in
the kitchen. It is a big table but the fridge
is small. The cat is under the table.

New Words Used in the Reading Passage

bank : bench
Bankta bir adam var.

There is a man on the bench.

Questions and Answers to the Reading Passage

Hava nasıldır?
What is the weather like?

Hava güzel ve sıcaktır.
It is nice and hot.

Park büyük müdür yoksa küçük müdür?
Is the park big or small?

O büyüktür.
It is big.

Çocuklar ve kadınlar nerededir?	**Onlar parkın içindedir.**
Where are the children and the women?	They are in the park.
Banklar nerededir?	**Onlar ağaçların altındadır.**
Where are the benches?	They are under the trees.
Bankın üstünde kim var?	**Bir kadın var.**
Who is there on the bench?	There is a woman.
Kadın yaşlı mıdır yoksa genç midir?	**O yaşlıdır.**
Is the woman old or young?	She is old.
Kadının yanında kimler var?	**Küçük bir çocuk ve köpek var.**
Who are there near the woman?	There are a little child and a dog.
Kuşlar nerededir?	**Onlar ağaçların üstündedir.**
Where are the birds?	They are on the trees.
Kuşlar ne renktir?	**Onlar kahverengi ve sarıdır.**
What colour are the birds?	They are yellow and brown.
Ev parkın önünde midir?	**Hayır, değildir, parkın arkasındadır.**
Is the house in front of the park?	No is isn't. It is behind the park.
Kapı kapalı mıdır yoksa açık mıdır?	**Kapalıdır.**
Is the door closed or open?	It is closed.
Balkonda kim var?	**Bir adam var.**
Who is there on the balcony?	There is a man.
Evde kaç tane oda var?	**Dört tane oda var.**
How many rooms are there in the house?	There are four rooms.
Masa nerededir?	**O mutfaktadır.**
Where is the table?	It is in the kitchen.
Kedi nerededir?	**O masanın altındadır.**
Where is the cat?	It is under the table.

PRACTICE 16

A: Make sentences as shown.

Example : mühendis – İngiltere → Mühendis nerelidir? Mühendis İngilizdir.
1. şu kadın - İran 2. Filiz - Ankara 3. bu adam - Amerika 4. Carlos - İspanya 5. Bu işadamı -
İtalya 6. Fatma - Türkiye 7. öğretmen - Japonya 8. bu adam - Fransa 9. doktor - Arabistan 10.
işçiler - Almanya

B: Write the language for each country.
**Türkiye, Rusya, Almanya, İran, Fransa, Arabistan, İtalya, Amerika, İspanya, İngiltere,
Japonya**

C: Write positive, negative and question-form sentences using the words given.

1. ben - öğretmen 2. sen - Fransız 3. o - çocuk - çirkin 4. İki - şişe - süt - masanın - üstünde 5. kırmızı - elbise - burada 6. biz - şimdi - evde 7. iki - fincan - kahve - masada 8. çanta - hafif

D: Fill the gaps with an appropriate quantifier.

1. **Burada iki ... süt var.** 2. **Üç ... elma sepettedir.** 3. **İki ... ekmek var.** 4. **Şurada dört ... çay var.** 5. **Bir ... su var.**

E: Translate into English.

1. **Masanın üstünde üç bardak çay var.** 2. **Şu hemşire nerelidir?** 3. **Buzdolabının içinde iki kilo et ve üç şişe üt var.** 4. **Bu kitap İspanyolcadır.** 5. **Şu sekreter italyandır.** 6. **Banka açık mıdır yoksa kapalı mıdır?** 7. **Kırmızı çanta ağırdır ama siyah çanta hafiftir.** 8. **Caddede kaç tane otobüs ve taksi var?**

F: Translate into Turkish.

1. Who is this woman? 2. Where is this teacher from? 3. How many carpets are there in the house? 4. The white car is in front of the shop. 5. There are two packets of tea and three boxes of coffee in the kitchen. 6. She is in Japan now. 7. This dictionary is German. 8. Is that butcher's near or far? It is far.

PRACTICE 16 - ANSWERS

A. 1. **Şu kadın İranlıdır.** 2. **Filiz Ankaralıdır.** 3. **Bu adam Amerikalıdır.** 4. **Carlos ispanyoldur.** 5. **Bu işadamı İtalyandır.** 6. **Fatma Türktür.** 7. **Öğretmen Japondur.** 8. **Bu adam Fransızdır.** 9. **Doktor Araptır.** 10. **İşçiler Almandır.**

B. Türkçe, Almanca, Fransızca, İtalyanca, İspanyolca, Japonca, Rusça, Farsça, Arapça, İngilizce, İngilizce

C. 1. **Ben öğretmenim. Ben öğretmen değilim. Ben öğretmen miyim?** 2. **Sen Fransızsın. Sen Fransız değilsin. Sen Fransız mısın?** 3. **O çocuk çirkindir. O çocuk çirkin değildir. O çocuk çirkin midir?** 4. **İki şişe süt masanın üstündedir. İki şişe süt masanın üstünde değildir. İki şişe süt masanın üstünde midir?** 5. **Kırmızı elbise buradadır. Kırmızı elbise burada değildir. Kırmızı elbise burada mıdır?** 6. **Biz şimdi evdeyiz. Biz şimdi evde değiliz. Biz şimdi evde miyiz?** 7. **İki fincan kahve masadadır. İki fincan kahve masada değildir. İki fincan kahve masada mıdır?** 8. **Çanta hafiftir. Çanta hafif değildir. Çanta hafif midir?**

D. 1. **Burada iki şişe/bardak süt var.** 2. **Üç kilo elma sepettedir.** 3. **İki dilim ekmek var.** 4. **Şurada dört bardak/paket çay var.** 5. **Bir bardak/şişe su var.**

E. 1. There are three glasses of tea on the table. 2. Where is that nurse from? 3. There are two kilos of meat and three bottles of milk in the refrigerator. 4. This boook is Spanish. 5. That secretary is Italian . 6. Is the bank open or closed? 7. The red bag is heavy but the black bag is light. 8. How many buses and taxis are there in the street.

F. 1. **Bu kadın kimdir?** 2. **Bu öğretmen nerelidir?** 3. **Evde kaç tane halı var?** 4. **Beyaz araba dükkânın önündedir.** 5. **Mutfakta iki paket çay ve üç paket kahve var.** 6. **O şimdi Japonyadadır.** 7. **Bu sözlük Almancadır.** 8. **Şu kasap yakın mı yoksa uzak mıdır? O uzaktır.**

VOCABULARY

HAYVAN	ANIMAL
Bu parkta hayvan var mı?	Is there any animal in this park?
İNSAN	HUMAN, PERSON
Orada insanlar yok.	There aren't people there.
ANNE	MOTHER
O kadın benim annemdir.	That woman is my mother.
BABA	FATHER
Onun babası bir mühendistir.	His father is an engineer.
AD, İSİM	NAME
Senin adın nedir?	What is your name?
ARKADAŞ	FRIEND
Sizin arkadaşınız şimdi Fransada mıdır?	Is your friend in France now?
KARDEŞ	BROTHER, SISTER
Onun kardeşi genç mi yoksa yaşlı mıdır?	Is her brother young or old?
ABLA	ELDER SISTER
Benim ablam yok.	I haven't got an elder sister.
AĞABEY	ELDER BROTHER
Sizin kaç tane ağabeyiniz var?	How many elder brothers have you got?
TUZ	SALT
Evde tuz var mı?	Is there any salt at home?
YAĞMUR	RAIN
Hava yağmurludur.	It is rainy.
GÜNEŞ	SUN
Bu sabah güneş var.	It is shining this morning.

POSSESSIVE CASE

When there is a relationship of possession between two nouns (eg 'teacher' and 'house'- teacher's house), this is shown by adding suffixes to both nouns. The first noun takes the possessive suffix which varies according to vowel harmony, **-en, -in, -un, -ün**. If the noun ends in a vowel, a buffer **n** is inserted, **-nın, -nin, -nun, -nün**. In grammatical terminology this is known as the genitive case - we have seen the genitive already, used with prepositions (**masanın üstünde, evin içinde, kapının**

yanında). In English, possession is shown in three ways: by adding 's (eg the teacher's house), by using 'of' (eg the end of the road, or just by placing the nouns next to each other (eg the door handle).

1. Possessive Noun

For words ending with a consonant	= -ın, -in, -un, -ün
For words ending with a vowel	= -nın, -nin, -nun, -nün

adam - adamın	ev - evin
at - atın	otel - kalemin
salon - salonun	şoför - şoförün
okul - okulun	otobüs - otobüsün
lokanta - lokantanın	öğrenci - öğrencinin
banyo - banyonun	köprü - köprünün

In words which end with unvoiced consonants, **ç, k, p, t** these letters are changed to **c, ğ, b, d** respectively. There are some irregular words which do not follow this rule, however, like **top** and **park**.

ağaç - ağacın	uçak - uçağın
kitap - kitabın	köpek - köpeğin

In a relationship of possession, the second word could be called 'the possessed'. The suffix added to the possessed is **-ı, -i, -u, -ü**, with an **s** added if the word ends in a vowel **-sı, -si, -su, -sü**.

2. Possessed Noun (suffixes)

For words ending with a consonant	=	-ı, -i, -u, -ü
For words ending with a vowel	=	-sı, -si, -su, -sü

anahtar - anahtarı	ev - evi
salon - salonu	şoför - şoförü
kapı - kapısı	pencere - penceresi
radyo - radyosu	köprü - köprüsü

ağaç - ağacı	kitap - kitabı
yatak - yatağı	uçak - uçağı

adamın anahtarı	the man's key
odanın kapısı	the door of the room
otelin penceresi	the window of the hotel
pencerenin perdesi	the curtain of the window
Ayşenin evi	Ayşe's house
Sumrunun topu	Sumru's ball
evin anahtarı	the key of the house
evin salonu	the hall of the house
kadının annesi	the woman's mother
polisin adı	the policeman's name
işadamının uçağı	the businessman's plane
öğrencinin kitabı	the student's book
uçağın kapısı	the door of the plane
köpeğin eti	the meat of the dog

Evin salonu büyüktür.	The hall of the house is big.
Adamın anahtarı buradadır.	The man's key is here.
Sumrunun topu masanın altındadır.	Sumru's ball is under the table.
Odada hemşirenin arkadaşı var.	There is nurse's friend in the room.
Polisin adı nedir?	What is the policeman's name?

Kayanın arabası pahalıdır. — Kaya's car is expensive.
Kadının annesi sinemada değildir. — The woman's mother isn't at the cinema.
Pencerenin perdesi yeşildir. — The curtain of the window is green.
Bu Aytenin evidir. — This is Ayten's house.
Çocuğun okulu otobüs durağına yakındır. — The child's school is near the bus-stop.
Şu öğrencinin babası kimdir? — Who is that student's father?
Bu sekreterin çantası mı yoksa — Is this the secretary's bag or
işadamının çantası mı? — the businessman's bag?

Kimin

kim - kimin — who - whose

kimin kalemi — whose pencil
kimin annesi — whose mother
kimin radyosu — whose radio
kimin arabası — whose car

Şu kimin kahvesidir?	Whose coffee is that?
Kimin arabası pahalıdır?	Whose car is expensive?
Kimin yatağı büyüktür?	Whose bed is big?

Bu kalem kimindir? — Whose pencil is this?
Kahverengi çanta kimindir? — Who has got the brown bag?
O büyük ev kimindir? — Whose is that big house?

Kimin arabası pahalıdır? — Whose car is expensive?
Adnanın arabası pahalıdır. — Adnan's car is expensive.
O kimin sözlüğüdür? — Whose is that dictionary?
Öğretmenin sözlüğüdür. — It is teacher's dictionary.

kardeş   kız kardeş   erkek kardeş

The word **kardeş** (= sibling) is used for both sister and brother. Gender can be specified by adding **kız** (girl, female), or **erkek** (boy, male) "sister" is **kız kardeş** and "brother" is **erkek kardeş**.

kardeş — sibling
kız kardeş — sister
erkek kardeş — brother

A direct translation of **kardeş** might be sibling, but if the gender of the sibling is already known, **kardeş** is sufficient. It is not necessary to use **kız kardeş** or **erkek kardeş**.

Ayhanın kardeşi nerededir? — Where is Ayhan's sister (or brother)?
Ayhanın kız kardeşi nerededir? — Where is Ayhan's sister?
Ayhanın erkek kardeşi nerededir? — Where is Ayhan's brother?

-lı, -li, -lu, -lü

This suffix is used to show that something has a certain quality or contains something. Following the usual rules of vowel harmony, it changes nouns into adjectives.

süt - sütlü	with milk, milky
su - sulu	with water, watery
şeker - şekerli	with sugar
tuz - tuzlu	salty

yağmur - yağmurlu	rainy
güneş - güneşli	sunny

para - paralı	with money; rich
banyo - banyolu	with a bath
renk - renkli	multi-coloured, colourful

sütlü kahve	coffee with milk
şekerli çay	tea with sugar

yağmurlu hava	rainy weather

paralı adam	rich man
banyolu oda	room with bath
kırmızılı kadın	woman in red

Masada bir fincan sütlü kahve var.	There is a cup of coffee with milk on the table.
Tuzlu et tabaktadır.	Salty meat is on the plate.
Bu sabah hava yağmurludur.	It is rainy this morning.
Banyolu oda var mı?	Is there a room with bath?
Sarı elbiseli kadın nerededir?	Where is the woman in yellow dress?

-sız, -siz, -suz, -süz

This suffix also makes adjectives from nouns, but to indicate a lack of something.

süt - sütsüz	without milk
su - susuz	without water, waterless
şeker - şekersiz	without sugar
tuz - tuzsuz	without salt
yağmur - yağmursuz	without rain
güneş - güneşsiz	without sun

para	parasız	without money, poor; free
renk	renksiz	colourless

sütsüz kahve	coffee without milk
şekersiz çay	tea without sugar

güneşsiz sabah	morning without sun
parasız adam	man without money, poor man
banyosuz oda	room without a bath

Masada bir bardak şekersiz çay var.	There is a glass of tea without sugar.
Otelde banyosuz odalar var.	There are rooms without a bath in the hotel.
Burası parasızdır.	This place is free.

DIALOGUE

AYHAN: Merhaba Sırma!	Hello Sırma!
SIRMA: Merhaba, nasılsın?	Hello, how are you?
AYHAN: Sağ ol, iyiyim. Sen nasılsın?	I am fine, thank you. And how are you?
SIRMA: Ben de iyiyim.	I too am well.
AYHAN: Bu akşam evde misin?	Are you at home this evening?
SIRMA: Evet, evdeyim.	Yes, I am.
AYHAN: Evde kim var?	Who is there at home?
SIRMA: Ben varım. Ayşe ve Mahmut da var.	I am at home. There are also Ayşe and Mahmut.
AYHAN: Mahmut kim?	Who is Mahmut?
SIRMA: Ayşenin ağabeyi.	Ayşe's elder brother.
AYHAN: O doktor mu?	Is he a doctor?
SIRMA: Hayır, değil. Öğretmen.	No, he isn't. He is a teacher.
AYHAN: Bunlar ne?	What are these?
SIRMA: Kitaplar.	Books.
AYHAN: Kimin kitapları?	Whose books are they?
SIRMA: Mahmutun.	Mahmut's.
AYHAN: Sizde Bety Mahmudinin kitabı var mı?	Have you got Bety Mahmudi's book?
SIRMA: Kitabın adı ne?	What is the title of the book?
AYHAN: Kızım Olmadan Asla.	Never Without My Daughter.
SIRMA: Var ama o da Mahmutun kitabı.	Yes, I have, but it is also Mahmut's
AYHAN: Güzel bir kitap.	This is a nice book.
SIRMA: Evet, güzel. İyi günler.	Yes, it is. Good day.
AYHAN: İyi günler.	Good day.

PRACTICE 17

A: Answer using the words in brackets (and appropriate suffixes.)
1. **Bu kimin evidir? (Ahmet)** 2. **Dişçinin arabası nerededir? (hastane - önü)** 3. **O genç adam kimdir? (Sumru - babası)** 4. **Bu oda banyolu mudur? (Hayır, banyo)** 5. **Cafer kimdir? (şu öğrenci - ağabey)**

B: Put the pairs of words into possessive relationship.
kadın - doktor, sekreter - bilgisayar, adam - bardak, mühendis - araba, memur - masa, İstanbul - ağaç, işadamı - oda, okul - öğretmen, ev - kapı, çocuk - elma, Ayşe - arkadaş, uçak - pencere, doktor - abla, salon - halı, kız - yatak

C: Combine the words (with appropriate suffixes) to make sentences.
1. **adam - araba - ucuz** 2. **çocuk - kitap - güzel** 3. **sekreter - kahve - sütlü** 4. **öğrenci - defter - yeni** 5. **işadamı - ev - pahalı** 6. **memur - masa - uzun** 7. **kız - abla - güzel** 8. **öğretmen - ev - yakın**

D: Write the opposites.
Example : sütlü kahve X sütsüz kahve, güneşsiz hava X güneşli hava

1. şekerli çay 2. **tuzlu et** 3. **yağmurlu hava** 4. **parasız adam** 5. **renkli resim** 6. **banyosuz oda** 7. **sütsüz kahve**

E: Translate into English.
1. **Kadının kızı öğrencidir.** 2. **Yasemenin topu nerededir?** 3. **Polisin evi postanenin arkasındadır.**
4. **Kayanın arabası pahalı değildir.** 5. **Buzdolabında tuzlu et var.** 6. **Kimin evi yakındır?** 7. **Bu Sedefin kalemidir. Aytenin kalemi nerededir?** 8. **Bu kitap parasızdır.**

F: Translate into Turkish
1. Ayhan's bag is on the table. 2. The nurse's car isn't in front of the house. 3. There is a cup of coffee without sugar on the table. 4. The child's mother isn't a teacher. 5. What colour is Kerim's car? 6. Is Meltem's book English or French? 7. What colour is the carpet of the hall? 8. Who is there at home?

PRACTICE 17 - ANSWERS

A. 1. **Bu Ahmetin evidir.** 2. **Dişçinin arabası hastanenin önündedir.** 3. **O genç adam Sumrunun babasıdır.** 4. **Hayır, O oda banyosuzdur.** 5. **Cafer şu öğrencinin ağabeyidir.**
B. 1. **kadının doktoru, sekreterin bilgisayarı, adamın bardağı, mühendisin arabası, memurun masası, İstanbulun ağacı, işadamının odası, okulun öğretmeni evin kapısı, çocuğun elması, Ayşenin arkadaşı, uçağın peneceresi, doktorun ablası, salonun halısı, kızın yatağı**
C. 1. **Adamın arabası ucuzdur.** 2. **Çocuğun kitabı güzeldir.** 3. **Sekreterin kahvesi sütlüdür.** 4. **Öğrencinin defteri yenidir.** 5. **İşadamının evi pahalıdır.** 6. **Memurun masası uzundur.** 7. **Kızın ablası güzeldir.** 8. **Öğretmenin evi yakındır.**
D. 1. **şekersiz çay** 2. **tuzsuz et** 3. **yağmursuz hava** 4. **paralı adam** 5. **renksiz resim** 6. **banyolu oda** 7. **sütlü kahve**
E. 1. The woman's girl is a student. 2. Where is Yasemen's ball? 3. The policeman's house is behind the post-office. 4. Kaya's car isn't expensive. 5. There is salty meat in the refrigerator. 6. Whose house is near? 7. This is Sedef's pencil. Where is Ayten's pencil? 8. This book is free.
F. 1. **Ayhanın çantası masanın üstündedir.** 2. **Hemşirenin arabası evin önünde değildir.** 3. **Masanın üstünde bir fincan şekersiz kahve var.** 4. **Çocuğun annesi öğretmen değildir.** 5. **Kerimin arabası ne renktir?** 6. **Meltemin kitabı İngilizce mi yoksa Fransızca mıdır?** 7. **Salonun halısı ne renktir?** 8. **Evde kim var?**

VOCABULARY

TEYZE Benim teyzem genç ve güzel bir kadındır.	AUNT My aunt is a young and beautiful woman.
AMCA Senin amcan burada değil.	UNCLE Your uncle isn't here.
GÜN Bugün güzel bir gündür.	DAY It is a fine day today.
HAFTA Bu hafta evdeyiz.	WEEK We are at home this week.
ŞAPKA Kızın şapkası büyük müdür?	HAT Is the girl's hat big?
PAZARTESİ Bugün pazartesidir.	MONDAY Today is Monday.
SALI Bugün salı mıdır yoksa Çarşamba mıdır?	TUESDAY Is today Tuesday or Wednesday?
ÇARŞAMBA Çarşamba (günü) evde misin?	WEDNESDAY Are you at home on
PERŞEMBE Bugün perşembe değildir.	THURSDAY Today isn't Thursday.
CUMA İşadamı cuma günü burada değildir.	FRIDAY The businessman isn't here on Friday.
CUMARTESİ Cumartesi günü hemşire yok.	SATURDAY There isn't the nurse on Saturday.
PAZAR Pazar günü oradayım.	SUNDAY I am there on Sunday.
EL Senin elinde ne var?	HAND What have you got in your hand?

POSSESSIVE PRONOUNS

pronoun

suffix

ben, ben-im

my

103

sen, sen-in	your
o, o-nun	his, her, its
biz, biz-im	our
siz, siz-in	your
onlar, onlar-ın	their

As in English possessive pronouns come before the noun. Note that there are three English equivalents to **onun** (his/her/its). In Turkish remember, the possessed noun also takes a suffix.

	if the noun ends with a consonant	*if the noun ends with a vowel*
ben	-im(-ım, -um, -üm)	-m
sen	-in(-ın, -un, -ün)	-n
o	-i(-ı, -u, -ü)	-sı, -si, -su, -sü
biz	-imiz(-ımız, -umuz, -ümüz)	-mız, -miz, -muz, -müz
siz	-iniz(-ınız, -unuz, -ünüz)	-nız, -niz, -nuz, -nüz
onlar	-i(-ı, -u, -ü)	-sı, -si, -su, -sü

benim evim	my house
benim anahtarım	my key
benim televizyonum	my television
benim gözüm	my eye
benim bahçem	my garden

senin evin	your house
senin anahtarın	your key
senin televizyonun	your television
senin gözün	your eye
senin odan	your room

onun evi	his/her house
onun anahtarı	his/her key
onun televizyonu	his/her television
onun gözü	his/her eye
onun bahçesi	his/her garden
onun odası	his/her room
onun radyosu	his/her radio

bizim evimiz	our house
bizim anahtarımız	our key
bizim televizyonumuz	our television
bizim gözümüz	our eye
bizim bahçemiz	our garden

sizin eviniz	your house
sizin anahtarınız	your key
sizin televizyonunuz	your television
sizin gözünüz	your eye
sizin odanız	your room

onların evi	their house
onların anahtarı	their key
onların televizyonu	their television

onların gözü	their eye
onların bahçesi	their garden
onların radyosu	their radio
benim kitabım	my book
onun yatağı	his bed
sizin sözlüğünüz	your dictionary
benim topum	my ball
senin bilgisayarın	your computer
onun halısı	her carpet
sizin babanız	your father
sizin ablanız	your elder sister
onların kaşığı	their spoon
senin masan	your table
bizim öğrencimiz	our student
Bu benim çantamdır.	This is my bag.
Benim babam yaşlıdır.	My father is old.
Benim şapkam nerededir?	Where is my hat?
Şu senin atındır.	That is your horse.
Senin annen okulda değildir.	Your mother isn't in the school.
Senin çantan yenidir.	Your bag is new.
Senin dolabın nerededir?	Where is your cupboard?
Bu onun evidir.	This is her house.
Onun evi büyük değildir.	Her house isn't big.
Onun çocuğu nerededir?	Where is her child?
Onun penceresi küçüktür.	Its window is small.
Şu bizim masamızdır.	That is our table.
Bizim mutfağımız küçüktür.	Our kitchen is small.
Orası bizim bahçemiz midir?	Is that place our garden?
Bizim televizyonumuz yenidir.	Our television is new.
Şurası sizin odanız mıdır?	Is that place your room?
Sizin adınız nedir?	What is your name?
Bu adam sizin amcanız değildir.	This man isn't your uncle.
Sizin kediniz ağacın altında değildir.	Your cat isn't under the tree.
Onların otobüsü hastanenin önündedir.	Their bus is in front of the hospital.
Onların babası bir işadamıdır.	Their father is a businessman.
Onların oteli nerededir?	Where is their hotel?
senin baban	your father
senin babanın	your father's
senin babanın arabası	your father's car
benim annem	my mother
benim annemin	my mother's
benim annemin adı	my mother's name

bizim otobüsümüz	our bus
bizim otobüsümüzün	of our bus
bizim otobüsümünüzün şoförü	the driver of our bus
sizin eviniz	your house
sizin evinizin	of your house
sizin evinizin mutfağı	the kitchen of your house
sizin evinizin mutfağının duvarı	the wall of the kitchen of your house

Omitting Possessive Pronouns

We have seen that pronouns can be omitted.

Ben evdeyim.	I am at home.
Evdeyim.	I am at home.
Sen bir öğrencisin.	You are a student.
Öğrencisin.	You are a student.

In the above sentences, the subject is shown by the personal suffix. Possessive pronouns can be similarly left out, with the subject shown by the personal suffix. For example, instead of **senin evin** we can use **evin**, without affecting the basic meaning. This is not so in English, in which the possessive pronoun must be used.

Benim şapkam yenidir.	=	**Şapkam yenidir.**
Senin penceren kapalıdır.	=	**Penceren kapalıdır.**
Onun babası mühendistir.	=	**Babası mühendistir.**
Bizim şoförümüz gençtir.	=	**Şoförümüz gençtir.**
Sizin balkonunuz büyük müdür?	=	**Balkonunuz büyük müdür?**
Onların odası temizdir.	=	**Odaları temizdir.**

Onun adı Selimedir.	Her name is Selime.
Adı Selimedir.	Her name is Selime.
Benim köpeğim nerededir?	Where is my dog?
Köpeğim nerededir?	
Sizin amcanız İstanbullu mudur?	Is your uncle from Istanbul?
Amcanız İstanbullu mudur?	
Evi otobüs durağına yakındır.	Her house is near the bus-stop.
Kitabım nerededir?	Where is my book?
Öğrencilerimiz bahçededir.	Our students are in the garden.
Ablanız şimdi nerededir?	Where is your elder sister now?

Nouns with personal suffixes may take the locational suffix **-de/-da**. In this case, when the noun ends with a vowel , **n** is added (like **o**, **onlar**).

onun evi = is house →

onun evinde = in his house
evinde = in his house

onların bahçeleri = their garden →

onların bahçelerinde = in their garden
bahçelerinde = in their garden

benim masam = my table→

benim masamda = on my table
masamda = on my table

senin araban = your car→

senin arabanda = in your car
arabanda = in your car

bizim bahçemiz = our garden→

bizim bahçemizde = in our garden
bahçemizde = in our garden

Dükkânında kaç tane telefon var?

How many telephones have you got in your shop?

Bahçemizde kediler var.
Buzdolabımda iki şişe süt var.
Anahtarlar çantandadır.

There are cats in our garden.
There are two bottles of milk in my fridge.
The keys are in your bag.

Şu defter benim defterimdir.
Şu defter benimdir.

That note-book is my note-book.
That note-book is mine.

O çanta Ayselin çantasıdır.
O çanta Ayselindir.

That bag is Aysel's bag.
That bag is Aysel's.

Bu köpek sizin köpeğinizdir.
Bu köpek sizindir.

This dog is your dog.
This dog is yours.

Information about the Text

Bey, Hanım

Bey (for men) and **Hanım** (for women) are used after people's names as polite forms of address. The nearest English equivalents are Mr/Mrs/Miss/Ms although these are used after surnames whereas bey/hanım are usually used after first names. **Hasan Bey** (= Mr Hasan), **Ahmet Bey, Kenan Bey;** **Şükran Hanım** (= Mrs./Miss Şükran), Sevinç Hanım, Sadakat Hanım

BİR ODA

A ROOM

Burası bir odadır. Oda sıcak ve büyük. Dört tane pencere var. Pencereler açıktır. Perdelerin rengi beyazdır. Duvarlar da beyazdır. Odanın önünde bir balkon var. Balkonun kapısı açıktır.

This place is a room. The room is hot and big. There are four windows. The windows are open. The colour of the curtains is white. The walls are also white. There is a balcony in front of the room. The door of the balcony is open.

Odada koltuklar, sandalyeler ve bir masa var. Koltuk ve sandalyelerin rengi kırmızıdır. Masanın üzerinde bir televizyon var.

There are armchairs, chairs and a table in the room. The colour of the armchairs and the chairs is red. There is a television on television.

Bugün pazar. Bekir Bey evdedir. Sevim Hanım da evdedir. Bekir Bey koltuğunda, Sevim Hanım mutfaktadır. Bekir Beyin elinde bir kitap var.

Today is Sunday. Bekir Bey is at home. Sevim Hanım is also at home. Bekir Bey is in his armchair, Sevim Hanım is in the kitchen. There is a book in Bekir Bey's hand.

Onların çocukları balkondadır. Çocuk-

Their children are in the balcony.

107

ların adı Emre ve Cansudur. Onlar
sandalyededir. Sandalyelerin yanında
çiçekler var.

The children's name are Emre and
Cansu. They are on the chair. There
are the flowers near the chairs.

Sevim Hanım da şimdi odadadır.
Elinde iki fincan kahve var.

Sevim Hanım is also in the room now.
There are two cups of coffee in her hand.

Questions and Answers to the Reading Passage

Oda büyük mü yoksa küçük müdür?
Is the room big or small?

Büyüktür.
It is big.

Odada kaç tane pencere var?
How many windows are there in the room?

Dört tane pencere var.
There are four windows.

Perdeler ve duvarlar ne renktir?
What colour are the curtains and the walls?

Onlar beyazdır.
They are white.

Odanın önünde ne var?
What is there in front of the room?

Bir balkon var.
There is a balcony.

Odada neler var?
What are there in the room?

Koltuklar, sandalyeler ve masa var.
There are the armchairs, chairs and a table.

Koltuk ve sandalyeler ne renktir?
What colour are the armchairs and the chairs?

Onlar kırmızıdır.
They are red.

Televizyon nerededir?
Where is the television?

Masanın üstündedir.
It is on the table.

Bekir Bey mutfakta mıdır?
Is Bekir Bey in the kitchen?

Hayır, değildir. O odadadır.
No, he isn't. He is in the room.

Sevim Hanım nerededir?
Where is Sevim Hanım?

O mutfaktatır.
She is in the kitchen.

Bekir Beyin elinde ne var?
What is there in Bekir Bey's hand?

Bir kitap var.
There is a book.

Çocuklar odada mıdır?
Are the children in the room?

Hayır, değildir. Onlar balkondadır.
No, they aren't. They are on the balcony.

Çocukların adı nedir?
What are the children's names?

Emre ve Cansudur.
Their names are Emre and Cansu.

PRACTICE 18

A: Put the pronoun in brackets into the gap (in the possessive form).

Example : ..... adım Cemildir. (ben) → Benim adım Cemildir.

1. ..... babası öğretmendir. (o) 2. Bu adam ..... doktorumuzdur. (biz) 3. Şu çanta ..... değildir.
(sen) 4. Şu ..... şapkam mıdır? (ben) 5. ..... amcamız bir mühendistir. (biz) 6. Bunlar .....
kedilerinizdir. (siz) 7. ..... babasının arabası nerededir? (onlar) 8. O ..... defterin değildir. O .....
defterimdir. (sen, ben) 9. ..... bahçeniz büyük müdür? (siz) 10. ..... amcası bugün evdedir. (o)

B: Fill the gap with an appropriate suffix.

1. **Benim baba... Almanyada değildir.** 2. **Sizin çay... şekerlidir.** 3. **Onların top... bahçededir.** 4. **Senin teyze... ev... nerededir?** 5. **Bizim okul... eve yakındır.** 6. **Şu kadın onun öğretmen...dir.** 7. **Benim ağabey... şimdi İstanbuldadır.** 8. **Sizin abla... nerededir? Bizim abla... balkondadır.**

C: Rewrite omitting the possessive pronouns.

1. **Senin kalemin uzundur.** 2. **Onun arabası pahalıdır.** 3. **Bizim evimiz güzeldir.** 4. **Onların doktorları zengindir.** 5. **Sizin halınız eskidir.** 6. **Benim kahvem şekersizdir.** 7. **Sizin çayınız sıcaktır.** 8. **Senin dükkânın uzak mıdır?**

D: Make sentences with these words (using appropriate suffixes).

1. **sen - köpek - küçük** 2. **ben - bardak - temiz** 3. **Bu - o - yumurta** 4. **siz - abla - güzel - değil** 5. **bu - biz - oda ?** 6. sen - oda - kapı - açık

E: Aşağıdaki cümleleri İngilizceye çeviriniz.

1. **Çocuğun annesi okuldadır.** 2. **Arkadaşınızın adı nedir?** 3. **Öğrencinin dersi kolaydır.** 4. **Onun teyzesinin elinde güzel bir çanta var.** 5. **Sabununuz banyodadır.** 6. **Televizyonumuz yeni değildir.** 7. **Öğretmenin sözlüğü nerededir?** 8. **Odamızda sıcak su yok.**

F: Aşağıdaki cümleleri Türkçeye çeviriniz.

1. **What is there in front of your hotel?** 2. **Our factory is near the bus-stop.** 3. **There are beautiful flowers in her garden.** 4. **The rooms of the hotel are big and clean.** 5. **There isn't any dog in the garden. Where is Fatma's dog?** 6. **My friends aren't there today.** 7. **This place isn't your room. Your room is there.** 8. **My money isn't in the bank.**

PRACTICE 18 - ANSWERS

A. **1. Onun babası öğretmendir. 2. Bu adam bizim doktorumuzdur. 3. Şu çanta senin değildir. 4. Şu benim şapkam mıdır? 5. Bizim amcamız bir mühendistir. 6. Bunlar sizin kedilerinizdir. 7. Onların babasının arabası nerededir? 8. O senin defterin değildir. O benim defterimdir. 9. Sizin bahçeniz büyük müdür? 10. Onun amcası bugün evdedir.**

B. **1. Benim babam Almanyada değildir. 2. Sizin çayınız şekerlidir. 3. Onların topu bahçededir. 4. Senin teyzenin evi nerededir? 5. Bizim okulumuz eve yakındır. 6. Şu kadın onun öğretmenidir. 7. Benim ağabeyim şimdi İstanbuldadır. 8. Sizin ablanız nerededir? Bizim ablamız balkondadır.**

C. **1. Kalemin uzundur. 2. Arabası pahalıdır. 3. Evimiz güzeldir. 4. Doktorları zengindir. 5. Halınız eskidir. 6. Kahvem şekersizdir. 7. Çayınız sıcaktır. 8. Dükkânın uzak mıdır?**

D. **1. Senin köpeğin küçüktür. 2. Benim bardağım temizdir. 3. Bu onun yumurtasıdır. 4. Sizin ablanız güzel değildir. 5. Bu bizim odamız mıdır? 6. Senin odanın kapısı açıktır.**

E. **1. The child's mother is in the school. 2. What is your friend's name? 3. The student's lesson is easy. 4. There is a nice bag in her aunt's hand. 5. Your soap is in the bathroom. 6. Our television isn't new. 7. Where is the teacher's dictionary? 8. There isn't (any) hot water in our room.**

F. **1. Sizin otelinizin önünde ne var? 2. Bizim fabrikamız otobüs durağına yakındır. 3. Onun bahçesinde güzel çiçekler var. 4. Otelin odaları büyük ve temizdir. 5. Bahçede köpek yok. Fatmanın köpeği nerededir? 6. Benim arkadaşlarım bugün orada değildir. 7. Burası senin odan değildir. Senin odan orada. 8. Benim param bankada değildir.**

VOCABULARY

AFFEDERSİNİZ Affedersiniz, otobüs durağı nerededir?	EXCUSE ME Excuse me, where is the bus-stop?
LÜTFEN İki şişe süt, lütfen.	PLEASE Two bottles of milk, please.
HOŞÇA KAL Hoşça kal Ahmet!	GOODBYE Goodbye Ahmet!
HANGİ Hangi adam senin babandır?	WHICH Which man is your father?
SINIF Sınıfta kaç tane öğrenci var?	CLASSROOM How many students are there in the classroom.
SIRA Sınıfın sıraları kahverengidir.	DESK The desks of the classroom are brown.
SİLGİ Öğrencinin silgisi sıranın üstündedir.	DUSTER, RUBBER The student's duster is on the desk.
MÜDÜR Bu okulun müdürü benim amcamdır.	DIRECTOR, MANAGER; PRINCIPAL The principal of this school is my uncle.
OFİS Şimdi ofiste kim var?	OFFICE Who is there in the office now?
PATRON Bu araba bizim patronumuzundur.	BOSS This car is our boss's.
MEYVE Meyveler buzdolabındadır.	FRUIT The fruits are in the fridge.
SEBZE Sebzeler sepetin içinde midir?	VEGETABLE Are the vegetables in the basket.

COMPOUND NOUNS

The first noun of a compound describes the second, and it is only the second noun which takes suffixes. The second noun always has the third person possessed suffix, **-ı, -i, -u, -ü, -sı, -si, -su, -sü**. Two nouns joined like this refer to one thing.

yatak odası	bedroom
elma ağacı	apple tree
diş fırçası	toothbrush
bahçe kapısı	garden gate

Compound nouns should not be confused with pairs of nouns in a possessive relationship.

| **bahçenin kapısı** | the gate of the garden (gate that belongs to the garden) |
| **bahçe kapısı** | garden gate (a type of gate used for gardens) |

Compound nouns are commonly used for the names of hotels, restaurants, roads, cinemas, schools, banks, etc.

Divan Oteli	**Saray Lokantası**
Hilton Oteli	**Konyalı Lokantası**
Akdeniz Caddesi	**Hakan Sineması**
Ticaret Okulu	**Garanti Bankası**
İstanbul Üniversitesi	**İş Bankası**

Yatak odasında kim var?	Who is there in the bedroom?
Diş fırçası banyoda mıdır?	Is the tootbrush in the bathroom?
Bahçe kapısı kapalıdır.	The garden gate is closed.

Divan Oteli nerededir?	Where is the Divan Hotel?
Biz Saray Lokantasındayız.	We are in the Saray Restaurant.
Ablam İstanbul Üniversitesindedir.	My elder sister is in Istanbul University.
İş Bankasının yanında Garanti Bankası var.	There is the Garanti Bank near the İş Bank.

DAYS – GÜNLER

We have seen the names of days. Unlike English, in Turkish capital letters are not used for these.

pazar	Sunday
pazartesi	Monday
salı	Tuesday
çarşamba	Wednesday
perşembe	Thursday
cuma	Friday
cumartesi	Saturday
Bugün pazartesidir.	Today is Monday.
Bir haftada kaç gün vardır?	How many days are there in a week?
Bir haftada yedi gün vardır.	There are seven days in a week.
Bugün salı değildir.	Today isn't Tuesday.

ORTASINDA

In previous lessons we have seen the prepositions **önünde**, **arkasında**, **yanında** and **üstünde**. **Ortasında** (= in the middle of) is like these. **Orta** is a noun, **-sı** the possessive suffix and **da** the locational suffix (with **n** added). Adding these suffixes changes the noun **orta** into an adjective. A literal translation of the first expression below would be 'carpet-of middle-its-in'.

halının ortasında	in the middle of the carpet
köprünün ortasında	in the middle of the bridge
parkın ortasında	in the middle of the park
salonun ortasında	in the middle of the hall
yatağın ortasında	in the middle of the bed
kitabın ortasında	in the middle of the book
Bahçenin ortasında bir ağaç var.	There is a tree in the middle of the
Köprünün ortasında sarı bir otobüs var.	There is a yellow bus in the middle of the bridge.
O bank parkın ortasındadır.	That bank is in the middle of the park.
Ofisin ortasında büyük bir masa var mı?	Is there a table in the middle of the office?
Kitabın ortasında ne var?	What is there in the middle of the book?

KARŞISINDA

This is another preposition meaning "opposite".

lokantanın karşısında	opposite the restaurant
bahçenin karşısında	opposite the garden
otelin karşısında	opposite the hotel
otobüsün karşısında	opposite the bus
ağacın karşısında	opposite the tree
yatağın karşısında	opposite the bed

Lokantanın karşısında bir eczane var.	There is a chemist's opposite the restaurant.
Köprünün karşısında ne var?	What is there opposite the bridge?
Parkın karşısında büyük bir ev var.	There is a big house opposite the park.
Durak otelin karşısında değildir.	The bus-stop isn't opposite the hotel.
Ağacın karşısında duvar yok.	There isn't a wall opposite the tree.

HANGİ, HANGİSİ

Hangi (= which) is another question word. It functions like an adjective (ie it is followed by a noun).

hangi kedi	which cat
hangi çocuk	which child
hangi ev	which house
hangi oda	which room
hangi hastane	which hospital

Hangi ev büyüktür?	Which house is big?
Hangi akşam evdesiniz?	Which evening are you at home?
Çocuk hangi odadadır?	In which room is the child?
Şu doktor hangi hastanededir?	In which hospital is that doctor?
Hangi odada televizyon var?	Which room has got a television?

Hangisi functions like a pronoun. It is used when there is a choice between alternatives, make clear by translating it as which one, although one is not necessarily used.

Hangisi büyüktür?	Which is big?
Hangisi onların evidir?	Which is their house?
Hangisi patronun masasıdır?	Which is the boss's table?
Hangisi okulun müdürüdür?	Which of them is the principal?
Hangisi kolaydır?	Which is easy?

Kaç Yaşında?

This is used to find out a person's age.

Sen kaç yaşındasın?	How old are you?
O kaç yaşında(dır)?	How old is he/she/it?
Siz kaç yaşındasınız?	How old are you?
Onlar kaç yaşındalar?	How old are they?

The above sentences can be used without pronouns.

Kaç yaşındayım?	How old am I?
Kaç yaşındasın?	How old are you?
Kaç yaşında?	How old is he/she/it?
Kaç yaşındalar?	How old are they?

Kaç yaşındasın?
How old are you?

Otuz beş yaşındayım.
I am thirty five years old.

O kaç yaşında?
How old is he?

On dört yaşında.
He is fourteen years old.

Sumru kaç yaşında?
How old is Sumru?

İki yaşında.
She is two years old.

Onun teyzesi kaç yaşında?
How old is his aunt?

Kırk dört yaşında.
She is forty four years old.

Expressions used in the Text

Affedersiniz (= Excuse me, Sorry) is used at the beginning of sentences, to attract attention and for politeness, like 'excuse me'.

| Affedersiniz, banka nerede? | Excuse me, where is the bank? |
| Affedersiniz, bu yakınlarda iyi bir otel var mı? | Excuse me, is there a good hotel near here? |

Affedersiniz can also be used to apologise, like sorry.

Hoşça kal is an expression of departure, like the English goodbye.

Hoşça kal Ahmet.   Goodbye Ahmet.

Another expression of departure, **görüşürüz** (= bye, see you) is more informal.

Görüşürüz Ahmet.   See you Ahmet.
Görüşürüz Nesrin.   See you Nesrin.

DIALOGUES

ADAM : Affedersiniz, bu yakınlarda iyi bir otel var mı?
Excuse me, is there a good hotel near here?

KADIN: Evet, var. Atatürk Caddesinde.
Yes, there is. It is in Atatürk Street.

ADAM : Otelin adı ne?
What is the name of the hotel?

KADIN: Olcay Oteli.
Olcay Hotel

ADAM : Atatürk Caddesi nerede?
Where is Atatürk Caddesi

KADIN: Bu sokağın karşısında bir cadde var. Orası Atatürk Caddesidir.
There is a street opposite this street. That place is Atatürk Caddesi.

ADAM : Lokanta da var mı?
Is there a restaurant, too?

KADIN: Var. Elif Lokantası.
Yes, there is. Elif Restaurant.

ADAM : Uzak mı?
Is it far?

KADIN: Hayır, değil. Otelin karşısında.
No, it isn't. It is opposite the hotel.

ADAM : Temiz mi?
Is it clean?

KADIN: Evet, temiz ve ucuz bir lokantadır.
Yes, it is a clean and cheap restaurant.

ADAM : Çok teşekkür ederim.
Thank you very much.

KADIN: Bir şey değil.
Not at all.

ADNAN: Merhaba Melek. Nasılsın?
Hello, Melek. How are you?

MELEK: Teşekkürler, iyiyim. Sen nasılsın?
Thanks. I am well. How are you?

ADNAN: Ben de iyiyim. Bu, arkadaşım Metin.
I too am well. This is my friend Metin.

MELEK: Merhaba, nasılsınız?
Hello, how are you?

METİN: İyiyim.
I am fine.

MELEK: Öğrenci misiniz?
Are you a student?

METİN: Evet, öğrenciyim.
Yes, I am.

MELEK: Hangi okulda?
At which school?

METİN: İstanbul Üniversitesinde.
At Istanbul University.

MELEK: İstanbullu musunuz?
Are you from Istanbul?

METİN: Hayır, değilim.
No, I am not.

MELEK: Nerelisiniz?
Where are you from?

METİN: Adanalıyım.
I am from Adana.

MELEK: Anne ve babanız Adanada mı?
Are your mother and father in Adana?

METİN: Hayır, değil. Onlar İstanbulda.
No, they aren't. They are in Istanbul.

MELEK: Eviniz nerede?
Where is your house?

METİN: Bakırköyde.
At Bakırköy.

MELEK: Bu akşam evde misin, Adnan?
Are you at home this evening, Adnan?

ADNAN: Evet, evdeyim.
Yes, I am.

MELEK: Görüşürüz.
See you.

ADNAN: Görüşürüz. Hoşça kal.
See you. Goodbye.

MELEK: Hoşça kal Adnan, Hoşça kal Metin.
Goodbye Adnan, Goodbye Metin.

PRACTICE 19

A: Write the names of the days in Turkish and English.

B: Ask for the person's age and reply using the number in brackets.
1. **sen (16)** 2. **ben (27)** 3. **Hasan (30)** 4. **senin baban (65)** 5. **bizim öğretmenimiz (48)** 6. **siz (24)** 7. **Ayhanın ablası (33)**

C: Make questions using **hangi, hangisi**.
Example : Bu ev büyüktür. → Hangi ev büyüktür?

1. **O perde beyazdır.** 2. **Bu akşam evdeyiz.** 3. **Çocuk yatak odasındadır.** 4. **O işadamının evidir.** 5. **Bu memurun masasıdır.** 6. **Bu adam okulun müdürüdür.** 7. **Şu ders kolaydır.** 8. **Bu benim çantamdır.**

D: Put the words in correct order (with appropriate suffixes) to make sentences.
1. **kitap - ben - yeni** 2. **yeni - mühendis - araba** 3. **anne - siz - yaşında - kaç** 4. **sebzeler - biz - değil - buzdolabı** 5. **hemşire - şu - hastane - hangi**

E: Translate into English.
1. **Affedersiniz, sizin çantanız hangisidir?** 2. **Onların amcası kaç yaşında?** 3. **Bugün pazartesi mi yoksa salı mıdır?** 4. **Bir haftada yedi gün vardır.** 5. **Bu okulun müdürü kimdir?** 6. **Bir bardak çay, lütfen.** 7. **Benim öğrencilerim hangi sınıftadır?** 8. **Caddenin ortasında bir otobüs var.**

F: Translate into Turkish.
1. Which is your dress? 2. Where is the key of the door? 3. Who is there in the bedroom? 4. How old his boss? 5. Which day is your mother at home? 6. Hilton Hotel is opposite the sea. 7. That tree is in the middle of the garden. 8. Excuse me, is there a post-office in this street?

PRACTICE 19 - ANSWERS

A. **pazar** = Sunday, **pazartesi** = Monday, **salı** = Tuesday, **çarşamba** = Wednesday, **perşembe** = Thursday, **cuma** = Friday, **cumartesi** = Saturday

B. 1. **Sen kaç yaşındasın? Ben on altı yaşındayım.** 2. **Ben kaç yaşındayım? Sen yirmi yedi yaşındasın.** 3. **Hasan kaç yaşında? O otuz yaşındadır.** 4. **Senin baban kaç yaşında? O altmış beş yaşındadır.** 5. **Bizim öğretmenimiz kaç yaşında? O kırk sekiz yaşındadır.** 6. **Siz kaç yaşındasınız? Biz yirmi dört yaşındayız.** 7. **Ayhanın ablası kaç yaşında? O otuz üç yaşındadır.**

C. 1. **Hangi perde beyazdır?** 2. **Hangi akşam evdesiniz?** 3. **Çocuk hangi odadadır?** 4. **Hangisi işadamının evidir?** 5. **Hangisi memurun masasıdır?** 6. **Hangi adam okulun müdürüdür?** 7. **Hangi ders kolaydır?** 8. **Hangisi benim çantamdır?**

D. 1. **Benim kitabım yenidir.** 2. **Mühendisin arabası yenidir.** 3. **Sizin anneniz kaç yaşındadır?** 4. **Bizim sebzelerimiz buzdolabında değildir.** 5. **Şu hemşire hangi hastanededir?**

E. 1. Excuse me, which is your bag? 2. How old is their uncle? 3. Is today Monday or Tuesday? 4. There are seven days in a week. 5. Who is the headmaster of this school? 6. A glass of tea, please. 7. In which classroom are my students? 8. There is a bus in the middle of the street.

F. 1. **Senin elbisen hangisidir?** 2. **Odanın anahtarı nerededir?** 3. **Yatak odasında kim var?** 4. **Patronu kaç yaşındadır?** 5. **Anneniz hangi gün evdedir?** 6. **Hilton Oteli denizin karşısındadır.** 7. **O ağaç bahçenin ortasındadır.** 8. **Affedersiniz, bu caddede postane var mı?**

AÇIKÖĞRETİM KURUMU

VOCABULARY

AİLE Ailem İstanbuldadır.	FAMILY My family is in Istanbul.
TURİST Turistler otelde mi?	TOURIST Are the tourists at the hotel?
AYAK Kadının ayakları küçüktür.	FOOT The woman's feet are small.
GELMEK Buraya gel.	TO COME Come here.
GİTMEK Oraya git.	TO GO Go there.
YEMEK Bu peyniri ye.	TO EAT Eat the cheese.
İÇMEK Sütü iç.	TO DRINK Drink the milk.
OKUMAK Kitap oku.	TO READ Read a book.
YAZMAK Buraya yaz.	TO WRITE Write here.
ALMAK Bu çantayı al.	TO TAKE, TO BUY, TO RECEIVE Take this bag.
DİNLEMEK Radyoyu dinle.	TO LISTEN Listen the radio.
KOYMAK Kitapları çantanın içine koy.	TO PUT Put the books into the bag.
BAKMAK Bana bak.	TO LOOK Look at me.

VERBS

Forms like, **dinle, al, koy, ye, oku, yaz** etc are the root forms of verbs. Infinitives, made with 'to' in English, in Turkish are made with the suffix **-mek, -mak**.

dinlemek	to listen	**almak**	to take

yemek	to eat	koymak	to put
içmek	to drink	okumak	to read
gitmek	to go	yazmak	to write

Verb tenses are made by adding suffixes to the root form of the verb.

IMPERATIVES

Imperatives are made by using just the verb root (rather like English).

almak	to take
al	take
dinlemek	to listen
dinle	listen
gelmek	to come
gel	come
gitmek	to go
git	go
Git.	Go.
Oraya git.	Go there.
Onun ofisine git.	Go to his office.

In considering imperatives, it is useful to introduce the driectional suffix **-e/-a**. The directional suffix is added to nouns to make the dative case, and can be translated as 'to'. When the noun ends in a vowel a buffer **y** is added (**-ye/-ya**).

kapı - kapıya	to the door
lokanta - lokantaya	to the restaurant
oda - odaya	to the door
Ankara - Ankaraya	to Ankara
kedi - kediye	to the cat
hastane - hastaneye	to the hospital
pencere - pencereye	to the window
bahçe - bahçeye	to the garden
okul - okula	to the school
kız - kıza	to the girl
salon - salona	to the hall
ofis- ofise	to the office
otel- otele	to the hotel
ev - eve	to the house
ağaç - ağaca	to the tree
yatak - yatağa	to bed
tabak - tabağa	to the plate
kitap - kitaba	to the book
ben - bana	to me

sen - sana	to you
o - ona	to him/her/it
biz - bize	to us
siz - size	to you
onlar - onlara	to them

Let us look at structures with possessive pronouns, starting with the third-person singular.

onun evi
onun kapısı

benim arabam - benim arabama	to my car
senin evin - senin evine	to your house
sizin odanız - sizin odanıza	to your room

onun evi - onun evine (onun eviye değil)	to his house
onun atı - onun atına (onun atıya değil)	to her horse
kadının çantası - kadının çantasına	to the woman's bag
onun radyosu - onun radyosuna	to her radio
teyzemin doktoru - teyzemin doktoruna	to my aunt's doctor
Hilton Oteli - Hilton Oteline	to the Hilton Hotel
yatak odası - yatak odasına	to the bedroom
Gazi Sineması - Gazi Sinemasına	to the Gazi Cinema
otobüs durağı - otobüs durağına	to the bus-stop

buzdolabı - buzdolabına	to the refrigerator
işadamı - işadamına	to the businessman

buraya	here
şuraya	there
oraya	there
nereye	where
içeriye	in
kime	to whom, whom, who

Buraya gel.	Come here.
Okula git.	Go to school.
Şu ağaca bak.	Look at that tree.
Masanın üstüne koy.	Put on the table.
Resime bak.	Look at the picture.
Arabaya git.	Go to the car.
İzmire gel.	Come to Izmir.
Tabağa koy.	Put it on/in the plate.
Bize gel.	Come to us.
Onlara git.	Go to them.
Evimize gel.	Come to our house.

Müdürün masasına koy.	Put to the manager's table.
Teyzemin doktoruna git.	Go to my aunt's doctor.
Divan Oteline gel.	Come to Divan Hotel.
Konyalı Lokantasına git.	Go to Konyalı Restaurant.
Buzdolabına koy.	Put to the refrigerator.
İşadamına bak.	Look at the businessman.

These examples combine use of the possessed suffix (**-i**) with the directional suffix (**-e**) using buffer **-n**. We will look at this again.

Suyu iç.   Drink the water.
Bu peyniri ye.   Eat this cheese.

READING PASSAGES

Otele bak. Burası Hilton Otelidir. Büyük ve temizdir. İstanbulda Taksim' dedir. Denize yakındır. Otelde güzel bir lokanta ve odalar var. Turistler odalarındadır.

Look at the hotel. This place is Hilton Hotel. It is in Istanbul in Taksim. It is near the sea. There is a nice restaurant and rooms. The tourists are in their rooms.

Süt nerede? Süt mutfaktadır. Buzdolabına bak. Orada iki şişe süt var. Bardaklar da masanın üstündedir. Bardaklara süt koy ve odaya gel.

Where is the milk? The milk is in the kitchen. Look at the fridge. There are two bottles of milk there. The glasses are also on the table. Put the milk into the glasses and come to the room.

Müdürün masası nerede? Şu odanın karşısında bir salon var. Müdürün masası o salondadır. Müdür salonda değil. Onun kitaplarını al ve masasına koy.

Where is the manager's table? There is a hall opposite that room. The manager's room is in that hall. The manager isn't in the hall. Take his books and put on his table.

Questions and Answers to the Reading Passages

Otelin adı nedir?
What is the name of the hotel?

Otelin adı Hiltondur.
The name of the hotel is Hilton.

Otel nerededir?
Where is the hotel?

Taksimdedir.
It is in Taksim.

Denize uzak mıdır?
Is it far the sea?
Otelde lokanta var mı?
Is there a restaurant in the hotel?

Hayır, uzak değildir. Yakındır.
No, it isn't far. It is near.
Evet, var.
Yes, there is.

Turistler nerededir?
Where are the tourists?

Onlar odalarındadır.
They are in their rooms.

Kaç şişe süt var?
How many bottles of milk are there?

İki şişe süt var.
There are two bottles of milk.

Bardaklar nerededir?
Where are the glasses?

Onlar masanın üstündedir.
They are on the table.

Odanın karşısında ne var?
What is there opposite the room?

Bir salon var.
There is a hall.

Müdürün masası nerededir?
Where is the manager's table?

O salondadır.
It is in the hall.

Müdür salonda mı?	Hayır, değil.
Is the manager in the hall?	No, he isn't.

PRACTICE 20

A: Make imperative sentences with the words given.

Example : ev – gitmek → Eve git.
1. okul - gelmek 2. buzdolabı - koymak 3. ofis - gitmek 4. ben - bakmak 5. defter - yazmak 6. Etap Oteli - gelmek

B: Make questions for which the italicised words could be an answer.

Example : Öğretmen *okuldadır.* → Öğretmen nerededir?
1. Ahmet *evdedir.* 2. Bu *büyük bir evdir.* 3. Dükkân *sinemanın karşısındadır.* 4. Bu adam *Ahmet Beydir.* 5. Buzdolabında *üç şişe süt var.* 6. *Ben iyiyim.* 7. Burası *Hilton Otelidir.* 8. Küçük köpek *masanın altındadır.*

C: Make appropriate imperatives using directional suffixes.
1. masa 2. okul 3. ben 4. İstanbul 5. onun evi 6. bizim atımız 7. kızın defteri 8. işadamı 9. mutfak 10. otobüs durağı 11. Hakan Sineması

D: Fill the gap.
1. Kadın... bak. 2. Küçük köpek masa... altındadır. 3. Ben iyi... . 4. Masada kaç şişe su ... ? 5. Adam... ayakları büyüktür.

E: Translate into English.
1. Salonun karşısında ne var? 2. Çocuğun ayağına bak. 3. Otobüs durağına gel. 4. Ailen nerededir? 5. Hangi okul büyüktür? 6. Öğrencinin defterine yaz. 7. Bardaklara çay koy. 8. İsmini bu kitaba yaz.

F: Translate into Turkish.
1. Put here. 2. Look at the road and come to the room. 3. Their bag isn't white. 4. His father is in the school. 5. The tourists are in this hotel. Go there. 6. The door of the car is open. 7. Look at the boss's house. It is big. 8. Which day is the doctor at home?

PRACTICE 20 - ANSWERS

A. 1. Okula gel. 2. Buzdolabına koy. 3. Ofise git. 4. Bana bak. 5. Deftere yaz. 6. Etap Oteline gel.
B. 1. Ahmet nerededir? 2. Bu nedir? 3. Dükkân nerededir? 4. Bu adam kimdir? 5. Buzdolabında kaç şişe süt var? 6. Sen nasılsın? 7. Burası neresidir? 8. Küçük köpek nerededir?
C. 1. Masaya koy. 2. Okula gel. 3. Bana yaz. 4. İstanbula git. 5. Onun evine gel. 6. Bizim atımıza bak. 7. Kızın defterine yaz. 8. İşadamına bak. 9. Mutfağa git. 10. Otobüs durağına gel. 11. Hakan Sinemasına bak.
D. 1. Kadına bak. 2. Küçük köpek masanın altındadır. 3. Ben iyiyim. 4. Masada kaç şişe su var? 5. Adamın ayakları büyüktür.
E. 1. What is there opposite the hall? 2. Look at the child's foot. 3. Come to the bus-stop. 4. Where is your family? 5. Which school is big? 6. Write to the student's note-book. 7. Put (some) tea into the glasses. 8. Write your name on this book.
F. 1. Buraya koy. 2. Sokağa bak ve odaya gel. 3. Onların çantası beyaz değildir. 4. Onun babası okuldadır. 5. Turistler oteldedir. Oraya git. 6. Arabanın kapısı açıktır. 7. Patronun evine bak. O büyük. 8. Doktor hangi gün evdedir?

VOCABULARY

GAZETE
Gazete masadadır.

NEWSPAPER
The newspaper is on the table.

DERGİ
Dergiye bak.

MAGAZINE
Look at the magazine.

HANIM, KARI, EŞ
Karımın (hanımımın, eşimin) adı Aytendir.

WIFE
My wife's name is Ayten.

BEY, KOCA, EŞ
Kocanız (beyiniz, eşiniz) şimdi nerededir?

HUSBAND
Where is your husband now?

MEKTUP
Annene mektup yaz.

LETTER
Write a letter to your mother.

SİGARA
Adamın elinde bir sigara var.

CIGARETTE
There is a cigarette in the man's hand.

BİRA
Bir bardak bira, lütfen.

BEER
A glass of beer, please.

ŞARAP
Bardağa şarap koy.

WINE
Put some wine into the glass.

AÇMAK
Kapıyı aç.

TO OPEN
Open the door.

BULMAK
Çantamı bul.

TO FIND
Find my bag.

ÇALIŞMAK
Bu fabrikada çalış.
Ders çalış.

TO WORK, TO STUDY
Work in this factory.
Study lesson.

BEKLEMEK
Burada otobüs bekle.

TO WAIT
Wait for the bus here.

VERMEK
Kitabı bana ver.

TO GIVE
Give the book to me.

KAPAMAK
Odanın kapısını kapa.

TO SHUT
Shut the door of the room.

IMPERATIVES (Continued)

Buraya gel.	Come here.
Kapıya git.	Go to the door.
Buzdolabına koy.	Put into the refrigerator.

The suffix **-i, -ı, -u, -ü** is used when the noun is the object of a sentence (the accusative case).

kız - kızı	girl - the girl
otel - oteli	hotel - the hotel
salon - salonu	hall - the hall
otobüs - otobüsü	bus - the bus

The buffer **y** is used when the noun ends in a vowel.

kapı - kapı-y-ı	door - the door
bahçe - bahçe-y-i	garden - the garden
kutu - kutu-y-u	box - the box
köprü - köprü-y-ü	bridge - the bridge

ağaç - ağacı	tree - the tree
bardak - bardağı	glass - the glass
kitap - kitabı	book - the book

ben - beni	I - me
sen - seni	you - you
siz - sizi	you - you
onlar - onları	they - them

Divan Oteli-n-i	the Divan Hotel
yatak odası-n-ı	the bedroom

Kızı bekle.	Wait the girl.
Peyniri ye.	Eat the cheese.
Çayı iç.	Drink the tea.
Kapıyı aç.	Open the door.
Ütüyü ver.	Give the iron.
Uçağı bekle.	Wait for the plane.
Mektubu yaz.	Write the letter.
Buzdolabını kapat.	Shut the refrigerator.

Beni bekle.	Wait for me.
Onu gör.	See her.

The buffer **n** is inserted between the possessed suffix **-i** and the accusative

i.
odanın kapısı - odanın kapısını
annemin elbisesi - annemin elbisesini

Odanın kapısını aç.	Open the door of the room.
Annemin elbisesini ver.	Give my mother's dress.

The possessed suffix is also used with **gün** after the names of days as below.

Pazartesi günü	On Monday
Çarşamba günü	On wednesday

Pazartesi günü gel.	Come on Monday.
Cuma günü mektubu ver.	Give the letter on Friday.
Pazar günü İzmire git.	Go to Izmir on Sunday.

The accusative (suffix) and directional suffixes may be used in the same sentences.

Köpeği kadına ver.	Give the dog to the woman.
Sütü buzdolabına koy.	Put the milk into the refrigerator.

NEGATIVE IMPERATIVES

Negative imperatives are used to tell someone not to do something. To make negative imperatives, merely add the negative suffix **-me/-ma** to the verb root / positive imperative form.

Bak.	Look.	Bakma.	Don't look.
Gel.	Come.	Gelme.	Don't come.
Yaz.	Write.	Yazma.	Don't write.
Dinle.	Listen.	Dinleme.	Don't listen.
Çalış.	Work (study).	Çalışma.	Don't work (study).
Git.	Go.	Gitme.	Don't go.
İç.	Drink.	İçme.	Don't drink.
Ye.	Eat.	Yeme.	Don't eat.
Oku.	Read.	Okuma.	Don't read.

Bana bakma.	Don't look at me.
Buraya gelme.	Don't come here.
Pencereyi kapatma.	Don't shut the window.
Onun evine gitme.	Don't go to his house.
Adamı dinleme.	Don't listen to the man.
Beni bekleme.	Don't wait for me.
O fabrikada çalışma.	Don't work in that factory.
Kitabı okuma.	Don't read the book.
Beni bekleme.	Don't wait for me.
Bahçe kapısını açma.	Don't open the garden gate.
Babanın sigarasını içme.	Don't drink your father's cigarette.
Patronun sandalyesine oturma.	Don't sit the boss's chair.

Ablative Case (-den suffix)

The ablative suffix is **-dan/-den**, and is used to talk about leaving or taking (English, 'from').

adam - adamdan	man - from the man
dükkân - dükkândan	shop - from the shop
salon - salondan	hall - from the hall
televizyon - televizyondan	television - from the television
doktor - doktordan	doctor - from the doctor
kapı - kapıdan	door - from the door
oda - odadan	room - from the room

araba - arabadan	car - from the car
ev - evden	house - from the house
deniz - denizden	sea - from the sea
taksi - taksiden	taxi - from the taxi

If the noun ends **ç, f, h, k, p, s, ş, t**, the ablative suffix becomes **-tan, -ten**.

ağaç - ağaçtan	tree - from the tree
yatak - yataktan	bed - from the bed
kitap - kitaptan	book - from the book
otobüs - otobüsten	bus - from the bus

When adding the ablative suffix to compound nouns, **n** is inserted.

Hilton Oteli - Hilton Otelinden	Hilton Hotel - from the Hilton Hotel
yatak odası - yatak odasından	bedroom - from the bedroom
buzdolabı - buzdolabından	refrigerator - from the refrigerator
Garanti Bankası - Garanti Bankasından	Garanti Bank - from Garanti Bank

benden	from me
senden	from you
ondan	from him/her/it
bizden	from us
sizden	from you
onlardan	from them

buradan	from here
şuradan	from there

Evden git.	Go from the house.
Pencereden bana bak.	Look at me from the window.
Radyodan dinle.	Listen from the radio.
Şuradan bak.	Look from there.
Kitapları benden al.	Take the books from me.
Kitaptan oku.	Read from the book.
Bahçe kapısından gel.	Come from the garden gate.

Evden gitme.	Don't go from the house.
Bahçeden gelme.	Don't come from the garden.
Şuradan bakma.	Don't look from there.
Suyu bardaktan içme.	Don't drink the water from the glass.
Kitaptan okuma.	Don't read from the book.

Summary of Noun Cases

Base Form :	**Deniz**	**Salon**	**Şoför**	**Otobüs**
	Bahçe	**Masa**	**Köprü**	**Uçak**
Dative (Directional)	**Denize**	**Salona**	**Şoföre**	**Otobüse**
(-e, -a, -ye, ya)	**Bahçeye**	**Masaya**	**Köprüye**	**Uçağa**
Accusative (Object)	**Denizi**	**Salonu**	**Şoförü**	**Otobüsü**
(-i, -ı, -u, -ü) (-yi, -yı, -yu, -yü)	**Bahçeyi**	**Masayı**	**Köprüyü**	**Uçağı**
Locative (Locational)	**Denizde**	**Salonda**	**Şoförde**	**Otobüste**

(-de, -da, -te, -ta)	Bahçede	Masada	Köprüde	Uçakta
Ablative	Denizden	Salondan	Şoförden	Otobüsten
(-den, -dan) (-ten, -tan)	Bahçeden	Masadan	Köprüden	Uçaktan
Genitive (Possessive)	Denizin	Salonun	Şoförün	Otobüsün
(-in, -ın, -un, -ün)	Bahçenin	Masanın	Köprünün	Uçağın
(-nin, -nın, -nun, -nün)				

Bu büyük bir masadır.	This is a big table.
Şu masaya gel.	Come to that table.
Masayı şuraya koy.	Put the table there.
Masada tabaklar ve bardaklar var.	There are plates and glasses on the table.
Bu defteri masadan al.	Take this note-book from the table.
Masanın rengi nedir?	What is the colour of the table?
O genç bir şofördür.	He is a young driver.
Bu anahtarı şoföre ver.	Give this key to the driver.
Bizim şoförü dinle.	Listen to our driver.
Şoförde bir gazete var.	The driver has got a newspaper.
Çantayı şoförden al.	Take the bag from the driver.
Şoförün adı nedir?	What is the driver's name?

PRACTICE 21

A: Combine the words using accusative and directional suffixes as shown.

Example : çanta – kadın → çantayı kadına

1. silgi - öğrenci 2. kitaplar - öğretmen 3. çay - adam 4. dergi - babam 5. kedi - çocuk 6. bardak - doktor 7. kuş - ağaç 8. top - bahçe 9. sandalye - oda 10. süt - buzdolabı

B: Put the words into order to make imperative sentences.

Example : Gelmek – okul → Okula gel.

1. açmak - kapı 2. koymak - bira - buzdolabı 3. gitmek - hastane 4. açmak - bahçe kapısı 5. vermek - o - gazete 6. çalışmak - bu - oda 7. dinlemek - öğretmen 8. beklemek - genç - doktor

C: Make negative imperative sentences using the above.

Example : Gelmek – okul → Okula gelme.

D: For each noun, list its five noun cases.

1. kapı 2. fabrika 3. otel 4. ağaç 5. buzdolabı

E. Fill the gaps (using an appropriate suffix).

1. Kadın... çantası nerede?   a) da b) nın c) dan
2. Köprü... ne var?   a) de b) nün c) ye
3. Şimdi park... gel.   a) ın b) ı c) a
4. Buzdolabı... içinde ne var?   a) nın b) na c) nda
5. Çanta... anahtarını ver.   a) nın b) ya c) dan

F: Aşağıdaki cümleleri İngilizceye çeviriniz.

1. Evin kapısı kapalıdır. 2. Bu gazeteyi okuma. 3. Şu odada çalış. 4. Annenin adını buraya yaz. 5. Patronun odası nerededir? 6. Evin kapısını kapama.

G: Aşağıdaki cümleleri Türkçeye çeviriniz.

1. Don't listen to me. 2. Eat your cheese. Where is the cheese? It is in the refrigerator. 3. Take the cat from the bedroom. 4. Ayşe's house is near the park. 5. There are bags in the shop. Put them into the car. 6. Go to school. Listen to your teacher.

PRACTICE 21 - ANSWERS

A. 1. silgiyi öğrenciye 2. kitapları öğretmene 3. çayı adama 4. dergiyi babama 5. kediyi çocuğa 6. bardağı doktora 7. kuşu ağaca 8. topu bahçeye 9. sandalyeyi odaya 10. sütü buzdolabına

B. 1. Kapıyı aç. 2. Birayı buzdolabına koy. 3. Hastaneye git. 4. Bahçe kapısını aç. 5. O gazeteyi ver. 6. Bu odada çalış. 7. Öğretmeni dinle. 8. Genç doktoru bekle.

C. 1. Kapıyı açma. 2. Birayı buzdolabına koyma. 3. Hastaneye gitme. 4. Bahçe kapısını açma. 5. O gazeteyi verme. 6. Bu odada çalışma. 7. Öğretmeni dinleme. 8. Genç doktoru bekleme.

D. 1. kapıyı, kapıya, kapıda, kapıdan, kapının 2. fabrikayı, fabrikaya, fabrikada, fabrikadan, fabrikanın 3. oteli, otele, otelde, otelden, otelin 4. ağacı, ağaca, ağaçta, ağaçtan, ağacın 5. buzdolabını, buzdolabına, buzdolabında, buzdolabından, buzdolabının

E. 1. b 2. a 3. c 4. a 5. c

F. 1. The door of the house is shut. 2. Don't read this newspaper. 3. Work (Study) in that room. 4. Write your mother's name here. 5. Where is the room of the boss? 6. Don't shut the door of the house.

G. 1. Beni dinleme. 2. Peynirini ye. Peynir nerede? O buzdolabındadır. (Buzdolabının içindedir.) 3. Kediyi yatak odasından al. 4. Ayşenin evi parkın yanındadır. 5. Dükkânda çantalar var. Onları arabaya koy. 6. Okula git. Öğretmenini dinle.

VOCABULARY

DURMAK Evin önünde dur.	TO STOP, TO STAND Stop in front of the house.
GİRMEK Odaya girme.	TO ENTER Don't enter the room.
ÇIKMAK Mutfaktan çık.	TO GO OUT Go out of the kitchen.
ATMAK Topu bana at.	TO THROW Throw the ball to me.
GÖRMEK Annen bahçededir. Git ve onu gör.	TO SEE Your mother is in the garden. Go and see her.
KIZ (KIZ EVLAT) Kızımın adı Sumrudur.	DAUGHTER My daughter's name is Sumru.
OĞUL (ERKEK EVLAT) Onun oğlu bir mühendistir.	SON Her son is an engineer.
BİRKAÇ Odada birkaç sandalye var.	SOME There are some chairs in the room.
BİRAZ Bardakta biraz süt var.	SOME There is some milk in the glass.
HİÇ Sokakta hiç araba yok.	ANY There aren't any cars in the street.
ADRES Doktorun evinin adresi nedir?	ADRESS What is the adress of the doctor's house?
YOL Yolda iki çocuk var.	ROAD, WAY There are two children on the road.
SAĞ Lokanta sağdadır.	RIGHT The restaurant is on the right.
SOL Evin solunda ne var?	LEFT What is there on the left of the house?

OĞLAN, OĞUL (OĞLU)

Oğul (= son) is the base form, which becomes **oğlu** when suffixes are added.

benim oğlum	my son
senin oğlun	your son
onun oğlu	his/her son
bizim oğlumuz	our son
sizin oğlunuz	your son
onların oğlu	their son

Benim oğlum bir öğrencidir.	My son is a student.
Onun oğlu yakışıklıdır.	Her son is handsome.

The word **oğlan** (= boy), however, doesn't change when suffixes are added.

Oğlan nerede?	Where is the boy?
Şu oğlan iyi bir öğrencidir.	That boy is a good student.
Oğlanlar sinemada mı?	Are the boys in the cinema?

KIZ, KIZ EVLAT

Turkish does not distinguish between 'daughter' and 'girl', **kız** being used for them both, while **kız evlat** is used less commonly for 'daughter.

Bu kız güzeldir.	This girl is beautiful.
Benim kızım güzeldir.	My daughter is beautiful.
Kızlar bahçede mi?	Are the girls in the garden?
Senin kızın bahçede mi?	Is your daughter in the garden?

SAĞ(IN)DA, SOL(UN)DA

sağda	on the right
solda	on the left

Postane sağdadır.	The post-office is on the right.
Onların evi sağdadır.	Their house is on the right.
Garanti Bankası soldadır.	Garanti Bank is on the left.

Sağda küçük bir ev var.	There is a small house on the right.
Solda ne var?	What is there on the left?
Sağda hastane yok.	There isn't a hospital on the right.
Solda bir otel var mı?	Is there a hotel on the left?
Otel solda değildir.	The hotel isn't on the left.
Kapı sağda mıdır?	Is the door on the right?

The expressions **sağında**, **solunda** are used in sentences specifying what something is on the right/left of. This relationship is shown by use of the genitive, as in the examples below.

okulun sağında	on the right of the school
kapının sağında	on the right of the door
bankanın solunda	on the left of the bank
adamın solunda	on the left of the man

fabrikanın sağında	on the right of the factory
yatağın solunda	on the left of the bed
benim sağımda	on the right of me
onun solunda	on the left of him
yatak odasının sağında	on the right of the bedroom
Konyalı Lokantasının solunda	on the left of Konyalı Restaurant

Okulun sağında büyük bir park var.	There is a big park on the right of the school.
Bankanın solunda ne var?	What is there on the left of the bank?
Köpek yatağın solundadır.	The dog is on the left of the bed.
Öğretmen onun solundadır.	The teacher is on the left of him.
Yatak odasının sağında mutfak var.	There is the kitchen on the right of the bedroom.

BİRKAÇ, BİRAZ

These words are adjectives of quantity, placed before the noun. **Birkaç** determines the noun in terms of number, and is usually used before countable nouns.

birkaç	some
birkaç kalem	some pencils
birkaç çocuk	some children
birkaç öğretmen	some teachers
birkaç gazete	some newspapers

Çantada birkaç kalem var.	There are some pencils in the bag.
Bahçede birkaç çocuk var.	There are some children in the garden.
Fabrikanın yanında birkaç ev var.	There are some houses near the factory.

Biraz determines the noun in terms of ammount, and is usually used before uncount nouns.

biraz	some
biraz süt	some milk
biraz su	some water
biraz kahve	some coffee
biraz şcker	some sugar

Şişede biraz süt var.	There is some milk in the bottle.
Fincanda biraz kahve var.	There is some coffee in the cup.
Fincanda biraz çay var mı?	Is there some tea in the cup?
Buzdolabında biraz bira var.	There is some beer in the refrigerator.

HİÇ

Hiç (= not any) refers to negativity. Used before nouns it indicates that there are none. Used before adjectives it indicates that the noun does not have that quality. It can also be used before verbs. We shall look here at its usage before nouns.

Hiç is used for both count and uncount nouns. Positive sentences in English using the word **some** are formed in the negative and as questions with 'any' – this 'any' is **hiç** in Turkish. It is also possible in

English to make questions with some, for example when a positive answer is expected. This is not possible in Turkish (ie **birkaç** and **biraz** are not used in questions).

Bahçede birkaç çocuk var.	There are some children in the garden.
Bahçede hiç çocuk var mı?	Are there any children in the garden.
Bahçede hiç çocuk yok.	There aren't any children in the garden.

Çantada hiç kalem yok.	There aren't any pencils in the bag.
Masada hiç çanta yok.	There aren't any bags on the table.
Fabrikanın yanında hiç ev yok.	There aren't any houses near the factory.

Şişede hiç süt yok.	There isn't any milk in the bottle.
Fincanda hiç kahve yok.	There isn't any coffee in the cup.
Buzdolabında hiç bira yok.	There isn't any beer in the refrigerator.

Çantada hiç kalem var mı?	Are there any pencils in the bag?
Bahçede hiç çocuk var mı?	Are there any children in the garden?

Şişede hiç süt var mı?	Is there any milk in the bottle?
Fincanda hiç kahve var mı?	Is there any coffee in the cup?

OKUL

SCHOOL

Bu bir okuldur. Büyük ve güzel bir okul. Önünde büyük bir bahçe de var. Birkaç öğrenci şimdi bahçededir. Onlar bir ağacın yanındadır. Burası bir sınıf. Öğrenciler sınıftadır. Bu Zerrin Hanım. O genç bir kadındır. Bu sınıfın öğretmenidir. Zerrin Hanımın masası kapının sağındadır. Masanın üzerinde birkaç kitap ve kalem var. Zerrin Hanımın çantası da masanın üzerindedir.

This is a school. It is a big and nice school. There is also a big garden in front of it. Some students are in the garden now. They are near a tree. This place is a classroom. The students are in the classroom. This is Zerrin Hanım. She is a young woman. She is this classroom's teacher. Zerrin Hanım's table is on the right of the door. There are some books and pencils on the table. Zerrin Hanım's bag is also on the table.

Bu Ayten. On beş yaşında. O Zerrin Hanımın kızıdır. İyi bir öğrencidir. onun solunda Serdar var. O da on beş yaşında.

This is Ayten. She is fifteen years old. She is Zerrin Hanım's daughter. She is a good student. Serdar is on the left of her. He is also fifteen years old.

Burası müdürün odası. Odada birkaç güzel çiçek var. Müdürün masası duvarın önündedir. Duvarda üç resim var. Masaya bak. Orada bir fincan var. Fincanın içinde biraz kahve var.

This place is the headmaster's room. There are some nice flowers in the room. The headmaster's table is in front of the wall. There are three pictures on the wall. Look at the table. There is a cup there. There is some coffee in the cup.

Questions and Answers to the Reading Passage

Okul nasıldır?
What is the school like?

Büyük ve güzeldir.
It is big and nice.

Okulun önünde ne var?
What is there in front of the school?

Büyük bir bahçe var.
There is a big garden.

Bahçede kim var?	**Birkaç öğrenci var.**
Who is there in the garden?	There are some students.
Onlar nerededir?	**Onlar bir ağacın yanındadır.**
Where are they?	They are near a tree.
Öğrenciler sınıfta mıdır?	**Evet, sınıftadır.**
Are the students in the classroom?	Yes, they are.
Öğretmenin adı nedir?	**Zerrindir.**
What is the teacher's name?	It is Zerrin.
O yaşlı mı yoksa genç midir?	**O gençtir.**
Is she old or young?	She is young.
Zerrin Hanımın masası nerededir?	**O kapının sağındadır.**
Where is Zerrin Hanım's tasle?	It is on the right of the door.
Masanın üzerinde ne var?	**Birkaç kitap, kalem ve Zerrin**
What are there on the table?	**Hanımın çantası var.**
	There are some books, pencils and Zerrin
	Hanım's bag.
Ayten kaç yaşındadır?	**On beş yaşındadır.**
How old is Ayten?	She is fifteen years old.
O kötü bir öğrenci midir?	**Hayır, kötü değildir. İyi bir öğrencidir.**
Is she a bad student?	No, She isn't bad student. She is a good student.
Aytenin solunda kim var?	**Serdar var.**
Who is there on the left of Ayten?	There is Serdar.
Müdürün odasında hiç çiçek var mı?	**Evet, var.**
Are there any flowers in the headmaster's room?	Yes, there are.
Müdürün masası nerededir?	**Duvarın önündedir.**
Where is the headmaster's table?	It is in front of the wall.
Duvarda kaç tane resim var?	**Üç tane var.**
How many pictures are there on the wall?	There are three pictures.
Fincanda hiç kahve var mı?	**Evet, biraz kahve var.**
Is there any coffee in the cup?	Yes, there is some.

PRACTICE 22

A: Fill the gaps with appropriate suffixes to make sentences.
1. **Okul... sağ... ağaçlar var.** 2. **Lokanta... sol... ne var?** 3. **Bahçe kapısı... sağ... bir adam var.** 4. **Yatak... sol... dolap var.** 5. **Otobüs... sağ... şoför var.**

B: Fill the gaps with **biraz** or **birkaç** as appropriate.

1. **Buzdolabında ... şişe süt var.** 2. **Bahçede ... ağaç var.** 3. **Kutuda ... şeker var.** 4. **Masada ... çanta var.** 5. **Tabakta ... peynir var.** 6. **Patronun masasında ... dergi var.**

C: Change into negative and question forms using **hiç**.
1. **Arabada birkaç çocuk var.** 2. **Mutfakta biraz ekmek var.** 3. **Balkonda birkaç sandalye var.** 4. **Çantada birkaç anahtar var.** 5. **Bardakta biraz çay var.**

D: Using the words given, make positive or negative imperatives as indicated.
Example : gitmek - oraya (Olumlu Emir) → Oraya git.
1. **içmek - benim - çayım (Olumsuz E.)** 2. **okumak - bu - dergi (Olumlu E.)** 3. **kapamak - ev - kapı (Olumlu E.)** 4. **vermek - bu - mektuplar - bana (Olumsuz E.)** 5. **yazmak - sen - ad - defter (Olumlu E.)** 6. **koymak - bu - çanta - sandalye (Olumsuz E.)**

E: Translate into English.
1. **Oğlunun adı nedir?** 2. **Kızımı okulun önünde bekle.** 3. **Hastanenin sağında bir eczane var.** 4. **Sepette bir kaç elma var.** 5. **Şişede biraz bira var.** 6. **Buzdolabında hiç et yok.** 7. **Benim çantamı oraya koyma.** 8. **Ofisin solunda bir banka var.**

F: Translate into Turkish.
1. His wife is old. 2. Don't listen to your mother and father. 3. There are some carpets in the house. 4. There isn't any sugar on the table. 5. Are there any pictures on the wall? 6. Shut the window of the hall. 7. There is a kitchen on the left of the bedroom. 8. There is some water in the glass. The glass is on the table. Drink it.

PRACTICE 22 - ANSWERS

A. 1. **Okulun sağında ağaçlar var.** 2. **Lokantanın solunda ne var?** 3. **Bahçe kapısının sağında bir adam var.** 4. **Yatağın solunda dolap var.** 5. **Otobüsün sağında şoför var.**
B. 1. **birkaç** 2. **birkaç** 3. **biraz** 4. **birkaç** 5. **biraz** 6. **birkaç**
C. 1. **Arabada hiç çocuk var mı?** 2. **Mutfakta hiç ekmek var mı?** 3. **Balkonda hiç sandalye var mı?** 4. **Çantada hiç anahtar var mı?** 5. **Bardakta hiç çay var mı?** 1. **Arabada hiç çocuk yok.** 2. **Mutfakta hiç ekmek yok.** 3. **Balkonda hiç sandalye yok.** 4. **Çantada hiç anahtar yok.** 5. **Bardakta hiç çay yok.**
D. 1. **Benim çayımı içme.** 2. **Bu dergiyi oku.** 3. **Evin kapısını kapa.** 4. **Bu mektupları bana verme.** 5. **Senin adını deftere yaz.** 6. **Bu çantayı sandalyeye koyma.**
E. 1. What is your son's name? 2. Wait for my daughter in front of the school. 3. There is a chemist's on the right of the hospital. 4. There are some apples in the basket. 5. There is some beer in the bottle. 6. There isn't any meat in the refrigerator. 7. Don't put my bag there. 8. There is a bank on the left of the office.
F. 1. **Onun karısı yaşlıdır.** 2. **Anne ve babanı dinleme.** 3. **Evde birkaç halı var.** 4. **Masada hiç şeker yok.** 5. **Duvarda hiç resim var mı?** 6. **Salonun penceresini kapat.** 7. **Yatak odasının solunda mutfak var.** 8. **Bardakta biraz su var. Bardak masanın üstündedir. Onu iç.**

VOCABULARY

PATATES
İki kilo patates, lütfen.

POTATO
Two kilos of potatoes, please.

DOMATES
Domatesler taze mi?

TOMATO
Are the tomatoes fresh?

TAZE
Bu taze mi yoksa bayat mı?

FRESH
Is this fresh or stale?

BAYAT
Bu ekmek bayat.

STALE
This bread is stale.

FASULYE
Buzdolabında biraz fasulye var.

BEAN(S)
There are some beans in the fridge.

ÜZÜM
Manavda üzüm var mı?

GRAPE
Is there some grape in the greengrocer's.

BİNMEK
Bu otobüse bin.

TO GET ON
Get on this bus.

İNMEK
Trenden inme.

TO GET OFF/GET OUT OF
Don't get off the train.

KOŞMAK
Otobüs durağına koş.

TO RUN
Run to the bus-stop.

OTURMAK
Evin önünde otur.

TO SIT
Sit in front of the house.

KALKMAK
O sandalyeden kalkma.

TO STAND UP; TO GET UP;TO
LEAVE; TO START; TO DEPART
Don't stand up that chair.

Formal/Polite Imperatives

We have seen the direct form of imperatives. Imperatives can also be made using structures which are more formal or polite. As in English, personal pronouns are not usually used with imperatives.

Gel.
Buraya otur.

Come.
Sit here.

Lütfen can be added to soften an imperative.

Gel, lütfen.	Come, please.
Git, lütfen.	Go, please.
Buraya otur, lütfen.	Sit here, please.

In English there is only one verb form associated with the imperative (the verb root spoken directly to a second person). Turkish grammar has a third-person imperative form, requests or instructions to be given to another. To make this add the suffix **-sın, -sin, -sun, -sün**.

Using the verb root alone is the imperative form used to those we address as **sen**. To those we address as **siz** (for politeness, to show respect, or to more than one person) the suffix used is **-(y)ın, -(y)in, -(y)un, (y)ün**.

Imperative Form

Ben	none
Sen	gel.
O	gelsin.
Biz	none
Siz	gelin.
Onlar	gelsin(ler).

Sen	*O*	*Siz*	*Onlar*
al	alsın	alın	alsın(lar)
dinle	dinlesin	dinleyin	dinlesin(ler)
gel	gelsin	gelin	gelsin(ler)
git	gitsin	gidin*	gitsin(ler)
oku	okusun	okuyun	okusun(lar)
yaz	yazsın	yazın	yazsın(lar)

* Used to make second-person imperatives, the **t** in **gitmek** becomes **d**.

Oraya gelsin.	Let him come there.
	(Tell/ask him to come there.)
Ahmet mektubu yazsın.	Let Ahmet write the letter.
	(Tell/ask Ahmet to write the letter.)
Herkes burada beklesin.	Wait here, everybody.
Şu çiçekleri alsınlar.	Let them take these flowers.
	(Tell/ask them to take these flowers.)

Use a second-person imperative form to those addressed as **siz**.

Buraya gelin.	Come here.
Şu kitabı okuyun.	Read this book.
Çiçekleri buraya koyun.	Put the flowers here.
Burada oturun.	Sit here.

Lütfen added to the above sentences makes them more polite.

Oraya gidin, lütfen.	Come here, please.
Öğretmeni dinleyin, lütfen.	Listen to the teacher, please.
Burada oturun, lütfen.	Sit here, please.
Şu mektupları yazın, lütfen.	Write those letters, please.

134

Here are negative forms.

Oraya gelmesin.	Don't let him come there.
	(Tell/ask him not to come there.)
Ahmet mektubu yazmasın.	Don't let Ahmet write the letter.
	(Tell/ask Ahmet not to write the letter.)
Burada beklemesin.	Don't let him wait here.
	(Tell/ask him not to wait here.)
Bu odada oturmasınlar.	Don't let them sit in this room.
	(Tell/ask them not to sit in this room.)
Buraya gelmeyin.	Don't come here.
Şu kitabı okumayın.	Don't read that book.
Burada oturmayın.	Don't sit here.
Şu mektupları yazmayın.	Don't read those letters.

*When **gidin** is used for negative imperatives, the **t** reverts to a **d**.

Oraya gitmeyin, lütfen.	Don't go there, please.
Müdürün odasında beklemeyin, lütfen.	Don't wait in the manager's room, please.

To make imperatives even more polite or formal, add the suffix **-(y)ınız, -(y)iniz, -(y)unuz, (y)ünüz**.
(It is possible in English to express this using expressions like 'can/could you ...')

Oraya gidiniz.	Go there (please).
Tabakları masadan alınız.	Take the plates from the table (please).
Şu mektupları yazınız.	Write those letters (please).
Öğretmeni dinleyiniz.	Listen to the teacher (please).
Oraya gitmeyiniz.	Don't go there (please).
Burada oturmayınız.	Don't sit here (please).
Şu kitabı okumayınız.	Don't read that book (please).

Kaç Lira, Kaç Para / How much

These questions are used to find out cost of something.

Kaç lira?	How much?
Kaç para?	How much?
Bu kaç lira?	How much is this?
Bu çanta kaç lira?	How much is this bag?
Şu domatesler kaç lira?	How much are those tomatoes?
Bu kaç para?	How much is this?
Ekmek kaç para?	How much is the bread?
Bir şişe süt kaç para?	How much is a bottle of milk?
Üç kilo patates kaç lira?	How much are three kilos of potatoes?
Bir kutu şeker kaç lira?	How much is a box of sugar?

Ne kadar is also used.

Bu ne kadar?	How much is this?

O ne kadar?	How much is it?
Bu elbise ne kadar?	How much is this dress?
Bir kilo et ne kadar?	How much is a kilo of meat?
İki kilo üzüm ne kadar?	How much are two kilos of grapes?

Etin kilosu ne kadar?	How much is a kilo of meat?
Bu kalemlerin tanesi ne kadar?	How much is one of these pens?
Sütün şişesi kaç para?	How much is a bottle of milk?

Here are answers using numbers to talk about price.

Bu elbise ne kadar?	How much is this dress?
Bu elbise kaç lira?	How much is this dress?
Bu elbise kaç para?	How much is this dress?

O sekiz yüz bin lira.	It is 800 000 liras.
İki yüz bin lira.	It is 200 000 liras.

Bu araba ne kadar?	How much is this car?
Bir milyar lira.	It is one billion liras.

Bir şişe süt kaç para?	How much is a bottle of milk?
Yirmi beş bin lira.	It is twenty five thousand liras.

Buyurun (Buyrun)

Buyurun, or more commonly **buyrun** is a polite expression. It may be used to greet guests or customers, or to answer the phone (like welcome, hello, etc.).

Buyrun, çayınız. (sizin çayınız)	Here it is, your tea.
Buyrun, elbiseniz.	Here it is, your dress.

The above examples show **buyrun** used when giving or offering something to a guest/customer (there is no exact English equivalent).

- Affedersiniz	Excuse me.
- Buyrun.	Yes.
- Buralarda bir postane var mı?	Is there a post-office near here?

Efendim

Efendim, another polite expression, might by added to **buyurun** to make it more polite (like the English 'sir/madam').

Buyurun efendim.	Here you are sir (Yes, sir).
İyi günler efendim.	Have a nice day, sir.

When a person is called by name, **buyrun** or **efendim** might be used in response (like 'yes').

- Ayşe!	Ayşe!
- Efendim!	Yes!
- Neredesin?	Where are you?
- Banyodayım.	I am in the bathroom.

Words Used in the Dialogues

yemek	food
salata	salad
garson	waiter
Şerefe!	Cheers!
Hesap lütfen.	The bill, please.
Üstü kalsın.	Keep the change.
Peki efendim.	Okay/Yes sir/madam.

DIALOGUES

MANAVDA // AT THE GROCERY

- Günaydın.	Good morning.
- Günaydın. Buyrun efendim.	Good morning. Come in sir.
- Domates var mı?	Have you got any tomatoes?
- Var efendim.	Yes, sir.
- Taze mi?	Are they fresh?
- Evet efendim.	Yes, sir.
- Bir kilo lütfen.	A kilo please.
- Peki.	All right.
- Kilosu ne kadar?	How much a kilo of?
- Yirmi beş bin lira.	Twenty five thousand liras.
- Üzüm de var mı?	Have you got grapes, too?
- Evet var.	Yes, we have.
- Üzümün kilosu kaç lira?	How much a kilo of grapes?
- Elli bin lira.	Fifty thousand liras.
- Yarım kilo üzüm lütfen.	Half a kilo of grapes, please.
- Peki efendim.	All right sir.
- İki kilo da patates lütfen.	And two kilos of potatoes, please.
- Peki.	All right.
- Parayı buyrun. Teşekkür ederim.	Here is the money. Thank you.
- Ben de teşekkür ederim.	I also thank you sir.
- İyi günler.	Good bye. (Have a nice day.)
- İyi günler.	Good bye. (Have a nice day.)

LOKANTADA / IN A RESTAURANT

İki kadın bir lokantadalar.
Masaları pencerenin yanındadır.

A : Bu lokantanın yemekleri güzeldir.	The food in this restaurant is good.
B : Evet güzel. İyi bir şarap da var mı?	Yes, it is. Have they also got a good wine?
A : Garson!	Waiter!
G : Buyrun efendim.	Yes, madam.
A : Bize iyi bir şarap lütfen.	A good wine for us, please.
G : Peki efendim.	All right, madam.

Şimdi bardaklarda kırmızı şarap var.   Now, there is red wine in the glasses.

A : Şerefe!   Cheers!

B : Şerefe!	Cheers!
A : Salata da ye. Çok taze.	Have some salad, too. It's very fresh.
B : Peki. Sen de biraz et ye.	All right. (You) eat some meat.
....	
A : Bu akşam kızın evde mi?	Is your daughter at home tonight?
B : Evet, evde arkadaşı da var.	Yes, she is with her friend at home.
Senin oğlun nerede?	Where is your son?
A : O teyzesinin evinde. Kocam da	He is in his aunt's house. My husband
annesinde.	is at his mother's.
B : Benim kocam şimdi ofiste.	My husband is in the office now.
A : Garson nerede?	Where is the waiter?
B : Bak! Şurada.	Look! Over there.
A : Garson!	Waiter!
G : Buyrun efendim.	Yes, madam.
A : Hesap lütfen.	The bill, please.
G : Peki efendim.	All right.
A : Üstü kalsın.	Keep the change.
G : Çok teşekkür ederim. İyi akşamlar.	Thank you very much. Good evening.
A,B : İyi akşamlar.	Good evening.

PRACTICE 23

A: Make the imperatives more polite (using a second-person suffix.)
1. **Buraya gel.** 2. **Bu sandalyeye otur.** 3. **Kitabı oku.** 4. **Topu çocuğa at.** 5. **Bu otobüse bin.** 6. **Ayağa kalk.** 7. **O trenden in.** 8. **Burada bekle.**

B: Make imperatives using the third-person singular.
1. **yemek - bu - peynir** 2. **koşmak - otobüs** 3. **bakmak - şu - resim** 4. **almak - kitaplar - masa** 5. **vermek - şu çanta - müdür**

C: Make the answers to question 'A' even more polite.

D: Ask the price of the item given and then answer (writing out the numbers).
Example : kalem - 25000 → Kalem kaç para?/ne kadar?/kaç lira? Yirmi beş bin lira.
1. **Bu ev - 2 milyar** 2. **Bir şişe süt - 18 000** 3. **Etin kilosu - 350 000** 4. **Bir kilo peynir - 370 000** 5. **Bir paket çay - 45 000**

E: Translate into English.
1. **Bir kilo üzüm ne kadar?** 2. **Şu resime bakın lütfen.** 3. **Adamın şapkası sandalyenin arkasındadır.** 4. **Manavda hiç patates var mı?** 5. **Yatağın üzerinde birkaç elbise var.** 6. **Senin kocan şimdi nerede? Müdürün odasındadır.** 7. **Buzdolabından peyniri almayın lütfen.**

F: Translate into Turkish.
1. There are some tomatoes on the table. 2. How much is that brown hat? 3. Waiter! The bill please. Keep the change. 4. Get out of this bus, and get on that bus, please. 5. Don't take her bag, please. 6. What colour is her dress? 7. There isn't any water in the bottle.

PRACTICE 23 - ANSWERS

A. 1. Buraya gelin. 2. Bu sandalyeye oturun. 3. Kitabı okuyun. 4. Topu çocuğa atın. 5. Bu otobüse binin. 6. Ayağa kalkın. 7. O trenden inin. 8. Burada bekleyin.

B. 1. Bu peyniri yesin. 2. Otobüse koşsun. 3. Şu resime baksın. 4. Kitapları masadan alsın. 5. Şu çantayı müdüre versin.

C. 1. Buraya geliniz. 2. Bu sandalyeye oturunuz. 3. Kitabı okuyunuz. 4. Topu çocuğa atınız. 5. Bu otobüse bininiz. 6. Ayağa kalkınız. 7. O trenden ininiz. 8. Burada bekleyiniz.

D. 1. Bu ev ne kadar? İki milyar lira. 2. Bir şişe süt kaç lira? On sekiz bin lira. 3. Etin kilosu kaç para? Üç yüz elli bin lira. 4. Bir kilo peynir kaç lira? Üç yüz yetmiş bin lira. 5. Bir paket çay kaç para? Kırk beş bin lira.

E. 1. How much is one kilo of grapes? 2. Look at this picture, please. 3. The man's hat is behind the chair. 4. Are there any potatoes in the greengrocer's. 5. There are some dresses on the bed. 6. Where is your hasband now? He is in the manager's room. 7. Don't take the cheese from the fridge.

F. 1. Masanın üstünde birkaç domates var. 2. Şu kahverengi şapka ne kadar? 3. Garson! Hesap lütfen. Üstü kalsın. 4. Bu otobüsten in ve şu otobüse bin lütfen. 5. Onun çantasını almayın, lütfen. 6. Onun elbisesi ne renktir? 7. Şişede hiç su yok.

VOCABULARY

ADA Bu adada güzel evler var.	ISLAND There are nice houses on this island.
KONUŞMAK Annem öğretmenle konuşuyor.	TO SPEAK, TO TALK My mother is talking to the teacher.
KÖY Bugün köye gidiyoruz.	VILLAGE We are going to the village today.
UYUMAK Bu yatakta uyuyun, lütfen.	TO SLEEP Sleep on this bed, please.
PALTO Onun paltosu ne renktir?	OVERCOAT What is the colour of her overcoat?
YARIN Yarın nereye gidiyorsun?	TOMORROW Where are you going tomorrow?
TEMİZLEMEK Annem evi temizliyor.	TO CLEAN My mother is cleaning the house.
OYNAMAK Burada oynamayın, lütfen.	TO PLAY Don't play here, please.
YAPMAK Burada ne yapıyorsun?	TO DO, TO MAKE What are you doing here?

PRESENT CONTINUOUS

Up to this point we have seen verbs in the infinitive and imperative forms. Now we look at tenses, starting in this lesson with the present continuous.

As in English, present tenses are used to talk about things which are true at the moment of speaking. Verbs used in the present continuous tense typically refer to actions occurring at that moment (though there are other uses, as we shall see). To make the present continuous, the suffix **-yor** is added followed by the person ending.

Infinitive	: okumak
Root	: oku
Present Continuous Suffix	: -yor

oku –yor	(root + present continuous suffix)
(Ben) oku -yor -um.	(root + present continuous suffix + person ending)

a) When adde to a root with a consonant ending, **-yor** is preceded by **-ı, -i, -u, -ü**, according to vowel harmony. Look at the examples below.

Infinitive	Root	Buffer	Pres. Cont. Suffix
almak	al	-ı	-yor
gelmek	gel	-i	-yor
konuşmak	konuş	-u	-yor
görmek	gör	-ü	-yor

b) When the verb ends with the vowel **a** or **e**, this is omitted and replaced with the buffer **ı** or **u** (for **a**), **i** or **ü** (for **e**). These are known as 'irregular' verbs.

yemek	ye	yi-	-yor
demek*	de	di-	-yor
söylemek*	söyle	söylü-	-yor
anlamak*	anla	anlı-	-yor
toplamak*	topla	toplu-	-yor
dinlemck	dinle	dinli-	-yor

c) When the verbs **Gitmek, etmek** are used in the present continuous, their **t** becomes **d**.

gitmek	git	gid-i-	-yor
etmek*	et	ed-i-	yor

*Additional verbs used in this lesson:

demek	to say
söylemek	to say
anlamak	to understand
toplamak	to collect; to gather; to add; to pick
etmek	to do, to make

Examples of Present Continuous Structure

Ben	gel	-i	-yor	-um.
Sen	gel	-i	-yor	-sun.
O	gel	-i	-yor	-.
Biz	gel	-i	-yor	-uz.
Siz	gel	-i	-yor	-sunuz.
Onlar	gel	-i	-yor	-lar.

Ben	söyle (ü)	-	-yor	-um.
Sen	söyle (ü)	-	-yor	-sun.
O	söyle (ü)	-	-yor	-.
Biz	söyle (ü)	-	-yor	-uz.
Siz	söyle (ü)	-	-yor	-sunuz.
Onlar	söyle (ü)	-	-yor	-lar.
Adam	söyle (ü)	-	-yor	-.
Arkadaşım	söyle (ü)	-	-yor	-.

Ben oturuyorum.	I am sitting.
Sen oturuyorsun.	You are sitting.
O oturuyor.	He/She is sitting.

Biz oturuyoruz.	We are sitting.
Siz oturuyorsunuz.	You are sitting.
Onlar oturuyorlar.	They are sitting.

When making sentences, place the object, adverb, etc between the subject and the verb. 1) subject + verb

Ben oturuyorum.	I am sitting.
Çocuklar oynuyorlar.	The children are playing.
Adam bakıyor.	The man is looking.
Fikret yürüyor.	Fikret is walking.

2) subject + object + verb

Biz resime bakıyoruz.	We are looking at the picture.
O öğretmeni dinliyor.	She is listening to the teacher.
Arkadaşı mektubu veriyor.	Her friend is giving the letter.
Kadın kapıyı açıyor.	The woman is opening the door.
Çocuk ekmek yiyor.	The child is eating bread.

3) subject + adverb + verb

O parka gidiyor.	He is going to the park.
Ben şimdi yazıyorum.	I am writing now.

Adverbs can be used in combination.

Gül Hanım bugün köye gidiyor.	Gül Hanım is going to the village today.
Annem yarın elbiseyi veriyor.	My mother is giving the dress tomorrow.

4) verb + object + adverb

Ben mutfakta gazete okuyorum.	I am reading a newspaper in the kitchen.
Öğrenciler okulda öğretmeni dinliyorlar.	The students are listening to the teacher at school.

The object and adverb can change places.

Ben gazeteyi mutfakta okuyorum.	I am reading the newspaper in the kitchen.
Öğrenciler öğretmeni okulda dinliyorlar.	The students are listening to the teacher at school.

Ben yiyorum.	I am eating.
Ben bir elma yiyorum.	I am eating an apple.
Ben mutfakta bir elma yiyorum.	I am eating an apple in the kitchen.

Onlar gidiyorlar.	They are going.
Onlar bahçeye gidiyorlar.	They are going to the garden.
Biz oraya gidiyoruz.	We are going there.

Ben kitap okuyorum.	I am reading a book.
O şimdi geliyor.	He is coming now.
Sekreter mektupları okuyor.	The secretary is reading the letters.
Babam eve bakıyor.	My father is looking at the house.

142

Biz kahve içiyoruz.	We are drinking coffee.
Kadın şimdi odayı temizliyor.	The woman is cleaning the room now.
Ahmet taksiye koşuyor.	Ahmet is running to the taxi.

In the following sentences, the subject need not be specified by a personal pronoun, as the person ending of the verb gives this information. This is not possible in English.

Ben oturuyorum.	or	Oturuyorum.	I am sitting.
Sen oturuyorsun.	or	Oturuyorsun.	You are sitting.
O oturuyor.	or	Oturuyor.	He is sitting.
Biz oturuyoruz.	or	Oturuyoruz.	We are sitting.
Siz oturuyorsunuz.	or	Oturuyorsunuz.	You are sitting.
Onlar oturuyorlar.	or	Oturuyorlar.	They are sitting.

Sınıfta oturuyoruz.	We are sitting in the class.
Kitap okuyorlar.	They are reading a book.
Sinemaya gidiyorum.	I am going to the cinema.
Kedi süt içiyor.	The cat is drinking milk.
Çantayı dolaba koyuyorum.	I am putting the bag in the cupboard.
Çocuklar bahçede oturuyorlar.	The children are sitting in the garden.
Kız bir mektup yazıyor.	The girl is writing a letter.

Usage of the Present Continuous

The present continuous tense has three main uses.
1. To talk about things happening at the moment:

| Onlar şimdi çalışıyorlar. | They are working now. |
| Adam resime bakıyor. | The man is looking at the picture. |

2. To talk about regular events, such as habits, or conditional states of affairs (things that are generally true):

| Sabah süt içiyoruz. | We drink milk in the morning. |
| Çocuklar bu parkta oynuyorlar. | The children play in this park. |

3. To talk about future plans:

| Yarın İzmir'e gidiyorum. | I am going to İzmir tomorrow. |
| Bu akşam sinemaya gidiyorlar. | They are going to the cinema this evening. |

Words Used in the Reading Passage

öğle yemeği	lunch
yardımcı	assistant
dosya	file

OTEL	HOTEL

Kenan Bey bu otelin müdürüdür. Şimdi odasında oturuyor. Masanın üzerinde mektuplar var. Kenan Bey mektupları okuyor.

Onun sekreteri Selma Hanım'dır.

Kenan Bey is the manager of this hotel. He is sitting in his room now. There are letters on the table. Kenan Bey is reading the letters.

His secretary is Selma Hanım. She is

143

Şimdi içeri giriyor. O genç
bir kadındır. Elinde bir bardak çay
var. Onu Kenan Bey'e veriyor ve
sandalyesine oturuyor.

entering now. She is a young woman.
There is a glass of tea in her hand.
She is giving it to Kenan Bey and she
is sitting on her chair.

Masanın üzerinde bir bilgisayar var.
Selma Hanım mektupları yazıyor.
Dolaptan bir dosya alıyor ve okuyor.

There is a computer on the table. Selma
Hanım is writing the letters. She is taking
a file from the cupboard and reading it.

Odaya bir adam giriyor. O, Kenan Bey'in
yardımcısı Hasan Bey'dir. Kenan Bey'e
bir mektup veriyor. Onlar konuşuyorlar,
ve öğle yemeğine gidiyorlar.

A man is entering the room. He is
Hasan Bey, Kenan Bey's assistant.
He is giving a letter to Kenan Bey.
They are talking, and going to lunch.

Bugün Cuma. Kenan Bey şimdi
otelden ayrılıyor. Bu akşam eşiyle
beraber sinemaya gidiyor.

Today is Friday. Kenan Bey is leaving
the hotel now. This evening he is
going to the cinema with his wife.

Questions and Answers to the Reading Passage

Kenan Bey müdür mü yoksa işçi midir?
Is Kenan Bey a manager or a worker?

O bir müdürdür.
He is manager.

Şimdi nerededir?
Where is he now?

Şimdi odasında oturuyor.
He is sitting in his room.

Masanın üzerinde ne var?
What are there on the table?

Masanın üzerinde mektuplar var.
There are letters on the table.

Kenan Bey ne yapıyor?
What is Kenan bey doing?

O mektupları okuyor.
He is reading the letters.

Sekreterinin adı nedir?
What is his secretary's name?

Selmadır.
Her name is Selma.

Selma Hanım genç mi yoksa yaşlı mıdır?
Is Selma Hanım young or old?

O gençtir.
She is young.

Onun elinde ne var?
What is there in her hand?

Bir bardak çay var.
There is a glass of tea in her hand.

Çayı kim içiyor?
Who is drinking the tea?

Kenan Bey içiyor.
Kenan Bey is drinking.

Selma Hanım nereye oturuyor?
Where is Selma Hanım sitting?

O masasına oturuyor.
She is sitting at her table.

Masanın üzerinde ne var?
What is there on the table?

Masanın üzerinde bir bilgisayar var.
There is a computer on the table.

Odaya kim giriyor?
Who is entering the room?

Kenan Beyin yardımcısı giriyor.
Kenan Bey's assistant is entering.

Hasan Bey, Kenan Beye ne veriyor?
What is Hasan Bey giving to Kenan Bey?

O, Kenan Beye bir mektup veriyor.
He is giving a letter to Kenan Bey.

Onlar nereye gidiyorlar?
Where are they going?

Onlar öğle yemeğine gidiyorlar.
They are going to lunch.

Kenan Bey bu akşam nereye gidiyor?
Where is Kenan Bey going this evening?

O sinemaya gidiyor.
He is going to the cinema.

Sinemaya eşi de gidiyor mu?
Is his wife also going to the cinema?

Evet, gidiyor.
Yes, she is.

PRACTICE 24

A: Make sentences using the present continuous.

Example : o – koşmak → O koşuyor.
1. **kadın - oturmak** 2. **biz - uyumak** 3. **çocuk - oynamak** 4. **sen - görmek** 5. **siz - beklemek** 6. **ben - dinlemek** 3. **sekreter - yazmak** 8. **annesi - çay içmek** 9. **patron - bakmak** 10. **çocuklar - oynamak**

B: Rewrite using the pronoun in brackets (with appropriate person ending).

Example : Öğretmen öğrenciye bakıyor. (o) → O öğrenciye bakıyor.
1. **Sekreter mektupları yazıyor. (ben)** 2. **Çocuklar portakal yiyorlar. (biz)** 3. **Bir kitap okuyorum. (sen)** 4 **Kızı okula gidiyor. (onlar)** 5. **Parkta yürüyoruz. (siz)** 6. **Öğrenciler uyuyor. (Ayşe)** 7. **Siz orada çalışıyorsunuz. (ben)** 8. **O adama bakıyorum. (sen)**

C: Put the word in brackets into the sentence as its object.

Example : Ben okuyorum. (kitap) → Ben kitabı okuyorum.
1. **Biz çalışıyoruz. (ders)** 2. **Çocuk yiyor. (elma)** 3. **Arkadaşım biliyor. (adres)** 4. **Adam okuyor. (mektup)** 5. **Kadın kesiyor. (ekmek)** 6. **Müdür alıyor. (para)**

D: Put the word in brackets into the sentence as an expression of time or place (adverb).

Example : Ben okuyorum. (salon) → Ben salonda okuyorum.
1. **Biz oynuyoruz. (park)** 2. **Yaşlı kadın gidiyor. (eve)** 3. **Onlar kalıyorlar. (otel)** 4. **Ahmet dönüyor. (şimdi)** 5. **Fatoş oturuyor. (sandalye)** 6. **İşadamı biniyor. (şimdi, uçak)**

E: Put the words in brackets into the sentence as adverb and object.

Example : Ben dinliyorum. (salon, radyo) → Ben salonda radyo dinliyorum.
1. **Biz içiyoruz. (otel, çay)** 2. **Annem alıyor. (şimdi, çanta)** 3. **Kadın temizliyor. (şimdi, oda)** 4. **Çocuk oynuyor. (park, top)** 5. **Babam okuyor. (oda, gazete)** 6. **Onlar yiyorlar. (şimdi, portakal)**

F: Translate into English.
1. **Onlar bugün geliyorlar.** 2. **Biz kahve içiyoruz.** 3. **Kadın bu odada oturuyor.** 4. **Kedi süt içiyor.** 5. **Kitabı okuyoruz.** 6. **Öğretmen sınıfta oturuyor.** 7. **Oğlu bir otelde çalışıyor.** 8. **Şimdi bir mektup yazıyor.**

G: Translate into Turkish.
1. Mehmet are playing in the garden. 2. Sevim Hanım is cleaning her car. 3. They are running to the bus. 4. The girl is drinking a cup of coffee in the kitchen. 5. The man is sleeping under the tree. 6. Pınar and Emre are talking in the garden. 7. My father is drinking a glass of beer. 8. We are going to a nice island today.

PRACTICE 24 - ANSWERS

A. 1. **Kadın oturuyor.** 2. **Biz uyuyoruz.** 3. **Çocuk oynuyor.** 4. **Sen görüyorsun** 5. **Siz bekliyorsunuz.** 6. **Ben dinliyorum.** 7. **Sekreter yazıyor.** 8. **Annesi çay içiyor.** 9. **Patron bakıyor.** 10. **Çocuklar oynuyor.**

B. 1. **Ben mektupları yazıyorum.** 2. **Biz portakal yiyoruz.** 3. **Sen bir kitap okuyorsun.** 4. **Onlar okula gidiyorlar.** 5. **Siz parkta yürüyorsunuz.** 6. **Ayşe uyuyor.** 7. **Ben orada çalışıyorum.** 8. **Sen o adama bakıyorsun.**

C. 1. **Biz dersi çalışıyoruz.** 2. **Çocuk elmayı yiyor.** 3. **Arkadaşım adresi biliyor.** 4. **Adam mektubu okuyor.** 5. **Kadın ekmeği kesiyor.** 6. **Müdür parayı alıyor.**

D. 1. **Biz parkta futbol oynuyoruz.** 2. **Yaşlı kadın eve gidiyor.** 3. **Onlar otelde kalıyorlar.** 4. **Ahmet şimdi dönüyor.** 5. **Fatoş sandalyede oturuyor.** 6. **İşadamı şimdi uçağa biniyor.**

E. 1. **Biz otelde çay içiyoruz.** 2. **Annem şimdi çanta alıyor.** 3. **Kadın şimdi odayı temizliyor.** 4. **Çocuklar parkta top oynuyor.** 5. **Babam odada gazete okuyor.** 6. **Onlar şimdi portakal yiyorlar.**

F. 1. They are coming today. 2. We are drinking coffee. 3. The woman is sitting in this room. 4. The cat is drinking milk. 5. We are reading the book. 6. The teacher is sitting in the classroom. 7. His son is working in a hotel. 8. She is writing a letter now.

G. 1. **Mehmet bahçede oynuyor.** 2. **Sevim Hanım arabasını temizliyor.** 3. **Onlar otobüse koşuyorlar.** 4. **Kız mutfakta bir fincan kahve içiyor.** 5. **Adam ağacın altında uyuyor.** 6. **Pınar ve Emre bahçede konuşuyorlar.** 7. **Babam bir bardak bira içiyor.** 8. **Biz bugün güzel bir adaya gidiyoruz.**

146

VOCABULARY

SİGARA İÇMEK Burada sigara içmeyin, lütfen.	TO SMOKE Don't smoke here, please.
BİRÇOK Masada birçok tabak var.	MANY There are many plates on the table.
TEPSİ Garsonun elinde bir tepsi var.	TRAY There is a tray in waiter's hand.
MİSAFİR Bu akşam Londradan misafirler geliyor.	GUEST The guests are coming from London this evening.
YEMEK Yemeğini nerede yiyorsun?	FOOD; MEAL; DISH Where are you eating your food?
YEMEK YAPMAK Annem mutfakta yemek yapıyor.	TO COOK My father is cooking in the kitchen.
SANDVİÇ Bir peynirli sandviç, lütfen.	SANDWICH A cheese sandwich, plcase.
SEYRETMEK Çocuklar salonda televizyon seyrediyorlar.	TO WATCH The children are watching TV in the hall.
SATMAK Yarın arabasını satıyor.	TO SELL She is selling her car tomorrow.
İSTEMEK Temiz bir tabak istiyorum.	TO WANT I want a clean plate.
HAVLU Banyoda hiç havlu var mı?	TOWEL Are there any towels in the bathroom.

PRESENT CONTINUOUS (Continued)

Negative Form

We have seen negative and question forms with the be-suffix.

O doktordur.	He is a doctor.
O doktor değildir.	He isn't a doctor.
O doktor mudur?	Is he a doctor?

To make the negative with the present continuous, the negative suffix **-mı, -mi, -mu, -mü** is added to the verb root, followed by **-yor** and then the person ending.

Geliyorum.	I am coming.
Gel-mi-yor-um.	I am not coming.
Burada oturuyoruz.	We are sitting here.
Burada otur-mu-yor-uz.	We aren't sitting here.
Süt içiyor.	He is drinking some milk.
Süt iç-mi-yor.	He isn't drinking any milk.

* **yemek, demek, söylemek, anlamak, toplamak, dinlemek, seyretmek, gitmek**; in positive forms these verbs become irregular as seen previously. Used in the negative, however, they become regular again.

Söylüyorum.	I am saying.
Söylemiyorum. (söylemek)	I am not saying.
Öğretmeni dinliyorlar.	They are listening to the teacher.
Öğretmeni dinlemiyorlar. (dinlemek)	They aren't listening to the teacher.
Çocuk sandviç yiyor.	The child is eating a sandwich.
Çocuk sandviç yemiyor. (yemek)	The child isn't eating a sandwich.
Japonyaya gidiyorum.	I am going to Japan.
Japonyaya gitmiyorum. (gitmek)	I am not going to Japan.
Patron odaya girmiyor.	The boss isn't entering the room.
Kadın tabakları masadan almıyor.	The woman isn't taking the plates from the table.
Annen pencereleri temizlemiyor.	Your mother isn't cleaning the windows.
Öğrenci öğretmeni dinlemiyor.	The student isn't listening to the teacher.
Burada sigara içmiyoruz.	We aren't smoking cigarette here.
Ahmet parkta oynamıyor.	Ahmet isn't playing in the park.
Sekreter mektupları okumuyor.	The secretary isn't reading the letters.
Selma Hanım doktoru beklemiyor.	Selma Hanım isn't waiting for the doctor.

Question Form

The question marker is added before the person ending (after the **-yor** present continuous suffix), and makes a new word.

Ben sigara içiyorum.	I am smoking.
Ben sigara içiyor muyum?	Am I smoking?
Sen sigara içiyor musun?	Are you smoking?
O sigara içiyor mu?	Is he smoking?
Biz sigara içiyor muyuz?	Are we smoking?
Siz sigara içiyor musunuz?	Are you smoking?
Onlar sigara içiyor(lar) mı?	Are they smoking?

O sandviç yiyor.	He is eating a sandwich.
O sandviç yemiyor.	He isn't eating a sandwich.
O sandviç yiyor mu?	Is he eating a sandwich?
Japonyaya gidiyorum.	I am going to Japan.
Japonyaya gitmiyorum.	I am not going to Japan.
Japonyaya gidiyor muyum?	Am I going to Japan?
Kitabı çantaya koyuyor mu?	Is he putting the book into the bag?
Kadın tabakları masadan alıyor mu?	Is the woman taking the plates from the table?
Burada sigara içiyor musunuz?	Are you smoking here?
Ahmet parkta oynuyor mu?	Is Ahmet playing in the park?
Sekreter mektupları okuyor mu?	Is the secretary reading the letters?
Doktoru bekliyor musun?	Are you waiting for the doctor?

Present Continuous Negative Structure

Subject	Root	Negative Suffix	Pres Cont.. Suffix	Person Ending
Ben	yap	mı	yor	um
Sen	gör	mü	yor	sun
O	oku	mu	yor	-
Biz	iç	mi	yor	uz
Siz	git	mi	yor	sunuz
Onlar	uyu	mu	yor	(lar)

Şimdiki Zaman Soru Cümlesi Kalıbı / Present Continuous Question Structure

Subject	Root	Buffer Vowel	Pres. Cont. Suffix	Question Suffix with Person Ending
Ben	yap	ı	yor	muyum?
Sen	gör	ü	yor	musun?
O	oku	-	yor	mu?
Biz	iç	i	yor	muyuz?
Siz	git	(d)i	yor	musunuz?
Onlar	uyu	-	yor	(lar) mı?

Questions in the Present Continuous

Question words **ne, nereye, nerede, nereden, kim, kaç (tane)** can be used in the present continuous.

Ne yiyorsunuz?	What are you eating?
Ne okuyor?	What is he reading?
Ne yapıyorsun?	What are you doing?
Nereye gidiyorsun?	Where are you going?
Nereye bakıyorsunuz?	Where are you looking?
Nereye oturuyorlar?	Where are they sitting?
Nerede oturuyorsun?	Where are you sitting?

Nerede seyrediyorsunuz?	Where are you watching?
Nerede bekliyor?	Where is she waiting?
Nereden geliyorsun?	Where are you coming from?
Nereden bakıyorsunuz?	Where are you looking from?
Nereden alıyorlar?	Where are they taking from?
Kim bakıyor?	Who is looking?
Kim sigara içiyor?	Who is smoking?
Kaç öğrenci geliyor?	How many students are coming?
Kaç turist geliyor?	How many tourists are coming?

Question words need not come at the beginning of sentences. They may be preceded by all otler types of word - pronouns, adverbs, etc - except the main verb.

Onlar lokantada ne yiyorlar?	What are they eating in the restaurant?
Şimdi evde ne yapıyorsun?	What are you doing in the house now?
Kadın çantaya ne koyuyor?	What is the woman putting into the bag?
Yaşlı adam nereye gidiyor?	Where is the old man going?
Adamlar bu sebze ve meyveleri nereye koyuyorlar?	Where are the men putting these vegetables and fruits?
Baban nerede çalışıyor?	Where is your father working?
Karınız nerede bekliyor?	Where is your wife waiting?
Öğretmen nereden okuyor?	Where is the teacher reading from?
Patron nereden geliyor?	Where is the boss coming from?
Şu odada kim uyuyor?	Who is sleeping in this room?
Bu koltukta kim oturuyor?	Who is sitting in this armchair?
Bu okula kaç öğrenci geliyor?	How many students are coming to this school?
Bugün kaç turist geliyor?	How many tourists are coming today?
Şimdi ne yapıyorsun?	What are you doing now?
Yemek yapıyorum.	I am cooking.
Yarın nereye gidiyorsunuz?	Where are you going tomorrow?
Marmarise gidiyoruz.	We are going to Marmaris.
Arkadaşların nerede bekliyorlar?	Where are your friends waiting?
Otobüs durağında bekliyorlar.	They are waiting at the bus-stop.
Çocuk nereden bakıyor?	Where is the child looking from?
Balkondan bakıyor?	He is looking from balcony.
Evinizi kim temizliyor?	Who is cleaning your house?
Ayten Hanım temizliyor.	Ayten Hanım is cleaning.
Bu lokantada kaç garson çalışıyor?	How many waiters are working in this restaurant?
Altı garson çalışıyor.	Six waiters are working.

BİRÇOK

Birçok (= many, a lot of) is used before nouns, when the exact number is not specified.

birçok kitap	a lot of books
birçok misafir	a lot of guests
birçok havlu	a lot of towels

The noun following **birçok** need not be in the plural, unlike English. **Birçok** is used in positive, negative and question forms (English typically uses 'a lot of' in the positive and 'many' for negatives and questions).

Masada birçok kitap var.	There are a lot of books on the table.
Otelde birçok turist var.	There are a lot of tourists in the hotel.
Banyoda birçok sabun var.	There are a lot of soaps in the bathroom.
Köprüde birçok otobüs var.	There are a lot of buses on the bridge.
Ofiste birçok bilgisayar var.	There are a lot of computers in the office.
Otelde birçok turist yok.	There aren't many tourists in the hotel.
Sokakta birçok araba yok.	There aren't many cars in the street.
Banyoda birçok sabun yok.	There aren't many soaps in the bathroom.
Ofiste birçok bilgisayar var mı?	Are there many computers in the office?
Fabrikada birçok işçi var mı?	Are there many workers in the factory?
Sokakta birçok araba var mı?	Are there many cars in the street?

Words Used in the Dialogue

kalmak	to stay
telefon numarası	telephone number
Bilmiyorum.	I don't know.

DIALOGUE

TOLGA : Yarın nereye gidiyorsunuz?	Where are you going tomorrow?
AYLİN : Çeşmeye.	To Çeşme.
TOLGA : Annen de geliyor mu?	Is your mother coming, too?
AYLİN : Evet, geliyor.	Yes, she is.
TOLGA : Otelde mi yoksa bir evde mi kalıyorsunuz?	Are you staying in a hotel or in a house?
AYLİN : Otelde. Çeşmede birçok otel var.	In a hotel.There are many hotels in Çeşme.
TOLGA : Otelin adı ne?	What is the name of the hotel?
AYLİN : Güneş Otel.	Güneş Hotel.
TOLGA : Telefon numarası ne?	What is the telephone number?
AYLİN : Bilmiyorum.	I don't know.
TOLGA : Şimdi nereye gidiyorsun?	Where are you going now?
AYLİN : Markete. Sen de gel, lütfen.	To the supermarket. You come, please.
TOLGA : Peki.	All right.
AYLİN : Teşekkürler.	Thanks.

PRACTICE 25

A: Change into negative sentences.

1. **Annem bugün geliyor.** 2. **Onlar okulda çalışıyor.** 3. **Biz bir bardak şarap içiyoruz.** 4. **Adam yemek yapıyor.** 5. **Çocuk öğretmeni dinliyor.** 6. **Arkadaşlarım odada bekliyor.** 7. **Yaşlı kadın doktoru bekliyor.** 8. **Sekreter mektupları okuyor.**

B: Change the above into yes/no questions.

C: Answer using the words in brackets.

Example : Çocuk ne yapıyor? (süt - içmek) → Çocuk süt içiyor.

1. **Kadın ne yapıyor? (uyumak)** 2. **Ahmet Bey nereye gidiyor? (Ankara)** 3. **Annen ne yapıyor? (yemek yapmak)** 4. **O adam ne yapıyor? (çay - içmek)** 5. **Öğretmen nereden geliyor? (Fransa)** 6. **Bu gazeteyi kim okuyor? (işadamı)** 7. **Bu fabrikada kaç işçi çalışıyor? (birçok)** 8. **Babam nerede oturuyor? (koltuğu)** 9. **Mühendis nereye bakıyor? (şu ev)** 10. **Kızın ne okuyor? (bir dergi)**

D: Make appropriate questions (with question words).

Example : Biz süt içiyoruz. → Siz ne içiyorsunuz? (Siz ne yapıyorsunuz?)

1. **O Antalyaya gidiyor.** 2. **Kadın odada uyuyor.** 3. **Doktorlar İspanyadan geliyorlar.** 4. **Ayten Hanım evi temizliyor.** 5. **Bu ofiste iki müdür çalışıyor.**

E: Translate into English.

1. **Çocuklar nerede oynuyorlar?** 2. **Salonda birçok sandalye ve koltuk var.** 3. **İşadamı uçakta uyuyor mu?** 4. **Şoför takside sigara içiyor.** 5. **Arkadaşım bana biraz para veriyor.** 6. **Bu odada kim uyuyor?** 7. **Salonda kaç kadın oturuyor?** 8. **Karısı bu akşam televizyon seyretmiyor.**

F: Translate into Turkish.

1. Her husband is working here. 2. The men are getting off the train now. 3. There are many potatoes in the greengrocer's. 4. The secretaray isn't drinking her coffee. 5. Is the dentist reading his newspaper? 6. Where are the girls waiting? 7. Who is waiting for the lawyer? 8. The workers are eating sandwiches and oranges.

PRACTICE 25 - ANSWERS

A. 1. **Annem bugün gelmiyor.** 2. **Onlar okulda çalışmıyorlar.** 3. **Biz bir bardak şarap içmiyoruz.** 4. **Adam yemek yapmıyor.** 5. **Çocuk öğretmeni dinlemiyor.** 6. **Arkadaşlarım odada beklemiyor.** 7. **Yaşlı kadın doktoru beklemiyor.** 8. **Sekreter mektupları okumuyor.**
B. 1. **Annem bugün geliyor mu?** 2. **Onlar okulda çalışıyor mu?** 3. **Biz bir bardak şarap içiyor muyuz?** 4. **Adam yemek yapıyor mu?** 5. **Çocuk öğretmeni dinliyor mu?** 6. **Arkadaşların odada bekliyor mu?** 7. **Yaşlı kadın doktoru bekliyor mu?** 8. **Sekreter mektupları okuyor mu?**
C. 1. **Kadın uyuyor.** 2. **Ahmet Bey Ankaraya gidiyor.** 3. **Annem yemek yapıyor.** 4. **O adam çay içiyor.** 5. **Öğretmen Fransadan geliyor.** 6. **Bu gazeteyi işadamı okuyor.** 7. **Bu fabrikada birçok işçi çalışıyor.** 8. **Babam koltuğunda oturuyor.** 9. **Mühendis şu eve bakıyor.** 10. **Kızım bir dergi okuyor.**
D. 1. **O nereye gidiyor?** 2. **Kadın nerede uyuyor?** 3. **Doktorlar nereden geliyor?** 4. **Ayten Hanım ne yapıyor?** 5. **O ofiste kaç müdür çalışıyor?**
E. 1. Where are the children playing? 2. There are many chairs and armchairs in the hall. 3. Is the businessman sleeping on the plane? 4. The driver is smoking in the taxi. 5. My friend is giving some money to me. 6. Who is sleeping in this room? 7. How many women are sitting in the hall? 8. His wife isn't watching TV this evening.
F. 1. **Kocası burada çalışıyor.** 2. **Adamlar şimdi trenden iniyorlar.** 3. **Manavda birçok patates var.** 4. **Sekreter kahvesini içmiyor.** 5. **Dişçi gazetesini okuyor mu?** 6. **Kızlar nerede bekliyorlar?** 7. **Avukatı kim bekliyor? (Kim avukatı bekliyor?)** 8. **İşçiler sandviç ve portakalları yiyor.**

VOCABULARY

ÖĞRENMEK Arkadaşım İspanyolca öğreniyor.	**TO LEARN** My friend is learning Spanish.
ÖĞRETMEK Bu kadın bize Japonca öğretiyor.	**TO TEACH** This woman is teaching us Japanese.
GECE Bu gece evde değilim.	**NIGHT** I am not at home tonight.
MÜZİK Odada müzik dinliyorlar.	**MUSIC** They are listening to music in the room.
YÜRÜMEK Oğlanlar sokakta yürüyorlar.	**TO WALK** The boys are walking in the street.
UN Evde hiç un var mı?	**FLOUR** Is there any flour at home?
ZEYTİN Buzdolabında bir kilo zeytin var.	**OLIVE** There is a kilo of olives in the fridge.
KAR Evlerin üstünde kar var.	**SNOW** There is snow on the houses.
TELEFON ETMEK Bu akşam bana telefon et, lütfen.	**TO (TELE)PHONE** Phone me this evening, please.
TEREYAĞI Bir paket tereyağı, lütfen.	**BUTTER** A packet of butter, please.
YAĞMAK (KAR, YAĞMUR) Yağmur yağıyor mu?	**TO RAIN, TO SNOW** Is it raining?

almak - satın almak

The verb **almak** may mean 'take' or 'buy', the meaning intended being understood from the context. **Satın almak** means only 'buy'.

Kitapları çantadan al.	Take the books from the bag.
Peyniri buzdolabından alın, lütfen.	Take the cheese from the refrigerator, please.
Annem bu elbiseyi (satın) alıyor.	My mother is buying this dress.
Bu koltukları (satın) alın, lütfen.	Buy these armchairs, please.

oturmak - yaşamak

The verb **oturmak** may mean 'sit' or 'live' (in a certain place, like 'reside'). **Yaşamak** just means 'live'.

Amcam şimdi odada oturuyor.	My uncle is sitting in the room now.
Kadın ağacın altında oturuyor.	The woman is sitting under the tree.

Bu evde oturuyorlar (yaşıyorlar).	They are living in this house.
Öğretmen Merterde oturuyor (yaşıyor).	The teacher is living in Merter.

gün - günü

Gün (= day) with the possessed suffix **-ü** follows the name of a day to give an adverbial, as below.

pazartesi günü	on Monday
salı günü	on Tuesday
perşembe günü	on Thursday
pazar günü	on Sunday

Pazartesi günü fabrikaya gel.	Come to the factory on Monday.
Perşembe günü nereye gidiyor?	Where is he going on Thursday?
Cumartesi günü ne yapıyorsunuz?	What are you doing on Saturday?

sabahleyin

Words like **sabah, akşam, gece** are made adverbial by adding the suffix **-leyin**. ('in' or 'at' is used in English).

sabahleyin	in the morning
akşamleyin	in the evening
geceleyin	at night

Onlar sabahleyin balkonda yemek yiyorlar.	They are eating the meal in the balcony in the morning.
Akşamleyin sinemaya gidiyor musun?	Are you going to the cinema in the evening?
Geceleyin burada uyuyoruz.	We are sleeping here at night.

İÇİN

İçin (= for) follows nouns (which need no suffix).

çocuk için	for the child
annem için	for my mother
öğretmen için	for the teacher
salon için	for the hall

Bu sandalyeler salon içindir.	These chairs are for the hall.
Bu oda öğretmenler içindir.	This room is for the teacher.
Bu mektup arkadaşın için mi?	Is this letter for your friend?
Bu süt yaşlı adam için değildir.	This milk isn't for the old man.
Bu ayakkabıları kızım için alıyorum.	I'm buying these shoes for my daughter.

İLE

We have seen the conjunction **ile**. Let us recall this introduce another of its uses.

1. Used to mean 'and'.

kadın ve adam	the woman and the man
kapı ve pencere	the door and the window

kadın ile adam	the woman and the man
kapı ile pencere	the door and the window

Kız ile annesi eve giriyor. — The girl and her mother is entering the house.

Kapı ile pencere kapalıdır. — The door and the window is shut.

2. Used to mean 'with'.

İşadamı sekreter iledir. — The businessman is with the secretary.
Babası ile yürüyor. — She is walking with her father.
Ekmeği peynir ile yiyorlar. — They are eating the bread with cheese.
Karısı ile televizyon seyrediyor. — He is watching TV with his wife.

As mentioned before, **ile** is commonly used in the **-le/-la** suffix form, with **y** being used as a buffer if the word ends in a vowel.

adamla karısı — the man and his wife
kapıyla pencere — the door and the window

Kızla annesi evdedir.
Hemşireyle doktor hastaneye gidiyor.
İşadamı sekreterledir.
Babasıyla yürüyor.
Köpeğimle parkta oturuyorum.

3. **ile** is also employed to talk about methods of transport used (English, 'by') - again usually in suffix form.

otobüsle	by bus	**taksiyle**	by taxi
uçakla	by plane	**gemiyle**	by ship
trenle	by train		

ne ile (neyle) — by what, on what

Okula neyle gidersin? — How do you go to school?
Okula trenle giderim. — I go to school by train.

yaya(n), yürüyerek / on foot

When no transport is used, ie for walking, use this.

Eve neyle gidersin? — How do you go to the house?
Yürüyerek giderim. — I go on foot.

Ofise otobüsle gidiyorlar.	They are going to the office by bus.
Fabrikaya taksiyle gidiyorsunuz.	You are going to the factory by taxi.
Ev uzak değil. Yürüyerek gelin.	The house isn't far. Come on foot.

Mektubu uzun bir kalemle yazıyor.	He is writing the letter with a long pen.
Onu çatalla ye, lütfen.	Eat it with a fork, please.
Ekmeği bıçakla kesiyorum.	I am cutting the bread with a knife.
Mektupları bilgisayarla yazıyor musun?	Are you writing the letters with a computer?

VE

Ve (= and) can be used to join words or sentences.

çocuk ve top	the child and the ball
zeytin ve peynir	the olive and the cheese

Adam eve giriyor ve bir koltuğa oturuyor.	The man is entering the house and sitting into an armchair.
Çayı al ve babana ver.	Take the tea and give your father.

Words Used in the Reading Passage

meşrubat	beverage
müşteri	customer
erkek arkadaş	boy friend
bilgisayar programcısı	computer programmer
şirket	company

KAFETERYA

Güzel bir Pazar günü. Hava sıcak. Parkta çocuklar oynuyor. Parkın yanında büyük bir kafeterya var.

Kafeteryanın masaları küçük ve kırmızıdır. Masalarda insanlar oturuyor. Boş masalar da var. Yeni insanlar kafeteryaya geliyor ve boş masalara oturuyorlar.

Garsonlar insanlara çay, kahve, meşrubat veriyorlar. Sandviçler yapıyorlar. Müşteriler bira da içiyor.

Şimdi genç bir kız ve erkek kafeteryaya giriyor ve çiçeklerin yanında bir masaya oturuyorlar.

Kızın adı Elif. İstanbul Üniversitesinde öğrenci. O yirmi yaşında. Erkek arkadaşının adı Tahsin. O bir

CAFETERIA

It is a nice Sunday. It is hot. The children are playing in the garden. There is a large café near the park.

The tables of the café are small and red. The people are sitting at the tables. There are also empty tables. New people are coming to the café and sitting at empty tables.

The waiters are giving tea, coffee and beverage to the people. They are making sandwiches. The customers are also drinking beer.

Now, a young girl and a boy are entering the café and sitting at a table near the flowers.

The girl's name is Elif. She is a student at İstanbul University. She is twenty years old. Her boy friend's name is

bilgisayar programcısı. Tahsin
yirmi üç yaşında. Büyük bir şirkette
çalışıyor.

Tahsin. He is a computer programmer.
Tahsin is twenty three years old. He
is working in a big company.

Garson geliyor. Elif bir bardak
portakal suyu, Tahsin bir şişe bira
içiyor. Onlar konuşuyorlar.

The waiter is coming. Elif is drinking
a glass of orange juice, Tahsin is
drinking a bottle beer. They are talking.

Akşamleyin kafeteryadan çıkıyorlar.
Elifin evi Bakırköyde. Tahsinin
arabasıyla oraya gidiyorlar.

They are going out of the café in the
evening. Elif's house is in Bakırköy.
They are going there by Tahsin's car.

Questions and Answers to the Reading Passage

Hava soğuk mu?
Is it cold?

Hayır, sıcak.
No, it isn't. It's hot.

Kafeterya nerede?
Where is the café?

Parkın yanındadır.
It is near the park.

Kafeteryanın masalarının rengi nedir?
What colour of the tables of the café?

Kırmızıdır.
They are red.

Boş masa var mı?
Is there an free table?

Evet, var.
Yes, there is.

Garsonlar müşterilere ne veriyorlar?
What are the waiters giving to the customers?

Çay, kahve ve meşrubat veriyorlar.
They are giving tea, coffee and beverage.

Kafeteryaya kim giriyor?
Who is entering the café?

Genç bir kız ve erkek giriyor.
A young girl and a man are entering.

Kızın adı nedir?
What is the girl's name?

Onun adı Eliftir.
Her name is Elif.

Elif kaç yaşındadır?
How old is Elif?

O yirmi yaşındadır.
She is twenty years old.

Erkeğin adı nedir?
What is the man's name?

Tahsindir.
His name is Tahsin.

Tahsin kaç yaşındadır?
How old is Tahsin?

O yirmi üç yaşındadır.
He is twenty three years old.

Nerede çalışıyor?
Where is he working?

Bir şirkette çalışıyor.
He is working in a company.

Elif ne içiyor?
What is Elif drinking?

Bir bardak portakal suyu içiyor.
She is drinking a glass of orange juice.

Tahsin ne içiyor?
What is Tahsin drinking?

Bir şişe bira içiyor.
He is drinking a bottle of beer.

Elifin evi nerede?
Where is Elif's house?

O Bakırköydedir.
It is in Bakırköy.

Oraya neyle gidiyorlar?
How do they go there?

Tahsinin arabasıyla gidiyorlar.
They are going there by Tahsin's car.

PRACTICE 26

A: Put into the correct order.
1. oğlu / kadın / için / alıyor / bir top 2. ne / oradan / ile / geliyorlar? 3. nerede / seyrediyorlar / çocuklar / televizyon? 4. hastaneye / gidiyor / doktor / hemşireyle 5. annem / için / bir / güzel / elbise / satın / alıyor / babam

B: Change into question and negative forms.
1. İki kadın evin önünde konuşuyor. 2. Japon işadamları yarın İstanbula geliyor. 3. Turistler bu otele giriyorlar. 4. Yatak odası için yeni bir halı alıyor. 5. Mutfakta yemek yapıyorum. 6. O Fransızca öğretiyor. 7. Bu akşam eve yürüyoruz. 8. Kızım bu okulda ingilizce öğreniyor.

C: Rewrite changing **ile** into suffix form.
1. Kız ile annesi eve giriyor. 2. Arkadaşları ile sinemaya gidiyor. 3. Köpeğim ile parkta oturuyorum. 4. Ofise taksi ile gidiyoruz. 5. Mektupları bilgisayar ile mi yazıyorsun?

D: Change into negative sentences.
1. Tereyağı buzdolabında değildir. 2. Banyoda havlu var mı? 3. Bu kapıyı açma, lütfen. 4. Okula annemle gitmiyorum. 5. O bizim İngilizce öğretmenimiz değildir. 6. Yarın sinemaya gidiyor muyuz? 7. Mühendis bu otelde mi? 8. Biz evimizi satmıyoruz.

E: Translate into English.
1. Bugün okula yürüyerek gidiyoruz. 2. Bu elbise annem içindir. 3. Bu okulda kim Fransızca öğretiyor? 4. Mektubu bu kalemle yazın, lütfen. 5. Kız arkadaşıyla nereye gidiyor? 6. Sabahleyin kediye süt veriyoruz. 7. Yağmur yağıyor mu?

F: Translate into Turkish.
1. The doctors aren't coming by plane. 2. The man and his wife are walking to the sea. 3. We aren't going there on foot. 4. Your son is sitting with Ayşe in the park. 5. These books are for your father. 6. The woman isn't cleaning the windows. 7. My friend is learning Japanese.

PRACTICE 26 - ANSWERS

A. 1. **Kadın oğlu için bir top alıyor.** 2. **Oradan ne ile geliyorlar?** 3. **Çocuklar nerede televizyon seyrediyorlar?** 4. **Doktor hemşireyle hastaneye gidiyor.** 5. **Babam annem için güzel bir elbise satın alıyor.**
B. 1. **İki kadın evin önünde konuşuyor mu? İki kadın evin önünde konuşmuyor.** 2. **Japon işadamları yarın İstanbula geliyor mu? Japon işadamları yarın İstanbula gelmiyor.** 3. **Turistler bu otele giriyorlar mı? Turistler bu otele girmiyorlar.** 4. **Yatak odası için yeni bir halı alıyor mu? Yatak odası için yeni bir halı almıyor.** 5. **Mutfakta yemek yapıyor muyum? Mutfakta yemek yapmıyorum.** 6. **O Fransızca öğretiyor mu? O Fransızca öğretmiyor.** 7. **Bu akşam eve yürüyor muyuz? Bu akşam eve yürümüyoruz.** 8. **Kızım bu okulda İngilizce öğreniyor mu? Kızım bu okulda İngilizce öğrenmiyor.**
C. 1. **Kızla annesi eve giriyor.** 2. **Arkadaşlarıyla sinemaya gidiyor.** 3. **Köpeğimle parkta oturuyorum.** 4. **Ofise taksiyle gidiyoruz.** 5. **Mektupları bilgisayarla mı yazıyorsun?**
D 1. **Tereyağı buzdolabındadır.** 2. **Banyoda havlu var.** 3. **Bu kapıyı aç, lütfen.** 4. **Okula annemle gidiyorum.** 5. **O bizim İngilizce öğretmenimizdir.** 6. **Yarın sinemaya gidiyoruz.** 7. **Mühendis bu oteldedir.** 8. **Biz evimizi satıyoruz.**
E. 1. We are going to the school on foot today. 2. This dress is for my mother. 3. Who is teaching French in this school? 4. Write the letter with this pen, please. 5. Where is he going with his girl friend? 6. We are giving milk to the cat in the morning. 7. Is it raining?
F. 1. **Doktorlar uçakla gelmiyorlar.** 2. **Adam ve karısı denize yürüyorlar.** 3. **Oraya yürüyerek gitmiyoruz.** 4. **Oğun Ayşeyle parkta oturuyor.** 5. **Bu kitaplar baban içindir.** 6. **Kadın pencereleri temizlemiyor.** 7. **Arkadaşım Japonca öğreniyor.**

VOCABULARY

BEBEK Bebek yatak odasında uyuyor.	BABY The baby is sleeping in the bedroom.
KİBRİT Kibriti ver, lütfen.	MATCH Give the match, please.
ÇOK Çok kahve var mı?	MANY, MUCH, A LOT OF Is there much coffee?
DURMAK (AYAKTA DURMAK) O adam nerede? Şurada duruyor.	TO STAND Where is that man? He is standing there.
GETİRMEK Garson iki şişe su getiriyor.	TO BRING The waiter is bringing two bottles of water.
FUTBOL Çocuklar bahçede futbol oynuyorlar.	FOOTBALL The children are playing football in the garden.
MÜZE Turistler müzeye giriyorlar.	MUSEUM The tourists are entering the museum.
NE ZAMAN Ne zaman evdesin?	WHEN When are you at home?

ÇOK

The word **çok** (= many, much, a lot of, very, a lot) has one basic meaning but a variety of grammatical functions, as it can precede nouns, adjectives or verbs. We saw **birçok** in the last lesson (as usually used before count nouns).

Çantada birçok kalem var.	There are a lot of (many) pencils in the bag.

In the above sentences, **çok** instead of **birçok** could be used.

Çantada çok kalem var.	There are a lot of (many) pencils in the bag.

Çok is used with both count and uncount nouns. Also, as mentioned previously, **çok** is used with positive, negative and question forms. Turkish does not have the distinction of the English 'a lot of' and 'many/much'.

Çantada çok kalem var.	There are a lot of pencils in the bag.
Çantada çok kalem yok.	There aren't many pencils in the bag.
Çantada çok kalem var mı?	Are there many pencils in the bag?
Hastanede çok doktor var.	There are a lot of doctors in hospital.
Sokakta çok araba var.	There are a lot of cars in the street.
Ofiste çok bilgisayar var.	There are a lot of computers in the office.
	grocer's.
Şişede çok süt var.	There is a lot of milk in the bottle.
Çantada çok para var.	There is a lot of money in the bag.
Kutuda çok şeker var.	There is a lot of sugar in the box.

Evde çok sandalye yok.	There aren't many chairs in the house.
Sokakta çok araba yok.	There aren't many cars in the street.
	grocer's.
Şişede çok süt yok.	There isn't much milk in the bottle.
Çantada çok para yok.	There isn't much money in the bag.

Hastanede çok doktor var mı?	Are there many doctors in hospital?
Ofiste çok bilgisayar var mı?	Are there many computers in the office?
Bahçede çok kar var mı?	Is there much snow in the garden?
Bardakta çok su var mı?	Is there much water in the glass?

Used before adjectives **çok** means 'very'.

Bu kız çok güzel.	This girl is very beautiful.
Babam çok yorgun.	My father is very tired.
O çok zor.	It is very difficult.
Hava çok soğuk.	It is very cold.
Fatmanın kocası çok zengin.	Fatma's husband is very rich.
Ekmek çok bayat.	The bread is very stale.
Baban çok yaşlı.	Your father is very old.

Onun elbisesi çok kısa değil.	Her dress isn't very short.
Ekmek çok bayat değil.	The bread isn't very stale.
Oda çok sıcak değil.	The room isn't very hot.
Tabaklar çok pis mi?	Are the plates very dirty?
Oda çok sıcak mı?	Is the room is very hot?
O mutfak çok küçük mü?	Is that kitchen very small?

Used before verbs, **çok** means 'a lot'.

Annesi çok konuşuyor.	His mother is talking a lot.
Bebek çok uyuyor.	The baby is sleeping a lot.
Çok sigara içiyorsun.	You are smoking a lot.

Annesi çok konuşmuyor.	His mother isn't talking a lot.
Kadınlar çok yürümüyorlar.	The women aren't walking a lot.
Sekreter çok çay içmiyor.	The secretary isn't drinking tea very much.

Bebek çok uyuyor mu?	Is the baby sleeping a lot?
Annesi çok konuşuyor mu?	Is his mother talking a lot?

NE ZAMAN

Ne zaman, (= when, what time), is a question word used to find out the time of occurrence.

Ne zaman evdesin?	When are you at home?
Ne zaman istanbuldayız?	When are we in Istanbul?
Ne zaman fabrikaya gidiyorsun?	When are you going to the factory?
Doktor ne zaman hastaneye geliyor?	When is the doctor coming to hospital?
Ne zaman müzik dinliyor?	When is he listening to music?

The object of the sentence and **ne zaman** can change places without changing the basic meaning.

Fabrikaya ne zaman gidiyorsun?	When are you going to the factory?
Kadın evi ne zaman temizliyor?	When is the woman cleaning the house?

Let us see some answers which could be given here.

Fabrikaya ne zaman gidiyorsun?
When are you going to the factory?

Yarın gidiyorum.
I am going (there) tomorrow.

Kadın evi ne zaman temizliyor?
When is the woman cleaning the house?

Bugün temizliyor.
She is cleaning it today.

Ne zaman evdesin?
When are you at home?

Yarın evdeyim.
I am at home tomorrow.

-Kİ

When a word like **bahçede, okulda, evde**, etc is used to make a defining clause, after the locative suffix in these words **-ki** is added (put another way, **-deki/-daki** is added to the place word). Note that the **-ki** suffix is always the same - it doesn't follow the rules of vowel harmony.

The suffix **-ki** can be thought of as answering the question 'which?'. (Which tree? - The tree in the garden.)

bahçedeki	in the garden
evdeki	at home
çantadaki	in the bag
uçaktaki	on the plane
ağaçtaki	in the tree
ofisteki	in the office

noun+deki + noun

bahçedeki ağaç	the tree in the garden
evdeki adam	the man at home
çantadaki para	the money in the bag
buzdolabındaki et	the meat in the fridge
oteldeki kadın	the woman at the hotel

uçaktaki kız	the girl on the plane
ağaçtaki kedi	the cat in the tree

otobüsteki turist	the tourist on the bus
Ankaradaki otel	the hotel in Ankara
masanın üstündeki tabak	the plate on the table
koltuğun arkasındaki ayakkabı	the shoe behind the armchair
evin önündeki bahçe	the garden in front of the house
Bahçedeki ağaç uzundur.	The tree in the garden is long.
Oteldeki kadın benim annemdir.	The woman at the hotel is my mother.
Hastanedeki doktor genç mi?	Is the doctor in hospital young?
Çantadaki parayı alıyor.	She is taking the money in the bag.
Fincandaki sütü iç.	Drink the milk in the cup.
Uçaktaki kız benim arkadaşımdır.	The girl on the plane is my friend.
Ofisteki bilgisayar yenidir.	The computer in the office is new.
Ankaradaki otel çok büyüktür.	The hotel in Ankara is very big.
Masanın üstündeki tabakta ne var?	What is there on the plate on the table?
Bankanın yanındaki lokanta ucuzdur.	The restaurant next to the bank is cheap.

PRACTICE 27

A: Make positive, negative and question form sentences adding **çok**.
1. **Bu elbise kısadır.** 2. **Bahçede kar var.** 3. **Tabakta tereyağı var.** 4. **Çantada kitap var.** 5. **Manavda portakal var.** 6. **Masada çok tabak ve bardak var.** 7. **Duvardaki resimler eskidir.** 8. **Evde halı var.**

B: Put **çok** into the sentences in an appropriate place.
1. **Bu ekmek bayat.** 2. **Kızın elbisesi kısa.** 3. **İşadamı yorgun.** 4. **Sigara içiyor.** 5. **Tabaklar pis.** 6. **Kadın çay içiyor.** 7. **Parkın yanındaki ev pahalı.** 8. **O adam konuşuyor.**

C: Make new sentences using the suffix **-ki** (to make defining clauses).
Example : Buzdolabında taze et var. → Buzdolabındaki et tazedir.
1. **Masada temiz tabak var.** 2. **O evde kötü bir kadın var.** 3. **Bu dükkânda ucuz ayakkabı var.** 4. **Bahçede uzun ağaçlar var.** 5. **Manavda taze fasulye var.** 6. **Caddede pahalı bir araba var.** 7. **Ofiste yeni bilgisayar var.**

D: Fill the gaps with **ne, nereye, nerede, ne zaman, kim**.
1. **Dolabın içinde ... var?** 2. **Bu pencereleri ... temizliyor?** 3. **Patron yarın ... gidiyor?** 4. **Yaşlı kadınlar ... bekliyor?** 5. **Siz ... televizyon seyrediyorsunuz?** 6. **Baban ... Londradan geliyor?** 7. **Orada ... sigara içiyor?** 8. **Ahmet mutfakta ... yapıyor?**

E: Translate into English.
1. **Otobüste çok öğrenci var.** 2. **Salondaki koltuklar eskidir.** 3. **Fabrikada çok işçi var mı?** 4. **Sekreter mektupları ne zaman okuyor?** 5. **Doktor çok sigara içiyor.** 6. **Masadaki kahveyi içiyor musun?** 7. **Hangi kadın Mehmetin annesidir?**

F: Translate into Turkish.
1. Are there many pictures on the wall? 2. This dress is very old. 3. She is taking the money in the bag. 4. Where is there a good hotel? 5. When is he selling his car? 6. The man is sleeping a lot. 7. The house near the cinema is very old.

PRACTICE 27 - ANSWERS

A. 1. **Bu elbise çok kısadır. Bu elbise çok kısa değil. Bu elbise çok kısa mı?** 2. **Bahçede çok kar var. Bahçede çok kar yok. Bahçede çok kar var mı?** 3. Tabakta çok tereyağı var. Tabakta çok tereyağı yok. Tabakta çok tereyağı var mı? 4. Çantada çok kitap var. Çantada çok kitap yok. Çantada çok kitap var mı? 5. Manavda çok portakal var. Manavda çok portakal yok. Manavda çok portakal var mı? 6. **Masada çok tabak ve bardak var. Masada çok tabak ve bardak yok. Masada çok tabak ve bardak var mı?** 7. Duvardaki resimler çok eskidir. Duvardaki resimler çok eski değil. Duvardaki resimler çok eski mi? 8. Evde çok halı var. Evde çok halı yok. Evde çok halı var mı?

B. 1. **Bu ekmek çok bayat.** 2. **Kızın elbisesi çok kısa.** 3. **İşadamı çok yorgun.** 4. **Çok sigara içiyor.** 5. **Tabaklar çok pis.** 6. **Kadın çok çay içiyor.** 7. **Parkın yanındaki ev çok pahalı.** 8. **O adam çok konuşuyor.**

C. 1. **Masadaki tabak temizdir.** 2. **O evdeki kadın kötüdür.** 3. **Bu dükkândaki ayakkabı ucuzdur.** 4. **Bahçedeki ağaçlar uzundur.** 5. **Manavdaki fasulye tazedir.** 6. **Caddedeki araba pahalıdır.** 7. **Ofisteki bilgisayar yenidir.**

D. 1. **Dolabın içinde ne var?** 2. **Bu pencereleri kim temizliyor?** 3. **Patron yarın nereye gidiyor?** 4. **Yaşlı kadınlar nerede bekliyor?** 5. **Siz nerede/ne zaman televizyon seyrediyorsunuz?** 6. **Baban ne zaman Londradan geliyor?** 7. **Orada kim sigara içiyor?** 8. **Ahmet mutfakta ne yapıyor?**

E. 1. There are a lot of students on the bus. 2. The armchairs in the hall are old. 3. Are there many workers in the factory? 4. When is the secretary reading the letters? 5. The doctor is smoking very much. 6. Are you drinking the coffee on the table? 7. Which woman is Mehmet's mother?

F. 1. **Duvarda çok resim var mı?** 2. **Bu elbise çok eskidir.** 3. **Çantadaki parayı alıyor.** 4. **Nerede iyi bir otel var?** 5. **Arabasını ne zaman satıyor?** 6. **Adam çok uyuyor.** 7. **Sinemanın yanındaki ev çok eskidir.**

VOCABULARY

FİLM Bu film çok güzel.	FILM This film is very good.
TUVALET Tuvalet nerede?	TOILET Where is the toilet?
ŞEHİR Hangi şehirde kalıyorsun?	CITY Which city are you staying in?
KASAP Kasap bakkalın yanındadır.	BUTCHER, BUTCHER'S The butcher's is next to the grocer's.
BAKKAL Bakkala git ve bir kilo şeker al.	GROCER, GROCER'S Go to the grocer's and buy one kilo of sugar.
PAZAR Ne zaman pazara gidiyorsun?	MARKET When are you going to the market?
BİLET Biletler çantanın içindedir.	TICKET The tickets are in the bag.
SÖYLEMEK Babana ne söylüyorsun?	TO SAY, TO TELL What are you saying to your father?
YATMAK Bebek ne zaman yatıyor?	TO GO TO BED, TO LIE When is the baby going to bed?
ETEK Kızın eteği yeşildir.	SKIRT The girl's skirt is green.

... (ların)lerin biri (ikisi, üçü, birkaçı, birazı)

To talk about a specific number or amount of a group of things or people, use one of the structures above as is new described.

You remember that **-ler/-lar** is added to make plurals.

> **kalem - kalemler**
> **sandalye - sandalyeler**
> **kadın - kadınlar**
> **lokanta - lokantalar**

We have not yet seen compound nouns in plural forms - let us see some examples of this. Compound nouns are formed by combining two nouns. For example the compound noun **bahçe kapısı** is formed from **bahçe** and **kapı**. The relationship of possession is indicated by the **-ı** suffix (**-sı** here), but the possessor suffix **-(n)ın** is not used (with **bahçe** here). To make compound nouns plural **-ları/-leri** is added (**-lar/-ler** for the plural + **ı/i** for possession).

bahçe kapısı	**bahçe kapıları**
Hilton Oteli	**Hilton Otelleri**
Divan Pastanesi	**Divan Pastaneleri**
buzdolabı (buz + dolap)	**buzdolapları**
işadamı (iş + adam)	**işadamları**

To make plural nouns into the genitive, add the **-in** suffix.

kalemlerin ...	...of the pencils
sandalyelerin ...	...of the chairs
biletlerin ...	...of the tickets
kadınların ...	...of the women
lokantaların ...	...of the restaurants
uçakların ...	...of the planes

To make compound nouns into the genitive, the buffer **n** must be added.

bahçe kapılarının	...of the garden gates
yatak odalarının	...of the bedrooms
buzdolaplarının	...of the refrigerators

kalemlerin biri	one of the pencils
hemşirelerin üçü	three of the nurses
şehirlerin ikisi	two of the cities

kadınların biri	one of the women
lokantaların ikisi	two of the restaurants
ağaçların dördü	four of the trees

yatak odalarının biri	one of the bedrooms
işadamlarının ikisi	two of the businessmen

kadınların birkaçı	some of the women
hemşirelerin birkaçı	some of the nurses
lokantaların birkaçı	some of the restaurants
buzdolaplarının birkaçı	some of the refrigerators

etin birazı	some of the meat
kahvenin birazı	some of the coffee
tuzun birazı	some of the salt

Kadınların biri bahçededir.	One of the women is in the garden.
Hemşirelerin biri odadadır.	One of the nurses is in the room.
Sandalyelerin biri yatak odasındadır.	One of the chairs is in the bedroom.
Buzdolaplarının biri nerede?	Where is the one of the refrigerators?
İşadamlarının biri yaşlıdır.	One of the businessmen is old.

Çocukların üçü bahçededir.	Three of the children are in the garden.

İşçilerin onu fabrikada değildir.	Ten of the workers aren't in the factory.
Pencerelerin ikisi kapalıdır.	Two of the windows are shut.
Buzdolaplarının dördü dükkândadır.	Four of the refrigerators are in the shop.
Bahçe kapılarının ikisi açıktır.	Two of the garden gates are open.
Misafirlerin birkaçı bahçededir.	Some of the guests are in the garden.
Dergilerin birkaçı müdürün odasındadır.	Some of the magazines are in the manager's room.
Sütün birazı bardaktadır.	Some of the milk is in the glass.
Paranın birazı çantadadır.	Some of the money is in the bag.
Çocukların ikisi televizyon seyrediyor.	Two of the children are watching TV.
Ağaçların birinin altında bir adam oturuyor.	A man is sitting under one of the trees.
Biletlerin ikisini sana veriyorum.	I am giving two of the tickets to you.
Arkadaşlarımın biri Japonca öğreniyor.	One of my friends are learning Japanese.
Kadın yatak odalarının birini temizliyor.	The woman is cleaning one of the bedrooms.

When this type of structure is used as the object of a sentence, it is the quantifier which takes the accusative suffix, with buffer **n**, (eg **biletlerin ikisi-ni, bahçe kapılarının biri-ni**).

Sigaraların birkaçını kutuya koyuyorum.	I am putting some of the cigarettes into the box.
Paranın birazını çantaya koy, lütfen.	Put some of the money into the bag, please.

The ablative suffix **-dan/-den** may also be used, as below.

kadınlardan biri	one of the women
turistlerden biri	one of the tourists
yatak odalarından biri	one of the bedrooms
Hilton Otellerinden biri	one of the Hilton Hotels

misafirlerden birkaçı	some of the guests
dergilerden birkaçı	some of the magazines

The ablative suffix is not often used for uncount nouns in this structure.

Kadınlardan biri buradadır.	One of the women is here.
Hemşirelerden ikisi hastanede değildir.	Two of the nurses aren't in hospital.
Hilton Otellerinden biri İstanbuldadır.	One of the Hilton Hotels is in Istanbul.
Bahçe kapılarından biri açıktır.	One of the garden gates is open.

Misafirlerden birkaçı salondadır.	Some of the guests are in the hall.
İşçilerden biri patronu bekliyor.	One of the workers is waiting for the boss.
Hemşirelerden beşi hastanede çalışıyor.	Five of the nurses are working in hospital.
Bahçe kapılarından birini açıyor.	He is opening one of the garden gates.
Misafirlerden birkaçı bahçede oturuyor.	Some of the guests are sitting in the garden.

Tabaklardan birkaçını bana ver.	Give some of the plates to me.

Words Used in the Reading Passage

tren istasyonu	train station
yolcu	passenger
bavul	suitcase
büfe	buffet
bisküvi	biscuit

TREN İSTASYONU

Burası bir tren istasyonu.
İstasyonda çok yolcu var. Yolcu-
lardan birkaçı banklarda oturuyor.
Onlar tren bekliyorlar. Birkaç
yolcu ayakta duruyor. Yolcuların
yanında çanta ve bavullar var.

Yeni bir tren kalkıyor. Bu tren
Ankaraya gidiyor. Yolcular trene
biniyor. Bir adam ve bir kadın
istasyona giriyor. Onlar trene
koşuyorlar.

Bankların birinde genç bir adam
oturuyor. Onun elinde bir gazete
var. Gazeteyi okuyor. Onun treni
şimdi istasyona giriyor. Genç
adamın yanında bir oğlan var.
Onlar Eskişehire gidiyorlar.

İstasyonda büyük bir büfe var.
Büfedeki adam çay, kahve,
meşrubat, bisküvi, sandviç ve
gazete satıyor.

Bir kadın büfeye geliyor ve
iki bardak çay ve iki peynirli sandviç
alıyor. Bankta yaşlı bir adam
oturuyor. Kadın sandviçleri
onunla yiyor. Şimdi onların
treni de geliyor. Kadın ve
yaşlı adam trene biniyorlar.
Onlar İzmire gidiyorlar.

TRAIN STATION

This is a train station. There are
a lot of passengers at the station.
Some of the passengers are sitting
on the benches. They are waiting for
train. Some passengers are standing.
There are bags and suitcases near the
passengers.

A new train is departing. This train
is going to Ankara. The passengers are
getting on the train. A man and a woman
are entering the station. They are
running to the train.

A young man is sitting on one of the
benches. There is a newspaper in his
hand. He is reading the newspaper. His
train is entering the station. There
is a boy with the young man. They are
going to Eskişehir.

There is a big buffet in the station.
The man in the buffet is selling tea,
coffee, beverages, biscuits, sandwiches
and newspapers.

A woman is coming to the buffet and
buying two glasses of tea and two
sandwiches with cheese. An old man
is sitting on the bench. The woman
is eating the sandwiches with him.
Now their train is also coming. The
woman and the old man are getting on
the train. They are going to Izmir.

Questions and Answers to the Reading Passage

Tren istasyonunda çok yolcu var mı?
Are there many passengers at the station?

Evet, var.
Yes, there are.

Yolculardan birkaçı nerede oturuyor?
Where are some of the passengers sitting?

Onlar bankta oturuyor.
They are sitting on the bench.

Çanta ve bavullar nerededir?	Yolcuların yanındadır.
Where are the bags and suitcases?	They are near the passengers.

İstasyona kimler giriyor?	Bir adam ve bir kadın giriyor.
Who are entering the station?	A man and a woman are (entering).

Onlar nereye koşuyorlar?	Trene koşuyorlar.
Where are they running?	They are running to the train.

Genç adam nerede oturuyor?	O bir bankta oturuyor.
Where is the young man sitting?	He is sitting on a bench.

Onun elinde ne var?	Bir gazete var.
What is there in his hand?	There is a newspaper.

Gazeteyle ne yapıyor?	Onu okuyor.
What is he doing with the newspaper?	He is reading it.

Onun yanında kim var?	Bir oğlan var.
Who is there near him?	There is a boy.

Onlar nereye gidiyorlar?	Eskişehire gidiyorlar.
Where are they going?	They are going to Eskişehir.

İstasyonda büfe var mı?	Evet, var.
Is there a buffet at the station?	Yes, there is.

Kadın büfeden ne alıyor?	İki bardak çay ve iki peynirli sandviç alıyor.
What is the woman buying from the buffet?	She is buying two glasses of tea and two sandwiches with cheese.

Sandviçleri kimle yiyor?	Yaşlı bir adamla yiyor.
Who is she eating the sandwiches with?	She is eating them with an old man.

Onlar nereye gidiyorlar?	İzmire gidiyorlar.
Where are they going?	They are going to Izmir.

PRACTICE 28

A: Rewrite as in the example.

Example : Bahçede bir adam var. → Adamların biri bahçededir.

1. **Bir işçi patronu bekliyor.** 2. **Burada iki lokanta var.** 3. **İki arkadaşım Almanca öğreniyor.** 4. **Üç turist müzenin önündedir.** 5. **İki yatak odası küçüktür.** 6. **Dört işadamı ofise geliyor.** 7. **Birkaç dergi müdürün odasındadır.** 8. **Kutuda biraz şeker var.** 9. **Birkaç öğretmen sandviç yiyor.** 10. **Annem biraz para veriyor.**

B: Rewrite using the **-dan/-den** suffix.

Example : Adamların biri bahçededir. → Adamlardan biri bahçededir.

1. **İşçilerin biri patronu bekliyor.** 2. **Turistlerin üçü oteldedir.** 3. **Dergilerin birkaçı yatak odasındadır.** 4. **Öğretmenlerin birkaçı kahve içiyor.** 5. **Yatak odalarının ikisi küçüktür.**

C: Fill the gaps with appropriate question words.
1. Adamlar ... bakıyor? 2. Bu tren ... kalkıyor? 3. Masadaki kutunun içinde ... var? 4. Çocuklar ... futbol oynuyorlar? 5. Odada bizi ... bekliyor? 6. ... öğrenci sigara içiyor? 7. Siz akşamleyin ... yapıyorsunuz?

D: Answer the questions.
1. Adınız nedir? 2. Kaç yaşındasınız? 3. Nerede oturuyorsunuz? (yaşıyorsunuz) 4. Nerelisiniz? 5. Öğrenci misiniz yoksa çalışıyor musunuz?

E: Translate into English.
1. Elbiselerden biri yeşildir. 2. Biletlerin ikisini ona veriyorum. 3. Etin birazını buzdolabına koy, lütfen. 4. Arabanın içindeki adama bakıyorum. 5. Köprüde çok araba yok. 6. Sandviçlerden birkaçını mühendisler yiyor. 7. Oteldeki adam ne zaman uyuyor?

`: Translate into Turkish.
1. Some of the bags are here. 2. The post-office is on the left of this street. 3. Eat one of the oranges. 4. Some of the guests are in the hall. 5. She is opening one of the garden gates. 6. The cat is drinking some of the milk. 7. Where is one of the teachers?

PRACTICE 28 - ANSWERS

A. 1. İşçilerin biri patronu bekliyor. 2. Lokantaların ikisi buradadır. 3. Arkadaşlarımın ikisi Almanca öğreniyor. 4. Turistlerin üçü müzenin önündedir. 5. Yatak odalarının ikisi küçüktür. 6. İşadamlarının dördü ofise geliyor. 7. Dergilerin birkaçı müdürün odasındadır. 8. Şekerin birazı kutudadır. 9. Öğretmenlerin birkaçı sandviç yiyor. 10. Paranın birazını annem veriyor.
B. 1. İşçilerden biri patronu bekliyor. 2. Turistlerden üçü oteldedir. 3. Dergilerden birkaçı yatak odasındadır. 4. Öğretmenlerden birkaçı kahve içiyor. 5. Yatak odalarından ikisi küçüktür.
C. 1. nereye/kime 2. ne zaman 3. ne 4. nerede 5. kim 6. hangi 7. ne
D. Suggested answers (The words in the parentheses show the personal information that may change with answering person.) 1. Adım (Aydın). 2. (28) yaşındayım. 3. (Merter) de oturuyorum. 4. (İstanbul) luyum. 5. (Öğrenciyim.) ya da (Çalışıyorum.)
E. 1. One of the dresses is green. 2. I am giving two of the tickets to her. 3. Put into the refrigerator some of the meat, please. 4. I am looking at the man in the car. 5. There aren't many cars on the bridge. 6. The engineers are eating some of the sandwiches. 7. When is the man in the hotel sleeping?
F. 1. Çantalardan/Çantaların birkaçı buradadır. 2. Postane bu caddenin solundadır. 3. Portakalların/Portakallardan birini ye. 4. Misafirlerin/Misafirlerden birkaçı salondadır. 5. Bahçe kapılarından/kapıların birini açıyor. 6. Kedi sütün birazını içiyor. 7. Öğretmenlerin/Öğretmenlerden biri nerede?

VOCABULARY

KULLANMAK Bu sabunu kullanıyor musun?	TO USE Are you using this soap?
SORU Kitaptaki sorular çok zor.	QUESTION The questions in the book are very difficult.
SORMAK Öğretmen ne soruyor?	TO ASK What is the teacher asking?
HEPSİ Doktorların hepsi hastanededir.	ALL All of the doctors are in hospital.
HİÇBİR, HİÇBİRİ Bu sandviçlerin hiçbirini yeme.	NONE, ANY Don't eat any of these sandwiches.
MESLEK, İŞ Babanın mesleği (işi) nedir?	JOB What is your father's job?
BAZI Kitaplardan bazısı (bazıları) buradadır.	SOME Some of the books are here.
CEVAP VERMEK, YANITLAMAK Müdür sorulara cevap veriyor. (Soruları yanıtlıyor.)	TO ANSWER The manager is answering the questions.
AYNI Onlar aynı evde oturuyorlar.	SAME They are living in the same house.

HEPSİ

The structure introduced in the last lesson can be used with the word **hepsi** (= all).

kadınların hepsi	all of the women
arabaların hepsi	all of the cars
mühendislerin hepsi	all of the engineers
mektupların hepsi	all of the letters

yatak odalarının hepsi	all of the bedrooms
buzdolaplarının hepsi	all of the refrigerators

Soruların hepsi kolay.	All of the questions are easy.
Kitapların hepsi okulda mı?	Are all of the books at school?

Kadınların hepsi bahçededir.	All of the women are in the garden.
Kapıların hepsi açıktır.	All of the doors are open.
İşadamlarının hepsi buradadır.	All of the businessmen are here.
Yatak odalarının hepsi büyüktür.	All of the bedrooms are large.
Turistlerin hepsi otobüs durağında bekliyor.	All of the tourists are waiting at the bus - stop.
Dergilerin hepsini okuyorum.	I am reading all of the magazines.
Yatak odalarının hepsini temizliyor.	She is cleaning all of the bedrooms.
Kadın etin hepsini yiyor.	The woman is eating all of the meat.

HİÇBİR, HİÇBİRİ / NONE, ANY

These are not used for singular or uncountable nouns. They are used as negatives or in negative sentences.

soruların hiçbiri	any of the questions /none of the questions
dişçilerin hiçbiri	any of the dentists /none of the dentists
kapıların hiçbiri	any of the doors /none of the doors
lokantaların hiçbiri	any of the restaurants /none of the
mektupların hiçbiri	any of the letters /none of the letters
yatak odalarının hiçbiri	any of the bedrooms /none of the bedrooms
Hilton Otellerinin hiçbiri	any of the Hilton Hotels/none of the

Soruların hiçbiri kolay değil.	None of the questions are easy.
Mektupların hiçbiri çantada değil.	None of the letters are in the bag.
Kapıların hiçbiri açık değil.	None of the doors are open.
Yatak odalarının hiçbiri büyük değil.	None of the bedrooms are big.
Kitapların hiçbirini okumuyorlar.	They aren't reading any of the books.
Kadınların hiçbiri oraya gitmiyor.	None of the women are going there.
Kapıların hiçbirini açma, lütfen.	Don't open any of the doors, please.

Similar sentences can be formed using **-den, -dan**.

İşçilerden hiçbiri orada beklemiyor.	None of the workmen are waiting there.
Yatak odalarından hiçbiri büyük değil.	None of the bedrooms are big.

As in English nouns which are usually uncount (eg 'coffee') can also be used as count nouns (eg 'Two coffees, please').

Kahvelerin hiçbirini içmiyorlar.	They aren't drinking (any of) the coffees.

Hiçbir can be placed before the noun and act as an adjective.

hiçbir adam	no men
hiçbir müze	no museums
hiçbir şirket	no companies

Hiçbir otobüs burada değil.	No busses are here.
Hiçbir bilgisayar çalışmıyor.	No computers are working.
Hiçbir işçi çalışmıyor.	No workmen are working.

BAZI, BAZISI / SOME, SOME OF

yumurtaların bazısı	some of the eggs
misafirlerin bazısı	some of the guests
köylerin bazısı	some of the villages
yatak odalarının bazısı	some of the bedrooms

Bazısı becomes **bazıları** when used with plural nouns.

soruların bazıları	some of the questions
müdürlerin bazıları	some of the managers
köpeklerin bazıları	some of the dogs

The **-den/-dan** suffix can also be used.

sorulardan bazıları	some of the questions
köylerden bazıları	some of the villages
misafirlerden bazıları	some of the guests

atlardan bazısı	some of the horses
sorulardan bazısı	some of the questions
şirketlerden bazısı	some of the companies

Soruların bazısı kolaydır.	Some of the questions are easy.
Köylerin bazısı çok uzaktır.	Some of the villages are very far.
Sandviçlerin bazısı peynirlidir.	Some of the sandwiches have cheese in them.
İşadamlarının bazısı şirkete geliyor.	Some of the businessmen are coming to the company.
Soruların bazıları kolaydır.	Some of the questions are easy.
Müşterilerin bazıları markettedir.	Some of the customers are in the shop.
Sorulardan bazıları kolaydır.	Some of the questions are easy.
Ceketlerden bazıları eskidir.	Some of the jackets are old.

As with **hiçbir**, **bazı** also precedes nouns and acts as an adjective. Unlike **hiçbir**, however, the noun following **bazı** takes the plural suffix.

bazı dergiler	some magazines
bazı sorular	some questions
bazı avukatlar	some lawyers
bazı polisler	some policemen
Bazı dergiler masanın üstündedir.	Some magazines are on the table.
Bazı avukatlar ona telefon ediyor.	Some lawyers are telephoning him.
İşadamı bu köydeki bazı evleri satın alıyor.	The businessman is buying some houses in this village.

PROFESSION, JOB

There are different question forms used to find out a person's occupation.

Mesleğiniz nedir?	What is your job?
İşiniz nedir?	What is your job?
Ne iş yapıyorsunuz?	What do you do?

172

Neci?	What is he?
İşin ne?	What is your job?
Baban ne iş yapıyor?	What is your father's job?
Onun mesleği nedir?	What is his job?
Annenin mesleği nedir?	What is your mother's job?
Amcanın işi nedir?	What is your uncle's job?
Mehmet Bey ne iş yapıyor?	What is Mehmet Bey's job?

Here are some answers.

Ben bilgisayar programcısıyım.	I am a computer programmer.
Babam öğretmendir.	My father is a teacher.
Annem hemşiredir.	My mother is a nurse.
O kadın memurdur.	That woman is an official.
Mehmet Bey bu şirketin müdürüdür.	Mehmet Bey is the manager of this company.

A Word Used in the Dialogue

iş, çalışma   work

DIALOGUE

CANDAN : Şirketten ne zaman çıkıyorsun?	When are you going out of the company?
ARİF : Akşam. Bugün çok iş var.	In the evening. There is lots of work to do.
CANDAN : Bu akşam güzel bir lokantaya gidiyoruz. Sen de gel.	We are going to a nice restaurant tonight. Why don't you come?
ARİF : Lokanta nerede? Uzak mı?	Where is the restaurant? Is it far?
CANDAN : Hayır, değil. Şirkete yakın. Yeni bir arkadaş da geliyor. Güzel bir kız arkadaş.	No, it isn't. It's near the company. A new friend is also coming. A beautiful girl friend.
ARİF : Oo! Adı ne?	Oo! What is her name?
CANDAN : Meltem. Benim okul arkadaşım.	Meltem. My school friend.
ARİF : Kaç yaşında? Ne iş yapıyor?	How old is she? What is her job?
CANDAN : Yirmi dört yaşında. İngilizce öğretmeni.	She is twenty four years old. She is an English teacher.
ARİF : Çok iyi. Hangi okulda çalışıyor?	Very good. Which school is she working at?
CANDAN : Işık Lisesi. Çok iyi bir öğretmen.	Işık Lisesi. She is a very good teacher.
ARİF : Tamam. Bu akşam geliyorum.	All right. I am coming this evening.
CANDAN : Nerede bekliyorsun? Şirkette mi yoksa lokantada mı?	Where are you waiting? In the company or in the restaurant?
ARİF : Lokanta nerede?	Where is the restaurant?
CANDAN : Etilerde. Adı, "Kallavi". Canlı müzik de var.	In Etiler. Its name is "Kallavi". There is also live music.
ARİF : Siz şirkete gelin, lütfen.	Come to the company, please.
CANDAN : Tamam. Görüşürüz.	All right. See you.

PRACTICE 29

A: Rewrite using **hepsi**.

Example : Kapı açıktır. → Kapıların hepsi açıktır.

1. **Soru kolaydır.** 2. **Kitap okulda mı?** 3. **Yatak odası küçüktür.** 4. **Bileti ona veriyorum.** 5. **Gazeteyi okuyorum.** 6. **Turist otobüs durağında bekliyor.** 7. **Kapıyı açıyoruz.** 8. **Manav portakal satıyor.** 9. **İşadamı buradadır.** 10. **Kadın salonda oturuyor.**

B: Rewrite as in the example given.

Example : Çocukların hiçbiri bahçede değil. → Hiçbir çocuk bahçede değil.

1. **Kadınların hiçbiri genç değil.** 2. **Turistlerin hiçbiri otelde değil.** 3. **Misafirlerin hiçbiri balkolda oturmuyor.** 4. **Yatakların hiçbiri bebeğin değil.** 5. **Sandalyelerin hiçbiri mutfakta değil.** 6. **Defterlerin hiçbiri çantada değil.** 7. **Öğrencilerin hiçbiri İngilizce öğrenmiyor.** 8. **Odaların hiçbirini temizlemiyor.** 9. **Bilgisayarların hiçbiri ofiste değil.** 10. **Adaların hiçbiri yakın değil.**

C: Rewrite as in the example given.

Example : Soruların bazısı zordur. → Sorulardan bazıları zordur.

1. **Kitapların bazısı onundur.** 2. **Taksilerin bazısı buraya geliyor.** 3. **İşçilerin bazısı çalışıyor.** 4. **Müzelerin bazısı açıktır.** 5. **Misafirlerin bazısı gidiyor.** 6. **Fincanların bazısı mutfaktadır.**

D: Rewrite as in the example given.

Example : adam – öğretmen → Adam ne iş yapıyor?(Adamın mesleği/işi nedir?) O öğretmendir.

1. **sen - öğrenci** 2. **babanız - manav** 3. **kardeşin - doktor** 4. **onun annesi - dişçi** 5. **kadın - memur** 6. **Ahmet Bey - kasap** 7. **Leyla - mühendis**

E: Translate into English.

1. **Kitaplarımın hepsi odamdadır.** 2. **Garson tepsilerin hepsini getiriyor.** 3. **Arkadaşlarımdan hiçbiri bana telefon etmiyor.** 4. **Gömleklerin bazısı mavidir.** 5. **Bu caddedeki bazı evler eskidir.** 6. **Erkek arkadaşının mesleği nedir?** 7. **Öğrencilerden bazıları sigara içiyor.**

F: Translate into Turkish.

1. What is your aunt's job? 2. The policemen are looking at some pictures. 3. Some of the hotels are very expensive. 4. All of the banks are open. 5. He is working in none of the factories. 6. It is raining a lot. 7. Some waiters are bringing fresh fruits.

PRACTICE 29 - ANSWERS

A. 1. **Soruların hepsi kolaydır.** 2. **Kitapların hepsi okulda mı?** 3. **Yatak odalarının hepsi küçüktür.** 4. **Biletlerin hepsini ona veriyorum.** 5. **Gazetelerin hepsini okuyorum.** 6. **Turistlerin hepsi otobüs durağında bekliyor.** 7. **Kapıların hepsini açıyoruz.** 8. **Manav portakalların hepsini satıyor.** 9. **İşadamlarının hepsi buradadır.** 10. **Kadınların hepsi salonda oturuyor.**

B. 1. **Hiçbir kadın genç değil.** 2. **Hiçbir turist otelde değil.** 3. **Hiçbir misafir balkonda oturmuyor.** 4. **Hiçbir yatak bebeğin değil.** 5. **Hiçbir sandalye mutfakta değil.** 6. **Hiçbir defter çantada değil.** 7. **Hiçbir öğrenci İngilizce öğrenmiyor.** 8. **Hiçbir odayı temizlemiyor.** 9. **Hiçbir bilgisayar ofiste değil.** 10. **Hiçbir ada yakın değil.**

C. 1. **Kitaplardan bazıları onundur.** 2. **Taksilerden bazıları buraya geliyor** 3. **İşçilerden bazıları çalışıyor.** 4. **Müzelerden bazıları açıktır.** 5. **Misafirlerden bazıları gidiyor.** 6. **Fincanlardan bazıları mutfaktadır.**

D. 1. **Ne iş yapıyorsun?/İşin ne?, Ben öğrenciyim.** 2. **Babanız ne iş yapıyor?, O manavdır.** 3. **Kardeşinin mesleği nedir?, O doktordur.** 4. **Onun annesi ne iş yapıyor?, O dişçidir.** 5. **Kadının işi nedir?, O memurdur.** 6. **Ahmet Bey ne iş yapıyor?, O kasaptır.** 7. **Leyla ne iş yapıyor?, O mühendistir.**

E. 1. All of my books are in my room. 2. The waiter is bringing all of the trays. 3. None of my friends telephone me. 4. Some of the shirts are blue. 5. Some houses in this street are old. 6. What is your boy friend's job? 7. Some of the students are smoking.

F. 1. **Teyzenin mesleği nedir?** 2. **Polisler bazı resimlere bakıyorlar.** 3. **Otellerin bazıları çok pahalıdır.** 4. **Bankaların hepsi açıktır.** 5. **O fabrikaların hiçbirinde çalışmıyor.** 6. **Çok yağmur yağıyor.** 7. **Bazı garsonlar taze meyve getiriyor.**

VOCABULARY

DOLU	**FULL**
Bu şişe sütle doludur.	This bottle is full of milk.
BOŞ	**EMPTY**
Yatak odası boştur.	The bedroom is empty.
TİYATRO	**THEATRE**
Bu akşam tiyatroya gidiyorlar.	They are going to the theatre.
EV HANIMI	**HOUSEWIFE**
Annen ne iş yapıyor?	What is your mother's job?
O ev hanımıdır.	She is a housewife.
ÜNİVERSİTE	**UNIVERSITY**
Ağabeyim bu üniversiteye gidiyor.	My elder brother is going to this university.
SEVMEK, - DE(A)N HOŞLANMAK	**TO LIKE**
Bu odayı sever.	She likes this room.
Bu odadan hoşlanır.	
HER	**EVERY**
Her akşam televizyon seyrederiz.	We watch TV every evening.

PRESENT SIMPLE

The present simple tense is used for habits and routines (eg 'She walks in the park every morning.' 'They watch TV in the evening.')

To make the present simple **r** is added to the verb root, which is followed by the personal suffix. If the root ends with a consonant a buffer is used, any of the following -

a, e, ı, i, u, ü

(Ben)	yap	- a	-r	-ım
(Sen)	yap	- a	-r	-sın
(O)	yap	-a	-r	
(Biz)	yap	-a	-r	-ız
(Siz)	yap	-a	-r	-sınız
(Onlar)	yap	-a	-r	-(lar)

Kalkarım.	I get up/stand up.
Öğrenirim.	I learn.
Giderim.*	I go.

175

Konuşurum.	I speak.
Yürürüm.	I walk.
Yerim.	I eat.

*The verb **gitmek** is an exception. As in the present continuous the **t** becomes a **d**.

Alırsın.	You take.
Girersin.	You enter.
Öğrenirsin.	You learn.
Konuşursun.	You speak.
Uyursun.	You sleep.
Yersin.	You eat.

Alır.	He takes.
Kalkar.	He gets up/stands up.
Gider.	He goes.
Konuşur.	He speaks.
Yürür.	He walks.
Uyur.	He sleeps.

Kalkarız.	We get up/stand up.
Gireriz.	We enter.
Öğreniriz.	We learn.
Yürürüz.	We walk.
Yeriz.	We eat.

Kalkarsınız.	You get up/stand up.
Gidersiniz.	You go.
Görürsünüz.	You see.
Uyursunuz.	You sleep.
Yersiniz.	You eat.

Kalkar(lar).	They get up/stand up.
Öğrenir(ler).	They learn.
Gider(ler).	They go.
Yürür(ler).	They walk.
Uyur(lar).	They sleep.

In English the only personal suffix is the third person 's' (eg he sits); In Turkish all subjects have a personal suffix.

Bir fincan kahve içerim.	I drink a cup of coffee.
Mutfakta yemek yaparız.	We cook in the kitchen.
Çocuk ve annesi her gün parka giderler.	The child and his mother go to the park every day.
Her sabah bu otobüse binerim.	I get on this bus every morning.
Aysel her gece bu odada uyur.	Aysel sleeps in this room every night.
Ali her akşam bir bardak bira içer.	Ali drinks a glass of beer every evening.
Her gün sandviç yeriz.	We eat sandwich every day.
Bu otele her gün çok turist gelir.	A lot of tourists come to this hotel every day.
Her sabah bize çay getirir.	She brings tea to us every morning.
Her hafta o lokantaya gideriz.	We go to that restaurant every week.
Sabri Bey araba satar.	Sabri Bey sells car.

Kedileri severim.	I like cats.
Sabahleyin yumurta yersin.	You eat egg in the morning.

Here are examples to compare the present continuous with simple.

Yürüyorum.	I am walking.
Yürürüm.	I walk.
Gidiyoruz.	We are going.
Gideriz.	We go.
Yapıyor.	He is doing/making.
Yapar.	He does/makes.
Veriyorsunuz.	You are giving.
Verirsiniz.	You give.
Alıyorlar.	They are taking.
Alırlar.	They take.
Kız şimdi otobüs durağında bekliyor.	The girl is waiting at the bus-stop now.
Kız her sabah otobüs durağında bekler.	The girs waits at the bus-stop every morning.
Annem şimdi bu hastanede çalışıyor.	My mother is working in this hospital now.
Annem bu hastanede çalışır.	My mother works in this hospital.
Şimdi yatak odasını temizliyorum.	I am cleaning the bedroom now.
Her gün yatak odasını temizlerim.	I clean the bedroom every day.

Words Used in the Reading Passage

erken	early
kahvaltı	breakfast
hazırlamak	to prepare
kahvaltı etmek	to have breakfast
bal	honey
reklam şirketi	advertising agency
geç	late
dönmek	come back, return
götürmek	to take (to)
daire	flat
bazen	sometimes
ziyaret etmek	to visit

BİR GÜN

Ben sabahleyin erken kalkarım.
Mutfakta kahvaltı hazırlarım.
Eşim de erken kalkar, Onunla
kahvaltı ederim. Kahvaltıda
peynir, yumurta, tereyağ ve

ONE DAY

I get up early in the morning. I prepare breakfast in the kitchen. My husband also gets up early. I have breakfast with him. We eat cheese, egg, butter and honey for breakfast. We

bal yeriz. Çay ya da süt içeriz.
Ben bir hemşireyim. Amerikan
Hastanesinde çalışıyorum. İşim
çok zor. Eşim bir reklam şirketinde
müdür. Onun işi de çok zor. Eve
çok geç dönüyor.

Sabahleyin arabamıza bineriz. Eşim
beni hastaneye götürür. Onun ofisi
Taksimdedir. O iyi bir şirkettir.

Evimiz Leventtedir. Küçük bir dairede
oturuyoruz. Dairede iki oda, bir salon,
mutfak ve banyo var. Denize yakındır.

Akşamleyin mutfakta yemek yaparım.
Eşim geç gelir. Mutfakta küçük bir
masa var. Eşimle orada yemek yerim.
Kitap, gazete okur ve televizyon
seyrederiz. Geç yatarız.

Cumartesi günleri çalışırız ama
Pazar günleri evdeyiz. O gün sine-
maya gideriz, lokantada yemek yeriz.
Bazen arkadaşları ziyaret ederiz.

drink tea or milk.
I am a nurse. I am working in American
Hospital. My work is very difficult.
My husband is a manager in an adver-
tising agency. His work is also very dif-
ficult. He is coming back home very late.

We get into our car in the morning. My
husband drives me to the hospital. His
office is in Taksim. It's a good company.

My house is in Levent. We are living
in a small flat. There are two rooms,
one hall, kitchen and bathroom. It is
near the sea.

In the evening, I cook in the kitchen. My
husband comes late. There is a small table
in the kitchen. I eat on it with my husband.
We read book, newspaper and watch TV
We go to bed late.

We work on Saturdays but we are at
home on Sundays. That day, we go to
the cinema, eat in the restaurant.
Sometimes we visit friends.

Questions and Answers to the Reading Passage

Sabahleyin erken mi yoksa geç mi kalkarsın?
Do you get up early or late?

Erken kalkarım.
I get up early.

Kiminle kahvaltı edersin?
Who do you have breakfast with?

Eşimle kahvaltı ederim.
I have breakfast with my husband.

Kahvaltıda ne yersiniz?
What do you eat for breakfast?

Peynir, tereyağı ve bal yiyoruz.
We eat cheese, butter and honey.

Ne içersiniz?
What do you drink?

Çay ya da süt içeriz.
We drink tea or milk.

Ne iş yaparsın?
What is your job?

Hemşireyim.
I am a nurse.

Nerede çalışıyorsun?
Where are you working?

Amerikan Hastanesinde çalışıyorum.
I am working in American Hospital.

Eşiniz ne iş yapıyor?
What is your husband's job?

O bir müdür.
He is a manager.

Eşin nerede çalışıyor?
Where ise your husband working?

Bir reklam şirketinde çalışıyor.
He is working in an advertising agency.

İşe ne ile gidersiniz?	**Arabayla gideriz.**
How do you go to work?	We go by car.
Eşinin işyeri nerededir?	**Taksimdedir.**
Where is your husband's office?	It is in Taksim.
Eviniz nerededir?	**Leventtedir.**
Where is your house?	It is in Levent.
Evde kaç oda var?	**İki oda var.**
How many rooms are there in the house?	There are two rooms.
Ev denize yakın mı?	**Evet, yakın.**
Is the house near the sea?	Yes, it is.
Eşin geç mi yoksa erken mi gelir?	**Geç gelir.**
Does your husband come late or early?	He comes late.
Mutfakta ne var?	**Küçük bir masa var.**
What is there in the kitchen?	There is a small table.
Ne okursunuz?	**Gazete ve kitap okuruz.**
What do you read?	We read newspaper and book.
Cumartesi günleri ne yapıyorsunuz?	**Çalışıyoruz.**
What are you doing on Saturdays?	We are working.
Pazar günleri ne yaparsınız?	**Sinemaya gideriz, lokantada yemek yeriz, bazen arkadaşları ziyaret ederiz.**
What do you do on Sundays?	We go to the cinema, we eat in the restaurant, sometimes we visit friends.

PRACTICE 30

A: Make sentences with the verb in present simple (using appropriate personal suffix).
1. **Onlar - oda - kahvaltı etmek** 2. **Adam - radyo - dinlemek** 3. **Öğretmen - İngilizce - öğretmek**
4. **O - her sabah - yürümek** 5. **Arkadaşım - otobüs durağı - beklemek** 6. **Ben - siz - her akşam - telefon etmek** 7. **Annesi - her gün - yemek yapmak** 8. **Kadın - elbiseler - biz - vermek**

B: Change into present simple.
1. **Çocuk süt içiyor.** 2. **Ayşe Hanım Antalyaya gidiyor.** 3. **Bize kahve getiriyor.** 4. **Arkadaşlarımızı ziyaret ediyoruz.** 5. **Bahçede kahvaltı ediyorlar.** 6. **Öğretmen sorulara cevap veriyor.** 7. **Öğrencilerin hiçbiri kitapları okumuyor.** 8. **Bu kızlar üniversiteye gidiyorlar.**

C: Change into present simple, adding the words in brackets.
Example : Biz şimdi mutfakta kahvaltı ediyoruz. (her sabah)→ Biz her sabah mutfakta kahvaltı ederiz.
1. **Turistler şimdi müzeleri ziyaret ediyorlar. (her gün)** 2. **Bu akşam otelde yatıyoruz. (her hafta)**
3. **Bu sabah bahçede futbol oynuyorsunuz. (her sabah)** 4. **Bugün şirkette çalışıyorum. (her gün)**
5. **Kadın şimdi banyodaki sabunu kullanıyor. (her sabah)** 6. **Canan şimdi bu manavdan portakal alıyor. (her hafta)**

D: Change into present continuous.

1. Erkek arkadaşıyla parkta oturur. 2. Bazen erken yatarız. 3. Onlar akşamleyin bir bardak şarap içerler. 4. Siz bu evi satarsınız. 5. Sebzeyi bu marketten alırım. 6. Sen bu odada uyumazsın.

E: Translate into English.
1. Sekreter her gün ona telefon eder. 2. Bu ayakkabılar İtalyadan gelir. 3. Biz bazen bu lokantada yemek yeriz. 4. Sebzelerin hepsi tazedir. 5. Her sabah bu otobüse binerler. 6. Bazı ev hanımları patronla konuşuyor. 7. Her hafta kız arkadaşına mektup yazar. 8. Babam odasında gazete okur.

F: Translate into Turkish.
1. You teach him Turkish. 2. The teacher goes to bed early. 3. I go to the cinema with my friend every week. 4. The student studies lesson in this room. 5. I work on Saturdays and Sundays. 6. We buy meat from this butcher's. 7. The baby is eating honey. 8. They like sandwich.

PRACTICE 30 - ANSWERS

A. 1. **Onlar odada kahvaltı ederler.** 2. **Adam radyo dinler.** 3. **Öğretmen İngilizce öğretir.** 4. **O her sabah yürür.** 5. **Arkadaşım otobüs durağında bekler.** 6. **Ben size her akşam telefon ederim.** 7. **Annesi her gün yemek yapar.** 8. **Kadın elbiseleri bize verir.**
B. 1. **Çocuk süt içer.** 2. **Ayşe Hanım Antalyaya gider.** 3. **Bize kahve getirir.** 4. **Arkadaşlarımızı ziyaret ederiz.** 5. **Bahçede kahvaltı ederler.** 6. **Öğretmen sorulara cevap verir.** 7. **Öğrencilerin hiçbiri kitapları okumaz.** 8. **Bu kızlar üniversiteye giderler.**
C. 1. **Turistler her gün müzeleri ziyaret ederler.** 2. **Her hafta otelde yatarız.** 3. **Her sabah bahçede futbol oynarsınız.** 4. **Her gün şirkette çalışırız.** 5. **Kadın her sabah banyodaki sabunu kullanır.** 6. **Canan her hafta bu manavdan portakal alır.**
D. 1. **Erkek arkadaşıyla parkta oturuyor.** 2. **Bazen erken yatıyoruz.** 3. **Onlar akşamleyin bir bardak şarap içiyorlar.** 4. **Siz bu evi satıyorsunuz.** 5. **Sebzeyi bu marketten alıyorum.** 6. **Sen bu odada uyumuyorsun.**
E. 1. The secretary telephones her every day. 2. These shoes come from Italy. 3. We sometimes eat at this restaurant. 4. All of the vegetables are fresh. 5. They get on this bus every morning. 6. Some housewifes are talking to the headmaster. 7. He writes letter to his girl friend every week. 8. My father reads newspaper in his room.
F. 1. **Ona Türkçe öğretirsiniz.** 2. **Öğretmen erken yatar.** 3. **Her hafta arkadaşımla sinemaya giderim.** 4. **Öğrenci bu odada çalışır.** 5. **Cumartesi ve Pazar günleri çalışırım.** 6. **Bu kasaptan et alırız.** 7. **Bebek bal yiyor.** 8. **Sandviç severler.**

VOCABULARY

POSTACI Postacı bir mektup getiriyor.	POSTMAN The postman is bringing a letter.
DAİMA, HER ZAMAN Daima (her zaman) bu lokantada yemek yer.	ALWAYS She always eats at this restaurant.
ÇİZMEK Arkadaşım bir resim çiziyor.	TO DRAW My friend is drawing a picture.
KEK Her gün bir dilim kek yeriz.	CAKE We eat a slice of cake every day.
ÇİKOLATA Çocuklar çikolata sever.	CHOCOLATE Children like chocolate.

PRESENT SIMPLE (Continued)

As previously stated, the present simple is made by adding **r** + personal suffix with buffer letters **a, e, ı, i, u, ü**.

Alırım.	I take.
Gidersin.	You go.
Yapar.	He does.
Yeriz.	We eat.
Yatarsınız.	You go to bed.
Çizer(ler).	They draw.

Her gün bir dilim kek yerim.	I eat a slice of cake every day.
Annem çikolata sever.	My mother likes chocolate.
Her zaman bu sandalyede oturur.	She always sits on this chair.
Her hafta evi temizleriz.	We clean the house every week.
Bu odada sigara içersin.	You smoke in this room.
Müdür şirkete geç gelir.	The manager comes late to the company.
Burada çalışırsınız.	You work here.

Present Simple - Question Form

The same combination of question marker + personal suffix used to make questions in the present continuous is used for the present simple.

(Ben)	yap	-a	-r	-mıyım?
(Sen)	yap	-a	-r	-mısın?
(O)	yap	-a	-r	-mı?

181

(Biz)	yap	-a	-r	-mıyız?
(Siz)	yap	-a	-r	-mısınız?
(Onlar)	yap	-a	-r	-(lar) mı?

Alır mıyım?	Do I take?
Öğrenir miyim?	Do I learn?
Konuşur muyum?	Do I speak?
Görür müyüm?	Do I see?
Uyur muyum?	Do I sleep?
Kalkar mısın?	Do you get up/stand up?
Girer misin?	Do you enter?
Gider misin?	Do you go?
Konuşur musun?	Do you speak?
Yürür müsün?	Do you walk?
Girer mi?	Does he enter?
Öğrenir mi?	Does he learn?
Konuşur mu?	Does he speak?
Yürür mü?	Does he walk?
Yer mi?	Does he eat?
Kalkar mıyız?	Do we get up/stand up?
Gider miyiz?	Do we go?
Yürür müyüz?	Do we walk?
Uyur muyuz?	Do we sleep?
Yer miyiz?	Do we eat?
Alır mısınız?	Do you take?
Öğrenir misiniz?	Do you learn?
Konuşur musunuz?	Do you speak?
Uyur musunuz?	Do you sleep?
Yer misiniz?	Do you eat?
Alır(lar) mı?	Do they talk?
Girer(ler) mi?	Do they enter?
Konuşur(lar) mı?	Do they speak?
Yürür(ler) mi?	Do they walk?
Uyur(lar) mi?	Do they sleep?
Bir fincan kahve içer misin?	Do you drink a cup of coffee?
Mutfakta yemek yapar mıyız?	Do we cook in the kitchen?
Bahçede otururlar mı?	Do they sit in the garden?
Çocuk ve annesi her gün parka giderler mi?	Do the child and his mother go to the park every day?
Her gün kitap okur musun?	Do you read book every day?
Her sabah bu otobüse biner miyim?	Do I get on this bus every morning?
Manav her sabah dükkânına gelir mi?	Does the greengrocer come to his shop every morning?
Her hafta o lokantaya gider miyiz?	Do we go to that restaurant every week?
Bu odada sigara içer misiniz?	Do you smoke in this room?
Kedileri sever misin?	Do you like cats?
Yürüyor muyum?	Am I walking?
Yürür müyüm?	Do I walk?

| Yapıyor mu? | Is he doing/making? |
| Yapar mı? | Does he do/make? |

| Satıyor musun? | Are you selling? |
| Satar mısın? | Do you sell? |

Kız şimdi otobüs durağında bekliyor mu? — Is the girl waiting at the bus-stop now?

Kız her sabah otobüs durağında bekler mi? — Does the girl wait at the bus-stop every morning?

Şimdi kafeteryada çay içiyor muyuz? — Are we drinking tea in the cafeteria now?

Her hafta kafeteryada çay içer miyiz? — Do we drink tea in the cafeteria every week?

Şimdi yatak odasını temizliyor musunuz? — Are you cleaning the bedroom now?

Her gün yatak odasını temizler misiniz? — Do you clean the bedroom every day?

Present Simple - Negative Form

To make a verb in the present simple negative, to the verb root add the negative suffix -ma, -me, -maz, -mez and then the personal suffix, as shown below.

(Ben)	bekle	-me	-m.
(Sen)	bekle	-mez	-sin.
(O)	bekle	-mez	- -.
(Biz)	bekle	-me	-yiz.
(Siz)	bekle	-mez	-siniz.
(Onlar)	bekle	-mez	-(ler).

Almam.	I don't take.
Gitmem.	I don't go.
Yürümem.	I don't walk.

Almazsın.	You dont' take.
Kalkmazsın.	You don't get up/stand up.
Yürümezsin.	You don't walk.

Kalkmaz.	She doesn't get up/stand up.
Girmez.	She doesn't enter.
Yürümez.	She doesn't walk.

Almayız.	We don't take.
Gitmeyiz.	We don't go.
Yürümeyiz.	We don't walk.

Almazsınız.	You don't take.
Gitmezsiniz.	You don't go.
Yürümezsiniz.	You dont' walk.

Almaz(lar).	They don't take.
Girmez(ler).	They don't enter.
Gitmez(ler).	They don't go.
Bu odada uyumam.	I don't sleep in this room.

Mutfakta yemek yapmayız.	We don't cook in the kitchen.
Masada mektup yazmazsın.	You don't write letter on the table?
Bahçede oturmazlar.	They don't sit in the garden.
Her gün kitap okumam.	I don't read book every day.
Aysel her gece bu odada uyumaz.	Aysel doesn't sleep in this room every
İşçiler her gün fabrikaya gelmez.	The workers don't come to the factory
Her hafta o lokantaya gitmezsiniz.	We don't go to that restaurant every
Amcası bu evde oturmaz.	Her uncle doesn't live in this house.
Bu odada sigara içmeyiz.	We don't smoke in this room.
Sabahleyin yumurta yemezsin.	You don't eat egg in the morning.

Here we compare negative sentences in the present simple and continuous.

Yürümüyorum.	I am not walking.
Yürümem.	I don't walk.
Yapmıyor.	He isn't doing/making.
Yapmaz.	He doesn't do/make.
Satmıyorsun.	You aren't selling.
Satmazsın.	You don't sell.
Annem şimdi bu hastanede çalış-mıyor.	My mother isn't working in this hospital now.
Annem bu hastanede çalışmaz.	My mother doesn't work in this hospital.
Şimdi mutfakta yemek yapmıyorum.	I am not cooking in the kitchen now.
Her akşam mutfakta yemek yapmam.	I don't cook in the kitchen every evening.
Bu odada sigara içmiyorsun.	You aren't smoking in this room.
Bu odada sigara içmezsin.	You don't smoke in this room.

PRACTICE 31

A: Change into negative form.
1. **Annesi her gün gelir.** 2. **Daima bu süpermarkete gideriz.** 3. **Her sabah erken kalkarım.** 4. **Ona Türkçe öğretirsiniz.** 5. **Babam odasında gazete okur.** 6. **Her hafta bankaya telefon ederler.** 7. **Cumartesi günü okula gideriz.** 8. **Bu odada resim çizer.**

B: Change into question form.
1. **Her hafta arkadaşımla sinemaya giderim.** 2. **Öğrenci o odada ders çalışır.** 3. **Annem bu kasaptan et alır.** 4. **Bu fabrikada çalışırız.** 5. **Patron her gün fabrikaya gelir.** 6. **Bu odada uyursun.** 7. **Bu otobüs durağında beklersiniz.** 8. **Köpekleri severim.**

C: Change to present simple.
1. **Turistler otelde bekliyorlar.** 2. **Çocuklar çikolata yiyorlar.** 3. **Postacı size geliyor.** 4. **Ahmet bu şirkette çalışmıyor.** 5. **Şarap içmiyoruz.** 6. **Kitabı okuyor musun?**

D: Change to present continuous.
1. **Annesi bu hastanede çalışır.** 2. **O kız okula gitmez.** 3. **Bu filmi seyreder misin?** 4. **Evi temizleriz.** 5. **O lokantada yemek yerim.** 6. **Aynı şirkette çalışırlar.**

E: Translate into English.
1. **Cumartesi ve Pazar günü okula gitmez. 2. Sebzeyi daima bu manavdan alırım. 3. Her hafta annesine mektup yazar. 4. Her gün bize iki dilim kek verir. 5. Çocuklar bu filmi severler. 6. Pazar günü erken kalkmazlar.**

F: Translate into Turkish.
1. She buys a newspaper every day. 2. The men walk to the bus-stop every morning. 3. The baby drinks a bottle of milk every day. 4. I always get on this bus but now I am not. 5. Selma teaches Japanese. 6. We drink coffee every morning. 7. He uses this knife in the kitchen.

PRACTICE 31 - ANSWERS

A. 1. **Annesi her gün gelmez. 2. Daima bu süpermarkete gitmeyiz. 3. Her sabah erken kalkmam. 4. Ona Türkçe öğretmezsiniz. 5. Babam odasında gazete okumaz. 6. Her hafta bankaya telefon etmez. 7. Cumartesi günü okula gitmez. 8. Bu odada resim çizmez.**

B. 1. **Her hafta arkadaşlarımla sinemaya gider miyim? 2. Öğrenci o odada ders çalışır mı? 3. Annem bu kasaptan et alır mı? 4. Bu fabrikada çalışır mıyız? 5. Patron her gün fabrikaya gelir mi? 6. Bu odada uyur musun? 7. Bu otobüs durağında bekler misiniz? 8. Köpekleri sever miyim?**

C. 1. **Turistler otelde beklerler. 2. Çocuklar çikolata yerler. 3. Postacı size gelir. 4. Ahmet bu şirkette çalışmaz. 5. Şarap içmeyiz. 6. Kitabı okur musun?**

D. 1. **Annesi bu hastanede çalışıyor. 2. O kız okula gitmiyor. 3. Bu filmi seyrediyor musun? 4. Evi temizliyoruz. 5. O lokantada yemek yiyorum. 6. Aynı şirkette çalışıyorlar.**

E. 1. He doesn't go to school on Saturday and Sunday. 2. I always buy vegetable from this greengrocer. 3. She writes letter to her mother every week. 4. You come again tomorrow. 5. He gives us two slices of cake every day. 6. The children like this film. 7. They don't get up early on Sunday.

F. 1. **Her gün bir gazete alır. 2. Adamlar her sabah otobüs durağına yürürler. 3. Bebek her gün bir şişe süt içer. 4. Daima bu otobüse binerim ama şimdi binmiyorum. 5. Selma Japonca öğretir. 6. Her sabah kahve içeriz. 7. Bu bıçağı mutfakta kullanır.**

AY Bu dergiyi her ay alırız.	MONTH We buy this magazine every month.
YIL, SENE Bu yıl evi satıyoruz.	YEAR We are selling the house this year.
CEP Adamın cebinde ne var?	POCKET What is there in the man's pocket?
İLGİNÇ Bu film çok ilginç.	INTERESTING This film is very interesting.
REÇEL Reçel sever misin?	JAM Do you like jam?
YÜZMEK Hava soğuk. Denizde yüzme.	TO SWIM It is cold. Don't swim in the sea.

Question Words with the Present Simple

Let us see the present simple used with the question words **ne, nerede, ne zaman, nereye, kim**.

Marketten ne alırsın?	What do you buy from the supermarket?
Adam bize ne verir?	What does the man give us?
Lokantada ne yersiniz?	What do you eat at the restaurant?
Bebek nerede uyur?	Where does the baby sleep?
Sekreter nerede oturur?	Where does the secretary sit?
Çocuklar nerede oynarlar?	Where do the children play?
Müdür ne zaman gelir?	When does the manager come?
Şirketten ne zaman çıkarsın?	When do you leave the company?
Ne zaman televizyon seyrederler?	When do they watch TV?
Kadın her gün nereye gider?	Where does the woman go every day?
Her gün nereye yürürsünüz?	Where do you walk every day?
Nereye bakarsın?	Where do you look at?
Filmi kim seyreder?	Who watches the film?
Bu evde kim oturur?	Who lives in this house?
Yemeği kim yapar?	Who cooks the food?

Here are answers to some of those questions.

Çocuk ne yapar?	Bahçede oynar.
What does the child do?	He plays in the garden.
Kızına ne getirir?	Çikolata getirir.
What does she bring to her sister?	She brings chocolate.
Müdür ne zaman gelir?	Sabahleyin gelir.
When does the manager come?	He comes in the morning.
Her gün nereye yürürsünüz?	Otobüs durağına yürürüz.
Where do you walk every day?	We walk to the bus-stop every day.
Filmi kim seyreder?	Ahmet Bey seyreder.
Who watches the film?	Ahmet Bey watches.
Yemeği kim yapar?	Annem yapar.
Who cooks the food?	My mother cooks.

The question words can be used in different sentence positions (especially **ne zaman** and **kim**).

Şirketten ne zaman çıkarsın?
Ne zaman şirketten çıkarsın?

Yemeği kim yapar?
Kim yemeği yapar?

The Question Marker "Mı"

The question marker **-mı, -mi, -mu, -mü** is usually placed at the end of a sentence after the verb, and the personal suffix added.

Burası okul mu?	Is this (place) a school?
Şu etek güzel mi?	Is that skirt beautiful?
Yarın bize geliyor musun?	Are you coming to us tomorrow?
Yemek yapıyor musunuz?	Are you cooking?
Ofise yürüyorlar mı?	Are they walking to the office?
Almanca öğretir mi?	Does she teach German?
Müzik dinler misin?	Do you listen to music?
Şu arabayı alır mısınız?	Do you buy this car?

The question marker might be placed elsewhere, however, ie other than after the verb. In this case the word preceding the question marker is emphasized, or, in other words, becomes the subject of the question. In English this idea is expressed by stressing the relevant word (sayin it louder and in a higher pitch). This is indicated in the English translations below by an apostrophe " ' " before the relevant (stressed) word.

Babası Sumru'yu akşam sinemaya götürür mü?	Does her father take Sumru to the cinema in the evening?
Babası Sumru'yu akşam sinemaya mı götürür?	Does her father take Sumru to the cinema in the evening? (Is it the cinema that her father takes Sumru in the evening?)

Babası Sumru'yu akşam mı sinemaya götürür?	Does her father take Sumru to the cinema in the 'evening? (Is it in the evening that her father takes Sumru to the cinema?)
Babası Sumru'yu mu akşam sinemaya götürür?	Does her father take 'Sumru to the cinema in the evening? (Is it Sumru that her father takes to the cinema in the evening?)
Babası mı Sumru'yu akşam sinemaya götürür?	Does 'her father take Sumru to the cinema in the evening? (Is it her father that takes Sumru to the cinema in the evening?)

As explained earlier, the question marker changes according to vowel harmony. As we have just seen, it changes sentence position according to the information requested. Here are some more examples.

Adam resim çiziyor mu?	Is the man drawing a picture?
Adam resim mi çiziyor?	Is the man drawing 'a picture?
Adam mı resim çiziyor?	Is 'the man drawing a picture?
Bu bıçağı kullanıyor muyuz?	Are we using this knife?
Bu bıçağı mı kullanıyoruz?	Are we using 'this knife?
Biz mi bu bıçağı kullanıyoruz?	Are 'we using this knife?
Baban gazete okur mu?	Does your father read newspaper?
Baban gazete mi okur?	Does your father read 'newspaper?
Baban mı gazete okur?	Does 'your father read newspaper?

SENTENCE STRUCTURE

All languages have a certain sentence structure. In Turkish the subject comes at the beginning and the verb at the end.

Ben iyiyim.
Sen evdesin.
O zengindir.
Biz gidiyoruz.
Onlar bakıyorlar.

Manav satar.
Ben yüzerim.

The object, which may be definate or indefinate, comes after the subject.

Manav portakal satar.
Kadın evi temizler.
Adam kitabı okumuyor.
Annem kek yapmıyor.

Sentences can have two objects, direct and indirect.

Adam kitabı çocuğa veriyor.
Kitapları arkadaşıma getiriyorum.

The subject may be followed by an indirect object.

Kadın mutfağa gidiyor.
Ağaçlara koşuyoruz.

Expressions of time and place may be placed early in a sentence, immediately after the subject.

Annem yarın buraya geliyor.
Kadın her gün parka gider.

They may also be placed elsewhere.

Annem buraya yarın geliyor.
Kadın parka her gün gider.

Expressions of time can also begin sentences.

Yarın annem buraya geliyor.
Her gün kadın parka gider.

Words Used in the Reading Passage

hafta sonu	week-end
muhasebeci	accountant
turizm şirketi	tourism company
birlikte	together
Hukuk Fakültesi	the Law Faculty
portakal suyu	orange juice

BİR HAFTA SONU

Bugün Pazar. Mehmet Bey ve ailesi evde. Onlar Pazar günleri geç kalkar.

Mehmet Bey bir muhasebecidir. O çok çalışır. Cumartesi günleri de çalışır. Onun şirketi Şişlidedir. Bir turizm şirketidir.

Onun karısı Canan Hanım bir bankada çalışır. Banka da Şişlidedir. Canan Hanım ve Mehmet Bey sabahleyin birlikte işe giderler.

Mehmet Beyin oğlu Sinan Hukuk Fakültesine gider. O iyi bir öğrencidir. Bugün evde ders çalışıyor.

Onlar şimdi salonda kahvaltı ediyorlar. Masada peynir, zeytin, ekmek, reçel, bal ve tereyağı var. Kek de var. Mehmet Bey ve Canan Hanım çay içiyor.

A WEEK-END

Today is Sunday. Mehmet Bey and his family are at home. They get up late on Sundays.
Mehmet Bey is an accountant. He works very hard. He also works on Saturdays. His company is in Şişli. It is a tourism company.

His wife Canan Hanım works in a bank. The bank is also in Şişli. Canan Hanım and Mehmet Bey go to the work together in the morning.

Mehmet Bey's son Sinan goes to the Law Faculty. He is a good student. Today he is studying lesson at home.

They are having breakfast in the hall now. There are cheese, olive, bread, jam, honey and butter on the table. There is also cake. Mehmet Bey and Canan Hanım are drinking tea. Sinan

Sinan çay sevmiyor. O portakal suyu içiyor.

doesn't like tea. He is drinking orange juice.

Mehmet Bey ve Canan Hanım bu akşam tiyatroya gidiyorlar. Onlar tiyatroyu severler.

Mehmet Bey and Canan Hanım are going to theatre this evening. They like theatre.

Yarın Pazartesi. Mehmet Bey ve Canan Hanım işe gidiyor. Sinan okula gidiyor.

Tomorrow is Monday. Mehmet Bey and Canan Hanım are going to the work, Sinan is going to school.

Questions and Answers to the Reading Passage

Mehmet Bey ve ailesi nerededir?
Where are Mehmet Bey and his family?

Onlar evdedir.
They are at home.

Onlar Pazar günü geç mi yoksa erken mi kalkar?
Do they get up late or early on Sunday?

Geç kalkarlar.
They get up late.

Mehmet Beyin işi nedir?
What is Mehmet Bey's job?

O bir muhasebecidir.
He is an accountant.

Cumartesi günleri çalışır mı?
Does he work on Saturdays?

Evet, çalışır.
Yes, he does.

Onun şirketi nerededir?
Where is his company?

Şişlidedir.
It is in Şişli.

Canan Hanım nerede çalışır?
Where does Canan Hanım work?

Bir bankada çalışır.
She works in a bank.

Sinan hangi fakülteye gidiyor?
Which faculty is Sinan going?

Hukuk Fakültesine gidiyor.
He is going to the Law Faculty.

O kötü bir öğrenci midir?
Is he a bad student?

Hayır, iyi bir öğrencidir.
No, he is a good student.

Onlar nerede kahvaltı ediyorlar?
Where are they having breakfast?

Salonda kahvaltı ediyorlar.
They are having breakfast in the hall.

Masada kek var mı?
Is there any cake on the table?

Evet, var.
Yes, there is.

Mehmet Bey ne içiyor?
What is Mehmet Bey drinking?

O çay içiyor.
He is drinking tea.

Sinan ne içiyor?
What is Sinan drinking?

O portakal suyu içiyor.
He is drinking orange juice.

Mehmet Bey ve Canan Hanım akşam nereye gidiyorlar?
Where are Mehmet Bey and Canan Hanım going in the evening?

Tiyatroya gidiyorlar.
They are going to theatre.

Onlar tiyatroyu seviyorlar mı?
Do they like theatre?

Evet, seviyorlar.
Yes, they do.

Sinan Pazartesi günü nereye gidiyor? O okula gidiyor.
Where is Sinan going on Monday? He is going to school.

PRACTICE 32

A: Answer the questions using the information given in brackets.

Example : O kadın ne yapar? (tren - binmek) → O kadın trene biner.
1. Çocuk ne yapar? (çikolata - yemek) 2. O nereye gider? (postane) 3. Ahmet Bey ne zaman çalışır? (her gün) 4. Her akşam nerede ders çalışırlar? (bu oda) 5. Şu öğretmen ne öğretir? (Fransızca) 6. Polis nereye bakar? (o taksi) 7. Yemeği kim yapar? (Aysel Hanım)

B: Make appropriate questions which could by answered by the words in brackets.

Example : O (Ankaraya) gider. → O nereye gider?
1. Adam (her akşam) seni bekler. 2. Sebzeyi bu (süpermarketten) alırım. 3. Biz her zaman (bu lokantada) yemek yeriz. 4. Burada (ayakkabı) satarlar. 5. O evde (amcam) oturur. 6. Annesine (mektup) yazar. 7. Her yıl (Bodruma) giderler.

C: Add the word in brackets and change to the present continuous.

Example : Adam her akşam seni bekler. (şimdi) → Adam şimdi seni bekliyor.
1. O daima annesine gider. (şimdi) 2. Bazen sinemaya gideriz. (şimdi) 3. Her zaman bu otobüse binerler. (şimdi) 4. Daima bu kasaptan et alırım. (şimdi) 5. Öğrenci daima odada ders çalışır. (şimdi)

D: Make question and negative forms.
1. Her gün ofise yürürüz. 2. Sekreter mektupları okuyor. 3. Her akşam balkonda otururlar. 4. Patron her gün fabrikaya gelir. 5. Annem erken yatar. 6. Garson portakal suyu getiriyor.

E: Translate into English.
1. Bu akşam nereye gidiyoruz? 2. Doktorlar her sabah ne yaparlar? 3. Bu sabunu kim kullanır? 4. Her gün erkek arkadaşına telefon eder. 5. Bu yıl Giresuna gidiyor musun? 6. Adam her ay şirketten para alır. 7. Bu filmi seyreder misiniz?

F: Translate into Turkish.
1. The girl comes to her uncle's house every year. 2. Are they walking to the office? 3. What are you doing in this big room? 4. Where does she wait for us? 5. The engineer is working in his office today. 6. When does the waiter bring the food? 7. She doesn't like football.

PRACTICE 32 - ANSWERS

A. 1. Çocuk çikolata yer. 2. O postaneye gider. 3. Ahmet Bey her gün çalışır. 4. Her akşam bu odada ders çalışırlar. 5. Şu öğeretmen Fransızca öğretir. 6. Polis o taksiye bakar. 7. Yemeği Aysel Hanım yapar.

B. 1. Adam ne zaman seni bekler? 2. Sebzeyi nereden alırsın? 3. Siz nerede yemek yersiniz? 4. Burada ne satarlar? 5. O evde kim oturur? 6. Annesine ne yazar? 7. Her yıl nereye giderler?

C. 1. O şimdi annesine gidiyor. 2. Şimdi sinemaya gidiyoruz. 3. Şimdi bu otobüse biniyorlar. 4. Şimdi bu kasaptan et alıyorum. 5. Öğrenci şimdi odada ders çalışıyor.

D. 1. Her gün ofise yürür müyüz? Her gün ofise yürümeyiz. 2. Sekreter mektupları okuyor mu? Sekreter mektupları okumuyor. 3. Her akşam balkonda oturuyorlar mı? Her akşam balkonda oturmuyorlar. 4. Patron her gün fabrikaya gelir mi? Patron her gün fabrikaya gelmez. 5. Annem erken yatar mı? Annem erken yatmaz. 6. Garson portakal suyu getiriyor mu? Garson portakal suyu getirmiyor.

E. 1. Where are we going this evening? 2. What do the doctors do every morning? 3. Who uses this soap? 4. She telephones her boy friend every day. 5. Are you going to Giresun this year? 6. The man takes money from the company every month. 7. Do you watch this film?

F. 1. Kız her yıl amcasının evine gelir. 2. Ofise yürüyorlar mı? 3. Bu büyük odada ne yapıyorsun? 4. Bizi nerede bekler? 5. Mühendis bugün ofisinde çalışıyor. 6. Garson yemeği ne zaman getirir? 7. O futbol sevmez. (Futboldan hoşlanmaz.)

VOCABULARY

BİTİRMEK İşini ne zaman bitiriyorsun?	TO FINISH When are you finishing your work?
DAR Yol çok dardır.	NARROW The road is very narrow.
GENİŞ Dükkânınız geniş mi yoksa dar mı?	WIDE Is your shop wide or narrow?
İNCE Öğretmenin kitabı incedir.	THIN; SLIM The teacher's book is thin.
KALIN Paltom çok kalındır.	THICK My overcoat is very thick.
BAŞLAMAK Film şimdi başlıyor.	TO BEGIN, TO START The film is starting now.

Present Continuous/Simple - Negative Questions

To make negative questions in the present continuous the question marker is inserted before the personal suffix, the two written as a separate word.

Ben gitmiyorum.
Sen gitmiyorsun.
O gitmiyor.
Biz gitmiyoruz.
Siz gitmiyorsunuz.
Onlar gitmiyor(lar).

Ben gitmiyor muyum?	Aren't I going?
Sen gitmiyor musun?	Aren't you going?
O gitmiyor mu?	Isn't he/she going?
Biz gitmiyor muyuz?	Aren't we going?
Siz gitmiyor musunuz?	Aren't you going?
Onlar gitmiyor(lar) mı?	Aren't they going?

Bu çatalı kullanmıyor musunuz?	Aren't you using this fork?
Kahvaltı etmiyor musun?	Aren't you having breakfast?
Soruya cevap vermiyor mu?	Isn't she answering thc question?
Annen yemek yapmıyor mu?	Isn't your mother cooking?
Onun evine gitmiyor musun?	Aren't you going to her house?
Televizyon seyretmiyor muyuz?	Aren't we watching TV?

Evlerini satmıyorlar mı? Aren't they selling their house?

The same rules are followed in the present simple.

Ben gitmem.
Sen gitmezsin.
O gitmez.
Biz gitmeyiz.
Siz gitmezsiniz.
Onlar gitmez(ler).

Ben gitmem mi?/gitmez miyim?	Don't I go?
Sen gitmez misin?	Don't you go?
O gitmez mi?	Doesn't he/she go?
Biz gitmez miyiz?	Don't we go?
Siz gitmez misiniz?	Don't you go?
Onlar gitmez(ler) mi?	Don't they go?

Onu dinlemez misin?	Don't you listen to him.
Kahvaltı etmez mi?	Doesn't she have breakfast?
Burada oturmaz mıyız?	Don't we sit here?
Annen yemek yapmaz mı?	Doesn't your mother cook?
Onun evine gitmez misin?	Don't you go to his house?
Televizyon seyretmez miyiz?	Don't we watch TV?
Evlerini satmazlar mı?	Don't they sell their house?

YOK

We have seen **var** and **yok**. Let us look again at some examples.

Ofiste iki bilgisayar var.
Arabada şoför var.
Ofiste iki bilgisayar yok.
Arabada şoför yok.

Yok is also used to mean 'no' (like **hayır**).

Bugün sinemaya gidiyor musun?	Are you going to the cinema?
Hayır, gitmiyorum.	No, I am not.

Bugün sinemaya gidiyor musun?	Are you going to the cinema?
Yok, gitmiyorum.	No, I am not.

Odaları temizliyor mu?	Is she cleaning the rooms?
Yok, temizlemiyor.	No, she isn't.

Bu eti yiyorlar mı?	Are they eating this meat?
Yok, yemiyorlar.	No, they aren't.

Akşamleyin televizyon seyreder misiniz?	Do you watch TV in the evening?
Yok, seyretmeyiz.	No, we don't.
Her hafta erkek arkadaşıyla sinemaya gider mi?	Does she go to the cinema with her boy friend every week?
Yok, gitmez.	No, she doesn't.

HİÇ

We have seen **hiç** used before **yok** to mean 'nothing'. Used before verbs, **hiç** means 'never'.

Onların evine hiç gitmiyorum.	I never go to their house.
Bize hiç telefon etmiyor.	He never telephose us.
Hiç ders çalışmazlar.	They never study.
Annesini hiç ziyaret etmez.	She never visits her father.
Ahmet akşamleyin hiç televizyon seyretmez.	Ahmet never watches television in the evening.
Babam hiç geç yatmaz.	My father never goes to bed late.

YA DA, VEYA

Ya da and **veya** are like the English 'or'.

Ahmet veya/ya da Ayşe	Ahmet or Ayşe
bal ya da peynir	honey or cheese
radyo ya da televizyon	radio or television
sinema veya tiyatro	cinema or theatre
anne veya baba	mother or father
kız veya erkek	girl or boy
yaşlı ya da genç	old or young
kısa ya da uzun	short or long
pahalı veya ucuz	expensive or cheap
Bal ya da peynir ye.	Eat honey or cheese.
Bira ya da şarap içerler.	They drink beer or wine.
Her ay sinema veya tiyatroya gideriz.	We go to the cinema or theatre every month.
Babam ya da annem evdedir.	My father or my mother is at home.
Erken ya da geç, her gün ofise gelir.	Early or late, she comes to the office every day.

Words Used in the Dialogue

hazır	ready
hazır olmak	to be ready
limon	lemon
yer	place; floor

DIALOGUE

SUMRU : Bugün sinemaya gidiyor muyuz, baba?	Are you going to the cinema, dad?
ALİ : Evet, ama yağmur yağıyor.	Yes, we are; but it's raining.
SUMRU : Taksiyle gideriz.	We go by taxi.
ALİ : Sinema nerede?	Where is the cinema?
SUMRU : Bakırköyde.	In Bakırköy.
ALİ : Bakırköyde nerede?	Where in Bakırköy?
SUMRU : Yeni bir yer var, adı Carousel. Onun içinde birçok dükkân da var.	There is a new place. Its name is Carousel. There are also a lot of shops in it.
ALİ : Annen geliyor mu?	Is your mother coming?

SUMRU : Yok, gelmiyor.	No, she isn't.
ALİ : Annen sinemayı hiç sevmez.	Your mother never likes cinema.
SUMRU : Ama tiyatroyu seviyor.	But she likes theater.
ALİ : Hazır mısın?	Are you ready?
SUMRU : Evet, hazırım.	Yes, I am.
SUMRU : Bu sepetin içinde ne var?	What is there in this basket?
BİRSEN : Elma ve portakal. Sen ne istiyorsun?	Apple and orange. What do you want?
SUMRU : Evde hiç un var mı? Bugün arkadaşlarım geliyor. Onlar için kek yapıyorum.	Is there any flour at home? Today, my friends are coming. I am making a cake for them.
BİRSEN : Marketten alırım.	I buy from the supermarket.
SUMRU : Limon da al.	Buy some lemon as well.
BİRSEN : Tamam. Keke yumurta da koy.	All right. Put some eggs into the cake as well.
SUMRU : Koyarım.	I put.
BİRSEN : Şimdi gidiyorum. Anahtarım evde. Kapıyı sen aç.	I am going now. My key is at home. You open the door.
SUMRU : Tamam. Sağ ol anne.	Okay. Thank you, mom.

PRACTICE 33

A: Change into negative sentences.
1. İşini yarın bitiriyor. 2. Her gün denizde yüzerim. 3. Her yıl Türkiyeye gelirler. 4. Film şimdi başlıyor. 5. Patrona telefon ediyoruz. 6. Şu tepsiyi getiriyorsunuz. 7. Bahçede sigara içersin. 8. Adam masanın yanında duruyor.

B: Change the above into negative questions.

C: Fill the gaps with appropriate personal pronouns.
1. ...... şimdi yazmıyorum. 2. ...... ne zaman bira içiyorlar? 3. ...... Japonca öğreniyoruz. 4. ...... Fransızca biliyor musun? 5. ...... parkta oturuyor mu? 6. ...... bu fabrikada çalışıyoruz. 7. ...... nerede oturuyorsunuz? 8. ...... oraya gitmiyorsun.

D: Make questions using the verb and tense given in brackets.
1. Siz ne zaman yemek ...... (yemek/şimdiki zaman) 2. O gazeteyi nerede ...... (okumak/geniş zaman) 3. Sen Merterden neyle ...... (gelmek/şimdiki zaman) 4. Biz lokantada ne ...... (içmek/geniş zaman) 5. Onlar her hafta mektup ...... (yazmak/geniş zaman) 6. Ben işi ...... (bitirmek/şimdiki zaman) 7. O otobüsten nerede ...... (inmek/şimdiki zaman) 8. Siz hangi hastanede ...... (çalışmak/geniş zaman)

E: Translate into English.
1. Akşamleyin bira ya da şarap içeriz. 2. Bu gazeteyi okuyor musun? Yok, okumuyorum. 3. Bu işi bitirmez misiniz? 4. Bu sokak çok dar. 5. Film ne zaman başlıyor? 6. Sabahleyin kahve içmez misin? 7. Anneni ne zaman ziyaret ediyoruz?

F: Translate into Turkish.
1. Doesn't your mother clean the rooms every day? 2. The child drinks milk or tea in the morning. 3. They sometimes walk to the office. 4. Isn't he talking to the boss? 5. She or her father sits here. 6. Are you ready? We are going to the theatre. 7. Isn't the secretary reading the letters?

PRACTICE 33 - ANSWERS

A. 1. İşini yarın bitirmiyor. 2. Her gün denizde yüzmem. 3. Her yıl Türkiyeye gelmezler. 4. Film şimdi başlamıyor. 5. Patrona telefon etmiyoruz. 6. Şu tepsiyi getirmiyorsunuz. 7. Bahçede sigara içmezsin. 8. Adam masanın yanında durmuyor.

B. 1. İşini yarın bitirmiyor mu? 2. Her gündenizde yüzmez miyim/yüzmem mi? 3. Her yıl Türkiyeye gelmezler mi? 4. Film şimdi başlamıyor mu? 5. Patrona telefon etmiyor muyuz? 6. Şu tepsiyi getirmiyor musunuz? 7. Bahçede sigara içmez misin? 8. Adam masanın yanında durmuyor mu?

C. 1. Ben 2. Onlar 3. Biz 4. Sen 5. O 6. Biz 7. Siz 8. Sen

D. 1. Siz ne zaman yemek yiyorsunuz? 2. O gazeteyi nerede okur? 3. Sen Merterden neyle geliyorsun? 4. Biz lokantada ne içeriz? 5. Onlar her hafta mektup yazarlar mı? 6. Ben işi bitiriyor muyum? 7. O otobüsten nerede iniyor? 8. Siz hangi hastanede çalışırsınız?

E. 1. We drink beer or wine in the evening. 2. Are you reading this newspaper? No, I am not. 3. Don't you finish this work? 4. This road/street is very narrow. 5. When is the film starting? 6. Don't you drink coffee in the morning? 7. When are we visiting your mother?

F. 1. Annen her gün odaları temizlemez mi? 2. Çocuk sabahleyin çay ya da süt içer. 3. Bazen ofise yürürler. 4. Patronla konuşmuyor mu? 5. O ve babası burada oturur. 6. Hazır mısınız? Tiyatroya gidiyoruz. 7. Sekreter mektupları okumuyor mu?

196

KESMEK Ekmeği bu bıçakla kes.	TO CUT Cut the bread with this knife.
ARAMAK Çantamı arıyorum.	TO LOOK FOR I am looking for my bag.
KİŞİ(LER), HALK Evde beş kişi var.	PEOPLE There are five people in the house.
YARDIM ETMEK Karısına mutfakta yardım eder.	TO HELP He helps his wife in the kitchen.
DİĞER, BAŞKA Diğer öğrenciler nerede?	OTHER Where are the other students?
İÇİNE Çantaları arabanın içine koy.	INTO Put the bags into the car.

İÇİNE

We have seen **içinde** (= in). **İçine** (= into) employs the same idea of 'in' with the directional suffix.

Anahtarlar çantanın içindedir.	The keys are in the bag.
Kadın arabanın içinde oturuyor.	The woman is sitting in the car.
Kalemi kutunun içine koy.	Put the pencil into the box.
Dolabın içine bak.	Look into the cupboard.
Arabanın içine giriyoruz.	We are getting into the car.

Both **içinde** and **içine** can be omitted, with the locative and directional suffix being added to the relevant noun.

> **Anahtarlar çantanın içindedir.**
> **Anahtarlar çantadadır.**
>
> **Kalemi kutunun içine koy.**
> **Kalemi kutuya koy.**
>
> **Sütü bardağın içine koyuyor.**
> **Sütü bardağa koyuyor.**
>
> **Dolabın içine bak.**
> **Dolaba bak.**

-MEK/-MAK İSTEMEK

When 'want' is used with another verb, this verb takes the infinitive form. This is the same in Turkish: -mek istemek = want to.

Let us recall **istemek** used with nouns.

Bir araba istiyorum.	I want a car.
Çocuk annesini istiyor.	The child wants her mother.
Bir ev istiyorsunuz.	You want a house.

Çocuk bazen annesini ister.	The child sometimes wants her mother.
Doktor isterler.	They want a doctor.
Bebekler süt ister.	The babies want milk.
Güzel bir etek isterim.	I want a nice skirt.

Bir araba istemiyorum.	I don't want a car.
Turistler bira istemiyorlar.	The tourists don't want beer.

Doktor istemezler.	They don't want a doctor.
Mahmut Bey bir araba istemez.	Mahmut Bey doesn't want a car.

'Want' is usually used in the present simple in English, whereas in Turkish both present simple and continuous may be used.

When **istemek** is combined with another verb, in Turkish this verb comes first, followed by **istemek** with appropriate suffixes.

Gitmek istiyor.	He wants to go.
Yemek istiyorum.	I want to eat.
Oturmak istiyoruz.	We want to sit.
Yatmak istiyorlar.	They want to go to bed.
Almak istiyorsun.	You want to take.
Yazmak istiyorsunuz.	You want to write.
Eve gitmek istiyor.	He wants to go home.
Müziği dinlemek istiyor.	He wants to listen to the music.
Bu evde oturmak istiyoruz.	We want to stay in this house.
Telefon etmek istiyorum.	I want to telephone.
Burada oturmak istiyorlar.	They want to sit here.
Çocuk bu odada yatmak istiyor.	The child wants to go to bed in this rom.
Turistler müzeye gitmek istiyorlar.	The tourists want to go to the museum.
Biraz ekmek kesmek istiyorum.	I want to cut some bread.
Arkadaşımızı ziyaret etmek istiyoruz.	We want to visit our friend.

Adam erken yatmak ister.	The man wants to go to bed early.
İşi bitirmek isterim.	I want to finish the work.
Kız kitap okumak ister.	The girl wants to read book.

In the negative, **istemek** takes the negative suffix.

Pencereyi açmak istemiyoruz.	We don't want to open the window.
Burada oturmak istemiyorlar.	They don't want to sit here.
Kız kitap okumak istemiyor.	The girl doesn't want to read book.

Turistler müzeye gitmek istemiyorlar.	The tourists don't want to go to the
Bu akşam televizyon seyretmek istemiyorum.	I don't want to watch TV this evening.
Adam erken yatmak istemez.	The man doesn't want to go to bed early.
Üniversiteye gitmek istemeyiz.	We don't want to go to the university.
Kız kitap okumak istemez.	The girl doesn't want to read book.

Here is the same structure used in questions with question words.

Ne içmek istiyorsunuz?	What do you want to drink?
Nerede oturmak istiyor?	Where does she want to stay?
Nereye gitmek istiyorsunuz?	Where do you want to go?
Nerede beklemek istiyor?	Where does she want to wait?
Ne sormak istiyorsun?	What do you want to ask?
Ne içmek istersiniz?	What do you want to drink?
Kimi görmek istersin?	Who do you want to see?
Oraya neyle gitmek isterler?	How do they want to go there?
Nerede uyumak istersin?	Where do you want to sleep?

Here, the same structure in yes/no questions.

Eve gitmek istiyor mu?	Does she want to go to the house?
Burada oturmak istiyorlar mı?	Do they want to sit here?
Patron bu arabayı almak istiyor mu?	Does the boss want to buy this car?
Annem öğretmenle konuşmak istiyor mu?	Does my mother want to talk to the teacher?
Bu deftere yazmak istiyor musunuz?	Do you want to write on this note-book?
Adam erken yatmak ister mi?	Does the man want to go to bed early?
Pencereyi açmak ister misiniz?	Do you want to open the window?
Kız kitap okumak ister mi?	Does the girl want to read book?

Words Used in the Reading Passage

ödev	homework
sınav	exam
çorba	soup
hasta	n. patient; a. ill, sick

MUTFAKTA

Özdil Ailesi şimdi mutfaktadır. Onlar yemek yiyorlar. Baba Ömer Bey kırk iki yaşında, bir dişçidir. Anne Sadakat Hanım kırk yaşında, bir doktordur. Onların kızı Yasemen on iki yaşında, bir öğrencidir. O Işık Lisesine gidiyor.

Burası büyük bir mutfak. Masa buzdolabının yanındadır. Onlar yemeklerini

IN THE KITCHEN

Özdil Family is in the kitchen now. They are eating. Father Ömer Bey is a forty-two year dentist. Mother Sadakat Hanım is a forty two year doctor. Their daughter Yasemen is a twelve year old student. She is going to Işık Lisesi.

This place is ia big kitchen. The table is near the refrigerator. They are

yiyorlar ve konuşuyorlar.

their food and talking.

Sadakat Hanım : "Yasemen, ödevini ne zaman yapıyorsun?"

Sadakat Hanım : "Yasemen, when are you doing your homework?"

Yasemen : " Şimdi anne. Şimdi odama gidiyorum. Yarın sınav var.

Yasemen : "Now, mom. I am going to my room now. There is an exam tomorrow.

Sadakat Hanım : "İyi çalış."

Sadakat Hanım : "Study hard."

Yasemen : "Tamam anne, çalışırım. Çorba çok güzel. İki tabak yemek istiyorum."

Yasemen : "All right mom. I'll study. The soup tastes very delicious. I want to have two plates of it."

Sadakat Hanım : " Tamam. Ömer, sen de istiyor musun?"

Sadakat Hanım : "Okay. Ömer, Do you also want?"

Ömer Bey : "Hayır, istemiyorum. Ben biraz et yemek istiyorum."

Ömer Bey : "No, I don't. I want to have some meat."

Sadakat Hanım : "Ekmek istiyor musunuz?"

Sadakat Hanım : "Do you want bread?"

Yasemen : " Ben isterim, anne. Bir dilim ekmek kes, lütfen."

Yasemen : "I want, mom. Cut a slice of bread, please."

Ömer Bey : " Ben istemiyorum."

Ömer Bey : "I don't want."

Sadakat Hanım : "Bu akşam televizyon-da güzel bir film var. Seyreder miyiz?"

Sadakat Hanım : "There is a nice film on TV this evening. Do we watch?"

Ömer Bey : "Çok yorgunum. Erken yatmak istiyorum. Yarın çok hasta var."

Ömer Bey : "I'm very tired. I want to go to bed early. There are a lot of patients tomorrow."

Sadakat Hanım : "Tamam, ama ben seyretmek istiyorum."

Sadakat Hanım : "Allright, but I want to watch."

Ömer Bey : "Sen seyret. Yarın annene gidiyor musun?"

Ömer Bey : "You watch. Are you going to your mother's tomorrow"

Sadakat Hanım : "Hayır. O buraya geliyor."

Sadakat Hanım : "No. She is coming here."

Özdil Ailesi mutfaktan çıkar. Şimdi Sadakat Hanım televizyon seyrediyor. Ömer Bey uyuyor. Yasemen ders çalışıyor.

Özdil Family go out of the kitchen. Now, Sadakat Hanım is watching TV. Ömer Bey is sleeping. Yasemen is studying lesson.

Questions and Answers to the Reading Passage

Özdil Ailesi nerededir?
Where is Özdil Family?

Onlar mutfaktadır.
They are in the kitchen.

Onlar ne yapıyorlar? What are they doing?	**Yemek yiyorlar.** They are eating.
Ömer Bey Kaç yaşındadır? How old is Ömer Bey?	**Kırk iki yaşındadır.** He is forty-two years old.
O ne iş yapıyor? What is his job?	**O bir dişçidir.** He is a dentist.
Sadakat Hanım kaç yaşındadır? How old is Sadakat Hanım?	**O kırk yaşındadır.** She is forty years old.
O ne iş yapıyor? What is her job? **Yasemen kaç yaşındadır?** How old is Yasemen?	**O bir doktordur.** She is a doctor. **O on iki yaşındadır.** She is twelve years old.
O ne iş yapıyor? What is her job?	**O öğrencidir.** She is a student.
Hangi okula gidiyor? Which school is she going?	**Işık Lisesine gidiyor.** She is going to Işık Lisesi.
Onlar yemeklerini nerede yiyorlar? Where are they having their meal?	**Mutfakta yiyorlar.** They are having it in the kitchen.
Yasemenin sınavı ne zaman? When is Yasemen's exam?	**Sınav yarın.** It is tomorrow.
Yasemen kaç tabak çorba yiyor? How many plates of soup is Yasemen having?	**İki tabak yiyor.** She is having two plates of soup.
Ömer Bey ne yiyor? What is Ömer Bey having?	**O et yiyor.** He is having meat.
Kim ekmek istiyor? Who wants bread?	**Yasemen istiyor.** Yasemen wants.
Televizyonda ne var? What is there on TV?	**Güzel bir film var.** There is a beautiful film on.
Ömer Bey film seyrediyor mu? Is Ömer Bey watching film? **O yorgun mu?** Is he tired?	**Hayır, seyretmiyor.** No, he isn't. **Evet, yorgun.** Yes, he is.
Şimdi Sadakat Hanım ne yapıyor? What is Sadakat Hanım doing now?	**O televizyon seyrediyor.** She is watching TV.
Ömer Bey ne yapıyor? What is Ömer Bey doing?	**O uyuyor.** He is sleeping.

Yasemen ne yapıyor?
What is Yasemen doing?

O ders çalışıyor.
She is studying lesson.

PRACTICE 34

A: Rewrite omitting **içinde** and adding the locational suffix.
1. **Kitaplar çantanın içindedir.** 2. **Çocuk arabanın içinde oturuyor.** 3. **Parkın içinde oynuyorlar.** 4. **Adam geminin içindedir.** 5. **Zeytin buzdolabının içindedir.** 6. **Arkadaşlarım sinemanın içinde bekliyor.** 7. **Öğrenciler üniversitenin içindedir.**

B: Rewrite omitting **içine** and adding the directional suffix.
1. **Arabanın içine giriyorlar.** 2. **Sütü bardağın içine koy.** 3. **Dolabın içine bakıyorlar.** 4. **Kitapları çantanın içine koy.** 5. **Fabrikanın içine koşuyor.** 6. **Müzenin içine girmeyin.** 7. **Çantanın içine bak.**

C: Write sentences using the want to + verb structure with the words in brackets.
Example : **Okula git .... (O** - Present Progressive) → O okula gitmek istiyor.
1. **Nereye git ...... ? (Sen - Present Simple)** 2. **Arkadaşımla sinemaya git ...... (Ben - Present Progressive)** 3. **Türkçe öğren ...... (Biz - Present Progressive)** 4. **Her gün televizyon seyret ...... (Onlar - Negative - Present Simple)** 5. **Kimi gör ...... ? (Siz - Present Progressive)** 6. **Bir bardak şarap iç ...... (O - Present Simple)** 7. **Öğretmenle konuş ...... (Biz - Negative - Present Progressive)** 8. **Bir yumurta ye ...... (Ben - Present Simple)**

D: Rewrite using the tenses given.
1. **Her gün oraya gitmeyiz. (Şimdiki zaman)** 2. **Mutfakta yemek yapıyorsunuz. (Geniş zaman)** 3. **Fabrikaya neyle gidiyorsun? (Geniş zaman)** 4. **Manav portakalları burada satar. (Şimdiki zaman)** 5. **Bu odada sigara içer misiniz? (Şimdiki zaman)**

E: Translate into English.
1. **Onu dolabın içine koy.** 2. **Pencereyi açmak ister misiniz?** 3. **Ne sormak istiyorsunuz?** 4. **Kocasına telefon etmek istiyor.** 5. **Annesi ile gitmek istemiyor.** 6. **Fransızca öğrenmez misin?** 7. **Nerede uyumak ister?** 8. **Bal mı yoksa reçel mi seversiniz?**

F: Translate into Turkish.
1. Doesn't your father go to the factory every day? 2. Who do you want to see? 3. We want to visit our uncle. 4. I don't want to talk to my boss. 5. They are putting the water into the bottle. 6. Does his friend want to go to bed late? 7. They go to the theatre or cinema every month. 8. Doesn't he get on this bus every morning?

PRACTICE 34 - ANSWERS

A. 1. **Kitaplar çantadadır.** 2. **Çocuk arabada oturuyor.** 3. **Parkta oynuyorlar.** 4. **Adam gemidedir.** 5. **Zeytin buzdolabındadır.** 6. **Arkadaşlarım sinemada bekliyor.** 7. **Öğrenciler üniversitededir.**

B. 1. **Arabaya giriyorlar.** 2. **Sütü bardağa koy.** 3. **Dolaba bakıyorlar.** 4. **Kitapları çantaya koy.** 5. **Fabrikaya koşuyor.** 6. **Müzeye girmeyin.** 7. **Çantaya bak.**

C. 1. **Nereye gitmek istersin?** 2. **Arkadaşımla sinemaya gitmek istiyorum.** 3. **Türkçe öğrenmek istiyoruz.** 4. **Her gün televizyon seyretmek İstemezler.** 5. **Kimi görmek istiyorsunuz?** 6. **Bir bardak şarap içmek ister.** 7. **Öğretmenle konuşmak istemiyoruz.** 8. **Bir yumurta yemek isterim.**

D. 1. **Her gün oraya gitmiyoruz.** 2. **Mutfakta yemek yaparsınız.** 3. **Fabrikaya neyle gidersin?** 4. **Manav portakalları burada satıyor.** 5. **Bu odada sigara içiyor musunuz?**

E. 1. Put it into the cupboard. 2. Do you want to open the window? 3. What do you want to ask? 4. She wants to telephone her husband. 5. He doesn't want to go with his mother. 6. Don't you learn French? 7. Where does he want to sleep? 8. Do you like honey or jam?

F. 1. **Baban her gün fabrikaya gitmez mi?** 2. **Kimi görmek istersin?** 3. **Amcamızı ziyaret etmek istiyoruz.** 4. **Patronumla konuşmak istemiyorum.** 5. **Suyu şişenin içine (şişeye) koyuyorlar.** 6. **Arkadaşı geç yatmak ister mi?** 7. **Her ay tiyatro ya da sinemaya giderler.** 8. **Her sabah bu otobüse binmez mi?**

VOCABULARY

SAAT Saati masanın üstündedir. Saat kaç?	HOUR; WATCH, CLOCK His watch is on the table. What time is it?
BİLMEK Onun adresini biliyor musun?	TO KNOW Do you know his adress.
ÇEYREK (Saat) üçü çeyrek geçiyor.	QUARTER It's a quarter past three.
DAKİKA (Saat) altıya on dakika var.	MINUTE It's ten minutes to six.
YARIM, BUÇUK (Saat) iki buçuk.	HALF It's half past two.
DUYMAK, İŞİTMEK Müziği duyuyor musun? (duyar mısın?)	TO HEAR Do you hear the music?
BUZ Buzdolabında hiç buz var mı?	ICE Is there any ice in the fridge?
DİL (LİSAN) Bu sekreter üç dil konuşur.	LANGUAGE This secretary speaks three languages.

ASKING FOR/TELLING THE TIME

These words are used to talk about the time of day: **saat, kaç, dakika, var, çeyrek, geçiyor, yarım, kala, geçe**

The word **saat** means both 'watch' and 'clock', which can be specified as below.

kol saati (wrist watch), **masa saati** (table clock), **duvar saati** (wall clock)

Saat is also used to ask for the time.

Saat kaç?	What time is it?
Saat bir.	It's one o'clock.
Saat beş.	It's five o'clock.
Saat yedi.	It's seven o'clock.
Saat on.	It's ten o'clock.
Saat on iki.	It's twelve o'clock.

The word **saat** may also be omitted from such answers. (In English the word 'it' is used to talk about the time of day, and can be similarly omitted.)

Saat kaç?   What time is it?

Bir.	One o'clock.	**Beş.**	Five o'clock.
Yedi.	Seven o'clock.	**On bir.**	Eleven o'clock.

The hour can also be referred to using the 24-hour clock, for official purposes (eg 13.00, **on üç.**)

Şimdi saat kaç?   What time is it now?
(Saat) iki.   It's two o'clock.

There are variations to the question form, using personal suffixes.

Saatin kaç?   Have you got the time?   **Saatiniz kaç?**   Have you got the time?

Now we introduce **geçiyor** (past). To talk about the number of minutes past the hour, **geçiyor** is used, with the hour number taking the suffix **-(y)ı, -(y)i, -(y)u, -(y)ü**.

Saat kaç?	What time is it?
Bir-i beş geçiyor.	It's five past one.
İkiyi on geçiyor.	It's ten past two.
Üçü on beş geçiyor.	It's three fifteen.
Dördü yirmi geçiyor.	It's twenty past four.
Yediyi beş geçiyor.	It's five past seven.
On biri on geçiyor.	It's ten past eleven.
On ikiyi yirmi geçiyor.	It's twenty past twelve.

As in English, the word **dakika** (minute) need not be used. For minutes before the hour, **var** (to) is used.

Çeyrek is used for 'quarter' (past or to).

Üçü çeyrek geçiyor.	It's a quarter past three.
Beşi çeyrek geçiyor.	It's a quarter past five.
On biri çeyrek geçiyor.	It's a quarter past eleven.

Now, some sentences for time with **var**. First comes the hour, then the minutes, then **var**. The hour word takes the directional suffix.

Bir-e beş var.	It's five to one.	**İkiye on var.**	It's ten to two.
Dörde yirmi var.	It's twenty to four.	**Yediye beş var.**	It's five to seven.
Ona beş var.	It's five to ten.	**On ikiye beş var.**	It's five to twelve.

Çeyrek var rather than **on beş var** is more often used.

Bire çeyrek var.	It's a quarter to one.
Beşe çeyrek var.	It's a quarter to five.
On bire çeyrek var.	It's a quarter to eleven.

Buçuk (half past) is used after the hour word.

Bir buçuk.   It's half past one.

Dört buçuk.	It's half past four.
On iki buçuk.	It's half past twelve.

There is one exception - for 'half past twelve', **yarım** is used.

Saat yarım.	It's half past twelve.

For expressions like 'at eight o'clock, at six o'clock', the locative is used, added to the hour number (or question word).

Saat kaçta?	(at) what time?

Saat altıda.	At six o'clock.
Saat yedide.	At seven o'clock.
Saat dörtte.	At four o'clock.
Saat dokuzda.	At nine o'clock.
Saat on birde.	At eleven o'clock.
Saat bir buçukta.	At half past one.
Saat altı buçukta.	At half past six.
Saat on buçukta.	At half past ten.
Saat yarımda.	At half past twelve.

Kaçta?	At what time?

Altıda.	At six o'clock.
Yedide.	At seven o'clock.
İkide.	At two o'clock.
Altı buçukta.	At half past six.
Sekiz buçukta.	At half past eight.
Yarımda.	At half past twelve.

Saat kaçta yatarsınız?	What time do you go to bed?
On birde yatarız.	We go to bed at eleven o'clock.

Sabahleyin kaçta kalkıyorsun?	What time do you get up in the morning?
Sekizde kalkıyorum.	I get up at eight o'clock.

Patron ofise dokuzda mı yoksa onda mı gelir?	Does the boss come to the office at nine o'clock or at ten o'clock?
Dokuz buçukta gelir.	He comes at half past nine.

Saat on ikide yemek yeriz.	We eat at twelve o'clock.
Saat onda buraya gel.	Come here at ten o'clock.
Saat altıda otobüse biniyorlar.	They are getting on the bus at six o'clock.
Film üçte başlar.	The film starts at three o'clock.
Baban dörtte mi gidiyor?	Is your father going at four o'clock?
İlhan Bey saat beşte kalkmaz.	İlhan Bey doesn't get up at five o'clock.
Ders saat yarımda.	The lesson is at half past twelve.
Altı buçukta bana telefon et.	Telephone me at half past six.

Bilmek, İstemek

Words like 'know' (= bilmek) and 'want' (= istemek) are not usually used in the present continuous in English (they are called 'stative verbs'). In Turkish they typically are used in the present continuous and do not form a special group.

Bu soruyu bilmiyorum.	I don't know this question.
Biraz kahve istiyor.	He wants some coffee.
Onunla konuşmak istemiyorum.	I don't want to speak to him.
Kadını görmüyoruz.	We don't see the woman.

Words Used in the Dialogue

garson	waiter
evli	married
bekâr	single
evlenmek	to get married

DIALOGUE

A : Ne iş yapıyorsunuz?
B : Garsonum.
A : Nerede çalışırsınız?
B : Beyti Et Lokantasında.
A : Saat kaçta lokantaya geliyorsunuz?
B : Yedide.
A : Akşam kaçta çıkarsınız?
B : On birde.
A : Oh! Çok geç. Çok çalışıyorsunuz.
B : Evet, ama bu benim işim. İşimi seviyorum.

A : Cumartesi ve pazar günleri çalışır mısınız?
B : Cumartesi günü çalışırım ama pazar günü çalışmam.
A : O gün ne yaparsınız?
B : Pazar günleri geç kalkarım.
A : Kaçta?
B : On buçuk ya da on birde kalkarım. Kahvaltımı ederim, gazete okurum, televizyon seyrederim. Bazen sinemaya giderim.
A : Kaç yaşındasınız?
B : Yirmi yedi yaşındayım.
A : Evli misiniz?
B : Hayır, bekârım, ama bu ay evleniyorum.
A : Lokantaya turistler geliyor mu?
B : Evet, geliyor.
A : Hangi dili biliyorsunuz?
B : İngilizce, Almanca ve biraz Japonca bilirim.
A : Aileniz nerede?
B : Onlar İzmirde oturuyor.

What is your job?
I'm a waiter.
Where do you work?
In Beyti Et Lokantası.
What time are you coming to the restaurant?
At seven o'clock.
What time do you leave in the evening?
At eleven o'clock.
Oh! It's too late. You work very hard.
Yes, but this is my job. I like my job.

Do you work on Saturdays and Sundays?
I study on Saturday but I don't study on Sunday.
What do you do that day?
I get up late on Sundays.
What time?
I get up at half past ten or at eleven o'clock. I have breakfast, read newspaper, watch TV. I sometimes go to the cinema.
How old are you?
I am twenty seven years old.
Are you married?
No, I am not. I am single, but I'm getting married this month.
Are the tourist coming to the restaurant?
Yes, they are.
Which language do you know (speak)?
I speak English, German and a little Japanese.
Where is your family?
They live in İzmir.

PRACTICE 35

A: Write out the time in words.

Example : **9.15** → **(Saat) dokuzu çeyrek geçiyor.**
1. 2.10 2. **4.15** 3. **7.30** 4. **6.22** 5. **8.35** 6. **9.45** 7. **11.20** 8. **12.50** 9. **5.55** 10. **3.30**

B: Answer using the time given.
1. Sabahleyin kaçta kalkarsın? (7.30) 2. Ofise kaçta gelirsiniz? (9.00) 3. Akşam yemeğini kaçta yer? (8.00) 4. Akşamleyin kaçta yatarsın? (11.30) 5. İşadamı kaçta telefon ediyor? (1.00) 6. Kaçta otobüse biniyorsun? (4.30) 7. Evden kaçta çıkıyorlar? (5.00) 8. Parayı kaçta getiriyor? (12.00)

C: Complete, using the **-mek istemek** structure with verb tense and personal suffix given.
1. Bu kitabı oku...... (Ben - Şimdiki Zaman) 2. Onlara telefon et...... (Biz - Geniş Zaman) 3. Bu sandalyede otur...... (O - Şimdiki Zaman) 4. Bahçede oyna...... (Biz - Şimdiki Zaman) 5. Onlarla konuş...... (Ben - Olumsuz - Geniş Zaman) 6. Sandviçleri ye...... (Onlar - Şimdiki Zaman)
D: Make questions for which the words in brackets could be answers.
1. Doktor (saat dörtte) hastaneden çıkar. 2. Akşamleyin (altı buçukta) eve geliriz. 3. Yarın (parka) gitmek istiyorum. 4. (Babam) balkonda oturmaz. 5. Ali (zeytin) yiyor. 6. Çocuklar (topla) oynarlar. 7. Akşam altıda ona (telefon ederim).

E: Translate into English.
1. Saat sekiz. 2. Altıya beş var. 3. Dokuzu çeyrek geçiyor. 4. Yediye çeyrek var. 5. On bire yirmi var. 6. Saat yarım. 7. Üç buçukta gel. 8. Saat kaçta kahvaltı edersin? 9. Otobüs on buçukta geliyor. 10. Film dörtte başlar.

F: Translate into Turkish.
1. It's nine o'clock. 2. It's twenty-five past eight. 3. It's a quarter to four. 4. It's half past twelve. 5. It's a quarter past five. 6. It's ten to ten. 7. The boss comes to the factory at half past nine. 8. Give the milk to the baby at one o'clock. 9. The man is getting on the bus at seven o'clock. 10. Don't come here at five o'clock.

PRACTICE 35 - ANSWERS

A. 1. **İkiyi on geçiyor.** 2. **Dördü çeyrek geçiyor.** 3. **Yedi buçuk.** 4. **Altıyı yirmi iki geçiyor.** 5. **Dokuza yirmi beş var.** 6. **Ona çeyrek var.** 7. **On biri yirmi geçiyor.** 8. **Bire on var.** 9. **Altıya beş var.** 10. **Üç buçuk.**
B. 1. **Sabahleyin yedi buçukta kalkarım.** 2. **Ofise dokuzda geliriz.** 3. **Akşam yemeğini sekizde yer.** 4. **Akşamleyin on bir buçukta yatarım.** 5. **İşadamı birde telefon ediyor.** 6. **Dört buçukta otobüse biniyorum.** 7. **Evden beşte çıkıyorlar.** 8. **Parayı on ikide getiriyor.**
C. 1. **Bu kitabı okumak istiyorum.** 2. **Onlara telefon etmek isteriz.** 3. **Bu sandalyede oturmak istiyor.** 4. **Bahçede oynamak istiyoruz.** 5. **Onlarla konuşmak istemem.** 6. **Sandviçleri yemek istiyorlar.**
D. 1. **Doktor saat kaçta hastaneden çıkar?** 2. **Akşamleyin saat kaçta gelirsiniz?** 3. **Yarın nereye gitmek istiyorsun?** 4. **Kim balkonda oturmaz?** 5. **Ali ne yiyor?** 6. **Çocuklar neyle oynarlar?** 7. **Akşam altıda ne yaparsın?**
E. 1. It's eight o'clock. 2. It's five to six. 3. It's a quarter past nine. 4. It's a quarter to seven. 5. It's twenty to eleven. 6. It's half past twelve. 7. Come at half past three. 8. What time do you have breakfast? 9. The bus is coming at half past ten. 10. The film starts at four o'clock.
F. 1. **Saat dokuz.** 2. **Sekizi yirmi beş geçiyor.** 3. **Dörde çeyrek var.** 4. **Saat yarım.** 5. **Beşe çeyrek var.** 6. **Ona on var.** 7. **Patron dokuz buçukta fabrikaya gelir.** 8. **Saat birde sütü bebeğe ver. (Sütü bebeğe saat birde ver.)** 9. **Adam yedide otobüse biniyor.** 10. **Buraya beşte gelme. (Beşte buraya gelme.)**

208

VOCABULARY

MEŞGUL	BUSY
İşadamı bugün çok meşguldür.	The businessman is very busy today.
ANLAMAK	TO UNDERSTAND
Bu soruyu anlamam.	I don't understand this question.
TOPLANTI	MEETING
Toplantı saat kaçtadır?	What time is the meeting?
TATİL	HOLIDAY
Bu yıl tatil için nereye gidiyorsunuz?	Where are you going for holiday this year?
HEDİYE	PRESENT, GIFT
Bu nedir?	What is this?
O annemin hediyesidir.	It is my mother's present.
ALIŞVERİŞ	SHOPPING
Nereye gidiyorsun?	Where are you going?
Alışverişe gidiyorum.	I am going to shopping.
GENELLİKLE	USUALLY
Akşamleyin genellikle bira içeriz.	We usually drink beer in the evening.
SIK SIK	OFTEN
Sık sık bu lokantada yemek yerler.	They often eat at this restaurant.

GEÇE, KALA

The time after or before the hour can also be referred to by **geçe** (= past) and **kala** (= to), when talking about the time that something happens.

Saat dördü beş geçiyor.	It's five past four.
Tren dördü beş geçe gelir.	The train comes five past four.
Saat ikiyi çeyrek geçiyor.	It's a quarter past two.
İkiyi çeyrek geçe telefon eder.	He telephones a quarter past two.
Saat beşe yirmi var.	It's twenty to five.
İşi beşe yirmi kala bitiririm.	I finish the work twenty to five.
Saat dörde çeyrek var.	It's a quarter to four.
Otobüs dörde çeyrek kala geliyor.	The bus is coming a quarter to four.

Adam altıyı on geçe otobüse biniyor.	The man is getting on the bus ten past
Yediye yirmi kala telefon eder.	He telephones twenty to seven.

TIME

Here are some expressions of time and their usage in sentences.

bir saat	one hour
üç saat	three hours
altı saat	six hours
dokuz saat	nine hours
yirmi beş saat	twenty five hours
yarım saat	half an hour
iki buçuk saat	two hours and a half
beş buçuk saat	five hours and a half
kaç saat?	how many hours?
beş dakika	five minutes
on dakika	ten minutes
otuz dakika	thirty minutes
kırk dakika	fourty minutes
kaç dakika?	how many minutes?

Her gün iki saat uyuruz.	We sleep two hours every day.
Her sabah bir buçuk saat parkta yürürler.	They walk in the park for one hour and a half every morning.
Bir gün yirmi dört saattir.	One day is twenty four hours.
Kaç saat çalışıyorlar?	How many hours are they working?
Bir saat altmış dakikadır.	An hour is sixty minutes.
Tren burada on beş dakika bekler.	The train waits here for fifteen minutes.

ADVERBS OF FREQUENCY

Words like **bazen, daima, genellikle, sık sık** refer to the frequency of events or actions. They are usually used with the present simple tense cand come between subject and verb.

Onları baze ɔarkta görürüm.	I sometimes see them in the park.
Babam bazen bu koltukta oturur.	My father sometimes sits in this
Daima bu otobüse bineriz.	We always get on this bus.
Tatil için daima oraya gider.	He always goes there for holiday.
Genellikle erken yatarız.	We usually go to bed early.
Peyniri genellikle bu marketten alırım.	I usually buy the cheese from this supermarket.
Kadın sık sık evi temizler.	The woman often cleans the house.
Çocuk sık sık anne ve babasıyla uyur.	The child often sleeps with his mother and father.

Sık sık bu lokantaya gelir misin?	Do you often come to this restaurant?
Genellikle bu odada oturmam.	I don't usually sit in this room.

"İle" used with Personal Pronouns and Demonstratives

İle has been introduced already. Here we give more information on its meaning and usage.

Arkadaşımla sinemaya gidiyorum.
Oraya arabayla gider.

Let us see **ile** added to pronouns. **İle** is added to possessive pronouns (= **benim, senin, onun, bizim, sizin, onların**) rather than personal pronouns. Possessive pronouns added **ile** are below.

benim ile	with me
senin ile	with you
onun ile	with him/her
bizim ile	with us
sizin ile	with you
onlar ile	with them

As you can see, the third-person plural is an exception here, with **onlar** being used. The above forms are grammatically correct, but in normal usage **ile** takes the form of the suffix **-le/-la**.

benimle	with me
seninle	with you
onunla	with him/her
bizimle	with us
sizinle	with you
onlarla	with them

Benimle gel.	Come with me.
Bizimle oturuyor.	He is sitting with us.
Öğretmen onlarla konuşuyor.	The teacher is talking to them.
Oraya seninle gideriz.	We go there with you.
Onunla salonda yemek yiyor.	She is eating in the hall with him.
Sizinle yürümek istiyoruz.	We want to walk with you.
Onunla sınıfta konuşmuyoruz.	We aren't talking to him in the classroom.
Sizinle televizyon seyretmez.	He doesn't watch TV with you.
Benimle kahvaltı eder misin?	Do you have breakfast with me?

When **ile** is used with demonstratives, they, like pronouns, take the possessive form.

bunun ile	with this
şunun ile	with that
onun ile	with it/that

bununla	with this
şununla	with that
onunla	with it/that

In the plural, demonstratives are not used in the possessive.

bunlar ile/bunlarla	with these

şunlar ile/şunlarla	with those
onlar ile/onlarla	with those/them
Bununla yürürüz.	We walk with this.
Kapıyı şununla aç.	Open the door with that.
Bebek şunlarla uyur.	The baby sleeps with those.
Bununla mı koşarsın?	Do you run with this?
Onunla bakma.	Don't look with it.

BİR SINIF / A CLASSROOM

Burası bir sınıf. Sınıfta genç öğrenciler ve öğretmenleri var. Onlar oturuyorlar ve konuşuyorlar.	This place is a classroom. There are young students and their teacher. They are sitting and talking.
Öğretmen : Üniversite için çalışıyor musunuz?	Are you studying for the university?
Adnan : Evet. Ben her gün iki saat çalışıyorum.	Yes. I am studying two hours every day.
Öğretmen : Sen Fatma, sen de çalışıyor musun?	You, Fatma. Are you also studying?
Fatma : Evet. Ben babamla çalışıyorum.	Yes. I am studying with my father.
Öğretmen : Kim üniversiteye gitmek istemiyor?	Who doesn't want to go to the university?
Leyla : Ben istemiyorum. Amcam Amerikada. Oraya gidiyorum.	I don't want. My uncle is in America. I am going there.
Öğretmen : Çok iyi. Cumartesi ve pazar günleri genellikle ne yaparsınız?	Very good. What do you usually do on Saturdays and Sundays?
Fatma : Ben cumartesi günü üniversite için çalışıyorum. Pazar günü genellikle televizyon seyrederim.	I am studying for the universtiy on Saturday. I usually watch TV on Sunday.
Öğretmen : Cumartesi ve pazar günleri kaçta kalkarsın?	What time do you get up on Saturday and Sunday?
Fatma : Cumartesi günü dokuzda, pazar günü onda kalkarım.	I get up at nine o'clock on Saturday, at ten o'clock on Sunday.
Leyla : Ben pazar günü daima erken kalkarım. Sekizde. Müzik dinlerim. Bazen arkadaşlarla sinemaya giderim.	I always get up early on Sunday. At eight o'clock. I listen to music. I sometimes go to the cinema with friends.
Adnan : Ben Cumartesi ve pazar günü erken kalkarım. Sekiz buçukta buçukta. Cumartesi günü ders çalışırım. Pazar günü arkadaşlarımla futbol oynarım.	I get up early on Saturday and Sunday. At half past eight. I study on Saturday. I play football with my friends on Sunday.
Öğretmen : Tamam, arkadaşlar. Şimdi derse başlıyorum.	All right, friends. I am starting the lesson now.

Questions and Answers to the Reading Passage

Sınıfta kimler var?
Who are there in the classroom.

Öğrenciler ve öğretmenleri var.
There are the students and their teacher.

Onlar ne yapıyorlar?
What are they doing?

Konuşuyorlar.
They are talking.

Adnan üniversite için çalışıyor mu?
Is Adnan studying for the university?

Evet, çalışıyor.
Yes, he is.

Fatma kiminle çalışıyor?
Who is Fatma studying with?

Babasıyla çalışıyor.
She is studying with her father.

Leyla üniversiteye gitmek istiyor mu?
Does Leyla want to go to the university?

Hayır, istemiyor.
No, she doesn't.

O nereye gitmek istiyor?
Where does she want to go?

Amerikaya gitmek istiyor.
She wants to go to America.

Fatma pazar günü ne yapıyor?
What is Fatma doing on Sunday?

Televizyon seyrediyor.
She is watching TV.

Fatma cumartesi günü kaçta kalkar?
What time does Fatma get up on Saturday?

Dokuzda kalkar.
She gets up at nine o'clock.

Leyla Pazar günü bazen nereye gider?
Where does Leyla sometimes go on Sunday?

Sinemaya gider.
She goes to the cinema.

Kiminle gider?
Who does she go with?

Arkadaşlarıyla gider.
She goes with her friends.

Adnan kaçta kalkar?
What time does Adnan get up?

Sekiz buçukta kalkar.
He gets up at half past eight.

Cumartesi günü ne yapar?
What does he do on Saturday?

Ders çalışır.
He studies.

Pazar günü ne yapar?
What does he do on Sunday?

Arkadaşlarıyla futbol oynar.
He plays footbal with his friends.

PRACTICE 36

A: Answer using the time given.
1. **Eve saat kaçta döner?** (8.15) 2. **Saat kaçta kahvaltı eder?** (7.45) 3. **Kaçta otobüse biniyorsun?** (9.10) 4. **Saat kaçta telefon ediyor?** (12.30) 5. **Saat kaçta kalkıyorlar?** (6.15)

B: Insert the adverb of frequency into the sentences.
1. **Yaşlı kadın o parka gider.** (bazen) 2. **Annem saat altıda kalkar.** (daima) 3. **Bu otelde kalırlar.** (sık sık) 4. **Arkadaşım bu otobüse biner.** (genellikle) 5. **Orada beklerim.** (daima) 6. **Pazar günü sinemaya giderler.** (sık sık) 7. **Süt içeriz.** (bazen)

C: Rewrite using the pronoun given with **ile**.

Example : O Ankaraya gidiyor. (ben) → O benimle Ankaraya gidiyor.
1. **Biz sinemaya gidiyoruz. (siz)** 2. **Ders çalışıyorum. (onlar)** 3. **O yemek yiyor mu? (sen)** 4. **Siz bu otelde kalırsınız. (biz)** 5. **Ben patronu bekliyorum. (o)** 6. **Annem her gün konuşur. (ben)** 7. **Biz balkonda oturuyoruz. (onlar)**

D: Change to positive, negative or question form, as indicated.
1. **Oraya seninle gitmem. (Olumlu)** 2. **Burada çay içiyoruz. (Soru)** 3. **Şimdi kapıyı açıyor. (Olumsuz)** 4. **Arkadaşım evin önünde beklemiyor. (Soru)** 5. **Her hafta temizlik yapar mı? (Olumsuz)** 6. **Bu evi satmazlar. (Olumlu)** 7. **İşini bitiriyor musun? (Olumsuz)**

E: Translate into English.
1. **Beni anlıyor musun?** 2. **Saat sekizde bir toplantı var. İşadamı toplantıya gidiyor.** 3. **Genellikle şarap içeriz.** 4. **Sık sık bu parka gelirler.** 5. **Altıya on kala ofisten çıkarız.** 6. **İzmire seninle gitmek istiyorum.** 7. **Bu evde onlarla oturuyoruz.**

F: Translate into Turkish.
1. He usually helps his father. 2. How many minutes do you wait there? 3. My friends are coming at 5:15. 4. Don't sit here with them. 5. The teacher is talking to you. 6. We always get up early. 7. Come to the bus-stop at 7:45.

PRACTICE 36 - ANSWERS

A. 1. **Eve sekizi çeyrek geçe döner.** 2. **Sabah sekize çeyrek kala kahvaltı eder.** 3. **Dokuzu on geçe** otobüse biniyorum. 4. **Saat yarımda telefon ediyor.** 5. **Altıyı çeyrek geçe kalkıyorlar.**
B. 1. **Yaşlı kadın bazen o parka gider.** 2. **Annem daima saat altıda kalkar.** 3. **Sık sık bu otelde kalırlar. (Bu otelde sık sık kalırlar.)** 4. **Arkadaşım genellikle bu otobüse biner.** 5. **Daima orada beklerim.** 6. **Pazar günü sık sık sinemaya giderler.** 7. **Bazen süt içeriz.**
C. 1. **Biz sizinle sinemaya gidiyoruz.** 2. **Onlarla ders çalışıyorum.** 3. **O seninle yemek yiyor mu?** 4. **Siz bizimle bu otelde kalırsınız.** 5. **Ben onunla patronu bekliyorum.** 6. **Annem benimle her gün konuşur. (Annem her gün benimle konuşur.)** 7. **Biz onlarla balkonda oturuyoruz.**
D. 1. **Oraya seninle giderim.** 2. **Burada çay içiyor muyuz?** 3. **Şimdi kapıyı açmıyor.** 4. **Arkadaşım evin önünde bekliyor mu?** 5. **Her hafta temizlik yapmaz.** 6. **Bu evi satarlar.** 7. **İşini bitirmiyorsun.**
E. 1. Do you understand me? 2. There is a meeting at eight o'clock. The businessman is going to the meeting. 3. We usually drink wine. 4. They often come to this park. 5. We go out of the office at ten to six. 6. I want to go to İzmir with you. 7. We live in this house with them.
F. 1. **Genellikle babasına yardım eder.** 2. **Orada kaç dakika beklersin?** 3. **Arkadaşlarım beşi çeyrek geçe geliyor.** 4. **Onlarla burada oturma. (Burada onlarla oturma.)** 5. **Öğretmen seninle konuşuyor.** 6. **Daima erken kalkarız.** 7. **Sekize çeyrek kala otobüs durağına gel.**

VOCABULARY

-DIR, -DİR
Burada üç saattir oturuyor.

FOR
He has been sitting here for three hours.

-DEN BERİ
Saat beşten beri uyuyorum.

SINCE
I have been sleeping since five o'clock.

KEZ, KERE, DEFA
Bebek dört kez yemek yer.

TIMES
The baby eats four times.

SONRA
İki gün sonra doktorlar geliyor.

LATER
The doctors are coming two days later.

DÖNMEK
Ne zaman dönüyorsun?

TO GO BACK, TO RETURN
When are you going back?

GÖSTERMEK
Mektupları bana gösterir.

TO SHOW
She shows the letters to me.

GİYMEK
Her gün bu etcği giyer.

TO WEAR, TO PUT ON
She wears this skirt every day.

-DİR, -DIR; -DEN/-DAN BERİ

These suffixes are uscd when talking about time, usually with the present continuous. **-dır, -dir** (for + time expression) is used for periods of time, such as two hours, five months, four years, etc. **-den beri** (since + time expression) is used for points in time, such as two o'clock, Monday, etc. Depending on vowel harmony and the last consonant (if it is **p, ç, t, k, s**) the variations of the suffix **-dır, -dir, -dur, -dür, -tır, -tir, -tur, -tür.**

ne zamandır	how long
yarım saattir	for half an hour
bir saattir	for one hour
on beş saattir	for fifteen hours
kaç saattir	for how many hours
üç gündür	for three days
kaç gündür	for how many days
altı haftadır	for six weeks
kaç haftadır	for how many weeks
altı aydır	for six months

kaç aydır	for how many months
iki yıldır	for one year
kaç yıldır	for how many years

On beş dakikadır treni bekliyoruz. — We have been waiting for the train for fifteen minutes.

Kaç saattir bekliyorsunuz? — For how many hours are you wating?
Yarım saattir mutfakta oturuyor. — She has been sitting in the kitchen for half an hour. **Üç saattir müdürle konuşuyoruz.** — We have been talking to the manager for three hours.

Kaç gündür onu görmüyorsunuz? — For how many days haven't you seen her?
İki gündür onu görmüyorum. — I haven't seen him for two days.
Dört gündür Ankaradadır. — He has been in Ankara for four days.
Bir haftadır onu görmüyorum. — I haven't been seeing him for one week.
Altı haftadır hastanedeyiz. — We have been in hospital for six weeks.
Bir aydır neredesin? — Where have you been for one month?
Üç aydır Türkçe öğreniyor. — He has been learning Turkish for three months.

Kaç yıldır oraya gitmiyorsunuz? — For how many years haven't you been going there?

İki yıldır oraya gitmiyorum. — I haven't been going there for two years.

-DEN BERİ

Variations here are **-den, -dan, -ten, -tan**.

ne zamandan beri	since when
saat birden beri	since one o'clock
saat dörtten beri	since four o'clock
saat kaçtan beri	

pazartesiden beri	since Monday
salıdan beri	since Tuesday
pazardan beri	since Sunday

Altıdan beri otobüs bekliyorum. — I have been waiting for a bus since six o'clock.

Saat beşten beri doktorun odasında bekliyoruz. — We have been waiting in the doctor's room since five o'clock.

Saat ondan beri balkondaoturuyorsunuz. — You have been sitting in the balcony since ten o'clock.

Saat üçten beri ders çalışıyoruz. — We have been studying lesson since three o'clock.

Dörtten beri televizyon seyrediyorlar. — They have been watching TV since four o'clock.

Pazartesiden beri ne yapıyorsun? — What have you been doing since Monday?
Cumadan beri onu görmüyoruz. — We haven't seen her since Friday.

SONRA

Sonra (English, in + time period) is used after a time period to refer to the future.

on dakika sonra — in ten minutes

iki saat sonra	in two hours
iki gün sonra	in two days
üç hafta sonra	in three weeks
altı ay sonra	in six months
iki yıl sonra	in two years

On beş dakika sonra buraya gel.	Come here in fifteen minutes.
Yarım saat sonra eve dönüyor.	He is going back home in half an hour.
Üç gün sonra sana telefon ederim.	I'll telephone you in three days.
İki hafta sonra işi bitiriyor.	She is finishing the work in two weeks.
Bir ay sonra neredeyiz?	Where are we in one month?
Üç yıl sonra Amerikadan dönüyoruz.	We are leaving the States in three

SAATLİK, GÜNLÜK, HAFTALIK, AYLIK, YILLIK

The suffix **-lık, -lik, -luk, -lük** is added to words for time periods to change the nouns into adverbs of time.

beş dakikalık	five minute ...
bir saatlik	one hour ...
dört günlük	four day ...
bir haftalık	one week ...
iki aylık	two month ...
dört yıllık	four year ...

kırkbeş dakikalık film	forty five minute film
bir saatlik ders	one hour lesson
iki günlük iş	two day work
dört haftalık toplantı	four week meeting
altı aylık şirket	six month company
beş yıllık araba	five year car

Bu benim iki yıllık paltom.	This is my two-year overcoat.
Şimdi iki saatlik ders var.	There is a two-hour lesson now.
On beş günlük tatile gidiyor.	She is going to a fifteen-day holiday.
İki haftalık işi bitiriyorum.	I am finishing the two-week work.
Fabrikada iki aylık iş var.	There is a two-month work in the factory.

NE ZAMAN, SAAT KAÇTA

Both of these are used to find out times, but they have different types of answer.

Ne zaman, like the English 'when', is more general, whereas **saat kaçta** asks for the time of day.

Ne zaman yatar?	When does she go to bed?
Saat on birde yatar.	She go to bed at eleven o'clock.

Ne zaman eve dönüyorsunuz?	When are you going back home?
Pazartesi günü dönüyoruz.	We are going back on Monday.

The questions below need to be answered with a specific time.

Saat kaçta yatarsın?	What time do you go to bed?

217

On birde yatarım.	I go to bed at eleven o'clock.
Toplantı saat kaçta?	What time is the meeting?
Dokuz buçukta.	It's at half past nine.
Ne zaman işi bitiriyor?	When is she finishing the work?
Akşamleyin bitiriyor.	She is finishing in the evening.
Bugün bitiriyor.	She is finishing today.
Altıda bitiriyor.	She is finishing at six o'clock.

DIALOGUE

A : Ne zamandır burada çalışıyorsunuz?	How long have you been working here?
B : İki yıldır çalışıyorum.	I have been working for two years.
A : Burada ne iş yapıyorsunuz?	What do you do here?
B : Sekreterim.	I am a secretary.
A : Şimdi ne yazıyorsunuz?	What are you writing now?
B : Bir mektup.	A letter.
A : Ne zaman bitiriyorsunuz?	When are you finishing?
B : Bir saat sonra.	In an hour.
A : Sabah ofise kaçta geliyorsunuz?	What time are you coming to the office?
B : Dokuzda geliyorum.	I am coming at nine o'clock.
A : Ne zaman çıkıyorsunuz?	When are you going out of?
B : Akşamleyin. Saat altıda.	In the evening. At six o'clock.
A : Akşam altıda ofisin önündeki	Come to the bus-stop in front of the
otobüs durağına gelin, lütfen.	office at six o'clock in the evening, please.
B : Tamam.	All right.

PRACTICE 37

A: Answer using the word in brackets with the suffixes **-dır, -dir** or **-den beri**.
1. **Kaç gündür onu görmüyorsunuz? (iki)** 2. **Kaç saattir orada bekliyorsun? (altı)** 3. **Saat kaçtan beri uyuyor? (üç)** 4. **Ne zamandan beri fabrikaya gitmiyorsun? (Pazartesi)** 5. **Kaç dakikadır otobüs bekliyorsunuz? (yirmi)** 6. **Saat kaçtan beri ders çalışıyorlar? (dört)**

B: Add the suffixes **-dır, -dir** or **-den beri** to the time expressions.
1.**üç gün** 2.**altı saat** 3.**saat yedi** 4.**salı** 5.**üç hafta** 6.**saat üç** 7.**perşembe** 8.**on iki saat** 9.**saat on iki**

C: Put the words in brackets with **sonra** into the sentence.
1. **Eve dönüyor. (iki hafta)** 2. **Neredesiniz? (bir ay)** 3. **Evdeyiz. (iki gün)** 4. **Toplantıya geliyorlar. (dört saat)** 5. **Amerikaya gidiyor. (bir yıl)** 6. **Evi temizliyoruz. (yarım saat)** 7. **Kapıyı kapıyorlar. (on beş dakika)**

D: Put the words in brackets with the suffix **-lık, -lik, -luk, -lük** into the sentence.
1. **Evde ekmek var. (iki gün)** 2. **Elbise giyiyor. (üç yıl)** 3. **İş var. (iki saat)** 4. **Tatile gidiyor. (üç hafta)** 5. **Bu bir şirkettir. (dört ay)**

E: Translate into English.
1. **İki saattir onu bekliyorum.** 2. **Altı haftadır Pariste.** 3. **Pazartesiden beri ne yapıyorlar?** 4. **Saat ikiden beri kitap okuyorum.** 5. **Üç yıl sonra Türkiyeye dönüyorlar.** 6. **İki gün sonra seninle konuşmak istiyorum.** 7. **Kırk beş dakikalık bir ders var.** 8. **On yıllık bir evde yaşıyorlar.** 9. **Saat kaçta toplantıya gidiyor?** 10. **Ne zaman telefon edersin?**

F: Translate into Turkish.
1. We have been waiting for the bus for twenty minutes. 2. He has been working here for two years. 3. What time are they having breakfast? 4. When does the film start? 5. She is finishing a two-month work this evening. 6. My husband is going to İzmir in five months. 7. We haven't been watching TV since Tuesday. 8. He has been in the restaurant since four o'clock. 9. There is a two-hour meeting in the office. 10. You'll see your mother in two weeks.

PRACTICE 37 - ANSWERS

A. 1. **İki gündür onu görmüyoruz./görmüyorum.** 2. **Altı saattir orada bekliyorum.** 3. **Saat üçten beri uyuyor.** 4. **Pazartesiden beri fabrikaya gitmiyorum.** 5. **Yirmi dakikadır otobüs bekliyoruz.** 6. **Saat dörtten beri ders çalışıyorlar.**

B. üç gündür, altı saattir, saat yediden beri, salıdan beri üç haftadır, saat üçten beri, perşembeden beri, on iki saattir, saat on ikiden beri

C. 1. **İki hafta sonra eve dönüyor.** 2. **Bir ay sonra neredesiniz?** 3. **İki gün sonra evdeyiz.** 4. **Dört saat sonra toplantıya geliyorlar.** 5. **Bir yıl sonra Amerikaya gidiyor.** 6. **Yarım saat sonra evi temizliyoruz.** 7. **On beş dakika sonra kapıyı kapıyorlar.**

D. 1. **Evde iki günlük ekmek var.** 2. **Üç yıllık elbise giyiyor.** 3. **İki saatlik iş var.** 4. **Üç haftalık tatile gidiyor.** 5. **Bu dört aylık bir şirkettir.**

E. 1. I have been waiting for him for two hours. 2. He is in Paris for six weeks. 3. What have they been doing since Monday? 4. I have been reading book since two o'clock. 5. They are going back to Türkiye in three years. 6. I want to talk to you in two days. 7. There is a forty five-minute lesson. 8. They live in a ten-year house. 9. What time is he going to the meeting? 10. When do you telephone?

F. 1. **Yirmi dakikadır otobüsü bekliyoruz.** 2. **İki yıldır burada çalışıyor.** 3. **Saat kaçta kahvaltı ediyorlar?** 4. **Film ne zaman başlar?** 5. **İki aylık bir işi bu akşam bitiriyor.** 6. **Kocam beş ay sonra İzmire gidiyor.** 7. **Salıdan beri televizyon seyretmiyoruz.** 8. **Saat dörtten beri lokantada.** 9. **Ofiste iki saatlik bir toplantı var.** 10. **İki hafta sonra anneni görürsün.**

VOCABULARY

CÜMLE
Mektuptaki cümleleri anlamıyorum.

SENTENCE
I don't understand the sentences in the letter.

SÖZCÜK, KELİME
Yeni sözcükleri öğren, lütfen.

WORD
Learn the new words, please.

BİRLİKTE, BERABER
Ahmet Bey ve Suna Hanım
birlikte çalışırlar.

TOGETHER
Ahmet Bey and Suna Hanım
work together.

ŞEMSİYE
Hava yağmurlu, şemsiyeni al.

UMBRELLA
It's rainy, take your umbrella.

MAĞAZA
Elbiselerini bu mağazadan alır.

STORE
She buys her dresses from this store.

HAVAALANI
Uçak havaalanındadır.

AIRPORT
The plane is at the airport.

... kere (defa, kez) / times

These words all have the same basic meaning, used for talking about the number of times something happens.

bir kere	once
iki kere	twice
üç kere	three times
beş kere	five times
altı defa	six times
üç defa	three times
yedi kez	seven times
on kez	ten times

Mağazayı iki kez temizlerler.
Sözcükleri dört kez oku.

They clean the store twice.
Read the words four times.

Kadın iki defa çay içer.
Üç defa yemek yeriz.

The woman drinks tea twice.
We eat three times.

Bebek üç kere süt içer.

The baby drinks milk three times.

Doktor hastayı bir kere ziyaret eder.	The doctor visits the patient once.
Oraya iki kere giderim.	I go there twice.
Buraya üç kez gelirler.	They come here three times.
Kadın beş kere odayı temizler.	The woman cleans the room five times.

saatte (günde, haftada, ayda, yılda) ... kere

To make proper sentences from the above examples, the suffix **-de/-da** is added to a word for a time period, which is placed before the number.

saatte	an hour ...
günde	a day ...
haftada	a week ...
ayda	a month ...
yılda	a year ...

saatte iki kere	twice an hour
günde üç defa	three times a day
haftada beş kez	five times a week
günde iki kere	twice a day
haftada dört defa	four times a week
ayda altı kez	six times a month
yılda bir kere	once a year

Yılda iki kez tiyatroya giderim.	I go to the theatre twice a year.
Kadın haftada bir kez evi temizler.	The woman cleans the house once a week.
Saatte bir defa hastaya bak.	Look at the patient once an hour.
Aşye yılda dört kez ailesini ziyaret eder.	Ayşe visits her family four times a year.
Ayda beş kere toplantıya gider.	He goes to the meeting five times a month.
Taksi günde bir kez havaalanına gider.	The taxi goes to the airport once a day.
Yılda üç defa bu otelde kalır.	They stay at this hotel three times a year.

ne kadar sık, kaç kere (kez, defa)

These expressions are used to make questions about how often something happens. We saw **sık sık** (= often) earlier.

sık sık	often
ne kadar sık	how often
kaç defa/kere	how many times

Sinemaya ne kadar sık/kaç defa gidersin?	How often do you go to the cinema?
Ne kadar sık telefon eder?	How often does she telephone?
Annen kaç kere İstanbula gelir?	How often does your mother come to
Günde kaç kere telefon eder?	How many times a day does she telephone?
Ayda kaç kez mektup yazarsın?	How many times a month do you write letter?
Ayda kaç kez toplantıya gider?	How many times a month does he go to the meeting?
Haftada kaç kez size gelir?	How many times a week does she come to you?
Kaç kez mektup yazarsın?	How often do you write letter?

Haftada bir kez yazarım.	I write once a week.
Yılda kaç kez elbise alırsın?	How many times a year do you buy dress?
Altı kez alırım.	I buy six times.

Words Used in the Reading Passage

rehber	guide
özlemek	to miss
gezmek	walk about

BİR AİLE

A FAMILY

Ali Bey bir lokantada müdürdür. İşini çok sever. Otuz yedi yaşındadır. Lokanta İzmirdedir. Büyük ve güzel bir lokantadır. Bu lokantaya Japon turistler ve Türk müşteriler gelir.

Ali Bey is a manager at a restaurant. He likes his job very much. He is thirty seven years old. The restaurant is in Izmir. It is a big and nice restaurant. Japanese tourists and Turkish customers come to this restaurant.

Ali Beyin karısı ve kızı İstanbul-dadır. Karısı Ayten Hanım bir rehberdir, ama şimdi İngilizce öğretir. Kızı Sumru üç yaşındadır. Ali Bey kızını çok seviyor ve özlüyor. Altı ay sonra Ayten Hanım ve Sumru da İzmire gidiyor.

Ali Bey's wife and daughter are in Istanbul. His wife Ayten Hanım is a guide, but now she teaches English. His daughter Sumru is three years old. Ali Bey likes his daughter very much and he misses her. In six months, Ayten Hanım and Sumru are also going to Izmir.

Ayten Hanım haftada üç kez kızı ile birlikte parka gidiyor. Onunla parkta oynuyor.

Ayten Hanım is going to the park together with her daughter. She is playing with her in the park.

Ali Bey ayda iki kez İstanbula gelir. Kızı ile oynar. Akşamleyin bazen Ayten Hanım ile beraber güzel bir lokantaya gider ve yemek yer. Müzik dinler.

Ali Bey comes to Istanbul twice a month. He plays with his daughter. In the evening, he goes to a nice restaurant with Ayten Hanım and has dinner. He listens to music.

Sık sık Ayten Hanım ve Sumru da İzmire giderler. Ali Bey İzmirde güzel bir dairede oturur. O dairede kalırlar. Onlar İzmirde gezerler.

Sometimes Ayten Hanım and Sumru also go to Izmir. Ali Bey lives in a nice flat in Izmir. They live in that flat. They walk about in Izmir.

Bir yıl sonra orada bir ev satın almak istiyorlar. Ali Beyin arkadaşı Kenan Bey de aynı işi yapıyor. Kenan Beyin karısı Junri Hanım Japondur. Onlar İstanbulda oturuyorlar ama İzmiri seviyorlar ve orada yaşamak istiyorlar.

They want to buy a house there in a year. Ali Bey's friend Kenan Bey also does the same job. Kenan Bey's wife Junri Hanım is Japanese. They live in Istanbul but they like Izmir and they want to live there.

Questions and Answers to the Reading Passage

Ali Bey ne iş yapar?
What is Ali Bey's job?

O bir lokantada müdürdür.
He is a manager in a restaurant.

İşini sever mi?
Does he like his job?

Evet, sever.
Yes, he likes.

Lokanta nerededir?
Where is the restaurant?

İzmirdedir.
It is in Izmir.

Ali Bey kaç yaşındadır?
How old is Ali Bey?

Otuz yedi yaşındadır.
He is thirty seven years old.

Lokantaya kimler gelir?
Who comes to the restaurant?

Japon turistler ve Türk müşteriler gelir.
Japanese tourists and Turkish customers come.

Ali Beyin karısı ve kızı nerededir?
Where are Ali Bey's wife and daughter?

Onlar İstanbuldadır.
They are in Istanbul.

Ayten Hanımın işi nedir?
What is Ayten Hanım's job?

O bir rehberdir.
She is a guide.

O şimdi ne yapıyor?
What is she doing now?

İngilizce öğretiyor.
She is teaching English.

Sumru kaç yaşındadır?
How old is Sumru?

Üç yaşındadır.
She is three years old.

Ayten Hanım ve Sumru ne zaman İzmire gidiyor?
When are Ayten Hanım and Sumru going to Izmir?

Altı ay sonra İzmire gidiyorlar.
They are going to Izmir in six months.

Ayten Hanım parka ne kadar sık gidiyor?
How often does Ayten Hanım go to the park?

Haftada üç kez gider.
He goes three times a week.

Parka kiminle gider?
Who does she go to the park with?

Kızı ile beraber gider.
She goes together with her daughter.

Ali Bey ne kadar sık İstanbula gelir?
How often does Ali Bey come to Istanbul?

Ayda iki kez gelir.
He goes twice a month.

Akşamleyin bazen nereye giderler?
Where do they sometimes go in the evening?

Güzel bir lokantaya giderler.
They go to a nice restaurant.

Orada ne yaparlar?
What do they do there?

Yemek yer ve müzik dinlerler.
They eat and listen to music.

Ayten Hanım ve Sumru İzmire gider mi?
Do Ayten Hanım and Sumru go to Izmir?

Evet, gider.
Yes, they do.

Ali Bey İzmirde nerede oturur?
Where does Ali Bey live in Izmir?

Güzel bir dairede oturur (yaşar).
He lives in a nice flat.

Ne zaman İzmirde bir ev almak istiyorlar?
When do they want to buy a house in Izmir?

Bir yıl sonra almak istiyorlar.
They want to buy it in one year.

Kenan Bey kimdir?
Who is Kenan Bey?

Ali Beyin arkadaşıdır.
He is Ali Bey's friend.

Kenan Beyin karısı nerelidir?
Where does Kenan Bey's wife come from?

O Japondur.
She is Japanese.

Onlar nerede yaşıyorlar?
Where do they live?

İstanbulda yaşıyorlar.
They live in Istanbul.

İzmirde yaşamak isterler mi?
Do they want to live in Izmir?

Evet, isterler.
Yes, they do.

PRACTICE 38

A: Answer using the number given.
1. **Kaç kez çay içersin? (1)** 2. **Kaç kere telefon eder? (6)** 3. **Kaç defa otobüse binerler? (4)** 4. **Kaç defa markete gidersiniz? (3)** 5. **Doktor kaç kez hastanın odasına gelir? (2)**

B: Use the words given to make questions as in the example.
Example : sen - hafta - sinemaya gitmek → Haftada kaç kez sinemaya gidersin?
1. **sen - yıl - tiyatroya gitmek** 2. **biz - gün - kahve içmek** 3. **kadın - hafta - yemek yapmak** 4. **sen - ay - mektup yazmak** 5. **o - yıl - oraya gitmek** 6. **onlar - ay - seni ziyaret etmek** 7. **siz - gün - ona telefon etmek** 8. **sen - hafta - para almak**

C: Make questions using **ne zaman** or **saat kaçta**.
1. **Sütçü sabahleyin gelir.** 2. **Her ay bir mektup yazarlar.** 3. **Saat altıda ofisten çıkarız.** 4. **Toplantı Pazartesi günüdür.** 5. **Kahvaltı 7.30'dadır.** 6. **Bu taksi akşamleyin havaalanına gidiyor.** 7. **Akşam yedide işi bitiriyorum.** 8. **Sınav 2'dedir.**

D: Add the suffix **-dır, -dir** or **-den beri**.
1.**üç saat** 2.**saat üç** 3.**çarşamba** 4.**altı gün** 5.**iki ay** 6.**saat dört** 7.**dört hafta** 8.**perşembe**

E: Translate into English.
1. **Dört saattir otobüs durağında bekliyoruz.** 2. **İki kez yemek yerim.** 3. **Ne kadar sık lokantada yemek yerler?** 4. **Haftada kaç kez size gelir?** 5. **Yılda iki kere hastaneye giderim.** 6. **Dört günlük bir toplantı var.** 7. **Bir yıl sonra arkadaşım dönüyor.**

F: Translate into Turkish.
1. How often does he drink water? 2. They come to us three times a month. 3. The man opens the door once a day. 4. The doctor comes here twice a week. 5. I am buying a five-year car. 6. What have you been doing since Wednesday? 7. How often does she use this knife?

PRACTICE 38 - ANSWERS

A. 1. **Bir kez çay içerim.** 2. **Altı kere telefon eder.** 3. **Dört defa otobüse binerler.** 4. **Üç defa markete gideriz.** 5. **Doktor iki kez hastanın odasına gelir.**

B. 1. **Yılda kaç kez tiyatroya gidersin?** 2. **Günde kaç kere kahve içeriz?** 3. **Kadın haftada kaç defa yemek yapar?** 4. **Ayda kaç kere mektup yazarsın?** 5. **Yılda kaç kez oraya gider?** 6. **Ayda kaç kez seni ziyaret ederler?** 7. **Günde kaç kere ona telefon edersiniz?** 8. **Haftada kaç kez para alırsın?**

C. 1. **Sütçü ne zaman gelir?** 2. **Ne zaman bir mektup yazarlar?** 3. **Saat kaçta ofisten çıkarsınız?** 4. **Toplantı ne zamandır?** 5. **Kahvaltı saat kaçtadır?** 6. **Bu taksi ne zaman havaalanına gidiyor?** 7. **Akşam kaçta işi bitiriyorsun?** 8. **Sınav kaçtadır?**

D. 1. **üç saattir** 2. **saat üçten beri** 3. **çarşambadan beri** 4. **altı gündür** 5. **iki aydır** 6. **saat dörtten beri** 7. **dört haftadır** 8. **perşembeden beri**

E. 1. We have been waiting at the bus-stop. 2. I eat twice. 3. How often do they eat in this restaurant? 4. How many times does she come to you in a week? 5. I go to the hospital twice a year. 6. There is a four-day meeting. 7. My friend is coming back in one year.

F. 1. **Ne kadar sık (kaç kere) su içer?** 2. **Ayda üç kez bize gelirler.** 3. **Adam günde bir kez kapıyı açar.** 4. **Doktor haftada iki kez buraya gelir.** 5. **Beş yıllık bir araba alıyorum.** 6. **Çarşambadan beri ne yapıyorsun?** 7. **Bu bıçağı ne kadar sık (kaç kere) kullanır?**

225

VOCABULARY

ANLATMAK	TO TELL
Arkadaşına ne anlatıyorsun?	What are you telling your friend?
DAĞ	MOUNTAIN
Dağda kar var mı?	Is there snow on the mountain?
ORMAN	FOREST
Bugün ailesiyle birlikte ormana gidiyor.	He is going to the forest together with his family.
ZARF	ENVELOPE
Mektubu zarfa koy, lütfen.	Put the letter into the envelope, please.
DEDE, BÜYÜKBABA	GRANDFATHER
Dedem çok yaşlıdır.	My grandfather is very old.
ANNEANNE, BÜYÜKANNE	GRANDMOTHER
Anneanneni sık sık ziyaret eder misin?	Do you often visit your grandmother?
KÜTÜPHANE	LIBRARY
Bu kütüphanede ilginç kitaplar var.	There are interesting books in this library.
EŞEK	DONKEY
Bahçedeki eşek kimindir?	Whose is the donkey in the garden?
KOYUN	SHEEP
İşadamı bu koyunları alıyor.	The businessman is buying these sheep.

-BİLMEK

The verb **bilmek** refers to ability (eg the power or permission to do something). It is like the English word 'can', and is usually used as a suffix.

Let us use the verb **yapmak** as an example. To the root **yap** is added **-abilmek**. The suffix forms of **bilmek** are **-(y)abilmek** and **-(y)ebilmek**. In making sentences, the **-mek/-mak** infinitive suffix is dropped and personal suffixes added.

yapmak	to do
yap	do
yapabilmek	to be able to do
gelmek	to come
gel	come

gelebilmek	to be able to come
yazmak	to write
yaz	write
yazabilmek	to be able to write
duymak	to hear
duy	hear
duyabilmek	to be able to hear
beklemek	to wait
bekle	wait
bekleyebilmek	to be able to wait
yürümek	to walk
yürü	walk
yürüyebilmek	to be able to walk

Some verbs are irregular.

gitmek	to go
git	go
gidebilmek	to be able to go
yemek	to eat
ye	eat
yiyebilmek	to be able to eat

Now we shall make sentences. Using **yapmak**, the first person singular structure is made like this. First, the root, **yap,** and then the suffix **-abilir**:

yap - abilir

Last the personal suffix:

yap - abilir - im

Yapabilirim.	I can do.
Alabilirim.	I can take.
Gelebilirim.	I can come.
Uyuyabilirim.	I can sleep.
Bekleyebilirim.	I can wait.
Gidebilirim.	I can go.
Yiyebilirim.	I can eat.
Yapabilirsin.	You can do.
Uyuyabilirsin.	You can sleep.
Oynayabilirsin.	You can play.
Gidebilirsin.	You can go.
Yapabilir.	He can do.
Uyuyabilir.	He can sleep.
Oynayabilir.	He can play.
Gidebilir.	He can go.

Yapabiliriz.	We can do.
Bekleyebiliriz.	We can wait.
Gidebiliriz.	We can go.
Seyredebiliriz.	We can watch.

Yapabilirsiniz.	You can do.
Uyuyabilirsiniz.	You can sleep.
Bekleyebilirsiniz.	You can wait.
Gidebilirsiniz.	You can go.

Yapabilir(ler).	They can do.
Bekleyebilir(ler).	They can wait.
Gidebilir(ler).	They can go.
Seyredebilir(ler).	They can watch.

Forms with this structure have more than one possible meaning. The sentence below, for example, may have four different meanings. (This is much the same in English.)

Odayı temizleyebilirim.	I can clean the room.

a) I have the power/energy
b) I have (been given) permission   to clean the room.
c) I know how
d) It is possible for me

In English these different meanings are all possible using the word 'can', except d) which would be better translated by 'might' or 'could'. The meaning be used is understood from the context.

Oraya gidebilirim.	I can go there.
Bu odada sigara içebilirim.	I can smoke in this room.
Ormana gidebilirim.	I can go to the forest.

Bir bardak şarap içebilirsin.	You can drink a glass of wine.
O resmi gösterebilirsin.	You can show that picture.
İşini bitirebilirsin.	You can finish your work.

Oraya arkadaşıyla gidebilir.	She can go there with her friend.
O eteği giyebilir.	She can wear that skirt.
Bize telefon edebilir.	He can telephone us.

Balkonda oturabiliriz.	We can sit in the balcony.
İspanyolca öğrenebiliriz.	We can learn Spanish.
Soruları yanıtlayabiliriz.	We can answer the questions.

Arkadaşınıza anlatabilirsiniz.	You can tell your friend.
Patronla konuşabilirsiniz.	You can talk to the boss.
Bu odada sigara içebilirsiniz.	You can smoke in this room.

Türkçe öğretebilirler.	They can teach Turkish.
Şu otobüse binebilirler.	They can get on that bus.
Müziği dinlcyebilirler.	They can listen to the music.
Perşembe günü arkadaşım gelebilir.	My friend can come on Thursday.
O kitapları getirebilirsiniz.	You can bring those books.
Turistler müzeye girebilir.	The tourists can enter the museum.

Yes/No Questions with -Bilmek

To make yes/no questions with **-bilmek**, to the ability suffix **-(y)abilir/ -(y)ebilir** is added the question marker **-mı/-mi** and then the personal suffix. Let us use **yapmak** again to show this.

Ben-yap

After the verb root, the ability suffix, and then question marker:

yap - abilir - mi

Last the personal suffix:

Yap - abilir - mi - yim?

Satabilir miyim?	Can I sell?
Dinleyebilir miyim?	Can I listen?
Yiyebilir miyim?	Can I eat?
Satabilir misin?	Can you sell?
Dinleyebilir misin?	Can you listen?
Gidebilir misin?	Can yu go?
Satabilir mi?	Can she sell?
Dinleyebilir mi?	Can she listen?
Gidebilir mi?	Can he go?
Satabilir miyiz?	Can we sell?
Dinleyebilir miyiz?	Can we listen?
Yiyebilir miyiz?	Can we eat?
Alabilir misiniz?	Can you take?
Dinleyebilir misiniz?	Can you listen?
Gidebilir misiniz?	Can you go?
Alabilirler mi?	Can they take?
Dinleyebilirler mi?	Can they listen?
Yiyebilirler mi?	Can they eat?
Oraya gidebilir miyim?	Can I go there?
Müdürle konuşabilir miyim?	Can I talk to the manager?
O resmi gösterebilir misin?	Can you show that picture?
O eteği giyebilir mi?	Can she wear that skirt?
Burada bekleyebilir miyiz?	Can we wait here?
Balkonda oturabilir misiniz?	Can you sit in the balcony?
Soruları yanıtlayabilirler mi?	Can they answer the questions?
O kitapları getirebilir misiniz?	Can you bring those books?
Turistler müzeye girebilir mi?	Can the tourists enter the museum?

PRACTICE 39

A: Make sentences using **-bilmek**.

1. ben - gazeteyi - okumak 2. onlar - kapıyı - açmak 3. çocuklar - bahçede - oynamak 4. Arkadaşın - bu şirkette - çalışmak 5. sen - erken - kalkmak 6. bebek - yumurta - yemek 7. Annem - otobüse - koşmak 8. biz - arabayı - görmek

B: Rewrite using -bilmek.
1. Her gün bu parkta otururuz. 2. Yarın evi temizliyor. 3. Sekreter her sabah mektupları okur. 4. Çocuklar film seyrediyorlar. 5. Günde iki kez telefon ediyoruz. 6. Burada Türkçe öğretirsiniz. 7. Tereyağını buzdolabına koyarsın. 8. Lokantanın önünde bekliyorum.

C: Change into questions.
1. Bu mektubu okuyabilirim. 2. Şu sözcükleri öğrenebilirsin. 3. Teyzem bu arabayı alabilir. 4. Masadaki sandviçleri yiyebiliriz. 5. O paltoları giyebilirsiniz. 6. Bu filmi sevebiliriz. 7. Çantasını arayabilir.

D: Change into positive forms.
1. Odanda yemek yiyebilir misin? 2. Ablam telefon edebilir mi? 3. Kapıyı açabilirler mi? 4. Sınıfa girebilir miyim? 5. Saat dokuzda hazır olabilir miyiz? 6. Anneannenizi ziyaret edebilir misiniz? 7. Pencereyi kapayabilir misin?

E: Translate into English.
1. Buzdolabındaki sütü içebilirsin. 2. Evin önünde bekleyebilirsiniz. 3. Oraya seninle birlikte gidebiliriz. 4. Arkadaşına ne kadar sık mektup yazarsın? 5. Haftada üç kez hastaneye gider. 6. İki saat sonra bu mektubu yazabilir misiniz?

F: Translate into Turkish.
1. You can stay at this hotel. 2. Your daughter can play in the garden. 3. My grandmother can walk there. 4. Can we bring our bags? 5. Can they help me? 6. The taxi can go to the airport.

PRACTICE 39 - ANSWERS

A. 1. Ben gazeteyi okuyabilirim. 2. Onlar kapıyı açabilirler. 3. Çocuklar bahçede oynayabilirler. 4. Arkadaşın bu şirkette çalışabilir. 5. Sen erken kalkabilirsin. 6. Bebek yumurta yiyebilir. 7. Annem otobüse koşabilir. 8. Biz arabayı görebiliriz.

B. 1. Her gün bu parkta oturabiliriz. 2. Yarın evi temizleyebilir. 3. Sekreter mektupları okuyabilir. 4. Çocuklar film seyredebilir(ler). 5. Günde iki kez telefon edebiliriz. 6. Burada Türkçe öğretebilirsiniz. 7. Tereyağını buzdolabına koyabilirsin. 8. Lokantanın önünde bekleyebilirim.

C. 1. Bu mektubu okuyabilir miyim? 2. Şu sözcükleri öğrenebilir misin? 3. Teyzem bu arabayı alabilir mi? 4. Masadaki sandviçleri yiyebilir miyiz? 5. O paltoları giyebilir misiniz? 6. Bu filmi sevebilir miyiz? 7. Çantasını arayabilir mi?

D. 1. Odanda yemek yiyebilirsin. 2. Ablam telefon edebilir. 3. Kapıyı açabilirler. 4. Sınıfa girebilirim. 5. Saat dokuzda hazır olabiliriz. 6. Anneannenizi ziyaret edebilirsiniz. 7. Pencereyi kapayabilirsin.

E. 1. You can drink the milk in the refrigerator. 2. You can wait in front of the house. 3. We can go there together with you. 4. How often do you write a letter to your friend? 5. He goes to the hospital three times a week. 6. Can you write this letter in two hours?

F. 1. Bu otelde kalabilirsin. 2. Kızınız bahçede oynayabilir. 3. Büyükannem oraya yürüyebilir. 4. Çantalarımızı getirebilir miyiz? 5. Bana yardım edebilirler mi? 6. Taksi havaalanına gidebilir.

VOCABULARY

YIKAMAK Annem tabakları yıkıyor.	TO WASH My mother is washing the plates.
PİYANO Arkadaşım piyano çalabilir.	PIANO My friend can play the piano.
GİTAR Gitar çalamam.	GUITAR I can't play the guitar.
ZİL Zil çalıyor.	BELL The bell is ringing.
ÇALMAK Zil çalıyor. Kız piyano çalıyor. Adam parayı çalıyor.	TO PLAY; TO STEAL; TO RING The bell is ringing. The girl is playing the piano. The man is stealing money.
PEÇETE Masadaki peçeteleri ver, lütfen.	NAPKIN Give the napkins on the table.
ÜTÜLEMEK, ÜTÜ YAPMAK Annem haftada bir kez ütü yapar.	TO IRON My mother does the ironing once a week.
MEYVE SUYU Sık sık meyve suyu içerim.	FRUIT JUICE I often drink fruit juice.

Negative Forms with -Bilmek

-Bilmek in the negative takes a somewhat different form than usual, with only a small part of the suffix being used. Let us see this with **yapmak** again. After **yap**, the negative ability suffix:

yap - a

Then the negative suffix (which may have a **z** added, according to the subject):

yap - a - ma

Last the personal suffix:

Yap - a - ma - m.

Satamam.	I can't sell.
Alamam.	I can't buy.

231

Dinleyemem.	I can't listen.
Gidemem.	I can't go.
Satamazsın.	You can't sell.
Dinleyemezsin.	You can't listen.
Yiyemezsin.	You can't eat.
Satamaz.	She can't sell.
Dinleyemez.	He can't listen.
Gidemez.	She can't go.
Satamayız.	We can't sell.
Dinleyemeyiz.	We can't listen.
Gidemeyiz.	We can't go.
Satamazsınız.	You can't sell.
Dinleyemezsiniz.	You can't listen.
Yiyemezsiniz.	You can't eat.
Alamazlar.	They can't buy.
Dinleyemezler.	They can't listen.
Yiyemezler.	They can't eat.
Oraya gidemem.	I can't go there.
O resmi gösteremezsin.	You can't show that picture.
O eteği giyemez.	She can't wear that skirt.
Ütü yapamaz.	She can't iron.
Türkçe öğrenemeyiz.	We can't learn Turkish.
Piyano çalamazsınız.	You can't play the piano.
Şu otobüse binemezler.	They can't get on that bus.
Doktor hastaneye gidemez.	The doctor can't go to the hospital.
Turistler müzeye giremez.	The tourists can't enter the museum.
Kız kardeşin piyano çalabilir mi?	Can your sister play the piano?
Hayır, çalamaz.	No, she can't.

Wh- Questions with -Bilmek

We have seen Wh-question forms using the present tenses (simple and continuous). The structure is similar with **-ebilir**.

Gidiyorum.	I am going.
Nereye gidiyorsun?	Where are you going?
Bir ceket alıyor.	He is buying a jacket.
Ne zaman bir ceket alıyor?	When is he buying a jacket?
Ne alıyor?	What is he buying?
Adam yiyebilir mi?	Can the man eat?
Adam yiyebilir.	The man can eat.
Adam ne yiyebilir?	What can the man eat?
Gidebilirim.	I can go.
Ormana gidebilirim.	I can go to the forest?

Nereye gidebilirsin?	Where can you go?
Amcam oturabilir.	My uncle can live.
Amcam bu evde oturabilir.	My uncle can live in this house.
Amcan nerede oturabilir?	Where can your uncle live?
İçeri girebilir.	He can go into.
Müdür içeri girebilir.	The manager can go into.
Kim içeri girebilir?	Who can go into?

To make yes/no questions, the question marker is used.

Odada bekleyebilir mi?	Can he wait in the room?
Nerede bekleyebilir?	Where can he wait?
Ayşe bu dersi anlatabilir mi?	Can Ayşe tell this lesson?
Kim bu dersi anlatabilir?	Who can tell this lesson?
Ayşe ne anlatabilir?	What can Ayşe tell?

ÇALMAK

Çalmak has three meanings: 'play', 'steal' and 'ring'.
1. To play a musical instrument,

Ali gitar çalıyor.	Ali is playing the guitar.
Piyano çalamam.	I can't play the piano.

2. To steal something,

Kadın mağazadan elbise çalar.	The woman steal dress from the store.

3. To refer to telephones or doorbells/knocking at doors,

Telefon çalıyor.	The telephone is ringing.
Her sabah kapıyı çalar.	She knocks at the door every morning.

Words Used in the Reading Passages

tur	tour, excursion
cami	mosque
araba kullanmak (araba sürmek)	to drive
hızlı	fast
pansiyon	boarding house, digs

Suphi Bey bir turist rehberidir. O sık sık turlara gider. İstanbul ve Anadoluda gezer. Turistlerle birlikte müze ve camileri gider. Turistler onu sever. İyi ve ilginç bir rehberdir. Üç dil konuşabilir. İngilizce, Japonca ve İspanyolca.	Suphi Bey is a tourist guide. He often goes to the tours. He walks around Istanbul and Anatolia. He goes to the museums and the mosques together with the tourists. Tourists like him. He is a good and interesting guide. He can speak three languages. English, Japanese and Spanish.
O evli değil. Bostancıda oturuyor. Bazen tura gitmez. Evde kalır. Ar-	He isn't married. He lives in Bostancı. He doesn't sometimes go to the tour.

kadaşları gelir. Suphi Bey iyi yemek yapabilir. Birlikte yemek yerler ve bira içerler. O gitar da çalabilir. Arkadaşları onu dinler.

He stays at home. His friends come. Suphi Bey can cook well. They eat and drink beer together. He can also play the guitar. His friends listen to him.

Ayten Hanım bir sekreterdir. Büyük bir şirkette çalışır. Yirmi sekiz yaşındadır. Sabah saat dokuzda şirkete gelir. Mektupları okur ve yeni mektupları yazar.

Ayten Hanım is a secretary. She works in a big company. She is twenty eight years old. She comes to the company at nine o'clock in the morning. She reads the letters and writes new letters.

O İngilizce konuşabilir. Bazen İngilizce mektuplar yazar. Çok hızlı yazabilir. Masasında bir bilgisayar var. Ayten Hanım bilgisayar kullanabilir.

She can speak English. She sometimes writes English letters. She can write very fast. There is a computer on her table. Ayten Hanım can use a computer.

Cumartesi ve Pazar günleri evdedir. Bazen arabayla gezer. İyi araba kullanır (sürer). Her yıl tatilde Bodruma gider. Aynı pansiyonda kalır. Orası temiz ve iyi bir pansiyondur. Her gün yüzer. Hızlı yüzebilir.

She is at home on Saturdays and Sundays. She sometimes goes for a ride. She drives well. She goes to Bodrum every year on holiday. She stays at the same pension. That place is a clean and good pension. She swims every day. She can swim fast.

Questions and Answers to the Reading Passages

Suphi Bey ne iş yapar?
What is Suphi Bey's job?

O turist rehberidir.
He is a tourist guide.

Turistlerle nereye gider?
Where does he go with the tourist?

Cami ve müzelere gider.
He goes to the mosques and the museums.

Turistler onu sever mi?
Do the tourists like him?

Evet, sever.
Yes, they do.

O kaç dil konuşabilir?
How many languages can he speak?

Üç dil konuşabilir.
He can speak three languages.

Hangi dilleri konuşabilir? konuşabilir.
Which languages can he speak?

İngilizce, Japonca ve İspanyolca
He can speak English, Japanese and Spanish.

O evli mi?
Is he married?

Hayır, değil.
No, he isn't.

Evi nerede?
Where is his house?

Bostancıda.
It is in Bostancı.

Bazen nerede kalır?
Where does he sometimes stay?

Evde kalır.
He stays at home.

Arkadaşlarıyla birlikte ne yapar?
What does he do with his friends?

Onlarla yemek yer ve bira içer.
He eats and drinks beer with them.

234

Gitar çalabilir mi?	**Evet, çalabilir.**
Can he play the guitar?	Yes, he can.
Kim onu dinler?	**Arkadaşları onu dinler.**
Who listens to him?	His friends listen to him.
Ayten Hanım ne iş yapar?	**O bir sekreterdir.**
What is Ayten Hanım's job?	She is a secretary.
O nerede çalışır?	**Büyük bir şirkette çalışır.**
Where does she work?	She works in a big company.
Kaç yaşındadır?	**Yirmi sekiz yaşındadır.**
How old is she?	She is twenty eight years old.
Saat kaçta şirkete gelir?	**Dokuzda gelir.**
What time does she come to the company?	She comes at nine o'clock.
Şirkette ne yapar? yazar.	**Mektupları okur ve yeni mektuplar**
What does she do in the company? letters.	She reads the letters and writes the new
Hangi dili konuşabilir?	**İngilizce konuşabilir.**
Which language can she speak?	She can speak English.
Bilgisayar kullanabilir mi?	**Evet, kullanabilir.**
Can she use computer?	Yes, she can.
Cumartesi ve pazar günleri bazen ne yapar?	**Arabayla gezer.**
What does she sometimes do on Saturdays and Sundays?	She goes for a ride
Her yıl tatil için nereye gider?	**Bodruma gider.**
Where does she go for holiday every year?	She goes to Bodrum.
Bodrumda nerede kalır?	**Bir pansiyonda kalır.**
Where does she stay in Bodrum?	She stays at a pension.
Her gün ne yapar?	**Yüzer.**
What does she do every day?	She swims.
Hızlı yüzebilir mi?	**Evet, yüzebilir.**
Can she swim fast?	Yes, she can.

PRACTICE 40

A: Change into questions.
1. **Babam ütü yapabilir.** 2. **İki dil konuşabilirim.** 3. **Kadın her gün tabakları yıkar.** 4. **Ona bir peçete veriyor.** 5. **Arkadaşım piyano çalabilir.** 6. **Her akşam sekizde telefon çalar.** 7. **Bebek meyve suyu içebilir.** 8. **Müdür odaya girebilir.**

B: Change into negative form.

1. **Bu odada sigara içebilirsin.** 2. **Bu akşam telefon edebiliriz.** 3. **Bu dersi anlatabilir mi?** 4. **Bahçede gezebilirsiniz.** 5. **Müşteriler mağazaya girebilirler.** 6. **Hızlı araba kullanabilirim.** 7. **İşini bugün bitirebilir.**

C: Make questions using the question words in brackets.
1. **Altıda gelebilirim. (ne zaman)** 2. **Bu kitapları okuyabilir. (ne)** 3. **Saat onda evden çıkabiliriz. (saat kaçta)** 4. **Arkadaşımla birlikte ormana gidiyoruz. (nereye)** 5. **Bu odada bekleyebilirsiniz. (nerede)** 6. **Garson çorba getirebilir. (kim, ne)**

D: Change into the tense given.
1. **Bu odada toplantı yaparlar. (Şimdiki Zaman)** 2. **Onlara ne anlatıyorsun? (Geniş Zaman)** 3. **O gömleği yıkamam. (-Ebilmek Yapısı)** 4. **Bana Türkçe öğretebilirsin. (Geniş Zaman)** 5. **Evimizi satmayız. (Şimdiki Zaman)**

E: Translate into English.
1. **Bize ne zaman gelebilirsin?** 2. **Bir bardak su getirebilir misin?** 3. **İşadamı toplantıya gidemez.** 4. **Bize mağazayı gösterebilir mi? Hayır, gösteremez.** 5. **Onu özlüyorum ama oraya gidemem.**

F: Translate into Turkish.
1. Can you understand these sentences? 2. She can't swim fast. 3. I can't play the piano but my mother can. 4. Who can drive well? 5. What can I do for you?

PRACTICE 40 - ANSWERS

A. 1. **Babam ütü yapabilir mi?** 2. **İki dil konuşabilir misin?(konuşabilir miyim?)** 3. **Kadın her gün tabakları yıkar mı?** 4. **Ona bir pecete veriyor mu?** 5. **Arkadaşım piyano çalabilir mi?** 6. **Her akşam sekizde telefon çalar mı?** 7. **Bebek meyve suyu içebilir mi?** 8. **Müdür odaya girebilir mi?**
B. 1. **Bu odada sigara içemezsin.** 2. **Bu akşam telefon edemeyiz.** 3. **Bu dersi anlatamaz.** 4. **Bahçede gezemezsiniz.** 5. **Müşteriler mağazaya giremezler.** 6. **Hızlı araba kullanamam.** 7. **İşini bugün bitiremez.**
C. 1. **Ne zaman gelebilirsin?** 2. **Ne okuyabilir?** 3. **Saat kaçta evden çıkabilirsiniz?** 4. **Nereye gidiyorsunuz?** 5. **Nerede bekleyebiliriz?** 6. **Garson ne getirebilir? Kim çorba getirebilir?**
D. 1. **Bu odada toplantı yapıyorlar.** 2. **Onlara ne anlatırsın?** 3. **O gömleği yıkayamam.** 4. **Bana Türkçe öğretirsin.** 5. **Evimizi satmıyoruz.**
E. 1. When can you come to us? 2. Can you bring me a glass of water? 3. The businessman can't go to the meeting. 4. Can she show us the store? No, she can't. 5. I miss him, but I can't go there.
F. 1. **Bu cümleleri anlayabilir misin?** 2. **Hızlı yüzemez.** 3. **Piyano çalamam ama annem çalabilir.** 4. **Kim iyi sürebilir? (araba kullanabilir?)** 5. **Senin/sizin için ne yapabilirim?**

VOCABULARY

BİRİSİ, BİRİ Kapının önünde birisi (biri) var.	**SOMEBODY, SOMEONE** There is somebody in front of the door.
BİR YER Patron bu akşam bir yere gidiyor.	**SOMEWHERE** The boss is going somewhere this evening.
BİR ŞEY Buzdolabında bir şey yok.	**SOMETHING, ANYTHING** There isn't anything in the fridge.
BİSİKLET Çocuğun bisikleti evin önündedir.	**BICYCLE** The child's bicycle is in front of the house.
TARAK Tarağım nerede?	**COMB** Where is my comb?
FIRIN Fırın buzdolabının yanındadır.	**OVEN** The oven is near the fridge.
ÇARŞAF Çarşaflar pis. Onları yıka, lütfen.	**SHEET** The sheets are dirty. Wash them, please.

BİRİ(Sİ), BİR YER, BİR ŞEY

These words are used in positive, negative and question forms, to express the idea of a person, place or object which is not known, or not important. In positive sentences English translations would be respectively 'somebody, somewhere, something', but in negative or question forms, more usual would be 'anybody, anywhere, anything'.

Parkta birisi var.	There is someone in the park.
Birisi seni bekliyor.	Someone is waiting for you.
Müdürün odasında biri oturuyor.	Someone is sitting in the manager's room.
Adamlar bir yere bakıyor.	The men are looking at somewhere.
Bugün bir yere gidebiliriz.	We can go somewhere today.
Kocasından her ay bir şey ister.	She wants something from her husband every month.
Garson bir şey getiriyor.	The waiter is bringing something.

Now, let us see these words used in negative and question forms.

Parkta birisi var mı?	Is there anybody in the park?
Dükkânda birisi yok mu?	Isn't there anybody in the shop?

Bugün bir yere gidiyor musunuz?
Her yıl tatil için bir yere gidiyor musun?

Are you going anywhere today?
Are you going anywhere for holiday every year?

Kocasından bir şey istiyor mu?

Does she want anything from her husband?

Dolabın üstünde bir şey görüyor musun?
Parkta birisi yok.
Dükkânda birisi yok.
Adamlar bir yere bakmıyor.
Bugün bir yere gitmiyorum.
Kocasından bir şey istemiyor.

Are you seeing anything on the cupboard?
There isn't anybody in the park.
There isn't anybody in the shop.
The men aren't looking at anywhere.
I am not going anywhere today.
She doesn't want anything from her husband.

Dolabın üstünde bir şey görmüyorum.
Masanın üstünde bir şey var.
Bahçede birisi yok.
Bu akşam bir yere gidiyor musunuz?
Evde bir yeri temizleme.

I don't see anything on the cupboard.
There is something on the table.
There isn't anybody in the garden.
Are you going anywhere this evening?
Don't clean anywhere at home.

Summary of Short Answers

In previous lessons we have looked at questions which can be answered 'yes' or 'no'. Here are some more examples.

Bu bir ev midir?
Evet, evdir.
Hayır, değildir.

Is it a house?
Yes, it is.
No it isn't.

Kadın bir öğretmen midir?
Evet, öğretmendir.
Hayır, değildir.

Is the woman a teacher?
Yes, she is.
No, she isn't.

Çarşaflar temiz midir?
Evet, temizdir.
Hayır, değildir.

Are the sheets clean?
Yes, they are.
No, they aren't.

Bu kadın senin annen midir?
Evet, annemdir.
Hayır, değildir.

Is this woman your mother?
Yes, she is.
No, she isn't.

Evde ekmek var mı?
Evet, var.
Hayır, yok.

Is there any bread at home?
Yes, there is.
No, there isn't.

Toplantıya gidiyor musun?
Evet, gidiyorum.
Hayır, gitmiyorum.

Are you going to the meeting?
Yes, I am.
No, I am not.

Bu filmi seyrediyorlar mı?
Evet, seyrediyorlar.
Hayır, seyretmiyorlar.

Are they watching this film?
Yes, they are.
No, they aren't.

Cumartesi günleri çalışır mı?
Evet, çalışır.

Does he work on Saturdays?
Yes, he does.

Hayır, çalışmaz.	No, he doesn't.
İyi araba kullanır mı?	Does she drive well?
Evet, kullanır.	Yes, she does.
Hayır, kullanmaz.	No, she doesn't.

Bisiklete binmek ister mi?	Does she want to ride the bicycle?
Evet, ister.	Yes, she does.
Hayır, istemez.	No, she doesn't.

Gitar çalabilir misin?	Can you play the guitar?
Evet, çalabilirim.	Yes, I can.
Hayır, çalamam.	No, I can't.

Bu salonda bekleyebilir miyim?	Can I wait in this hall?
Evet, bekleyebilirsin.	Yes, you can.
Hayır, bekleyemezsin.	No, you can't.

Günde (haftada, ayda, yılda) ... saat (gün, hafta, ay)

We have already seen expressions like 'twice a day, three times a week', etc. Here we see words for time periods used in frequency expressions.

| günde bir saat | an hour a day |
| günde sekiz saat | eight hours a day |

| haftada on beş saat | fifteen hours a week |
| haftada iki gün | two days a week |

ayda on saat	ten hours a month
ayda altı gün	six days a month
ayda iki hafta	two weeks a month

yılda on gün	ten days a year
yılda beş hafta	five weeks a year
yılda iki ay	two months a year

Günde bir saat ofiste kalır.	She stays in the office an hour a day.
Günde iki saat ders çalışırız.	We study lesson two hours a day.
Bir günde yirmi dört saat vardır.	There are twenty four hours a day.

| Haftada üç gün bize gelir. | He comes to us three days a week. |
| Bir haftada yedi gün vardır. | There are seven days a week. |

| Ayda otuz saat bilgisayar kullanırım. | I use computer thirty hours a month. |
| Bir ayda dört hafta vardır. | There are four weeks a month. |

| Okullar yılda sekiz ay açıktır. | Schools are open eight months a year. |
| Bir yılda on iki ay vardır. | There are twelve months a year. |

DIALOGUE

A : Patron haftada kaç gün ofise geliyor?	How many days a week does the boss come to the office?
B : Üç gün.	Three days.
A : Erken mi gelir?	Does he come early?

239

B : Evet. Sabah saât sekiz buçukta gelir.	Yes. He comes at half past eight.
A : Siz kaçta geliyorsunuz?	What time do you come?
B : Dokuzda geliyorum.	I come at nine o'clock.
A : Günde kaç saat çalışıyorsunuz?	How many hours a day do you work?
B : Dokuz saat.	Nine hours.
A : Haftada kaç gün çalışıyorsunuz?	How many days a week do you work?
B : Altı gün.	Six days.
A : Yılda kaç hafta tatil var?	How many weeks of holiday a year are there?
B : Üç hafta.	Three weeks.
A : Kaç yıldır burada çalışıyorsunuz?	How many years have you been working here?
B : Dört yıldır.	For four years.
A : İşinizi seviyor musunuz?	Do you like your job?
B : Evet, seviyorum.	Yes, I do.

PRACTICE 41

A: Fill the gaps with **birisi, bir yer, bir şey** as appropriate, adding any suffixes necessary.
1. **Odanda ...... oturuyor.** 2. **Yarın ...... gidebiliriz.** 3. **Masanın üstünde ...... var.** 4. **Kapının önünde ...... var mı?** 5. **O bizden ...... istemiyor.** 6. **Salonda ...... yok.** 7. **Balkondan ...... bakıyor mu?** 8. **Benden ...... istiyor musun?** 9. **Bu kitapları ...... koy.** 10. **...... bakıyorlar.**

B: Give short positive answers.
1. **Evde dört halı var mı?** 2. **Şu bir top mudur?** 3. **Bu elbise ucuz mudur?** 4. **Şu kız senin arkadaşın mıdır?** 5. **Çanta koltuğun üstünde midir?** 6. **Cuma günü bize geliyor musun?** 7. **Arabasını satmak istiyor mu?** 8. **Her hafta ütü yapar mı?** 9. **Pis tabakları yıkayabilirler mi?** 10. **Benim için bir şey yapabilir misin?**

C: Give short, negative answers to the above.

D: Rewrite to include the information given in brackets.
1. **Okula gidiyor. (haftada üç gün)** 2. **Ders çalışıyoruz. (günde dört saat)** 3. **Burada yemek yeriz. (ayda bir gün)** 4. **İşadamı Amerikada kalır. (yılda iki ay)** 5. **Arkadaşım Türkçe öğretiyor. (günde iki saat)** 6. **Çarşafları yıkıyor. (haftada iki gün)** 7. **Mağazaya geliyor. (ayda dört gün)** 8. **Tatil var. (yılda on beş gün)**

E: Translate into English.
1. **Öğretmen bana bir şey soruyor.** 2. **Her gün bir yere gider misin?** 3. **Her ay o mağazadan bir şey satın alır.** 4. **Birine telefon edebilir misin?** 5. **Çocuklara bir şey anlat, lütfen.** 6. **Günde dört saat evde kalır.** 7. **Haftada üç gün hastaneye gidersin.** 8. **Baban bir şey veriyor mu?** 9. **Oraya haftada üç kez gidebilir misin? Evet, gidebilirim.** 10. **Yılda bir ay İstanbuldadır.**

F: Translate into Turkish.
1. Do you often buy anything? 2. The waiter isn't bringing anything? 3. Someone is waiting for her. 4. He wants to sit somewhere in the garden. 5. There isn't anybody here. 6. Does she want to wear this skirt? Yes, she does. 7. Can you speak French? Yes, I can. 8. We wait there one hour a day. 9. They are learning Turkish four hours a week. 10. Can you come here one day a month?

PRACTICE 41 - ANSWERS

A. 1. birisi 2. bir yere 3. bir şey 4. birisi/bir şey 5. bir şey 6. birisi/bir şey 7. birisi 8. bir şey 9. bir yere 10. bir yere

B. 1. **Evet, var.** 2. **Evet, toptur.** 3. **Evet, ucuzdur.** 4. **Evet, arkadaşımdır.** 5. **Evet, üstündedir.** 6. **Evet, geliyorum.** 7. **Evet, istiyor.** 8. **Evet, yapar.** 9. **Evet, yıkayabilirler.** 10. **Evet, yapabilirim.**

C. 1. **Hayır, yok.** 2. **Hayır, değildir.** 3. **Hayır, değildir.** 4. **Hayır, değildir.** 5. **Hayır, değildir.** 6. **Hayır, gelmiyorum.** 7. **Hayır, istemiyor.** 8. **Hayır, yapmaz.** 9. **Hayır, yıkayamazlar.** 10. **Hayır, yapamam.**

D. 1. **Haftada üç gün okula gidiyor.** 2. **Günde dört saat ders çalışıyoruz.** 3. **Ayda bir gün burada yemek yeriz.** 4. **İşadamı yılda bir ay Amerikada kalır.** 5. **Arkadaşım günde iki saat Türkçe öğretiyor.** 6. **Haftada iki gün çarşafları yıkıyor.(Çarşafları haftada iki gün yıkıyor.)** 7. **Ayda dört gün mağazaya geliyor. (Mağazaya ayda dört gün geliyor.)** 8. **Yılda on beş gün tatil var.**

E. 1. The teacher is asking me something. 2. Do you go anywhere every day? 3. She buys something from that store every month. 4. Can you telephone anybody? 5. Tell the children something, please. 6. She stays at home four hours a day. 7. You go to hospital three days a week. 8. Is your father giving anything? 9. Can you go there three times a week? Yes, I can. 10. He is in Istanbul one month a year.

F. 1. **Sık sık bir şey satın alır mısın?** 2. **Garson bir şey getirmiyor.** 3. **Birisi onu bekliyor.** 4. **Bahçede bir yerde oturmak istiyor.** 5. **Burada birisi yok.** 6. **Bu eteği giymek ister mi? Evet, ister.** 7. **Fransızca konuşabilir misin? Evet, konuşabilirim.** 8. **Günde bir saat orada bekleriz.** 9. **Haftada dört saat Türkçe öğreniyorlar.** 10. **Ayda bir gün buraya gelebilir misin?**

VOCABULARY

AĞIZ	MOUTH
Ağzında ne var?	What is there in your mouth?
BURUN	NOSE
Bebeğin burnu çok küçüktür.	The baby's nose is very small.
BAŞ	HEAD
Adamın başında ne var?	What is there on the man's head?
KOL	ARM
Bize kolunu gösteriyor.	She is showing us her arm.
BACAK	LEG
Bacakları suyun içindedir.	His legs are in the water.
KULAK	EAR
Kızın kulakları büyük müdür	Are the girl's ears big or small?
yoksa küçük müdür?	
PARMAK	FINGER
Resimde senin parmaklarını görüyorum.	I see your fingers in the picture.
DUDAK	LIP
Kadının dudakları kırmızıdır.	The woman's lips are red.
SAHİP OLMAK, VAR (OLMAK)	TO HAVE (GOT)
Güzel bir eve sahibim. (Güzel bir evim var.)	I have got a nice house.

Ağız - Ağzı, Burun - Burnu

Ağız (= mouth) and **burun** (= nose) change to **ağzı** and **burnu** when possessed (ie the ı of **ağız** is dropped, and the possessed suffix **-ı** added, and similarly for **burun**).

benim ağızım değil,	my mouth
benim ağzım	my mouth
senin ağzın	your mouth
onun ağzı	his/her mouth
bizim ağzımız	our mouths
sizin ağzınız	your mouths/your mouth
onların ağzı	their mouths
benim burunum değil,	my nose

benim burnum	my nose
senin burnun	your nose
onun burnu	his/her nose
bizim burnumuz	our noses
sizin burnunuz	your noses/your nos
onların burnu	their noses
Senin ağzında ne var?	What is there in your mouth?
Ağzı çok büyüktür.	Her mouth is very big.
Ağzımızda bir şey yok.	There isn't anything in our mouths.
Kızın burnuna bak.	Look at the girl's nose.
Kadının burnu kırmızıdır.	The woman's nose is red.

SAHİP OLMAK (VAR)

We have seen **var** and **yok** used to refer to the existence of something somewhere. In this lesson we shall see **var** used for possession or ownership. These two usages for **var** should not be confused. Let us first remind ourselves of **var** used in the sense of existence.

Burada iki sandalye var.	There are two chairs here.
Evde bir kedi var.	There is a cat in the house.

Now, some examples to introduce **var** used for possession. (The Turkish expression for 'to possess' is **sahip olmak**, which is given in brackets).

Adamın iki sandalyesi var.	The man has got two chairs.
(Adam iki sandalyeye sahip.)	
Bir kedim var. (Bir kediye sahibim.)	I have got a cat.
Kitaplarımız var. (Kitaplara sahibiz.)	We have got books.

In these sentences the English translation uses 'to have (got)'. When talking about possession / ownership, that which is possessed takes the directional suffix **-(y)a/-(y)e**. When **sahip olmak** is used to **sahip** is added the personal suffix.

Ben bir eve sahibim.*	I have got a house.
Sen bir eve sahipsin.	You have got a house.
O bir eve sahip.	He/She has got a house.
Biz bir eve sahibiz.*	We have got a house.
Siz bir eve sahipsiniz.	You have got a house.
Onlar bir eve sahip(ler).	They have got a house.

* Remember that the **p** changes to **b** when followed by a vowel (ie in the first person for **sahip**).

Onlar bir arabaya sahip.	They have got a car.
Sen bir ata sahipsin.	You have got a horse.
Ben bir dükkâna sahibim.	I have got a shop.
Yeşil gözlere sahiptir.	She has got green eyes.
Güzel bir eve sahipler.	They have got a nice house.
İyi bir öğretmene sahipsiniz.	You have got a good teacher.

Now, some more examples, this time using **var**. With the **var** structure, the structure for a relationship of possession is used. This is widely used to talk about possession / ownership.

Onların bir arabası var. (onların arabası)	They have got a car.
Benim bir dükkânım var. (benim dükkânım)	I have got a shop.
Sizin bir köpeğiniz var. (sizin köpeğiniz)	You have got a dog.
Yeşil gözleri var. (onun gözleri)	She has got green eyes.
Küçük bir burnun var. (senin burnun)	You have got a small nose.
Büyük bir arabamız var. (bizim arabamız)	We have got a big car.

İki gözüm var.	I have got two eyes.
Bir ağzım var.	I have got a mouth.
Siyah bir elbisem var.	I have got a black dress.

Hızlı bir araban var.	You have got a fast car.
Güzel bir bahçen var.	You have got a beautiful garden.

Uzun kolları var.	He has got long arms.
Büyük bir mağazası var.	He has got a big store.

Üç evimiz var.	We have got three houses.
Dört tane sandviçimiz var.	We have got four sandwiches.

Küçük bir dolabınız var.	You have got a small cupboard.
Uzun bir köprünüz var.	You have got a long bridge.

Güzel kitapları var.	They have got nice books.
İki erkek kardeşleri var.	They have got two brothers.

Odanın iki penceresi var.	The room has got two windows.
Kadının büyük bir çantası var.	The woman has got a big bag.
Annemin mavi gözleri var.	My mother has got blue eyes.
Evin iki kapısı var.	The house has got two doors.
Kızın bir ağabeyi var.	The girl has got one elder brother.
Arkadaşımın film için iki bileti var.	My friend has got two tickets for the film.

In English only the third person 'have-has' change is made. In Turkish the change is between the relevant person ending for possession.

Bir köpeğim var.	I have got a dog.
Kırmızı peçeteleriniz var.	You have got red napkins.
Yeni bir bilgisayarları var.	They have got a new computer.
Dört kapısı var.	It has got four doors.
Müdürün güzel bir odası var.	The manager has got a nice room.

Words Used in the Reading Passage

saç	hair
sarı (saç)	blond, blonde

ÜÇ ARKADAŞ

THREE FRIENDS

Güzel bir pazar günü. Hava
güneşli ve sıcak. Avcılarda
bir ev. Salonda üç kişi var.
Koltuklarda oturuyorlar. Onların

It's a nice Sunday. It's sunny and hot.
A house in Avcılar. There are three
people in the hall. They are sitting
in the armchairs. One of them is a

biri erkek, ikisi kadın. Adları Cemile, Beyhan ve Halil. Burası güzel ve büyük bir salon. Salonun üç tane penceresi var. Pencerelerin yanında çiçekler var. Koltukların rengi kırmızıdır. Salonun ortasında büyük bir masa var. Bisküviler ve kek masanın üzerindedir.

man and two of them are women. Their names are Cemile, Beyhan and Halil. This place is a nice and big hall. It has got three windows in the hall. There are flowers near the windows. The colour of the armchairs is red. There is a big table in the middle of the hall. The biscuits and cake are on the table.

Cemile yirmi bir yaşında. Üniversiteye gidiyor. Onun siyah saçları ve siyah gözleri var. Taksimde oturuyor. Bir erkek, bir kız kardeşi var. Şimdi elinde bir bardak çay var. Onu içiyor. Kek yiyor. Keki çok seviyor.

Cemile is twenty years old. She is going to the university. She has got black hair and black eyes. She lives in Taksim. She has got one brother and one sister. Now, there is a glass of tea in her hand. She is drinking it. She is eating cake. She likes cake very much.

Beyhan yirmi dört yaşında. O bir bilgisayar programcısı. Sarı saçları ve mavi gözleri var. Avcılarda oturuyor. İki erkek kardeşi var. Kardeşleri ve annesiyle birlikte bu evde oturuyor. Babası bir mühendis. Şimdi Edirnede

Beyhan is twenty four years old. She is a computer programmer. She has got blond hair and blue eyes. She lives in Avcılar. She has got two brothers. She lives in this house with her brothers and her mother Her father is an engineer. He

çalışıyor. Babasının bir arabası var. Onu şimdi Beyhan sürüyor. Mecidiye- köyde çalışıyor. İyi bir işi var. Sabahleyin şirkete arabayla gidiyor.

is working in Edirne now. Her father has got a car. Beyhan is driving it, now. She is working in Mecidiyeköy. She has got a good job. She is going to the company by car.

Bir erkek arkadaşı var. Bu akşam onunla bir lokantaya gitmek istiyor. O şimdi sütlü kahve içiyor.

She has got got a boy friend. She wants to go to a restaurant with him this evening. She is drinking coffee with milk now.

Halil yirmi sekiz yaşında. O bir öğretmen. Etilerde bir okulda çalışıyor. Kahverengi saçları ve siyah gözleri var. Evli. Bir kızı var. İki yaşında. Karısı da öğretmen. Onlar aynı okulda çalışıyorlar. Küçük bir evleri ve bir arabaları var. Karısının adı Senem. Kızının adı Aylin. Onlar şimdi evdeler. Halil birşey içmiyor. O biraz kek ve bisküvi yiyor.

Halil is twenty eight years old. He is a teacher. He is working at a school in Etiler. He has got got brown hair and black eyes. He is married. He has got one daughter. She is two years old. His wife is also a teacher. They are working at the same school. They have got a small house and a car. His wife's name is Senem. His daughter's name is Aylin. They are at home, now. Halil isn't drinking anything. He is eating some cake and biscuit.

Questions and Answers to the Reading Passage

Hava nasıl?   Güneşli ve sıcak.

How is the weather?
Ev nerede?
Where is the house?
Salonda kaç kişi var?
How many people are there in the hall?

It's sunny and hot.
Avcılarda.
It's in Avcılar.
Üç kişi var.
There are three people.

Onlar nerede oturuyorlar?
Where are they sitting?

Koltuklarda oturuyorlar.
They are sitting in the armchairs.

Pencerelerin yanında ne var?
What are there near the windows?

Çiçekler var.
There are flowers.

Masa nerededir?
Where is the table?

Salonun ortasındadır.
It's in the middle of the hall.

Masanın üzerinde neler var?
What is there on the table?

Biraz kek ve bisküvi var.
There is some cake and biscuits.

Cemile kaç yaşında?
How old is Cemile?

Yirmi bir yaşında.
She is twenty one years old.

Onun gözleri ne renktir?
What colour are her eyes?

Siyahtır.
They are black.

O nerede yaşar?
Where does she live?

Taksimde.
She lives in Taksim.

O ne içiyor?
What is she drinking?

Bir bardak çay içiyor.
She is drinking a glass of tea.

Beyhan kaç yaşında?
How old is Beyhan?

Yirmi dört yaşında.
She is twenty four years old.

O ne iş yapıyor?
What is her job?

O bir bilgisayar programcısı.
She is a computer programmer.

Siyah gözleri mi var?
Has she got black eyes?

Hayır, mavi gözleri var.
No, she has got blue eyes.

Nerede oturuyor?
Where does she live?

Avcılarda oturuyor.
She lives in Avcılar.

Babası ne iş yapıyor?
What is her father's job?

O mühendistir.
He is an engineer.

Babası şimdi nerede?
Where is her father now?

Edirnede.
He is in Edirne.

Babasının arabası nerede?
Where is her father's car?

O Avcılarda.
It is in Avcılar.

Şimdi arabayı kim sürüyor?
Who is driving the car now?

Beyhan sürüyor.
Beyhan is driving.

O nerede çalışıyor? Where is she working?	**Mecidiyeköyde çalışıyor.** She is working in Mecidiyeköy.
Erkek arkadaşıyla nereye gitmek istiyor? Where does she want to go with her boy friend?	**Bir lokantaya gitmek istiyor.** She wants to go to a restaurant.
Halil ne iş yapıyor? What is Halil's job?	**O bir öğretmendir.** He is a teacher.
Nerede çalışıyor? Where is he working?	**Etilerde çalışıyor.** He is working in Etiler.
O evli mi? Is he married?	**Evet, evli.** Yes, he is.
Kızının adı nedir? What is his daughter's name?	**Aylin.** Her name is Aylin.
Karısı ne iş yapıyor? What is his wife's job?	**O öğretmendir.** She is a teacher.
Halil ne içiyor? What is Halil drinking?	**O bir şey içmiyor.** He isn't drinking anything.

PRACTICE 42

A: Rewrite using **var** form for possession/ownership.

Example : Biz bir eve sahibiz. → Bizim bir evimiz var.

1. **Çocuklar bir kediye sahipler.** 2. **Annem güzel elbiselere sahiptir.** 3. **İşadamı büyük bir arabaya sahiptir.** 4. **Sekreter güzel bir şemsiyeye sahiptir.** 5. **Öğretmenler okulda bir odaya sahiptir.** 6. **Arkadaşım mavi gözlere sahiptir.**

B: Make sentences using the words given, as in the example.

Example : kedi - dört - bacak → Kedinin dört bacağı var.

1. **ev - iki - oda** 2. **babam - büyük - bir - çanta** 3. **Ayşe - sarı - saç** 4. **ben - bir - kız** 5. **onlar - iki - erkek kardeş** 6. **o - çok - para**

C: Give short positive answers.

1. **Yarın buraya gelebilir misin?** 2. **O mağazada elbiseler var mı?** 3. **Annen sık sık kek yapar mı?** 4. **Evinizi satıyor musunuz?** 5. **Buralarda bir postane var mı?** 6. **Onun bilgisayarı yeni midir?**

D: Rewrite adding the information in brackets.

1. **Ankaraya gidiyor. (ayda iki gün)** 2. **Türkçe çalışıyoruz. (günde üç saat)** 3. **Parka gidiyorlar. (haftada bir gün)** 4. **Amerikada kalıyorum. (yılda bir ay)** 5. **Kadın evi temizliyor. (haftada iki gün)** 6. **Burada çalış. (ayda on saat)**

E: Translate into English.

1. **Beş tane kitabı var.** 2. **İki kız kardeşim var.** 3. **Okulda birçok arkadaşımız var.** 4. **Büyük bir bahçeleri var.** 5. **Bir erkek ve bir kız çocuğunuz var.** 6. **Bugün bir şey istemiyorum.**

F: Translate into Turkish.

1. We have got got a house in Giresun. 2. The girl has got got a small mouth. 3. The businessman has got got a blue shirt. 4. They are eating something in the restaurant. 5. They come here two months a year. 6. I have got got a good teacher.

PRACTICE 42 - ANSWERS

A. 1. Çocukların bir kedisi var. 2. Annemin güzel elbiseleri var. 3. İşadamının büyük bir arabası var. 4. Sekreterin güzel bir şemsiyesi vardır. 5. Öğretmenlerin okulda bir odası(odaları) var. 6. Arkadaşımın mavi gözleri var.

B. 1. Evin iki odası var. 2. Babamın büyük bir çantası var. 3. Ayşenin sarı saçları var. 4. Benim bir kızım var. 5. Onların iki erkek kardeşleri var. 6. Onun çok parası var.

C. 1. Evet, gelebilirim. 2. Evet, var. 3. Evet, yapar. 4. Evet, satıyoruz. 5. Evet, var. 6. Evet, yenidir.

D. 1. Ayda iki gün Ankaraya gidiyor. 2. Günde üç saat Türkçe çalışıyoruz. 3. Haftada bir gün parka gidiyorlar. 4. Yılda bir ay Amerikada kalıyorum. 5. Haftada iki gün kadın evi temizliyor. 6. Ayda on saat burada çalış.

E. 1. He has got five books. 2. I have got two sisters. 3. We have got a lot of friends in the school. 4. They have got a big garden. 5. You have got a son and a daughter. 6. I don't want anything today.

F. 1. Giresunda bir evimiz var. 2. Kızın küçük bir ağzı var. 3. İşadamının mavi bir gömleği var. 4. Lokantada bir şey yiyorlar. 5. Yılda iki ay buraya gelirler. 6. İyi bir öğretmenim var.

248

VOCABULARY

DİL Doktor çocuğun diline bakıyor. Hangi dili konuşabilirsin?	TONGUE; LANGUAGE The doctor is looking at the child's tongue. Which language can you speak?
DİŞ Yaşlı adamın dişleri yok.	TOOTH The old man hasn't got any teeth.
TIRNAK Sekreterin tırnakları çok uzundur.	NAIL The secretary's nails are too long.
PANTOLON Pantolonun yatağın üstündedir.	TROUSERS Your trousers are on the bed.
KAZAK Mağazadaki kazağı almak istiyorum.	SWEATER I want to buy the sweater in the store.
ÇAMAŞIR MAKİNESİ Yeni bir çamaşır makinesi var.	WASHING MACHINE She has got a new washing machine.
BULAŞIK MAKİNESİ Tabakları bulaşık makinesine koy, lütfen.	DISHWASHER Put the plates into the dishwasher.
ELEKTRİK SÜPÜRGESİ Elektrik süpürgesi salondadır.	VACUUM CLEANER, HOOVER Vacuum cleaner is in the hall.

DİL

The Turkish word **dil** has two meanings: 'tongue' and 'language'.

Bebeğin diline bak.	Look at the baby's tongue.
Doktor onun diline bakıyor.	The doctor is looking at his tongue.
Kaç dil konuşur?	How many languages does she speak?
Hangi dili konuşabilirsin?	Which language can you speak?

SAHİP OLMAK (VAR OLMAK) - QUESTION FORM

Bir arabam var.	I have got a car.
Siyah gözleri var.	She has got black eyes.

To make questions about possession/ownership, the **var** form, rather than **sahip olmak**, is usually used.

Evde bir kedi var.	There is a cat in the house.
Evde bir kedi var mı?	Is there a cat in the house?
Masada tabaklar var.	There are plates on the table.
Masada tabaklar var mı?	Are there plates on the table?

As you can see, where as the English inverts 'I have (to Have I)' to make questions about possession/ownership, in the Turkish this is not so merely, the question marker is added to the statement.

Bir kedim var.	I have got a cat.
Bir kedim var mı?	Have I got a cat?
Bir kedin var mı?	Have you got a cat?
Senin bir evin var.	You have got a house.
Senin bir evin var mı?	Have you got a house?
Bizim bir evimiz var.	We have got a house.
Bizim bir evimiz var mı?	Have we got a house?
Onların bir evi var.	They have got a house?
Onların bir evi var mı?	Have they got a house?
Senin bir atın var mı?	Have you got a horse?
Onun bir bisikleti var mı?	Has he got a bicycle?
Yeşil gözleri var mı?	Has she got green eyes?
İyi bir öğretmeniniz var mı?	Have you got a good teacher?
Siyah bir elbiseniz var mı?	Have you got a black dress?
Hızlı bir arabası var mı?	Has she got a fast car?
Büyük bir mağazası var mı?	Has he got a big store?
Bir piyanoları var mı?	Have they got a piano?
Odanın iki penceresi var mı?	Has the room got two windows?
Annemin mavi gözleri var mı?	Has my mother got blue eyes?
Evin iki kapısı var mı?	Has the house got two doors?
Babamın eski bir paltosu var mı?	Has my father got an old overcoat?
Mutfağın küçük bir penceresi var mı?	Has the kitchen got a small window?
Bodrumda bir evin var mı?	Have you got a house in Bodrum?

SAHİP OLMAK (VAR OLMAK) - NEGATIVES

In English 'not' is added to change positive sentences about possession into negative; in Turkish **var** is changed **yok**.

Evde bir kedi var.	There is a cat in the house.
Evde bir kedi var mı?	Is there a cat in the house?
Evde bir kedi yok.	There isn't a cat in the house.
Kahverengi bir pantolonu var.	He has got a pair of brown trousers.
Kahverengi bir pantolonu var mı?	Has he got a pair of brown trousers?
Kahverengi bir pantolonu yok.	He hasn't got a pair of brown trousers.
Eski bir evi var.	She has got an old house.

Eski bir evi var mı?	Has she got an old house?
Eski bir evi yok.	She hasn't got an old house.
İyi arkadaşlarınız var.	You have got good friends.
İyi arkadaşlarınız var mı?	Have you got good friends?
İyi arkadaşlarınız yok.	You haven't got good friends.
Bir kedim var.	I have got a cat.
Bir kedim yok.	I haven't got a cat.
Kitaplarımız var.	We have got books.
Kitaplarımız yok.	We haven't got books.
Senin bir evin var.	You have got a house.
Senin bir evin yok.	You haven't got a house.
Bizim bir evimiz var.	We have got a house.
Bizim bir evimiz yok.	We haven't got a house.
Sizin bir eviniz var.	You have got a house.
Sizin bir eviniz yok.	You haven't got a house.
Onların bir evi var.	They have got a house.
Onların bir evi yok.	They haven't got a house.
Onun bir bisikleti yok.	He hasn't got a bicycle.
Onların bir dükkânı yok.	They haven't got a shop.
Sizin bir köpeğiniz yok.	You haven't got a dog.
Yeşil gözleri yok.	She hasn't got green eyes.
İyi bir öğretmeniniz yok.	You haven't got a good teacher.
Hızlı bir arabası yok.	She hasn't got a fast car.
Güzel kitapları yok.	They haven't got nice books.
Odanın iki penceresi yok.	The room hasn't got two windows.
Doktorun küçük bir odası yok.	The doctor hasn't got a small room.
Kızın bir ağabeyi yok.	The girl hasn't got one elder brother.
Arkadaşımın film için iki bileti yok.	My friend hasn't got two tickets for the film.
Bakırköyde bir dükkânınız yok.	You haven't got a shop in Bakırköy.

Questions with "Kaç (tane)" and "Kimin"

To ask questions about possession/ownership 'how many' and 'who', **kaç (tane)** and **kimin** are used with the noun and person ending followed by **var**.

kaç tane araba	how many cars
kaç kitap	how many books
kaç kazak	how many sweaters
Kaç (tane) evin var?	How many houses have you got?
Kaç kazağın var?	How many sweaters have you got?
Kaç kalemin var?	How many pencils have you got?

Kaç bilgisayarı var?	How many computers has he got?
Kaç kızı var?	How many daughters has she got?
Kaç şapkanız var?	How many hats have you got?
Kaç öğrenciniz var?	How many students have you got?
Kaç arabaları var?	How many cars have they got?
Kaç işçileri var?	How many workers have they got?
Kaç kitabım var?	How many books have I got?
Kaç elbisem var?	How many dresses have I got?
Evin kaç kapısı var?	How many doors has the house got?
Doktorun kaç hastası var?	How many patients has the doctor got?
Babamın kaç paltosu var?	How many overcoats has your father got?
Kızın kaç arkadaşı var?	How many friends has the girl got?
Kaç paket şekerin var?	How many packets of sugar have you got?
Kaç şişe sütün var?	How many bottles of milk have you got?
Kimin bir evi var?	Who has got a house?
Kimin büyük bir çantası var?	Who has got a big bag?
Kimin hızlı bir arabası var?	Who has got a fast car?

Short Answers

Kız kardeşin var mı?	Have you got any sisters?
Evet, var.	Yes, I have.
Güzel elbiseleri var mı?	Has she got nice dresses?
Evet, var.	Yes, she has.
Bir bardak meyve suyun var mı?	Have you got a glass of fruit juice?
Hayır, yok.	No, I haven't.
Arkadaşının gitarı var mı?	Has your friend got a guitar?
Hayır, yok.	No, she hasn't.
Sekreterin bir bilgisayarı var mı?	Has the secretary got a computer?
Hayır, yok.	No, she hasn't.

PRACTICE 43

A: Change into negative form.
1. **On tane sigaram var.** 2. **Yeşil bir arabası var.** 3. **Kızın uzun bir paltosu var.** 4. **Yaşlı kadının çok parası var.** 5. **Çok öğrencim var.** 6. **İstanbulda çok arkadaşımız var.** 7. **Kız arkadaşının yeşil gözleri var.** 8. **Doktorun çok hastası var.**

B: Change into question form.
1. **Kadının bir çamaşır makinesi var.** 2. **Teyzesinin büyük bir burnu var.** 3. **Kedinin küçük kulakları var.** 4. **İki bardak biramız var.** 5. **Üç tane pantolonun var.** 6. **Bir toplantım var.** 7. **Kızının sarı saçları var.** 8. **Amcamın parası yok.**

C: Make questions using **kaç (tane).**

1. İki tane elbisesi var. 2. İşadamının bilgisayarı var. 3. Kadının güzel çantaları var. 4. Üç biletimiz var. 5. Beş öğrencim var. 6. Altı tane halıları var. 7. Patronun iki dükkânı var. 8. İki oğlu var.

D: Make questions using **kimin**.
1. **Kadının elbiseleri var.** 2. **İşadamının bir bilgisayarı var.** 3. **Sekreterin büyük bir odası var.** 4. **Amcamın bir şirketi var.** 5. **Annemin yeni bir paltosu var.** 6. **Aytenin büyük kulakları var.** 7. **Yaşlı kadının iki kedisi var.** 8. **Çocuğun bisikleti var.**

E: Translate into English.
1. **Yeni bir şemsiyen var mı?** 2. **Adamın üç bavulu var.** 3. **Kaç dil konuşabilir?** 4. **Bodrumda bir evleri yok.** 5. **Ayşenin kaç kız kardeşi var?** 6. **Kimin yumurtası var?** 7. **Erkek arkadaşın var mı? Evet, var.** 8. **Hiç ekmeğimiz yok.**

F: Translate into Turkish.
1. The doctor has got two houses. 2. Who has got a newspaper? 3. How many glasses has the waiter got? 4. Have they got two shops in İzmir? 5. The girl hasn't got a friend. 6. How many trousers has the dentist got? 7. Have you got any cigarettes? No, I haven't. 8. My son hasn't got a guitar.

PRACTICE 43 - ANSWERS

A. 1. **On tane sigaram yok.** 2. **Yeşil bir arabası yok.** 3. **Kızın uzun bir paltosu yok.** 4. **Yaşlı kadının çok parası yok.** 5. **Çok öğrencim yok.** 6. **İstanbulda çok arkadaşımız yok.** 7. **Kız arkadaşının yeşil gözleri yok.** 8. **Doktorun çok hastası yok.**
B. 1. **Kadının bir çamaşır makinesi var mı?** 2. **Teyzesinin büyük bir burnu var mı?** 3. **Kedinin küçük kulakları var mı?** 4. **İki bardak biramız var mı?** 5. **Üç tane pantolonun var mı?** 6. **Bir toplantın var mı?** 7. **Kızının sarı saçları var mı?** 8. **Amcamın/amcanın parası var mı?**
C. 1. **Kaç tane elbisesi var?** 2. **İşadamının kaç bilgisayarı var?** 3. **Kadının kaç çantası var?** 4. **Kaç biletimiz/biletiniz var?** 5. **Kaç öğrencim/öğrencin var?** 6. **Kaç tane halıları var?** 7. **Patronun kaç dükkânı var?** 8. **Kaç tane oğlu var?**
D. 1. **Kimin elbiseleri var?** 2. **Kimin bir bilgisayarı var?** 3. **Kimin büyük bir odası var?** 4. **Kimin bir şirketi var?** 5. **Kimin yeni bir paltosu var?** 6. **Kimin büyük kulakları var?** 7. **Kimin iki kedisi var?** 8. **Kimin bisikleti var?**
E. 1. Have you got a new umbrella? 2. The man has got three suitcases. 3. How many languages can she speak? 4. They haven't got a house in Bodrum. 5. How many sisters has Ayşe got? 6. Who has got the egg? 7. Have you got a boy friend? Yes, I have. 8. We haven't got any bread.
F. 1. **Doktorun iki evi var.** 2. **Kimin bir gazetesi var?** 3. **Garsonun kaç bardağı var?** 4. **İzmirde iki dükkânları var mı?** 5. **Kızın bir arkadaşı yok.** 6. **Dişçinin kaç pantolonu var?** 7. **Hiç sigaran var mı? Hayır, yok.** 8. **Oğlumun bir gitarı yok.**

VOCABULARY

GRİ Gri bir gömleğim var.	GREY I have got a grey shirt.
LACİVERT Lacivert bir eteğin var mı?	DARK BLUE Have you got a dark blue skirt?
KRAVAT Bir kravat satın almak istiyor.	NECKTIE She wants to buy a necktie.
SÜPÜRMEK Kadın her gün odayı süpürüyor.	TO SWEEP The woman is sweeping the room every day.
YÜZ Kızın yüzü çok güzel.	FACE The girl's face is very beautiful.
AYNA Aynaya bak!	MIRROR Look at the mirror.
DİŞ FIRÇASI Diş fırçan banyodadır.	TOOTHBRUSH Your toothbrush is in the bathroom.
DİŞ MACUNU Süpermarketten diş macunu al, lütfen.	TOOTHPASTE Buy a tube of toothpaste at the supermarket, please.

TENSES (REVIEW)

We have looked at present (continuous and simple) tenses, and more recently the **-bilmek** (ability) tense/structure. İn the last lesson we saw the **var** structure for possession/ownership. Let us review all these, with examples of positive, question and negative forms.

PRESENT CONTINUOUS TENSE

Positive

Gri bir gömlek giyiyor.	He is wearing a grey shirt.
Turistler rehberle müzeye giriyorlar.	The tourists are going into the museum with the guide.
Öğretmen şimdi dersi anlatıyor.	The teacher is telling the lesson now.
Müşteriler mağazada bekliyor.	The customers are waiting in the store.

Question

Sabahleyin kahve içiyor musunuz?
Bu akşam sinemaya gidiyorlar mı?
Burada sigara içiyor musun?
Sekreter mektupları okuyor mu?

Are you drinking coffee in the morning?
Are they going to the cinema this evening?
Are you smoke here?
Is the secretary reading the letters?

Negative

Çocuk meyve yemiyor.
Aynaya bakmıyoruz.
Patron odaya girmiyor.
Sandviç yemiyorlar.
Yarın oraya gitmiyorsunuz.

The child isn't eating fruit.
We aren't looking at the mirror.
The boss isn't entering the room.
They aren't eating sandwich.
You aren't going there tomorrow.

SIMPLE PRESENT TENSE

Positive

Her sabah bir fincan kahve içerim.
Taksiler her gece buraya gelir.
Her akşam kız arkadaşına telefon eder.

Kadın gömlekleri ütüler.
Sık sık bu parka gelirler.

I drink a cup of coffee every morning.
The taxis come here every night.
He telephones his girl friend every evening.
The woman irons the shirts.
They often come to this park.

Question

Sabahleyin yumurta yer misin?
Bazen o lokantaya gider misiniz?
Daima geç yatar mısın?
Araba sürer mi?

Do you eat egg in the morning?
Do you sometimes go to that restaurant?
Do you always go to bed late?
Does she drive?

Negative

Her hafta evi temizlemeyiz.
Bahçede oturmazlar.
Daima bu süpermarkete gitmeyiz.
Babam bu kasaptan et almaz.
Her gün gazete almayız.

We don't clean the house every week.
They don't sit in the garden.
We don't always go to this supermarket.
My father doesn't buy meat from this
We don't buy newspaper every day.

-BİLMEK

Positive

Bu mektubu yazabilirim.
İşini bitirebilirsin.
Benim eteğimi giyebilirsiniz.
Şu otobüse binebilirler.

I can write this letter.
You can finish your work.
You can wear my skirt.
They can get on that bus.

Question

Oraya gidebilir miyim?
Türkçe öğrenebilir misiniz?
O resmi gösterebilir misin?
Pencereyi kapayabilir misiniz?

Can I go there?
Can you learn Turkish?
Can you show that picture?
Can you shut the window?

Negative

Müdürle konuşamam.
Ütü yapamaz.
Ayşe bu dersi anlatamaz.
Saat onda evden çıkamayız.

I can't speak to the manager.
She can't iron.
Ayşe can't tell this lesson.
We can't go out of the house at ten

SAHİP OLMAK (VAR OLMAK)

Positive

Bir dükkânım var.
İki gözün var.
Bir saati var.
Bir kızımız var.

I have got a shop.
You have got two eyes.
He has got a watch.
We have got a daughter.

Question

Kızın bir ağabeyi var mı?
Küçük bir dolabın var mı?
Mavi gözleri var mı?
Çocuğun bir bisikleti var mı?

Has the girl got an elder brother?
Have you got a small cupboard?
Has she got blue eyes?
Has the child got a bicycle?

Negative

Kahverengi pantolonu yok.
Yeni bir bulaşık makinemiz yok.
Onların bir dükkânı yok.
Gri bir kazağım yok.

She hasn't got brown trousers.
We haven't got a new dishwasher.
They haven't got a shop.
I haven't got a grey sweater.

Possession/Ownership - Negative Questions

To make negative questions, merely add the question marker **mu** to negative statements.

Bir evimiz yok.
Bir evimiz yok mu?

We haven't got a house.
Haven't we got a house?

İyi arkadaşların yok.
İyi arkadaşların yok mu?

You haven't got good friends.
Haven't you got good friends?

Fahri Beyin bileti yok.
Fahri Beyin bileti yok mu?

Fahri Bey hasn't got a ticket.
Hasn't Fahri Bey got a ticket?

Bugün toplantınız yok.
Bugün toplantınız yok mu?

You haven't got a meeting today.
Haven't you got a meeting today?

Words Used in the Reading Passage

vitrin	shopwindow
tezgâhtar	shop assistant
giysi	clothes
seçmek	to choose

BİR MAĞAZA

Burası büyük bir mağaza. Taksimde, İstiklal Caddesinde. Mağazanın vitrininde elbiseler, gömlekler, kazaklar, etekler ve ceketler var. Caddede birçok insan var. İnsanlardan bazıları mağazanın önünde duruyur ve vitrine bakıyorlar.

Mağazanın içinde de birçok elbise gömlek, etek ve ceket var. Müşteriler onlara bakıyorlar. Tezgâhtarlar müşterilere yardım ediyorlar. Onlara giysileri gösteriyorlar. Bu mağazada on tane tezgâhtar var.

Bir müşteri mavi bir elbise seçiyor ve onu giyiyor. Duvarda aynalar var. O, aynaya bakıyor.

Bir adam karısıyla birlikte etek ve ceketlere bakıyor. Kadın bir etek giyiyor ve onu satın alıyorlar.

Sağda müdürün odası var. Onun küçük ama güzel bir odası var. Adı Fikret. Fikret Bey işini çok seviyor. O genç bir adam. Evli ve bir oğlu var. Sabahleyin mağazaya erken gelir. Tezgâhtarlarla konuşur ve giysilere bakar. Akşamleyin bazen eve geç gider. Etilerde bir evi ve arabası var.

A STORE

This is a big store. It's in Taksim, in İstiklal Street. There are dresses, shirts, sweaters, skirts and jackets in the window of the store. There are a lot of people in the street. Some of the people are standing in front of the store and looking at the shopwindow.

There are a lot of dresses, shirts, skirts and jackets in the store. The customers are looking at them. The shop assistants are helping the customers. They are showing them the clothes. There are ten shop assistants in this store.

A customer is chosing a blue dress and wearing it. There are mirrors on he wall. She is looking at the mirror.

A man is looking at the skirts and jackets with his wife. The woman is wearing a skirt and they are buying it.

There is the manager's room on the right. He has got a small but nice room.His name is Fikret. Fikret Bey likes his job very much. He is a young man He is married and he has got a son. He comes to the store early in the morning. He speaks to the shop assistants and looking at the clothes. He sometimes go home late in the evening. He has got a house in Etiler and a car.

Questions and Answers to the Reading Passage

Mağaza nerededir?
Where is the store?

Taksimde, İstiklal Caddesindedir.
It's in Taksim in İstiklal Street.

Mağazanın vitrininde neler var?
What are there in the shopwindow of the store?

Elbiseler, kazaklar, gömlekler, etekler ve ceketler var.
There are dreses, sweaters, shirts, skirts and jackets.

İnsanlar mağazanın önünde duruyorlar mı?	Evet, duruyorlar.
Are the people standing in front of the store?	Yes, they are.
Mağazada tezgâhtarlar var mı?	Evet, var.
Are there any shop assistants in the store?	Yes, there are.
Onlar ne yapıyorlar?	Müşterilere yardım ediyorlar.(Giysileri
What are they doing?	gösteriyorlar.)
	They are helping the customers. (They are showing the clothes.)
Mağazada kaç tane tezgâhtar var?	On tane.
How many shop assistants are there in the store?	There are ten shop assistant.
Bir müşteri ne seçiyor?	Mavi bir elbise seçiyor.
What is a customer choosing?	She is choosing a blue dress.
O nereye bakıyor?	Aynaya bakıyor.
Where is she looking at?	She is looking at the mirror.
Bir adam karısıyla birlikte ne satın alıyor?	Bir etek alıyor.
What is a man buying together with his wife?	He is buying a skirt.
Müdürün odası büyük mü yoksa küçük mü?	Küçüktür.
Is the manager's room big or small?	It's small.
Müdürün adı nedir?	Fikrettir.
What is the manager's name?	His name is Fikret.
İşini seviyor mu?	Evet, seviyor.
Does he like his job?	Yes, he does.
Evli mi?	Evet, evlidir.
Is he married?	Yes, he is married.
Sabahleyin mağazaya erken mi gelir?	Evet, erken gelir.
Does he come to the store early in the morning?	Yes, he does.
Evi var mı?	Evet, var.
Has he got a house?	Yes, he has.
Evi nerede?	Etilerde.
Where is his house?	It is in Etiler.
Arabası var mı?	Evet, var.
Has he got a car?	Yes, he has.

PRACTICE 44

A: Change into negative question form.
1. **Büyük bir bahçemiz var.** 2. **Bugün oraya gidiyorlar.** 3. **Akşamleyin ders çalışır.** 4. **Parkta çocuklar yok.** 5. **Bize telefon etmiyorsun.** 6. **Evde zeytin var mı?** 7. **Size yardım ediyor mu?** 8. **Otobüste arkadaşın yok.**

B: Rewrite using the present simple.
1. **Her gün buraya geliyorlar.** 2. **Bu otelde kalıyor musun?** 3. **Bu kazağı giymiyor.** 4. **Bu evde oturmuyorum.** 5. **Öğretmen bu okulda çalışmıyor.** 6. **Her gün evi temizliyoruz.** 7. **Bu lokantada yemek yiyor musunuz?** 8. **O evi satıyoruz.**

C: Make questions using **kimin**.
1. **Kadının güzel elbiseleri var.** 2. **Mühendisin bir arabası yok.** 3. **Özlemin yeni bir televizyonu var.** 4. **Ayselin bu caddede bir dükkânı var.** 5. **Babamın eski bir paltosu var.** 6. **Teyzemin eski resimleri var.**

D: Make questions using **kaç (tane)**.
1. **İki tane paltom var.** 2. **Hemşirenin beş tane eteği var.** 3. **Patronun iki tane arabası var.** 4. **Yirmi tane kitabımız var.** 5. **İki kızları var.** 6. **Üç erkek kardeşin var.**

E: Translate into English.
1. **Süpermarketten bir kilo peynir al, lütfen.** 2. **Adamlar ofisi süpürüyorlar.** 3. **Yaşlı adamın kaç köpeği var?** 4. **Kimin kravatı var?** 5. **Sık sık futbol oynamazlar.** 6. **Erkek kardeşim yok.**

F: Translate into Turkish.
1. He has got four white shirts. 2. How many sisters has Özlem got? 3. She doesn't sweep the room every day. 4. Hasn't the manager got a computer? 5. Have you got a new television? 6. They have been waiting there for three hours.

PRACTICE 44 - ANSWERS

A. 1. **Büyük bir bahçemiz yok mu?** 2. **Bugün oraya gitmiyorlar mı?** 3. **Akşamleyin ders çalışmaz mı?** 4. **Parkta çocuklar yok mu?** 5. **Bize telefon etmiyor musun?** 6. **Evde zeytin yok mu?** 7. **Size yardım etmiyor mu?** 8. **Otobüste arkadaşın yok mu?**

B. 1. **Her gün buraya gelirler.** 2. **Bu otelde kalır mısın?** 3. **Bu kazağı giymez.** 4. **Bu evde oturmam.** 5. **Öğretmen bu okulda çalışmaz.** 6. **Her gün evi temizleriz.** 7. **Bu lokantada yemek yer misiniz?** 8. **O evi satarız.**

C. 1. **Kimin güzel elbiseleri var?** 2. **Kimin bir arabası yok.** 3. **Kimin yeni bir televizyonu var?** 4. **Kimin bu caddede bir dükkânı var.** 5. **Kimin eski bir paltosu var?** 6. **Kimin eski resimleri var?**

D. 1. **Kaç tane paltom/palton var?** 2. **Hemşirenin kaç tane eteği var?** 3. **Patronun kaç tane arabası var?** 4. **Kaç tane kitabımız/kitabınız var?** 5. **Kaç kızları var?** 6. **Kaç erkek kardeşin/kardeşim var?**

E. 1. Buy one kilo of cheese from the supermarket, please. 2. The men are sweeping the office. 3. How many dogs has the old man got? 4. Who has got a necktie? 5. They don't often play football. 6. I haven't got a brother.

F. 1. **Dört beyaz gömleği var.** 2. **Özlemin kaç kız kardeşi var?** 3. **Odayı her gün temizlemez.** 4. **Müdürün bir bilgisayarı yok mu?** 5. **Yeni bir televizyonunuz var mı?** 6. **Üç saattir orada bekliyorlar.**

VOCABULARY

OLMAK Bir doktor olmak istiyor.	TO BE; TO BECOME; TO HAPPEN She wants to be a doctor.
VAZO Vazonun içinde çiçekler var.	VASE There are flowers in the vase.
GELECEK Gelecek hafta Almanyaya gidecek. Geleceğimi bilemem.	NEXT; FUTURE He will go to Germany next week. I can't know my future.
ÇAMAŞIR Bugün çamaşır yıkıyor.	LAUNDRY She is washing the laundry.
BULAŞIK Bulaşıkları yıka, lütfen. O tabak bulaşıktır.	DIRTY DISHES; DIRTY Wash the dirty dishes, please. That plate is dirty.
KİRPİK Kızın kirpikleri çok uzundur.	EYELASH The girl's eyelashes are very long.
KAŞ Adamın kaşları siyahtır.	EYEBROW The man's eyebrows are black.
HARİTA Bu yer nerede? Haritaya bak.	MAP Where is this place? Look at the map.
ÇARŞI Turistler çarşıdan halılar alıyorlar.	BAZAAR, SHOPPING AREA The tourist are buying carpets from the bazaar.

FUTURE TENSE

The future tense, used to talk about the future, is made by adding the suffix **-(y)ecek/-(y)acak**. In English, 'will' or 'going to' is used.

The pronom **ben** is an exception in taking temporal suffix of future tense: the suffixes **-(y)ecek, -(y)acak** changes into **-(y)eceğ, -(y)acağ** , the letter **k** at the end being **ğ.**

(Ben)	gel	- ece	- ğ	- im.	I'll come.
	giy	- ece	- ğ	- im.	I'll wear.
	yap	- aca	- ğ	- ım.	I'll do.
	sat	- aca	- ğ	- ım.	I'll sell.

yıka	- y	- aca	- ğ	- ım.	I'll wash.
söyle	- y	- ece	- ğ	- im.	I'll say.
gid		-ece	- ğ	- im.	I'll go.
yi	- y	-ece	- ğ	- im.	I'll eat.

Konuşacağım.	I'll speak/talk.
Yürüyeceğim.	I'll walk.
Kullanacağım.	I'll use.
Bekleyeceğim.	I'll wait.
Yemek yapacağım.	I'll cook.
Müdürle konuşacağım.	I'll talk to the manager.
Bu eteği giyeceğim.	I'll wear this skirt.
Erken kalkacağım.	I'll get up early.
Parkta yürüyeceğim.	I'll walk in the park.
Çarşıya gideceğim.	I'll go to the bazaar.

(Sen)	gel -ecek -sin.	You'll come.
	yap -acak -sın.	You'll do.
	sat -acak -sın.	You'll sell.
	yıka -y -acak -sın.	You'll wash.
	söyle -y -ecek -sin.	You'll say.
	gid -ecek -sin.	You'll go.
	seyred -ecek -sin.	You'll watch.

Konuşacaksın.	You'll talk.
Yürüyeceksin.	You'll walk.
Kullanacaksın.	You'll use.
Oynayacaksın.	You'll play.
Telefon edeceksin.	You'll telephone.
Bu odada uyuyacaksın.	You'll sleep in this room.
Erken kalkacaksın.	You'll get up early.
Dersi anlatacaksın.	You'll tell the lesson.
Anneni ziyaret edeceksin.	You'll visit your mother.

(O)	gel -ecek.	He'll come.
	sat -acak.	He'll sell.
	bitir -ecek.	She'll finish.
	yıka -y -acak.	She'll wash.
	söyle -y -ecek.	She'll say.
	gid -ecek.	He'll go.
	yi -y -ecek.	She'll eat.

Konuşacak.	She'll talk.
Soracak.	She'll ask.
Kullanacak.	She'll use.
Telefon edecek.	He'll telephone.
Geç kalkacak.	She'll get up late.
Mağazaya gelecek.	She'll come to the store.
Meyve suyu içecek.	She'll drink orange juice.
Bir sandviç yiyecek.	He'll eat a sandwich.
Televizyon seyredecek.	She'll watch TV.

(Biz)	gel -ece -ğ -iz.	We'll come.
	yap -aca -ğ -ız.	We'll do.
	bitir -ece -ğ -iz.	We'll finish.
	anlat -aca -ğ -ız.	We'll tell.
	yıka -y -aca -ğ -ız.	We'll wash.
	söyle -y -ece -ğ -iz.	We'll say.
	gid -ece -ğ -iz.	We'll go.
	seyred -ece -ğ -iz.	We'll watch.

Konuşacağız.	We'll talk.
Soracağız.	We'll ask.
Oturacağız.	We'll sit.
Oynayacağız.	We'll play.
Pantolon giyeceğiz.	We'll put on trousers.
Odayı süpüreceğiz.	We'll sweep the room.
Eve döneceğiz.	We'll come back home.

(Siz)	gel -ecek -siniz.	You'll come.
	giy -ecek -siniz.	You'll wear.
	yıka -y -acak -sınız.	You'll wash.
	söyle -y -ecek -siniz.	You'll say.
	gid -ecek -siniz.	You'll go.
	yi -y -ecek -siniz.	You'll eat.

Konuşacaksınız.	You'll talk.
Yürüyeceksiniz.	You'll walk.
Yemek yapacaksınız.	You'll cook.
Bu odada uyuyacaksınız.	You'll sleep in this room.
Bulaşık yıkayacaksınız.	You'll wash the dirty plates.
Televizyon seyredeceksiniz.	You'll watch TV.

(Onlar)	gel -ecek(ler).	They'll come.
	sat -acak(lar).	They'll sell.
	anlat -acak(lar).	They'll tell.
	yıka -y -acak(lar).	They'll wash.
	söyle -y -ecek(ler).	They'll say.
	gid -ecek(ler).	They'll go.
	yi -y -ecek(ler).	They'll eat.

Konuşacak(lar).	They'll talk.
Yürüyecek(ler).	They'll walk.
Oynayacak(lar).	They'll play.
Bekleyecek(ler).	They'll wait.
Geç kalkacak(lar).	They'll get up late.
Mağazaya gelecek(ler).	They'll come to the store.
Meyve suyu içecek(ler).	They'll drink fruit juice.
Bir sandviç yiyecek(ler).	They'll eat a sandwich.

Saat onda gelecek.	He'll come at ten.
Bu elbiseyi giyeceksin.	You'll wear this dress.
İşadamı Perşembe günü İzmite gidiyor.	The businessman will go to İzmit on Thursday.
Bugün denizde yüzeceğiz.	We'll swim in the sea today.
Film başlayacak.	The film will begin.

Mutfakta kahvaltı edeceğiz.	We'll have breakfast in the kitchen.
Garson bir tabak çorba getirecek.	The waiter will bring a plate of soup.
Kadın bir kilo portakal alacak.	The woman will buy one kilo of oranges.

Expressions of time like 'tomorrow', next week', etc can be used as adverbials with the future tense. It is also possible to use present time expressions like 'now, today', etc with the future tense. In Turkish, these adverbials usually come at the beginning of sentences or after the object.

Şimdi film başlayacak.	The film will begin now.
Yarın çarşıya gideceğiz.	We'll go to the bazaar tomorrow.
Gelecek ay yeni bir ev alacağız.	We'll buy a new house next month.
Yarın bize yardım edeceksiniz.	You'll help us tomorrow.
İşi bugün bitireceğiz.	We'll finish the work today.
İşadamı gelecek hafta İzmite gidecek.	The businessman will go to İzmit next week.
Babam gelecek yıl dönecek.	My father will return next year.
Öğretmen şimdi ona sorular soracak.	The teacher will ask him questions now.

PRACTICE 45

A: Write out the future tense forms of these verbs in the first person (singular and plural).
1. gitmek 2. oturmak 3. yemek 4. beklemek 5. telefon etmek 6. dinlemek 7. sormak 8. kullanmak 9. göstermek 10. başlamak

B: Write out the future tense forms of these verbs in the second person (singular and plural).
1. öğrenmek 2. kesmek 3. gitmek 4. yemek 5. dinlemek 6. seyretmek 7. anlatmak 8. yıkamak 9. ütü yapmak 10. yürümek

C: Change into future tense form.
1. Annem odada ütü yapıyor. 2. İşçiler bugün fabrikada çalışıyorlar. 3. Turistler yarın bu otele geliyorlar. 4. Gelecek yıl Türkçe öğreniyorum. 5. Bu kafeteryada meşrubat içeriz. 6. Odayı yarın temizlersiniz. 7. Otobüs için burada bekliyorsun. 8. Babam bu akşam patronla konuşuyor.

D: Make sentences using the future tense and adding appropriate suffixes.
1. Arkadaşım - yarın - ora - beklemek 2. Biz - o - bir şey - anlatmak 3. Ben - vazo - masa - koymak 4. Siz - bu akşam - erken - yatmak 5. Mühendisler - köprü - yürümek 6. Sen - gelecek hafta - ora - çalışmak 7. Otobüs - bu durak - durmak 8. Misafirler - yarın akşam - gelmek

E: Translate into English.
1. Bu akşam otelde kalmak istiyoruz. 2. Yaşlı kadının iki evi ve bir arabası var. 3. Sizin kitaplarınız yok mu? 4. Fabrikada kaç işçimiz var? 5. Gelecek yıl evi satacağım. 6. Yarın arabayla dükkâna gideceğiz. 7. Annem gelecek hafta müdürle konuşacak. 8. Yarın sabah erken kalkacaklar.

F: Translate into Turkish.
1. We'll open the door tomorrow. 2. They'll watch the film next week. 3. She doesn't do anything in the evening. 4. I'll buy a dress for my mother tomorrow. 5. The woman see her son twice a month. 6. The teachers will go to the meeting next week. 7. You'll go somewhere tomorrow. 8. We'll use these bags.

PRACTICE 45 - ANSWERS

A. 1. **Gideceğim. Gideceğiz.** 2. **Oturacağım. Oturacağız.** 3. **Yiyeceğim. Yiyeceğiz.** 4. **Bekleyeceğim. Bekleyeceğiz.** 5. **Telefon edeceğim. Telefon edeceğiz.** 6. **Dinleyeceğim. Dinleyeceğiz.** 7. **Soracağım. Soracağız.** 8. **Kullanacağım. Kullanacağız.** 9. **Göstereceğim. Göstereceğiz.** 10. **Başlayacağım. Başlayacağız.**

B. 1. **Öğreneceksin. Öğreneceksiniz.** 2. **Keseceksin. Keseceksiniz.** 3. **Gideceksin. Gideceksiniz.** 4. **Yiyeceksin. Yiyeceksiniz.** 5. **Dinleyeceksin. Dinleyeceksiniz.** 6. **Seyredeceksin. Seyredeceksiniz.** 7. **Anlatacaksın. Anlatacaksınız.** 8. **Yıkayacaksın. Yıkayacaksınız.** 9. **Ütü yapacaksın. Ütü yapacaksınız.** 10. **Yürüyeceksin. Yürüyeceksiniz.**

C. 1. **Annem odada ütü yapacak.** 2. **İşçiler bugün fabrikada çalışacaklar.** 3. **Turistler yarın bu otele gelecekler.** 4. **Gelecek yıl Türkçe öğreneceğim.** 5. **Bu kafeteryada meşrubat içeceğiz.** 6. **Odayı yarın temizleyeceğiz.** 7. **Otobüs için burada bekleyeceksin.** 8. **Babam bu akşam patronla konuşacak.**

D. 1. **Arkadaşım yarın orada bekleyecek.** 2. **Ona bir şey anlatacağız.** 3. **Vazoyu masaya koyacağım.** 4. **Bu akşam erken yatacaksınız.** 5. **Mühendisler köprüde yürüyecekler.** 6. **Gelecek hafta orada çalışacaksın.** 7. **Otobüs bu durakta duracak.** 8. **Misafirler yarın akşam gelecek.**

E. 1. We want to stay at the hotel. 2. The old woman has two houses and a car. 3. Haven't you got any books? 4. How many workers have we got in the factory? 5. I'll sell the house next year. 6. We'll go to the shop by car tomorrow. 7. My mother will talk to the headmaster next week. 8. They'll get up early tomorrow morning.

F. 1. **Yarın kapıyı açacağız.** 2. **Gelecek hafta filmi seyredecekler.** 3. **Akşamleyin bir şey yapmaz.** 4. **Yarın annem için bir elbise alacağım.** 5. **Kadın ayda iki kez oğlunu görür.** 6. **Gelecek hafta öğretmenler toplantıya gidecek.** 7. **Yarın bir yere gideceksin/gideceksiniz.** 8. **Bu çantaları kullanacağız.**

VOCABULARY

KİLİSE İstanbulda birçok eski kilise vardır.	CHURCH There are a lot of old churches in İstanbul.
TARLA Çiftçiler tarlada çalışıyor.	FIELD The farmers are working in the field.
ÇİFTÇİ Babası bir çiftçidir.	FARMER Her father is a farmer.
MAKİNE Fabrika için yeni bir makine alacaklar.	MACHINE They'll buy a new machine for the factory.
FOTOĞRAF MAKİNESİ Turistlerin fotoğraf makineleri var.	CAMERA The tourists have got the cameras.
FOTOĞRAF Kızının fotoğraflarını bana gösterebilir misin?	PHOTOGRAPH Can you show me your daughter's photographs?
PUL Zarfın üstünde ilginç bir pul var.	STAMP There is an interesting stamp on the envelope.

FUTURE TENSE (Continued)

Yarın parka gideceğiz.
Gelecek hafta eve dönecekler.
Bu fotoğrafları sana göstereceğim.

FUTURE TENSE - Questions

As in the other tenses, to make (Yes/No) questions in the future tense, place the question marker before the personal suffix to make a new word (following the verb and tense suffix).

Gel -ecek -mi -yim?	Will I come?
Yap -acak -mı -yım?	Will I do?
Yürü -y -ecek -mi -yim?	Will I walk?
Yi -y -ecek -mi -yim?	Will I eat?
Seyred -ecek -mi -yim?	Will I watch?
Verecek miyim?	Will I give?
Anlatacak mıyım?	Will I tell?
Gidecek miyim?	Will I go?

Kalkacak mıyım?	Will I get up?
Bu mektupları verecek miyim?	Will I give these letters?
Dersi anlatacak mıyım?	Will I tell the lesson?
Gelecek hafta oraya gidecek miyim?	Will I go there next week?
Bu odada uyuyacak mıyım?	Will I sleep in this room?
Gel -ecek -mi -sin?	Will you come?
Yap -acak -mı -sın?	Will you do?
Yürü -y -ecek -mi -sin?	Will you walk?
Yi -y -ecek -mi -sin?	Will you eat?
Seyred -ecek -mi -sin?	Will you watch?
Anlatacak mısın?	Will you tell?
Seçecek misin?	Will you choose?
Dinleyecek misin?	Will you listen?
Bu sandviçi yiyecek misin?	Will you eat this sandwich?
Yarın ona anlatacak mısın?	Will you tell him tomorrow?
Yarın sabah ofise gidecek misin?	Will you go to the office tomorrow morning?
Bu akşam mektubu yazacak mısın?	Will you write the letter this evening?
Gel -ecek -mi?	Will she come?
Yap -acak -mı?	Will she do?
Yürü -y -ecek -mi?	Will he walk?
Yi -y -ecek -mi?	Will she eat?
Seyred -ecek -mi?	Will he watch?
Anlatacak mı?	Will he tell?
Seçecek mi?	Will she choose?
Dinleyecek mi?	Will she listen?
Bu sandviçi yiyecek mi?	Will he eat this sandwich?
Yarın erken kalkacak mı?	Will he get up early tomorrow?
Yarın sabah ofise gidecek mi?	Will he go to the office tomorrow morning?
Giy -ecek -mi -yiz?	Will we wear?
Sat -acak -mı -yız?	Will we sell?
Yi -y -ecek -mi -yiz?	Will we eat?
Seyred -ecek -mi -yiz?	Will we watch?
Okuyacak mıyız?	Will we read?
Verecek miyiz?	Will we give?
Gidecek miyiz?	Will we go?
Gelecek yıl buraya gelecek miyiz?	Will we come here next year?
Makinayı kullanacak mıyız?	Will we use the machine?
Bu otelde kalacak mıyız?	Will we stay at this hotel?
Gel -ecek -mi -siniz?	Will you come?
Sat -acak -mı -sınız?	Will you sell?
Yi -y -ecek -mi -siniz?	Will you eat?
Seyred -ecek -mi -siniz?	Will you watch?

Satacak mısınız?	Will you sell?
Verecek misiniz?	Will you give?
Gidecek misiniz?	Will you go?
Gelecek yıl buraya gelecek misiniz?	Will you come here next year?
Yarın mektubu yazacak mısınız?	Will you write the letter tomorrow?
Yarın çarşıya gidecek misiniz?	Will you go to the bazaar tomorrow?
Şimdi dersi anlatacak mısınız?	Will you tell the lesson now?
Gel -ecek(ler) -mi?	Will they come?
Sat -acak(lar) -mı?	Will they sell?
Yi -y -ecek -(ler) -mi?	Will they eat?
Verecekler mi?	Will they give?
Yazacaklar mı?	Will they write?
Gidecekler mi?	Will they go?
Yarın patronla konuşacaklar mı?	Will they talk to the boss tomorrow?
Gelecek ay okula gidecekler mi?	Will they go to school next month?
Şimdi makineyi kullanacaklar mı?	Will they use the machine?
Saat onda gelecek mi?	Will he come at ten?
Bu elbiseyi giyecek misin?	Will you wear this dress?
Babam bugün dönecek mi?	Will my father come back today?
Bugün denizde yüzecek miyiz?	Will we swim in the sea today?
Film başlayacak mı?	Will the film begin?
Mutfakta kahvaltı edecek miyiz?	Will we have breakfast in the kitchen?
Yarın evi temizleyecekler mi?	Will they clean the house tomorrow?
Gelecek ay burada çalışacak mı?	Will she work here next month?

OLMAK

The English equivalent of the verb **olmak** is 'to be; to become'.

Zengin olacağım.	I will be rich.
Bu ev büyük olacak.	This house will be big.
Yarın orada olacağız.	We'll be there tomorrow.
Saat sekizde lokantada olacaklar.	They'll be in the restaurant at eight o'clock.
Akşam altıda burada ol.	Be here at six o'clock in the evening.
Bugün ofiste olabilir.	He can be in the office today.
Ev büyük olacak mı?	Will the house be big?
Saat sekizde lokantada olacaklar mı?	Will they be in the restaurant at eight o'clock?
Sabahleyin burada olacak mısın?	Will you be here in the morning?
Bugün ofiste olamaz.	He can't be in the office today.
Bir doktor olmak istemiyor.	She doesn't want to be a doctor.
Bir mühendis olacak.	He will become an engineer.
Bir müdür olacağım.	I will become a manager.
Bir doktor olmak istiyor.	He wants to become a doctor.

TATİL

Sevgi Hanım ve Rafet Bey aynı şirkette çalışıyorlar. Sevgi Hanım, Rafet Beyin karısıdır. Onların çocukları yok. Avcılarda oturuyorlar. Bir evleri ve bir arabaları var.

Onlar yarın tatil için Alanyaya gidecekler. Orada bir otelde kalacaklar. Otelin adı Güneş. Orası temiz ve iyi bir oteldir.

Sevgi Hanım şimdi çamaşır yıkıyor. Akşamleyin giysileri dolaptan alacak ve bavullara koyacak.

Yarın sabah erken kalkacaklar. Alanyaya arabayla gitmiyorlar.

Otobüsle gidecekler. Otobüs Esenlerden kalkacak. Saat yedi buçukta orada olacaklar. Bu, onlar için iyi bir tatil olacak.

HOLIDAY

Sevgi Hanım and Rafet Bey are working in the same company. Sevgi Hanım is Rafet Bey's wife. They haven't got any children. They live in Avcılar. They have got a house and a car.

They'll go to Alanya tomorrow for the holiday. They'll stay at a hotel there. The name of the hotel is Güneş. That place is a clean and good hotel.

Sevgi Hanım is washing laundry now. She'll take the clothes from the wardrobe and put them in to the suitcases in the evening.

They'll get up early tomorrow morning. They aren't going to Alanya by car.

They'll go by bus. The bus will leave from Esenler. They'll be there at half past seven. This will be a good holiday for them.

Questions and Answers to the Reading Passage

Sevgi Hanım kimdir?
Who is Sevgi Hanım?

O Rafet Beyin karısıdır.
She is Rafet Bey's wife.

Onların çocukları var mı?
Have you got any children?

Hayır, yok.
No, they haven't.

Nerede oturuyorlar?
Where do they live?

Avcılarda oturuyorlar.
They live in Avcılar.

Arabaları var mı?
Have they got a car?

Evet, var.
Yes, they have.

Tatil için nereye gidecekler?
Where will they go for the holiday?

Alanyaya gidecekler.
They'll go Alanya.

Orada nerede kalacaklar?
Where will they stay there?

Otelde kalacaklar.
They'll stay at the hotel.

Otelin adı nedir?
What is the name of the hotel?

Güneştir.
It's Güneş.

Sevgi Hanım giysileri nereye koyacak?
Where will Sevgi Hanım put the clothes?

Bavullara koyacak.
They'll put into the suitcases.

Alanyaya neyle gidiyorlar?
How do they go to Alanya?

Otobüsle gidiyorlar.
They go by bus.

Otobüs nereden kalkıyor?
Where is the bus leaving?

Esenlerden kalkıyor.
It is leaving from Esenler.

Saat kaçta orada olacaklar?
What time will they be there?

Yedi buçukta.
At half past seven.

PRACTICE 46

A: Change to future tense, including the adverbial in brackets.
1. **Bugün işe gidiyorum. (yarın)** 2. **Bu sabah bize geliyorlar. (gelecek hafta)** 3. **Şimdi lokantaya gidiyoruz. (yarın)** 4. **Bugün Ankaradan dönüyor. (yarın)** 5. **Şimdi ona telefon ediyoruz. (gelecek hafta)** 6. **Bugün kadınla konuşuyorsunuz. (yarın)** 7. **Mektubu şimdi okuyorum. (yarın)** 8. **Onu otobüs durağında bekliyorsun. (yarın sabah)**

B: Change into question form.
1. **Çorba içeceğim.** 2. **İki saat sonra sinemada olacak.** 3. **İstasyona arabayla gideceğiz.** 4. **Bunu onlara söyleyeceksin.** 5. **Yarın oraya gideceksiniz.** 6. **Onları burada bekleyecekler.** 7. **Yarın araba kullanacak.** 8. **Bir fotoğraf makinesi alacağım.**

C: Using the question words given, make questions for which the words in brackets could be answers.
ne zaman, neyle, ne, kim, nereye, nereden, kiminle
Example : (Saat ikide) eve geliyor. → Ne zaman eve geliyor?
1. **Levent (kız arkadaşıyla) oturuyor.** 2. **Patron (Antalyadan) gelebilir.** 3. **(Onlar) bu akşam geliyorlar.** 4. **Oraya (taksiyle) gidiyoruz.** 5. **Doktor (pazar günü) toplantıya gidiyor.** 6. **Çocuklar (parka) gidiyorlar.** 7. **Kadın (yemek yapıyor).**

D: Fill the gaps with appropriate personal pronouns.
1. **...... bu işi yapacak mısın?** 2. **...... televizyon seyredeceğim.** 3. **...... uyuyacak mısınız?** 4. **...... beyaz şarap içecek miyiz?** 5. **...... oturacaklar mı?** 6. **...... ne zaman geliyorsun?** 7. **...... bu otelde kalacak mı?**

E: Translate into English.
1. **Bu akşam otelde kalacaklar.** 2. **Yarın sabah dükkânda olacak mısın?** 3. **Bir hemşire olmak istiyor mu?** 4. **Gelecek hafta bir toplantıya gidecek misiniz?** 5. **Onun fotoğraflarını gösterecek miyiz?** 6. **Pulu zarfın üstüne koyacak.** 7. **Turistler kiliseye girecekler mi?**

F: Translate into Turkish.
1. Can you be here at seven o'clock tomorrow morning? 2. Will he watch the film on TV this evening? 3. They'll sit in these armchairs. 4. We'll go out of the house at six o'clock tomorrow. 5. Don't you want to be a teacher? 6. Will she buy a hat for her mother? 7. Will they go there by train?

PRACTICE 46 - ANSWERS

A. 1. **Yarın işe gideceğim.** 2. **Gelecek hafta bize gelecekler.** 3. **Yarın lokantaya gideceğiz.** 4. **Yarın Ankaradan dönecek.** 5. **Gelecek hafta ona telefon edeceğiz.** 6. **Yarın kadınla konuşacaksınız.** 7. **Yarın mektubu okuyacağım.** 8. **Yarın sabah onu otobüs durağında bekleyeceksin.**

B. 1. **Çorba içecek miyim?** 2. **İki saat sonra sinemada olacak mı?** 3. **İstasyona arabayla gidecek miyiz?** 4. **Bunu onlara söyleyecek misin?** 5. **Yarın oraya gidecek misiniz?** 6. **Onları burada bekleyecekler mi?** 7. **Yarın araba kullanacak mı?** 8. **Bir fotoğraf makinesi alacak mıyım?**

C. 1. **Levent kiminle oturuyor?** 2. **Patron nereden gelebilir?** 3. **Bu akşam kim geliyor?** 4. **Oraya neyle gidiyorsunuz?** 5. **Doktor ne zaman toplantıya gidiyor?** 6. **Çocuklar nereye gidiyorlar?** 7. **Kadın ne yapıyor?** -

D. 1. **Sen** 2. **Ben** 3. **Siz** 4. **Biz** 5. **Onlar** 6. **Sen** 7. **O**

E. 1. They'll stay at the hotel. 2. Will you be in the show tomorrow morning? 3. Does she want to be nurse? 4. Will you go to a meeting next week? 5. Will we show her photographs? 6. He'll put the stamp on the envelope. 7. Will the tourists go into the church?

F. 1. **Yarın sabah yedide burada olabilir misin?** 2. **Bu akşam televizyondaki filmi seyredecek mi?** 3. **Bu koltuklarda oturacaklar.** 4. **Yarın saat altıda evden çıkacağız.** 5. **Bir öğretmen olmak istemiyor musun?/istemez misin?** 6. **Annesi için bir şapka alacak mı?** 7. **Oraya trenle gidecekler mi? /Oraya trenle mi gidecekler?**

270

VOCABULARY

DEĞİŞTİRMEK
Elbisesini değiştirecek.

TO CHANGE
She'll change her dress.

MUTLU
Çok mutlu olacaksın.

HAPPY
You'll be very happy.

ŞARKI
O şarkıyı dinliyor musunuz?

SONG
Are you listening to that song?

ŞARKI SÖYLEMEK
Erkek kardeşim bir lokantada şarkı söylüyor.

TO SING
My brother is singing in a restaurant.

DANS ETMEK
Saat sekizden beri dans ediyorlar.

TO DANCE
They have been dancing since eight
o'clock.

FOTOĞRAF ÇEKMEK
Müzede fotoğraf çekebilir miyim?

TO TAKE PHOTOS/PICTURES
Can I take photos in the museum?

MAYO
Mayom nerede? Yüzeceğim.

BATHING SUIT
Where is my bathing suit? I am going to
go swimming.

PLAJ
Gelecek hafta plaja gidecek miyiz?

BEACH
Will we go to the beach next week?

FUTURE TENSE - Negative

As in other tenses, negatives are made by inserting the **-ma/-me** suffix between the verb root and
tense/personal suffixes.

(Ben)	gel me y ece ğ im.	I won't come.
	yat -ma -y -aca -ğ -ım.	I won't go to bed.
	söyle -me -y -ece -ğ -im.	I won't say.
	ye -me -y -ece -ğ -im.	I won't eat.
	git -me -y -ece -ğ -im.	I won't go.

Göstermeyeceğim.
Değiştirmeyeceğim.
Şarkı söylemeyeceğim.
Bu işi bitirmeyeceğim.
Plaja gitmeyeceğim.

I won't show.
I won't change.
I won't sing.
I won't finish this work.
I won't go to the beach.

Bu odada çalışmayacağım.	I won't work in this room.
(Sen)　　gel -me -y -ecek -sin.	You won't come.
yat -ma -y -acak -sın.	You won't go to bed.
yıka -ma -y -acak -sın.	You won't wash.
söyle -me -y -ecek -sin.	You won't say.
ye -me -y -ecek -sin.	You won't eat.
git -me -y -ecek -sin.	You won't go.

Göstermeyeceksin.	You won't show.
Değiştirmeyeceksin.	You won't change.
Fotoğraf çekmeyeceksin.	You won't take photos.
Yapmayacaksın.	You won't do.
O filmi seyretmeyeceksin.	You won't watch that film.
Plaja gitmeyeceksin.	You won't go to the beach.
Bu odada çalışmayacaksın.	You won't study in this room.

giy -me -y -ecek.	She won't wear.
yat -ma -y -acak.	He won't go to bed.
yıka -ma -y -acak.	He won't wash.
söyle -me -y -ecek.	She won't say.
ye -me -y -ecek.	He won't eat.
git -me -y -ecek.	She won't go.

Göstermeyecek.	She won't show.
Seyretmeyecek.	He won't watch.
Değiştirmeyecek.	She won't change.
Yapmayacak.	She won't do.
Anlatmayacak.	He won't tell.
Bu işi bitirmeyecek.	She won't finish this work.
Plaja gitmeyecek.	He won't go to the beach.
Bu odada çalışmayacak.	He won't study in this room.

(Biz)　　gel -me -y -ece -ğ -iz.	We won't come.
yat -ma -y -aca -ğ -ız.	We won't go to bed.
yıka -ma -y -aca -ğ -ız.	We won't wash.
söyle -me -y -ece -ğ -iz.	We won't say.
ye -me -y -ece -ğ -iz.	We won't eat.
git -me -y -ece -ğ -iz.	We won't go.

Göstermeyeceğiz.	We won't show.
Değiştirmeyeceğiz.	We won't change.
Fotoğraf çekmeyeceğiz.	We won't take photos.
Yapmayacağız.	We won't do.
Anlatmayacağız.	We won't tell.
O filmi seyretmeyeceğiz.	We won't watch that film.
Elbisemizi değiştirmeyeceğiz.	We won't change (our dresses).
Bu odada çalışmayacağız.	We won't study in this room.

(Siz)　　gel -me -y -ecek -siniz.	You won't come.
yat -ma -y -acak -sınız.	You won't go to bed.
yıka -ma -y -acak -sınız.	You won't wash.
yürü -me -y -ecek -siniz.	You won't walk.
ye -me -y -ecek -siniz.	You won't eat.
git -me -y -ecek -siniz.	You won't go.

Göstermeyeceksiniz.	You won't show.
Dans etmeyeceksiniz.	You won't dance.
Şarkı söylemeyeceksiniz.	You won't sing.
Yapmayacaksınız.	You won't do.
Anlatmayacaksınız.	You won't tell.
Bu işi bitirmeyeceksiniz.	You won't finish this work.
Elbisenizi değiştirmeyeceksiniz.	You won't change (your dresses).
Bu odada çalışmayacaksınız.	You won't study in this room.

giy -me -y -ecek(ler).	They won't wear.
yat -ma -y -acak(lar).	They won't go to bed.
yıka -ma -y -acak(lar).	They won't watch.
söyle -me -y -ecek(lar).	They won't say.
ye -me -y -ecek(ler).	They won't eat.
git -me -y -ecek(ler).	They won't go.

Seyretmeyecekler.	They won't watch.
Değiştirmeyecekler.	They won't change.
Fotoğraf çekmeyecekler.	They won't take photos.
Yapmayacaklar.	They won't do.
Anlatmayacaklar.	They won't tell.
O filmi seyretmeyecekler.	They won't watch that film.
Elbiselerini değiştirmeyecekler.	They won't change (their dresses).
Bu odada çalışmayacaklar.	They won't study in this room.

Buraya gelecek.	He'll come here.
Buraya gelecek mi?	Will he come here?
Buraya gelmeyecek.	He won't come here.
Sinemaya gideceğiz.	We'll go to the cinema.
Sinemaya gidecek miyiz?	Will we go to the cinema?
Sinemaya gitmeyeceğiz.	We won't go to the cinema.

Saat onda gelmeyecek.	She won't come at ten.
Film erken başlamayacak.	The film won't start early.
Çiçekleri vazoya koymayacağım.	I won't put the flowers into the vase.
Yarın çarşıya gitmeyeceğim.	I won't go to the bazaar tomorrow.
Babam gelecek yıl dönmeyecek.	My father won't return next year.
O sandviçi yemeyecek.	He won't eat the sandwich.

Questions

Nereye gideceksin?	Where will you go?
Yarın nereye gidecek?	Where will she go tomorrow?
Nereye oturacağız?	Where will we sit?

Bizi nerede bekleyecekler?	Where will they wait for us?
Nerede oynayacaksınız?	Where will you play?
Toplantı nerede olacak?	Where will the meeting be?

Şimdi ne yapacaksın?	What will you do now?
Orada ne göreceğiz?	What will we see there?

Elbiseyi nereden alacaksın?	Where will you buy the dress?

Nereden bakacaklar?	Where will they look from?
Oraya nasıl gideceksiniz?	How will you go there?
Bu işi nasıl bitireceğiz?	How will we finish this work?

Size kim anlatacak?	Who will tell you?
Bizi kim bekleyecek?	Who will wait for us?

Ne zaman eve gelecek?	When will he come to the house?
Toplantıya ne zaman gideceğiz?	When will we go to the meeting?

Saat kaçta lokantada olacağım?	What time will I be in the restaurant?
Doktor saat kaçta gelecek?	What time will the doctor come?

Future Tense - Short Answers

Bugün gelecek misin?	Will you come today?
Evet, geleceğim.	Yes, I will.

Yarın okula gidecek mi?	Will she go to school tomorrow?
Evet, gidecek.	Yes, she will.

Meyve suyunu içecek misiniz?	Will you drink fruit juice?
Evet, içeceğiz.	Yes, we will.

Bugün çalışacak mıyız?	Will we work today?
Hayır, çalışmayacağız.	No, we won't.

Evi satacak mısınız?	Will you sell the house?
Hayır, satmayacağız.	No, we won't.

Kapıyı açacak mı?	Will she open the door?
Hayır, açmayacak.	No, she won't.

PRACTICE 47

A: Change into Future Tense.
1. **Yarın oraya gidiyor musunuz?** 2. **Tabakları yıkıyorlar.** 3. **Bizi görmüyor.** 4. **Bana yardım eder misin?** 5. **Gitar çalabilir mi?** 6. **Yarın ütü yapıyoruz.** 7. **Şimdi akşam yemeği yiyoruz.** 8. **Ablam havaalanına gitmez.**

B: Change into question form.
1. **Gelecek yıl orada olacak.** 2. **Yarın plaja gidecekler.** 3. **Sana bir şey anlatacağım.** 4. **Fotoğrafları göstereceğiz.** 5. **Şimdi elbisesini değiştirecek.** 6. **Yarın sabah erken kahvaltı edeceksiniz.** 7. **Gelecek hafta evde olacaksın.** 8. **Şimdi film başlayacak.**

C: Change into negative form.
1. **Bulaşık makinesi alacağız.** 2. **Yüzünü yıkayacak.** 3. **Bu akşam bahçede oturacaklar.** 4. **Tabakları masadan alacaksın.** 5. **Saat yedide hazır olacaksınız.** 6. **Soruları yarın yanıtlayacağız.** 7. **Çantayı arayacağım.** 8. **Toplantı için mavi elbisesini giyecek.**

D: Give short answers, positive (+) or negative (-) as indicated.
Example : **Yarın oraya gidecek misiniz?** (+) → **Evet, gideceğiz. Yarın oraya gidecek misiniz?** (-) → **Hayır, gitmeyeceğiz.**

1. Gelecek hafta burada olacak mıyız? (+) 2. Odayı süpürecek misin? (-) 3. Filmi seyredecek mi? (-) 4. Bir saat sonra hazır olacak mısınız? (+) 5. Gelecek hafta toplantıya gidecek misin? (-) 6. Araba kullanacak mı? (+)

E: Translate into English.
1. Film saat kaçta başlayacak? 2. Gelecek hafta bir yere gidecek mi? 3. Dans edecekler mi? Hayır, etmeyecekler. 4. Bu sabah kahvaltı edecek misin? 5. Arkadaşım iki gün sonra gelecek. 6. Zili çalmayacak. 7. Ne zaman Türkçe öğreneceksin?

F: Translate into Turkish.
1. We'll go there by car. 2. I'll study with my father. 3. Will she write the letter this evening? 4. Will you eat this cake? No, I won't. 5. Ali won't come to us on Sunday. 6. When will he stay there? 7. How will they go there?

PRACTICE 47 - ANSWERS

A. 1. Yarın oraya gidecek misiniz? 2. Tabakları yıkayacaklar. 3. Bizi görmeyecek. 4. Bana yardım edecek misin? 5. Gitar çalacak mı? 6. Yarın ütü yapacağız. 7. Şimdi akşam yemeği yiyeceğiz. 8. Ablam havaalanına gitmeyecek.
B. 1. Gelecek yıl orada olacak mı? 2. Yarın plaja gidecekler mi? 3. Sana birşey anlatacak mıyım? 4. Fotoğrafları gösterecek miyiz? 5. Şimdi elbisesini değiştirecek mi? 6. Yarın sabah erken kahvaltı edecek misiniz? 7. Gelecek hafta evde olacak mısın? 8. Şimdi film başlayacak mı?
C. 1. Bulaşık makinesi almayacağız. 2. Yüzünü yıkamayacak. 3. Bu akşam bahçede oturmayacaklar. 4. Tabakları masadan almayacaksın. 5. Saat yedide hazır olmayacaksınız. 6. Soruları yarın yanıtlamayacağız. 7. Çantayı aramayacağım. 8. Toplantı için mavi elbisesini giymeyecek.
D. 1. Evet, olacağız. 2. Hayır, süpürmeyeceğim. 3. Hayır, seyretmeyecek. 4. Evet, olacağız. 5. Hayır, gitmeyeceğim. 6. Evet, kullanacak.
E. 1. What time will the film start? 2. Will she go anywhere next week? 3. Will they dance? No, they won't. 4. Will you have breakfast this morning? 5. My friend will come two days later. 6. He won't ring the bell. 7. When will you learn Turkish?
F. 1. Oraya arabayla gideceğiz. 2. Babamla ders çalışacağım. 3. Bu akşam mektubu yazacak mı? 4. Bu keki yiyecek misin? Hayır, yemeyeceğim. 5. Ali Pazar günü bize gelmeyecek. 6. Orada ne zaman kalacak? (Ne zaman orada kalacak?) 7. Oraya nasıl gidecekler?

VOCABULARY

DOĞU Doğuda çok kar yağar.	EAST It snows very much.
BATI İzmir Türkiyenin batısındadır.	WEST İzmir is in the west of Türkiye.
KUZEY Giresun kuzeydedir.	NORTH Giresun is in the north.
GÜNEY Onlar güneyde yaşarlar.	SOUTH They live in the south.
DIŞARI Şimdi dışarı çıkacağım.	OUT I'll go out.
İÇERİ İçeri gelin, lütfen.	IN Come in, please.
HAKKINDA Onun hakkında konuşmak istemiyorum.	ABOUT I don't want to talk about him.
ÖDEMEK Hesabı ödeyeceğiz.	PAY We'll pay the bill.

DIRECTIONS

The Turkish words for 'north, south, east' and 'west' are, respectively, **kuzey, güney, doğu** and **batı**. To give directions the locational suffix **-da/-de** is used.

kuzeyde	in the north
güneyde	in the south
doğuda	in the east
batıda	in the west

Aydın batıdadır.	Aydın is in the west.
Trabzon kuzeydedir.	Trabzon is in the north.
Antalya güneydedir.	Antalya is in the south.
Van doğudadır.	Van is in the east.

Edirne batıda mıdır?	Is Edirne in the west?
İzmir doğuda değildir; batıdadır.	İzmir isn't in the east; it's in the west.
Arkadaşın doğuda mı yaşar?	Does your friend live in the east?
Biz şimdi tatil için güneydeyiz.	We are in the south for the holiday now.

When we want to talk about the position of somewhere in an area, the word for the area takes the possessor suffix -(n)ın, -(n)in, -(n)un, -(n)ün.

kuzeyde	in the north
... nın kuzeyinde	in the north of
güneyde	in the south
... nin güneyinde	in the south of
doğuda	in the east
... nin doğusunda	in the east of
batıda	in the west
... nin batısında	in the west of
Türkiyenin kuzeyinde	in the north of Türkiye
İngilterenin güneyinde	in the south of England
İstanbulun doğusunda	in the east of İstanbul
Ankaranın batısında	in the west of Ankara
Van Türkiyenin doğusundadır.	Van is in the east of Türkiye.
Samsun Türkiyenin kuzeyindedir.	Samsun is in the north of Türkiye.
Alanya Türkiyenin güneyindedir.	Alanya is in the south of Türkiye.
İzmir Türkiyenin batısındadır.	İzmir is in the west of Türkiye.
İstanbul Türkiyenin batısında mıdır?	Is İstanbul in the west of Türkiye?
Türkiyenin batısında birçok büyük şehir var.	There are a lot of big cities in the west of Türkiye.

DIŞARI, İÇERİ

Dışarı and içeri are asud to refer to movement 'into' or 'out of' something.

Dışarı çıkıyorlar.	They are going out.
İçeri giriyor.	He is coming in.

To specify the place being entered or left, the suffix -dan/-den is added.

evden dışarı	out of the house
bahçeden dışarı	out of the garden
kapıdan dışarı	out of the door
okuldan dışarı	out of the school
parktan dışarı	out of the park
ofisten dışarı	out of the office
Evden dışarı çıkıyor.	He is going out of the house.
Kapıdan dışarı çıkıyoruz.	We are going of the door.
Anahtarları çantadan dışarı al (çıkar).	Take the keys out of the bag.
Bir saat sonra ofisten dışarı çıkacaklar.	They'll go out of the office one hour later.
Evden içeri	into the house
Kapıdan içeri	through the door
Parktan içeri	into the park
Ofisten içeri	into the office

Evden içeri giriyor.	He is coming into the house.
Adam lokantadan içeri giriyor.	The man is coming into the restaurant.
Bir saat sonra ofisten içeri girecekler.	They'll come into the office one hour later.

Dışarı çıkıyoruz. İçeri giriyorum. are quite acceptable, but it is more common to omit **dışarı** and **içeri**, just using the verb. We have seen this type of usage of Turkish before. It is important to be unaware of both forms.

Kızlar bahçeden dışarı çıkıyorlar.
Kızlar bahçeden çıkıyorlar.

Kapıdan dışarı çıkıyoruz.
Kapıdan çıkıyoruz.

Notice in the sentence pairs below how the suffix added to the place word (**ev**) is changed.

Evden içeri giriyor.
Eve giriyor.

Bahçeden içeri giriyoruz.
Bahçeye giriyoruz.

-Ya/-ye can be added to **dışarı** and **içeri**.

Bu akşam dışarıya çıkıyoruz.
Hava soğuk. İçeriye girin.

HAKKINDA

This word can be used for people or things.

hakkında	about
doktor hakkında	about the doctor
İstanbul hakkında	about İstanbul
lokanta hakkında	about the restaurant

Used with personal pronouns, possessive suffixes are added.

benim hakkımda	about me
senin hakkında	about you
onun hakkında	about him/her/it
bizim hakkımızda	about us
sizin hakkınızda	about you
onlar hakkında*	about them

| annem hakkında | about my mother |
| arkadaşı hakkında | about her friend |

* The third person plural is an exception, with **onlar hakkında** being more often used than **onların hakkında**.

| Hastanede doktor hakkında konuşuyorlar. | They are talking about the doctor in the hospital. |

Öğretmen hakkında konuşacağız.	We'll talk about the teacher.
Şirket hakkında ne anlatacaksın?	What will you tell about the company?
Şoför hakkında ne söyleyecek?	What will she say about the driver?
Müze hakkında sorular soruyor.	He is asking questions about the museum.
Benim hakkımda ne söylüyor?	What is she saying about me?
Onun hakkında ne biliyorsun?	What do you know about him?
Sizin hakkınızda ne anlatacak?	What will she tell about you?
Teyzem hakkında ne söylemek istiyorsun?	What do you want to say about my aunt?

Words Used in the Reading Passage

göl	lake, pond
mezun olmak	to graduate

PARKTA	IN THE PARK

Burası İstanbul'da büyük bir park. Parkın içinde birçok ağaç, çiçekler ve küçük bir göl var. İnsanlar arabayla içeriye girebilirler.

This place is a big park in İstanbul. There are a lot of trees, flowers and a small pond in the park. The people can drive in.

Parkın içinde kafeteryalar da var. İnsanlar sandalyelerde oturuyorlar ve meşrubat içiyorlar.

There are also cafeterias in the park. The people are sitting on the chairs and drinking beverages.

Bugün parkta Aylin ve Cem de var. Aylin ve Cem iyi arkadaşlar. Üniversiteye gidiyorlar. Onlar bu parkı çok severler ve sık sık gelirler. Küçük göle gider ve onu seyrederler. Üniversite ve dersler hakkında konuşurlar. Gelecek yıl üniversiteden mezun olacaklar.

Today, Aylin and Cem are also in the park. Aylin and Cem are good friends. They are going to the university. They like this park very much and often come. They go to the small pond and watch it. They talk about the university and the lessons. They'll graduate from the university next year.

Gölün yanında uzun ağaçlar var. Aylin ve Cem kafeteryada oturmayacaklar. Gölün yanına gidecekler. Bu uzun ağaçların altında oturacaklar. Sandviç lerini yiyecekler ve konuşacaklar.

There are long trees near the pond. Aylin and Cem won't sit in the cafeteria. They'll go near the pond. They'll sit under these long trees. They'll eat their sandwiches and talk.

Questions and Answers to the Reading Passage

Park nerededir?
Where is the park?

Park İstanbuldadır.
It's in İstanbul.

Parkta bir göl var mı?
Is there a pond in the park?

Evet, var.
Yes, there is.

İnsanlar kafeteryada ne içiyorlar?
What are the people drinking in the cafeteria?

Meşrubat içiyorlar.
They are drinking beverages.

Bugün parkta kimler var? Who are there in the park today?	**Aylin ve Cem var.** There are Aylin and Cem.
Onlar bu parkı severler mi? Do they like this park?	**Evet, severler.** Yes, they do.
Nereye giderler? Where do they go?	**Küçük göle giderler?** They go to the small pond.
Orada ne hakkında konuşurlar? What do they talk about there?	**Üniversite ve dersler hakkında konuşurlar.** They talk about the university and the lessons.
Ne zaman üniversiteden mezun olacaklar? When will they graduate from the university?	**Gelecek yıl mezun olacaklar.** They'll graduate next year.
Gölün yanında neler var? What are there near the pond?	**Uzun ağaçlar var.** There are long trees.
Onlar nerede oturacaklar? Where will they sit?	**Ağaçların altında oturacaklar.** They'll sit under the trees.
Ne yiyecekler? What will they eat?	**Sandviç yiyecekler.** They'll eat sandwiches.

PRACTICE 48

A: Rewrite as in the example.

Example : Mersin güneydedir. → Mersin Türkiyenin güneyindedir.
1. **Antalya güneydedir.** 2. **İstanbul doğuda değildir.** 3. **Çeşme batıdadır.** 4. **Sinop kuzeydedir.** 5. **Erzurum doğudadır.** 6. **Trabzon güneyde değildir.** 7. **İzmir batıdadır.** 8. **Mersin kuzeyde değildir.**

B: Rewrite as in the example.

Example : Evden içeri giriyor. → Eve giriyor.
1. **Lokantadan içeri giriyoruz.** 2. **Annem bahçeden içeri giriyor.** 3. **Patron fabrikadan içeri girer.** 4. **Müşteriler mağazadan içeri giriyorlar.** 5. **Sekreter ofisten içeri girecek.**

C: Change into future tense.
1. **Bu akşam nereye gidiyorsunuz?** 2. **Her gün bu işi yaparız.** 3. **Hesabı ödüyorlar.** 4. **Şimdi elbisesini değiştiriyor.** 5. **Çiftçi tarlada çalışıyor mu?** 6. **Yeni bir fotoğraf makinesi alır mısın?** 7. **Orada mutlu olurum.** 8. **Onu yarın ziyaret edemezsiniz.**

D: Change into negative form.
1. **Yeni şirket hakkında konuşacaklar.** 2. **Yarın bize yardım edecek.** 3. **Gelecek hafta oraya gideceğiz.** 4. **Parkta sandviç yiyeceğim.** 5. **Bu filmi seyredeceksin.** 6. **İki saat sonra dışarı çıkacaksınız.** 7. **Bu sabah balkonda kahvaltı edeceğiz.**

E: Translate into English.
1. **Karısı hakkında konuşacak mı?** 2. **Şimdi odadan içeri girecekler.** 3. **Evden dışarı çıkma.** 4. **Kars Türkiyenin doğusunda mı yoksa batısında mıdır?** 5. **O adam hesabı ödemeyecek.** 6. **Çiftçi bugün tarlada çalışacak mı?** 7. **Kocası hakkında konuşmak istemiyor.**

F: Translate into Turkish.
1. What is she saying about me? 2. Take the book out of the bag. 3. İstanbul isn't in the east of Türkiye. 4. Don't take photos in the museum, please. 5. What do you know about them? 6. Will she come early this morning? No, she won't. 7. They won't going out of the bank today.

PRACTICE 48 - ANSWERS

A. 1. Antalya Türkiyenin güneyinde değildir. 2. İstanbul Türkiyenin doğusunda değildir. 3. Çeşme Türkiyenin batısındadır. 4. Sinop Türkiyenin kuzeyindedir. 5. Erzurun Türkiyenin doğusundadır. 6. Trabzon Türkiyenin güneyinde değildir. 7. İzmir Türkiyenin batısındadır. 8. Mersin Türkiyenin kuzeyinde değildir.
B. 1. Lokantaya giriyoruz. 2. Annem bahçeye giriyor. 3. Patron fabrikaya girer. 4. Müşteriler mağazaya giriyorlar. 5. Sekreter ofise girecek.
C. 1. Bu akşam nereye gideceksiniz? 2. Her gün bu işi yapacağız. 3. Hesabı ödeyecekler. 4. Şimdi elbisesini değiştirecek. 5. Çiftçi tarlada çalışacak mı? 6. Yeni bir fotoğraf makinesi alacak mısın? 7. Orada mutlu olacağım. 8. Onu yarın ziyaret etmeyeceksiniz.
D. 1. Yeni şirket hakkında konuşmayacaklar. 2. Yarın bize yardım etmeyecek. 3. Gelecek hafta oraya gitmeyeceğiz. 4. Parkta sandviç yemeyeceğim. 5. Bu filmi seyretmeyeceksin. 6. İki saat sonra dışarı çıkmayacaksınız. 7. Bu sabah balkonda kahvaltı etmeyeceksiniz.
E. 1. Will he talk about his wife? 2. They'll come into the room now. 3. Don't go out of the house. 4. Is Kars in the east or in the west of Türkiye? 5. That man won't pay the bill. 6. Will the farmer work in the field today? 7. She doesn't want to talk about her husband.
F. 1. Benim hakkımda ne söylüyor? 2. Kitabı çantadan (dışarı) al. 3. İstanbul Türkiyenin doğusunda değildir. 4. Müzede fotoğraf çekme, lütfen. 5. Onlar hakkında ne biliyorsun?/bilirsin? 6. Bu sabah erken kalkacak mı? Hayır, kalkmayacak. 7. Bugün bankadan dışarı çıkmayacaklar.

VOCABULARY

DEMEK Bunun hakkında bana bir şey demiyor.	TO SAY He doesn't say anything to me about it.
YİNE, TEKRAR Gelecek yıl yine (tekrar) oraya gideceğiz.	AGAIN We'll go there again next year.
SEYAHAT ETMEK, **YOLCULUK ETMEK** İşadamı sık sık uçakla seyahat eder.	TO TRAVEL The businessman often travels by plane.
SEYAHAT, YOLCULUK Teyzem yolculuğu (seyahati) çok sever.	TRAVEL My aunt likes travel very much.
AKŞAM YEMEĞİ Akşam yemeği saat kaçta?	DINNER What time is the dinner?
ÖĞLE YEMEĞİ Öğle yemeği için ne yiyeceksin?	LUNCH What will you eat for lunch?
ŞİŞMAN Kapının önündeki şişman adama bak.	FAT Look at the fat man in front of the door.
ZAYIF Annesi çok zayıftır.	THIN Her mother is very thin.

DEMEK, SÖYLEMEK

The verbs **demek** and **söylemek** are virtually the same in meaning, in English, 'to say'. **Demek** is irregular, like **gitmek** and **etmek**.

"Lütfen" de. Her sabah bana "günaydın" der.	Say "Please" She says "good morning" to me every morning.
Bir şey diyorum. Bir şey demiyorum. Bir şey diyor musun?	I'm saying something. I'm not saying anything. Are you saying anything?
Onlar bize ne diyecekler? Size bir şey demiyeceğiz.	What will they say to us? We won't say anything to you.

Adding the Plural Suffix to the Last Noun

When there are two or more plural nouns together, rather than adding the plural suffix to each of the nouns, it is better Turkish to just add it to the last. Nevertheless, it is not uncommon to find more than one plural noun in a sentence. Like English, **ve** is usually used only before the last noun of a list.

kuşlar, çiçekler, ağaçlar ve çocuklar	birds, flowers, trees and children
kuş, çiçek, ağaç ve çocuklar	birds, flowers, trees and children

Just because the last noun of a list is in the plural, however, does not necessarily means that the previous nouns are also plural - this has to be understood from context.

kapılar ve pencereler	doors and windows
kapı ve pencereler	doors and windows
	the door and windows
oteller ve lokantalar	hotels and restaurants
otel ve lokantalar	hotels and restaurants
	the hotel and restaurants
Müdürler ve işadamları toplantıya gidiyorlar.	The managers and businessmen are going to the meeting.
Müdür ve işadamları toplantıya gidiyorlar.	The manager(s) and businessmen are goin to the meeting.
Oradaki oteller ve lokantaları göreceğim.	I'll see the hotels and restaurants there.
Oradaki otel ve lokantaları göreceğim.	I'll see the hotel(s) and restaurants there.
Bu mağazada etekler, ceketler, gömlekler ve elbiseler görebilirsiniz.	You can see skirts, jackets, shirts and dresses in this store.
Bu mağazada etek, ceket, gömlek ve elbiseler görebilirsiniz.	You can see skirts, jackets, shirts and dresses in this store.

İLE

Let us remind ourselves of the meaning/usage of **ile**.

a. Added to nouns the letter **i** is omitted to make the suffix **-la/-le**. This might have the meaning of 'and'.

Ekmekle peynir yiyoruz.	We are eating bread and cheese.
(ekmek ve peynir)	
Kadınla kızı buraya geliyor.	The woman and her daughter are
(kadın ve kızı)	coming here.

b. It might mean 'with' (in the sense of 'together').

Arkadaşımla sinemaya gidiyoruz.	We are going to the cinema with my friend.
Onunla otobüse biniyorum.	I am getting on the bus with him.

c. Added to modes of transport it means 'by'.

Ankaraya trenle gidiyorlar.	They are going to Ankara by train.
İşadamı uçakla gelecek.	The businessman will come by plane.

A fourth meaning is the use of **ile** to indicate the means or method of doing something, answering the question 'How?'.

bıçakla	with a knife
çatalla	with a fork
elektrik süpürgesiyle	with a vacuum cleaner
telefonla	with a telephone, on the telephone
elle	by hand

Ekmeği bıçakla kes.	Cut the bread with the knife.
Çorbayı kaşıkla içeriz.	We drink the soup with a spoon.
Kadın odayı elektrik süpürgesiyle süpürüyor.	The woman is sweepin the room with the vacuum cleaner.
Telefonla konuşacaklar.	They'll talk on the telephone.

THE OPTATIVE

YAPAYIM / YAPAYIM MI?

The question **yapayım mı?** is an offer, used to ask if we can help with something. This question form is usually used in the first person (like Shall I/we ...?), although it is possible in the third person. It is generally not used in the second person where the imperative performs the same function.

To make this structure, the optative suffix **(-y)e, (-y)a** is added to the verb root followed by the personal suffix. In the positive, it is like a polite form of saying what we want to do, or, again, offering to help (like Let me/us ...).

(Ben)	yap -a -y -ım.	Let me do it.
	gel -e -y -im.	Let me come.
	bekle -ye -y -im.	Let me wait.
	oku -ya -y -ım.	Let me read.
Gideyim.		Let me go.
Söyleyeyim.		Let me speak.
Değiştireyim.		Let me change.
Telefon edeyim.		Let me telephone.
Yiyeyim.		Let me eat.
Giyeyim.		Let me wear.
Yıkayayım.		Let me wash.
Oraya gideyim.		Let me go there.
Bu hesabı ödeyeyim.		Let me pay this bill.
Akşam yemeğimi yiyeyim.		Let me have my dinner.
Şu resimlere bakayım.		Let me look at those pictures.
Dersi sana anlatayım.		Let me tell the lesson to you.
Havaalanına gideyim.		Let me go to the airport.
Sana yardım edeyim.		Let me help you.

In question form, this kind of sentence is used to make offers and ask for permission.

Oraya gideyim mi?	Shall I go there?
Odayı süpüreyim mi?	Shall I sweep the room?

Sana yardım edeyim mi?	Shall I help you?
Öğretmenle konuşayım mı?	Shall I talk to the teacher?
O filmi seyredeyim mi?	Shall I watch that film?
Şu mavi eteği giyeyim mi?	Shall I wear that blue skirt?
O mektubu okuyayım mı?	Shall I read that letter?
Ona bir şey söyleyeyim mi?	Shall I say to him anything?

Here are examples of these structures in the first person plural.

(Biz)	yap -a -lım.	Let's do it.
	gel -e -lim.	Let's come.
	bekle -ye -lim.	Let's wait.
	oku -ya -lım.	Let's read.

Gidelim.	Let's go.
Ödeyelim.	Let's pay.
Bakalım.	Let's look.
Yiyelim.	Let's eat.
Yıkayalım.	Let's wash.
Oraya gidelim.	Let's go there.
Ona söyleyelim.	Let's say to him.
Akşam yemeğimizi yiyelim.	Let's have our dinner.
Ona telefon edelim.	Let's telephone him.
Doktorla konuşalım.	Let's talk to the doctor.

Oraya gidelim mi?	Shall we go there?
Sana yardım edelim mi?	Shall we help you?
Bu dersi size anlatalım mı?	Shall we tell you this lesson?
Arabayı satalım mı?	Shall we sell the car?
Öğretmenle konuşalım mı?	Shall we talk to the teacher?
Otobüse binelim mi?	Shall we get on the bus?
Tabakları yıkayalım mı?	Shall we wash the plates?

To make the optative in the third person (singular and plural) the suffix **-sın, -sin, -sun, -sün** is used.

(O)	yap -sın.	Let him do it.
	gel -sin.	Let her come.
	bekle -sin.	Let him wait.

Söylesin.	Let him speak.
Ödesin.	Let her pay.
Yesin.	Let him eat.
Oraya gitsin.	Let him go there.
Bu odada uyusun.	Let him sleep in this room.
Bir şarkı söylesin.	Let him sing a song.

Bu odada uyusun mu?	Do you let him sleep in this room?
Mektupları yazsın mı?	Do you let her write the letters?
Bu otobüse binsin mi?	Do you let her get on this bus?

(Onlar)	gel -sin -(ler).	Let them come.
	yap -sın -(lar).	Let them do it.
	bekle -sin -(ler).	Let them wait.

Ödesinler.	Let them pay.
Yürüsünler.	Let them walk.
Yazsınlar.	Let them write.
Oraya gitsinler.	Let them go there.
Arabayı satsınlar.	Let them sell the car.
Evi temizlesinler.	Let them clean the house.

(Onlar)	gel -sin -(ler) mi?	Do you let them come?
	yap -sın -(lar) mı?	Do you let them do?
	bekle -sin -(ler)mi?	Do you let them wait?

Oraya gitsinler mi?	Do you let them go there?
Fotoğraflara baksınlar mı?	Do you let them look at the photographs?
Evi temizlesinler mi?	Do you let them clean the house?

PRACTICE 49

A: Add ve and take out all unnecessary plural suffixes.

Example : Bahçede ağaçlar, çiçekler, kuşlar var. → Bahçede ağaç, çiçek ve kuşlar var.
1. **Evde halılar, masalar, koltuklar var.** 2. **Hastanede doktorlar, hemşireler, hastalar var.** 3. **Orada evler, dükkânlar, arabalar var mı?** 4. **Burada bardaklar, tabaklar, çatallar bulabilirsiniz.** 5. **Ofiste masalar, sandalyeler, defterler, bilgisayarlar görebilirsin.**

B: Fill the gaps with ile, making the required alterations.
1. **Ayşen ne...... Adanaya gidecek?** 2. **Diş fırçası...... dişlerini temizleyecek.** 3. **Bu ütü...... ütü yapıyor.** 4. **Mektubu bu kalem...... yaz.** 5. **Onu bıçak...... keseceğim.** 6. **Babam...... ders çalışacağım.** 7. **Şimdi o...... konuşacağız.** 8. **Elektrik süpürgesi...... odayı süpürüyor.**

C: Change to optative form.
Example : Oraya gidiyorum. → Oraya gideyim.
1. **Fotoğraflara bakacağım.** 2. **Bu otobüse biniyorum.** 3. **Dersimi bitiriyorum.** 4. **Dersi size anlatacağım.** 5. **Bu akşam dans edeceğim.**

D: Change the above sentences to optative form questions.
Example : Oraya gidiyorum. → Oraya gideyim mi?

E: Change to optative form.
1. **Parkta oturacağız.** 2. **Yarın sabah arkadaşımızı göreceğiz.** 3. **Onların evini görüyoruz.** 4. **Gitar çalıyoruz.** 5. **Kapının önünde oturuyoruz.**

F: Rewrite the above as questions (optative form).

G: Translate into English.
1. **Parkta ağaçlar, çiçekler ve çocuklar var.** 2. **Kahvemi bir fincanla içerim.** 3. **Mektubu bilgisayarla yaz, lütfen.** 4. **Pencereyi açayım mı?** 5. **Burada sigara içelim mi?**

H: Translate into Turkish.
1. Shall I have breakfast in the kitchen? 2. Shall we stay at this hotel? 3. She cleans the house with a vacuum cleaner. 4. Shall we take photos here? 5. Shall I help you?

PRACTICE 49 - ANSWERS

A. 1. **Evde halı, masa ve koltuklar var.** 2. **Hastanede doktor, hemşire ve hastalar var.** 3. **Orada ev, dükkân ve arabalar var mı?** 4. **Burada bardak, tabak ve çatallar bulabilirsiniz.** 5. **Ofiste masa, sandalye, defter ve bilgisayarlar görebilirsin.**

B. 1. neyle 2. yla 3. yle 4. le 5. la 6. la 7. nunla 8. yle

C. 1. **Fotoğraflara bakayım.** 2. **Bu otobüse bineyim.** 3. **Dersimi bitireyim.** 4. **Dersi size anlatayım.** 5. **Bu akşam dans edeyim.**

D. 1. **Fotoğraflara bakayım mı?** 2. **Bu otobüse bineyim mi?** 3. **Dersimi bitireyim mi?** 4. **Dersi size anlatayım mı?** 5. **Bu akşam dans edeyim mi?**

E. 1. **Parkta oturalım.** 2. **Yarın sabah arkadaşımızı görelim.** 3. **Onların evini görelim.** 4. **Gitar çalalım.** 5. **Kapının önünde oturalım.**

F. 1. **Parkta oturalım mı?** 2. **Yarın sabah arkadaşımızı görelim mi?** 3. **Onların evini görelim mi?** 4. **Gitar çalalım mı?** 5. **Kapının önünde oturalım mı?**

G. 1. There are trees, flowers and children in the park. 2. I drink my coffee with a cup. 3. Write the letter on the computer please. 4. Shall I open the window? 5. Shall we smoke here?

H. 1. **Mutfakta kahvaltı edeyim mi?** 2. **Bu otelde kalalım mı?** 3. **Evi elektrik süpürgesiyle temizler.** 4. **Burada fotoğraf çekelim mi?** 5. **Sana yardım edeyim mi?**

VOCABULARY

TAŞIMAK Bu bavulu taşıyamazsın.	**TO CARRY** You can't carry this suitcase.
GÖNDERMEK Parayı ne zaman gönderecek?	**TO SEND** When will she send the money?
FIRÇALAMAK Akşamleyin dişlerini fırçala.	**TO BRUSH** Brush your teeth in the evening.
SAYMAK Çantadaki parayı sayıyoruz.	**TO COUNT** We are countinğ the money in the bag.
İLAÇ Doktor hastaya ilacı verecek.	**MEDICINE, PILL** The doctor will give the medicine to the patient.
PİLOT Uçağın pilotu şu adamdır.	**PILOT** The pilot of the aeroplane is that man.
RESSAM Ressam yeni bir resim çiziyor.	**PAINTER** The painter is drawing a picture.

-MEK İÇİN / IN ORDER TO

The infinitive followed by **için** is used to give an aim, to explain why something is done. It looks a little like **-mek istemek** which we saw earlier.

yapmak için	in order to do/make
satmak için	in order to sell
taşımak için	in order to carry
yemek yapmak için	in order to cook
yemek için	in order to eat
öğrenmek için	in order to learn
gelmek için	in order to come
süpürmek için	in order to sweep
göndermek için	in order to send

Çarşıya gitmek için evden çıkıyor.	He is going out of the house to go/in order to go to the bazaar.
Türkçe öğrenmek için okula gidecek.	She'll go to school to learn Turkish.
İşi bitirmek için bugün çalışacak.	She'll work today to finish the work
Oraya gelmek için ofisten çıkacağız.	We'll leave the office to come there.
Arabayı satmak için bekliyorlar.	They are waiting to sell the car.

288

GİBİ

Gibi (= like) is used to express similarity. Unlike English, it follows the relevant noun.

bal gibi	like honey
şeker gibi	like sugar
çocuk gibi	like a child
bebek gibi	like a baby
buz gibi	like ice

Gibi can be followed by adjectives.

bal gibi tatlı	sweet like honey
bebek gibi güzel.	beautiful like a baby
buz gibi soğuk.	cold like ice

Çay bal gibi tatlı.	The tea is sweet like honey.
Kız bebek gibi güzel.	The girl is beautiful like a baby.
Adamın gözleri deniz gibi mavi.	The man's eyes are blue like the sea.
Hava buz gibi soğuk.	The weather is cold like ice.

Sometimes the following adjective is unnecessary.

Çay bal gibi.	The tea is like honey.
Portakallar şeker gibi.	The oranges are like sugar.
Kız bebek gibi.	The girl is like a baby.
Hava buz gibi.	The weather is like ice.

Gibi can be used in structures like these below.

Metin, Ahmet Bey gibi müdür.	Metin is a manager like Ahmet Bey.
O da Ayşe gibi Türk.	She too is Turkish like Ayşe.

When pronouns are used with **gibi**, they take the possessive form.

benim gibi	like me
senin gibi	like you
onun gibi	like him/her
bizim gibi	like us
sizin gibi	like you
onlar gibi*	like them

annem gibi	like my mother
arkadaşım gibi	like my friend

* **onlar gibi** is an exception.

Benim gibi konuşuyor.	She is talking like me.
Onun gibi bakıyor.	She is looking like her.

DIALOGUE

A : Bugün bir misafir gelecek.	A guest will come today.
B : Kim?	Who?
A : Bir Amerikalı kız. Amerikadan gelecek.	An American girl. She'll come from

	America.
B : Adı ne?	What's her name?
A : Kimberly Brown.	Kimberly Brown.
B : Burada ne yapacak?	What will she do here?
A : Türkçe öğrenmek için geliyor.	She's coming to learn Turkish.
B : Nerede kalacak?	Where will she stay?
A : Bizim evde. Bende bir fotoğrafı var.	At our house. I have got a photograph of her.
B : Görebilir miyim?	Can I see?
A : Tabii. Fotoğraf çantamda.	Certainly. The photograph is in my bag. (He takes the photograph from the bag and shows.)
B : Oh! Bebek gibi güzel bir kız.	Oh! She is a beautiful girl like a baby.
A : Evet, güzel.	Yes, she's beautiful.
B : Saat kaçta geliyor?	What time is she coming?
A : Uçak saat yedide havaalanında olacak.	The plane will be at seven o'clock at the airport.
B : Havaalanına gidecek misin?	Will you go to the airport?
A : Evet, gideceğim.	Yes, I will.
B : Ben de geleyim mi?	Shall I come too?
A : Tamam. Şimdi çıkalım mı?	Okay. Shall we go out now?

BİR MİSAFİR

A GUEST

Leventte bir ev. Burası Ayhan Beyin evidir. Bugün Amerikadan bir misafir gelecek. Adı Kimberly Brown. Ayhan Beyin arkadaşı. Yirmi dokuz yaşında ve bekâr.

A house at Levent. This place is Ayhan Bey's house. Today a guest will come from America. Her name is Kimberly Brown. She is a friend of Ayhan Bey. She's twenty nine years old and single.

Kimberly bir İngilizce öğretmenidir. İstanbulda bir okulda İngilizce öğretecek. O bir ya da iki ay Ayhan Beyin evinde kalacak. Okul da Leventte.

Kimberly is a teacher. She'll teach English in a school in İstanbul. She'll stay at Ayhan Bey's house one or two months. The school is also at Levent.

Kimberly güzel bir kadındır. Sarışın. Gözleri de deniz gibi mavidir. Saat yedide havaalanında olacak. Ayhan Bey onu havaalanında bekleyecek ve birlikte eve gelecekler. Yemek yiyecekler.

Kimberly is a beautiful girl. She's blonde. Her eyes too are blue like the sea. She'll be at seven o'clock at the airport. Ayhan Bey will wait for her at the airport and come home together. They'll eat.

O İstanbulu biliyor. Burada yaşamak istiyor. Türkçe öğrenmek için okula gidecek.

She knows İstanbul. She want to live here. She'll go to school to learn Turkish.

Questions and Answers to the Reading Passage

Ayhan Beyin evi nerededir?
Where is Ayhan Bey's house?

Leventtedir.
It is at Levent.

Misafir ne zaman geliyor?	**Bugün geliyor.**
When is the guest coming?	She's coming today.

Misafir nereden geliyor?	**Amerikadan geliyor.**
Where is the guest coming from?	She is coming from America.

Misafirin adı nedir?	**Onun adı Kimberly Brown'dır.**
What is the guest's name?	Her name is Kimberly Brown.
Kimberly kaç yaşındadır?	**Yirmi dokuz yaşındadır.**
How old is Kimberly?	She's twenty nine years old.

O evli mi yoksa bekâr mı?	**Bekârdır.**
Is she married or single?	She's single.

O ne iş yapar?	**İngilizce öğretmenidir.**
What is her job?	She's an English teacher.

İstanbulda ne yapacak?	**İngilizce öğretecek.**
What will she do in İstanbul?	She teaches English.

Ayhan Beyin evinde kaç ay kalacak?	**Bir ya da iki ay kalacak.**
How many months will she stay at Ayhan Bey's house?	She'll stay one or two hours.

Okul nerede?	**Leventtedir.**
Where is the school?	It's at Levent.

Kimberly'nin gözleri ne renktir?	**Mavidir.**
What colour are Kimberly's eyes?	They are blue.

Saat kaçta havaalanında olacak?	**Yedide olacak.**
What time will she be at the airport?	She will be at seven o'clock.

Onu havaalanında kim bekleyecek?	**Ayhan Bey bekleyecek.**
Who will wait for her at the airport?	Ayhan Bey will.

İstanbulda yaşamak istiyor mu?	**Evet, istiyor.**
Does she want to live in İstanbul?	Yes, she does.

Türkçe öğrenmek için ne yapacak?	**Okula gidecek.**
What will she do in order to learn Turkish?	She'll go to school.

PRACTICE 50

A: Make sentences using the **–mek için** structure in the tense given.
Example : türkçe öğrenmek / okula gitmek (Gelecek Zaman)
→ Türkçe öğrenmek için okula gidecek.
yemek yapmak / mutfağa girmek (Gelecek Zaman) 2. **elbise satın almak / mağazaya gitmek (Şimdiki Zaman)** 3. **çarşıya gitmek / evden çıkmak (Gelecek Zaman)** 4. **mektubu göndermek / postaneye gitmek (Gelecek Zaman)** 5. **çocuğu görmek / bahçeye çıkmak (Geniş Zaman)** 6. **dişlerini fırçalamak / diş macunu almak (Şimdiki Zaman)** 7. **çiçekleri koymak / vazoyu almak (Şimdiki Zaman)** 8. **uyumak / odaya girmek (Geniş Zaman)**

B: Change to optative form.

Example : Bu sandalyeleri taşıyacağız. → Bu sandalyeleri taşıyalım.

Bu eve gireceğim. → Bu eve gireyim.

Onları bekliyoruz. 2. Bu akşam balkonda oturacağım. 3. Şimdi mektupları göndereceğiz. 4. Dişlerimi fırçalıyorum. 5. Yarın Ankaraya seyahat edeceğiz. 6. Bu lokantaya yine geleceğim. 7. Hesabı ödüyorum.

C: Rewrite the above as questions (optative form).

D: Fill the gaps with **ile**.

Mektubu bu kalem...... yaz. 2. Annem biz...... konuşacak. 3. Çorbayı bu kaşık...... yiyeceğim. 4. Ne ...... okula gideceksin? 5. Bulaşık makinesi...... tabakları yıkayacağım. 6. Arkadaşım...... oraya gidiyorum. 7. Ben...... bekleyecek.

E: Translate into English.

Bu kahve bal gibi tatlıdır. 2. Bu bavulu taşımak için bana yardım et. 3. Akşam yemeği yemek için lokantaya gidiyorlar. 4. Ders çalışmak için eve gidiyorum. 5. Bizim gibi konuşuyor. 6. Onun hakkında ne konuşuyor? 7. Bize bir şey demiyor. 8. Türkçe öğrenmek için Türkiyeye geliyor. 9. Kitabı masaya koyayım. 10. Sebze almak için evden çıkıyor.

F: Translate into Turkish

She'll go to England to learn English. 2. Today we want to go to the bazaar to buy a bag. 3. We are sitting like you. 4. They'll talk about the travel. 5. Find these pills, please. 6. The postman is bringing a letter. 7. Will you count the money? 8. The businessman will travel again. 9. My aunt is coming to dinner tonight. 10. Don't say anything.

PRACTICE 50 – ANSWERS

1. Yemek yapmak için mutfağa girecek. 2. Elbise satın almak için mağazaya gidiyor. 3. Çarşıya gitmek için evden çıkacak. 4. Mektubu göndermek için postaneye gidecek. 5. Çocuğu görmek için bahçeye çıkar. 6. Dişlerini fırçalamak için diş macunu alıyor. 7. Çiçekleri koymak için vazoyu alıyor. 8. Uyumak için odaya girer.

B. 1. Onları bekleyelim. 2. Bu akşam balkonda oturayım. 3. Şimdi mektupları gönderelim. 4. Dişlerimi fırçalayayım. 5. Yarın Ankaraya seyahat edelim. 6. Bu lokantaya yine geleyim. 7. Hesabı ödeyeyim.

C. 1. Onları bekleyelim mi? 2. Bu akşam balkonda oturayım mı? 3. Şimdi mektupları gönderelim mi? 4. Dişlerimi fırçalayayım mı? 5. Yarın Ankaraya seyahat edelim mi? 6. Bu lokantaya yine geleyim mi? 7. Hesabı ödeyeyim mi?

D. 1. Mektubu bu kalemle yaz. 2. Annem bizimle konuşacak. 3. Çorbayı bu kaşıkla yiyeceğim. 4. Neyle okula gideceksin? 5. Bulaşık makinesiyle tabakları yıkayacağım. 6. Arkadaşımla oraya gidiyorum. 7. Benimle bekleyecek.

E. 1. This coffee is sweet like honey. 2. Help me to carry this suitcase. 3. They are going to the restaurant to have dinner. 4. I am going to the house to study lesson. 5. She is talking like us. 6. What is he talking about her? 7. She doesn't say anything to us. 8. She is coming to Türkiye to learn Turkish. 9. Let me put the book on the table. 10. She is leaving home to buy some vegetable.

F. 1. İngilizce öğrenmek için İngiltereye gidecek. 2. Bugün bir çanta satın almak için pazara gitmek istiyoruz. 3. Sizin gibi oturuyoruz. 4. Seyahat hakkında konuşacaklar. 5. Bu ilaçları bulun, lütfen. 6. Postacı bir mektup getiriyor. 7. Parayı sayacak mısın? 8. İşadamı yine seyahat edecek. 9. Teyzem bu akşam yemeğe geliyor. 10. Hiçbir şey deme.

VOCABULARY

HAZIRLAMAK	TO PREPARE
Kahvaltıyı hazırlıyor musun?	Are you preparing breakfast?
KARAR VERMEK	TO DECIDE
Onun hakkında yarın karar verecek.	He'll decide about her tomorrow.
SEÇMEK	TO CHOOSE
Senin için bir elbise seçeceğim.	I'll choose a dress for you.
MERDİVEN	STAIRS, STEPS; LADDER
Merdivende oturuyorlar.	They're sitting on the stairs.
TARAMAK	TO COMB
Her sabah saçlarını tarar.	She combs her hair every morning.

SUMMARY

Present Continuous Tense

Positive

Saçlarını tarıyor.	He is combing her hair.
Şimdi dişlerimi fırçalıyorum.	I am brushing my teeth now.
Adam bir bavul taşıyor.	The man is carrying a suitcase.
Yarın o elbiseyi giyiyorsun.	You are wearing that dress tomorrow.

Negative

Bu sabah çiftçi tarlada çalışmıyor.	The farmer isn't working in the field this morning.
Parayı saymıyorlar.	They aren't counting the money.
Şimdi akşam yemeği yemiyoruz.	We aren't eating dinner now.
Şoför bugün araba kullanmıyor.	The driver isn't driving today.

Question

Havaalanına gidiyor musun?	Are you going to the airport?
Annen yarın dönüyor mu?	Is your mother coming back tomorrow?
Bize yardım ediyor musunuz?	Are you helping us?
Bu mektupları gönderiyor muyuz?	Are we sending these letters?
Sizin için ne hazırlıyor?	What is she preparing for you?
Bu mektupları nereye gönderiyoruz?	Where are we sending these letters?

Annen ne zaman dönüyor?	When is your mother coming back?
Nerede şarkı söylüyorsunuz?	Where are you singing?
Ayda kaç kez lokantaya gidiyorsunuz?	How many times a month are you going to the restaurant?

Simple Present Tense

Positive

Her gün iki saat uyur.	He sleeps for two houres every day.
Sabahleyin süt içerler.	They drink milk in the morning.
Tatil için oraya gideriz.	We go there for holiday.
O zarfları bize gönderirsin.	You send these envelopes to us.
Haftada bir kez annemi ziyaret ederim.	I visit my mother once a month.

Negative

Bu soruları yanıtlamazsın.	You don't answer these questions.
Her gün piyano çalmak istemem.	I don't want to play the piano every day.
Daima bu pansiyonda kalmayız.	We don't always stay at this pension.
Bize bir şey anlatmazlar.	They don't tell anything to us.

Question

Akşamleyin dişlerini fırçalar mısın?	Do you brush your teeth in the evening?
İşadamı sık sık seyahat eder mi?	Does the businessman often travel?
Sık sık bu pansiyonda kalır mısınız?	Do you often stay at this pension?
Onların telefon numarasını bilir mi?	Does she know their telephone number?

Her sabah nereye gider?	Where does she go every morning?
Dükkâna nasıl gideriz?	How do we go to the shop?
İstanbula ne zaman döner?	When does she come back to Istanbul?
Yılda kaç kez onu görürsün?	How many times a year do you see him?

Future Tense

Positive

Onlara bir şey anlatacak.	He'll tell them something.
Şu otobüse binecekler.	They'll get on that bus.
Bir fincan kahve içeceğim.	I'll drink a cup of coffee.
Türkçe öğreneceğiz.	We'll learn Turkish.

Negative

Bizi otobüs durağında beklemeyecek.	He won't wait for us at the bus-stop.
Bu sabah yumurta yemeyeceğim.	I won't eat an egg this morning.
Arabamızı satmayacağız.	We won't sell our car.
Türkçe öğrenmeyeceksiniz.	You won't learn Turkish.

Question

Bizi otobüs durağında bekleyecek mi?	Will she wait for us at the bus-stop?

Yarın araba kullanacak mısın?	Will you drive car tomorrow?
Sabahleyin kahve içecek miyiz?	Will we drink coffee in the morning?
Yarın bir yere gidecek misin?	Will you go anywhere tomorrow?
Bizi nerede bekleyeceksin?	Where will you wait for us?
Orada ne dinleyeceksiniz?	What will you listen there?
İşçiler fabrikaya neyle gidecekler?	How will the workers go to the factory?
Seni nasıl bulacağız?	How will we find you?

-(e)bilmek

Positive

Kız saçlarını tarayabilir.	The girl can comb her hair.
O masayı taşıyabiliriz.	We can carry that table.
Şu ilacı verebilirsin.	You can give that medicine.
Onun için bir oda hazırlayabilirsiniz.	You can prepare a room for her.

Negative

Müdürle konuşamam.	I can't talk to the manager.
Benim elbisemi giyemezsin.	You can't wear my dress.
Saat ikide evden çıkamayız.	We can't go out of the house at two
O masayı taşıyamazsınız.	You can't carry that table.

Question

Oraya gidebilir miyim?	Can I go there?
Türkçe öğrenebilir misiniz?	Can you learn Turkish?
Kız saçını tarayabilir mi?	Can the girl comb her hair?
Onun için bir oda hazırlayabilirler mi?	Can they prepare a room for her?
Yarın nereye gidebilir?	Where can she go tomorrow?
Bizim eve ne zaman gelebilirsiniz?	When can you come to our house?
Saat kaçta orada olabilirsin?	What time can you be there?
Bunu kim bulabilir?	Who can find this?

SAHİP OLMAK (VAR)

Positive

İyi bir doktoru var.	She has got a good doctor.
Güzel bir evleri var.	They have got a nice house.
Yeni bir arabamız var.	We have got a new car.
Bir fotoğraf makinem var.	I have got a camera.
Çiftçinin büyük bir tarlası var.	The farmer has got a large field.

Negative

Siyah bir elbisem yok.	I haven't got a black dress.
İyi arkadaşları yok.	They haven't got good friends.
Yeni bir araban yok.	You haven't got a new car.
Bir kızımız yok.	We haven't got a daughter.

Büyük bir çantası yok.	She hasn't got a big bag.

Question

Turistin bir haritası var mı?	Has the tourist got a map?
Büyük bir mağazaları var mı?	Have they got a big store?
Yeni kitaplarımız var mı?	Have we got new books?
Kimin bir evi var?	Who has got a house?
Kaç tane kitabın var?	How many books have you got?
Patronun kaç tane evi var?	How many houses has the boss got?

Short Answers

Havaalanına gidiyor musun?	Are you going to the airport?
Evet, gidiyorum.	Yes, I am.
Hayır, gitmiyorum.	No, I am not.

Müziği dinliyor mu?	Is she listen to the music?
Evet, dinliyor.	Yes, she is.
Hayır, dinlemiyor.	No, she isn't.

Sabahleyin kahve içer misin?	Do you drink coffee in the morning?
Evet, içerim.	Yes, I do.
Hayır, içmem.	No, I don't.

Yarın bir yere gidecek misin?	Will you go anywhere tomorrow?
Evet, gideceğim.	Yes, I will.
Hayır, gitmeyeceğim.	No, I won't.

Oraya gidebilir miyim?	Can I go there?
Evet, gidebilirsin.	Yes, you can.
Hayır, gidemezsin.	No, you can't.

O masayı taşıyabilir miyiz?	Can we carry that table?
Evet, taşıyabiliriz.	Yes, you can.
Hayır, taşıyamayız.	No, you can't.

İyi bir öğretmeni var mı?	Has she got a good teacher?
Evet, var.	Yes, she has.
Hayır, yok.	No, she hasn't.

PRACTICE 51

A: Change to future tense.
1. Onun için bir oda hazırlıyorum. 2. Dükkâna nasıl gidersiniz? 3. Kahve içer misin? 4. Müzede fotoğraf çekmeyiz. 5. Şimdi akşam yemeği yemiyoruz. 6. Benim hakkımda bir şey söylüyor. 7. Bize yardım ediyor musunuz? 8. Ne zaman karar veriyorlar? 9. Saçlarını taramıyor. 10. Sekreter mektupları gönderiyor mu?

B: Fill the gaps.
1. Saat üç...... beş geçiyor. 2. Tren iki...... on kala geliyor. 3. Oraya annem...... gidiyorum. 4. Kadın...... evi nerededir? 5. Altıyı çeyrek ...... ofisten çıkar. 6. Mektubu bilgisayar...... yaz. 7. Bir süt...... kahve lütfen. 8. Bavulları taşı...... için geliyor.

C: Make sentences using the **-mek için** structure, in the person/tense form given.
1. saçlarımı tara- / bir tarak almak (ben - gelecek zaman) 2. dişleri fırçala- / banyoya gitmek (o - şimdiki zaman) 3. mektubu gönder- / postaneye gitmek (biz - geniş zaman) 4. ütü yap- / odaya girmek (annem - şimdiki zaman) 5. elbisesini göster- / bizim eve gelmek (o - gelecek zaman) 6. denizde yüz- / plaja gitmek (biz - geniş zaman)

D: Rewrite as questions in the optative.
1. **Merdivende bekleyeceğiz.** 2. **Bu ilacı içeceğim.** 3. **Fotoğraf çekeceğiz.** 4. **İşi bugün bitireceğim.** 5. **Onlara bir şey anlatacağız.** 6. **Şimdi tabakları yıkayacağım.** 7. **Bu resimleri göstereceğiz.**

E: Translate into English.
1. **Bu bavulları nereye taşıyalım?** 2. **İşadamı sık sık seyahat eder.** 3. **Kız her gün saçlarını tarar.** 4. **Senin için bir elbise seçelim mi?** 5. **Onun hakkında karar veremem.** 6. **İlaç almak için eczaneye gidecek.** 7. **Sizin için bir oda hazırlayayım mı?**

F: Translate into Turkish.
1. Shall we stay here? 2. She'll go to the house in order to sleep. 3. Drive the car like me. 4. Does the postman come here every day? 5. What is your father's job? He's a pilot. 6. I'll choose a book for him. 7. Shall I comb your hair?

PRACTICE 51 - ANSWERS

A. 1. **Onun için bir oda hazırlayacağım.** 2. **Dükkâna nasıl gideceksiniz?** 3. **Kahve içecek misin?** 4. **Müzede fotoğraf çekmeyeceğiz.** 5. **Şimdi akşam yemeği yemeyeceğiz.** 6. **Benim hakkımda bir şey söyleyecek.** 7. **Bize yardım edecek misiniz?** 8. **Ne zaman karar verecekler?** 9. **Saçlarını taramayacak.** 10. **Sekreter mektupları gönderecek mi?**
B. 1. ü 2. ye 3. le 4. ın 5. geçe 6. la 7. lü/süz 8. mak
C. 1. **Saçlarımı taramak için bir tarak alacağım.** 2. **Dişlerini fırçalamak için banyoya gidiyor.** 3. **Mektubu göndermek için postaneye gideriz.** 4. **Ütü yapmak için annem odaya giriyor./Annem ütü yapmak için odaya giriyor.** 5. **Elbisesini göstermek için bizim eve gelecek.** 6. **Denizde yüzmek için plaja gideriz.**
D. 1. **Merdivende bekleyelim mi?** 2. **Bu ilacı içeyim mi?** 3. **Fotoğraf çekelim mi?** 4. **İşi bugün bitireyim mi?** 5. **Onlara bir şey anlatalım mı?** 6. **Şimdi tabakları yıkayayım mı?** 7. **Bu resimleri gösterelim mi?**
E. 1. Where shall we carry these suitcases? 2. The businessman often travels. 3. The girl combs her hair every day. 4. Shall we choose a dress for you? 5. I can't decide about her. 6. He'll go to the chemist's to buy medicine. 7. Shall we prepare a room for you?
F. 1. **Burada kalalım mı?** 2. **Uyumak için eve gidecek.** 3. **Arabayı benim gibi kullan.** 4. **Postacı her gün buraya gelir mi?** 5. **Baban ne iş yapar?/Babanın işi nedir? Bir pilottur.** 6. **Onun için bir kitap seçeceğim.** 7. **Saçını tarayayım mı?**

VOCABULARY

DÜN
Arkadaşın dün evdeydi.

YESTERDAY
Your friend was at home yesterday.

SOYADI
Soyadınızı yazın, lütfen.

SURNAME
Write your surname, please.

ÜNLÜ, MEŞHUR
Bu ressam Türkiyede çok ünlüdür.

FAMOUS
This painter is very famous in Türkiye.

ÖNEMLİ
Bu ders çok önemlidir.

IMPORTANT
This lesson is very important.

TAMİR ETMEK, ONARMAK
Arabayı tamir edecek mi?

TO REPAIR
Will he repair the car?

DUŞ
Banyoda duş var mı?

SHOWER
Is there a shower in the bathroom?

DUŞ YAPMAK (DUŞ ALMAK)
Her sabah duş yapar.

TO HAVE A SHOWER
He has a shower every morning.

BALIK
Balık sever misin?

FISH
Do you like fish?

The Be-Suffix in Past Tense Form

We looked at the person endings for the be-suffix at the beginning of the course.

Bu bir elbisedir.
Şu bir defterdir.
O bir halıdır.

Bir öğretmenim.
Güzel bir kızdır.
Zenginiz.
Siz garsonsunuz.
O bir kapıdır.

Öğretmenler okuldadır.
Bugün evdeyim.
Bahçedeler.
Makine yenidir.
Araba pahalıdır.

To change the above into statements about the past, the past suffix, which is **-dı, -di, -du, -dü**, is added before the person ending. In English, 'was/were' is used. If the noun to which the past suffix is added ends in a vowel, a buffer **y** is inserted.

Masadır.	It is a table.
Masa - y - dı.	It was a table.
Bu bir masadır.	This is a table.
Bu bir masaydı.	This was a table.
Şu bir çarşaftır.	That is a sheet.
Şu bir çarşaftı.	That was a sheet.
O bir piyanodur.	It is a piano.
O bir piyanoydu.	It was a piano.
Bu bir bisiklettir.	This is a bicycle.
Bu bir bisikletti.	This was a bicycle.
Burası bir dükkândır.	This place is a shop.
Burası bir dükkândı.	This place was a shop.
Şurası bir mağazadır.	That place is a store.
Şurası bir mağazaydı.	That place was a store.

Ben

Ben ...... im.	
Ben ...... dim.	
Ben bir öğrenciyim.	I am a student.
Ben bir öğrenciydim.	I was a student.
Askerdim.	I was a soldier.
Dişçiydim.	I was a dentist.
İyi bir öğretmendim.	I was a good teacher.
Lokantadaydım.	I was at the restaurant.
Dün evdeydim.	I was at home yesterday.
Evin önündeydim.	I was in front of the house.
Otobüsün yanındaydım.	I was near the bus.

Sen

Sen ...... sin.	
Sen ...... din.	
Sen bir öğrencisin.	You are a student.
Sen bir öğrenciydin.	You were a student.
Askerdin.	You were a soldier.
Bir postacıydın.	You were a postman.
Şişmandın.	You were fat.
Gemideydin.	You were on the ship.

Dün evdeydin.	You were at home yesterday.
Kütüphanedeydin.	You were in the library.

O

O ...... dir.
O ...... di.

O bir garsondur.	She is a waiter.
O bir garsondu.	She was a waiter.

Askerdi.	He was a soldier.
İyi bir pilottu.	He was a good pilot.
Zayıftı.	He was thin.
Tiyatrodaydı.	She was in the theatre.
Yatak odasındaydı.	She was in the bedroom.

Büyük bir halıydı.	It was a large carpet.
Küçük bir kediydi.	It was a small cat.

Biz

Biz ...... iz.
Biz ...... dik.

Biz doktoruz.	We are doctors.
Biz doktorduk.	We were doctors.

Mühendistik.	We were engineers.
İşadamıydık.	We were businessmen.
İyi işçiydik.	We were good workers.
Tiyatrodaydık.	We were in the theatre.
Tarladaydık.	We were in the field.
Yatak odasındaydık.	We were in the bedroom.
Siz	

Siz ...... siniz.
Siz ...... diniz.

Siz öğrencisiniz.	You are students.
Siz öğrenciydiniz.	You were students.

Rehberdiniz.	You were guides.
Zayıftınız.	You were thin.
Arkadaştınız.	You were friends.
Dün evdeydiniz.	You were at home yesterday.
Tarladaydınız.	You were in the field.

Onlar

Onlar ...... dır.
Onlar ...... dı.

Onlar doktordur.	They are doctors.

Onlar doktordu.	They were doctors.
Askerdiler.	They were soldiers.
İyi işçiydiler.	They were good workers.
Arkadaştılar.	They were friends.
Sinemadaydılar.	They were at the cinema.
Parktaydılar.	They were in the park.
Babası avukattı.	Her father was a lawyer.
Orası büyük bir okuldu.	That place was a big school.
Makine yeniydi.	The machine was new.
Tabaklar kirliydi.	The plates were dirty.
O güzel bir vazoydu.	It was a nice vase.
Kızkardeşi çirkindi.	His sister was ugly.
Öğretmen okuldaydı.	The teacher was in the school.
Turistler müzedeydi.	The tourists were in the museum.
Çanta boştu.	The bag was empty.
O benim teyzemdi.	She was my aunt.
Bardaklar masanın üstündeydi.	The glasses were on the table.
O senin tarağındı.	It was your comb.
Dün ofisteydik.	We were in the office yesterday.

Words Used in the Dialogue

parti	party
tanıştırmak	to introduce sb to

DIALOGUE

BERNA : Güzel bir parti.
ADNAN : Evet, güzel. Şu kız kim?
BERNA : Hangisi?
ADNAN : Kapının yanındaki kız.
**BERNA : Ha, evet. O kız, arkadaşım
Aylin. Aynı üniversitedeydik. Evlerimiz
aynı sokaktaydı. Annesi ve benim
annem iyi arkadaştılar. Annesi
bir öğretmendi. Babası bir
dişçiydi. Kızkardeşi çok güzel
bir kızdı. Evleri eskiydi ama çok
büyüktü.**
ADNAN : Şimdi ne iş yapıyor?
**BERNA : Almanca öğretmeni. Bir
okulda Almanca öğretiyor.**
ADNAN : Onunla konuşmak istiyorum.
**BERNA : Tamam. Birlikte oraya
gidelim. Ben sizi tanıştırayım.**
ADNAN : Teşekkürler.

It is a nice party.
Yes, it is. Who is that girl?
Which one?
The girl near the door.
Oh, yes. That girl is my friend,
Aylin. We were at the same university.
Our houses were in the same street.
Her mother and my mother were good
friends. Her mother was a teacher.
Her father was a dentist. Her sister
was a very beautiful girl. Their
house was old but it was very big.
What is her present job?
She is a German teacher. She teaches
German at a school.
I want to talk to her.
Okay. Let's go there together. Let
me introduce you.
Thanks.

PRACTICE 52

A: Rewrite as in the example, with **ben** and **sen** (using the past suffix and appropriate person ending).
Example: Ahmet buradadır. → Ben buradaydım. Sen buradaydın.
1. **Annem evdedir.** 2. **Ahmet bir işçidir.** 3. **Onlar oteldedir.** 4. **O zengin bir kadındır.** 5. **Kız iyi bir öğrencidir.** 6. **Doktor bugün hastanededir.** 7. **Ünlü bir avukattır.** 8. **Kadın mutfaktadır.**

B: Rewrite the above using **biz** and **siz**.

C: Change into past tense.
1. **Bunlar bizim bavullarımızdır.** 2. **Evimiz yenidir.** 3. **Bugün toplantıdayız.** 4. **O ceket pahalıdır.** 5. **Mühendisler köprüdedir.** 6. **Ofisteki bilgisayar yenidir.** 7. **Biz balkondayız.** 8. **Misafirlerle birlikte salondayım.**

D: Fill the gaps.
1. **Babam dün evde......** 2. **Oraya ne...... gidiyorsunuz?** 3. **Bunu çatal...... yiyeceğim.** 4. **Adam...... palto...... çok büyüktür.** 5. **Çay bal ...... tatlıdır.** 6. **Onun ...... ne düşünüyorsun?** 7. Türkçe öğren...... okula gidiyor.

E: Translate into English.
1. **Dün evdeydik.** 2. **Orası sizin okulunuzdu.** 3. **Patron fabrikadaydı.** 4. **Doktor hastanın odasındaydı.** 5. **Arkadaşım iyi bir hemşireydi.** 6. **Dün bu oteldeydim.** 7. **Havlu banyodaydı.**

F: Translate into Turkish.
1. I'll cut the meat with this knife. 2. He is playing the guitar like me. 3. I was at the bus-stop at eight o'clock. 4. She was my friend. 5. The oranges were in the greengrocer's. 6. The toilet was near the room. 7. I was ill yesterday but I'm well today. 8. The workers were in the factory.

PRACTICE 52 - ANSWERS

A. 1. **Ben evdeydim. Sen evdeydin.** 2. **Ben bir işçiydim. Sen bir işçiydin.** 3. **Ben oteldeydim. Sen odeldeydin.** 4. **Ben zengin bir kadındım. Sen zengin bir kadındın.** 5. **Ben iyi bir öğrenciydim. Sen iyi bir öğrenciydin.** 6. **Ben bugün hastanedeydim. Sen bugün hastanedeydin.** 7. **Ben ünlü bir avukattım. Sen ünlü bir avukattın.** 8. **Ben mutfaktaydım. Sen mutfaktaydın.**
B. 1. **Biz evdeydik. Siz evdeydiniz.** 2. **Biz işçiydik. Siz işçiydiniz.** 3. **Biz oteldeydik. Siz oteldeydiniz.** 4. **Biz zengin kadındık. Siz zengin kadındınız.** 5. **İyi öğrenciydik. İyi öğrenciydiniz.** 6. **Biz bugün hastanedeydik. Siz bugün hastanedeydiniz.** 7. **Biz ünlü avukattık. Siz ünlü avukattınız.** 8. **Biz mutfaktaydık. Siz mutfaktaydınız.**
C. 1. **Bunlar bizim bavullarımızdı.** 2. **Evimiz yeniydi.** 3. **Bugün toplantıdaydık.** 4. **O ceket pahalıydı.** 5. **Mühendisler köprüdeydi.** 6. **Ofisteki bilgisayar yeniydi.** 7. **Biz balkondaydık.** 8. **Misafirlerle birlikte salondaydım.**
D. 1. **ydi.** 2. **yle** 3. **la** 4. **ın/su** 5. **gibi** 6. **hakkında** 7. **mek için**
E. 1. We were at home yesterday. 2. That place was your school. 3. The boss was in the factory. 4. The doctor was the patient's room. 5. My friend was a good nurse. 6. I was at this hotel yesterday. 7. The towel was in the bathroom.
F. 1. **Eti bu bıçakla keseceğim.** 2. **Gitarı benim gibi çalıyor.** 3. **Saat sekizde otobüs durağındaydım.** 4. **O benim arkadaşımdı.** 5. **Portakallar manavdaydı.** 6. **Tuvalet odanın yanındaydı.** 7. **Dün hastaydım ama bugün iyiyim.** 8. **İşçiler fabrikadaydı.**

VOCABULARY

BAYAN O bayan kapının önünde bekliyor.	LADY That lady is waiting in front of the door.
ÇORAP Kahverengi çoraplarım nerede?	STOCKING Where are my brown stockings?
ELDİVEN Yeni eldivenler almak istiyorum.	GLOVE I want to buy new gloves.
GEÇEN Kız kardeşim geçen hafta buradaydı.	LAST My sister was here last week.
ÖNCE İki gün önce araba dükkânın önündeydi.	AGO; BEFORE The car was in front of the shop two days ago.
DİNLENMEK Yarın evde dinleneceğiz.	TO REST We'll rest at home tomorrow.

To Be-Suffix in Past Tense Form (Continued)

Question Form

As usual, the question marker **-mı, mi, -mu, -mü** is used to make yes/no questions.

Bu bir masadır. Bu bir masa mıdır?	This is a table. Is this a table?
Bu bir masaydı. Bu bir masa mıydı?	This was a table. Was this a table?
Şu bir fırındı. Şu bir fırın mıydı?	That was an oven? Was that an oven?
Burası bir dükkândı. Burası bir dükkân mıydı?	This place was a shop. Was this place a shop?
Orası küçük bir salondu. Orası küçük bir salon muydu?	That place was a small hall. Was that place a small hall?
Ben öğretmenim. Ben öğretmen miyim?	I am a teacher. Am I a teacher?

Ben öğretmendim.	I was a teacher.
doktordum.	I was a doctor.
okuldaydım.	I was at school.
zengindim.	I was rich.
Ben öğretmen miydim?	Was I a teacher?
doktor muydum?	Was I a doctor?
dün evde miydim?	Was I at home yesterday?
zengin miydim?	Was I rich?
yorgun muydum?	Was I tired?
dişçi miydin?	Were you a dentist?
garson muydun?	Were you a waiter?
şişman mıydın?	Were you fat?
yorgun muydun?	Were you tired?
kütüphanede miydin?	Were you in the library?
O doktor muydu?	Was he a doctor?
iyi bir pilot muydu?	Was he a good pilot?
dün tarlada mıydı?	Was she in the field yesterday?
hasta mıydı?	Was he ill?
büyük bir halı mıydı?	Was it a big carpet?
Biz doktor muyduk?	Were we doctors?
iyi işçi miydik?	Were we good workers?
banyoda mıydık?	Were we in the bathroom?
meşgul müydük?	Were we busy?
zengin miydik?	Were we rich?
Siz işçi miydiniz?	Were you workers?
rehber miydiniz?	Were you guides?
zayıf mıydınız?	Were you thin?
tiyatroda mıydınız?	Were you in the theatre?
parkta mıydınız?	Were you in the park?
Onlar ressam mıydı?	Were they painters?
arkadaş mıydı?	Were they friends?
şişman mıydı?	Were they fat?
dün orada mıydı?	Were they there yesterday?
Babası avukat mıydı?	Was his father a lawyer?
Orası büyük bir okul muydu?	Was this place a big school?
Adam fakir miydi?	Was the man poor?
O yaşlı bir kadın mıydı?	Was she an old woman?
Doktor bugün hastanede miydi?	Was the doctor at hospital today?
Makine yeni miydi?	Was the machine new?
Tabaklar kirli miydi?	Were the plates dirty?
Çanta boş muydu?	Was the bag empty?
O kadın senin teyzen miydi?	Was that woman your aunt?
Turistler müzede miydi?	Were the tourists in the museum?

Negative Form

Bu bir masadır.	This is a table.

Bu bir masa değildir.	This isn't a table.
Bu bir evdi.	This was a house.
Bu bir ev değildi.	This wasn't a house.
O bir bavuldu.	It was a suitcase.
O bir bavul değildi.	It wasn't a suitcase.
Şurası bir mağazaydı.	That place was a store.
Şurası bir mağaza değildi.	That place wasn't a store.
Ben bir öğretmenim.	I am a teacher.
Ben zenginim.	I am rich.
Ben bir öğretmen değilim.	I am not a teacher.
Ben okulda değilim.	I am not at school.
Ben öğretmendim.	I was a teacher.
iyi bir hemşireydim.	I was a good nurse.
ofisteydim.	I was in the office.
Ben öğretmen değildim.	I wasn't a teacher.
iyi bir hemşire değildim.	I wasn't a good nurse.
dun evde değildim.	I wasn't at home yesterday.
meşgul değildim.	I wasn't busy.
Sen asker değildin.	You weren't a soldier.
şişman değildin.	You weren't fat.
dün evde değildin.	You weren't at home yesterday.
otobüsün yanında değildin.	You weren't near the bus.
O iyi bir pilot değildi.	He wasn't a good pilot.
kilisede değildi.	He wasn't in the church.
hasta değildi.	She wasn't ill.
ünlü bir kadın değildi.	She wasn't a famous woman.
Biz ressam değildik.	We weren't painters.
banyoda değildik.	We weren't in the bathroom.
bahçede değildik.	We weren't in the garden.
meşgul değildik.	We weren't busy.
Siz pilot değildiniz.	You weren't pilots.
arkadaş değildiniz.	You weren't friends.
yorgun değildiniz.	You weren't tired.
mutfakta değildiniz.	You weren't in the kitchen.
Onlar ressam değildi.	They weren't painters.
meşgul değildi.	They weren't busy.
yatak odasında değildi.	They weren't in the badroom.
dün orada değildi.	They weren't there yesterday.
Babası avukat değildi.	His father wasn't a lawyer.
Orası büyük bir okul değildi.	That place wasn't a big school.
Adam fakir değildi.	The man wasn't poor.
Bugün hastanede değildim.	I wasn't in the hospital today.

Ev eski değildi.	The house wasn't old.
Eldivenler pahalı değildi.	The gloves weren't expensive.
Dün gece evde değildin.	You weren't at home yesterday.
Çanta boş değildi.	The bag wasn't empty.
Çocuklar parkta değildi.	The children weren't in the park.
Et buzdolabında değildi.	The meat wasn't in the fridge.
Turistler müzede değildi.	The tourists weren't in the museum.
İyi bir arkadaş değildin.	You weren't a good friend.

DÜN, GEÇEN, ÖNCE

Let us see some expressions of time associated with the past.

dün	yesterday
dün sabah	yesterday morning
dün akşam	last evening
dün gece	last night
geçen hafta	last week
geçen ay	last month
geçen yıl	last year

Dün evde değildik.	We weren't at home yesterday.
Dün akşam yorgunduk.	We were tired yesterday evening.
İşadamı dün gece toplantıdaydı.	The businessman was at the meeting yesterday night.
Patron geçen hafta fabrikada değildi.	The boss wasn't in the factory last week.
Babam geçen ay İzmirdeydi.	My father was in İzmir last month.
Geçen yıl bu şirkette miydiniz?	Were you in this company last year?

Önce

The Turkish **önce** can be used just like the English 'ago'.

on dakika önce	ten minutes ago
bir saat önce	an hour ago
yarım saat önce	half an hour ago
iki gün önce	two days ago
on beş gün önce	fifteen days ago
iki hafta önce	two week ago
üç ay önce	three months ago
dört yıl önce	four years ago

On dakika önce sınıftaydı.	He was in the classroom ten minutes ago.
Öğretmen bir saat önce okuldaydı.	The teacher was in the school one hour ago.
İki gün önce hastaydım.	I was ill two days ago.
İki yıl önce teyzem bizim evdeydi.	My aunt was in my house two years ago.
Yirmi dakika önce tren buradaydı.	The train was here twenty minutes ago.
İki saat önce bankadaydın.	You were in the bank two hours ago.

PRACTICE 53

A: Put these into the past, changing the expressions of time as appropriate.
1. **Bu akşam evdeyiz.** 2. **Tren burada değildir.** 3. **Kızı sekreterdir.** 4. **Eldivenler yatağın üstündedir.** 5. **Orası büyük bir fabrika mıdır?** 6. **Bu gece yorgunum.** 7. **Bu hafta meşgulsünüz.** 8. **Ahmet Bey bugün mağazadadır.**

B: Change into question form.
1. **Sadık iyi bir doktordu.** 2. **İki saat önce otobüs durağındaydım.** 3. **Geçen ay buradaydılar.** 4. **Dört yıl önce doktordun.** 5. **Yarım saat önce dersteydik.** 6. **Dün yorgundunuz.** 7. **O ünlü bir avukattı.** 8. Çoraplar ucuzdu.

C: Change into negative form.
1. **O zengin bir adamdı.** 2. **Dün gece tiyatrodaydık.** 3. **İki yıl önce bir şofördü.** 4. **Dört yıl önce rehberdim.** 5. **Dün akşam mutfaktaydık.** 6. **İyi bir doktordun.** 7. **Yolcular gemideydi.** 8. Aynı üniversitedeydiniz.

D: Change into present continuous.
1. **Çiftçi tarladaydı.** 2. **Bu şirkette değildiler.** 3. **Yorgun muydunuz?** 4. **Ünlü bir doktordun.** 5. Akşam yemeği hazır mıydı?

E: Translate into English.
1. **Adam kapının arkasındaydı.** 2. **Bir saat önce burada değildik.** 3. **Geçen yıl arkadaşımla bu pansiyondaydık.** 4. **Baban kötü bir adam değildi.** 5. **Dün gece annenin evinde miydiniz?** 6. **Toplantı saat ondaydı.** 7. **Perşembe günü mağazadaydın.**

F: Translate into Turkish.
1. I was a nurse two years ago. 2. We were in this village last week. 3. That lady wasn't a young woman. 4. Were you good friends? 5. Were you tired last night? 6. The taxi was in front of the shop three days ago. 7. The gloves weren't new.

PRACTICE 53 - ANSWERS

A. 1. **Dün akşam evdeydik.** 2. **Tren burada değildi.** 3. **Kızı sekreterdi.** 4. **Eldivenler yatağın üstündeydi.** 5. **Orası büyük bir fabrika mıydı?** 6. **Dün gece yorgundum.** 7. **Geçen hafta meşguldünüz.** 8. **Ahmet Bey dün mağazadaydı.**
B. 1. **Sadık iyi bir doktor muydu?** 2. **İki saat önce otobüs durağında mıydım?** 3. **Geçen ay burada mıydılar?** 4. **Dört yıl önce doktor muydun?** 5. **Yarım saat önce derste miydik?** 6. **Dün yorgun muydunuz?** 7. **O ünlü bir avukat mıydı?** 8. **Çoraplar ucuz muydu?**
C. 1. **O zengin bir adam mıydı?** 2. **Dün gece tiyatroda mıydık?** 3. **İki yıl önce bir şoför müydü?** 4. **Dört yıl önce rehber miydim?** 5. **Dün akşam mutfakta mıydık?** 6. **İyi bir doktor muydun?** 7. **Yolcular gemide miydi?** 8. **Aynı üniversitede miydiniz?**
D. 1. **Çiftçi tarladadır.** 2. **Bu şirkette değiller.** 3. **Yorgun musunuz?** 4. **Ünlü bir doktorsun.** 5. **Akşam yemeği hazır mı?**
E. 1. The man was behind the door. 2. We weren't here one hour ago. 3. We were in this pension with my friend last year. 4. Your father wasn't a bad man. 5. Were you at your mother's home last night? 6. The meeting was at ten o'clock. 7. You were in the store on Thursday.
F. 1. **İki yıl önce bir hemşireydim.** 2. **Geçen hafta bu köydeydik.** 3. **O bayan genç bir kadın değildi.** 4. **Siz iyi arkadaş mıydınız?** 5. **Dün gece yorgun muydun?** 6. **Üç gün önce taksi dükkânın önündeydi.** 7. **Eldivenler yeni değildi.**

VOCABULARY

ÖĞLE
Doktor öğlende gelecek.

NOON
The doctor will come at noon.

ÜZGÜN
Kadın üzgündü.
Üzgünüm, bunu yapamam.

UNHAPPY, SAD; SORRY
The woman was sad.
I'm sorry, I can't do this.

PASAPORT
Turist pasaportunu gösteriyor.

PASSPORT
The tourist is showing her passport.

UÇMAK
Kuşlar gökyüzünde uçuyor.

TO FLY
The birds are flying in the sky.

TUTMAK
Elinde bir kitap tutuyor.

TO HOLD
He is holding a book in his hand.

AY
Ayı seyrediyorlar.

MOON
They are watching moon.

YILDIZ
Yıldızları sayamazsın.

STAR
You can't count the stars.

GÖKYÜZÜ
Gökyüzü mavidir.

SKY
The sky is blue.

AY

The Turkish word **ay** has two meanings, 'month' and 'moon'.

Ayı görüyorum.
Bu gece gökyüzünde ay var mı?

I am seeing the moon.
Is there the moon in the sky tonight?

Gelecek ay bir araba alacağız.
Geçen ay meşguldünüz.

We'll buy a car next month.
You were busy last month.

ÖĞLE

Öğle has the same meaning as the English 'noon'.

sabah	morning
öğle	noon
akşam	evening
gece	night

sabahleyin	in the morning
öğleyin, öğlende	at noon
akşamleyin	in the evening
geceleyin	at night
öğleden sonra	afternoon

Adam sabah gelir.	The man comes in the morning.
Adam akşam gelir.	The man comes in the evening.
Adam gece gelir.	The man comes at night.

The last three examples are correct, whereas,

Adam öğle gelir. is incorrect, It should be,

Adam öğlende (öğleyin) gelir.	The man comes at noon.

Other than this difference, **sabah, akşam, gece** can be used in both ways.

Adam sabah/sabahleyin gelir.
Adam akşam/akşamleyin gelir.
Adam gece/geceleyin gelir.
Adam öğleyin/öğlende gelir.

The Be-Suffix in Past Tense Form (Continued)

Biz dün evdeydik.	We were at home yesterday.
Biz dün evde değildik.	We weren't at home yesterday.
Biz dün evde miydik?	Were we at home yesterday?

Toplantı saat ondaydı.	The meeting was at ten.
Toplantı saat onda değildi.	The meeting wasn't at ten.
Toplantı saat onda mıydı?	Was the meeting at ten?

Here is the be-suffix in the past in wh-questions.

Dün neredeydin?	Where were you yesterday?
Geçen hafta neredeydiler?	Where were they last week?

Kim evdeydi?	Who was at home?
Kim evin önündeydi?	Who was in front of the house?

Ne zaman evdeydiniz?	When were you at home?
Annen ne zaman Almanyadaydı?	When was your mother in Germany?
Saat kaçta okuldaydın?	What time were you at school?

VAR AND YOK IN THE PAST

Positive Form

Yatağın üstünde eldivenler var.
Gökyüzünde yıldızlar var.
Orada birçok ev var.

Var.	There is
Vardı.	There was

Var and **vardı** do not change for singular or plural reference like the English 'there is/are' or 'there was/were'.

O şehirde büyük bir fabrika var.	There is a big factory in that city.
O şehirde büyük bir fabrika vardı.	There was a big factory in that city.

Yatağın üstünde eldivenler var.	There are the gloves on the bed.
Yatağın üstünde eldivenler vardı.	There were the gloves on the bed.

Gökyüzünde yıldızlar var.	There are stars in the sky.
Gökyüzünde yıldızlar vardı.	There were stars in the sky.

Orada birçok ev var.	There are a lot of houses there.
Orada birçok ev vardı.	There were a lot of houses there.

Zarfın üzerinde üç tane pul vardı.	There were three stamps on the envelope.
Salonda yeni koltuklar vardı.	There were new armchairs in the hall.
Buzdolabında iki şişe meyve suyu vardı.	There were two bottles of fruit juice in the fridge.
Havaalanında bavullar vardı.	There were suitcases at the airport.

Question Form

Yatağın üstünde eldivenler var.	There are some gloves on the bed.
Yatağın üstünde eldivenler var mı?	Are there any gloves on the bed?

Banyoda büyük bir havlu vardı.	There was a big towel in the bathroom.
Banyoda büyük bir havlu var mıydı?	Was there a big towel in the bathroom?

Müzede birçok turist vardı.	There were a lot of tourists in the museum.
Müzede birçok turist var mıydı?	Were there a lot of tourists in the museum?

Fabrikada yeni işçiler vardı.	There were new workers in the factory.
Fabrikada yeni işçiler var mıydı?	Were there new workers in the factory?

Orada birçok ev vardı.	There were a lot of houses there.
Orada birçok ev var mıydı?	Were there a lot of houses there?

Salonda yeni koltuklar var mıydı?	Were there new armchairs in the hall?
Vazoda çiçekler var mıydı?	Were there flowers in the vase?

Negative Form

Fabrikada işçiler yok.	There aren't any workers in the factory.
Bahçede bir adam yok.	There isn't a man in the garden.

Mağazada müşteriler yok.	There aren't any customers in the store.
Mağazada müşteriler yoktu.	There weren't any customers in the store.

Fabrikada yeni makineler yok.	There aren't new machines in the factory.

Fabrikada yeni makineler yoktu.
Şişede hiç su yok.
Şişede hiç su yoktu.

There weren't new machines in the factory.
There isn't any water in the bottle.
There wasn't any water in the bottle.

Masada bir bilgisayar yok.
Masada bir bilgisayar yoktu.
Havaalanında bavullar yoktu.
Toplantıda işadamları yoktu.

There isn't a computer on the table.
There wasn't a computer on the table.
There weren't the suitcases at the airport.
There weren't any businessmen at the meeting.

Buzdolabında bir kilo et vardı.
Buzdolabında bir kilo et var mıydı?
Buzdolabında bir kilo et yoktu.

There was one kilo of meat in the fridge.
Was there one kilo of meat in the fridge?
There wasn't one kilo of meat in the fridge.

Otelde müdür vardı.
Otelde müdür var mıydı?
Otelde müdür yoktu.

There was the manager in the hotel.
Was there the manager in the hotel?
There wasn't the manager in the hotel.

BİR OFİS

AN OFFICE

Seval Hanım dün evdeydi. Şirket açık değildi. Evde bazı işler vardı. Oğlu Kerem de evdeydi.

Seval Hanım was at home yesterday. The company wasn't open. There was some work at home. Her son Kerem was also at home.

Bugün o yine ofisindedir. Kerem okulda. Seval Hanım için her gün ofiste birçok iş vardır. Çok meşguldür. On yıldır o şirkette çalışıyor.

Today she is in her office again. Kerem is at school. There is a lot of work for Seval Hanım in the office. She is very busy. She has been working in that company for ten years.

Aynı odada onun bir arkadaşı var. Adı Kerime. Onlar beş yıl aynı okuldaydılar. Şimdi birlikte çalışıyorlar. Onların iyi bir şirketleri var.

There is a friend of her in the same room. Her name is Kerime. They were in the same school for five years. Now, they are working together. They have got a good company.

Yarın büyük bir toplantı olacak. İş arkadaşları öğlende gelecekler. Öğleden sonra yeni bir iş hakkında konuşacaklar.

There will be a big meeting tomorrow. Their colleagues will come at noon. They'll talk about a new job afternoon.

Questions and Answers to the Reading Passage

Seval Hanım dün neredeydi?
Where was Seval Hanım yesterday?

Evdeydi.
She was at home.

Şirket açık mıydı?
Was the company open?

Hayır, değildi.
No, it wasn't.

Oğlu Kerem evde miydi?
Was her son at home?

Evet, evdeydi.
Yes, he was.

311

Seval Hanım bugün nerededir?	**Ofisindedir.**
Where is Seval Hanım today?	She is in her office.
Kaç yıldır o şirkette çalışıyor?	**On yıldır çalışıyor.**
How many years has she been working in that company?	She has been working for ten years.
Arkadaşının adı nedir?	**Kerimedir.**
What is her friend's name?	Her name is Kerime.
Kaç yıl aynı okuldaydılar?	**Beş yıl.**
How many years were they at the same school?	Five years.
Toplantı ne zaman olacak?	**Yarın olacak.**
When will the meeting be?	It'll be tomorrow.
İş arkadaşları ne zaman gelecek?	**Öğlende gelecekler.**
When will their colleagues come?	They'll come at noon.
Onlar ne hakkında konuşacaklar?	**Yeni bir iş hakkında konuşacaklar.**
What will they talk about?	They'll talk about a new job.
Ne zaman konuşacaklar?	**Öğleden sonra konuşacaklar.**
When will they talk?	They'll talk afternoon.

PRACTICE 54

A: Put these into the past.
1. **Dolapta elbiseler var.** 2. **Parkta birisi var mı?** 3. **O bayan Mehmet Beyin karısıdır.** 4. **Onlar okul arkadaşıdır.** 5. **Fabrikada yeni makineler var.** 6. **Havaalanında birçok uçak var.** 7. **Kapıda birisi yok.** 8. **Masada biraz peynir var.**

B: Change into question form.
1. **Onlar okul arkadaşıydılar.** 2. **Ağabeyi bir avukattı.** 3. **Caddede büyük bir otobüs vardı.** 4. **Partide güzel kadınlar vardı.** 5. **Lokantada yeni garsonlar vardı.** 6. **Okulda genç bir öğretmen vardı.** 7. **Dün akşam bahçedeydiniz.** 8. **Denizde bir gemi vardı.**

C: Change into negative form.
1. **Ablan iyi bir hemşireydi.** 2. **Kafeteryada çok şişman bir adam vardı.** 3. **O benim iş arkadaşımdı.** 4. **Önemli bir toplantı vardı.** 5. **On dakika önce banyodaydın.** 6. **Otobüste yolcular vardı.** 7. **Öğle yemeği saat on ikideydi.** 8. **Yirmi yedi yaşındaydık.**

D: Rewrite using the -ebilmek structure.
1. **Mutfakta yemek yaparlar.** 2. **Çocuklar bahçede oynuyorlar.** 3. **Yarın oraya geleceğim.** 4. **Mektupları göndereceğiz.** 5. **Bugün evde dinleneceksiniz.** 6. **Radyoyu tamir edecek.** 7. **Kuşlar gökyüzünde uçuyor.** 8. **Şu çantayı tutarsın.**

E: Translate into English.
1. **Burada hiç ev yoktu.** 2. **Masanın üstünde senin kitapların vardı.** 3. **Bahçede birisi var mıydı?** 4. **Hastanede doktor yoktu.** 5. **Öğleyin pazara gideceğiz.** 6. **Arabanın içindeki adam kimdi?** 7. **Kızınız neredeydi?**

F: Translate into Turkish.
1. There wasn't a big bag under the bed. 2. Were there some photographs on the table? 3. There were a lot of old machines in the factory. 4. What time was the meeting? 5. Where were your sisters last week? 6. There was an interesting picture on the wall. 7. Who was there at the party?

PRACTICE 54 - ANSWERS

A. 1. **Dolapta elbiseler vardı.** 2. **Parkta birisi var mıydı?** 3. **O bayan Mehmet Beyin karısıydı.** 4. **Onlar okul arkadaşıydılar.** 5. **Fabrikada yeni makineler vardı.** 6. **Havaalanında birçok uçak vardı.** 7. **Kapıda birisi yoktu.** 8. **Masada biraz peynir vardı.**

B. 1. **Onlar okul arkadaşı mıydılar?** 2. **Ağabeyi bir avukat mıydı?** 3. **Caddede büyük bir otobüs var mıydı?** 4. **Partide güzel kadınlar var mıydı?** 5. **Lokantada yeni garsonlar var mıydı?** 6. **Okulda genç bir öğretmen var mıydı?** 7. **Dün akşam bahçede miydiniz?** 8. **Denizde bir gemi var mıydı?**

C. 1. **Ablan iyi bir hemşire değildi.** 2. **Kafeteryada çok şişman bir adam yoktu.** 3. **O benim iş arkadaşım değildi.** 4. **Önemli bir toplantı yoktu.** 5. **On dakika önce banyoda değildin.** 6. **Otobüste yolcular yoktu.** 7. **Öğle yemeği saat on ikide değildi.** 8. **Yirmi yedi yaşında değildik.**

D. 1. **Mutfakta yemek yapabilirler.** 2. **Çocuklar bahçede oynayabilirler.** 3. **Yarın oraya gelebilirim.** 4. **Mektupları gönderebiliriz.** 5. **Bugün evde dinlenebilirsiniz.** 6. **Radyoyu tamir edebilir.** 7. **Kuşlar gökyüzünde uçabilir.** 8. **Şu çantayı tutabilirsin.**

E. 1. There weren't any houses here. 2. There were your books on the table. 3. Was there anybody in the garden? 4. There wasn't a doctor at hospital. 5. We'll go to the bazaar at noon. 6. Who was the man in the car? 7. Where was your daughter?

F. 1. **Yatağın altında büyük bir çanta yoktu.** 2. **Masanın üstünde birkaç fotoğraf var mıydı?** 3. **Fabrikada birçok eski makine vardı.** 4. **Toplantı saat kaçtaydı?** 5. **Kız kardeşlerin geçen hafta neredeydi?** 6. **Duvarda ilginç bir resim vardı.** 7. **Partide kim vardı?**

VOCABULARY

AŞÇI
Bu oteldeki aşçı ünlüdür.

COOK
The cook in this hotel is famous.

HAYAT, YAŞAM, ÖMÜR
Bu ressamın yaşamı (hayatı) çok ilginçti.

LIFE
This painter's life was very interesting.

ÇAĞDAŞ, MODERN
Orada modern bir hastane var.

MODERN
There is a modern hospital there.

İNEK
Çiftçinin ineği tarladadır.

COW
The farmer's cow is in the field.

TEMBEL
Onun kızı çok tembeldi.

LAZY
Her daughter was very lazy.

ÇALIŞKAN
Çalışkan öğrenciler bu sınıftadır.

HARD-WORKING
The hard-working students are in this classroom.

SAHİP
Arabanın sahibi bu oteldedir.

OWNER
The owner of the car is in this hotel.

KIRMAK
Bardağı çocuğa verme. Onu kırabilir.

TO BREAK
Don't give the glass to the child. He can break it.

ÖPMEK
Ayhan Bey her sabah karısını öper.

TO KISS
Ayhan Bey kisses his wife every morning.

THE PAST (Continued)

Evde iki kedi vardı.
Evde iki kedi var mıydı?
Evde iki kedi yoktu.

Bavulda iki kazak vardı.
Bavulda iki kazak var mıydı?
Bavulda iki kazak yoktu.

POSSESSION/OWNERSHIP IN THE PAST

We have seen present tense structures for possession/ownership, in English, 'have/has got'.
Siyah bir elbisem var. (Siyah bir elbiseye sahibim.)

Kadının iki kızı var. (Kadın iki kıza sahiptir.)
Büyük bir evimiz var.

Now we see this in the past (had).

Bir köpeğim var.	I have got a dog.
İki yıl önce bir köpeğim vardı.	I had got a dog.

Yeni bir bulaşık makinem vardı.	I had got a new dishwasher.
Bir şişe kırmızı şarabım vardı.	I had got a bottle of red wine.

Eski bir bisikletin vardı.	You had got a necktie.
Hızlı bir araban vardı.	You had got a fast car.

Kahverengi bir pantolonu vardı.	She had got brown trousers.
İki kız kardeşi vardı.	She had got two sisters.

Eski bir evimiz vardı.	We had got an old house.
Küçük bir dükkânımız vardı.	We had got a small shop.

Geçen hafta bir toplantınız vardı.	You had got a meeting last week.
Bir gitarınız vardı.	You had got a guitar.

Antalyada bir evleri vardı.	They had got a house in Antalya.
Zengin bir amcaları vardı.	They had got a rich uncle.

Adamın iyi bir işi vardı.	The man had got a good job.
Evin dört odası vardı.	The house had got four rooms.
Genç adamın uzun saçları vardı.	The young man had got long hair.
Yaşlı adamın büyük bir burnu vardı.	The old man had got a big nose.

Question Form

Küçük bir bahçem var.	I have got a small garden.
Küçük bir bahçem var mı?	Have I got a small garden?

İki yıl önce bir köpeğim vardı.	I had got a dog two years ago.
İki yıl önce bir köpeğim var mıydı?	Had I got a dog two years ago?
Bir fotoğraf makinem var mıydı?	Had I got a camera?
Bir şişe kırmızı şarabım var mıydı?	Had I got a bottle of red wine?

Eski bir bisikletin var mıydı?	Had you got an old bicycle?
Hızlı bir araban var mıydı?	Had you got a fast car?

Kahverengi bir pantolonu var mıydı?	Had she got brown trousers?
Çok parası var mıydı?	Had he got a lot of money?

Eski bir evimiz var mıydı?	Had we got an old house?
Küçük bir dükkânımız var mıydı?	Had we got a small shop?

Geçen hafta bir toplantınız var mıydı?	Had you got a meeting last week?
Bir gitarınız var mıydı?	Had you got a guitar?

Zengin bir amcaları var mıydı?	Had they got a rich uncle?
Yaşlı bir kedileri var mıydı?	Had they got an old cat?
Adamın iyi bir işi var mıydı?	Had the man got a good job?
Yolcunun iki bavulu var mıydı?	Had the passenger got two suitcases?
Patronun büyük bir odası var mıydı?	Had the boss got a big room?
Öğretmenin küçük bir masası var mıydı?	Had the teacher got a small table?
Doktorun çok hastası var mıydı?	Had the doctor got many patient?

Negative Form

Küçük bir bahçem var.	I have got a small garden.
Küçük bir bahçem yok.	I haven't got a small garden.
Bir bahçem vardı.	I had got a garden.
Bir bahçem yoktu.	I hadn't got a garden.
İki yıl önce bir köpeğim vardı.	I had got a dog two years ago.
İki yıl önce bir köpeğim yoktu.	I hadn't got a dog two years ago.
Yeni bir bulaşık makinem yoktu.	I hadn't got a new dishwasher.
Bir fotoğraf makinem yoktu.	I hadn't got a camera.
Kravatın yoktu.	You hadn't got a necktie.
Hızlı bir araban yoktu.	You hadn't got a fast car.
Kahverengi bir pantolonu yoktu.	She hadn't got a brown trousers.
İki kız kardeşi yoktu.	Se hadn't got two sisters.
Bir bilgisayarımız yoktu.	We hadn't got a computer.
Küçük bir dükkânımız yoktu.	We hadn't got a small shop.
Eski bir fırınınız yoktu.	You hadn't got an old oven.
Geçen hafta bir toplantınız yoktu.	You hadn't got a meeting last week.
Zengin bir amcaları yoktu.	They hadn't got a rich uncle.
Yaşlı bir kedileri yoktu.	They hadn't got an old cat.
Adamın iyi bir işi yoktu.	The man hadn't got a good job.
Evin dört odası yoktu.	The house hadn't got four rooms.
Genç adamın uzun saçları yoktu.	The young man hadn't got long hair.
Yaşlı adamın büyük bir burnu yoktu.	The old man hadn't got a big nose.
Kızın uzun bir eteği yoktu.	The girl hadn't got a long skirt.
Küçük bir arabam vardı.	I had got a small car.
Küçük bir arabam var mıydı?	Had I got a small car?
Küçük bir arabam yoktu.	I hadn't got a small car.
Adamın ilginç bir şapkası vardı.	The man had got an interesting hat.
Adamın ilginç bir şapkası var mıydı?	Had the man got an interesting hat?
Adamın ilginç bir şapkası yoktu.	The man hadn't got an interesting hat.
Küçük bir kuşumuz vardı.	We had got a little bird.

Küçük bir kuşumuz var mıydı?
Küçük bir kuşumuz yoktu.

Had we got a little bird?
We hadn't got a little bird.

PRACTICE 55

A: Put into past tense.
1. İyi öğrencilerimiz var. 2. Çiftçinin inekleri var. 3. Kadının eldivenleri var. 4. Çalışkan bir kızımız var. 5. Arkadaşım evlidir. 6. Ders saat ondadır. 7. Plajda şemsiyeler var.

B: Change into negative form.
1. Yeni kitapları vardı. 2. Dün gece oradaydık. 3. Evde arkadaşları vardı. 4. Adamın sarı saçları vardı. 5. Öğrenciler otobüste miydi? 6. Telefon masanın üstündeydi. 7. Doktor odasındaydı. 8. Kız kardeşin var mıydı?

C: Change into question form.
1. Mavi gözleri vardı. 2. Küçük bir lokantası vardı. 3. Babası havaalanındaydı. 4. Otel büyüktü. 5. Geçen sene Almanyadaydınız. 6. Küçük bir televizyonum vardı. 7. Toplantı bugündü.

D: Change into optative form questions.
1. Onları tanıştıracağız. 2. Yarın evde dinleneceğiz. 3. Bir saat sonra duş yapacağız. 4. Saçını tarayacağız. 5. Çocukları öpeceğiz. 6. Dişlerimizi fırçalayacağız. 7. Hesabı ödeyeceğiz.

E: Translate into English.
1. Şu lokantanın sahibi kimdir? 2. Onun hayatı hakkında bir kitap yazacağım. 3. Çok parası vardı. Ama şimdi yok. 4. Modern bir okula gitmek ister. 5. Arkadaşımın iki oğlu vardı. 6. Bu aşçı tabakları kırıyor. 7. Kız arkadaşını öpecek.

F: Translate into Turkish.
1. There were a lot of stars in the sky last night. 2. Where is the owner of this field? 3. The bosses want hardworking workers. 4. The woman was sad yesterday. But today she is happy. 5. She had got a lot of stockings. 6. His wife was very fat. 7. They hadn't got any colleagues.

PRACTICE 55 - ANSWERS

A. 1. İyi öğrencilerimiz vardı. 2. Çiftçinin inekleri vardı. 3. Kadının eldivenleri vardı. 4. Çalışkan bir kızımız vardı. 5. Arkadaşım evliydi. 6. Ders saat ondaydı. 7. Plajda şemsiyeler vardı.
B. 1. Yeni kitapları yoktu. 2. Dün gece orada değildik. 3. Evde arkadaşları yoktu. 4. Adamın sarı saçları yoktu. 5. Öğrenciler otobüste değildi. 6. Telefon masanın üstünde değildi. 7. Doktor odasında değildi. 8. Kız kardeşin yoktu.
C. 1. Mavi gözleri var mıydı? 2. Küçük bir lokantası var mıydı? 3. Babası havaalanında mıydı? 4. Otel büyük müydü? 5. Geçen sene Almanyada mıydınız? 6. Küçük bir televizyonum var mıydı? 7. Toplantı bugün müydü?
D. 1. Onları tanıştıralım mı? 2. Yarın evde dinlenelim mi? 3. Bir saat sonra duş yapalım mı? 4. Saçını tarayalım mı? 5. Çocukları öpelim mi? 6. Dişlerimizi fırçalayalım mı? 7. Hesabı ödeyelim mi?
E. 1. Who is the owner of that restaurant? 2. I'll write a book about her life. 3. She had got more money. But she hasn't got now. 4. He wants to go to a modern school. 5. My friend had got two sons. 6. This cook is breaking the plates. 7. He'll kiss his girl friend.
F. 1. Dün gece gökyüzünde birço yıldız vardı. 2. Bu tarlanın sahibi nerededir? 3. Patronlar çalışkan işçi ister. 4. Kadın dün üzgündü ama bugün mutludur. 5. Birçok çorabı vardı. 6. Karısı çok şişmandı. 7. Hiç iş arkadaşları yoktu.

317

VOCABULARY

TEPE Tepede ağaçlar vardı.	HILL There were trees on the hill.
OYUNCAK Çocuğu için her ay bir oyuncak alır.	TOY He buys a toy for her child every month.
PAKET Paketleri göndereceğiz.	PACKET, PARCEL We'll send the parcels.
DOĞUM GÜNÜ Doğum günün ne zaman?	BIRTHDAY When is your birthday?
KONSER Geçen hafta güzel bir konser vardı.	CONCERT There was a nice concert. last week.
UNUTMAK Onun adını unuttum.	TO FORGET I forgot her name.
YAZAR Lokantadaki adam bu kitabın yazarıdır.	WRITER, AUTHOR The man in the restaurant is the author of this book.
DONDURMA Dondurma sever misin? Evet, çok severim.	ICE-CREAM Do you like ice-cream? Yes, I like it very much.

PAST TENSE WITH VERBS

So far, we have seen the past tense with the be-suffix and **var/yok** structure. Now we will look at verbs.

Let us recall the present continuous tense. This tense is used to talk about things which are true at the moment of speaking.

İşçiler çalışıyorlar.
Orada bekliyorum.

For regular activities we use the present simple tense.

Her gün duş yaparım.
Okula otobüsle gider.

To talk about the future there is the future tense.

Bebek için bir oyuncak alacağım.
Yarın akşam konsere gideceğiz.

The past simple tense is used to talk about actions and events in the past which have finished/been completed. Turkish has no irregular past forms like English. To make the past simple, to the verb root just add the past tense suffixes **-d(t)ı, -d(t)i, -d(t)u, -d(t)ü.**

Gel -di -m.	I came.
Al -dı -m.	I took.
Sor -du -m.	I asked.
Gör -dü -m.	I saw.
Sat -tı -m.	I sold.
İç -ti -m.	I drank.
Unut -tu -m.	I forgot.

Telefon ettim.	I telephoned.
Odayı süpürdüm.	I swept the room.
Radyoyu tamir ettim.	I repaired the radio.
Bavulları taşıdım.	I carried the suitcases.
Mektubu geçen hafta gönderdim.	I sent the letter last week.
Dün gece bu odada uyudum.	I slept in this room last night.

Al -dı -n.	You took.
Sor -du -n.	You asked.
Gör -dü -n.	You saw.
Ye -di -n.	You eat.
Sat -tı -n.	You sold.
İç -ti -n.	You drank.
Unut -tu -n.	You forgot.
Tut -tu -n.	You held.

Dün pazara gittin.	You went to the bazaar yesterday.
Radyoyu tamir ettin.	You repaired the radio.
Bavulları taşıdın.	You carried the suitcases.
Onlara fotoğrafları gösterdin.	You showed the photographs to them.
Dün babana yardım ettin.	You helped your father yesterday.

Al -dı.	She took.
Sor -du.	He asked.
Gör -dü.	She saw.
Ye -di.	She eat.
İç -ti.	He drank.
Unut -tu.	She forgot.
Tut -tu.	She held.

Odayı süpürdü.	She swept the room.
Dün pazara gitti.	He went to the bazaar yesterday.
Radyoyu tamir etti.	She repaired the radio.
İlacı içti.	She drank the pill.
Onlara fotoğrafları gösterdi.	She showed the photographs to them.
Dün gece bu odada uyudu.	He slept in this room last night.

Gel -di -k.	We came.
Al -dı -k.	We took.

Sor -du -k.	We asked.
Gör -dü -k.	We saw.
Sat -tı -k.	We sold.
Git -ti -k.	We went.
Unut -tu -k.	We forgot.
Tut -tu -k.	We held.

Telefon ettik.	We telephoned.
Dün pazara gittik.	We went to the bazaar yesterday.
İlacı içtik.	We drank the pill.
Mektubu geçen hafta gönderdik.	We sent the letter last week.
Dişlerimizi fırçaladık.	We brushed our teeth.
Onlara fotoğrafları gösterdik.	We showed the phototgraphs to them.

Al -dı -nız.	You took.
Sor -du -nuz.	You asked.
Gör -dü -nüz.	You saw.
Ye -di -niz.	You eat.
Sat -tı -nız.	You sold.
Git -ti -niz.	You went.
Unut -tu -nuz.	You forgot.

Telefon ettiniz.	You telephoned.
Dün pazara gittiniz.	You went to the bazaar yesterday.
Bavulları taşıdınız.	You carried the suitcases.
Mektubu geçen hafta gönderdiniz.	You sent the letter last week.
Dün gece bu odada uyudunuz.	You slept in this room last night.

Gel -di -ler.	They came.
Al -dı -lar.	They took.
Sor -du -lar.	They asked.
Gör -dü -ler.	They saw.
Sat -tı -lar.	They sold.
Git -ti -ler.	They went.
Unut -tu -lar.	They forgot.

Telefon ettiler.	They telephoned.
Bavulları taşıdılar.	They carried the suitcases.
İlacı içtiler.	They drank the pill.
Mektubu geçen hafta gönderdiler.	They sent the letter last week.
Dişlerini fırçaladılar.	They brushed their teeth.
Dün gece bu odada uyudular.	They slept in this room last night.

Sütü buzdolabına koydu.	She put the milk into the fridge.
Ona Türkçe öğrettik.	We taught him Turkish.
Bu filmi iki yıl önce seyrettim.	I watched this film two years ago.
Geçen yıl arabasını sattı.	He sold his car last year.
Bir bardak su istedi.	He wanted a glass of water.
Dün akşam erken yattın.	You went to bed early.
Dersimi bitirdim.	I finished my lesson.
Film başladı.	The film started.
Doktora yardım ettiler.	The helped the doctor.
Bodrumdan dün döndük.	We returned from Bodrum yesterday.
Amcamı havaalanında beklediniz.	You waited for my uncle at the airport.

Onun doğum gününü unuttum.
Çocuk için oyuncaklar aldık.

I forgot his birthday.
We bought toys for the child.

Words Used in the Reading Passage

firma   firm
tanışmak   to meet
konsolosluk   consulate

BİR ARKADAŞ

A FRIEND

Dün arkadaşım Japonyadan geldi. O
bir Japondur. Adı Yukodur. Japonya
da Isuzu firmasında çalışıyor.

Yesterday my friend came from Japan.
She is Japanese. Her name is Yuko.
She is working at Isuzu firm.

Onu havaalanında bekledim. Uçak
geç geldi. Birlikte bir taksiye
bindik ve otele gittik. The
Marmara Otelinde kalacak.

I waited for her at the airport. The
airoplane came late. We got into a
taxi together and went to the hotel.
She'll stay at The Marmara.

Yukoyla Japonyada tanıştım. İki
yıl önce Japonyadaydım. Orada
bir okula gittim ve Japonca
öğrendim. Yuko bana yardım etti.
Onun evinde bir ay kaldım. O da
İstanbulda bir yıl kalacak.
Burada Isuzu firması için çalışacak.

I met Yuko in Japan. I was in Japan
two years ago. I went to a school
there and learnt Japanese. Yuko helped
me. I stayed at her house for one
month. She'll also stay in İstanbul
for one year. She'll work for Isuzu
firm here.

Otele akşam geldik. Birlikte yemek
yedik ve şarap içtik. Eski günler
hakkında konuştuk. İstanbuldaki
işini anlattı.

We came to the hotel in the evening.
We ate together and drank wine. We
talked about the old days. She told
her job in İstanbul.

O gece ben de otelde kaldım. Sabah
geç kalktık. Birlikte kahvaltı
ettik. Kahvaltıda bal, peynir, reçel
ve yumurta yedik. Kahve içtik.
Öğleden sonra Yuko Japon Konsolos-
luğuna gitti. Ben eve döndüm.

I stayed at the hotel that night. We
got up late in the morning. We had
breakfast together. We ate honey, cheese
jam and egg in the breakfast. We
drank coffee. Yuko went to Japanese
Consulate in the afternoon. I came back

Questions and Answers to the Reading Passage

Arkadaşım nereden geldi?
Where did my friend come from?

Japonyadan geldi.
She came from Japan.

Adı nedir?
What is her name?

Yukodur.
Her name is Yuko.

Hangi firmada çalışıyor?
At which firm is she working?

Isuzuda çalışıyor.
She is working at Isuzu.

Otele neyle gittik?
How did we go to the hotel?

Taksiyle gittiniz.
You went by taxi.

Hangi otelde kalacak? Which hotel will she stay at?	**The Marmarada kalacak.** She'll stay at The Marmara.
Yukoyla nerede tanıştım? Where did I meet Yuko?	**Japonyada tanıştın.** You met in Japan.
Ne zaman Japonyadaydım? When was I in Japan?	**İki yıl önce Japonyadaydın.** You were in Japan two years ago.
Orada ne yaptım? What did I do there?	**Bir okula gittin ve Japonca öğrendin.** You went to a school and learnt Japanese.
Orada bana kim yardım etti? Who helped me there?	**Yuko yardım etti.** Yuko helped.
Yuko İstanbulda kalacak mı? Will Yuko stay at İstanbul?	**Evet, kalacak.** Yes, she will.
İstanbulda ne yapacak? What will she do in İstanbul?	**İsuzu için çalışacak.** She'll work for Isuzu.
Nerede yemek yedik? Where did we eat?	**Otelde yediniz.** You eat at the hotel.
Ne hakkında konuştuk? What did we talk about?	**Eski günler hakkında konuştunuz.** You talked about the old days.
O gece ben nerede kaldım? Where did I stay at that night?	**Otelde kaldın.** You stay at the hotel.
Kahvaltıda tereyağı yedik mi? Did we eat butter in the breakfast?	**Hayır, yemediniz.** No, you didn't.
Öğleden sonra Yuko nereye gitti? Where did Yuko go in the afternoon?	**Japon Konsolosluğuna gitti.** She went to Japanese Consulate.
Ben nereye gittim? Where did I go?	**Eve gittin.** You went home.

PRACTICE 56

A: Put into the past simple.
1. **Fabrikada çalışıyoruz.** 2. **Bebek için oyuncak alır.** 3. **Dondurma yiyorlar.** 4. **Öğleden sonra bahçede otururuz.** 5. **Bu evde kalıyorsun.** 6. **Topu elinde tutuyor.** 7. **Radyoyu onaracağız.** 8. **Hesabı ödeyecekler.** 9. **Oğlunu öpüyor.** 10. **Onlara bir şey söylüyorum.**

B: Using the list of verbs given (in the past simple), fill the gaps.
dönmek   kalkmak   satın almak
içmek   seyretmek   dinlenmek
gitmek   çalışmak
1. **(Biz) Çok yorgunduk. Evde** .... 2. **(Ben) Ofisten eve saat üçte** .... 3. **(O) Çocuk için bir oyuncak** .... 4. **(Onlar) Kahvaltıda portakal suyu** .... 5. **(Ben) Dün akşam çok güzel bir film** .... 6. **Kız bu fabrikada iki yıl** .... 7. **(Biz) Bu sabah erken** .... 8. **Adam dün süpermarkete** ....

C: Complete the sentences with the verb given (in the past simple).
1. **Biz dün akşam tiyatroya ...... (gitmek)** 2. **Öğrenci çok ...... (çalışmak)** 3. **İşadamı uçağa ...... (binmek)** 4. **Ben dün onları parkta ...... (görmek)** 5. **Turistler müzede ...... (fotoğraf çekmek)** 6. **Annem bardağı ...... (kırmak)**

D: Put into the past simple.
1. **Bu odada uyuyoruz.** 2. **Bahçede iki adam var.** 3. **İki köpeğim var.** 4. **Bugün iyi değilim.** 5. **Masanın üzerinde senin için bir paket var.** 6. **Onu elinde tutuyor.** 7. **Babam evde değil.**

E: Translate into English.
1. **Geçen hafta neredeydiniz?** 2. **Dün dört saat çalıştık.** 3. **Dün okulda kaldılar.** 4. **Arkadaşlarıyla beraber bahçede oynadı.** 5. **Babam erken uyudu.** 6. **Bir oğlu yoktu.** 7. **Sekreter mektupları gönderdi.**

F: Translate into Turkish.
1. I forgot his birthday. 2. When was the concert? 3. We repaired the television yesterday. 4. The men carried our suitcases to the bus. 5. The weather was bad two days ago. 6. My mother prepared the breakfast. 7. He danced with his girl friend.

PRACTICE 56 - ANSWERS

A. 1. **Fabrikada çalıştık.** 2. **Bebek için oyuncak aldı.** 3. **Dondurma yediler.** 4. **Öğleden sonra bahçede oturduk.** 5. **Bu evde kaldın.** 6. **Topu elinde tuttu.** 7. **Radyoyu onardık.** 8. **Hesabı ödediler.** 9. **Oğlunu öptü.** 10. **Onlara bir şey söyledim.**
B. 1. **dinlendik** 2. **döndüm** 3. **satın aldı** 4. **içtiler** 5. **seyrettim** 6. **çalıştı** 7. **kalktık** 8. **gitti**
C. 1. **gittik** 2. **çalıştı** 3. **bindi** 4. **gördüm** 5. **fotoğraf çektiler** 6. **kırdı**
D. 1. **Bu odada uyuduk.** 2. **Bahçede iki adam vardı.** 3. **İki köpeğim vardı.** 4. **Bugün iyi değildim.** 5. **Masanın üzerinde senin için bir paket vardı.** 6. **Onu elinde tuttu.** 7. **Babam evde değildi.**
E. 1. Where were you last week? 2. We worked for four hours yesterday. 3. They stayed at school yesterday. 4. She played together with her friends in the garden. 5. May father slept early 6. She hadn't got a son. 7. The secretary sent the letters.
F. 1. **Onun doğum gününü unuttum.** 2. **Konser ne zamandı?** 3. **Dün televizyonu onardık.** 4. **Adamlar bavullarımızı otobüse taşıdılar.** 5. **İki gün önce hava kötüydü.** 6. **Annem kahvaltıyı hazırladı.** 7. **Kız arkadaşıyla dans etti.**

VOCABULARY

TÜKENMEZKALEM Tükenmezkalemimi buldum.	BALL-POINT (PEN) I found my ball-point pen.
DÜŞMEK Bebek yataktan düştü.	TO FALL The baby fell from the bed.
FARKLI, DEĞİŞİK Onun arabası farklıdır.	DIFFERENT Her car is different.
HATIRLAMAK, ANIMSAMAK Eski günleri hatırlayamaz.	TO REMEMBER She can't remember the old days.
AKRABA Akrabalarınız şimdi nerededir?	RELATIVE Where are your relatives now?
GELİN Teyzemin gelini bir doktordur.	BRIDE My aunt's bride is a doctor.
DAMAT Damat gelinin yanında durdu.	BRIDEGROOM The bridegroom stood near the bride.
NÜFUS Bu şehrin nüfusu nedir?	POPULATION What is the population of this city?

PAST SIMPLE (continued)

In the last lesson the past simple tense was introduced. Now we will look at question and negative forms.

Adını hatırlarım.
Adını hatırladım.

Bugün evde dinleniyorlar.
Dün evde dinlendiler.

PAST SIMPLE - Negative

To make negatives in the past simple add the negative suffix **-ma/me** to the verb root followed by the past suffix and personal suffix.

Geldim.	I came.
Gelmedim.	I didn't come.

Aldım.	I took.
Almadım.	I didn't take.
Sordum.	I asked.
Sormadım.	I didn't ask.
İçtim.	I drank.
İçmedim.	I didn't drink.
Yemedim.	I didn't eat.
Unutmadım.	I didn't forget.
Gitmedim.	I didn't go.
Tutmadım.	I didn't hold.
Telefon etmedim.	I didn't telephone.
Dün pazara gitmedim.	I didn't go to the bazaar yesterday.
Bavulları taşımadım.	I didn't carry the suitcases.
Fotoğraf çekmedim.	I didn't take photos.
Geldin.	You came.
Gelmedin.	You didn't come.
İçmedin.	You didn't drink.
Yemedin.	You didn't eat.
Unutmadın.	You didn't forget.
Öğrenmedin.	You didn't learn.
Görmedin.	You didn't see.
Telefon etmedin.	You didn't telephone.
Dün pazara gitmedin.	You didn't go to the bazaar yesterday.
Bavulları taşımadın.	You didn't carry the suitcases.
Fotoğraf çekmedin.	You didn't take photos.
Dün gece bu odada uyumadın.	You didn't sleep in this room last night.
Geldi.	She came.
Gelmedi.	She didn't come.
Sormadı.	He didn't ask.
İçmedi.	She didn't drink.
Uyumadı.	He didn't sleep.
Gitmedi.	He didn't go.
Telefon etmedi.	He didn't telephone.
Odayı süpürmedi.	She didn't sweep the room.
Radyoyu tamir etmedi.	He didn't repair the radio.
Fotoğraf çekmedi.	He didn't take photos.
Dişlerini fırçalamadı.	She didn't brush her teeth.
Dün gece bu odada uyumadı.	He didn't sleep in this room last night.
Geldik.	We came.
Gelmedik.	We didn't come.
Sormadık.	We didn't ask.
İçmedik.	We didn't drink.
Yemedik.	We didn't eat.
Gitmedik.	We didn't go.
Odayı süpürmedik.	We didn't sweep the room.

Bavulları taşımadık.	We didn't carry the suitcases.
Fotoğraf çekmedik.	We didn't take photos.
Dişlerimizi fırçalamadık.	We didn't brush our teeth.
Onlara fotoğrafları göstermedik.	We didn't show the photographs to them.

Geldiniz.	You came.
Gelmediniz.	You didn't come.

Sormadınız.	You didn't ask.
İçmediniz.	You didn't drink.
Gitmediniz.	You didn't go.
Telefon etmediniz.	You didn't telephone.
Dün pazara gitmediniz.	You didn't go to the bazaar yesterday.
Bavulları taşımadınız.	You didn't carry the suitcases.
Fotoğraf çekmediniz.	You didn't take photos.
Dişlerinizi fırçalamadınız.	You didn't brush your teeth.

Geldi(ler).	They came.
Gelmedi(ler).	They didn't come.

Sormadı(lar).	They didn't ask.
İçmedi(ler).	They didn't drink.
Uyumadı(lar).	They didn't sleep.
Düşmedi(ler).	They didn't fall.
Telefon etmedi(ler).	They didn't telephone.
Odayı süpürmedi(ler).	They didn't sweep the room.
Bavulları taşımadı(lar).	They didn't carry the suitcases.
Fotoğraf çekmedi(ler),	They didn't take photos.
Onlara fotoğrafları göstermedi(ler).	They didn't show the photographs to them.

Onun adını hatırladı.	He remembered her name.
Onun adını hatırlamadı.	He didn't remembered her name.

Geçen yıl arabasını satmadı.	She didn't sell her car last year.
Dün akşam erken yatmadı.	She didn't go to bed early.
Pazar günü geç kalkmadın.	You didn't get up late on Sunday.
Öğrenci öğretmene bir soru sormadı.	The student didn't ask a question to the teacher.
Gelini görmedik.	We didn't see the bride.
Geçen ay arkadaşını ziyaret etmedi.	She didn't visit her friend last month.
Film başlamadı.	The film didn't start.
Geçen hafta orada kalmadım.	I didn't stay there last week.
Kadın dün ütü yapmadı.	The woman didn't iron yesterday.
Turistler müzede fotoğraf çekmediler.	The tourists didn't take pohotos in the museum.
Onun doğum gününü unutmadı.	He didn't forget her birthday.

SIMPLE PAST - Question

To make 'yes/no' questions, the question marker is used with the other tenses.

Geldim.	I came.

Geldim mi?	Did I come?
Aldım.	I took.
Aldım mı?	Did I take?

Sordum.	I asked.
Sordum mu?	Did I ask?

Gördüm.	I saw.
Gördüm mü?	Did I see?

Yedim mi?	Did I eat?
Gittim mi?	Did I go?
Öğrendim mi?	Did I learn?
Telefon ettim mi?	Did I telephone?
Dün pazara gittim mi?	Did I go to the bazaar yesterday?
Radyoyu tamir ettim mi?	Did I repair the radio?
Bavulları taşıdım mı?	Did I carry the suitcases?
Dişlerimi fırçaladım mı?	Did I brush my teeth?

Geldin.	You came.
Geldin mi?	Did you come?

Aldın.	You took.
Aldın mı?	Did you take?

Yedin mi?	Did you eat?
Unuttun mu?	Did you forget?
Gittin mi?	Did you go?
Telefon ettin mi?	Did you telephone?
Odayı süpürdün mü?	Did you sweep the room?
Dün pazara gittin mi?	Did you go to the bazaar yesterday?
Fotoğraf çektin mi?	Did you take photos?
Onlara fotoğrafları gösterdin mi?	Did you show the photographs to them?

Geldi.	She came.
Geldi mi?	Did she come?

Yedi mi?	Did she eat?
Unuttu mu?	Did he forget?
Sordu mu?	Did she ask?
Gitti mi?	Did he go?
Telefon etti mi?	Did she telephone?
Odayı süpürdü mü?	Did he sweep the room?
Bavulları taşıdı mı?	Did she carry the suitcases?
Dün gece bu odada uyudu mu?	Did he sleep in this room last night?

PRACTICE 57

A: Put into past simple.
1. Sekreter yedide gelir. 2. Kadın seni bekliyor. 3. Sabahleyin bir bardak süt içerler. 4. Onu sık sık hatırlarım. 5. Onun adını unutursun. 6. Tabakları ve bardakları kıracağız. 7. Kuşlar gökyüzünde uçuyorlar. 8. Çantayı elinde tutar. 9. Akşamleyin duş yaparsınız. 10. Bavulları eve taşıyacağız.

B: Change into negative form.

1. Onun hakkında konuştuk. 2. Sekreter o mektupları gönderdi. 3. Akşam yemeğini hazırladım. 4. Onun adresini hatırladın. 5. Çocuk ağaçtan düştü. 6. Onunla üniversitede tanıştınız. 7. Geçen hafta evde dinlendiler. 8. Bize evini gösterdi.

C: Put into present simple.

1. Oraya birlikte gittik. 2. Mavi elbisemi giydim. 3. Eve saat altıda döndünüz. 4. Mutfakta kahvaltı hazırladılar. 5. Meyve suyunu içtik. 6. Ona bir şey söyledin.

D: Put into both present continuous and future.

1. Kızkardeşim bana telefon etti. 2. Müşteri siyah bir pantolon istedi. 3. Kadın bu odayı temizledi. 4. Bize bir şey söylemedi. 5. Bir sandviç yedim. 6. Sekreter mektupları yazmadı.

E: Translate into English.

1. Dün bir fotoğraf makinası satın aldım. 2. Onun adresini unuttuk. 3. Uyumak için eve gitti. 4. Kızı evin önünde bekledi. 5. Dün evde değildin. 6. Adımı hatırlamadı. 7. Odada değişik bir çanta gördük.

F: Translate into Turkish.

1. My father got up at seven o'clock yesterday. 2. She drove very fast. 3. We didn't count the money. 4. They ate in the restaurant with their colleagues. 5. The writer wrote about a famous man. 6. She didn't comb her hair. 7. Did you brush your teeth?

PRACTICE 57 - ANSWERS

A. 1. Sekreter yedide geldi. 2. Kadın seni bekledi. 3. Sabahleyin bir bardak süt içtiler. 4. Onu sık sık hazırladım. 5. Onun adını unuttun. 6. Tabakları ve bardakları kırdık. 7. Kuşlar gökyüzünde uçtular. 8. Çantayı elinde tuttu. 9. Akşamleyin duş yaptınız. 10. Bavulları eve taşıdık.
B. 1. Onun hakkında konuşmadık. 2. Sekreter o mektupları göndermedi. 3. Akşam yemeğini hazırlamadım. 4. Onun adresini hatırlamadın. 5. Çocuk ağaçtan düşmedi. 6. Onunla üniversitede tanışmadınız. 7. Geçen hafta evde dinlenmediler. 8. Bize evini göstermedi.
C. 1. Oraya birlikte gideriz. 2. Mavi elbisemi giyerim. 3. Eve saat altıda dönersiniz. 4. Mutfakta kahvaltı hazırlarlar. 5. Meyve suyunu içeriz. 6. Ona bir şey söylersin.
D. 1. Kızkardeşim bana telefon ediyor. Kızkardeşim bana telefon edecek. 2. Müşteri siyah bir pantolon istiyor. Müşteri siyah bir pantolon isteyecek. 3. Kadın bu odayı temizliyor. Kadın bu odayı temizleyecek. 4. Bize bir şey söylemiyor. Bize bir şey söylemeyecek. 5. Bir sandviç yiyorum. Bir sandviç yiyeceğim. 6. Sekreter mektupları yazmıyor. Sekreter mektupları yazmayacak.
E. 1. I bought a camera yesterday. 2. We forgot her address. 3. He went home to sellep. 4. She waited for the girl in front of the house. 5. You weren't at home yesterday. 6. He didn't remember my name. 7. We saw a different bag in the room.
F. 1. Babam dün saat yedide kalktı. 2. Çok hızlı araba kullandı. 3. Parayı saymadık. 4. Lokantada iş arkadaşlarıyla yemek yediler. 5. Yazar ünlü bir adam hakkında yazdı. 6. Saçını taramadı. 7. Dişlerini fırçaladın mı?

VOCABULARY

DETERJAN Hangi deterjanı kullanırsın?	DETERGENT Which detergant do you use?
SES Bebeğin sesini duydun mu?	VOICE, SOUND Did you hear the baby's voice?
SEVGİLİ Hakan'ın sevgilisi bir İngiliz kızıdır. Sevgili oğlum, nasılsın?	DEAR, BELOVED; DARLING Hakan's darling is an English girl. My dear son, how are you?
BİFTEK Kasaptan bir kilo biftek al.	BEEFSTEAK Buy one kilo of beefsteak from the butcher's.
PİRZOLA Kızım pirzolayı çok sever.	CUTLET My daughter likes cutlet very much.
SOSİS Sosisi kes, lütfen.	SAUSAGE Cut the sausage, please.
SALAM Buzdolabında salam yoktu.	SALAMI There wasn't any salami in the fridge.
ERİK Tabaktaki erikleri yediler.	PLUM They ate the plums on the plate.
KİRAZ Manavda kiraz yok.	CHERRY There aren't any cherries in the greengrocer's.
ŞEFTALİ Şeftali sevmez.	PEACH She doesn't like peach.

PAST SIMPLE - Questions (Continued)

In the last lesson we saw the past simple used to make 'yes/no' questions with the subject in the singular. Now we look at plural subjects (we/you/they).

Geldik. **Geldik mi?**	We came. Did we come?
Yedik mi? **Unuttuk mu?**	Did we eat? Did we forget?

Tuttuk mu?	Did we hold?
Düştük mü?	Did we fall?
Telefon ettik mi?	Did we telephone?
Odayı süpürdük mü?	Did we sweep the room?
Fotoğraf çektik mi?	Did we take photos?
Onlara fotoğrafları gösterdik mi?	Did we show the photographs to them?
Geldiniz.	You came.
Geldiniz mi?	Did you come?
Yediniz mi?	Did you eat?
Unuttunuz mu?	Did you forget?
Gittiniz mi?	Did you go?
Düştünüz mü?	Did you fall?
Telefon ettiniz mi?	Did you telephone?
Odayı süpürdünüz mü?	Did you sweep the room?
Radyoyu tamir ettiniz mi?	Did you repair the radio?
Dişlerinizi fırçaladınız mı?	Did you brush your teeth?
Geldiler.	They came.
Geldiler mi?	Did they come?
Yediler mi?	Did they eat?
Unuttular mı?	Did they forget?
Tuttular mu?	Did they hold?
Düştüler mi?	Did they fall?
Telefon ettiler mi?	Did they telephone?
Odayı süpürdüler mi?	Did they sweep the room?
Bavulları taşıdılar mı?	Did they carry the suitcases?
Fotoğraf çektiler mi?	Did they take photos?
Dün gece bu odada uyudular mı?	Did they sleep in this room last night?
Bu filmi iki yıl önce seyrettin mi?	Did you watch this film two years ago?
Pazar günü geç kalktın mı?	Did you get up late on Sunday?
Babam tükenmezkalemi buldu mu?	Did my father find the ball-point pen?
Gelini gördük mü?	Did we see the bride?
Dersinizi bitirdiniz mi?	Did you finish your lesson?
Film başladı mı?	Did the film start?
Doktora yardım ettiler mi?	Did they help the doctor?
Amcamı havaalanında beklediniz mi?	Did you wait for my uncle at the airport?
Onun doğum gününü unuttun mu?	Did you forget her birthday?
Aşçı tabakları kırdı mı?	Did the cook break the plates?
Eve yürüdük.	We walked to the house.
Eve yürümedik.	We didn't walk to the house.
Eve yürüdük mü?	Did we walk to the house?
Annemin sesini duydum.	I heard my mother's voice.
Annemin sesini duymadım.	I didn't hear my mother's voice.
Annemin sesini duydum mu?	Did I hear my mother's voice.
Bize bir bilet verdiler.	They gave us a ticket.

Bize bilet vermediler.	They didn't give us a ticket.
Bize bilet verdiler mi?	Did they give us a ticket?
Ona birkaç şeftali verdiniz.	You gave him some peaches.
Ona hiç şeftali vermediniz.	You didn't give him any peaches.
Ona hiç şeftali verdiniz mi?	Did you give him any peaches?

Words Used in the Reading Passage

kompartıman	compartment
bölüm	department; part, chapter; portion
asistan	assistant
yabancı	foreigner
yemek vagonu	vagon restaurant

TRENDE — ON THE TRAIN

Bu tren Ankaradan İstanbula gidiyor. Saat beş buçukta kalktı. Burası trendeki bir kompartıman. Yolcular kompartımanda oturuyorlar.

This train is leaving Ankara for İstanbul. It left at half past five. This is a compartment on the train. The passengers are sitting in the compartment.

Ayhan pencerenin yanında oturuyor. Dışarıya bakıyor. O Türk Dili Bölümünde bir asistandır. Yabancılara Türkçe de öğretiyor.

Ayhan is sitting near the window. He is looking outside. He is an assistant in the department of Turkish Language. He is also teaching Turkish to the foreigners.

Ayhanın yanında yaşlı bir adam oturuyor. Adamın hiç saçı yok. Başında şapkası var. Ankarada yaşıyor ama İstanbuldaki kızının evine gidiyor. Orada bir ay kalacak.

An old man is sitting near Ayhan. He hasn't got any hair. He has got a hat on his head. He lives in Ankara but he is going to his daughter's home in İstanbul. He'll stay for one month there.

Ayhanın karşısında genç bir adam ve karısı var. Ayhan onlarla konuştu. Adamın adı Turguttur. O bir doktor. İstanbulda bir hastanede çalışıyor. Karısı bir ev hanımıdır. Onlar Ankarada Turgutun babasını ziyaret ettiler ve şimdi evlerine dönüyorlar.

There is a young man and his wife opposite Ayhan. Ayhan talked to them. The man's name is Turgut. He is a doctor. He is working in a hospital in İstanbul. His wife is a housewife. They visited Turgut's father in Ankara, and now they are going back their house

Ayhan kompartımandan çıktı. O akşam yemeği yemek istiyor. Yemek vagonuna gitti.

Ayhan went out of the compartment. He wants to eat dinner. He went to the vagon restaurant.

Questions and Answers to the Reading Passage

Tren nereye gidiyor?
Where is the train going?

İstanbula gidiyor.
It's going to Istanbul.

Saat kaçta kalktı?	**Beş buçukta kalktı.**
What time did it leave?	It left at half past five.
Ayhan nerede oturuyor?	**Pencerenin yanında oturuyor.**
Where is Ayhan sitting?	He is sitting near the window.
O ne iş yapıyor?	**O bir asistandır.**
What is his job?	He is an assistant.
O Türkçe öğretir mi?	**Evet, öğretir.**
Does he teach Turkish?	Yes, he does.
Ayhanın yanında kim var?	**Yaşlı bir adam var.**
Who is there near Ayhan?	There is an old man.
O nerede yaşar?	**Ankarada yaşar.**
Where does he live?	He lives in Ankara.
Şimdi nereye gidiyor?	**İstanbula gidiyor.**
Where is he going now?	He is going to İstanbul.
	(He is going to his daughter's house.)
Ayhanın karşısında kimler var?	**Genç bir adam ve karısı var.**
Who are there opposite Ayhan?	There are a young man and his wife.
Adamın adı nedir?	**Turguttur.**
What is the man's name?	His name is Turgut.
Onun işi nedir?	**O bir doktordur.**
What is his job?	He is a doctor.
Karısının işi nedir?	**Ev hanımıdır.**
What is his wife's job?	She is a housewife.
Onlar Ankarada kimi ziyaret ettiler?	**Turgutun babasını ziyaret ettiler.**
Who did they visit in Ankara?	They visited Turgut's father.
Ayhan akşam yemeği için nereye gitti?	**Yemek vagonuna gitti.**
Where did Ayhan go for dinner?	He went to the vagon restaurant.

PRACTICE 58

A: Put into past simple.
1. **Marketten bir kilo kiraz alacağız.** 2. **Tren istasyonunda bekliyorlar.** 3. **Deterjan dolaptadır.** 4. **Kızın sevgilisi bir pilottur.** 5. **Trabzon Türkiyenin güneyinde değildir.** 6. **Çocuğun dişlerini fırçalamayacak.** 7. **Parayı saymayacağım.**

B: Change into question form.
1. **Adam topu elinde tuttu.** 2. **Ona bir şey dedin.** 3. **Süpermarkette çok şişman bir adam gördünüz.** 4. **Kadın otelde şarkı söyledi.** 5. **Dün akşam bir kilo erik yedik.** 6. **Onu ağabeyimle tanıştırdı.** 7. **Dün evde dinlendiler.**

C: Change into negative form.
1. **Turistler kiliseye girdiler.** 2. **Dün akşam orada bir otel aradı.** 3. **Masadaki ekmekleri kestik.** 4. **Bize telefon ettiler.** 5. **Bifteği buzdolabına koydun.** 6. **Kız parti için bir elbise seçti.** 7. **Arkadaşların bahçede gezdiler.**

D: Add the time adverbial in brackets to the sentence and change into future or past simple as appropriate.

Example : Kız bu kazağı giymek ... (yarın)→ Kız yarın bu kazağı giyecek.
1. **Biz havaalanına gitmek... (iki saat sonra)** 2. **Kadın evi temizlemek ... (gelecek hafta)** 3. **Ben balkonda kahvaltı etmek ... (dün sabah)** 4. **Kızkardeşim işe başlamak ... (geçen ay)** 5. **Biz Japonyaya gitmek ... (gelecek yıl)** 6. **Sekreter mektubu göndermek ... (üç saat önce)** 7. **Ders başlamak ... (on dakika önce)**

E: Translate into English.
1. **Dün araba kullandınız mı?** 2. **Salamı çok severim. Biraz ver, lütfen.** 3. **Onun hakkında birşey anlatmadık.** 4. **Saat yedide parti için hazır oldular.** 5. **Ayhanın sesini duydum. Geldi mi?** 6. **Anneni özledin mi?** 7. **Zil çaldı. Kapının önünde birisi var.**

F: Translate into Turkish.
1. There was a dog under the tree. 2. Did they get up early yesterday morning? 3. Did the businessman buy a new computer? 4. We wanted a bottle of wine from the waiter. 5. My father didn't watch the film last night 6. Did you use this knife? 7. He didn't bring anything for his wife.

PRACTICE 58 - ANSWERS

A. 1. **Marketten bir kilo kiraz aldık.** 2. **Tren istasyonunda beklediler.** 3. **Deterjan dolaptaydı.** 4. **Kızın sevgilisi bir pilottu.** 5. **Trabzon Türkiyenin güneyinde değildi.** 6. **Çocuğun dişlerini fırçalamadı.** 7. **Parayı saymadım.**
B. 1. **Adam topu elinde tuttu mu?** 2. **Ona bir şey dedin mi?** 3. **Süpermarkette çok şişman bir adam gördünüz mü?** 4. **Kadın otelde şarkı söyledi mi?** 5. **Dün akşam bir kilo erik yedik mi?** 6. **Onu ağabeyimle tanıştırdı mı?** 7. **Dün evde dinlendiler mi?**
C. 1. **Turistler kiliseye girmediler.** 2. **Dün akşam orada bir otel aramadı.** 3. **Masadaki ekmekleri kesmedik.** 4. **Bize telefon etmediler.** 5. **Bifteği buzdolabına koymadın.** 6. **Kız parti için bir elbise seçmedi.** 7. **Arkadaşların bahçede gezmediler.**
D. 1. **Biz iki saat sonra havaalanına gideceğiz.** 2. **Kadın gelecek hafta evi temizleyecek.** 3. **Ben dün sabah balkonda kahvaltı ettim.** 4. **Kızkardeşim geçen ay işe başladı.** 5. **Biz gelecek yıl Japonyaya gideceğiz.** 6. **Sekreter üç saat önce mektubu gönderdi.** 7. **Ders on dakika önce başladı.**
E. 1. Did you drive yesterday? 2. I like salami very much. Give some, please. 3. We didn't tell anything about him. 4. They were ready for the party at seven o'clock. 5. I heard Ayhan's voice. Did he come? 6. Did you miss your mother? 7. The bell rang. There is somebody in front of the door.
F. 1. **Ağacın altında bir köpek vardı.** 2. **Dün sabah erken kalktılar mı?** 3. **İşadamı yeni bir bilgisayar aldı mı?** 4. **Garsondan bir şişe şarap istedik.** 5. **Babam dün gece filmi seyretmedi.** 6. **Bu bıçağı kullandın mı?** 7. **Karısı için bir şey getirmedi.**

VOCABULARY

BELKİ Belki bugün gelir.	PERHAPS, MAYBE She may come today.
BENİMKİ Benimki yeşildi.	MINE Mine was green.
SENİNKİ Oradaki çanta seninkidir.	YOURS The bag over there is yours.
ONUNKİ Bu kitap seninki değildir, onunkidir.	HIS, HERS, ITS This book isn't yours, it's hers.
BİZİMKİ Bu araba bizimki midir yoksa onlarınki midir?	OURS Is this car ours or theirs?
SİZİNKİ Benimki nerededir? Sizinki burada değildir.	YOURS Where is mine? Yours isn't here.
ONLARINKİ Onlarınki mutfaktadır.	THEIRS Theirs is in the kitchen.
İP Nereden bir ip bulabilirim?	ROPE Where can I find a rope?

The Past Simple with Question Words

Dün nereye gittin? Adamlar nereye baktılar? Bizi nerede beklediniz? Arkadaşın nereden geldi?	Where did you go yesterday? Where did the men look at? Where did you wait for us? Where did your friend come from?
Sekreter bu mektubu nasıl yazdı? Oraya nasıl gittiniz?	How did the secretary write this letter? How did you go there?
Anneme kim yardım etti? Hesabı kim ödedi?	Who helped my mother? Who paid the bill?
Dün fabrikada ne yaptın? Evde ne unuttular?	What did you do in the factory yesterday? What did they forget at home?
Eve ne zaman döndün? Müdür saat kaçta ofise geldi?	When did you return home? What time did the manager come to the

Evi ne zaman temizledi?	When did she clean the house?
Kaç tane kazak giydin?	How many sweaters did you wear?
Evin önünde kaç tane araba gördünüz?	How many cars did you see in front of the house?

Short Answers in the Past Simple

Dün okula gittin mi?	Evet, gittim.
Did you go to school yesterday?	Yes, I did.
Onu gördüm mü?	Evet, gördün.
Did I see him?	Yes, you did.
Akşam yemeği yediniz mi?	Evet, yedik.
Did you eat dinner?	Yes, we did.
Masayı tamir etti mi?	Evet, etti.
Did she repair the table?	Yes, she did.
Duş yaptınız mı?	Hayır, yapmadık.
Did you have a shower?	No, we didn't.
Parayı saydın mı?	Hayır, saymadım.
Did you count the money?	No, I didn't.
Tabağı kırdılar mı?	Hayır, kırmadılar.
Did they break the plate?	No, they didn't.

BELKİ

The word **belki**, English equivalent 'perhaps, maybe' is commonly used with sentences in the present simple or ability (**-ebilmek**) structure. It may be place in various positions in the sentence, most often at the beginning or following the subject.

Belki onu görebiliriz.	Perhaps we can see him.
Annem belki bugün gelir.	Perhaps my mother comes today.
Belki bu soruyu yanıtlayabilirsiniz.	Perhaps you can answer this question.
Belki telefon ederler.	Perhaps they telephone.
Kız belki evdedir.	Perhaps the girl is at home.
Bugün belki yağmur yağar.	Perhaps it rains today.
Belki evde değildir.	Perhaps he isn't at home.
Annem belki bugün gelmez.	Perhaps my mother doesn't come today.
Toplantı belki burada değildir.	Perhaps the meeting isn't here.
Belki bizi beklemezsin.	Perhaps you don't wait for us.

POSSESSIVE PRONOUNS

We have looked at personal pronouns and their object/determiner forms.

Personal Pronouns

ben	I
sen	you
o	he/she/it

biz	we
siz	you
onlar	they

Object Forms Using -i and -e Suffixes (accusative and directional)

beni	bana	me
seni	sana	you
onu	ona	him/her/it
bizi	bize	us
sizi	size	your
onları	onlara	them

Determiner Forms

benim	my
senin	your
onun	his/her/its
bizim	our
sizin	your
onların	their

Remember, the subject is indicated by verb ending, so personal pronouns may be omitted (as above).

Beni görmedi.	She didn't see me.
Sizi evde bekleyeceğim.	I'll wait for you in the house.
Bu kitabı ona verecekler.	They'll give this book to her.

Benim bardağım mutfaktadır.	My glass is in the kitchen.
Onların kızı yirmi iki yaşındadır.	Their daughter is twenty two years old.
Sizin arabanızı gördüm.	I saw your car.

Now we will look at possessive pronouns, which are made by adding the suffix **-ki** to the determiner form.

benim - benimki	my - mine
senin - seninki	your - yours
onun - onunki	his/her/its - his/hers/its
bizim - bizimki	our - ours
sizin - sizinki	your - yours
onların - onlarınki	their - theirs

Pronouns in determiner and possessive forms have different functions and sentence positions. Determiners may be followed by nouns but possessive pronouns may not.

Bu benim elbisemdir.	This is my dress.
Bu elbise benimkidir.	This dress is mine.

Şu senin çantandır.	That is your bag.
Şu çanta seninkidir.	That bag is yours.

Şu onun bardağıdır.	That is her glass.
Şu bardak onunkidir.	That glass is hers.

O bizim öğretmenimizdir.	He is our teacher.
O öğretmen bizimkidir.	That teacher is ours.
Bu sizin fotoğraf makinenizdir.	This is your camera.
Bu fotoğraf makinesi sizinkidir.	This camera is yours.
Şu onların odasıdır.	That is their room.
Şu oda onlarınkidir.	That room is theirs.

In the above pairs, the second could be formed without **-ki**. In other words, the pronouns could take the form of determiners but have the function of possessives. This is not possible in English.

Bu benim elbisemdir.	This is my dress.
Bu elbise benimdir.	This dress is mine.
Şu senin çantandır.	That is your bag.
Şu çanta senindir.	That bag is yours.
Şu onun bardağıdır.	That is her glass.
Şu bardak onundur.	That glass is hers.
O bizim öğretmenimizdir.	He is our teacher.
O öğretmen bizimdir.	That teacher is ours.
Bu sizin kazağınızdır.	This is your camera.
Bu kazak sizindir.	This camera is yours.
Şu onların odasıdır.	That is their room.
Şu oda onlarındır.	That room is theirs.

If, however, determiners and possessives are used together in the same sentence, then the **-ki** suffix has to be used.

Bu onun kalemidir. Benimki nerede?	This is his pencil. Where is mine?
Onun pantolonu yeşildir; sizinki değildir.	Her trousers are green; yours aren't.
Bu sizin bavulunuzdur. Bizimki değildir.	These are your suitcases. It isn't ours.
Bu senin kitabındır. Benimki çantadadır.	This is your book. Mine is in the bag.
Anahtarımı bulamam. Seninki nerede?	I can't find my key. Where is yours?
Anahtarımı bulamam. Seninkini alacağım.	I can't find my key. I'll take yours.

When possessive pronouns are the object of a sentence (ie taking the **-I** suffix, the accusative case), a buffer **n** must be added.

Benimki buradadır ama sizinkini görmedim.	Mine is here but I didn't see yours.
Onun şemsiyesi yok. Ayşeninkini al.	He hasn't got an umbrella. Take Ayşe's.
Seninkini ver, lütfen. Benimki çok eski.	Give yours, please. Mine is very old.
Benim defterlerim buradadır. Onlarınkiler nerededir?	My note-books are here. Where are theirs?
Sizin gazetelerinizi okudum. Şimdi bizimkileri okuyacağım.	I read your newspapers. I'll read ours now.

The Word Used in the Dialogue

tezgâhtar   salesclerk

DIALOGUE

A : Konser saat kaçta?   What time is the concert?
B : Dokuzda.   At nine.
A : Ahmet de gelecek mi?   Will Ahmet come, too?
B : Belki gelir.   Perhaps, he comes.
A : Yağmur yağabilir. Şemsiyeni al.   It may be. Take your umbrella.
B : Şemsiyem odamda yok. Seninkini   There isn't my umbrella in my room.
alabilir miyim?   Can I take yours?
A : Tamam.   Okay.
B : Kazağım da pis. Seninki nerede?   My pullower is also dirty. Where is yours?
A : Benimkini şimdi yıkadım ama   I have washed mine now, but you can
Ayşeninkini alabilirsin.   take Ayşe's.
B : Ayşe döndü mü?   Did Ayşe come back?
A : Hayır.   No.
B : Geç kaldım. Onu bekleyemem.   I am late. I can't wait for her.
A : O seni bulur, bekleme.   She finds you. Don't wait.
B : Tamam. Hoşçakal.   Okay. Good bye.
A : Görüşürüz.   See you.

Mağazada.   At the store.

A : Hesabı ödedim. Paketim nerede?   I paid the bill. Where is my packet?
B : Buyrun efendim.   Here it is.
A : Teşekkürler. Aa! Bu benim   Thanks. Aa! This isn't my packet. I
paketim değil. Ben etek satın   didn't buy a skirt.
almadım.
B : Hayır efendim. Bu sizinki.   No, madam. This is yours.
A : Hayır benimki değil. Ben elbise aldım.   No, it isn't mine. I bought a dress.

Tezgâhtar paketi alır ve gider. İki   Salesclerk takes the packet and goes.
dakika sonra başka bir paketle geri   Two minutes later she comes back
döner.   with another packet.

B : Özür dilerim. Bu paket sizinki.   I'm sorry. This packet is yours.
Diğer paketi de başka bir kadına verir.   She gives the other packet to another
         woman.
B : Bu paket de sizinki. Etek mi satın aldınız?   This packet is also yours. Did you buy a
         skirt?
C : Evet.   Yes.
B : Tamam, buyrun.   Okay. Here it is.

PRACTICE 59

A: Make questions using the question word given.
1. **Dün arkadaşımla şirkete gittik. (Nereye)** 2. **İki gün önce onu gördü. (Ne zaman)** 3. **Geçen hafta hastaneye yeni bir doktor geldi. (Kim)** 4. **Evde uzun bir ip bulduk. (Ne)** 5. **Kadın yüksek bir sandalyede oturdu. (Nerede)** 6. **Okulun önünde dört tane araba gördüler. (Kaç tane)** 7. **Şirketten başka bir memur geldi. (Nereden)** 8. **O mektubu bigisayarla yazdım. (Nasıl)** 8.

Toplantı saat 10'daydı. (Saat kaçta) 9. Kapının önünde bir çanta gördük. (Ne) 10. Arkadaşım iyi bir ev buldu. (Kim, Ne)

B: Give short, positive answers.

1. **Kahvaltı ettiniz mi?** 2. **Geçen yıl tatile gittiler mi?** 3. **Dün şirkete gittin mi?** 4. **Duş yaptı mı?** 5. **Bu lokantada yemek yedik mi?** 6. **Turistler müzeye girdiler mi?** 7. **O adamı gördüm mü?** 8. **Adını defterine yazdın mı?**

C: Give short, negative answers.

1. **Seninki burada. Benimkini gördün mü?** 2. **Bebek yemek yedi mi?** 3. **Onun adını unuttular mı?** 4. **Arkadaşımla tanıştınız mı?** 5. **Pasaportumuzu gösterdik mi?** 6. **Yeni evini gördüm mü?** 7. **Bir ses duydun mu?** 8. **Dişlerini fırçaladı mı?**

D: Rewrite using possessive pronouns as in the example.

Example : Bu (benim) elbisemdir. → Bu elbise benimkidir.

1. **Şu onların bahçesidir.** 2. **Bu benim fotoğraf makinemdir.** 3. **O sizin ilacınızdır.** 4. **O senin mayondur.** 5. **Bu onun paketidir.** 6. Şunlar bizim kravatlarımızdır.

E: Translate into English.

1. **Arkadaşım bugün evde değil ama belki yarın gelir.** 2. **Geçen hafta nerede kaldılar?** 3. **Televizyonu kim tamir etti?** 4. **Bu mayo sizinkidir.** 5. **Bu odayı temizlemedim ama seninkini temizledim.** 6. **Buraya nasıl geldin? Bisikletle geldim.** 7. **Bizim ütümüz yok. Onunkini kullanabilir miyim?** 8. **Onların kitaplarını okudu. Şimdi bizimkileri okuyacak.**

F: Translate into Turkish.

1. When did she show the photographs? 2. Did you see ours? Yes, I did. 3. Where did they send the letter? 4. I didn't remember your name but I remember hers? 5. These suitcases aren't mine. They are your suitcases. 6. Give yours, please. Mine is very small. 7. Perhaps they can sleep in this room. 8. How many guides were there in the museum?

PRACTICE 59 - ANSWERS

A. 1. **Dün arkadaşınla nereye gittingittiniz?** 2. **Onu ne zaman gördü?** 3. **Geçen hafta hastaneye kim geldi?** 4. **Evde ne bulundunuz/bulduk?** 5. **Kadın nerede oturdu?** 6. **Okulun önünde kaç tane araba gördüler?** 7. **Nereden başka bir memur geldi?** 8. **O mektubu nasıl yazdın?** 8. **Toplantı saat kaçtaydı?** 9. **Kapının önünde ne gördünüz/gördük?** 10. **Arkadaşın ne buldu? Kim iyi bir ev buldu?**

B. 1. **Evet, ettik/ettim.** 2. **Evet, gittiler.** 3. **Evet, gittim.** 4. **Evet, yaptı.** 5. **Evet, yedik.** 6. **Evet, girdiler.** 7. **Evet, gördün.** 8. **Evet, yazdım.**

C. 1. **Hayır, görmedim.** 2. **Hayır, yemedi.** 3. **Hayır, unutmadılar.** 4. **Hayır, tanışmadık./tanışmadım.** 5. **Hayır, göstermedik.** 6. **Hayır, görmedin.** 7. **Hayır, duymadım.** 8. **Hayır, fırçalamadı.**

D. 1. **Şu bahçe onlarınkidir.** 2. **Bu fotoğraf makinesi benimkidir.** 3. **O ilaç sizinkidir.** 4. **O mayo seninkidir.** 5. **Bu paket onunkidir.** 6. **Şu kravatlar bizimkidir.**

E. 1. My friend isn't at home today but perhaps he will come tomorrow. 2. Where did they stay last week? 3. Who mended TV? 4. This bathing suit is yours. 5. I didn't clean this room but I cleaned yours. 6. How did you come here? I came by bicycle. 7. I haven't got an iron. Can I use hers? 8. He read their books. Now he will read ours.

F. 1. **Fotoğrafları ne zaman gösterdiler?** 2. **Bizimkini gördün mü? Evet, gördüm.** 3. **Mektubu nereye gönderdiler?** 4. **Senin adını hatırlamadım ama onunkini hatırladım.** 5. **Bu bavullar benim(kiler) değildir. Onlar senin bavullarındır.** 6. **Seninkini ver lütfen, benimki çok küçüktür.** 7. **Belki bu odada uyuyabilirler.** 8. **Müzede kaç tane rehber vardı?**

VOCABULARY

SÖZ VERMEK Söz veriyorum. Yarın geleceğim.	TO PROMISE I promise. I'll come tomorrow.
DOKUNMAK O paraya dokunma.	TO TOUCH Don't touch that money.
TABİİ, ELBETTE Elbette (tabii) onu kullanabilir.	OF COURSE Of course he can use it.
GÖTÜRMEK Defterleri fabrikaya götürdü. Bizi tiyatroya götürecek.	TAKE TO He took the notebooks to the factory. She will take us to the theatre.
NİÇİN, NEDEN Neden (niçin) burada oturuyorsun?	WHY Why are you sitting here?
ÇÜNKÜ Niçin durakta bekliyorsun? Çünkü arkadaşım gelecek.	BECAUSE Why are you waiting at the bus-stop? Because my friend will come.
KALABALIK Postane bugün çok kalabalıktır. Bankanın önünde büyük bir kalabalık vardı.	CROWD; CROWDED The post office is very crowded today. There was a big crowd in front of the bank.
VÜCUT Doktor çocuğun vücuduna baktı.	BODY The doctor look at the child's body.
GÜLMEK Arkadaşlarım bana güldü.	TO LAUGH My friends laughed at me.
AĞLAMAK Bebek çok ağlıyor.	TO CRY The baby is crying too much.

TABİİ, ELBETTE

These two words have a similar meaning (of course) and are most commonly used in speaking, coming at the start or end of sentences.

Tabii onunla konuşacağım. **Elbette o resime dokunabilirsin.**	Of course I'll talk to him. Of course you can touch this picture.
Bu odada çalışabilir tabii. **Adem iyi bir doktor elbette.**	He can study in this room, of course. Adem is a good doctor, of course.

NİÇİN, NEDEN

Again, these two words have a similar meaning (why), used to make questions.

Neden evdesin?	Why are you at home?
Neden hastaneye gidiyor?	Why is he going to the hospital?
Niçin bu paketi ofise götürüyorsunuz?	Why are you taking this packet to the office?
Niçin üzgünsünüz?	Why are you sad?

Konser neden geç başladı?	Why did the concert begin late?
Çocuklar neden güldüler?	Why did the children laugh?
Doğum günümü niçin unuttun?	Why did you forget my birthday?
Hemşire niçin ilaç verdi?	Why did the nurse give medicine?

Neden evde değilsin?	Why aren't you at home?
Neden hastaneye gitmiyor?	Why isn't she going to the hospital?
Hemşire neden ilaç vermiyor?	Why isn't the nurse giving medicine?
Niçin hesabı ödemiyoruz?	Why aren't we pay the bill?
Niçin mutlu değiller?	Why aren't they happy?

Typical answers begin with **çünkü** (because).

Niçin bu paketi ofise götürmüyorsunuz?	Why aren't you taking this packet to the office?
Çünkü çok ağırdır.	Because it is very heavy.
Hemşire neden ilaç veriyor?	Why is the nurse giving medicine?
Çünkü adam çok hastadır.	Because the man is very ill.
Neden durakta bekliyor?	Why is she waiting at the bus-stop?
Çünkü arkadaşı gelecek.	Because her friend will come.
Niçin duş yapmıyor?	Why aren't you having a shower?
Çünkü su yok.	Because there is no water.

İÇİN / FOR

We have already seen one function of **için**, it is used to give the aim of or reason for actions.

Dişlerini fırçalamak için banyoya gitti.
Eve gitmek için şirketten çıktı.

Now we see **için** used with nouns.

Ayşe için	for Ayşe
çocuk için	for the child
oda için	for the room
araba için	for the car
şirket için	for the company
konser için	for the concert
tatil için	for the holiday

İçin can be used with pronouns, in which case they take the determiner form.

ben - benim için	for me
sen - senin için	for you
o - onun için	for him/her/it
biz - bizim için	for us
siz - sizin için	for you
onlar - onlar için	for them

karısı için	for his wife
oğlu için	for her son
arkadaşım için	for my friend
doktorun için	for your doctor
doğum günüm için	for my birthday

Ayşe için bir elbise aldım.	I bought a dress for Ayşe.
Onlar için yemek yapacak.	She'll cook for them.
Okul için bir bilgisayar aldılar.	They bought a computer for the school.
Yaz için bir mayo alacağım.	I'll buy a bathing suit for the summer.
Doktor için mektup yazdı.	She wrote a letter for the doctor.
Benim için bir kilo elma al.	Bought one kilo of apples for me.
Senin için ne yaptı?	What did he do for you?
Bizim için bir gazete alabilir misin?	Can you buy a newspaper for us?
Karısı için bir elbise aldı.	He bought a dress for his wife.
Doğum günüm için yemek yapacağım.	I'll cook for my birthday.
Öğretmenimiz için bir hediye aldık.	We bought a present for our teacher.

The above sentences could be made by adding the directional suffix to nouns rather than using **için**.

Ayşeye bir elbise aldım.	I bought a dress for Ayşe.
Odaya bir halı satın aldık.	I bought a carpet for the room.
Okula bir bilgisayar aldılar.	They bought a computer for the school.
Doktora yemek hazırladı.	She prepared a meal for the doctor.
Bana bir kilo elma al.	Buy a kilo of apples for me.
Ona bir mektup var.	There is a letter fo him.
Bize bir gazete alabilir misin?	Can you buy a newspaper for us?

DOĞUM GÜNÜ PARTİSİ

BIRTHDAY PARTY

Dün benim doğum günümdü. Evdeydim. Annemle beraber yemek yaptım. Pastayı da ben yaptım. Arkadaşlarım geldi. Biz oturduk, konuştuk, müzik dinledik, yemek yedik.

Yesterday was my birthday. I was at home. I cooked together with my mother. I made a cake too. My friends came. We sat, talked, listened to music and ate.

Arkadaşlarım benim için hediye aldılar. Şimdi yeni bir çantam, elbisem, eteğim, kazağım ve mayom var.

My friends bought some presents for me. Now, I have got a new bag, dress, skirt, sweater and swimming suit.

Partiye beş arkadaşım geldi. Onlardan birinin adı Cemiledir. Onunla aynı üniversitedeydik. Şimdi çalışmıyor. Ev hanımı. Küçük

Five of my friends came to the party. The name of one of them is Cemile. We were at the same university. She doesn't work now. She is a housewife.

bir kızı var.
Beyhan İtalyada çalıştı ama şimdi
Türkiyede. Onun da bir kızı var.
Orada İtalyanca öğrendi. Şimdi
bir rehberdir.

She has got a little daughter.
Beyhan worked in Italy but she is in
Türkiye now. She has also got a
daughter. She learnt Italian there. Now,
she is a guide.

Halil ve Ahmet öğretmendir.
Onların çocuğu yok. Aynı okulda
çalışıyorlar.

Halil and Ahmet are teachers. They
haven't got any children. They work
for the same school.

Güzel bir gündü. Arkadaşlarım geç
gittiler. Bir ay sonra Beyhanın doğum
günüdür. Onların evine gideceğiz.

It was a nice day. My friends went late.
One month later is Beyhan's birthday.
We'll go to their house.

Questions and Answers to the Reading Passage

Doğum günü ne zamandı?
When was her birthday?

Dündü.
It was yesterday.

Neredeydi?
Where was she?

Evdeydi.
She was at home.

Kim yardım etti?
Who helped?

Annesi yardım etti.
Her mother helped.

Pasta yaptı mı?
Did she make a cake?

Evet, yaptı.
Yes, she did.

Partiye kim geldi?
Who came to the party?

Arkadaşları geldi.
Her friends came.

Onlar ne yaptılar?
What did they do?

**Konuştular, müzik dinlediler ve
yemek yediler.**
They talked, listened to music and ate.

Arkadaşları hediye aldılar mı?
Did her friends buy presents?

Evet, aldılar.
Yes, they did.

Ne aldılar?
What did they buy?

**Bir çanta, bir elbise, bir etek bir
kazak ve bir mayo aldılar.**
They bought a bag, a dress, a skirt, a
sweater and a bathing suit.

Partide kaç kişi vardı?
How many people were there at the party?

Beş kişi vardı.
There were five people.

Cemile çalışır mı?
Does Cemile work?

Hayır, çalışmaz.
No, she doesn't.

Onun çocuğu var mı?
Has she got any children?

Evet, var.
Yes, she has.

Beyhan nerede çalıştı?	**İtalyada çalıştı.**
Where did Beyhan work?	She worked in Italy.

Şimdi nerede? **Türkiyede.**
Where is she now? She is in Türkiye now.

Onun bir kızı mı yoksa bir **Bir kızı var.**
oğlu mu var? She has got a daughter.
Has she got a daughter or a son?

Hangi dili konuşabilir? **İtalyanca konuşabilir.**
Which language can she speak? She can speak Italian.

Mesleği nedir? **Rehberdir.**
What is her job? She is a guide.

Halil ve Ahmetin mesleği nedir? **Öğretmendirler.**
What are Halil and Ahmet's job? They are teachers.

Onların çocuğu var mı? **Hayır, yok.**
Have they got any children? No, they haven't.

Arkadaşları geç mi yoksa erken mi gittiler? **Geç gittiler.**
Did her friends go late or early? They went late.

Beyhanın doğum günü ne zamandır? **Bir ay sonradır.**
When is Beyhan's birthday? It is one month later.

PRACTICE 60

A: Rewrite using possessive pronouns, as shown.

Example : O senin bavulun. (Benim) bavulum arabadadır.→ O senin bavulun. Benimki arabadadır.
1. **Şu sizin defterinizdir. (Onun) defteri çantadadır.** 2. **O benim arabamdır. (Senin) araban evin**
önündedir. 3. **Bu bizim diş macunumuzdur. (Sizin) diş macununuz banyodadır.** 4. **Bu ev**
Ahmetindir. (Fatma)nın evi şuradadır. 5. **Bu bizim dükkânımızdır. (Onların) dükkânı burada**
değildir. 6. **Şu onun bilgisayarıdır. (Benim) bilgisayarım odadadır.** 7. **O senin köpeğindir.**
(Bizim) köpeğimiz bahçededir.

B: Give answers using the information in brackets.
Example : Niçin orada bekliyorsun? (Arkadaş gelecek) → Çünkü arkadaşım gelecek.
1. **Neden evde değildin? (Şirkette iş var)** 2. **Niçin yarın geliyor? (Çok iş var)** 3. **Niçin odayı**
temizleyeceğiz? (Müdür gel) 4. **Niçin dün gelmedi? (Hasta)** 5. **Neden burada duruyorsunuz?**
(Annemi beklemek) 6. **Neden ona telefon ettin? (Bir şey söylemek)**

C: Rewrite using **için** as shown.
Example : Kızıma bir çanta aldım. → Kızım için bir çanta aldım.
1. **Bana bir elbise verdiler.** 2. **Ona bir mektup geldi.** 3. **Bize bir pasta yaptılar.** 4. **Size yemek**
hazırladılar. 5. **İşadamına otelde bir oda hazırladılar.** 6. **Sana kütüphaneden bir kitap alacağım.**
7. **Oğluna bir ev buldu.** 8. **Doktora bir hediye alabiliriz.**

D: Put into the verb tense/structure given.

1. Bizi fabrikaya götürecek. (Geçmiş Zaman) 2. Hastanede büyük bir kalabalık vardı. (Şimdiki Zaman) 3. Televizyondaki filme güldük. (Şimdiki Zaman) 4. Uçaktan indik ve pasaportumuzu gösterdik. (Gelecek Zaman) 5. Odalarını temizlediler. (-Ebilmek Yapısı) 6. Adamlar müzede fotoğraf çekiyorlar. (Geçmiş Zaman)

E: Translate into English.
1. Bizim için bir oda hazırladılar. 2. Oğlu için bazı kitaplar aldı. 3. Neden yarın bize gelmiyorsunuz? 4. Niçin ona güldün? 5. Bebek neden ağladı? Çünkü yemek istedi. 6. Elbette bu evde kalabilirsin. 7. Yeni okulumuz için sıralar geldi. 8. Kız kardeşin niçin gelmiyor? Çünkü o hastadır.

F: Translate into Turkish.
1. Your father brought some money for you. 2. He can read this book, of course. 3. Why didn't he show the photographs? 4. My dress is dirty. Where is yours? 5. Why is she travelling with you? 6. Why are you waiting here? Because the bank is closed. 7. She sent a present for them. 8. They bought a bus for the company.

PRACTICE 60 - ANSWERS

A. 1. Şu sizin defterinizdir. Onunki çantadadır. 2. O benim arabamdır. Seninki evin önündedir. 3. Bu bizim diş macunumuzdur. Sizinki banyodadır. 4. Bu ev Ahmetindir. Fatmanınki şuradadır. 5. Bu bizim dükkânımızdır. Onlarınki burada değildir. 6. Şu onun bilgisayarıdır. Benimki odadadır. 7. O senin köpeğindir. Bizimki bahçededir.
B. 1. Çünkü şirkette iş vardı. 2. Çünkü çok iş var. 3. Çünkü müdür gelecek. 4. Çünkü hastaydı. 5. Çünkü annemi bekliyoruz. 6. Çünkü bir şey söyledim.
C. 1. Benim için bir elbise verdiler. 2. Onun için bir mektup geldi. 3. Bizim için bir pasta yaptılar. 4. Sizin için yemek hazırladılar. 5. İşadamı için otelde bir oda hazırladılar. 6. Senin için kütüphaneden bir kitap alacağım. 7. Oğlu için bir ev buldu. 8. Doktor için bir hediye alabiliriz.
D. 1. Bizi fabrikaya götürdü. 2. Hastanede büyük bir kalabalık var. 3. Televizyondaki filme gülüyoruz. 4. Uçaktan ineceğiz ve pasaportumuzu göstereceğiz. 5. Odalarını temizleyebilirler. 6. Adamlar müzede fotoğraf çektiler.
E. 1. They prepared a room for us. 2. She bought some books for her son. 3. Why aren't you coming to us tomorrow? 4. Why did you laugh at him? 5. Why did the baby cry? Because she wanted some food. 6. Of course, you can stay in this house. 7. The desks came for our new school. 8. Why isn't your sister coming? Because she is ill.
F. 1. Baban senin için biraz para getirdi. 2. Elbette bu kitabı okuyabilir. 3. Fotoğrafları niçin göstermedi? 4. Benim elbisem kirlidir. Seninki nerededir? 5. Niçin sizinle yolculuk ediyor? 6. Niçin burada bekliyorsun? Çünkü banka kapalıdır. 7. Onlar için bir hediye gönderdi. 8. Şirket için bir otobüs satın aldılar.

VOCABULARY

TEHLİKELİ Orası tehlikeli. Gitme.	DANGEROUS That place is dangerous. Don't go.
YÜZÜK Annemin yüzüğü çok pahalıdır.	RING My mother's ring is very expensive.
KOLYE Karısı için bir kolye satın alacak.	NECKLACE He will buy a necklace for his wife.
BİLEZİK O bileziği istemiyorum.	BRACELET I don't want that bracelet.
KÜPE Küpelerin şu kutunun içindedir.	EARRING Your earrings are in that box.
KARIN Doktor bebeğin karnına dokundu.	STOMACH The doctor touched the baby's stomach.
AÇ Karnın aç mı?	HUNGRY Are you hungry?
TOK Karnı tok. Yemek yapma.	FULL She is full. Don't cook.
DİKKATLİ Babası dikkatli bir şofördür.	CAREFUL His father is a careful driver.
DİKKATSİZ Niçin bardağı kırdı? Çünkü çok dikkatsizdi.	CARELESS Why did she break the glass? Because she was very careless.

KARIN

When **karın** (= stomach) is added to determiners, the possessed **i** suffix is omitted.

benim karnım	my stomach
senin karnın	your stomach
onun karnı	his/her stomach
bizim karnımız	our stomachs
sizin karnınız	your stomach
onların karnı (karınları)	their stomachs
Benim karnım aç.	I am hungry.

346

Sizin karnınız aç mı?	Are you hungry?
Senin karnın tok.	You are full.
Ayşenin karnı tok değil.	Ayşe isn't full.
Karnı aç. Lokantaya gidecek.	She is hungry. She'll go to the restaurant.
Neden yemiyorsunuz? Çünkü karnımız tok.	Why aren't you eating? Because we are full.

Verbs and Objects

When there is a definitive object in a sentence, this object must have a suffix. There are two possible suffix types, depending on the verb.

dinlemek

With the verb **dinlemek** (= listen to) objects take the accusative suffix.
-ı, -i, -u, -ü dinlemek

Dinliyorum.	I am listening.
Müziği dinliyorum.	I am listening to the music.
Ahmeti dinliyorum.	I am listening to Ahmet.
Öğrenci öğretmeni dinledi.	The student listened to the teacher.

görmek

The same is true for the verb **görmek** (= to see).

-ı, -i, -u, -ü görmek

Görüyorum.	I see./I am seeing.
Arkadaşımı göreceğim.	I will see my friend.
Ahmet nerede? Onu görmedim.	Where is Ahmet? I didn't see him.
Müdürü görmek istiyorum.	I want to see the manager.

bakmak

The verb **bakmak** (= to look), on the other hand, is used with objects taking the directional suffix.

-e, -a bakmak

Bakıyorum.	I am looking.
Eve bakıyorum.	I am looking at the house.
Kalabalığa bakıyorum.	I am looking at the crowd.
Sekreterin odasına baktı.	He looked at the secretary's room.

gülmek

Gülmek (= to laugh) also uses the directional suffix.

-e, -a gülmek

Gülüyorum.	I am laughing.
Televizyondaki filme güldüler.	They laughed at the film on TV.
O elbiseyi giyme. İnsanlar sana gülerler.	Don't wear that dress. People laugh at you.

The -Ebilmek Structure with Present and Past Tenses

Present Tense

Let us recall the usage of **-ebilmek** for ability.

Yarın oraya gelebilirim.	I can come there tomorrow.
Almanca konuşabilir.	He can speak German.
Bu evde kalabilirsin.	You can stay at this house.

Used with a present tense, **-ebilmek** is followed by the continuous suffix **-yor**, added to the verb root and buffer it necessary and followed by the personal suffix. This structure has a similar meaning to that previously introduced for **-ebilmek**, but emphasizes the ability. This difference does not have an English form. In English it would be expressed by stressing the word 'can'.

(Ben) gelebili-yor-um.
Konuşabiliyorum.

(Sen) gelebili-yor-sun.
Konuşabiliyorsun.

(O) gelebili-yor.
Yazabiliyor.

(Biz) gelebili-yor-uz.
Yazabiliyoruz.

(Siz) gelebili-yor-sunuz.
Konuşabiliyorsunuz.

(Onlar) gelebili-yor-(lar).
Konuşabiliyor(lar).

Denizde yüzebiliyorum.	I can swim in the sea.
Bahçede oturabiliyorlar.	They can sit in the garden.
Adam bavulları taşıyabiliyor.	The man can carry the suitcases.
Kadın yemek yapabiliyor.	The woman can cook.
Babam bira içebiliyor.	My father can drink beer.
Bizi hastaneye götürebiliyor.	She can take us to the hospital.

Negative and Question Forms

(Ben) yazamıyorum.
Konuşamıyorum.

(Sen) yazamıyorsun.
Konuşamıyorsun.

(O) yazamıyor.
Konuşamıyor.

(Biz) yazamıyoruz.
Konuşamıyoruz.

(Siz) yazamıyorsunuz.
Konuşamıyorsunuz.

(Onlar) yazamıyor(lar).
Konuşamıyor(lar).

Sekreter mektupları yazamıyor.	The secretary can't write the letters.
Kitabı okuyamıyor.	She can't read the book.
Annem bize yardım edemiyor.	My mother can't help us.
Evi temizleyemiyoruz.	We can't clean the house.
Adam fotoğrafları gönderemiyor.	The man can't send the photographs.

(Ben) yazabiliyor muyum?
Konuşabiliyor muyum?

(Sen) yazabiliyor musun?
Konuşabiliyor musun?

(O) yazabiliyor mu?
Konuşabiliyor mu?

(Biz) yazabiliyor muyuz?
Konuşabiliyor muyuz?

(Siz) yazabiliyor musunuz?
Konuşabiliyor musunuz?

(Onlar) yazabiliyor(lar) mı?
Konuşabiliyor(lar) mı?

Denizde yüzebiliyor musun?	Can you swim in the sea?
Adam bavulları taşıyabiliyor mu?	Can the man carry the suitcases?
Bizi hastaneye götürebiliyor mu?	Can she take us to the hospital?
Müdürle konuşabiliyor musun?	Can you talk to the manager?

Past Simple

The **-ebilmek** structure can be used with the past simple, by adding the past suffix **-dı/di**. This would be translated as 'could'.

(Ben) yazabildim.
Konuşabildim.

(Sen) yazabildin.
Konuşabildin.

(O) yazabildi.
Konuşabildi.

(Biz) yazabildik.
Konuşabildik.

(Siz) yazabildiniz.

Konuşabildiniz.
(Onlar) yazabildi(ler).
Konuşabildi(ler).

Denizde yüzebildim.	I could swim in the sea.
Bahçede oturabildiler.	They could sit in the garden.
Müdürle konuşabildi.	He could talk to the manager.
Annem bize yardım edebildi.	My mother could help us.
Evi temizleyebildik.	We could clean the house.
Bizi hastaneye götürebildi.	She could take us to the hospital.

Negative and Question Forms

(Ben) yazamadım.
(Sen) yazamadın.
(O) yazamadı.
(Biz) yazamadık.
(Siz) yazamadınız.
(Onlar) yazamadı(lar).

Denizde yüzemedim.	I couldn't swim in the sea.
Kitabı okuyamadı.	She couldn't read the book.
Müdürle konuşamadı.	He couldn't talk to the manager.
Annem bize yardım edemedi.	My mother couldn't help us.
Bizi hastaneye götüremedi.	She couldn't take us to the hospital.

(Ben) yazabildim mi?
(Sen) yazabildin mi?
(O) yazabildi mi?
(Biz) yazabildik mi?
(Siz) yazabildiniz mi?
(Onlar) yazabildi(ler) mi?

Baban bira içebildi mi?	Could your father drink beer?
Adam bavulları taşıyabildi mi?	Could the man carry the suitcases?
Sekreter mektupları yazabildi mi?	Could the secretary write the letters?
Müdürle konuşabildin mi?	Could you talk to the manager?

PRACTICE 61

A: Make sentences in the tense give adding appropriate suffixes.

Example : öğretmen / ben / dinlemek (Present Progressive) → Ben öğretmeni dinliyorum.
1. nereye / çocuklar / bakmak (Present Progressive) 2. arkadaş / o / görmek (Past Simple) 3. adam / elbise / biz / gülmek (Past Simple) 4. o / şarkı / dinlemek / kadın (Present Progressive) 5. fabrika / içi / işadamı / bakmak / istemek (Past Simple) 6. ona / gülmek / niçin? / arkadaşın (Present Progressive)

B: Rewrite in the present simple (with -ebilmek).
1. Öğrenciler ödevlerini yapabilirler. 2. Arabayı satabilirim. 3. Bu mektubu gönderebilir. 4. Sizi buradan görebiliriz. 5. Radyoyu tamir edebilir. 6. O günü hatırlayabilirim.

C: Change the above (present simple+-ebilmek) into question form.

D: Repeat, this time changing into negative form.

E: Change into past simple (with **-ebilmek**).
1. **Bu deftere yazabilirim.** 2. **Şu otelde kalabilir.** 3. **Evin fotoğrafını çekebiliriz.** 4. **Evi temizleyebilirler.** 5. **Kapıyı açabilir.**

F: Change the above (**-ebilmek**+past simple) in question form.

G: Repeat, this time changing into negative form.

H: Translate into English.
1. **Karnım çok aç. Ne yiyeceksin?** 2. **Annesi çok dikkatsiz bir kadındır. Her gün bir bardak kırar.** 3. **Anahtarını bulabildin mi?** 4. **Onu çantasının içine koyamıyor.** 5. **Kapının sesini duyabildin mi?**

I: Translate into Turkish.
1. She couldn't remember my name. 2. Could you prepare your homework? 3. We could listen to that song. 4. Be careful. The bus is coming. 5. Look at that ring. It is very expensive.

PRACTICE 61 - ANSWERS

A. 1. **Çocuklar nereye bakıyorlar?** 2. **O arkadaşını gördü.** 3. **Biz adamın elbisesine güldük.** 4. **Kadın o şarkıyı dinliyor.** 5. **İşadamı fabrikanın içine bakmak istedi.** 6. **Arkadaşın niçin ona gülüyor?**
B. 1. **Öğrenciler ödevlerini yapabiliyorlar.** 2. **Arabayı satabiliyorum.** 3. **Bu mektubu gönderebiliyor.** 4. **Sizi buradan görebiliyoruz.** 5. **Radyoyu tamir edebiliyor.** 6. **O günü hatırlayabiliyorum.**
C. 1. **Öğrenciler ödevlerini yapabiliyorlar mı?** 2. **Arabayı satabiliyor muyum?/satabiliyor musun?** 3. **Bu mektubu gönderebiliyor mu?** 4. **Sizi buradan görebiliyor muyuz?** 5. **Radyoyu tamir edebiliyor mu?** 6. **O günü hatırlayabiliyor muyum?/hatırlayabiliyor musun?**
D. 1. **Öğrenciler ödevlerini yapamıyorlar.** 2. **Arabayı satamıyorum.** 3. **Bu mektubu gönderemiyor.** 4. **Sizi buradan göremiyoruz.** 5. **Radyoyu tamir edemiyor.** 6. **O günü hatırlayamıyorum.**
E. 1. **Bu deftere yazabildim.** 2. **Şu otelde kalabildi.** 3. **Evin fotoğrafını çekebildik.** 4. **Evi temizleyebildiler.** 5. **Kapıyı açabildi.**
F. 1. **Bu deftere yazabildim mi?/yazabildin mi?** 2. **Şu otelde kalabildi mi?** 3. **Evin fotoğrafını çekebildik mi?** 4. **Evi temizleyebildiler mi?** 5. **Kapıyı açabildi mi?**
G. 1. **Bu deftere yazamadım.** 2. **Şu otelde kalamadı.** 3. **Evin fotoğraflarını çekemedik.** 4. **Evi temizleyemediler.** 5. **Kapıyı açamadı.**
H. 1. I am very hungry. What will you eat? 2. Her mother is a very careless woman. She breaks a glass every day. 3. Could you find your key? 4. She can't put it into her bag. 5. Could you hear the sound of door?
I. 1. **Adımı hatırlayamadı.** 2. **Ev ödevini hazırlayabildin mi?** 3. **O şarkıyı dinleyebildik.** 4. **Dikkat et./Dikkatli ol. Otobüs geliyor.** 5. **Şu yüzüğe bak. O çok pahalıdır.**

VOCABULARY

KORKMAK
Kız kardeşim köpeklerden korkar.

TO FEAR, TO BE AFRAID OF
My sister is afraid of dogs.

DAHA
O senden daha güçlüdür.

MORE
He is stronger than you.

SON
Filmin sonunu biliyorum.

END
I know the end of the film.

DÜŞÜNMEK
Ne düşünüyorsun?

TO THINK
What are you thinking of?

YİYECEK
Biraz yiyeceğimiz var.

FOOD
We have got some food.

FAYDALI
Bu kitaplar çocuk için faydalıdır.

USEFUL
These books are useful for the child.

GÜÇLÜ
O güçlü bir kadındır. Bavulu taşıyabilir.

STRONG
She is a strong woman. She can carry the suitcase.

GÜÇSÜZ
Çok güçsüzsün. Bu ilacı iç.

WEAK
You are very weak. Drink this medicine.

KORKMAK

When **korkmak** (= be afraid of) is used in sentences with an object, the object takes the ablative suffix **-dan/-den**.

-dan, -den korkmak

Korkuyorum.
O adamdan korkuyorum.
Babasından korkar.
Bebek o sesten korktu.
Niçin ondan korkuyorsun?

I am afraid.
I am afraid of that man.
She is afraid of her father.
The baby was afraid of that voice.
Why are you afraid of her?

COMPARATIVES

In Turkish, adjectives can follow directly after nouns, as well as precede them.

O çok faydalı bir kitaptır.

It is a very useful book.

Annesi şişman bir kadındır.	His mother is a fat woman.
O kitap çok faydalıdır.	That book is very useful.
Annesi şişmandır.	His mother is fat.

Now we shall look at adjectives in their comparative form, ie as comparing a particular quality of two different things.

The way this is done in English is to change the adjective to a comparative, by adding '-er' or 'more' (eg cold = colder, beautiful = more beautiful). In Turkish the word **daha** is placed before the adjective.

iyi	good
daha iyi	better
eski	old
daha eski	older
güçlü	strong
daha güçlü	stronger
Bu kitap iyidir.	This book is good.
O kitap daha iyidir.	That book is better.
Bu etek eskidir.	This skirt is old.
Şu etek daha eskidir.	That skirt is older.
O çorba soğuktur.	That soup is cold.
Bu çorba daha soğuktur.	This soup is colder.

When the two things being compared are specified, the structure given below is used.

Bu kitap o kitaptan daha iyidir.	This book is better than that book.

In English the word 'than' is used. In Turkish the second noun takes the ablative suffix, **-dan, -den, -tan, -ten**.

Bu ev yenidir.	This house is new.
Şu ev daha yenidir.	That house is newer.
Şu ev bu evden daha yenidir.	That house is newer than this house.
Babam gençtir.	My father is young.
Annem daha gençtir.	My mother is younger.
Annem babamdan daha gençtir.	My mother is younger than my father.
Bu kitap ilginçtir.	This book is interesting.
Şu kitap daha ilginçtir.	That book is more interesting.
Şu kitap bu kitaptan daha ilginçtir.	That book is more interesting than this book.
Ayşe Leyladan daha güzeldir.	Ayşe is more beautiful than Leyla.
Bu kız o oğlandan daha güçlüdür.	This girl is stronger than that boy.
Şu bavul senin bavulundan daha ağırdır.	That suitcase is heavier than your suitcase.
Benim odam onun odasından daha temizdir.	My room is cleaner than her room.
Bu makine o makineden daha tehlikelidir.	This machine is more dangerous than that machine.

When the same noun is used with pronouns it need not be repeated, in which case the second pronoun takes the possessive form with **-ki**.

Benim odam onun odasından daha büyüktür.
My room is bigger than her room.

Benim odam onunkinden daha büyüktür.
My room is bigger than hers.

Bu bavul senin bavulundan daha ağırdır.
This suitcase is heavier than your suitcase.

Bu bavul seninkinden daha ağırdır.
This suitcase is heavier than yours.

Bizim bilgisayarımız sizin bilgisayarınızdan daha pahalıdır.
Our computer is more expensive than your computer.

Bizim bilgisayarımız sizinkinden daha pahalıdır.
Our computer is more expensive than yours.

Study these sentences.

Bu makine şu makineden daha tehlikelidir.
This machine is more dangerous than that machine.

Bu makine şundan daha tehlikelidir.
This machine is more dangerous than that one.

Bu soru şu sorudan daha zordur.
This question is more difficult than that question.

Bu soru şundan daha zordur.
This question is more difficult than that one.

Bu soru şundan daha zordu.
This question was more difficult than that one.

Benim odam onunkinden daha büyüktü.
My room was bigger than hers.

Bu mektup masadakinden daha önemli olabilir.
This letter can be more important than the one on the table.

Bu bavul seninkinden daha ağır olabilir.
This suitcase can be heavier than yours.

Bu ev ondan daha büyük olacak.
This house will be bigger than it.

Bahçedeki ağaç bundan daha uzun olacak.
The tree in the garden will be longer that this one.

O öğrenci bundan daha tembeldi.
That student was lazier than this one.

Bu çocuk ondan daha güçlü olacak.
This child will be stronger than him.

İKİ KADIN

İstasyonda iki kadın var. Onlar treni bekliyorlar. Saat ikidir. Tren beş dakika sonra gelecek.

Kadınlara bakın. Onların isimleri Ayten ve Nurandır. Nuranın elbisesi Ayteninkinden daha güzeldir. Aytenin saçı Nuranınkinden daha uzundur. Onlar aynı şirkette çalışırlar. Nuran Aytenden daha yaşlıdır ve daha uzundur.

Aytenin bir oğlu, Nuranın bir kızı var. Onlar on iki yaşındadır. Aynı

TWO WOMEN

There are two women at the station. They are waiting for the train. It is two o'clock. The train will come five minutes later.
Look at the women. Their names are Ayten and Nuran. Nuran's dress is nicer than Ayten's. Ayten's hair is longer than Nuran. They work for the same company. Nuran is older and taller than Ayten.

Ayten has got a son, Nuran has got a daughter. They are twelve years old.

okula gidiyorlar. Aytenin oğlu
Nuranın kızından daha kısadır ve o
daha çalışkandır.

They go to same school. Ayten's son
is shorter than Nuran's daughter and
he is more hardworking.

Tren geldi. Onlar bindiler ve
oturdular. Trenin içi dışarıdan
daha sıcaktır. Ayten ve Nuran şirket
hakkında konuşuyorlar. Aytenin
işi Nuranınkinden daha zordur.

The train came. They got on and sat.
Inside of the train is hotter than
its outside. Ayten and Nuran are talking
about the company. Ayten's job is
more difficult Nuran's.

Yarım saat sonra trenden indiler.
Nuranın evi Ayteninkinden daha
uzaktır. O on beş dakika yürüyecek.

Half an hour later they got off the train.
Nuran's house is farther than Ayten's.
She will walk for fifteen minutes.

Questions and Answers to the Reading Passage

İstasyonda kaç tane kadın var?
How many women are there at the station?

İki kadın var.
There are two women.

Onlar ne bekliyorlar?
What are they waiting for?

Treni bekliyorlar.
They arc waiting for the train.

Saat kaçtır?
What time is it?

Saat ikidir.
It's two o'clock.

Kadınların isimleri nedir?
What are the women's names?

Nuran ve Aytendir.
They are Nuran and Aytcn.

Kimin elbisesi daha güzeldir?
Whose dress is more beautiful?

Nuranın elbisesi daha güzeldir.
Nuran's dress is more beautiful.

Kimin saçı daha uzundur?
Whose hair is longer?

Aytenin saçı daha uzundur.
Ayten's hair is longer.

Kim daha yaşlıdır?
Who is older?

Nuran daha yaşlıdır.
Nuran is older.

Aytenin kızı mı var?
Has Ayten got a daughter?

Hayır, bir oğlu var.
No, she has got a son.

Nuranın kızı var mı?
Has Nuran got a daughter?

Evet, var.
Yes, she has.

Onlar kaç yaşındalar?
How old are they?

On iki yaşındalar.
They are twelve years old.

Aytenin oğlu çalışkan mıdır?
Is Ayten's son hardworking?

Evet, çalışkandır.
Yes, he is.

Onlar ne hakkında konuştular?
What did they talk about?

Şirket hakkında konuştular.
They talked about the company.

Kimin işi daha zordur?	**Aytenin işi daha zordur.**
Whose job is more difficult?	Ayten's job is more difficult.

Kimin evi daha uzaktır?	**Nuranın evi daha uzaktır.**
Whose house is farther?	Nuran's house is farther.

O kaç dakika yürüyecek?	**On beş dakika yürüyecek.**
How many minutes will she walk?	She'll walk for fifteen minutes.

PRACTICE 62

A: Put into the present (with **–ebilmek**).
Çocuklar bu odada çalışabilirler. 2. **Bu soruyu yapabilirim.** 3. **Adamlar bavulları taşıyabilirler.** 4. **Onun sekreteri Rusça yazabilir.** 5. **Onu bankaya götürebiliriz.** 6. **Bu yüzüğü alabilir.**

B: Write comparative sentences, as shown.
Example : Bu oda büyüktür. Şu oda büyüktür. → Bu oda şu odadan daha büyüktür.
Bu kadın güzeldir. O kadın güzeldir. 2. **Burası sıcaktır. O oda sıcaktır.** 3. **O adam kuvvetsizdir. Bu adam kuvvetsizdir.** 4. **Ayşe çalışkandır. Veli çalışkandır.** 5. **Tren kalabalıktır. Otobüs kalabalıktır.** 6. **Bu mektup önemlidir. O mektup önemlidir.** 7. **Bu ağaçlar uzundur. Şu ağaçlar uzundur.** 8. **Ben gencim. O gençtir.**

C: Rewrite omitting the repeated noun, as shown.
Example: Benim kitabım onun kitabından incedir. → Benim kitabım onunkinden incedir.
1. **Onun evi bizim evimizden küçüktür.** 2. **Bizim köpeğimiz Selmanın köpeğinden daha akıllıdır.** 3. **Kız kardeşimin ayakkabısı senin ayakkabından daha büyüktür.** 4. **Bu kitap sizin kitabınızdan daha ilginçtir.** 5. **Kitaptaki soru bu sorudan daha zordur.** 6. **Sizin öğretmeniniz benim öğretmenimden daha yaşlıdır.**

D: Put into the past simple.
1. **Bu hemşire ondan daha iyidir.** 2. **Bahçedeki ağaç bundan daha uzundur.** 3. **Arkadaşım benden daha yaşlıdır.** 4. **Benim kitabım onunkinden daha faydalıdır.** 5. **Burası oradan daha tehlikelidir.**

E: Translate into English.
1. **Niçin köpeklerden korkuyorsun?** 2. **Filmin sonunu görmek istiyorum.** 3. **Yaşlı adama biraz yiyecek verdiler.** 4. **Bu oda sizin ofisinizden daha soğuktur.** 5. **Bu etek senin eteğinden daha ucuzdur.** 6. **Benim ellerim seninkinden daha kirliydi.** 7. **Onun kızı benimkinden daha dikkatsizdir.**

F: Translate into Turkish.
1. He is thinking of his job. 2. She is stronger than you. 3. This man was uglier than your uncle. 4. This camera is more expensive than that one. 5. The carpet in this room is longer than hers. 6. Are you hungry? Yes, I am very hungry. 7. This dictionary is thicker than mine.

PRACTICE 62 – ANSWERS

A. 1. Çocuklar bu odada çalışabiliyorlar. 2. Bu soruyu yapabiliyorum. 3. Adamlar bavulları taşıyabiliyorlar. 4. Onun sekreteri Rusça yazabiliyor. 5. Onu bankaya götürebiliyoruz. 6. Bu yüzüğü alabiliyor.

B. 1. **Bu kadın o kadından daha güzeldir.** 2. **Burası o odadan daha sıcaktır.** 3. **O adam bu adamdan daha kuvvetsizdir.** 4. **Ayşe Veliden daha çalışkandır.** 5. **Tren otobüsten daha kalabalıktır.** 6. **Bu mektup o mektuptan daha önemlidir.** 7. **Bu ağaçlar şu ağaçlardan daha uzundur.** 8. **Ben ondan daha gencim.**

C. 1. Onun evi bizimkinden daha küçüktür. 2. Bizim köpeğimiz Selmanınkinden daha akıllıdır. 3. Kız kardeşimin ayakkabısı seninkinden daha büyüktür. 4. Bu kitap sizinkinden daha ilginçtir. 5. Kitaptaki soru bundan daha zordur. 6. Sizin öğretmeniniz benimkinden daha yaşlıdır.

D. 1. **Bu hemşire ondan daha iyiydi.** 2. **Bahçedeki ağaç bundan daha uzundu.** 3. **Arkadaşım benden daha yaşlıydı.** 4. **Benim kitabım onunkinden daha faydalıydı.** 5. **Burası oradan daha tehlikeliydi.**

E. 1. Why are you afraid of dogs? 2. I want to see the end of the film. 3. They gave some food to the old man. 4. This room is colder than your office. 5. This skirt is cheaper than your skirt. 6. My hands were dirtier than yours. 7. Her daughter is more careless than mine.

F. 1. **İşini düşünüyor.** 2. **O senden daha güçlüdür.** 3. **Bu adam senin amcandan daha çirkindi.** 4. **Bu fotoğraf makinesi şundan daha pahalıdır.** 5. **Bu odadaki halı onunkinden daha uzundur.** 6. **Aç mısın?/Karnın aç mı? Evet, çok açım.** 7. **Bu sözlük benimkinden daha kalındır.**

VOCABULARY

HAVUZ Her gün havuzda yüzerler.	**POOL** They swim in the pool every day.
KAÇMAK Hırsızlar kaçtı.	**TO ESCAPE** The thieves escaped.
TATLI Portakallar çok tatlıydı.	**SWEET** The oranges were very sweet.
EKŞİ Ekşi meyveyi sever.	**SOUR** She likes sour fruit.
DİĞER, DİĞERİ O soru diğerinden daha zor değildir.	**OTHER** That question isn't more difficult than the other one.
AKILLI Akıllı bir oğlu var.	**CLEVER** He has got a clever son.
HIRSIZ Polis hırsızı bulacak.	**THIEF** The police will find the thief.
SALATALIK Salatalıkları buzdolabından al.	**CUCUMBER** Take the cucumbers from the fridge.
MUZ Süpermarketten bir kilo muz al.	**BANANA** Buy one kilo of bananas from the supermarket.
PİŞİRMEK Akşam için yemek pişireceğim.	**TO COOK** I'll cook for the evening.

COMPARATIVE (Continued)

Comparative structures are made with the **-den/-dan daha** structure.

Şu kısadır.
Bu daha kısadır.
Şu bundan daha kısadır.

Onun saçı benimkinden daha kısadır.
Onun İngilizcesi sizinkinden daha iyiydi.

Here, the same structure in negative and question forms.

Bu kitap benimkinden daha faydalı değildir.	This book isn't more useful than mine.
Bu doktor ondan daha iyi değildir.	This doctor isn't better than him.
O bizden daha mutlu değildir.	He isn't happier than us.
O öğrenci bundan daha tembel değildi.	That student wasn't lazier than this one.
O soru bundan daha zor değildi.	That question wasn't more difficult than this one.
Bu mektup ondan daha önemli midir?	Is this letter more important than that one?
Bu kitap benimkinden daha faydalı mıdır?	Is this book more useful than mine?
Bu kız senden daha güzel midir?	Is this girl more beautiful than you?
O öğrenci senden daha tembel miydi?	Was that student lazier than you?
Bu soru diğerinden daha zor muydu?	Was this question more difficult than the other one?

DİĞER, DİĞERİ

The English equivalent of **diğer** is 'other'.

Bu adam öğretmenimiz; diğer adam babamdır.	This man is our teacher; the other man is my father.
Bu ekmek bayat; diğer ekmeği verin, lütfen.	This bread is stale; give the other bread, please.
Diğer okul bizimkinden daha eskidir.	The other school is older than ours.
Bu soru çok zordur. Diğer soruyu yapacağız.	This question is very difficult. We will do the other question.
Niçin diğer lokantaya gidiyorsunuz?	Why are you going to the other restaurant?
Bu bardak çok pistir. Diğer bardağı alacağım.	This glass is very dirty. I will take the other glass.
Bu bardak çok pistir. Diğerini alacağım.	This glass is very dirty. I will take the other one.
Bu bardak diğer bardaktan daha pistir.	This glass is dirtier than the other glass.
Bu bardak diğerinden daha pistir.	This glass is dirtier than the other one.
Buzdolabındaki muz diğer muzdan daha tazedir.	The banana in the fridge is fresher than the other banana.
Buzdolabındaki muz diğerinden daha tazedir.	The banana in the fridge is fresher than the other one.

The plural form of **diğer** is **diğerleri**. Here are some example sentences.

Bu bilgisayar diğerlerinden daha yenidir.	This computer is newer than the others.
Ahmet evde değil, ama diğerleri evdedir.	Ahmet isn't at home, but the others are at home.
Bu soruyu yapabilir, ama diğerlerini yapamaz.	He can do this question, but he can't do the others.

The Necessity Suffix -MELİ/-MALI

-Meli/-malı is added to verbs as a suffix in the usual way to talk about necessity. English equivalents are 'must' and 'have to'.

Git - meli - yim.	I must go.
Satmalıyım.	I must sell.

Kalmalıyım.	I must stay.
Vermeliyim.	I must give.
Düşünmeliyim.	I must think.
Bu evde kalmalıyım.	I must stay in this house.
Yarın buraya gelmeliyim.	I must come here tomorrow.
Akşam için yemek pişirmeliyim.	I must cook for the evening.
Kapıyı açmalıyım.	I must open the door.
Oturmalısın.	You must sit.
Satmalısın.	You must sell.
Gelmelisin.	You must come.
Düşünmelisin.	You must think.
Arabanı satmalısın.	You must sell your car.
O parayı bana vermelisin.	You must give that money to me.
Sabah erken kalkmalısın.	You must get up early in the morning.
Kapıyı açmalısın.	You must open the window.
Daha dikkatli olmalısın.	You must be more careful.
Oturmalı.	He must sit.
Satmalı.	He must sell.
Vermeli.	He must give.
Gelmeli.	He must come.
Bizi eve götürmeli.	He must take us to the house.
Sabah erken kalkmalı.	He must get up early in the morning.
Bu evde kalmalı.	She must stay in this house.
Bu dili öğrenmeli.	He must learn this language.
Oturmalıyız.	We must sit.
Kalmalıyız.	We must stay.
Gelmeliyiz.	We must come.
Düşünmeliyiz.	We must think.
Bu tabakları yıkamalıyız.	We must wash these plates.
Sabah erken kalkmalıyız.	We must get up early in the morning.
Satmalısınız.	You must sell.
Kalmalısınız.	You must stay.
Vermelisiniz.	You must give.
Gelmelisiniz.	You must come.
Daha güçlü olmalısınız.	You must be stronger.
Adresini öğrenmelisiniz.	You must learn her address.
Satmalı(lar).	They must sell.
Kalmalı(lar).	They must stay.
Vermeli(ler).	They must give.
Gelmeli(ler).	They must come.
Bize söz vermeliler.	They must promise us.
Bu akşam telefon etmeliler.	They must telephone this evening.
Diğer odada beklemeliyiz.	We must wait in the other room.
Kadın çok fakirdir. Ona para vermelisin.	The woman is very poor. You must give some money to her.
Onun adını hatırlamalıyım.	I must remember her name.
Sabahleyin sekizde buraya gelmelisin.	You must come here at eight o'clock in the morning.

Karısına bir hediye almalı.	He must buy a peresent to his wife.
Bu işi bitirmeliyim. Patron bekliyor.	I must finish this work. The boss is waiting.

The Words Used in the Text

önce	ago
maaş	salary
yaş	age

DIALOGUE

A : Affedersiniz. Bu soruyu okuyamadım. Nedir?
B : Yaşınızı yazacaksınız.
A : Siz de burada mı çalışıyorsunuz?
B : Evet. Neden sordunuz?
A : Ben de çalışmak istiyorum. İyi bir şirket midir?
B : Evet. Ben iki ay önce buraya geldim. Önceden Beşiktaşta bir şirkette çalıştım, ama burası daha iyi ve daha büyük bir yer. Maaş da daha yüksek; ama sabahleyin erken gelmelisiniz. Akşam geç gitmelisiniz. Bilgisayar kullanmalısınız. İngilizce ve Rusça bilmelisiniz.

Excuse me. I couldn't read this question. What is it?
You'll write your age.
Are you working here, too?
Yes, I am. Why did you ask?
I also want to work. Is it a good company?
Yes. I came here two months ago. At first, I worked for a company in Beşiktaş, but this is better and bigger. The salary is also higher; but you must come early inthe morning. You must go late in the evening. You must use a computer. You must know English and Russian.

PRACTICE 63

A: Change into negative form.
1. Benim maaşım seninkinden daha iyidir. 2. Bu portakal diğerinden daha tatlıdır. 3. Bu çocuk diğerlerinden daha akıllıydı. 4. Sen ondan daha tembeldin. 5. Benim annem onunkinden daha yaşlıdır. 6. Yarın hava daha güzel olacak. 7. Bu film diğerinden daha kötüydü. 8. Bu ev diğerinden daha yeni olacak.

B: Change the above into question form.

C: Rewrite without repeating the noun, as in the example.
Example : Bu bardak çok pistir. Diğer bardağı alacağım.→ Bu bardak çok pistir. Diğerini alacağım.
1. Bu elbise çok kısadır. Diğer elbiseyi al. 2. Bu soru çok zordur. Diğer soruyu yapıyor. 3. O kitap diğer kitaptan daha faydalıdır. 4. Evin önündeki araba diğer arabadan daha yenidir. 5. Bu bira çok soğuktur. Diğer birayı içeceğiz.

D: Fill the gaps.
1. Bu eteği giymeyecek. Diğer... al. 2. Biz bugün oraya gitmeli... . 3. Bu soru diğer... daha zordur. 4. Şu oda diğer oda... daha kalabalıktır. 5. Bu yol diğer yoldan ... tehlikelidir. 6. O benim çantamdır. Senin... nerededir? 7. Benim maaşım Ayşe... daha yüksektir.

E: Complete using -meli/malı (and personal suffix).

1. **Biz yarın oraya git...** 2. **Arkadaşın seninle gel...** 3. **Sen derslerini düşün...** 4. **Onlar gelecek yıl evi sat...** 5. **Hasta tavuk ye...** 6. **Ben onun adını hatırla...** 7. **Siz o mektupları yaz...** 8. **Kardeşim üniversiteye git...** 9. **Biz odayı süpür...** 10. **Sen yaşlı kadına yardım et...**

F: Translate into English.

1. **Her gün onu görmelisin.** 2. **Onlar iyi değildir. Diğerlerini gördün mü?** 3. **Bu portakal diğerinden daha tatlıdır.** 4. **Saat onda otobüse binmeliyiz.** 5. **Sabahleyin duş yapmalı.** 6. **Bu et diğerinden daha taze değildi.** 7. **Bu resimleri gördüm. Diğerlerine bakacağım.** 8. **Onu sana anlatmalıyız.**

G: Translate into Turkish.

1. We can show him these, but we can't show him the others. 2. That house is higher than the others. 3. His salary wasn't higher than my salary. 4. She doesn't want this plate; give her the other one. 5. Don't do it now, but you must do it tomorrow. 6. They must bring their suitcases. 7. She is afraid of her father. She doesn't go out at night. 8. You must wait for us here.

PRACTICE 63 – ANSWERS

A. 1. **Benim maaşım seninkinden daha iyi değildir.** 2. **Bu portakal diğerinden daha tatlı değildir.** 3. **Bu çocuk diğerlerinden daha akıllı değildi.** 4. **Sen ondan daha tembel değildin.** 5. **Benim annem onunkinden daha yaşlı değildir.** 6. **Yarın hava daha güzel olmayacak.** 7. **Bu film diğerinden daha kötü değildi.** 8. **Bu ev diğerinden daha yeni olmayacak.**

B. 1. **Benim maaşım seninkinden daha iyi mi?** 2. **Bu portakal diğerinden daha tatlı mı?** 3. **Bu çocuk diğerlerinden daha akıllı mıydı?** 4. **Sen ondan daha tembel miydin?** 5. **Benim annem onunkinden daha yaşlı mıdır?** 6. **Yarın hava daha güzel olacak mı?** 7. **Bu film diğerinden daha kötü müydü?** 8. **Bu ev diğerinden daha yeni olacak mı?**

C. 1. **Bu elbise çok kısadır. Diğerini al.** 2. **Bu soru çok zordu. Diğerini yapıyor.** 3. **O kitap diğerinden daha faydalıdır.** 4. **Evin önündeki araba diğerinden daha yenidir.** 5. **Bu bira çok soğuktur. Diğerini içeceğiz.**

D. 1. ini 2. yız. 3. inden 4. dan 5. daha 6. ki 7. ninkinden

E. 1. **Biz yarın oraya gitmeliyiz.** 2. **Arkadaşın seninle gelmeli.** 3. **Sen derslerini düşünmelisin.** 4. **Onlar gelecek yıl evi satmalılar.** 5. **Hasta tavuk yemeli.** 6. **Ben onun adını hatırlamalıyım.** 7. **Siz o mektupları yazmalısınız.** 8. **Kardeşim üniversiteye gitmeli.** 9. **Biz odayı süpürmeliyiz.** 10. **Sen yaşlı kadına yardım etmelisin.**

F. 1. You must see him every day. 2. They aren't good. Did you see the others? 3. This orange is sweeter than the other one. 4. We must get on the bus at ten o'clock. 5. He must have a shower in the morning. 6. This meat wasn't fresher than the other one. 7. I saw these pictures. I'll look at the others. 8. We must tell it you.

G. 1. **Bunları ona gösterebiliriz ama diğerlerini gösteremeyiz.** 2. **O ev diğerlerinden daha yüksektir.** 3. **Onun maaşı benim maaşımdan daha yüksek değildi.** 4. **Bu tabağı istemez; ona diğerini ver.** 5. **Onu şimdi yapma ama yarın yapmalısın.** 6. **Bavullarını taşımalılar.** 7. **Babasından korkar. Geceleyin dışarı çıkmaz.** 8. **Bizi burada beklemelisin.**

VOCABULARY

ACIKMAK	TO BE HUNGRY
Acıktım. Ne zaman yemek yiyeceğiz?	I am hungry. When will we eat?
DOYMAK	TO BE FULL
Doydun mu? Evet, doydum.	Are you full? Yes, I am.
EVLENMEK	TO MARRY
Kız kardeşim gelecek ay evlenecek.	My sister will marry next month.
YAKALAMAK	TO CATCH
Polis hırsızı yakaladı.	The policeman caught the thief.
ÇEŞİTLİ	DIFFERENT, VARIOUS
Okul için çeşitli kitaplar okudular.	They read various books for the school.
ÖZEL	PRIVATE
Özel bir okula gidiyor.	She is going to a private school.
BULUT	CLOUD
Gökyüzünde bulutlar var.	There are clouds in the sky.
Yağmur yağacak.	It will rain.
SERİN	COOL
Hava bugün serindir. Kazağını giy.	The weather is cool today. Put on your sweater.
ZİYARETÇİ	VISITOR
Ziyaretçiler hasta için geldi.	The visitors came for the

-MELİ / MALI (Continued)

In this lesson we shall look at **-meli/malı** in negative and question forms.

Ziyaretçiler burada beklemelidir.
Özel bir okula gitmelisin.
Ders çalışmalıyım.

Negative Form

Negatives are made in the usual way, with **-ma/-me** preceding **-malı/-meli**.

Sat - ma - malı - yım.	I mustn't sell.
Vermemeliyim.	I mustn't give.

O durakta beklememeliyim	I mustn't wait at this stop.
Bu mektubu müdüre vermemeliyim.	I mustn't give this letter to the manager.
Kapıyı açmamalıyım.	I mustn't open the door.
Oturmamalısın.	You mustn't sit.
Düşünmemelisin.	You mustn't think.
Arabanı satmamalısın.	You mustn't sell your car.
Bu havuzda yüzmemelisin.	You mustn't swim in this pool.
Bu evde kalmamalısın.	You mustn't stay in this house.
Satmamalı.	He mustn't sell.
Vermemeli.	He mustn't give.
Bizi eve götürmemeli.	He mustn't take us to the house.
Bu evde kalmamalı.	She mustn't stay in this house.
Bu dili öğrenmemeli.	He mustn't learn this language.
Oturmamalıyız.	We mustn't sit.
Düşünmemeliyiz.	We mustn't think.
Bu tabakları yıkamamalıyız.	We mustn't wash these plates.
Bugün evi temizlememeliyiz.	We mustn't clean the house today.
Satmamalısınız.	You mustn't sell.
Gelmemelisiniz.	You mustn't come.
Adresini öğrenmemelisiniz.	You mustn't learn her address.
Bugün onu ziyaret etmemelisiniz.	You mustn't visit her today.
Oturmamalı(lar).	They mustn't sit.
Vermemeli(ler).	They mustn't give.
Bu akşam telefon etmemeliler.	They mustn't telephone this evening.
Sabah erken kalkmamalılar.	They mustn't get up early in the morning.
O kitabı okumamalı.	He mustn't read that book.
Evi satmamalılar.	They mustn't sell the house.
Babam bizimle gelmemeli.	My father mustn't come with us.
Bu çorbayı ona vermemeliyiz.	We mustn't give this soup to him.
Onların isimlerini yazmamalısınız.	You mustn't write their names.
Bu otobüse binmemelisin.	You mustn't get on this bus.

Question Form

Yes/No questions are formed as normal with **-malı/-meli**.

Sat - malı - mı - yım?	Must I sell?
Vermeli miyim?	Must I give?
Bu evde kalmalı mıyım?	Must I stay in this house?
Yeni bir gömlek almalı mıyım?	Must I buy a new shirt?
Kapıyı açmalı mıyım?	Must I open the door?
Oturmalı mısın?	Must you sit?
Düşünmeli misin?	Must you think?
Arabanı satmalı mısın?	Must you sell your car?
Bu havuzda yüzmeli misin?	Must you swim in this pool?
Sabah erken kalkmalı mısın?	Must you get up early in the morning?

Daha dikkatli olmalı mısın?	Must you be more careful?
Oturmalı mı?	Must he sit?
Vermeli mi?	Must he give?
Bizi eve götürmeli mi?	Must he take us to the house?
Akşam için yemek pişirmeli mi?	Must she cook for the evening?
Bu evde kalmalı mı?	Must she stay in this house.
Oturmalı mıyız?	Must we sit?
Düşünmeli miyiz?	Must we think?
Bu tabakları yıkamalı mıyız?	Must we wash these plates?
Sabah erken kalkmalı mıyız?	Must we get up early in the morning?
Satmalı mısınız?	Must you sell?
Gelmeli misiniz?	Must you come?
Bu tabakları yıkamalı mısınız?	Must you wash these plates?
Adresini öğrenmeli misiniz?	Must you learn her address?
Oturmalı(lar) mı?	Must they sit?
Vermeli(ler) mi?	Must they give?
Bize söz vermeliler mi?	Must they promise us?
Bu akşam telefon etmeliler mi?	Must they telephone this evening?
Diğer odada beklemeli miyiz?	Must we stay in the other room?
O kitabı okumalı mı?	Must he read that book?
Sekreter daha büyük bir odada çalışmalı mı?	Must the secretary work in the bigger room?
Doktor buraya tekrar gelmeli mi?	Must the doctor come here again?
Onların isimlerini yazmalı mısınız?	Must you write their names?
Bu otobüse binmeli misin?	Must you get on this bus?

İŞ

WORK

Beşiktaşta bir şirkette çalışıyorum. Şirkete gitmek için sabahleyin erken kalkmalıyım. Bir oğlum var. Adı Mithat. Sekiz yaşındadır. Okula gidiyor. Onun için kahvaltı hazırlamalıyım.

I work in a company at Beşiktaş. I must get up early in the morning to go to the company. I have got a son. His name is Mithat. He is eight years old. He goes to school. I must prepare breakfast for him.

Şirkete otobüsle giderim. Saat yedi buçukta otobüs durağında olmalıyım. Otobüs sekize çeyrek kala gelir. Genellikle kalabalık tır, ama bazen oturabilirim.

I go to the company by bus. I must be at the bus stop at half past seven. The bus comes quarter to eight. It is usually crowded, but sometimes I can sit.

Dokuzda şirkete gelirim. Genellikle masamda mektuplar vardır. Onları okumalıyım ve cevap vermeliyim. Müdür onda gelir. Onun mektuplarını yazarım.

I came to the company at nine o'clock. Usually there are some letters on my table. I must read them and answer. The manager comes at ten o'clock. I write his letters.

Şirketten altıda çıkarım. Yedide eve gelirim. Kocam ve oğlum evdedir.

I go out of the company at six o'clock. I came home at seven o'clock. My

Onlar için yemek pişirmeliyim.

husband and my sonare at home. Imust
cook for them.

Questions and Answers to the Reading Passage

Nerede çalışırsın?
Where do you work?

Beşiktaşta bir şirkette çalışırım.
I work in a company at Beşiktaş.

Sabahleyin erken mi yoksa geç mi kalkmalısın?
Must you get up early or late
in the morning?

Erken kalkmalıyım.
I must get up early.

Oğlun kaç yaşındadır?
How old is your son?

Sekiz yaşındadır.
He is eight years old.

Onun için ne hazırlamalısın?
What must you prepare for him?

Kahvaltı hazırlamalıyım.
I must prepare breakfast.

Şirkete nasıl gidersin?
How do you go to the company?

Otobüsle giderim.
I go by bus.

Otobüs kaçta gelir?
What time does the bus come?

Sekize çeyrek kala gelir.
It comes quarter to eight.

Otobüs kalabalık mıdır?
Is the bus crowded?

Evet, kalabalıktır.
Yes, it is.

Kaçta şirkete gelirsin?
What time do you come to the
company?

Dokuzda gelirim.
I come at nine o'clock.

Masanda neler vardır?
What are there on your table?

Mektuplar vardır.
There are the letters.

Mektuplara cevap vermeli misin?
Must you answer the letters?

Evet, vermeliyim.
Yes, I must.

Müdür kaçta gelir?
What time does the manager come?

Onda gelir.
He comes at ten o'clock.

Müdür için ne yaparsın?
What do you do for the manager?
Kaçta eve gelirsin?
What time do you come home?

Mektuplarını yazarım.
I write his letters.
Yedide gelirim.
I come at seven o'clock.

Kocan ve oğlun için ne yapmalısın?
What must you do for your husband
son son?

Yemek yapmalıyım.
I must cook.

PRACTICE 64

A: Change into question form.

366

1. Odaya dönmelisin. 2. Bize para vermeliler. 3. İşadamına telefon etmelisiniz. 4. Çocuk orada oynamalı. 5. Kahvaltı etmeliyim. 6. Rusça öğrenmelisin. 7. Sekreter mektupları yazmalı. 8. Onun adını hatırlamalıyız. 9. İş hakkında düşünmeliyiz. 10. Fabrikada çalışmalıyım.

B: Change into negative form.
1. Bu odadan telefon etmeliyim. 2. Bizi onun evine götürmelisin. 3. Ziyaretçiler burada beklemeli. 4. Evimizi satmalıyız. 5. Bu salonda sigara içmelisiniz. 6. Her akşam bize telefon etmeli. 7. Onu annene söylemelisin. 8. O adamı unutmalı. 9. Radyoyu tamir etmelisiniz. 10. Burada yürümeliler.

C: Translate into English.
1. Karnım acıktı. Biraz yiyecek ver, lütfen. 2. Bugün hava serindir. Denize yarın gideceğim. 3. Burada özel bir oda var. Müdür o odadadır. 4. Bu dükkânda çeşitli çantalar var. Onlardan birini (satın) alabilirsin. 5. Polis hırsızı yakalamalı. 6. Bebek için bu kaşığı kullanmalısın. 7. Bu yatakta uyumamalı. 8. Onun için ne hazırlamalıyız?

D: Translate into Turkish.
1. That place is dangerous. You mustn't go there. 2. Promise me. You'll telephone your friend tomorrow. 3. The men stole the money and escaped. 4. I am full. I won't eat it. 5. He must have a shower every morning. 6. Must we finish it tomorrow? 7. This book is more useful. Take it. 8. You mustn't bring these dresses.

PRACTICE 64 - ANSWERS

A. 1. Odaya dönmeli misin? 2. Bize para vermeliler mi? 3. İşadamına telefon etmeli misiniz? 4. Çocuk orada oynamalı mı? 5. Kahvaltı etmeli miyim? 6. Rusça öğrenmeli misin? 7. Sekreter mektupları yazmalı mı? 8. Onun adını hatırlamalı mıyız? 9. İş hakkında düşünmeli miyiz? 10. Fabrikada çalışmalı mıyım?
B. 1. Bu odadan telefon etmemeliyim. 2. Bizi onun evine götürmemelisin. 3. Ziyaretçiler burada beklememeli. 4. Evimizi satmamalıyız. 5. Bu salonda sigara içmemelisiniz. 6. Her akşam bize telefon etmemeli. 7. Onu annene söylememelisin. 8. O adamı unutmamalı. 9. Radyoyu tamir etmemelisiniz. 10. Burada yürümemeliler.
C. 1. I am hungry. Give some food, please. 2. Today it is cool. I will go to the sea tomorrow. 3. There is a private room here. The manager is in that room. 4. There are various bags in this shop. You can buy one of them. 5. The policeman must catch the thief. 6. You must use this spoon for the baby. 7. He mustn't sleep on this bed. 8. What must we prepare for her?
D. 1. Orası tehlikelidir. Oraya gitmemelisin. 2. Bana söz ver. Yarın arkadaşına telefon edeceksin. 3. Adamlar parayı çaldılar ve kaçtılar. 4. Doydum. Onu yemeyeceğim. 5. Her sabah duş almalı. 6. Yarın onu bitirmeli miyiz? 7. Bu kitap daha faydalıdır. Onu al. 8. Bu elbiseleri getirmemelisin.

VOCABULARY

BAŞKA (BİR)
Başka bir gün gelebilir misiniz?

OTHER, ANOTHER
Can you come another day?

ARTIK
Artık Ayşe orada değildir.

ANY MORE; NOW
Ayşe isn't there any more.

BU YÜZDEN
Dün yağmur yağdı, bu yüzden gelmedi.

SO; BECAUSE OF THIS
It rained yesterday, so she didn't come.

KİRA
Bu evin kirasını biliyor musun?

RENT
Do you know the rent of this house?

LAVABO
Onu lavaboda yıka.

WASHBASIN
Wash it in the washbasin.

BİN
Okulda bin tane öğrenci vardır.

THOUSAND
There are one thousand students in the school.

MİLYON
İki milyon işçi bugün çalışmıyor.

MILLION
Two million workers aren't working today.

ÇİMEN
Çimenin üstünde oturalım mı?

GRASS
Shall we sit on the grass?

YAPRAK
Ağaçların yaprakları düşüyor.

LEAF
The leaves of the trees are falling.

ŞANSLI
Çok şanslısın. İyi bir ev buldun.

LUCKY
You are very lucky. You found a good house.

BAŞKA (BİR)

The English equivalent of **başka(bir)** is 'another'.

Bunu istemiyorum; Bana başka bir tane ver.
Başka bir elbise alacak.
Başka bir ekmek verebilir misin?
Bu araba çok eski; başka bir tane al.
Oraya başka bir arabayla gitmeliyim.
Evde başka bir bilgisayar var mı?

I don't want this; give me another one.
She'll buy another dress.
Can you give another bread?
This car is very old; buy another one.
I must go there by another car.
Is there another computer at home?

ARTIK

Usually used in negative sentences, like English, **artık** has the English equivalent 'any more'.

Artık onun evine gitme.	Don't go to his house any more.
Artık buraya gelmemelisin.	You musn't come here any more.
Artık ona para vermeyecek.	She won't give him money any more.
Annem artık orada çalışmıyor.	My mother isn't working there any more.
Onu göremiyoruz artık.	We can't see him any more.
Bize gelmez artık.	She doesn't come to us any more.

As you can see from the above examples, **artık** can change sentence position (to change the emphasis of a sentence). This changing of sentence position to change emphasis is a general principle in Turkish (in English words are emphasized through stress, saying them louder). **Artık** is placed before the word or phrase which is stressed.

BU YÜZDEN

Bu yüzden (= so, therefore) functions as a conjunction, joining sentences in a relationship of consequence as expressed by the English word 'therefore' (although 'so' is more common).

Onların evi çok küçük; bu yüzden başka bir evde kalmalıyız	Their house is very small; so we must stay at another house.
Onun arabası var; bu yüzden bizi oraya götürebilir.	She has got a car; so she can take us there.
Bugün banka kapalıdır; bu yüzden parayı alamazsınız.	Today, the bank is closed; so you can't take the money.
Bu çanta çok ağırdır; bu yüzden onu taşıyamazsınız.	This bag is very heavy; so you can't carry it.
Bu kitaplar çok faydalıdır; bu yüzden kızına onları almalısın.	These books are very useful; so you must buy them to your daughter.

O yüzden may also be used.

Polis geç geldi; o yüzden hırsız kaçtı.
Bugün banka kapalıdır; o yüzden parayı alamazsınız.

ACIKMAK, DOYMAK / TO BE HUNGRY, FULL

We have seen these verbs before. The important thing to remember about them is that used in the past form they still refer to the present. **Acıktım**, a past form, means 'I am hungry (now)'. A shortened version, **açım** is also used.

Açım. / Acıktım.	I am hungry.

Doymak behaves similarly.

Çocuk doydu.	The child is full.
Tokum. / Doydum.	I am full.
İşadamları acıktı. Biraz yiyecek var mı?	The businessmen are hungry. Is there any food?
Acıktık. Ne zaman yemek yiyeceğiz?	We are hungry. When will we eat?

Doydun mu? Evet, doydum.
Doyduk. Artık bir şey istemiyoruz.

Are you full? Yes, I am full.
We are full. We don't want anything any more.

İLE EVLENMEK / TO BE MARRIED TO

İle is used in suffix form to indicate the person to whom one is married.

Evleneceğim.	I will marry.
Onunla evleneceğim.	I will mary him.
Arkadaşıyla evlendi.	She married her friend.
Kiminle evlendi?	Who did he marry?
Zengin bir adamla evlenecek.	She will marry a rich man.
Bir ay sonra onunla evlenebilir.	He can marry her one month later.
Fatmayla ne zaman evleneceksin?	When will you marry Fatma?

Review of Necessity Suffix Usage

Başka bir okula gitmeli.	He must go to another school.
O kızla evlenmelisin.	You must marry that girl.
Yarın erken kalkmalıyız.	We must get up early tomorrow.
Adam bize fotoğrafları göstermeli.	The man must show the photographs to us.

Bu filmi seyretmemelisiniz.	You mustn't watch this film.
O arabaya bakmamalısın.	You mustn't look at that car.
Çantaya dokunmamalısınız.	You mustn't touch the bag.
O köpekten korkmamalıyız.	We mustn't be afraid of that dog.

Adam bize fotoğrafları göstermeli mi?	Must the man show the photographs to us?
Kadın bugün evde kalmalı mı?	Must the woman stay at home today?
Bu filmi seyretmeli misiniz?	Must you watch this film?

Ne zaman eve dönmeliyiz?	When must we come back home?
Nerede beklemeliler?	Where must they wait?
Senin için ne yapmalıyım?	What must I do for you?
Kaç tane sandalye getirmelisiniz?	How many chairs must you bring?
Saat kaçta orada olmalısın?	What time must you be there?

Kız o eve gitmeli mi?	Must the girl go to that house?
Evet, gitmeli.	Yes, she must.
Bugün evde kalmalı mısın?	Must you stay at home today?
Evet, kalmalıyım.	Yes, I must.
Bu filmi seyretmeli misiniz?	Must you watch this film?
Evet, seyretmeliyiz.	Yes, we must.

Otobüsü beklemeliler mi?	Must they wait for the bus?
Hayır, beklememeliler.	No, they mustn't.
O arabaya bakmalı mıyız?	Must we look at that car?
Hayır, bakmamalısınız.	No, you mustn't.

Review of Ability Suffix Usage

Present Tense

Denizde yüzebiliyorum.	I can swim in the sea.
Bahçede oturabiliyorlar.	They can sit in the garden.
Evi temizleyebiliyoruz.	We can clean the house.

Denizde yüzemiyorum.	I can't swim in the sea.
Artık onu göremiyoruz.	We can't see him any more.
Onunla evlenemiyor.	She can't marry him.
Bize yardım edemiyorlar.	They can't help us.

Çimende oturabiliyorlar mı?	Can they sit on the grass?
Evi temizleyebiliyor musunuz?	Can you clean the house?

Past Simple

Polis hırsızı yakalayabildi.	The police could catch the thief.
Denizde yüzebildim.	I could swim in the sea.
Onu hastaneye götürebildik.	We could take him to the hospital.

Mektupları yazamadık.	We couldn't write the letters.
Kadın yemek yapamadı.	The woman couldn't cook.
Hırsızı yakalayamadınız.	You couldn't catch the thief.

Sekreter mektupları yazabildi mi?	Could the secretary write the letters?
Müdürle konuşabildiniz mi?	Could you talk to the manager?
Hırsızı yakalayabildi mi?	Could you catch the thief?

PRACTICE 65

A: Put into the tense/structure given.
1. **Adam fabrikaya dönmeli. (Future Tense)** 2. **Biz sizi orada bekliyoruz. (Past Tense)** 3. **Yapraklar düşüyor. (Simple Present)** 4. **İşadamıyla tanıştık. (-Ebilmek)** 5. **Bebekler ağlar. (Present Progressive)** 6. **Çocuklar bahçeden kaçıyor. (Necessity)** 7. **Köpeklerden korkar mısın? (Present Progressive)** 8. **Ona bu dili öğretebiliriz. (Future Tense)** 9. **Bu kitap faydalı mıdır? (Past Tense)** 10. **Bu işi yapıyoruz. (-Ebilmek)** 11. **Orada bir ay bekledik. (Simple Present)** 12. **Çeşitli kitaplar okuyacağız. (Necessity)** 13. **Arkadaşım evlendi. (-Ebilmek)** 14. **Radyoyu onardınız mı? (Present Progressive)** 15. **Onun adını öğrenmedik. (Simple Present)** 16. **Burada sigara içmeyeceksin. (Necessity)** 17. **Bize söz verecek mi? (Past Tense)** 18. **Bu otelde kalmamalısınız. (Future Tense)** 19. **Onu yakaladınız mı? (Simple Present)** 20. **Bu makineyi kullanabilir misin? (Present Progressive)**

B: Give short, positive answers.
1. **Bu mektupları göndermeli mi?** 2. **Bulaşıkları yıkamalı mısın?** 3. **Kütüphaneden kitap almalı mıyız?** 4. **Ona bu dili öğretebilir misiniz?** 5. **Bizi oraya götürecek mi?** 6. **Bu elbiseleri satacak mıyız?** 7. **İşi bitirebildin mi?** 8. **Bu ondan daha büyük müdür?** 9. **Oraya gidebiliyor mu?** 10. **Televizyonu onardınız mı?**

C: Give short, negative answers.
1. **Onunla evlenecek mi?** 2. **Yarın oraya gidebilir misin?** 3. **Bu mektubu göndermeli miyim?** 4. **Evde kalmalı mıyız?** 5. **Dükkândaki elbiseleri satabiliyor musun?** 6. **Ders çalışabildiniz mi?** 7.

Bunu ona gösteriyor mu? 8. Parayı sayar mısın? 9. Bizi oraya götürebilirler mi? 10. Dün akşam araba kullandı mı?

D: Rewrite without repeating the noun, as shown.

Example : Bu oda çok serindir. Diğer odada otur. → Bu oda çok serindir. Diğerinde otur.
1. Bu özel okul daha pahalıdır. Diğer okula gidelim. 2. Masadaki portakal daha ekşidir. Diğer portakalı ye. 3. Bu bilezik çok pahalıdır. Diğer bileziği alabiliriz. 4. Çocuğun oyuncağı tehlikelidir. Diğer oyuncakla oynayacak. 5. Bu müze kapalıdır. Diğer müzeye gidelim. 6. Bu adam güçsüzdür. Diğer adam çalışabilir. 7. Şu soru zordur. Diğer soruyu yanıtlayacağız. 8. Banyodaki lavabo küçüktür. Diğer lavaboda yıkayacağım.

E: Translate into English.
1. Niçin oraya gitmemelisin? 2. Başka bir evde kalabilir mi? 3. Patron artık o işçiyi istemez. 4. Otobüs kalabalıktı; bu yüzden binmedi. 5. Gelecek hafta bir doktorla evleneceğim. 6. Karnın doydu mu? Evet, doydu. 7. Çok acıktı. Ne yiyecek? 8. Adam bu ay kirayı ödeyemedi.

F: Translate into Turkish.
1. It rained; so he didn't come. 2. I don't want that house any more. 3. We are full, but we'll drink a glass of tea. 4. Do you know another language? 5. Your friend is very lucky. He won't pay money for food. 6. The manager went; so you can't talk to him. 7. Will you marry me? 8. I must think about the rent of the house.

PRACTICE 65 - ANSWERS

A. 1. Adam fabrikaya dönecek. 2. Biz sizi orada bekledik. 3. Yapraklar düşer. 4. İşadamıyla tanışabiliriz. 5. Bebekler ağlıyor. 6. Çocuklar bahçeden kaçmalı. 7. Köpeklerden korkuyor musun? 8. Ona bu dili öğreteceğiz. 9. Bu kitap faydalı mıydı? 10. Bu işi yapabiliriz. 11. Orada bir ay bekleriz. 12. Çeşitli kitaplar okumalıyız. 13. Arkadaşım evlenebilir. 14. Radyoyu onarıyor musunuz? 15. Onun adını öğrenmeyiz. 16. Burada sigara içmemelisin. 17. Bize söz verdi mi? 18. Bu otelde kalmayacaksınız. 19. Onu yakalar mısınız? 20. Bu makineyi kullanabiliyor musun?
B. 1. Evet, göndermeli. 2. Evet, yıkamalıyım. 3. Evet, almalıyız. 4. Evet, öğretebiliriz. 5. Evet, götürecek. 6. Evet, satacaksınız. 7. Evet, bitirebildim. 8. Evet, büyüktür. 9. Evet, gidebiliyor. 10. Evet, onardık.
C. 1. Hayır, evlenmeyecek. 2. Hayır, gidemem. 3. Hayır, göndermemelisin. 4. Hayır, kalmamalısınız. 5. Hayır, satamıyorum. 6. Hayır, çalışamadık. 7. Hayır, göstermiyor. 8. Hayır, saymam. 9. Hayır, götüremezler. 10. Hayır, kullanmadı.
D. 1. Bu özel okul daha pahalıdır, diğerine gidelim. 2. Masadaki portakal ekşidir, diğerini ye. 3. Bu bilezik çok pahalıdır, diğerini alabiliriz. 4. Çocuğun oyuncağı tehlikelidir, diğeriyle oynayacak. 5. Bu müze kapalıdır, diğerine gidelim. 6. Bu adam güçsüzdür, diğeri çalışabilir. 7. Şu soru zordur, diğerini yanıtlayacağız. 8. Banyodaki lavabo küçüktür, diğerinde yıkayacağım.
E. 1. Why mustn't you go there? 2. Can she stay at another house? 3. The boss doesn't want that worker any more. 4. The bus was crowded; so she didn't get on. 5. I will marry a doctor next week. 6. Are you full? Yes, I am full. 7. She is very hungry. What will she eat? 8. The man couldn't pay the rent for this month.
F. 1. Yağmur yağdı; bu yüzden gelmedi. 2. Artık o evi istemiyorum. 3. Biz tokuz ama bir bardak çay içeceğiz. 4. Başka bir dil biliyor musun? 5. Arkadaşın çok şanslıdır. Yemek için para ödemeyecek. 6. Müdür gitti; bu yüzden onunla konuşamazsın. 7. Benimle evlenecek misin? 8. Evin kirasını (kirası hakkında) düşünmeliyim.

VOCABULARY

KIZMAK Sana niçin kızar?	TO BE ANGRY (WITH) Why is she angry with you?
TOPLAMAK Eski kitapları toplayacak.	TO COLLECT He will collect the old books.
GRUP Bankanın önündeki grup ne yapıyor?	GROUP What is the group in front of the bank doing?
ŞEY Şu şey nedir?	THING What is that thing?
AFFETMEK Onu affedebilir mi?	TO EXCUSE Can she excuse him?
EN En büyük oda budur.	MOST The biggest room is this.
UZUN BOYLU Baban uzun boylu mudur?	TALL Is your father tall?
KISA BOYLU O benden daha kısa boyludur.	SHORT He is shorter than me.

COMPARISON (continued)

First, let us recall the **-dan/-den daha** structure used to make comparatives.

uzun **daha uzun**	long longer
büyük **daha büyük**	big bigger
Bu ev şundan daha pahalıdır.	This house is more expensive than that one.
Bu kitap masadakinden daha faydalıdır.	This book is more useful than the one on the table.
Bugün dünden daha soğuk olacak.	Today will be colder than yesterday.

Now we will look at superlatives. In English '-est' or 'most' is used (colder, most beautiful). In Turkish **en** is used, placed in front of the adjective.

uzun	long
daha uzun	longer
en uzun	the longest
yaşlı	old
daha yaşlı	older
en yaşlı	the oldest
şanslı	lucky
daha şanslı	luckier
en şanslı	the luckiest
tehlikeli	dangerous
daha tehlikeli	more dangerous
en tehlikeli	the most dangerous

In a superlative structure the relevant noun might be plural, in which case it takes the genitive case.

ev	house
kapı	door
evin kapısı	the door of the house
çocuk	child
anne	mother
çocuğun annesi	the child's mother
çanta	
pahalı	
çantalar	
en pahalı	
çantaların	
çantaların en pahalısı	
soru	
zor	
sorular	
en zor	
soruların	
soruların en zoru	

evlerin en büyüğü	the biggest of the houses
arabaların en ucuzu	the cheapest of the cars
halıların en eskisi	the oldest of the carpets
kitapların en ilginci	the most interesting of the books
Evlerin en büyüğü budur.	The biggest of the houses is this.
Kalemlerin en uzunu masanın üstündedir.	The longest of the pencils is on the table.
Bavulların en ağırını taşımalısın.	You must carry the heaviest of the suitcases.
Halıların en eskisini ona verdi.	She gave the oldest of the carpets to her.
Kadınların en güzeliyle evlenecek.	He will marry the most beautiful of the women.
Öğretmen soruların en zorunu sordu.	The teacher asked the most difficult of the questions.
Kızların en kısa boylusu Selmadır.	The shortest of the girls is Selma.
Öğrencilerin en çalışkanını görmelisin.	You must see the most hardworking of the students.

In superlative structures, if the adjective is placed before the noun it is not necessary to use personal suffixes for possession.

en ucuz elbiseler	the cheapest dresses
en ucuz elbiselerin	your cheapest dresses
en yeni bilgisayar	the newest computer
en yeni bilgisayarım	my newest computer
en büyük oda	the largest room
en büyük odanız	your largest room
en iyi doktor	the best doctor
en iyi doktorumuz	our best doctor

Bunlar en ucuz elbiselerindir.	These are your cheapest dresses.
En dikkatli öğrencisi Ayşedir.	His most careful student is Ayşe.
En büyük odanızda kalmak istiyor.	I want to stay at your largest room.
En iyi doktorumuzu görecek.	She will see our best doctor.
Fikret benim en zayıf öğrencimdir.	Fikret is my thinnest student.

Both personal pronoun and determiner may be omitted.

O en şişman öğrencidir.	He is the fattest student.
O benim en şişman öğrencimdir.	He is my fattest student.
Öğrencilerin en şişmanı odur.	He is the fattest students of the students.

Ofisteki en iyi sekreteri gördüm.	I saw the best secretary in the office.
En uzun boylu kızı biliyoruz.	We know the tallest girl.
En yararlı kitabı al.	Take the most useful book.
Bize en ilginç fotoğrafları gösterecek.	She will show us the most interesting photographs.
Annem en küçük elmayı yedi.	My mother ate the smallest apple.
En soğuk gün bugündü.	The coldest day was today.
En tehlikeli yol budur.	The most dangerous road is this.
Şoförlerin en dikkatlisi ağabeyimdir.	The most careful of the drivers is my elder brother.
En ünlü doktor o olacak.	He will be the most famous doctor.
Beş yıl önce en ünlü doctor oydu.	He was the most famous doctor five years ago.
O şehirdeki en büyük parkı gördüm.	I saw the largest park in that city.
Soruların en zoru budur.	The most difficult of the questions is this.
En ağır çantayı taşıdı.	He carried the heaviest bag.
En büyük hastane budur.	The largest hospital is this.
En önemli mektupları okudu.	She read the most important letters.

The Words Used in the Reading Passage

gezmek	walk around
bina	building

ŞEHİR

Dün hava güzeldi. Arkadaşlarla
birlikte şehirde gezdik. Geniş
caddeler, büyük binalar, güzel
lokantalar, süpermarketler,
pazarlar, okullar ve parklar vardı.

Şehrin en büyük binası bir
oteldi. Çok güzel bir otel.
Ünlü misafirler, zengin turistler
ve işadamları bu otelde kalırlar.

Şehrin en geniş caddesinde ilginç
bir lokanta vardı. Orada öğle
yemeği yedik. Şehrin en iyi
lokantasıydı.

Akşam başka bir lokantaya gittik.
En iyi lokanta değildi ama buradaki
yiyecek daha tazeydi. Fiyat da daha
ucuzdu.

En ünlü alışveriş yerinden bazı
şeyler aldık. Çok kalabalıktı ve
çok çeşitli şeyler vardı.

Akşam otele döndük. İyi bir oteldi
ama çok pahalıydı; bu yüzden en ucuz
odalarda kaldık.

Yarın uçakla döneceğiz. Şirkette yeni
işler var. Almanyadan işadamları gelecek.

CITY

It was fine yesterday. We walked
around in the city together with the
friends. There were wide streets, big
buildings, beautiful restaurants,
supermarkets, bazaars, schools and parks.

The largest building of the city was
a hotel. It is a very beautiful hotel.
Famous guests, rich tourists and
businessmen stay at this hotel.

There was an interesting restaurant
in the widest street of the city.
We ate lunch there. It was the best
restaurant of the city.

We went to another restaurant in the
evening. It wasn't the best restaurant
but the food here was fresher. The
price was also cheaper.

We bought some things from the most
famous shopping place. It was very
crowded and there were very different
things.

We came back to the hotel in the
evening. It was a good hotel but
it's very expensive; so we stayed at the
cheapest rooms.

We'll return by aeroplane tomorrow.
There is new work in the company. Some
businessmen will come from Germany.

Questions and Answers to the Reading Passage

Onlar nerede gezdiler?
Where did they walk around?

Şehirde gezdiler.
They walked around in the city.

Şehirde süpermarketler var mıydı?
Are there any supermarkets in the city?

Evet, vardı.
Yes, there are.

Şehrin en büyük binası nedir?
What is the biggest building in the city?

Bir oteldir.
It is a hotel.

Orada kimler kalır?
Who stays there?

Ünlü misafirler, zengin turist ve
işadamları kalır.
The famous guests, rich tourists and
businessmen stay.

376

En iyi lokanta nerededir?	**Şehrin en geniş caddesindedir.**
Where is the best restaurant?	It is in the widest street of the city.
Orada akşam yemeği mi yediler?	**Hayır, öğle yemeği yediler.**
Did they eat dinner there?	No, they ate lunch.
Akşam nerede yediler?	**Başka bir lokantada yediler.**
Where did they eat in the evening?	They ate in another restaurant.
Buradaki yiyecek daha mı tazeydi?	**Evet, tazeydi.**
Was the food here fresher?	Yes, it is.
Fiyat pahalı mıydı?	**Hayır, değildi.**
Was the price expensive?	No, it isn't.
Alışveriş yerinden bir şey aldılar mı?	**Evet, aldılar.**
Did they buy anything from the shopping place?	Yes, they did.
Akşam nereye döndüler?	**Otele döndüler.**
Where did they come back?	They came back to the hotel.
Pahalı bir otel miydi?	**Evet, pahalıydı.**
Was it an expensive hotel?	Yes, it was.
Ne zaman dönecekler?	**Yarın dönecekler.**
When will they come back?	They will come back tomorrow.
Arabayla mı dönecekler?	**Hayır, uçakla dönecekler.**
Will they come back by car?	No, they come back by aeroplane.
Almanyadan kimler gelecek?	**İşadamları gelecek.**
Who will come from Germany.	The businessmen will come.

PRACTICE 66

A: Combine the pairs of sentences using comparatives, as shown.
Example : Bu kız güzeldir. Şu kız güzeldir. → Bu kız şu kızdan daha güzeldir.
1. O öğrenci uzun boyludur. Oğlum uzun boyludur. 2. Kız şanslıdır. Oğlan şanslıdır. 3. Bu portakallar tatlıdır. Masadakiler tatlıdır. 4. Bu bina eskidir. Şu otel eskidir. 5. Dün serindi. Bugün serindi.

B: Write the comparative and superlative of these adjectives. Example : sıcak → daha sıcak, en sıcak
1. **soğuk** 2. **güzel** 3. **serin** 4. **iyi** 5. **kötü** 6. **uzun boylu** 7. **uzak** 8. **yakın** 9. **eski** 10. **faydalı**

C: Make comparative and superlative sentences as shown. Example: Ataköy 15 km. Etiler 35 km. uzak/yakın→ Ataköy Etilerden daha yakındır. Etiler Ataköyden daha uzaktır.→ Etiler en uzaktır. Ataköy en yakındır.
1. **Mecidiyeköy 5 km. / Ambarlı 20 km.- uzak/yakın** 2. **Ayşe 25 yaşında / Ali 35 yaşında - genç/yaşlı** 3. **Annem 45 kg. / Teyzem 50 kg. - şişman/zayıf** 4. **Aslı 1.55 cm. / Selin 1.60 cm.- uzun boylu/kısa boylu** 5. **at / kedi - büyük/küçük**

D: Fill the gaps.

1. **Kitapların ... yeni... buradadır.** 2. **Bu öğrenci senin oğlun... daha akıllıdır.** 3. **Kızlar... en uzun boylu... Ayşedir.** 4. **Bu çocuk on... ... güçsüzdür.** 5. **Odalar... en kalabalığı burasıdır.**

E: Translate into English.
1. **O bu şehrin en zengin adamıdır.** 2. **Mağazadaki en pahalı elbiseyi aldım.** 3. **En akıllı kız benimkidir.** 4. **Odaların en küçüğü senin odandır.** 5. **Kız kısa boyludur ama onunla evlenecek.** 6. **Bana kızma.** 7. **Seni affedecek mi? Evet, affedecek.** 8. **Ne topladı? Eski pulları topladı.**

F: Translate into Turkish.
1. She is staying at the best hotel of this city. 2. He will drive in most crowded street. 3. They will do a good thing. 4. This house is older than the other one. 5. Shall we go to another place? 6. She told us the most interesting thing in the book. 7. He is the youngest of the men. 8. Ahmet is the tallest of my friends.

PRACTICE 66 - ANSWERS

A. 1. **O öğrenci oğlumdan daha uzun boyludur.** 2. **Kız oğlandan daha şanslıdır.** 3. **Bu portakallar masadakilerden daha tatlıdır.** 4. **Bu bina şu otelden daha eskidir.** 5. **Dün bugünden daha serindi.**
B. 1. **daha soğuk, en soğuk** 2. **daha güzel, en güzel** 3. **daha serin, en serin** 4. **daha iyi, en iyi** 5. **daha kötü, en kötü** 6. **daha uzun boylu, en uzun boylu** 7. **daha uzak, en uzak** 8. **daha yakın, en yakın** 9. **daha eski, en eski** 10. **daha faydalı, en faydalı**
C. 1. **Mecidiyeköy Ambarlıdan daha yakındır. Ambarlı Mecidiyeköyden daha uzaktır. Mecidiyeköy en yakındır. Ambarlı en uzaktır.** 2. **Ayşe Aliden daha gençtir. Ali Ayşeden daha yaşlıdır. Ayşe en gençtir. Ali en yaşlıdır.** 3. **Annem teyzemden daha zayıftır. Teyzem annemden daha şişmandır. Annem en zayıftır. Teyzem en şişmandır.** 4. **Aslı Selinden daha kısa boyludur. Selin Aslıdan daha uzun boyludur. Aslı en kısa boyludur. Selin en uzun boyludur.** 5. **At kediden daha büyüktür. Kedi attan daha küçüktür. At en büyüktür. Kedi en küçüktür.**
D. 1. **en, si** 2. **dan** 3. **ın, su** 4. **dan, daha** 5. **ın**

E. 1. He is the richest man of this city. 2. I bought the most expensive dress in the department store. 3. The most clever girl is mine. 4. The smallest of the rooms is your room. 5. The girl is short but he will marry her. 6. Don't be angry with me. 7. Will she excuse you? Yes, she will. 8. What did she collect? She collected old stamps.

F. 1. **Bu şehrin en iyi otelinde kalıyor.** 2. **En kalabalık caddede araba kullanacak.** 3. **İyi bir şey yapacaklar.** 4. **Bu ev diğerinden daha eskidir.** 5. **Başka bir yere gidelim mi?** 6. **Kitaptaki en ilginç şeyi bize söyledi.** 7. **Adamların en genci odur.** 8. **Ahmet arkadaşlarımın en uzun boyludur.**

VOCABULARY

DÜNYA	WORLD
Dünyadaki en yüksek bina hangisidir?	Which is the highest building in the world.
ÜLKE	COUNTRY
Onun ülkesi çok zengindir.	His country is very rich.
YÜKSEK	HIGH
Bu bina ondan daha yüksektir.	This building is higher than that one.
ALÇAK	LOW
Bahçenin duvarı çok alçaktır.	The wall of the garden is very low.
ÖYKÜ, HİKÂYE	STORY
Kitaptaki öykü ilginç miydi?	Was the story in the book interesting?
ZAMAN	TIME
Zamanım yok. Oraya gelemem.	I haven't got any time. I can't come there.
RAHAT	COMFORTABLE
O koltuk rahat mı?	Is that chair comfortable?
NAZİK	POLITE
Patron nazik bir adam mıdır?	Is the boss a polite man?
PİPO	PIPE
Piponu buldun mu?	Did you find your pipe?
ASANSÖR	LIFT, ELEVATOR
Bu binada asansör var mı?	Is there a lift in this building?

COMPARISION (Continued)

yüksek	high
daha yüksek	higher
den daha yüksek	higher than
Bu bina ondan daha yüksektir.	This building is higher than that one.

O duvar sizinkinden daha alçaktır.   That wall is lower than yours.
Çay onun için kahveden daha iyidir.   Tea is better than coffee for him.

As you can see from the examples below, **fazla** can be added to **daha**.

Seni ondan daha fazla severim.   I love you more than him.

379

Seni iki saatten daha fazla bekleyemez.	She can't wait for you more than two hours

En comes before adjectives to make superlatives.

yüksek	high
en yüksek	the highest
Burası şehirdeki en yüksek yerdir.	This place is the highest place in the city.

Dünyanın en iyi otelinde kaldı.	He stayed at the best hotel in the world.
Elbiselerin en ucuzu budur.	The cheapest of the dresses is this.

Here are examples with superlatives in negative and question forms.

Burası şehirdeki en yüksek yerdir.	This place is the highest place in the city.
Burası şehirdeki en yüksek yer değildir.	This place isn't the highest place in the city.

O bu şehrin en zengin adamıdır.	He is the richest man of this city.
O bu şehrin en zengin adamı değildir.	He isn't the richest man of this city.

Odaların en küçüğü seninki değildir.	The smallest of the rooms isn't yours.
En iyi lokanta değildi.	It wasn't the best restaurant.
En ağır çantayı taşımadı.	He didn't carry the heaviest bag.
En önemli mektupları okumadı.	She didn't read the most important letters.
En dikkatli öğrenci Ali değildir.	The most careful student isn't Ali.
En ilginç öyküyü anlatma.	Don't tell the most interesting story.

En iyi elbisesi bu mudur?	Is this her best dress?
En akıllı kız onunki midir?	Is the most clever girl hers?
En iyi lokanta mıydı?	Was the best restaurant?
En soğuk gün bugün müydü?	Was today the coldest day?
Fikret adamların en zayıfı mıdır?	Is Fikret the thinnest of the men?
Arabaların en yenisini satın aldı mı?	Did he buy the newest of the cars?
En ilginç öyküyü anlatacak mıyız?	Will we tell the most interesting story?

KADAR

Kadar is used to talk about the similarity in a quality between two things. It is placed after the second noun. Used after pronouns, these take the possessive form (with **-ki**). The English equivalent is the structure 'as ... as ...'.

Bu oda şu oda kadar büyüktür.	This room is as large as that one.

büyük	big
kadar büyük	as big as

rahat	comfortable
kadar rahat	as comfortable as

eski	old
kadar eski	as old as
Bu ev şu ev kadar eskidir.	This house is as old as that house.

temiz	clean

kadar temiz	as clean as
Evimiz onunki kadar temizdir.	Our house is as clean as hers.
faydalı	useful
kadar faydalı	as useful as
Bu kitap kütüphanedeki kadar faydalıdır.	This book is as useful as the book in the library.

Burası onun odası kadar pistir.	This place is as dirty as her room.
Bu otobüs diğeri kadar kalabalıktır.	This bus is as crowded as the other one.
Kız kardeşim kadar şanslıdır.	He is as lucky as my sister.
Bu yazar Yaşar Kemal kadar ünlü olacak.	This author will be as famous as Yaşar Kemal.

Kocam onunki kadar uzun boyludur.	My husband is as tall as hers.
Bu yatak benimki kadar rahattır.	This bed is as comfortable as mine.
Kızım o öğrenci kadar akıllıdır.	My daughter is as clever as that student.
Sekreter kadar dikkatli yazıyor.	He is writing as careful as the secretary.
O çocuk kadar kötü oynuyorsun.	You are playing as bad as that boy.
Annem kadar iyi temizledi.	She cleaned as well as my mother.
Yarın bugün kadar sıcak olacak.	Tomorrow will be as hot as today.

Negative Sentences

Negatives are made by adding **değil**. In English 'so' might replace the first 'as'.

Bu ekmek şunun kadar bayattır.	This bread is as stale as that one.
Bu ekmek şunun kadar bayat değildir.	This bread isn't so stale as that one.

O bavul seninki kadar ağırdır.	That suitcase is as heavy as yours.
O bavul seninki kadar ağır değildir.	That suitcase isn't so heavy as yours.

Bu cadde şu cadde kadar geniş değildir.	This street isn't so wide as that street.

Bu otobüs diğeri kadar kalabalık değildir.	This bus isn't so crowded as the other one.
O adam arkadaşın kadar nazik değildir.	That man isn't so polite as your friend.
Oda banyo kadar sıcak değildir.	The room isn't so hot as the bathroom.
Kitabım onunki kadar faydalı değildir.	My book isn't so useful as his.
Patronu kadar zengin değildi.	She wasn't so rich as her boss.
O çocuk kadar kötü oynamıyorsun.	You aren't playing so bad as that boy.
Yarın bugün kadar sıcak olmayacak.	Tomorrow won't be so warm as today.

Question Form

O okul bizim fabrika kadar büyüktür.	That school is as large as our factory.
O okul bizim fabrika kadar büyük değildir.	That school isn't so large as our factory.
O okul bizim fabrika kadar büyük müdür?	Is that school as large as our factory?

Eviniz onunki kadar temiz midir?	Is your house as clean as hers?
Bu cadde şu cadde kadar geniş midir?	Is this street as wide as that street?
Kız kardeşim kadar şanslı mıdır?	Is he as lucky as my sister?
Misafirler kadar aç mıdır?	Is she as hungry as the guests?
Onun elbisesi seninki kadar yeni midir?	Is her dress as new as yours?
Şu yol diğeri kadar tehlikeli midir?	Is that road as dangerous as the other one?
Bu ekmek şunun kadar bayat mıdır?	Is this bread as stale as that one?

Bu onun evi kadar eski miydi?	Was this as old as her house?
Amcam kadar dikkatsiz araba sürdü mü?	Did he drive as careless as my uncle?
O, kız kardeşin kadar güzel miydi?	Was she as beautiful as your sister?

DIALOGUE

Aylin : Kahvaltı edecek misin?	Will you have breakfast?
Turgut : Hayır, etmeyeceğim. Çok	No, I won't. I'm very tired and
yorgunum ve aç değilim.	I am not hungry. I want to sleep.
Uyumak istiyorum.	
A : Çay hazır. Duş yap ve bir bardak	The tea is ready. Have a shower and
sıcak çay iç. Ne yiyeceksin?	drink a glass of hot tea. What will you eat?
T : Bilmiyorum. Ne var?	I don't know. What is there?
A : Biraz peynir var ama şimdi süper-	There is some cheese but now I'll go
markete gideceğim. Yumurta, süt,	to the supermarket. I'll buy some
bal, zeytin ve reçel alacağım.	milk, honey, olives and jam.
T : Portakal reçeli de al.	Buy orange jam too.
A : Tamam. On beş dakika sonra	Okay. I come fifteen minutes later.
gelirim. Duş yap ve bekle.	Have a shower and wait.
T : Ekmek var mı?	Is there any bread?
A : Evet, var. Masanın üstünde.	Yes, there is. It is on the table.
Mutfakta da var.	There is also in the kitchen.
Turgut ekmeğe bakar.	Turgut looks at the bread.
T : Hangisini yiyeceğiz?	Which one will we eat?
A : Masanın üstündekini.	The one on the table.
T : Masanın üstündeki ekmek de	The bread on the table is also as stale
mutfaktaki kadar bayat.	as the one in the kitchen.
A : Ekmek de alırım. Şimdi gidiyorum.	I also buy some bread. I am going now.
Beni bekle.	Wait for me.

PRACTICE 67

A: Fill the gaps with the adjectives listed.

ilginç yüksek dikkatli pahalı soğuk tehlikeli zor

1. En ... araba bizim patronundur. 2. Bu şehrin en ... binasını biliyor musun? 3. Öğrencilerin en ... si bu sınıftadır. 4. Öğretmen en ... soruyu bana sordu. 5. Kütüphanedeki en ... kitabı ver. 6. En ... yolda araba kullanıyor. 7. En ... oda seninkidir.

B: Join the sentence pairs using **kadar**, as shown.

Example : Burası sıcaktır. Orası sıcaktır. → Burası orası kadar sıcaktır.

1. **Bu ev büyüktür. Onun evi büyüktür.** 2. **Kitaptaki soru kolaydır. Bu soru kolaydır.** 3. **Bahçemiz geniştir. Sizin bahçeniz geniştir.** 4. **Babam güçlüdür. Arkadaşım güçlüdür.** 5. **O kadın zayıftır. Karın zayıftır.** 6. **Bu koltuk rahattır. Yatak rahattır.** 7. **O doktor ünlüdür. Senin doktorun ünlüdür.** 8. **Ben mutluyum. Arkadaşım mutludur.**

C: Change into negative and question forms.

1. **Bu yazar onun kadar ünlüdür.** 2. **Oda sizin ofisiniz kadar sıcaktır.** 3. **Bu kız annesi kadar güzel olacak.** 4. **Ev ağaç kadar yüksekti.** 5. **Arabayı senin kadar dikkatli sürdü.** 6. **Amcam patronumuz kadar zengindir.** 7. **Bu elma diğeri kadar tatlıydı.**

D: Fill the gaps.

1. Benim elbisem seninki ... pahalıdır. 2. Kızım onun... kadar akıllıdır. 3. Bu adam ağabeyimden ... uzun boyludur. 4. Kitaplar... ... faydalısı budur. 5. Bu sokağın ... büyük ev... hangisidir?

E: Translate into English.
1. Bizim ülkemiz onunkinden daha zengindir. 2. Dünyanın en yüksek binasını gördüm. 3. Zamanın var mı? Bana yardım edebilir misin? 4. Asansör çalışıyor mu? 5. Annen teyzem kadar zayıf değildir. 6. O film diğeri kadar ilginç midir? 7. En kalabalık odadadır.

F: Translate into Turkish.
1. Is she as hungry as her sister? 2. He wasn't so polite as my husband. 3. We must finish the letter this evening. 4. She has got a shop in the most crowded street. 5. His computer was as new as mine. 6. You mustn't wear this dress in the office. 7. Will she be as happy as her friend?

PRACTICE 67 - ANSWERS

A. 1. pahalı 2. yüksek 3. dikkatli 4. zor 5. ilginç 6. tehlikeli 7. soğuk
B. 1. Bu ev onun evi kadar büyüktür. 2. Kitaptaki soru bu soru kadar kolaydır. 3. Bahçemiz sizin bahçeniz kadar geniştir. 4. Babam arkadaşım kadar güçlüdür. 5. O kadın karın kadar zayıftır. 6. Bu koltuk yatak kadar rahattır. 7. O doktor senin doktorun kadar ünlüdür. 8. Ben arkadaşım kadar mutluyum.
C. 1. Bu yazar onun kadar ünlü müdür? Bu yazar onun kadar ünlü değildir. 2. Oda sizin ofisiniz kadar sıcak mıdır? Oda sizin ofisiniz kadar sıcak değildir. 3. Bu kız annesi kadar güzel olacak mı? Bu kız annesi kadar güzel olmayacak. 4. Ev ağaç kadar yüksek miydi? Ev ağaç kadar yüksek değildi. 5. Arabayı senin kadar dikkatli sürdü mü? Arabayı senin kadar dikkatli sürmedi. 6. Amcam patronumuz kadar zengin miydi? Amcam patronumuz kadar zengin değildi. 7. Bu elma diğeri kadar tatlı mıydı? Bu elma diğeri kadar tatlı değildi.
D. 1. kadar 2. ki 3. daha 4. ın, en 5. en, i
E. 1. Our country is richer than hers. 2. I saw the highest building of the world. 3. Have you got any time? Can you help me? 4. Is the lift working? 5. Your mother isn't so thin as my aunt. 6. Is that film as interesting as the other one? 7. She is in the most crowded room.
F. 1. Kız kardeşi kadar aç mı? 2. Kocam kadar nazik değildi. 3. Mektubu bu akşam bitirmeliyiz. 4. En kalabalık caddede bir dükkânı var. 5. Onun bilgisayarı benimki kadar yeniydi. 6. Bu elbiseyi ofiste giymemelisin. 7. Arkadaşı kadar mutlu olacak mı?

VOCABULARY

TIRAŞ OLMAK Her sabah tıraş olmalısın.	TO SHAVE You must shave every morning.
HIZLI Arabayı hızlı sürer.	FAST; QUICK He drives the car quickly.
YAVAŞ O yavaş bir makinedir.	SLOW It is a slow machine.
ÇABUK Çabuk ol. Şimdi gelecek.	QUICK Be quick. He'll come now.
BASİT Basit bir soru sordu.	SIMPLE He asked a simple question.
KAYBETMEK Çantamı kaybettim.	TO LOSE I lost my bag.
MENDİL Onu bir mendille temizle.	HANDKERCHIEF Clean it with a handkerchief.
SESSİZ Sessiz bir öğrenciydi.	QUIET She was a quiet student.
YATAK ODASI Yatak odası salon kadar büyüktür.	BEDROOM The bedroom is as large as

ADVERBS

Adverbs, which are words describing adjectives or verbs, are of various kinds. Here we look at adverbs of manner, which describe how things are done. In Turkish, just like English, the same word might be used as both adjective and adverb.

hızlı	fast, quick
O hızlı bir sekreterdir.	She is a quick secretary.

In the above sentence **hızlı** is an adjective describing the secretary.

Sekreter hızlı yazdı.	The secretary wrote fast.

In this sentence, however, **hızlı** is an adverb describing how the secretary wrote.

Yavaş bir işçidir. (sıfat)	He is a slow worker.
Yavaş koştu. (zarf)	He ran slowly.
Dikkatli bir öğrencidir.	She is a careful student.
Arabayı dikkatli sürdü.	She drove carefully.

The suffix **-ca/-ce** is added to adjectives to change them into adverbs. **Bir şekilde** may also be used.

sessiz	quiet
sessizce	quietly
sessiz bir şekilde	quietly

Sessizce yürüdüler.	They walked quietly.
Sessiz bir şekilde yürüdüler.	They walked quietly.

kolay	easy
kolayca	easily
kolay bir şekilde	easily
O çantayı kolayca aldı.	She took that bag easily.
O çantayı kolay bir şekilde aldı.	She took that bag easily.

In English, '-ly' is added to adjectives to make adverbs. When the same word is used for both adjective and adverb, the **-c(ç)a, -c(ç)e** suffix may be added to distinguish them. Alternatively, the adjective can be just repeated

hızlı	quick, fast
hızlıca	quickly, fast
hızlı bir şekilde	quickly, fast
hızlı hızlı	quickly, fast

yavaş	slow
yavaşça	slowly
yavaş bir şekilde	slowly
yavaş yavaş	slowly

Sekreter hızlı yazdı.	The secretary wrote fast.
Sekreter hızlıca yazdı.	The secretary wrote fast.
Sekreter hızlı bir şekilde yazdı.	The secretary wrote fast.

Yavaş koştu.	He ran slowly.
Yavaşça koştu.	He ran slowly.
Yavaş bir şekilde koştu.	He ran slowly.

Examine these sentence pairs.

O iyi bir kadındır.	She is a good woman.
Kadın iyi yemek pişirir.	The woman cooks well.

Mutlu bir kızdır.	She is a happy girl.
Kız mutlu bir şekilde uyudu.	The girl slept happily.

O sessiz bir öğrencidir.	He is a quiet student.
Öğrenci sessizce dışarı çıktı.	The student went out quietly.

O kolay bir sorudur.	It is an easy question.

Valizi kolayca taşıdı.	He carried the suitcases easily.
Çocuk hızlı yürüyemez.	The child can't walk fast.
Dün sabah geç kalktık.	We got up late yesterday morning.
Yolda çok araba vardı; bu yüzden yavaş sürdü.	There were many cars; so he drove slowly.
Kutuyu kolayca açtık.	We opened the box easily.
Onu kolayca yapabilir misin?	Can you do it easily?
Çabuk gel.	Come quickly.
Kötü yüzerler.	They swim badly.
Çocuklar dikkatsizce koşuyorlar.	The children are talking carelessly.
Çayı çabuk içecek.	He'll drink the tea quickly.
Sessizce gittiler.	They went quietly.
Mektupları hızlı yazmadı.	She didn't write the letters fast.
Soruyu kolayca yanıtlayabilir mi?	Can he answer the question easily?

-(ç)cı, -(ç)ci, -(ç)cu, -(ç)cü

These suffixes added to nouns make the names of jobs/professions, or the place of such work.

süt	sütçü	milk	milkman
ayakkabı	ayakkabıcı	shoe	shoemaker
diş	dişçi	tooth	dentist
kitap	kitapçı	book	bookseller
gazete	gazeteci	newspaper	newspaperman; journalist
futbol	futbolcu	football	footballer
oyuncak	oyuncakçı	toy	toy maker; toy seller, toyman

Sütçüden iki şişe süt alacağım.	I'll buy two bottles of milk from the milkman.
Amcam bir ayakkabıcıdır.	My uncle is a shoemaker.
Fotoğrafçı fotoğraflarımızı verdi.	The photographer gave our photographs.
Oyuncakçıdan kızı için bir oyuncak alacak mı?	Will she buy a toy from the toy seller for her daughter?
Futbolcular koşuyorlar.	The footballers are running.
Binanın dışında birçok gazeteci var.	There are many newspaper reporters outside the building.

YOLDA

ON THE ROAD

Ayça ve Yalçın bir arabadadırlar. Ayça Yalçının kız kardeşidir. Onlar Antalyaya gidiyorlar. Orada küçük ama güzel bir otelde, on beş gün kalacaklar.

Arabayı Yalçın sürüyor. O dikkatli bir şofördür. Her zaman dikkatli (bir şekilde) sürer. Ayça da sürebilir. O da Yalçın kadar dikkatlidir.

Yol çok kalabalıktır; bu yüzden Yalçın

Ayça and Yalçın are in the car. Ayça is Yalçın's sister. They are going to Antalya. They'll stay at a small but beautiful hotel for fifteen days.

Yalçın is driving. He is a careful driver. He always drives carefully. Ayça can also drive. She is also as careful as Yalçın.

The road is very crowded; so Yalçın

yavaş gidiyor. Onlar konuşuyorlar ve radyoyu dinliyorlar. Önlerinde başka bir araba var. Şoför çok dikkatsizdir. Dikkatsiz bir şekilde sürüyor. Yalçın ona kızıyor.

is going slowly. They are talking and listening to the radio. There is another car in front of them. The driver is very careless. He drives carelessly. Yalçın is angry with him.

Dört saat sonra otelde olacaklar. Yarın Ayça'nın erkek arkadaşı gelecek. Adı Ekremdir. Ekrem ve Ayça aynı yerde çalışıyorlar. Onlar evlenecekler.

They will be at the hotel four hours later. Tomorrow Ayça's boy friend will come. His name is Ekrem. Ekrem and Ayça are working at the same place. They will marry.

Şimdi araba hızlı gidiyor ama Yalçın çok hızlı sürmez. O eski arabasını sattı ve yeni bir araba aldı.

Now, the car is going fast, but Yalçın doesn't drive very fast. He sold his old car and bought a new car.

Bir saat sonra duracaklar ve bir lokantada biraz yemek yiyecekler. Karınları çok acıktı.

They'll stop one hour later and eat some food at a restaurant. They are very hungry.

Questions and Answers to the Reading Passage

Ayça ve Yalçın nerededir?
Where is Ayça and Yalçın?

Onlar arabadadırlar.
They are in the car.

Onlar nereye gidiyorlar?
Where are they going?

Antalyaya gidiyorlar.
They are going to Antalya.

Orada nerede kalacaklar?
Where will they stay there?

Bir otelde kalacaklar.
They'll stay at a hotel.

Otel büyük müdür?
Is the hotel big?

Hayır, büyük değildir.
No, it isn't.

Orada kaç gün kalacaklar?
How many days will they stay there?

On beş gün kalacaklar.
They'll stay for fifteen days.

Arabayı kim sürüyor?
Who is driving?

Yalçın sürüyor.
Yalçın is.

O dikkatsiz mi sürer?
Does she drive carelessly?

Hayır, dikkatli sürer.
No, he drives carefully.

Ayça sürebilir mi?
Can Ayça drive?

Evet, sürebilir.
Yes, she drives.

Yol nasıldır?
How is he road?

Yol çok kalabalıktır.
The road is very crowded.

Yalçın yavaş mı yoksa hızlı mı sürüyor?
Is Yalçın driving slowly or fast?

Yavaş sürüyor.
He is driving slowly.

Onlar ne yapıyorlar?	**Konuşuyorlar ve radyo dinliyorlar.**
What are they doing?	They are talking and listening to the radio.
Önlerinde ne var?	**Başka bir araba var.**
What is there in front of them?	There is another room.
Şoför nasıl sürüyor?	**Kötü sürüyor.**
How is the driver driving?	He is driving badly.
Ne zaman otelde olacaklar?	**Dört saat sonra otelde olacaklar.**
When will they be at the hotel?	They will be at the hotel four hours later.
Yarın otele kim gelecek?	**Ayçanın erkek arkadaşı gelecek.**
Who will come to the hotel tomorrow?	Ayça's boy friend will come.
Adı nedir?	**Ekremdir.**
What is his name?	His name is Ekrem.
Onlar nerede çalışıyorlar?	**Aynı yerde çalışıyorlar.**
Where are they working?	They are working at the same place.
Onlar evlenecekler mi?	**Evet, evlenecekler.**
Will they marry?	Yes, they will.
Yalçın çok hızlı sürer mi?	**Hayır, sürmez.**
Does Yalçın drive very fast?	No, he doesn't.
Yalçın ne aldı?	**Yeni bir araba aldı.**
What did Yalçın buy?	He bought a new car.
Ne zaman duracaklar?	**Bir saat sonra duracaklar.**
When will they stop?	They'll stop one hour later.
Ne yapacaklar?	**Yemek yiyecekler.**
What will they do?	They will eat.

PRACTICE 68

A: Make these adjectives into adverbs.
1. **dikkatli** 2. **kolay** 3. **sessiz** 4. **mutlu** 5. **yavaş** 6. **kötü** 7. **hızlı**

B: Make sentences, as shown.
Example : Süt istiyorum. → Sütçüye git.
1. **Fotoğraflara bakmak istiyor.** 2. **Gazete okumak istiyorum.** 3. **Dişlerim kötü.** 4. **Ayakkabı almak istiyorum.** 5. **Yeni bir saat istiyorum.** 6. **Trene bineceğim. Bilet istiyorum.** 7. **Çocuk oyuncak istiyor.** 8. **Futbol seyretmek istiyorum.** 9. **Kitap okumak istiyorum.** 10. **Süt içeceğim.**

C: Join the sentence pairs with **kadar**.
1. **Bu bavul ağırdır. Diğer bavul ağırdır.** 2. **Ben hızlı yazarım. O sekreter hızlı yazar.** 3. **Bu soru kolaydır. Şu soru kolaydır.** 4. **O yorgundur. Arkadaşım yorgundur.** 5. **Biz sessiz yürürüz. Onlar sessiz yürürler.** 6. **O adam yavaş koşar. Ağabeyim yavaş koşar.** 7. **Annem şanslıdır. Selma Hanım şanslıdır.**

D: Use the words given to make sentences.
1. benden - arkadaşım - yaşlıydı - daha 2. daha - o - hızlı - senden - koşar 3. dili - bu - öğretebiliriz - ona 4. elbiseleri - bu - mıyız - satacak? 5. dikkatli - şekilde - bir - kadın - baktı - ona 6. kapıyı - açamazsın - o - kolayca 7. hangisidir - şehrin - bu - geniş - en - caddesi 8. bir - başka - öğrenciye - soracaklar - soru

E: Change into negative form.
1. Gelecek ay burada olacaklar. 2. Bu kitap ondan daha kalındı. 3. Fatma Ayşe kadar uzun boylu olacak. 4. Öğrencilerin en dikkatlisi oydu. 5. Bu odada sigara içmeliyiz.

F: Translate into English.
1. Arabayı hızlı sürmez. 2. Çocuklar mutlu bir şekilde oynuyorlar. 3. Sütçüden bir şişe süt al, lütfen. 4. Sizin eviniz bizimki kadar eskidir. 5. Tıraş olmalısın. Şimdi müdür gelecek. 6. Paramı kaybettim. Bana biraz para ver, lütfen. 7. Sessiz konuş. Çocuk uyuyor.

G: Translate into Turkish.
1. Is our house as high as theirs? 2. This question is as simple as the other one. 3. Must he collect the books? 4. Is this armchair comfortable than the armchair in the room? 5. She lives in the highest building of the city. 6. Run slowly. You'll fall. 7. This orange isn't so sweet as that one.

PRACTICE 68 - ANSWERS

A. 1. dikkatli, dikkatlice, dikkatli bir şekilde 2. kolayca, kolay bir şekilde 3. sessizce, sessiz bir şekilde 4. mutlu bir şekilde 5. yavaş, yavaşça, yavaş bir şekilde 6. kötü bir şekilde 7. hızlı, hızlı bir şekilde
B. 1. Fotoğrafçıya git. 2. Gazeteciye git. 3. Dişçiye git. 4. Ayakkabıcıya git. 5. Saatçiye git. 6. Biletçiye git. 7. Oyuncakçıya git. 8. Futbolcuya git (bak). 9. Kitapçıya git. 10. Sütçüye git.
C. 1. Bu bavul diğer bavul kadar ağırdır. 2. Ben o sekreter kadar hızlı yazarım. 3. Bu soru şu soru kadar kolaydır. 4. O, arkadaşım kadar yorgundur. 5. Biz onlar kadar sessiz yürürüz. 6. O adam ağabeyim kadar yavaş koşar. 7. Annem Selma Hanım kadar şanslıdır.
D. 1. Arkadaşım benden daha yaşlıydı. 2. O senden daha hızlı koşar. 3. Ona bu dili öğretebiliriz. 4. Bu elbiseleri satacak mıyız? 5. Kadın ona dikkatli bir şekilde baktı. 6. O kapıyı kolayca açamazsın. 7. Bu şehrin en geniş caddesi hangisidir? 8. Başka bir öğrenciye soru soracaklar.
E. 1. Gelecek ay burada olmayacaklar. 2. Bu kitap ondan daha kalın değildi. 3. Fatma Ayşe kadar uzun boylu olmayacak. 4. Öğrencilerin en dikkatlisi o değildi. 5. Bu odada sigara içmemeliyiz.
F. 1. He doesn't drive fast. 2. The children are playing happily. 3. Buy a bottle of milk from the milkman, please. 4. Your house is as old as ours. 5. You must shave. The manager will come now. 6. I lost my money. Give me some money, please. 7. Speak quietly. The child is sleeping.
G. 1. Bizim evimiz onlarınki kadar yüksek midir? 2. Bu soru diğeri kadar basittir. 3. Kitapları toplamalı mı? 4. Bu koltuk odadaki koltuktan daha rahat mıdır? 5. Şehrin en yüksek binasında yaşar. 6. Yavaş koş. Düşeceksin. 7. Bu portakal onun kadar tatlı değildir.

VOCABULARY

OCAK Ocakta İstanbula geldi.	JANUARY He came to Istanbul in January.
ŞUBAT Şubat en kısa aydır.	FEBRUARY February is the shortest month.
MART Martta hava çok soğuktur.	MARCH It is very cold in March.
NİSAN Nisanda yeni bir müdür gelecek.	APRIL A new manager will come in April.
MAYIS Mayısta okula gitmeyecek.	MAY She won't go to school in May.
HAZİRAN Haziranda hava sıcaktır.	JUNE It is hot in June.
TEMMUZ Temmuzda Antalyaya giderler.	JULY They go to Antalya in July.
AĞUSTOS Yılın en sıcak ayı ağustostur.	AUGUST The hottest day of the year is August.
EYLÜL Eylülde babası Almanyadan dönecek.	SEPTEMBER His father will come back from Germany in September.
EKİM Ekimde üniversiteye gidecek.	OCTOBER She'll go to the university in October.
KASIM Kasımda bazen kar yağar.	NOVEMBER Sometimes it snows in November.
ARALIK Aralıkta köyde yaşayamaz. Hava çok soğuktur.	DECEMBER She can't live in the village in December. It is very cold.
KIŞ Kışın palto giyeriz.	WINTER We put on coats in the winter.
YAZ Her yaz denizde yüzerler.	SUMMER They swim in the sea every summer.

SONBAHAR Sonbaharda yapraklar düşer.	AUTUMN Leaves fall down in the autumn.
İLKBAHAR İlkbaharda hava soğuk değildir.	SPRING It isn't cold in the spring.
MEVSİM Bir yılda dört mevsim vardı.	SEASON There are four seasons in a year.

MONTHS AND SEASONS

The names of months are written without capital letters in Turkish, like the names of days.

pazar	Sunday
pazartesi	Monday
salı	Tuesday
çarşamba	Wednesday
perşembe	Thursday
cuma	Friday
cumartesi	Saturday

Pazartesi günü fabrikada çalışacak.	He'll work in the factory on Monday.
İşadamları hangi gün gelecek?	Which day will the businessmen come?
Salı günü gelecekler.	They will come on Tuesday.
Bankalar pazar günü kapalıdır.	The banks are shut on Sunday.
Oraya perşembe günü gitmedik ama cuma günü gideceğiz.	We didn't go there on Thursday but we will go on Friday.

Months take the locative suffix **-(t)de, -(t)da**.

ocakta	in January
şubatta	in February
martta	in March
nisanda	in April
mayısta	in May
haziranda	in June
temmuzda	in July
ağustosta	in August
eylülde	in September
ekimde	in October
kasımda	in November
aralıkta	in December

The suffixes for seasons are a little different, as shown.

kışın	in the winter
yazın	in the summer
sonbaharda	in the autumn
ilkbaharda	in the spring

Ocakta arabasını sattı.	He sold his car in January.
Amcam buraya kasımda geldi.	My uncle came here in November.
İlkbaharda ağaçlar yeşildir.	The trees are green in the spring.

Çocuklar eylülde okula gidecekler.	The children will go to school in September.
Haziranda fabrikada çalışmayacak.	She won't work in the factory in June.
Kışın orada oturamazsınız.	You mustn't there in the winter.
Sonbaharda hava serindir.	It is cool in the autumn.
Şubatta yeni bir ev aldılar.	They bought a new house in February.

FIRST, THEN

We have seen these words used to mean 'ago' and 'in/later/after'. Let us recall this.

İki gün önce geldik.	We came two days ago.
İki saat önce telefon etti.	She telephoned two hours ago.
Bir hafta önce neredeydin?	Where were you a month ago?
Üç gün sonra evde olmayacak.	She won't be at home for three days.
On beş dakika sonra gel.	Come in fifteen minutes.

Used at the beginning of sentences, these words indicate the order of actions/events.

Önce duş yaptı. Sonra yattı.	First he had a shower and then went to bed.
Önce kapıyı açtım. Sonra içeri girdim.	First I opened the door and then came in.
Önce sandalyeye oturursun. Sonra mektubu okursun.	You sit on the chair and then read the letter.
Önce yemek ye. Sonra çay iç.	First eat and then drink tea.
Önce karısını öptü. Sonra evden çıktı.	First he kissed his wife and then went out of the house.

If the verb is the same, it can be left out as in the examples below.

Önce bebek uyudu.	First the baby slept.
Sonra annesi uyudu.	Then her mother slept.
Önce bebek sonra annesi uyudu.	First the baby and then her mother slept.
Önce kocası evden çıkar.	First her husband goes out of the house.
Sonra Ayşe evden çıkar.	Then Ayşe goes out of the house.
Önce kocası sonra Ayşe evden çıkar.	First her husband and then Ayşe goes out of the house.
Önce patron sonra işçi fabrikadan çıkmalı.	First the boss and then the worker must go out of the factory.

COMPARATIVES WITH ADVERBS

We have already seen adjectives used in comparative structures. Now we will look at adverbs used similarly.

Bu adam uzun boyludur.	This man is tall.
Diğer adam uzun boyludur.	The other man is tall.
Bu adam diğerinden daha uzun boyludur.	This man is taller than the other man.
Salon sessizdir.	The hall is quiet.
Yatak odası sessizdir.	The bedroom is quiet.

Salon yatak odasından daha sessizdir. — The hall is quieter than the bedroom.

hızlı	fast
hızlı, hızlı bir şekilde	fast
daha hızlı	faster
O senin şoföründen daha hızlıdır.	He is faster than your driver.
O hızlı sürer.	He drives fast.
Senin şoförün hızlı sürer.	Your driver drives fast.
O senin şoföründen daha hızlı sürer.	He drives faster than your driver.

Tren hızlı gider.	The train goes fast.
Uçak hızlı gider.	The plane goes fast.
Tren uçaktan daha hızlı gider.	The train goes faster than the plane.

sessiz	quiet
sessiz, sessizce, sessiz bir şekilde	quietly
daha sessiz	more quietly
Burası daha sessizdir.	This place is more quiet.
Kapıyı daha sessiz kapatmalısın.	You must shut the door more quietly.

Bu soru kolaydır.	This question is easy.
Bu soru diğerinden daha kolaydır.	This question is easier than the other one.
Bu soruyu daha kolay (kolayca) yapabilir.	He can do this question more easily.

Daha mutlu bir şekilde evden çıkıyoruz.	We are going out of house more happily.
Bavulu daha kolay taşıyabilirsin.	You can carry the suitcase more easily.
Daha sessizce yürüyebilir misiniz?	Can you walk more quietly?
Kitabı kız kardeşinden daha hızlı okudu.	He read the book faster than his sister?

DIALOGUE

A : Şu gömleği görebilir miyim?	Can I have a look at that shirt?
B : Hangisini? Bu mu?	Which one? This one?
A : Hayır, diğerini.	No, the other one.
B : Buyurun.	Here it is.
A : Daha küçüğü var mı?	Is there smaller one?
B : Evet, var. Buyurun.	Yes, there is. Here it is.
A : Bu rengi sevmedim. Başka renk var mı?	I didn't like this colour. Is there another colour?
B : Yeşili var.	There is the green one.
A : Tamam. Yeşili istiyorum. Ne kadar?	Okay. I want the green one. How much?
B : İki milyon.	Two millions.
A : Çok pahalı. Onu alamam.	It's very expensive. I can't buy it.

Hakan : Daha hızlı gidebilir misiniz?	Can you drive faster?
Şoför : Gidemem. Yol çok kalabalık.	No, I can't. The road is very crowded.
Hakan : Saat üçte ofiste olmalıyım.	I must be at the office at three o'clock.
Çok önemli bir toplantı var.	There is an important meeting.
Şoför : İstanbuldaki yollar artık her zaman kalabalıktır.	The roads in İstanbul are always very crowded now.
Hakan : Patron çok kızacak.	The boss will be very angry.

PRACTICE 69

A: Fill the gaps.
1. Pazar ... burada olmalısın. 2. Genellikle kış... buraya gelir. 3. Okullar ekim... açıktır. 4. Ağustos... gelecek misiniz? 5. Yaz... buraya çok turist gelir mi? 6. Patron kasım... gelecek. 7. Yapraklar sonbahar... düşer.
B: Combine the sentence pairs with **önce** or **sonra**, as shown.

Example : Eve gelmek (annem) Yemek yapmak → Annem önce eve geldi. Sonra yemek yaptı.
1. **Yemek yemek (o) Televizyon seyretmek** 2. **Mektup yazmak (sekreter) Ofisten çıkmak** 3. **Pencereyi kapamak (ben) Yatmak** 4. **Temizlik yapmak (kadın) Markete gitmek** 5. **Tıraş olmak (babam) Duş yapmak**

C: Join the sentence pairs to make comparative sentences.
1. **Bu soruyu kolayca yapabilir. O soruyu kolayca yapabilir.** 2. **O sessiz yürür. Kedi sessiz yürür.** 3. **Bu sekreter hızlı yazar. Diğer sekreter hızlı yazar.** 4. **Ben onu kolay yedim. Sen onu kolay yedin.** 5. **Babam dikkatli sürer. Annem dikkatli sürer.**

D: Put into the past simple.
1. **Bu bavulları taşıyabilir.** 2. **O evde yaşayabilirsin.** 3. **Hırsızı yakalayabilir.** 4. **Pulları toplayabilirim.** 5. **Arabayı ona satabiliriz.**

E: Translate into English.
1. **Öğretmen önce sınıfa geldi, sonra sorular sordu.** 2. **Haziranda hava sıcaktır.** 3. **Burada kışın çok kar yağar.** 4. **Soruları arkadaşından daha dikkatli yanıtladı.** 5. **Bu odada daha rahat çalışabilirsin.**

F: Translate into Turkish.
1. He won't be there on Wednesday. 2. A new doctor will come in July. 3. She changed her car in the spring. 4. Speak more quietly than Ali. 5. I came more quickly than my friend.

PRACTICE 69 - ANSWERS

A. 1. **günü** 2. **ın** 3. **de** 4. **ta** 5. **ın** 6. **da** 7. **da**
B. 1. **Önce yemek yedi. Sonra televizyon seyretti.** 2. **Sekreter önce mektup yazdı. Sonra ofisten çıktı.** 3. **Önce pencereyi kapadım. Sonra yattım.** 4. **Kadın önce temizlik yaptı. Sonra markete gitti.** 5. **Babam önce tıraş oldu sonra duş yaptı.**
C. 1. **Bu soruyu o sorudan daha kolay yapabilir.** 2. **O kediden daha sessiz yürür.** 3. **Bu sekreter diğer sekreterden daha hızlı yazar.** 4. **Ben onu senden daha kolay yedim.** 5. **Babam annemden daha dikkatli sürer.**
D. 1. **Bu bavulları taşıyabildi.** 2. **O evde yaşayabildin.** 3. **Hırsızı yakalayabildi.** 4. **Pulları toplayabildim.** 5. **Arabayı ona satabildik.**
E. 1. The teacher came to the classroom first and then she asked some questions. 2. It is hot in June. 3. It snows very much here. 4. He answered the question more carefully than his friend. 5. You can study in this room more comfortably.
F. 1. **Çarşamba günü orada olmayacak.** 2. **Temmuzda yeni bir doktor gelecek.** 3. **O arabasını ilkbaharda değiştirdi.** 4. **Aliden daha sessiz konuş.** 5. **Arkadaşımdan daha çabuk geldim.**

VOCABULARY

YAKINDA
Yakında büyükannem ve büyükbabam gelecek.

SOON
My grandmother and grandfather will come soon.

TAŞINMAK
Gelecek ay yeni bir eve taşınacaklar.

MOVE
They will move to a new house next month.

OTURMA ODASI
Oturma odası yatak odasından büyüktür.

LIVING-ROOM
The living room is bigger than the bedroom.

ÖLDÜRMEK
Polis hırsızı öldürdü.

TO KILL
The policeman killed the thief.

TAKİP ETMEK
Beni takip et. Sana odanı göstereceğim.

TO FOLLOW
Follow me. I'll show you your room.

TAŞ
Bahçedeki taş çok büyüktür.

STONE
The stone in the garden is very big.

SERT
Bu ekmek çok serttir. Diğerini alacağım.

HARD
This bread is very hard. I'll take the other one.

YUMUŞAK
Bu elma çok yumuşaktır. Çocuk yiyebilir.

SOFT
This apple is very soft. The child can eat.

In this lesson we will review the last ten lessons.

Tabii, Elbette / Of Course

Tabii seni oraya götürür.
Elbette o resime dokunabilirsin.

Of course she takes you there.
Of course you can touch this picture.

Niçin, Neden / Why

Neden evdesin?
Niçin pazar günü geliyor?

Why are you at home?
Why is she coming on Sunday?

Bu tür sorulara verilen yanıt cümleleri genellikle "çünkü" sözcüğü ile başlar.

Hemşire neden ilaç veriyor?

Why is the nurse giving medicine?

Çünkü adam çok hastadır.	because the man is very ill.

İçin / For

Ayşe için bir elbise aldım.	I bought a dress for Ayşe.
Onlar için yemek yapacak.	She'll cook for them.

The Ability Suffix "-ebilmek"

Present Tense

Hızlı yürüyebiliyoruz.	We can walk quickly.
Bizi hastaneye götüremiyor.	She can't take us to the hospital.
Adam bavulları taşıyabiliyor mu?	Can the man carry the suitcases?

Past Simple

Denizde yüzebildim.	I could swim in the sea.
Evi temizleyemedik.	We couldn't clean the house.
Müdürle konuşabildin mi?	Could you talk to the manager?

Comparision of Adjectives

Comparatives

daha iyi	better
daha eski	older

Annem babamdan daha gençtir.	My mother is younger than my father.
Burası hastaneden daha kalabalıktır.	This place is more crowded than the hospital.
Bu soru bundan daha zor değildi.	This question wasn't more difficult than that one.
Bu mektup ondan daha önemli midir?	Is this letter more important than that one?

Superlatives

uzun	long
daha uzun	longer
en uzun	the longest

Arabaların en ucuzunu satın aldı.	He bought the cheapest of the cars.
Kızların en kısa boylusu Selmadır.	The shortest of the girls is Selma.
En iyi doktorumuzu görecek.	She will see our best doctor.
En yararlı kitabı al.	Take the most useful book.
En önemli mektupları okumadı.	She didn't read the most important
Çantaların en ağırını taşıdı mı?	Did he carry the heaviest of the bags?

Diğer, Diğeri / Other

O elbise çok pahalıydı. Diğer elbiseyi aldı.	That dress was very expensive. She bought

the other dress.

-meli/-malı

The suffix **-malı, -meli** is used for thing which have to be done.

Diğer odada beklemeliyiz.	We must wait in the other room.
Tıraş olmalısın.	You must shave.
O kitabı okumamalı.	He mustn't read that book.
Babam bizimle gelmemeli.	My father musn't come with us.
Doktor buraya gelmeli mi?	Must the doctor come here?

Başka (bir) / Another

Başka bir yerde kalacağız.	We'll stay another place.
Evde başka bir bilgisayar var mı?	Is there another computer at home?

Artık / Any More

Artık orası banka değildir.	That place isn't a bank any more.
Artık onun evine gitme.	Don't go to his house any more.

Bu yüzden / So

Burası çok soğuk; bu yüzden kazağını giy.	This place is very cold; so put on your sweater.
Bugün banka kapalıdır; bu yüzden parayı alamazsınız.	The bank is closed today; so you can't take the money.

Kadar

Kadar (as ...as) is used to talk about similarity when making comparisons.

Bu cadde şunun kadar geniştir.	This street is as wide as that street.
Şu yol diğeri kadar tehlikelidir.	That road is as dangerous as the other one.
Misafirler kadar aç değildir.	She isn't so hungry as the guests.
Bu otobüs diğeri kadar kalabalık mıdır?	Is this bus as crowded as the other one?

Adverbs

Adverbs describe verbs or adjectives.

Dikkatli bir öğrencidir. (sıfat)
Arabayı dikkatli sürdü. (zarf)

Adverbs are formed by adding the suffix **-c(ç)a, -c(ç)e** to adjectives. **Bir şekilde** is also used sometimes.

kolay
kolayca
kolay bir şekilde

Sekreter hızlı yazdı.	The secretary wrote fast.

Yavaş (yavaşça) koştu.	He ran slowly.
Onu kolayca yapabilir misin?	Can you do it easily?

-cı, -ci, -cu, -cü

These suffixes added to a noun make it into the name of a job/profession or place of work.

süt	sütçü
kitap	kitapçı
saat	saatçi

Dişçiden korkma.	Don't be afraid of the dentist.
Amcam bir ayakkabıcıdır.	My uncle is a shoemaker.

Months and Seasons

ilkbaharda
sonbaharda
yazın
kışın

Babam buraya kasımda geldi.	My father came here in November.
İlkbaharda ağaçlar yeşildir.	The trees are green in the spring.

Comparisons with Adverbs

O senin şoföründen daha hızlı sürer.	He drives faster than your driver.
Bu soruyu daha kolayca yapabilir.	He can do this question more easily.

Önce, Sonra / First, Then

Önce yemek ye. Sonra çay iç.	First eat and then drink tea.
Önce televizyon seyrederim. Sonra ders çalışırım.	First I watch TV and then study lesson.

-ile Evlenmek / To Marry

Benimle evlendi.	He married me.
Zengin bir adamla evleneceksin.	You will marry a rich man.

PRACTICE 70

A: Answer the questions using the information given (using the correct verb tense).
1. **Neden evde değildin? (Fabrikada çok iş var.)** 2. **Niçin sessiz yürüyor? (Bebek uyumak)** 3. **Neden dün oraya gitmedi? (Hasta)** 4. **Niçin tıraş olacaksın? (Patron gel)** 5. **Neden babası ona kızdı? (Geç gelmek)** 6. Neden burada oturuyorsunuz? (Arkadaşımızı beklemek)

B: Join the sentence pairs to make comparatives, as shown. Example : Bu kadın güzeldir. O kadın güzeldir. → Bu kadın o kadından daha güzeldir.
1. **Bu ev eskidir. Şuradaki ev eskidir.** 2. **O tabak pistir. Mutfaktaki tabak pistir.** 3. **Kız kardeşim uzun boyludur. Onun kızı uzun boyludur.** 4. **Bu ağaç yüksektir. Ev yüksektir.** 5. **Bu öykü ilginçtir. Kitaptaki öykü ilginçtir.**

C: Join the sentences as shown. Example : Bu bardak çok pistir. Diğer bardağı alacağım.→ Bu bardak çok pistir, diğerini alacağım.
1. O defter çok incedir. Diğer defteri alacak. 2. Bu tabak çok pisti. Diğer tabağı verdi. 3. Şu lokanta çok pahalıdır. Diğer lokantaya git. 4. O otobüs çok kalabalıktır. Diğer otobüse binecek. 5. Doktoru yoktur. Diğer doktora soracak. 6. Bu portakal çok ekşi. Diğer portakalı ver. 7. Şu araba çok eskidir. Diğer arabayı alalım.

D: Join the sentences using kadar.
1. Bu ağaç uzundur. Şu ağaç uzundur. 2. Annem gençtir. Öğretmenim gençtir. 3. O futbolcu iyi oynuyor. İlhan iyi oynuyor. 4. Babam arabayı dikkatli sürdü. Amcam arabayı dikkatli sürdü. 5. Şu soru basittir. Defterdeki soru basittir.

E: Translate into English.
1. Masadaki en kalın kitap benimkidir. 2. Önce duş yaptı sonra uyudu. 3. Onun evi bizimki kadar temiz miydi? 4. Burada kışın hava çok soğuktur; bu yüzden bu evde kalamazsınız. 5. Arabayı o şoför kadar hızlı sürdü.

F: Translate into Turkish.
1. She isn't so young as her mother. 2. She will marry her boss in June. 3. Why didn't you stay at that hotel? Because it was very dirty and expensive. 4. He was her most careful student. 5. Can you come more quickly?

PRACTICE 70 - ANSWERS

A. 1. Çünkü fabrikada çok iş vardı. 2. Çünkü bebek uyuyor. 3. Çünkü hastaydı. 4. Çünkü patron gelecek. 5. Çünkü geç geldi. 6. Çünkü arkadaşımızı bekliyoruz.
B. 1. Bu ev şuradaki evden daha eskidir. 2. O tabak mutfaktaki tabaktan daha pistir. 3. Kız kardeşim onun kızından daha uzun boyludur. 4. Bu ağaç evden daha yüksektir. 5. Bu öykü kitaptaki öyküden daha ilginçtir.
C. 1. O defter çok incedir diğerini alacak. 2. Bu tabak çok pisti diğerini verdi. 3. Şu lokanta çok pahalıdır, diğerine git. 4. O otobüs çok kalabalıktır, diğerine binecek. 5. Doktoru yoktur, diğerine soracak. 6. Bu portakal çok ekşi, diğerini ver. 7. Şu araba çok eskidir, diğerini alalım.
D. 1. Bu ağaç şu ağaç kadar uzundur. 2. Annem öğretmenim kadar gençtir. 3. O futbolcu İlhan kadar iyi oynuyor. 4. Babam arabayı amcam kadar dikkatli sürdü. 5. Şu soru defterdeki soru kadar basittir.
E. 1. The thickest book on the table is mine. 2. First she had a shower and then slept. 3. Was her house as clean as ours? 4. It is very cold here, so you can't stay at this house. 5. She drove as fast as that driver.
F. 1. Annesi kadar genç değildir. 2. Haziranda patronuyla evlenecek. 3. Niçin o otelde kalmadınız? Çünkü çok kirli ve pahalıydı. 4. O, onun en dikkatli öğrencisiydi. 5. Daha çabuk gelebilir misin?

VOCABULARY

İZLEMEK
Onu her gün izlemelisin.

TO FOLLOW
You must follow him every day.

PİKNİK
Geçen hafta pikniğe gittik.

PICNIC
We went for a picnic last week.

HOŞ
Arkadaşın çok hoş bir kızdır.

NICE
Your friend is very nice girl.

SUSAMAK
Çok susadım. Bir bardak su içeceğim.

TO BE THIRSTY
I am very thirsty. I'll drink a glass of water.

İLK
İlk arabamı arkadaşıma sattım.

FIRST
I sold my first car to my friend.

SON
Son tren ne zaman gelecek?
Filmin sonu nasıldı?

LAST; END
When will the last train come?
How was the end of the film?

KARTPOSTAL
Her ay bize bir kartpostal gönderirler.

POSTCARD
They send a postcard to us every month.

GÜL
Teyzem gülleri çok sever. Onun için birkaç gül alalım mı?

ROSE
My aunt likes roses very much. Shall we buy some roses for her?

GÜRÜLTÜ
Geceleyin bir gürültü duyduk.

NOISE
I heard a noise at night.

SOĞAN
İki kilo soğan verin, lütfen.

ONION
Give two kilos of onions, please.

THE PAST CONTINUOUS TENSE

We have studied the present continuous tense already.

Polis şimdi onu izliyor.
Ziyaretçiler gidiyor.
Bugün taşınıyoruz.

To talk about continuous action in the past, the past continuous tense is used. To make the past continuous, add the continuous suffix **-yor** followed by the past suffix **-du**.

Polis şimdi onu izliyor.	The policeman is following him now.
Polis onu izliyordu.	The policeman is following him.
Ziyaretçiler gidiyor.	The visitors are going.
Ziyaretçiler gidiyordu.	The visitors were going.
Yazıyordum.	I was writing.
Bekliyordum.	I was waiting.
Seyrediyordum.	I was watching.
Bir mektup yazıyordum.	I was writing a letter.
Durakta bekliyordum.	I was waiting at the stop.
Odamı temizliyordum.	I was cleaning my room.
Ofiste çalışıyordum.	I was working in the office.
Bekliyordun.	You were waiting.
Oynuyordun.	You were playing.
Temizliyordun.	You were cleaning.
O evde yaşıyordun.	You were living in that house.
Onunla konuşuyordun.	You were talking to him.
Bu filmi seyrediyordun.	You were watching this film.
Almanca öğreniyordun.	You were learning German.
Yazıyordu.	He was writing.
Bekliyordu.	She was waiting.
Seyrediyordu.	She was watching.
Mutfakta yemek yapıyordu.	She was cooking in the kitchen.
Arkadaşına telefon ediyordu.	She was telephoning her friend.
Dişlerini fırçalıyordu.	He was brushing his teeth.
Elbiseyi ona gösteriyordu.	She was showing the dress to him.
Yazıyorduk.	We were writing.
Bekliyorduk.	We were waiting.
Seyrediyorduk.	We were watching.
Radyoda müzik dinliyorduk.	We were listening to music on the raido.
Otobüsü bekliyorduk.	We were waiting for the bus.
Adamı izliyorduk.	We were following thc man.
Uyuyorduk.	We were sleeping.
Yazıyordunuz.	You were writing.
Oynuyordunuz.	You were playing.
Temizliyordunuz.	You were cleaning.
Bahçede oturuyordunuz.	You were sitting in the garden.
Evden çıkıyordunuz.	You were going out of the house.
İlginç bir film seyrediyordunuz.	You were watching an interesting film.
Araba sürüyordunuz.	You were driving.
Yazıyorlardı.	They were writing.
Bekliyorlardı.	They were waiting.
Seyrediyorlardı.	They were watching.
Bahçede oturuyorlardı.	They were sitting in the garden.
Evden çıkıyorlardı.	They were going out of the house.
Resime bakıyorlardı.	They were looking at the picture.
Çocuk ağlıyordu.	The child was crying.

Almanca öğreniyordu.	She was learning German.
Arkadaşlarım yürüyordu.	My friends were walking.
Ona Fransızca öğretiyordu.	She was teaching French to him.
Parkta futbol oynuyorlardı.	They were playing football in the park.
Yaşlı adam evin önünde bekliyordu.	The old man was waiting in front of the
İşadamları akşam yemeği yiyordu.	The businessmen were having dinner.
Yağmur yağıyordu.	It was raining.

To make yes/no questions in the past continuous, the continuous suffix **-yor** is aded to the verb root and the question marker **-mu** followed by the past suffix **-du** and personal suffix. soru eki sonra da zaman eki olan "-du" gelir.

Yazıyor muydum?	Was I writing?
Bekliyor muydum?	Was I waiting?
Seyrediyor muydum?	Was I watching?
Durakta bekliyor muydum?	Was I waiting at the stop?
Odamı temizliyor muydum?	Was I was cleaning my room?
Ofiste çalışıyor muydum?	Was I was working in the office?

Bekliyor muydun?	Were you waiting?
Oynuyor muydun?	Were you playing?
Seyrediyor muydun?	Were you watching?
O evde yaşıyor muydun?	Were you living in that house?
Onunla konuşuyor muydun?	Were you talking to him?
Almanca öğreniyor muydun?	Were you learning German?

Bekliyor muydu?	Was she waiting?
Oynuyor muydu?	Was he playing?
Seyrediyor muydu?	Was she watching?
Mutfakta yemek yapıyor muydu?	Was she cooking in the kitchen?
Kütüphanede bir kitap okuyor muydu?	Was she reading a book in the library?
Dişlerini fırçalıyor muydu?	Was he brushing his teeth?

Yazıyor muyduk?	Were we writing?
Bekliyor muyduk?	Were we waiting?
Seyrediyor muyduk?	Were we watching?
Salonda oturuyor muyduk?	Were we sitting in the hall?
Adamı izliyor muyduk?	Were we following the man?
Uyuyor muyduk?	Were we sleeping?

Yazıyor muydunuz?	Were you writing?
Bekliyor muydunuz?	Were you waiting?
Bahçede oturuyor muydunuz?	Were you sitting in the garden?
Araba sürüyor muydunuz?	Were you driving?
Resime bakıyor muydunuz?	Were you looking at the picture?

Yazıyor(lar) mıydı?	Were they writing?
Bekliyor(lar) mıydı?	Were they waiting?

Bahçede oturuyorlar mıydı?	Were they sitting in the garden?
Evden çıkıyorlar mıydı?	Were they going out of the house?
Resime bakıyorlar mıydı?	Were they looking at the picture?

Çocuk ağlıyor muydu?	Was the child crying?

Almanca öğreniyor muydu?	Was she learning German?
Arkadaşlarım yürüyor muydu?	Were my friends walking?
Annem uyuyor muydu?	Was my mother sleeping.
İşçi patronla konuşuyor muydu?	Was the worker talking to the boss?
Ahmet bahçede sigara içiyor muydu?	Was Ahmet smoking in the garden?
Yağmur yağıyor muydu?	Was it raining?

DIALOGUE

Turgut : Zekiyi gördün mü?	Did you see Zeki?
Reha : Evet, gördüm.	Yes, I did.
Turgut : Neredeydi?	Where was he?
Reha : Okuldaydı. Arkadaşlarıyla konuşuyordu. Niçin sordun?	He was at school. He was talking to his friends. Why did you ask?
Turgut : Kitaplarım onların evinde. Onları almalıyım.	My books are in their house. I must take them.
Reha : Ona telefon et.	Call him.
Turgut : Ettim. Zeki evde değildi.	I called. Zeki wasn't at home.
Reha : Belki şimdi evdedir.	Perhaps, he is at home now.
Turgut : Tamam, tekrar edeceğim.	Okay, I'll call again.
Reha : Bira içiyordum. Sana biraz koyayım mı?	I have been drinking beer. Shall I put some?
Turgut : İçerim. Birayı koy. Ben telefon edeceğim.	I'll drink. Put the beer. I'll telephone.

PRACTICE 71

A: Put into the past continuous.
1. Odasını temizliyor. 2. Bankada bekliyoruz. 3. Bavulları taşıyorlar. 4. Arkadaşım ona gülüyor. 5. Bir muz yiyorsunuz. 6. Elbiseleri sayıyorum. 7. Tıraş oluyorsun. 8. Polisler onu izliyorlar.

B: Put into the past continuous (question form).
1. Bize bakıyordu. 2. Mutfakta yemek yiyorduk. 3. Akşam için yemek yapıyordum. 4. Misafirlerle salonda oturuyordunuz. 5. Adamlar caddede yürüyorlardı. 6. Ona gülüyordun. 7. Sekreter o dili öğreniyordu.

C: Put into the tense given.
1. Bu işi bitirdik. (Future Tense) 2. Yarın akşam bize gelecek misiniz? (Present Continuous) 3. Arabayı ondan daha hızlı sürüyor. (Simple Past) 4. O arabaya bineceğiz. (Necessity) 5. Adam fotoğraf çekiyor. (-Ebilmek) 6. Kitapları okuyacaksınız. (Past Continuous) 7. Onu içecek misin? (Present Continuous) 8. Bu adamla evlenmeyecek. (Simple Past)

D: Join together using kadar.
1. Bu yastık yumuşaktır. O yastık yumuşaktır. 2. O kolye pahalıdır. Şu bilezik pahalıdır. 3. O yol tehlikelidir. Bu yol tehlikelidir. 4. Babam yavaş koşuyor. O adam yavaş koşuyor. 5. O kadın yavaş yazıyor. Bu sekreter yavaş yazıyor.

E: Translate into English.
1. Son otobüse bineceğim. 2. Çok hoş bir kız. Onunla konuşmak istiyorum. 3. Çok susadı. Bir bardak su ver. 4. Bir gürültü duydum. Sen duydun mu? 5. Çocuk oyuncakla oynuyordu. 6. Burada sigara içiyor muydun? 7. İlk evin neredeydi?

F: Translate into Turkish.

1. I watched the first film. 2. He sends a postcard from America every month. 3. He and his secretary were going to the restaurant. 4. Were you repairing the radio? 5. She cut the roses in the garden. 6. Don't come here in February. 7. Your glass is as clean as her glass.

PRACTICE 71 - ANSWERS

A. 1. **Odasını temizliyordu.** 2. **Bankada bekliyorduk.** 3. **Bavulları taşıyorlardı.** 4. **Arkadaşım ona gülüyordu.** 5. **Bir muz yiyordunuz.** 6. **Elbiseleri sayıyordum.** 7. **Tıraş oluyordun.** 8. **Polisler onu izliyorlardı.**

B. 1. **Bize bakıyor muydu?** 2. **Mutfakta yemek yiyor muyduk?** 3. **Akşam için yemek yapıyor muydum? (yapıyor muydun?)** 4. **Misafirlerle salonda oturuyor muydunuz?** 5. **Adamlar caddede yürüyorlar mıydı?** 6. **Ona gülüyor muydun?** 7. **Sekreter o dili öğreniyor muydu?**

C. 1. **Bu işi bitireceğiz.** 2. **Yarın akşam bize geliyor musunuz?** 3. **Arabayı ondan daha hızlı sürdü.** 4. **O arabaya binmeliyiz.** 5. **Adam fotoğraf çekebilir.** 6. **Kitapları okuyordunuz.** 7. **Onu içiyor musun?** 8. **Bu adamla evlenmedi.**

D. 1. **Bu yastık o yastık kadar yumuşaktır.** 2. **O kolye şu bilezik kadar pahalıdır.** 3. **O yol bu yol kadar tehlikelidir.** 4. **Babam o adam kadar yavaş koşuyor.** 5. **O kadın bu sekreter kadar yavaş yazıyor.**

E. 1. I'll get on last bus. 2. She is a very nice girl. I want to talk to her. 3. He was very thirsty. Give a glass of water. 4. I heard a noise. Did you hear? 5. The child was playing with the toy. 6. Were you smoking here? 7. Where was your first house?

F. 1. **İlk filmi izledim.** 2. **Her ay Amerikadan bir kartpostal gönderir.** 3. **O ve sekreteri lokantaya gidiyorlardı.** 4. **Radyoyu tamir ediyor muydun?** 5. **Bahçedeki gülleri kesti.** 6. **Şubatta buraya gelme.** 7. **Senin bardağın onunki kadar temizdir.**

VOCABULARY

GEÇ KALMAK Çok geç kaldım. Patron kızacak.	TO BE LATE I am very late. The boss will be angry.
SATICI Kapının önünde bir satıcı var.	SALESMAN There is a salesman in front of the door.
ARA SIRA Ara sıra buraya gelir ve bir bardak bira içer.	NOW AND THEN He comes here and drink a glass of beer now and then.
FİYAT Bu kolyenin fiyatı nedir?	PRICE What is the price of this necklace?
ANLAM Bu sözcüğün anlamını bilmiyorum.	MEANING I don't know the meaning of this word.
GARİP Çok garip bir öykü dinledim.	STRANGE I listened to a very strange story.
MUM Bu mum diğerinden daha uzundur.	CANDLE This candle is longer than the other one.
KAMYON Onun kamyonu var. Bavulları taşıyabilir.	TRUCK He has got a truck. He can carry the suitcases.

GEÇ KALMAK / To Be Late

This is another expression used in past simple form which English would be translated as present.

Geç kaldım.	I am late.
Bu sabah çok geç kaldı.	She is very late this morning.
Geç kalma.	Don't be late.

PAST CONTINUOUS TENSE (Continued)

We have seen positive and question forms. Here is the negative.

Yazmıyordum.	I wasn't writing.
Beklemiyordum.	I wasn't waiting.
Seyretmiyordum.	I wasn't watching.
Bir mektup yazmıyordum.	I wasn't writing a letter.
Durakta beklemiyordum.	I wasn't waiting at the stop.
Odamı temizlemiyordum.	I wasn't cleaning my room.

Yazmıyordun.	You weren't writing.
Beklemiyordun.	You weren't waiting.
Oynamıyordun.	You weren't playing.
O evde yaşamıyordun.	You weren't living in that house.
Onunla konuşmuyordun.	You weren't talking to him.
Almanca öğrenmiyordun.	You weren't learning German.
Beklemiyordu.	She wasn't waiting.
Oynamıyordu.	He wasn't playing.
Seyretmiyordu.	She wasn't watching.
Kütüphanede bir kitap okumuyordu.	She wasn't reading a book in the library.
Dişlerini fırçalamıyordu.	He wasn't brushing his teeth.
Fotoğraf çekmiyordu.	He wasn't taking photograph.
Yazmıyorduk.	We weren't writing.
Beklemiyorduk.	We weren't waiting.
Seyretmiyorduk.	We weren't watching.
Otobüsü beklemiyorduk.	We weren't waiting for the bus.
Adamı izlemiyorduk.	We weren't following the man.
Uyumuyorduk.	We weren't sleeping.
Yazmıyordunuz.	You weren't writing.
Oynamıyordunuz.	You weren't playing.
Seyretmiyordunuz.	You weren't watching.
Bahçede oturmuyordunuz.	You weren't sitting in the garden.
Araba sürmüyordunuz.	You weren't driving.
Şarkı söylemiyordunuz.	You weren't singing.
Yazmıyorlardı.	They weren't writing.
Beklemiyorlardı.	They weren't waiting.
Oynamıyorlardı.	They weren't playing.
Bahçede oturmuyorlardı.	They weren't sitting in the garden.
Evden çıkmıyorlardı.	They weren't going out of the house.
Resime bakmıyorlardı.	They weren't looking at the picture.
Doktor bir bardak çay içmiyordu.	The doctor wasn't drinking a glass of tea.
Almanca öğrenmiyordu.	She wasn't learning German.
Kızlar gülmüyordu.	The girls weren't laughing.
Ona Fransızca öğretmiyordu.	She wasn't teaching French to him.
Sekreter o kalemi kullanmıyordu.	The secretary wasn't using that pencil.
İşadamları akşam yemeği yemiyordu.	The businessmen weren't having dinner.
Babasına yardım etmiyordu.	He wasn't helping his father.

Sentences in the past continuous are often joined with another in the past simple or past perfect.

Kitap okuyordu.

The continuous action in the past referred to here may have been interrupted by something. To describe this, the structure **-ği zaman** is used ('when' to introduce a time clause, in English).

Ben geldim.	I came.
Ben geldiğim zaman ...	When I came
Kitap okuyordu.	She was reading a book.
Ben geldiğim zaman kitap okuyordu.	When I came she was reading a book.

Ben gittiğim zaman ...	when I went
sattığım zaman ...	when I sold
gördüğüm zaman ...	when I saw
bulduğum zaman ...	when I found

Pencereyi açtığım zaman onlar konuşuyorlardı.
When I opened the window they were talking.

Onu bulduğum zaman ağacın altında oturuyordu.
When I found him he was sitting under the tree.

Sen geldin.	You came.
Sen geldiğin zaman ...	when you came
gittiğin zaman ...	when you went
gördüğün zaman ...	when you saw
bulduğun zaman ...	when you found

Geldiğin zaman televizyon izliyorlardı.
When you came they were watching TV.

Onu gördüğün zaman uyuyordu.
When you saw him he was sleeping.

O geldi.	He came.
O geldiği zaman ...	when he came
gittiği zaman ...	when he went
sattığı zaman ...	when he sold
gördüğü zaman ...	when he saw

O geldiği zaman yemek yiyorduk.
When he came we were eating.

Telefon ettiği zaman mektup yazıyordu.
When she telephoned he was writing a letter.

Biz geldik.	We came.
Biz geldiğimiz zaman ...	when we came
sattığımız zaman ...	when we sold
gördüğümüz zaman ...	when we saw
bulduğumuz zaman ...	when we found

Biz içeri girdiğimiz zaman misafirler gidiyordu.
When we came in the guests were going.

Onu bulduğumuz zaman bizi bekliyordu.
When we found him he was waiting for us.

Siz geldiniz.	You came.
Siz geldiğiniz zaman ...	when you came
gittiğiniz zaman ...	when you went
gördüğünüz zaman ...	when you saw
duyduğunuz zaman ...	when you heard

Ofise gittiğiniz zaman müdürü bekliyordu.
When you went to the office she was waiting for the manager.

Telefon ettiğiniz zaman uyuyorduk.
When you telephoned we were sleeping.

Onlar geldi.	They came.
Onlar geldiği (geldikleri) zaman ...	when they came.
gördüğü (gördükleri) zaman ...	when they saw
bulduğu (buldukları) zaman ...	when they found
duyduğu (duydukları) zaman ...	when they heard

Geldikleri zaman bahçede oturuyorduk.

İçeri girdikleri zaman misafirler gidiyordu.

When they came we were sitting in the garden.
When they came in the guests were going.

MEVSİMLER
SEASONS

Bir yılda dört mevsim vardır.
İlkbahar, yaz, sonbahar ve kış.

There are four seasons in a year.
Spring, summer, autumn and winter.

Yazın hava sıcaktır.İnsanlar genellikle yazı severler. Tatil için bir yere giderler. Denizde yüzerler. Parklarda otururlar. Pikniğe giderler. Çocuklar parkta oynarlar.

It is hot in the spring. People usually like the summer. They go to somewhere for the holiday. They swim in the sea. They sit in the park. They go for a picnic. The children are playing in the park.

Kışın hava soğuktur. Çocuklar okula giderler. Parklar boştur. Kar yağar. Türkiye'de kışın genellikle soğuk olur. Türkiye'nin doğusu batıdan daha soğuktur. Doğuda çok kar yağar.

It is cold in the winter. The children go to school. The parks are empty. It snows. Generally it is cold in Türkiye in the winter. In the east of Türkiye is colder than in the west of Türkiye. It snows very much in the east.

Sonbahar ve ilkbaharda hava çok soğuk değildir. Yağmur yağar. Sonbaharda ağaçların yaprakları düşer. İlkbaharda yeni yapraklar gelir.

It isn't very cold in the autumn and in the spring. I rains. In the autumn the leaves of the trees fall. In the spring new leaves come out.

Questions and Answers to the Reading Passage

Bir yılda kaç mevsim vardır?
How many seasons are there in a year?

Dört mevsim vardır.
There are four seasons.

Yazın hava nasıldır?
How is the weather in the summer?

Sıcaktır.
It is hot.

İnsanlar ne zaman tatil için giderler?
When do the people go for the holiday?

Yazın giderler.
They go in the summer.

Çocuklar nerede oynarlar?
Where do the children play?

Parkta oynarlar.
They play in the park.

Kışın hava nasıldır?
How is the weather in the winter?

Soğuktur.
It is cold.

Kar ne zaman yağar?
When does it snow?

Kışın yağar.
It snows in the winter.

Türkiyenin doğusu daha mı sıcaktır?
Is the east of Türkiye hotter?

Hayır, daha soğuktur.
No, it is colder.

Ağaçların yaprakları ne zaman düşer?
When do the leaves of the trees fall?

Sonbaharda düşer.
They leave in the autumn.

PRACTICE 72

A: Put into past continuous.
1. **Her gün oraya gidiyorum.** 2. **O adamları izliyoruz.** 3. **Ona bir gül veriyor.** 4. **Kamyon geliyor.**
5. **Garip bir ses duyuyoruz.** 6. **Bu sokakta oturuyorlar.** 7. **Bahçede top oynuyoruz.**

B: Change into question form.
1. **Balkonda oturuyoruz.** 2. **Onun fiyatını biliyorsun.** 3. **O kitapları topluyor.** 4. **İlginç bir film seyrediyorsunuz.** 5. **Onların evine gidiyoruz.** 6. **Şirkette adamı bekliyor.** 7. **Hızlı koşuyor.**

C: Change into negative form.
1. **Satıcı evin önünde duruyordu.** 2. **Kadının evine gidiyordu.** 3. **Bavulları taşıyorduk.** 4. **Akşam için yemek pişiriyordum.** 5. **Arabanı satıyordun.** 6. **O resimlere bakıyordunuz.**

D: Join the sentence pairs using the **-ği zaman** structure, as shown.

Example : O geldi. Kitap okuyorduk. → O geldiği zaman kitap okuyorduk.
1. **Biz telefon ettik. Annem uyuyordu.** 2. **Ablam geldi. Bahçede oturuyorlardı.** 3. **Onu gördüm. Mektup yazıyordu.** 4. **Kitabı verdik. Ders çalışıyordun.** 5. **Odaya girdiniz. Filmi seyrediyorduk.**

E: Translate into English.
1. **Polis o adamı izlemiyordu.** 2. **Siz geldiğiniz zaman evden çıkıyorduk.** 3. **Babanın kamyonu bizimkinden daha büyüktü.** 4. **Bize çok garip bir öykü anlattı.** 5. **Ara sıra bizim eve gel.** 6. **Bu çantanın fiyatını biliyor musun?** 7. **Geç kalacağız. Çabuk ol.**

F: Translate into Turkish.
1. When I saw him I was walking in the street. 2. We see this salesman now and then. 3. Was she smoking? 4. When she came in the worker was using the machine. 5. Do you know the meaning of this word? 6. We weren't telling her the story. 7. She is late. Call her.

PRACTICE 72 - ANSWERS

A. 1. **Her gün oraya gidiyordum.** 2. **O adamları izliyorduk.** 3. **Ona bir gül veriyordu.** 4. **Kamyon geliyordu.** 5. **Garip bir ses duyuyorduk.** 6. **Bu sokakta oturuyorlardı.** 7. **Bahçede top oynuyorduk.**
B. 1. **Balkonda oturuyor muyduk?** 2. **Onun fiyatını biliyor muydun?** 3. **O kitapları topluyor muydu?** 4. **İlginç bir film seyrediyor muydunuz?** 5. **Onların evine gidiyor muyduk?** 6. **Şirkette adamı bekliyor muydu?** 7. **Hızlı koşuyor muydu?**
C. 1. **Satıcı evin önünde durmuyordu.** 2. **Kadının evine gitmiyordu.** 3. **Bavulları taşımıyorduk.** 4. **Akşam için yemek pişirmiyordum.** 5. **Arabanı satmıyordun.** 6. **O resimlere bakmıyordunuz.**
D. 1. **Biz telefon ettiğimiz zaman annem uyuyordu.** 2. **Ablam geldiği zaman bahçede oturuyorlardı.** 3. **Onu gördüğüm zaman mektup yazıyordu.** 4. **Kitabı verdiğimiz zaman ders çalışıyordun.** 5. **Odaya girdiğiniz zaman filmi seyrediyorduk.**
E. 1. The policeman wasn't follow that man. 2. We were go out of the house when you came. 3. Your father's truck was bigger than ours. 4. She told us a very strange story. 5. Come to our house now ant then. 6. Do you know the price of this bag? 7. We'll be late. Be quick.
F. 1. **Onu gördüğüm zaman caddede yürüyordum.** 2. **Bu satıcıyı ara sıra görürüz.** 3. **Sigara içiyor muydu?** 4. **İçeri girdiği zaman işçi makineyi kullanıyordu.** 5. **Bu sözcüğün anlamını biliyor musun?** 6. **Öyküyü ona anlatmıyorduk.** 7. **Geç kaldı. Ona telefon et.**

ÇEVİRMEK (TERCÜME ETMEK) Bu cümleyi Almancaya çevirebilir misin?	TO TRANSLATE Can you translate this sentence into German?
MAL Malları kamyondan alın.	GOODS Take the goods from the truck.
BAŞKENT Bu ülkenin başkenti nedir?	CAPITAL (CITY) What is capital of this country?
ÖZELLİKLE Özellikle bu evi sever.	ESPECIALLY She likes especially this house.
KREM Annen bu kremi kullanır mı?	CREAM Does your mother use this cream?
ÜST (KAT) Üstte büyük bir banyo var.	TOP; UPSTAIRS There is a big bathroom upstairs.
ALT (KAT) Alttada ne var?	BOTTOM; DOWNSTAIRS What is there dowstairs?
TEKRARLAMAK Bu sözcükleri tekrarlamalısın.	TO REPEAT You must repeat these words.

PAST CONTINUOUS (Continued)

We saw, in the last lesson, the use of **-ğı zaman** to join sentences. Let us recall this with some more examples.

Ben geldiğim zaman kitap okuyordu.
Sen geldiğin zaman televizyon izliyorlardı.
Kapıyı açtığı zaman satıcı gidiyordu.
Geldikleri zaman bahçede oturuyorduk.

İçeri girdiğim zaman adam cümleleri çeviriyordu.	When I came in the man was translating the sentences.
Onu gördüğünüz zaman balkonda oturuyordu.	When you saw him he was sitting on the balcony.
Arkadaşınız geldiği zaman yemek yiyorduk.	When your friend came we were eating.
Duş yaptığı zaman onu salonda bekliyordum.	When she had a shower I was waiting for her in the hall.
Fabrikaya geldikleri zaman işçiler çalışıyordu.	When they came to the factory the workers

410

were working.

Like the English 'when', **zaman** has two functions; to make questions and mark time clauses.

Ne zaman verdiniz?	When did you give?
Verdiniz.	You gave.
Verdiğiniz zaman	when you gave
Onu verdiğiniz zaman biz bakıyorduk.	When you gave to her we were looking.
Ne zaman tıraş oldu?	When did he shave?
Tıraş oldu.	He shaved.
tıraş olduğu zaman	when he shaved
Tıraş olduğu zaman bekliyordunuz.	When he shaved you were waiting.

ÜST, ALT / UP, DOWN

We have seen **üstünde** (on, over) and **altında** (= under). **Üst** and **alt** have similar basic meanings and usage. Used both as an adjective and an adverb they often refer to floors in a building, as shown in the examples below.

Patron üsttedir (üst kattadır).	The boss is upstairs.
Üst katta ne var?	What is there upstairs?
Bebek alttadır (alt kattadır).	The baby is downstairs
Alt katta ne var?	What is there downstairs?
Altta yeni bir mağaza var.	There is a new store downstairs.

Questions in the Past Continuous

Dün ne yapıyordun?	What were you doing yesterday?
Orada ne satıyordu?	What was she selling there?
Ne zaman okula gidiyorduk?	When were we going to school?
Ne zaman çalışıyorlardı?	When were they working?
Yazın nereye gidiyorlardı?	Where were they going in the summer?
Onu nereye getiriyordun?	Where were you bringing it?
Bizi nerede bekliyordu?	Where was she waiting for us?
Arkadaşın nerede oturuyordu?	Where was your friend sitting?
Kime bakıyordun?	Who were you looking at?
Mektubu kime gönderiyordu?	Who was she sending the letter?
Oraya nasıl gidiyorduk?	How were we going there?
Onu nasıl yapıyordunuz?	How were you doing it?
Niçin onunla konuşuyordu?	Why was she talking to him?
Neden durakta bekliyordun?	Why were you waiting at the stop?
Biz çalıştığımız zaman ne yapıyordun?	What were you doing when we worked?
Onunla konuştuğun zaman nerede bekliyordu?	Where was she waiting when you talked to her?
Geldiği zaman nerede oturuyordunuz?	Where were you sitting when he came?

Gerunds

Verbs can be made into nouns (gerunds) in English by using the present participle, or '-ing' form. In Turkish, one way of doing this is to add the gerund suffix **-mayı/-meyi**.

411

| oku | read |
| oku - mayı | reading |

| iç | drink |
| iç - meyi | drinking |

| yürü | walk |
| yürü - meyi | walking |

There is some limitation to the verbs which can be used with gerunds. **Sevmek** is a good example.

| Okumayı severim. | I like reading. |
| Kitap okumayı severim. | I like reading book. |

Yürümeyi sever.	He likes walking.
Yürümeyi severiz.	We like walking.
Parkta yürümeyi severim.	I like walking in the park.
Orada oturmayı severiz.	We like sitting there.
Evi temizlemeyi severiz.	We like cleaning the house.
Çimenin üstünde koşmayı severim.	I like running on the grass.

Kitap okumayı sevmem.	I don't like reading book.
Yürümeyi sevmez.	She doesn't like walking.
İngilizce çalışmayı sevmeyiz.	We don't like studying English.

Yürümeyi sever misin?	Do you like walking?
Mektup yazmayı sever mi?	Does she like writing letters?
Bira içmeyi sever misin?	Do you like drinking beer?
Yüzmeyi sever mi?	Does she like swimming?

The other suffix used to make gerunds is **-maya/-meye**. Here is the structure form and examples, using **başlamak**.

oku - maya
okumaya

yaz - maya
yazmaya

iç - meye
içmeye

yürü - meye
yürümeye

İşadamı konuşmaya başladı.	The businessman began talking.
Koşmaya başladı.	He began running.
Okumaya başladım.	I began reading.
Mektubu yazmaya başladım.	I began writing the letter.
Yürümeye başladık.	We began walking.
Evi temizlemeye başladık.	We began cleaning the house.
Ağlamaya başladılar.	They began crying.
Düşünmeye başladık.	We began thinking.
Mektup yazmaya başlayacak.	He will began writing a letter.

Yemek yemeye başladık.	We began eating.
Kitabı okumaya başlamadım.	I didn't begin reading the book.
Yemek yemeye başlamadık.	We didn't begin eating.
İngilizce çalışmaya başlama.	Don't begin studying English.
Çalışmaya başlayacak mı?	Will she begin working?
Kadın ütü yapmaya başladı mı?	Did the woman began ironing?
Yemek yemeye başladınız mı?	Did you began eating?

PRACTICE 73

A: Rewrite adding the verb given in the past continuous.
1. Annesi Ankaradan (dönmek) 2. Ben evimi (satmak) 3. Biz kahvaltı (etmek) 4. Siz evde (beklemek) 5. O, iki yıl önce burada (oturmak) 6. Çocuk orada (yüzmek) 7. Ben buradan otobüse (binmek) 8. Onlar burada sebze (satmak) 9. Sen geçen yıl Türkçe (öğretmek) 10. Adam öğretmenle (konuşmak)

B: Make questions using the question words given.
1. Arkadaşım denizde yüzüyordu. (ne) 2. O dün postaneye gidiyordu. (nereye) 3. Öğretmen soru soruyordu. (kim, ne) 4. Salim Bey eve altıda dönüyordu. (kaçta) 5. Dün akşam şu odada çalışıyorduk. (nerede) 6. İşadamı Fransadan telefon ediyordu. (nereden) 7. Okulda Almanca öğretiyordu. (ne) 8. İki yıl önce Taksimde oturuyorlardı. (ne zaman, nerede) 9. Akşam balık yiyordum. (ne) 10. Bize pencereden bakıyordu. (niçin)

C: Join the sentences (using the -ği zaman structure).
1. Biz döndük. Onlar bekliyordu. 2. Adamı gördüm. Cümleleri çeviriyordu. 3. Telefon ettin. Bahçede oturuyordu. 4. Sesi duydunuz. Ne yapıyordunuz? 5. Geldiler. Televizyon seyrediyordum.

D: Rewrite with gerunds, as shown.
Example : Kitap okumak severim. → Kitap okumayı severim.
1. Ütü yapmak sever misin? 2. Araba sürmek sevmez. 3. Bizimle konuşmak başladı. 4. Orada çalışmak başladınız mı? 5. Orada oturmak severiz. 6. Onu saymak başlamadık. 7. Resim yapmak sever.

E: Translate into English.
1. Bu sözcükleri tekrarlayın, lütfen. 2. Malları taşımaya başlamadı. 3. Onu gördüğümüz zaman o mektubu tercüme ediyordu. 4. Dün nereye gidiyordunuz? 5. Çocuk için oyuncaklar almayı sever. 6. Durakta beklemeyi sevmez. 7. Bebek ağlamaya başladı.

F: Translate into Turkish.
1. You can find it in the capital city. 2. She likes singing. 3. The thief began escaping. 4. When we danced they were looking at us. 5. Where was she waiting for you? 6. Why was your friend crying? 7. She doesn't like washing the dishes.

PRACTICE 73 - ANSWERS

A. 1. **Annesi Ankaradan dönüyordu.** 2. **Ben evimi satıyordum.** 3. **Biz kahvaltı ediyorduk.** 4. **Siz evde bekliyordunuz.** 5. **O, iki yıl önce burada-oturuyordu.** 6. **Çocuk orada yüzüyordu.** 7. **Ben buradan otobüse biniyordum.** 8. **Onlar burada sebze satıyorlardı.** 9. **Sen geçen yıl Türkçe öğretiyordun.** 10. **Adam öğretmenle konuşuyordu.**

B. 1. **Arkadaşım (arkadaşın) ne yapıyordu?** 2. **O dün nereye gidiyordu?** 3. **Kim soru soruyordu? Öğretmen ne soruyordu?** 4. **Salim Bey eve kaçta dönüyordu?** 5. **Dün akşam nerede çalışıyodunuz?** 6. **İşadamı nereden telefon ediyordu?** 7. **Okulda ne öğretiyordu?** 8. **Ne zaman Taksimde oturuyorlardı? İki yıl önce nerede oturuyorlardı?** 9. **Akşam ne yiyordun?** 10. **Niçin bize pencereden bakıyordu?**

C. 1. **Biz döndüğümüz zaman onlar bekliyordu.** 2. **Adamı gördüğüm zaman cümleleri çeviriyordu.** 3. **Telefon ettiğin zaman bahçede oturuyordu.** 4. **Sesi duyduğunuz zaman ne yapıyordunuz?** 5. **Geldikleri zaman televizyon seyrediyordum.**

D. 1. **Ütü yapmayı sever misin?** 2. **Araba sürmeyi sevmez.** 3. **Bizimle konuşmaya başladı.** 4. **Orada çalışmaya başladınız mı?** 5. **Orada oturmayı severiz.** 6. **Onu saymaya başlamadık.** 7. **Resim yapmayı sever.**

E. 1. Repeat these words, please. 2. He didn't begin carrying the goods. 3. When we saw him he was translating the letter. 4. Where were you going yesterday? 5. She likes buying toys for the child. 6. He doesn't like waiting at the stop. 7. The baby began crying.

F. 1. **Onu başkentte bulabilirsin.** 2. **Şarkı söylemeyi sever.** 3. **Hırsız kaçmaya başladı.** 4. **Dansettiğimiz zaman bize bakıyorlardı.** 5. **Sizi nerede bekliyordu?** 6. **Arkadaşın niçin ağlıyordu?** 7. **Bulaşık yıkamayı sevmez.**

414

VOCABULARY

YAKMAK Işığı aç, lütfen.	TO LIGHT; TO TURN ON Turn on the light, please.
KEMİK Köpekler kemikleri severler.	BONE Dogs like bones.
GİRİŞ Giriş nerededir?	ENTRANCE Where is the entrance?
ÇIKIŞ Bu binanın çıkışını bulamadık.	EXIT We couldn't find the exit of this building.
YETİŞMEK Trene yetiştiler.	TO CATCH They caught the train.
SPOR Spor yapmayı sever.	SPORT She likes playing sport.
ÖĞLEDEN ÖNCE Öğleden önce gelecek mi?	BEFORE NOON Will she come before noon?
ÖĞLEDEN SONRA Öğleden sonra fabrikada çalıştı.	AFTERNOON He worked in the factory in the afternoon.

YAKMAK

As you can see, in the expressions below, it is translated by 'light' and 'turn on'.

ateşi yakmak **lambayı (ışığı) yakmak**	to light a fire to turn on
Ateşi yak. **Ateşi yakmalısın. Hava soğuk.** **Lambayı yakacak.** **Işığı yakacak.**	Light the fire. You must light the fire. It is cold. She'll turn on the light. She'll turn on the light.

AÇMAK

We have seen this verb before.

Kapıyı açıyor. **Pencereleri açma.** **Kapıyı açtığı zaman adam bekliyordu.**	She is opening the door. Don't open the windows. When she opened the door the man was

415

waiting.

Açmak can also be used with **ışık** to talk about turning on lights.

Işığı açmalısın.	You must turn on the light.
Işığı açtığın zaman uyuyorduk.	When you turned on the light we were sleeping.

It can also be used for televisions, radios, etc.

Televizyonu açma. Ders çalışıyorum.	Don't turn on the television. I am studying.
Radyoyu açayım mı?	Shall I turn on the radio?

-sız, -siz, -suz, -süz / without

These suffixes are used to refer to the lack or absence of something. We have seen them used with adjectives - here we see them used with verbs.

sütsüz kahve	coffee without milk
şekersiz çay	tea without sugar
banyosuz oda	room without bathroom.

Banyosuz oda istemiyorum.	I don't want the room without a bathroom.
Çantasız gitmez.	She doesn't go without a bag.
Çorbayı kaşıksız içecek.	She will drink the soup without a spoon.
Oraya arabasız gitti.	He went there without a car.
Paltosuz gitme.	Don't go without a coat.

-MEK ZORUNDA OLMAK

We saw earlier the necessity suffix **-meli/-malı.**

Yapmalıyım.	I must do.
Gitmeliyim.	I must go.

The structure **-mek zorunda** (**olmak** is not used) has a similar meaning. Like the English 'must' and 'have to' these ways of expressing necessity/obligation are rather similar - the differences that is, are subtle, and we shall not go into them here. To represent the distinction, the **-mek zorunda olmak** structure is translated as 'have to'.

yap

Yap - mak zorundayım.	I have to do.

Gitmek zorundayım.	I have to go.
Almak zorundayım.	I have to take.
Yetişmek zorundayım.	I have to catch.
Eve gitmek zorundayım.	I have to go to the house.
Arabayı satmak zorundayım.	I have to sell the car.
Çorbayı içmek zorundayım.	I have to drink the soup.

Yap - mak zorundasın.	You have to do.
Yapmalısın.	You have to do.

Gelmek zorundasın.	You have to come.

Almak zorundasın.	You have to take.
Burada beklemek zorundasın.	You have to wait here.
Mektubu okumak zorundasın.	You have to read the letter.
Parayı vermek zorundasın.	You have to give the money.

Yap - mak zorunda(dır).	He has to do.
Yapmalı.	She has to do.

Gelmek zorunda(dır).	She has to come.
Almak zorunda(dır).	She has to take.
Satmak zorunda(dır).	You has to sell.
Bu yatakta uyumak zorunda.	He has to sleep on this bed.
İşi bitirmek zorunda.	She has to finish the work.

Yap - mak zorundayız.	We have to do.
Yapmalıyız.	We have to do.

Gelmek zorundayız.	We have to come.
Gitmek zorundayız.	We have to go.
Almak zorundayız.	We have to take.
Erken kalkmak zorundayız.	We have to get up early.
Almanca öğrenmek zorundayız.	We have to learn German.

Yap - mak zorundasınız.	You have to do.
Yapmalısınız.	You have to do.

Gelmek zorundasınız.	You have to come.
Satmak zorundasınız.	You have to sell.
Müdürle konuşmak zorundasınız.	You have to talk to the manager.
Yavaş yürümek zorundasınız.	You have to walk slowly.

Yap - mak zorunda(lar).	They have to do.
Yapmalılar.	They have to do.

Gelmek zorunda(lar).	They have to come.
Almak zorunda(lar).	They have to take.
Hırsızı yakalamak zorundalar.	They have to catch the thief.
Oraya uçakla gitmek zorundalar.	They have to go there by aeroplane.

Annem evi temizlemek zorundadır.	My mother has to clean the house.
Çocuk bu yemeği yemek zorunda.	The child has to eat this food.
Babam radyoyu tamir etmek zorunda.	My father has to repair the radio.
Soruları yanıtlamak zorundasın.	You have to answer the questions.
Dinlenmek zorundasınız.	You have to rest.
Fotoğraf çekmek zorundayım.	I have to take photograph.

Words Used in the Reading Passage

personel	staff
hareketli	busy, active
canlı	lively
tapınak	temple

JAPONYA

Metin Bey ve karısı Zeynep Hanım geçen yaz Japonyaya gittiler. Onlar için çok ilginç bir yolculuktu. Özellikle Zeynep Hanım orayı girmek istiyordu.

Pazartesi günü İstanbuldan uçağa bindiler. Salı günü Japonyanın başkenti Tokyodaydılar.

Tokyoda bir otelde kaldılar. Otel çok pahalıydı ama çok temiz ve ilginçti. Otel personeli çok nazikti.

Tokyo çok kalabalıktı. Çok hareketli ve canlı bir şehirdi. Otobüsler, trenler daima çok kalabalıktı. İnsanlar çok çalışkandı.

Onlar hızlı trene bindiler. Parklara gittiler. Tapınakları gördüler. Mağazalardan ilginç şeyler aldılar. Osaka ve Yokohamaya gittiler.

Lokantalarda Japon yemeği yediler. Metin Bey Japon yemeği sevmedi ama Zeynep Hanım çok sevdi.

Orada on gün kaldılar. Geri döndükleri zaman arkadaşları onları havaalanında bekliyordu. Japonya hakkında sorular sormaya başladılar.

JAPAN

Metin Bey and his wife Zeynep Hanım went to Japan last summer. It was a very interesting journey for them. Especially Zeynep Hanım wanted to see there.

They boarded the plane on Monday in Istanbul. They were in Tokyo, the capital of Japan on Tuesday.

They stayed at a hotel in Tokyo. The hotel was very expensive but it is very clean and interesting. The hotel staff was very polite.

Tokyo was very crowded. It was very busy and lively city. The buses and trains were always crowded. The people were very hardworking.

They got on the fast train. They went the the parks. They saw the temples. They bought interesting things from the department stores. They went to Osaka and Yokohama.

They ate Japanese food in the restaurants. Metin Bey didn't like Japanese food but Zeynep Hanım liked.

They stayed ten days there. When they came back their friends were waiting for them at the airport. They began asking some questions about Japan.

Questions and Answers to the Reading Passage

Metin Bey ve Zeynep Hanım geçen yaz nereye gittiler?
Where did Metin Bey and Zeynep Hanım go last summer?

Japonyaya gittiler.
They went to Japan.

Orayı kim görmek istedi?
Who wanted to see there?

Zeynep Hanım istedi.
Zeynep Hanım wanted.

Hangi gün uçağa bindiler?
Which day did they board the plane?

Pazartesi günü bindiler.
They boarded on Monday.

Ne zaman Tokyodaydılar?
When were they in Tokyo?

Salı günü Tokyodaydılar.
They were in Tokyo on Tuesday.

Onlar nerede kaldılar? Where did they stay?	**Bir otelde kaldılar.** They stayed in a hotel.
Otel pahalı mıydı? Was the hotel expensive?	**Evet, pahalıydı.** Yes, it was expensive.
Parklara gittiler mi? Did they go to the parks?	**Evet, gittiler.** Yes, they did.
Hangi şehirlere gittiler? Which cities did they go to?	**Osaka ve Yokohamaya gittiler.** They went to Osaka and Yokohama.
Metin Bey Japon yemeğini sevdi mi? Did Metin Bey like Japanese food?	**Hayır, sevmedi.** No, he didn't.
Orada kaç gün kaldılar? How many days did they stay there?	**On gün kaldılar.** They stayed ten days.
Arkadaşları onları nerede bekledi? Where did their friends wait for them?	**Havaalanında bekledi.** They waited at the airport.

PRACTICE 74

A: Rewrite using the **-mek zorunda olmak** structure.
1. **Ateşi yakmalıyım. 2. O uçağa binmeliyiz. 3. Burada sigara içmelisin. 4. Ucuz bir otelde kalmalıdır. 5. Yarın onu görmelisiniz. 6. İşe başlamalılar. 7. Adam karısına biraz para göndermeli. 8. Her sabah duş yapmalı. 9. Bu çantayı değiştirmelisin. 10. Işığı açmalıyız.**

B: Put into negative form.
1. **Adam orada bekliyordu. 2. Her zaman bu süpermarkete gidiyorduk. 3. Kadın bulaşık yıkıyordu. 4. Her sabah bal yiyordunuz. 5. Dedesi buradan otobüse biniyordu. 6. Kocam erken yatıyordu. 7. Her gün mektup yazıyordu.**

C: Put into question form.
1. **Akşam dokuzda uyuyordu. 2. Bu odada kahvaltı ediyorlardı. 3. Her hafta sinemaya gidiyorduk. 4. Orada her gün yağmur yağıyordu. 5. Dayım yazın bize geliyordu. 6. Annem bu kasaptan et alıyordu. 7. Çocuk her sabah süt içiyordu.**

D: Rewrite using gerunds, as shown.
Example : Mektup yazmak severim. → Mektup yazmayı severim.
1. **Uyumak başladın. 2. Spor yapmak sever misin? 3. Ders çalışmak başladı mı? 4. Resim yapmak sever misiniz? 5. Orada kalmak sevmeyiz. 6. Para toplamak başlayacaklar. 7. Soruları yapmak başla.**

E: Translate into English.
1. **Işığı açma. Uyumak istiyorum. 2. Çıkış nerededir? Bulamadık. 3. Öğleden önce burada bekliyorlardı. 4. Bu otobüse yetişmek zorundasınız. 5. Oraya arabasız gidebilir misin? 6. Saat altıda orada olmak zorundayız. 7. Biz geldiğimiz zaman uyuyorlardı.**

F: Translate into Turkish.
1. The woman has to drink the milk. 2. The entrance is here. You can came in. 3. I won't be here afternoon. 4. Turn on the television. I want to watch the film. 5. My mother was buying the meat from this butcher's. 6. The woman has to think of her daughter. 7. Don't go without a coat.

PRACTICE 74 - ANSWERS

A. 1. Ateşi yakmak zorundayım. 2. O uçağa binmek zorundayız. 3. Burada sigara içmek zorundasın. 4. Ucuz bir otelde kalmak zorundadır. 5. Yarın onu görmek zorundasınız. 6. İşe başlamak zorundalar. 7. Adam karısına biraz para göndermek zorundadır. 8. Her sabah duş almak zorundadır. 9. Bu çantayı değiştirmek zorundasın. 10. Işığı açmak zorundayız.

B. 1. Adam orada beklemiyordu. Her zaman bu süpermarkete gitmiyorduk. 3. Kadın bulaşık yıkamıyordu. 4. Her sabah bal yemiyordunuz. 5. Dedesi buradan otobüse binmiyordu. 6. Kocam erken yatmıyordu. 7. Her gün mektup yazmıyordu.

C. 1. Akşam dokuzda uyuyor muydu? 2. Bu odada kahvaltı ediyorlar mıydı? 3. Her hafta sinemaya gidiyor muyduk? 4. Orada her gün yağmur yağıyor muydu? 5. Dayım yazın bize geliyor muydu? 6. Annem bu kasaptan et alıyor muydu? 7. Çocuk her sabah süt içiyor muydu?

D. 1. Uyumaya başladın. 2. Spor yapmayı sever misin? 3. Ders çalışmaya başladı mı? 4. Resim yapmayı sever misiniz? 5. Orada kalmayı sevmeyiz. 6. Para toplamaya başlayacaklar. 7. Soruları yapmaya başla.

E. 1. Don't turn on the light. I want to sleep. 2. Where is the exit? We couldn't find it. 3. They were waiting here before noon. 4. You have to catch this bus. 5. Can you go there without a car? 6. We have to be there at six o'clock. 7. They were sleeping when we came.

F. 1. Kadın sütü içmek zorundadır. 2. Giriş burasıdır. İçeri girebilirsin. 3. Öğleden sonra burada olmayacağım. 4. Televizyonu aç. Filmi izlemek istiyorum. 5. Annem bu kasaptan et alıyordu. 6. Kadın kızını düşünmek zorundadır. 7. Paltosuz gitme.

420

VOCABULARY

HAFTA SONU
Arkadaşım hafta sonu burada olacak.

WEEKEND
My friend will be here at the weekend.

KARANLIK
Bu oda karanlık, ışığı aç.

DARK; DARKNESS
This room is dark, turn on the light.

AYDINLIK
Aydınlık bir odada çalışmak istiyorum.

BRIGHT,LUMINOUS;LIGHT,
DAYLIGHT
I want to work in a bright room.

KAPATMAK
O kapıyı kapatın, lütfen.
Işığı kapattı ve yattı.

TO SHUT, TO CLOSE; TURN OFF
Shut that door, please.
She turned off the light and went to bed.

SALATA
Domates salatası sever misin?

SALAD
Do you like tomato salad?

HEYECANLI
Heyecanlı bir filmdi.

EXCITING; EXCITED
It was an exciting film.

ÜŞÜMEK
Burada üşüyor musun?

TO BE COLD, TO FEEL COLD
Are you cold here?

RÜZGÂR
Dışarıda sert rüzgâr var.

WIND
There is strong wind outside.

YAĞMURLU
Orada hava yağmurlu mu?

RAINY
Is it rainy there?

GÜNEŞLİ
Dün hava güneşliydi.

SUNNY
It was sunny yesterday.

KAT
Onun dükkânı birinci kattadır.

FLOOR
His shop is on the first floor.

-mek Zorunda Olmak - (Continued)

Let us see this structure in question and negative forms.

Yapmak zorundayım.
Burada beklemek zorundasın.

I have to do it.
You have to wait here.

Yapmak zorunda mıyım?

Do I have to do it?

Gitmek zorunda mıyım?	Do I have to go?
Bu bavulu taşımak zorunda mıyım?	Do I have to carry this suitcase?
Burada beklemek zorunda mıyım?	Do I have to wait here?
Arabayı satmak zorunda mısın?	Must you sell the car?
Ona telefon etmek zorunda mısın?	Must you telephone him?
Almak zorunda mı?	Must he take?
Mektubu okumak zorunda mı?	Must she read the letter?
Onunla gitmek zorunda mıyız?	Must we go with him?
Mektubu çevirmek zorunda mıyız?	Must we translate the letter?
Hırsızı yakalamak zorunda mısınız?	Must you catch the thief?
Erken kalkmak zorunda mısınız?	Must you get up early?
Kapıyı kapatmak zorundalar mı?	Must they shut the door?
Otobüse yetişmek zorundalar mı?	Must they catch the bus?
Adamlar bankaya gitmek zorundalar mı?	Must the men go to the bank?
Soruları yanıtlamak zorunda mı?	Must he answer the questions?
Eve gitmek zorunda değilim.	I don't have to go home.
Burada beklemek zorunda değilim.	I don't have to wait here.
Arabayı satmak zorunda değilsin.	You don't have to sell the car.
Ona telefon etmek zorunda değilsin.	You don't have to phone him.
Almak zorunda değil.	He doesn't have to buy.
Mektubu okumak zorunda değil.	He doesn't have to read the letter.
Onunla gitmek zorunda değiliz.	We don't have to go with him.
Mektubu çevirmek zorunda değiliz.	We don't have to translate the letter.
Erken kalkmak zorunda değilsiniz.	You don't have to getu up early
Hafta sonu gitmek zorunda değilsiniz.	You don't have to leave at the weekend.
Kapıyı kapatmak zorunda değiller.	They don't have to close the door.
Oraya uçakla gitmek zorunda değiller.	They don't have to fly there.
Bu yemeği yemek zorunda değiliz.	We don't have to eat this food.
Adamlar bankaya gitmek zorunda değiller.	The men don't have to go to the bank.

ORDINAL NUMBERS

To make ordinal numbers, to the cardinal forms add **-(ı)ncı, -(i)nci, -(u)ncu, -(ü)ncü**.

bir	one
iki	two
üç	three
bir - inci	the first
birinci	

iki - nci	the second
ikinci	
üç - üncü	the third
üçüncü	
dört - üncü	the fourth
dördüncü*	

* Notice that the **t** of **dört** becomes **d**.

beş - inci	the fifth
beşinci	
altı - ncı	the sixth
altıncı	
yedi - nci	the seventh
yedinci	
sekiz - inci	the eighth
sekizinci	
dokuz - uncu	the ninth
dokuzuncu	
on - uncu	the tenth
onuncu	
on birinci	the eleventh
on ikinci	the twelveth
on üçüncü	the thirteenth
yirminci	the twentieth
yirmi birinci	the twentyfirst
ellinci	the fiftieth
yüzüncü	the hundredth
kaçıncı?	how manyth?
birinci ev	the first house
birinci soru	the first question

İlk can be used instead of **birinci**.

ilk ev	the first house
ilk soru	the first question
birinci adam	the first man
ikinci kat	the second floor
üçüncü dükkân	the third shop
beşinci araba	the fifth car
onuncu yıl	the tenth year
kaçıncı soru	how manyth question
İkinci katta yaşarlar.	They live on the second floor.
Üçüncü soruyu yanıtladın mı?	Did you answer the third question?
Birinci kimdir?	Who is the first?

Kaçıncı katta oturuyorlar?	On which floor do they live?
Altıncı soruyu yanıtla.	Answer the sixth question.
Beşinci portakalı yedi.	She ate the fifth orange.

Bugün ayın kaçı? / What is the date?

We have seen the names of days and months.

Parayı çarşamba günü verdi.	He gave the money on Wednesday.
Hangi gün burada olacaksın?	Which day will you be here?

Mayısta Almanyaya gidecek.	He will go to Germany in May.
Hangi ayda dönecekler?	Which month will they return?

The expression **Bugün ayın kaçı?** is used to ask the date. Look at the answers below.

Bugün ayın kaçı(dır)?	What is the date?
(Bugün ayın) biri(dir).	It is the first.
ikisi	second
üçü	third
dördü	fourth.
beşi	fifth.
altısı	sixth.
yedisi	seventh.
sekizi	eighth.
dokuzu	ninth.
onu	tenth.
on ikisi	twelfth.
yirmisi	twentieth.
otuz biri	thirty first.

The words in brackets can be omitted.

Bugün ayın kaçı?	What is the date today?
Bugün ayın ikisidir.	It is the second today.
İkisi(dir).	It is the second.

The following generalizations may be made:
a. To use numbers in order to say the date, add **-ı, -i, -u, -ü** if the cardinal form ends in a consonant.

bir - biri	dört - dördü
üç - üçü	dokuz - dokuzu

b. Add **-sı, -si** if it ends in a vowel.

iki - ikisi	yedi - yedisi
altı - altısı	

When months with numbers are used for dates, they take the genitive case suffixes (**-ın, -in, -un, -ün**), ie there is a relationship of possession.

kasım - kasımın
ekim - ekimin

ağustos - ağustosun
eylül - eylülün
kasımın biri   the first of November
temmuzun altısı   the fifth of July
şubatın üçü   the third of February

To make the genitive form words such as months which end in **k**, change the **k** to **ğ**.

ocağın ikisi	the second of January
aralığın onu	the tenth of December

Bugün ayın kaçıdır?	What is the date today?
Üçüdür.	It is the third.
Yedisidir.	It is the seventh.
On dördüdür.	It is the fourteenth.

Kasımın beşidir.	It is the fifth of November.
Aralığın on üçüdür.	It is the thirteenth of December.
Nisanın sekizidir.	It is the eighth of April.

Dün ayın kaçıydı?	What was the date yesterday?

Üçüydü.	It was the third.
Altısıydı.	It was the sixth.
On dokuzuydu.	It was the ninth.

Ocağın dördüydü.	It was the fourth of January.
Şubatın on biriydi.	It was the eleventh of February.

The locative suffix **-da/-de** is added to the number to make adverbials.

Buraya ayın altısında geldiler.	They came here on the twenty sixth (of the month).
Toplantı ayın kaçındadır?	What is the date of the meeting?
Yedisinde.	It is on the seventh.
Ayın dokuzunda burada olacak.	She will be here on the ninth.
Ekimin birinde evlenecekler.	They will get married on the first of October.
Ayın otuz birinde parayı aldık.	We got the money on the thirty first (of the month.)
Nisanın on üçünde telefon etti.	She phoned on the thirteenth of April.
Aralığın ikisinde evde miydiniz?	Were you at home on the second of December?

PRACTICE 75

A: Write out answers to the question **Bugün ayın kaçı?** using the information given. Example :
Bugün ayın kaçı? (1) → Bugün ayın biri.
1. 2 2. 4 3. eylül - 5 4. 7 5. 9 6. 14 7. 21 8. ağustos - 8 9. ocak - 7 10. 3 11. mart - 18 12. mayıs - 28 13. temmuz - 30 14. 15 15. 6

B: Write using ordinal numbers as shown. Example : (1) Soruyu yap. → Birinci soruyu yap.

1. **(2) Odaya girecek.** 2. **Adam (5) katta oturuyor** 3. **(25) mektubu yazdı.** 4. **(10) dükkâna girdi.** 5. **(3) odadadır.** 6. **(4) kapıyı aç.** 7. **Ofisi (14) kattadır.**

C: Put into question form.
1. **Pencereleri kapatmak zorundayım.** 2. **Ayın ikisinde dönmek zorundadır.** 3. **Bize yardım etmek zorundasın.** 4. **Trene yetişmek zorundasınız.** 5. **Bu parayı vermek zorundayız.** 6. **O dili öğrenmek zorundalar.** 7. **Ahmet evden erken çıkmak zorundadır.**

D: Put into negative form.
1. **Bu evden taşınmak zorundadır.** 2. **Işığı yakmak zorundayız.** 3. **Bugün o işi bitirmek zorundayım.** 4. **Onu sevmek zorundasınız.** 5. **Ayakkabıları değiştirmek zorundalar.** 6. **Karar vermek zorundasın.** 7. **Öğrenci bu soruya cevap vermek zorundadır.**

E: Translate into English.
1. **Hava yağmurlu. Şemsiyeni al.** 2. **Hafta sonu çalışmak zorunda mısın?** 3. **Bu mektubu mayısın üçünde gönderdiler.** 4. **Müdürün odası birinci kattadır.** 5. **Hava güneşlidir. Bahçede oturalım mı?** 6. **Onun adını hatırlamak zorundayız.**

F: Translate into Turkish.
1. Buy a kilo of tomatoes for the salad! 2. I am very cold. Can I take your sweater? 3. There was an office on the third floor. 4. She came here on the first of June. 5. He has to go to the doctor in the afternoon. 6. The lift is on the fourth floor.

PRACTICE 75 - ANSWERS

A. 1. **Bugün ayın ikisi.** 2. **Bugün ayın dördü.** 3. **Bugün eylülün beşi.** 4. **Bugün ayın yedisi.** 5. **Bugün ayın dokuzu.** 6. **Bugün ayın on dördü.** 7. **Bugün ayın yirmi biri.** 8. **Bugün ağustosun sekizi.** 9. **Bugün ocağın yedisi.** 10. **Bugün ayın üçü.** 11. **Bugün martın on sekizi.** 12. **Bugün mayısın yirmi sekizi.** 13. **Bugün temmuzun otuzu.** 14. **Bugün ayın on beşi.** 15. **Bugün ayın altısı.**
B. 1. **İkinci odaya girecek.** 2. **Adam beşinci katta oturuyor.** 3. **Yirmi beşinci mektubu yazdı.** 4. **Onuncu dükkâna girdi.** 5. **Üçüncü odadadır.** 6. **Dördüncü kapıyı aç.** 7. **Ofisi on dördüncü kattadır.**
C. 1. **pencereleri kapatmak zorunda mıyım?** 2. **Ayın ikisinde dönmek zorunda mı?** 3. **Bize yardım etmek zorunda mısın?** 4. **Trene yetişmek zorunda mısınız?** 5. **Bu parayı vermek zorunda mıyız?** 6. **O dili öğrenmek zorundalar mı?** 7. **Ahmet evden erken çıkmak zorunda mı?**
D. 1. **Bu evden taşınmak zorunda değildir.** 2. **Işığı yakmak zorunda değiliz.** 3. **Bugün o işi bitirmek zorunda değilim.** 4. **Onu sevmek zorunda değilsiniz.** 5. **Ayakkabıları değiştirmek zorunda değiller.** 6. **Karar vermek zorunda değilsin.** 7. **Öğrenci bu soruya cevap vermek zorunda değildir.**
E. 1. It is rainy. Take your umbrella. 2. Do you have to work at the weekend? 3. They sent this letter on the third of May. 4. The manager's room is on the first floor. 5. It is sunny. Shall we sit in the garden? 6. We have to remember her name.
F. 1. **Salata için bir kilo domates al.** 2. **Çok üşüyorum. (Üşüdüm.) Kazağını alabilir miyim?** 3. **Üçüncü katta bir ofis vardı.** 4. **Haziranın birinde buraya geldi.** 5. **Öğleden sonra doktora gitmek zorundadır.** 6. **Asansör dördüncü kattadır.**

VOCABULARY

VARMAK Oraya ne zaman varırız?	TO ARRIVE When do we arrive there?
ULAŞMAK Otele saat altıda ulaştılar.	TO ARRIVE They arrived at the hotel at six o'clock.
AYRILMAK Evden erken ayrıldı.	TO LEAVE She left home early.
(YUKARI) ÇIKMAK Yukarı çık. Annen seni bekliyor.	TO GO UPSTAIRS Go upstairs. Your mother is waiting for you.
(AŞAĞI) İNMEK Aşağı inmemelisin. Seni görebilirler.	TO GO DOWN You mustn't go down. They can see you.
EĞER Eğer gelirsen oraya gidebiliriz.	IF If you come we can go there.
PROGRAM Bugünün programı nedir?	PROGRAMME What is the programme of today?
KARŞILAŞMAK İki eski arkadaş karşılaştılar.	TO MEET The two old friends met.

CONDITIONAL SENTENCES

Conditional sentences are of two parts, the first, the if-clause, giving the condition, and the second giving the result or consequence that will occur if the condition is met.

We will look first at the if-clause. The if-clause in Turkish begins with **eğer** (like if), with the verb taking the conditional suffix **-sa/-se** after the tense suffix **-ar/-er** for the present simple.

eğer	gider -sem	if I go
	yapar -sam	if I do
	görür -sem	if I see
	verir -sem	if I give

eğer oraya gidersem	if I go there
eğer o soruyu yaparsam	if I do that question
eğer onu görürsem	if I see him

Because of the conditional suffix, **eğer** can be omitted.

arabamı satarsam		if I sell my car
mektubu yazarsam		if I write the letter
aşağı inersem		if I go down

eğer	gider -sen	if you go
	yapar -san	if you do
	verir -sen	if you give

oraya gidersen	if you go there
o soruyu yaparsan	if you do that question
onu görürsen	if you see him
aşağı inersen	if you go down

eğer	gider -se	if she goes
	yapar -sa	if she does
	görür -se	if she sees

oraya giderse	if she goes there
o soruyu yaparsa	if he does that question
parayı verirse	if she gives the money
odayı temizlerse	if she cleans the room

	gelir -sek	if we come
	yapar -sak	if we do
	görür -sek	if we see

o soruyu yaparsak	if we do that question
onu görürsek	if we see him
parayı verirsek	if we give the money
mektubu yazarsak	if we write the letter
otobüse yetişirsek	if we cath the bus

eğer	gider -seniz	if you go
	yapar -sanız	if you do
	görür -seniz	if you see

o soruyu yaparsanız	if you do that question
parayı verirseniz	if you give the money
odayı temizlerseniz	if you clean the room
aşağı inerseniz	if you go down

	gelir -lerse	if they come
	görür -lerse	if they see
	verir -lerse	if they give

onu görürlerse	if they see him
odayı temizlerlerse	if they clean the room
mektubu yazarlarsa	if they write the letter
otobüse yetişirlerse	if they catch the bus

adam bizi beklerse	if the man waits for us
çok hızlı araba kullanırsa	if he drives very fast
öğretmen bize bu dili öğretirse	if the teacher teaches this language to us
yağmur yağarsa	if it rains

hava güneşli olursa
annen geç kalırsa
portakallar ekşiyse

if it is sunny
if your mother is late
if the oranges are sour

Words Used in the Reading Passage

tanımak	to know
kilim	rug

ALIŞVERİŞ

Berna Hanım Bakırköyde oturur.
Bakırköy İstanbuldaki en
kalabalık yerlerden biridir.
Alışveriş için birçok dükkân ve
mağaza vardır.

Berna Hanım otuz iki yaşındadır.
Evlidir. Kocası Tuncer Bey otuz
altı yaşındadır. Onun Sultanah-
mette bir dükkânı var. Turistlere
halı ve kilimler satar. O haftada
altı gün çalışır. Pazar günü
çalışmaz.
Berna Hanım ve Tuncer Beyin iki
oğlu var. Oğlanlardan birinin
adı Orhandır ve yedi yaşındadır.
Diğeri üç yaşında ve adı Öznurdur.
Orhan okula gider. O çok akıllı
bir öğrencidir.

Berna Hanım ev kadınıdır. Alışverişi
sever. Cumartesi günü Bakırköyde bir
pazar vardır. Bu pazarda çeşitli
meyve ve zebzeleri bulabilir.
Bu sebze ve meyveler manavdaki-
lerden daha ucuz ve tazedir.

Bazen Çarşamba günleri süper-
markete gider. Kahvaltı için peynir,
zeytin, bal, reçel alır. Meyve de alır.
Oğlanlar ve kocası meyveyi çok
sever.

Evlerinin yanında büyük bir kasap
vardır. Berna Hanım eti oradan alır.
Kasap Berna Hanımı tanır. Ona taze
et verir. Çok nazik bir adamdır.

Bugün Cumartesi. Berna Hanım alış-
veriş için pazara gidiyor. Öznur da
onunla birlikte geliyor.

SHOPPING

Berna Hanım lives in Bakırköy. Bakırköy
is one of the most crowded place in
Istanbul. There are a lot of shops
and stores for shopping.

Berna Hanım is thirty two years old.
She is married. Her husband Tuncer
Bey is thirty six years old. He has got
a shop in Sultanahmet. He sells carpets
and rugs. He works six days a week.
He doesn't work on Sunday.

Berna Hanım and Tuncer Bey have got
two sons. The name of one of the boys is
Orhan and he is seven years old. The
other one is three years old and his name
is Öznur. Orhan goes to school. He is
a very clever student.

Berna Hanım is a housewife. She likes
shopping. There is a bazaar in Bakırköy
on Sunday. She can find various fruits
and vegetables in this bazaar. These
vegetables and fruits are fresher and
cheaper than the ones in the greengrocer's.

Sometimes she goes to the supermarket
on Wednesday. She buys cheese, olive,
honey, jam for the breakfast. She
also buys fruit. The sons and her
husband like fruit very much.

There is a large butcher's shop near their
house. Berna Hanım buys the meat from
there. The butcher knows Berna Hanım.
He gives fresh meat to her. He is a
very polite man.

Today is Saturday. Berna Hanım is
going to the bazaar for shopping.
Öznur is also coming together with her.

Questions and Answers to the Reading Passage

Berna Hanım nerede oturur?
Where does Berna Hanım lives?

Bakırköyde oturur.
She lives in Bakırköy.

Bakırköy kalabalık mıdır?
Is Bakırköy crowded?

Evet, kalabalıktır.
Yes, it is.

Berna Hanım kaç yaşındadır?
How old is Berna Hanım?

Otuz iki yaşındadır.
She is thirty two years old.

Evli midir?
Is she married?

Evet, evlidir.
Yes, she is.

Tuncer Bey kaç yaşındadır?
How old is Tuncer Bey?

Otuz altı yaşındadır.
He is thirty six years old.

Onun dükkânı nerededir?
Where is his shop?

Sultanahmettedir.
It is in Sultanahmet.

Orada ne satar?
What does he sell there?

Halı ve kilimler satar.
He sells carpets and rugs.

Pazar günü çalışır mı?
Does he work on Sunday?

Hayır, çalışmaz.
No, he doesn't.

Onların kaç tane çocukları var?
How many children have they got?

İki çocukları var.
They have got two children.

Orhan kaç yaşındadır?
How old is Orhan?

Yedi yaşındadır.
He is seven years old.

Berna Hanım ne iş yapıyor?
What is Berna Hanım's job?

Ev kadınıdır.
He is a housewife.

Hangi gün Bakırköyde pazar vardır?
Which day is there a bazaar in Bakırköy?

Cumartesi günü bir pazar vardır.
There is a bazaar on Saturday.

Manavdaki sebze ve meyveler daha ucuz mudur?
Are the vegetables and fruits in the greengrocer's cheaper?

Hayır, değildir.
No, they aren't.

Çarşamba günleri nereye gider?
Where does she go on Wednesday?

Süpermarkete gider.
She goes to the supermarket.

Kahvaltı için ne alır?
What does she buy for the breakfast?

Zeytin, peynir, bal ve reçel alır.
She buys olive, cheese, honey and jam.

Kim meyve sever?
Who likes fruit?

Kocası ve oğlanlar sever.
Her husband and sons like.

Kim Berna Hanımla pazara geliyor?
Who is coming to the bazaar with
Berna Hanım?

Öznur geliyor.
Öznur is coming.

PRACTICE 76

A: Change into conditional form.
1. **Yaparım.** 2. **Otururlar.** 3. **Gideriz.** 4. **Sayarız.** 5. **Ayrılırsınız.** 6. **Karşılaşırsın.** 7. **Ulaşır.** 8. **Tamir ederim.** 9. **Yakalarsın.** 10. **Kapatırız.**

B: Change into conditional form. Example : Sen gel. → sen gelirsen
1. **annem odamı temizle** 2. **arkadaşım telefon et** 3. **ben parayı al** 4. **biz sinemaya git** 5. **siz evden ayrıl.** 6. **kadın bize bak.** 7. **öğretmenler soruyu sor**

C: Write out as shown. Example : (2) odaya gir. → İkinci odaya gir.
1. **(3) soruyu yanıtla.** 2. **(4) katta otururlar.** 3. **(5) kapıyı aç.** 4. **(7) gün gelecek.** 5. **(10) mektubu yazacak.**

D: Rewrite using the **-meli -malı** structure.
1 **Yarın oraya gitmek zorundayım.** 2. **O mektubu yazmak zorunda mı?** 3. **Yukarı çıkmak zorundasın.** 4. **Bu yemeği bitirmek zorundayız.** 5. **Onu beklemek zorunda mısınız?** 6. **Evden erken ayrılmak zorundalar.** 7. **Bu sözcükleri tekrarlamak zorundasın.** 8. **O elbiseyi giymek zorunda.** 9. **Babamla konuşmak zorundayım.** 10. **Bu otelde kalmak zorunda mıyız?**

E: Translate into English.
1. **annem babamla konuşursa** 2. **İkinci soruyu sordu.** 3. **Oraya ne zaman varacağız?** 4. **Evden erken ayrılmak zorundayız.** 5. **bebek ağlarsa** 6. **onunla evlenirsen** 7. **Onunla iki ay önce karşılaştım.**

F: Translate into Turkish.
1. if you understand the lesson 2. Open the third door. 3. Who is the second? 4. if he dances with her 5. They arrived at seven o'clock. 6. I know him, but I don't know his sister. 7. if they use the computer

PRACTICE 76 - ANSWERS

A. 1. **yaparsam** 2. **oturursalarsa** 3. **gidersek** 4. **sayarsak** 5. **ayrılırsanız** 6. **karşılaşırsan** 7. **ulaşırsa** 8. **tamir edersem** 9. **yakalarsan** 10. **kapatırsak**
B. 1. **annem odamı temizlerse** 2. **arkadaşım telefon ederse** 3. **ben parayı alırsam** 4. **biz sinemaya gidersek** 5. **siz evden ayrılırsanız** 6. **kadın bize bakarsa** 7. **öğretmenler soruyu sorarlarsa**
C. 1. **Üçüncü soruyu yanıtla.** 2. **Dördüncü katta otururlar.** 3. **Beşinci kapıyı aç.** 4. **Yedinci gün gelecek.** 5. **Onuncu mektubu yazacak.**
D. 1. **Yarın oraya gitmeliyim.** 2. **O mektubu yazmalı mı?** 3. **Yukarı çıkmalısın.** 4. **Bu yemeği bitirmeliyiz.** 5. **Onu beklemeli misiniz?** 6. **Evden erken ayrılmalılar.** 7. **Bu sözcükleri tekrarlamalısın.** 8. **O elbiseyi giymeli.** 9. **Babamla konuşmalıyım.** 10. **Bu otelde kalmalı mıyız?**
E. 1. if my mother talks to my father 2. She asked the second question. 3. When will we arrive there? 4. We have to left home early. 5. if the baby cries 6. if you marry him 7. I met him two months ago.
F. 1. **dersi anlarsan** 2. **Üçüncü kapıyı aç.** 3. **İkinci kimdir?** 4. **Onunla dans ederse** 5. **Saat yedide vardılar.** 6. **Onu tanırım, ama kız kardeşini tanımam.** 7. **bilgisayarı kullanırlarsa**

VOCABULARY

HARCAMAK Para harcamayı sever.	TO SPEND She likes spending money.
ARKA Arkada küçük bir bahçe var.	BACK There is a small garden at the back.
DOĞRU Bu soru doğru mudur?	RIGHT Is this question right?
YANLIŞ Sekreter yanlış bir sözcük yazdı.	WRONG The secretary wrote a wrong word.
UYANDIRMAK Babanı uyandırma.	TO WAKE (UP) Don't wake up your father.
ÖLMEK Amcası iki yıl önce öldü.	TO DIE Her uncle died two years ago.
ASLAN Bu hayvanat bahçesinde bir aslant. görebilirsiniz	LION You can see a lion in this zoo.
KAPLAN Resimde büyük bir kaplan vardı.	TIGER There was a big tiger in the picture.
MAYMUN Maymunlar ağaçlarda yaşarlar.	MONKEY Monkeys live in the trees.
HAYVANAT BAHÇESİ Hayvanat bahçesinde çeşitli hayvanları görebilirsiniz.	ZOO You can see various animals in the zoo.

CONDITIONALS - Continued

We will look first at negative if-clauses.

(eğer) gidersem
yaparsam

oraya gidersem **oraya gitmezsem**	if I go there if I don't go there
gelmezsem	if I don't come

yapmazsam	if I don't do
onu görmezsem	if I don't see him
parayı vermezsem	if I don't give the money
onu izlemezsem	if I don't follow him
oraya gidersen	if you go there
oraya gitmezsen	if you don't go there
gelmezsen	if you don't come
yapmazsan	if you don't do
görmezsen	if you don't see
onu görmezsen	if you don't see him
arabanı satmazsan	if you don't sell your car
mektubu yazmazsan	if you don't write the letter
oraya giderse	if she goes there
oraya gitmezse	if she doesn't go there
gelmezse	if she doesn't come
yapmazsa	if he doesn't do
vermezse	if he doesn't give
parayı harcamazsa	if she doesn't spend the money
onu izlemezse	if she doesn't follow him
otobüse yetişmezse	if she doesn't catch the bus
oraya gidersek	if we go there
oraya gitmezsek	if we don't go there
gelmezsek	if we don't come
görmezsek	if we don't see
vermezsek	if we don't give
parayı harcamazsak	if we don't spend the money
arabamızı satmazsak	if we don't sell our car
onu izlemezsek	if we don't follow him
otobüse yetişmezsek	if we don't catch the bus
oraya giderseniz	if you go there
oraya gitmezseniz	if you don't go there
yapmazsanız	if you don't do
görmezseniz	if you don't see
parayı harcamazsanız	if you don't spend the money
onu izlemezseniz	if you don't follow him
mektubu yazmazsanız	if you don't write the letter
oraya giderlerse	if they go there
oraya gitmezlerse	if they don't go there
gelmezlerse	if they don't come
yapmazlarsa	if they don't do
görmezlerse	if they don't see
parayı harcamazlarsa	if they don't spend the money
mektubu yazmazlarsa	if they don't write the letter
otobüse yetişmezlerse	if they don't catch the bus

adam bizi beklemezse	if the man doesn't wait for us
çok hızlı araba kullanmazsa	if he doesn't drive very fast
bebek uyumazsa	if the baby doesn't sleep
hava güneşli olmazsa	if it isn't sunny
annen geç kalmazsa	if your mother isn't late
annem bizi uyandırmazsa	if my mother doesn't wake us up

Until now we have seen only the first part, the if-clause, of conditional sentences. The second part, or result-clause is now introduced.

gidersem	if I go
oraya gidersem	if I go there
Onu göreceğim.	I will see him.
Oraya gidersem onu göreceğim.	If I go there I will see him.

The result-clause is often in the future tense, but it may also be formed in the present simple or – ebilmek structure.

onu görürsem	if I see him
Parayı vereceğim.	I'll give the money.
Onu görürsem parayı vereceğim.	If I see him I'll give the money.

parayı verirsem	if I give the money
İyi bir hediye alacak.	She'll buy a good present.
Parayı verirsem iyi bir hediye alacak.	If I give the money she'll buy a good present.

buraya gelirsen	if you come here
Sana resimleri veririm.	I'll give the pictures to you.
Buraya gelirsen sana resimleri veririm.	If you come here I'll give the pictures to you.

bizi beklerse	if she waits for us
Onunla gidebiliriz.	We can go with her.
Bizi beklerse onunla gidebiliriz.	If she waits for us we can go with us.

bebek uyursa	if the baby sleeps
Filmi seyredeceğim.	I'll watch the film.
Bebek uyursa filmi seyredeceğim.	If the baby sleeps I'll watch the film.

oraya erken varırsak	if we arrive there early
Telefon ederiz.	We'll telephone.
Oraya erken varırsak telefon ederiz.	If we arrive there early we'll telephone.

odanızı temizlerseniz	if you clean your room
Anneniz mutlu olacak.	Your mother will be happy.
Odanızı temizlerseniz anneniz mutlu olacak.	If you clean your room your mother will be happy.

burada beklerlerse	if they wait here
Taksi bulabilirler.	They can find a taxi.
Burada beklerlerse taksi bulabilirler.	If they wait here they can find a taxi.

| Hava güneşli olursa parka gideceğiz. | If it is sunny we'll go to the park. |
| Bize bu dili öğretirse iyi bir iş | If she teaches this language to us |

bulabiliriz.	we can find a good job.
İstersen bizimle gelebilirsin.	If you want you can come with us.
Elbise ucuzsa alacak.	If the dress is cheap he'll buy.
Evi temizlerse yorgun olacak.	If she cleans the house she will be tired.
İsterseniz bu lokantada yiyebiliriz.	If you want we can eat at this restaurant.
Hava yağmurlu olursa pikniğe gitmeyecek.	If it is rainy she won't go for a picnic.
İstersen şimdi gelme.	If you want, don't come now.
Geç kalırsak bizi beklemez.	If we are late he doesn't wait for us.
onu görmezsem parayı vermeyeceğim.	if I don't see him I won't give the money
Onu görmezsem parayı vermeyeceğim.	If I don't see him I won't give the money.
odayı temizlemezsek	if we don't clean the room
Annem kızacak.	My mother will be angry.
Odayı temizlemezsek annem kızacak.	If we don't clean the room my mother will be angry.
Buraya gelmezsen sana resimleri veremem.	If you don't come here I can't give the pictures to you.
Bebek uyumazsa filmi seyredemeyiz.	If the baby doesn't sleep we can't watch the film.
Burada beklemezlerse taksi bulamazlar.	If they don't wait here they won't be able to find a taxi.
Yağmur yağmazsa geleceğiz.	If it doesn't rain we will come.
Eğer gelmezsen bana telefon et.	If you don't come, telephone me.
Evlenmezse Amerikaya gidecek.	If he doesn't marry he will go to America.
- Bu akşam bize gelecek misin?	Will you come to us tonight?
- Ofisten erken çıkarsam geleceğim.	If I leave the office early I'll come.
- O arabayı alacak mı?	Will she buy that car?
- Babası biraz para verirse alacak.	If her father gives some money she will buy it.
- Burada çalışırlar mı?	Will they work here?
- İyi maaş verirsek çalışırlar.	If we give a good salary they will work here.

PRACTICE 77

A: Make if-clauses. Example : kız zengin ... → kız zenginse
1. ahmet orada ... 2. annen evde yok ... 3. kız kısa boylu ... 4. biz evde değil ... 5. o ders çalış ... 6. biz evi sat ... 7. ben o arabaya bin ... 8. sen erken yatar ... 9. onlar uçağa bin ... 10. çocuk uyu ...

B: Change into negative form. 1. **otobüse binerse** 2. **ofisten çıkarsam** 3. **yorgunsan** 4. **paran varsa** 5. **babam bugün erken dönerse** 6. **otobüse binerseniz** 7. **ders çalışırlarsa**

C: Join the pairs to make conditional sentences, as shown. Example : Sen git. Ben gitmeyeceğim.
→ Sen gidersen ben gitmeyeceğim.
1. **Kadın yemek yap Bizimle yemek ye.** 2. **Biz iyi □i rev bul Taşınacağız.** 3. **Siz bu işi yap Çok mutlu olacağım.** 4. **Sen eve erken git Arkadaşını görebilirsin.** 5. **Onlar geç yat Geleceğiz.**

D: Rewrite using the verb given in the past continuous.
1. **Biz hayvanat bahçesinde (gezmek)** 2. **Onlar çok para (harcamak)** 3. **Kadın pencereleri (kapatmak)** 4. **Kız erkek arkadaşını (düşünmek)** 5. **Teyzem köpeklerden (korkmak)** 6. **Öğrenciler sözcükleri (tekrarlamak)**

E: Translate into English.
1. **Onu görürsem söyleyeceğim.** 2. **Evdeyseniz bu akşam size geleceğiz.** 3. **Paran varsa bana biraz ver, lütfen.** 4. **Dün gece lokantada çok para harcadık.** 5. **Hayvanat bahçesinde bir ☐i rev öldü.** 6. **Mektubu okumazsanız onu anlayamazsınız.** 7. **Bu soru doğrudur, diğeri yanlıştır.**

F: Translate into Turkish.
1. If you aren't busy we can talk. 2. There is a chair at the back. You can sit. 3. What is there on the fourth floor? 4. If you are ill, don't come here. 5. When did she leave home? 6. If you don't get up early you can't catch the bus.

PRACTICE 77 – ANSWERS

A. 1. **ahmet oradaysa** 2. **annen evde yoksa** 3. **kız kısa boyluysa** 4. **biz evde değilsek** 5. **o ders çalışırsa** 6. **biz evi satarsak** 7. **ben o arabaya binersem** 8. **sen erken yatarsan** 9. **onlar uçağa binerlerse** 10. **çocuk uyursa**
B. 1. **otobüse binmezse** 2. **ofisten çıkmazsam** 3. **yorgun değilsen** 4. **paran yoksa** 5. **babam bugün erken dönmezse** 6. **otobüse binmezseniz** 7. **ders çalışmazlarsa**
C. 1. **Kadın yemek yaparsa bizimle yemek ye.** 2. **İyi ☐i rev bulursak taşınacağız.** 3. **Bu işi yaparsanız çok mutlu olacağım.** 4. **Eve erken gidersen arkadaşını görebilirsin.** 5. **Geç yatarlarsa geleceğiz.**
D. 1. **Hayvanat bahçesinde geziyorduk.** 2. **Çok para harcıyorlardı.** 3. **Kadın pencereleri kapatıyordu.** 4. **Kız erkek arkadaşını düşünüyordu.** 5. **Teyzem köpeklerden korkuyordu.** 6. **Öğrenciler sözcükleri tekrarlıyordu.**
E. 1. If I see him I will say. 2. If you are at home we'll come to your house this evening. 3. If you have got some money, give me some, please. 4. We spent a lot of money at the restaurant last night. 5. A lion died in the zoo. 6. If you don't read the letter you can't understand it. 7. This question is right, the other one is wrong.
F. 1. **Meşgul değilsen konuşabiliriz.** 2. **Arkada bir sandalye var. Oturabilirsin.** 3. **Dördüncü katta ne var?** 4. **Hastaysan, buraya gelme.** 5. **Evden ne zaman ayrıldı?** 6. **Erken kalkmazsan otobüse yetişemezsin.**

VOCABULARY

BORÇ
Serdar Bey hiç borcunu ödemez.

DEBT
Serdar Bey never pays his debts.

BORÇ VERMEK
Bize borç verebilir misin?

TO LEND
Can you lend us?

BORÇ ALMAK
Arkadaşımdan borç almak zorundayım.

TO BORROW
I have to borrow from my friend.

KIYMA
Bir kilo taze kıyma, lütfen.

MINCED MEAT
One kilo of fresh minced meat, please.

PİRZOLA
Pirzolayı sevmez.

CHOP, CUTLET
She doesn't like cutlet.

HAVUÇ
Havuç çocuklar için çok faydalıdır.

CARROT
Carrot is very useful for children.

APTAL
Bu kız şundan daha aptaldır.

STUPID
This girl is more stupid than that one.

BOZULMAK
Televizyon bozuldu.

TO BREAK DOWN
The television has broken down.

ÖNCE

Önce (= before) can be used as a preposition. The relevant noun takes the ablative suffix **-dan/-den**, including personal pronouns.

benden önce	before me
senden önce	before you
ondan önce	before him
bizden önce	before us
sizden önce	before you
onlardan önce	before them
kızdan önce	before the girl
öğretmenden önce	before the teacher
müdürden önce	before the manager
teyzemden önce	before my aunt
Ali Beyden önce	before Ali Bey
filmden önce	before the film
çorbadan önce	before the soup

toplantıdan önce	before the meeting
mektuptan önce	before the letter
çocuktan önce	before the child

Benden önce geldi.	She came before me.
Ondan önce eve varacağız.	We will arrive at the house before her.
Müdürden önce fabrikaya geldi.	She came to the factory before the
Çarşambadan önce gelmez.	She doesn't come before Wednesday.
Filmden önce yemek yiyelim mi?	Shall we eat before the film?
Tatilden önce parayı almalıyım.	I must take the money before the holiday.
Onu çorbadan önce yiyeceğim.	I will eat it before the soup.
Mayıs hazirandan öncedir.	May is before June.
Hırsız polisten önce kaçtı.	The thief escaped before the policeman.

If **önce** is used before a verb employed as a noun (gerund), the structure **-meden/-madan önce** is used.

yat	go to bed
yatmadan önce	before going to bed

ver	give
vermeden önce	before giving

yakalamadan önce	before catching
evlenmeden önce	before marrying
varmadan önce	before arriving
yıkamadan önce	before washing

Yemek yemeden önce ellerini yıka.	Wash your hands before eating.
Yatmadan önce hep süt içer.	She always drinks milk before going to bed.
Duş almadan önce dişlerini fırçaladı.	He brushed his teeth before having a shower.

Önce can be used as conjunctions to make time clauses which give the sequence of events. Notice that the form does not change, regardless of whether the action/event is in the past, present or future. In English the past form is different, the present and future the same.

sen geldin	you came
sen gelmeden önce	before you came
gelmeden önce	before you came

biz telefon ederiz	we telephone
biz telefon ettik	we telephoned
biz telefon etmeden önce	1. before we telephone
	2. before we telephoned
telefon etmeden önce	1. before we telephone
	2. before we telephoned

Yemek yapmadan önce babana soracağım.	Before I cook I'll ask your father.
İstanbula dönmeden önce seninle konuşacak.	She will talk to you before she returns to Istanbul.
Yatmadan önce bir bardak süt iç.	Drink a glass of milk before you go to bed.
Evlenmeden önce burada çalışıyordum.	I was working here before I married.

Duş almadan önce postacı geldi.	The postman came before he had a shower.
Parayı harcamadan önce evin kirasını düşün.	Think of the rent of the house before you spend the money.

SONRA

Sonra (= after) functions similarly to **önce**. As a preposition it is used with nouns (and pronouns) in the ablative case. zamirlere "-den" veya "-dan" takıları eklenir.

benden sonra	after me
senden sonra	after you
ondan sonra	after him
bizden sonra	after us
sizden sonra	after you
onlardan sonra	after them
arkadaşımdan sonra	after my friend
annenden sonra	after your mother
kahvaltıdan sonra	after the breakfast
filmden sonra	after the film
tatilden sonra	after the holiday
pazartesiden sonra	after Monday
bu aydan sonra	after this month
Benden sonra geldi.	She came after me.
Müdürden sonra fabrikaya geldi.	She came to the factory after the manager.
Filmden sonra yemek yiyelim mi?	Shall we eat after the film?
Tatilden sonra bizim eve gel.	Come to our house after the holiday.
Onu çorbadan sonra yiyeceğim.	I will eat it after the soup.
Bu aydan sonra parayı alacaklar.	They will take the money after this month.
Ağustostan sonra okullar açıktır.	The schools are open after August.

Used to make clauses with verbs acting as nouns (gerunds) the structure is **-d(t)ıktan / -d(t)ikten / -d(t)uktan / -d(t)ükten sonra**.

yat	go to bed
yattıktan sonra	after going to bed
ver	give
verdikten sonra	after giving
yaz	write
yazdıktan sonra	after writing
yakaladıktan sonra	after catching
taşındıktan sonra	after moving
yürüdükten sonra	after walking
ayrıldıktan sonra	after lefting
Evlendikten sonra işini değiştirdi.	He changed his job after getting married.
İki saat yürüdükten sonra yoruldu.	He got tired after walking two hours.
Çocukları uyandırdıktan sonra kahvaltıyı hazırladı.	He prepared the breakfast after waking up the children.

Sonra can also be used as a conjunction, in which case the structure used is **-d(t)ıktan/-d(t)ikten/-d(t)uktan/-d(t)ükten sonra**. (Notice that clauses ending with **sonra** lose reference (suffixes) to person and time.)

o harcadı	he spent
o harcadıktan sonra	after he spent
harcadıktan sonra	after he spent
döneriz	we come back
döndük	we came back
döndükten sonra	1. after we come back
	2. after we came back
Yemek yedikten sonra yattılar.	They went to bed after they ate.
İstanbula döndükten sonra seninle	She will talk to you after she returns
konuşacak.	to Istanbul.
Evlendikten sonra burada çalışacağım.	I will work here after I marry
Bulaşıkları yıkadıktan sonra misafirler	The guests came after she washed the
geldi.	dishes.

PRACTICE 78

A: Put into past continuous.
1. **Her gün oraya giderim.** 2. **O adamları izliyoruz.** 3. **Ona bir gül verdi.** 4. **Kamyon geliyor.** 5. **Garip bir ses duyduk.** 6. **Bu sokakta oturuyorlar.** 7. **Bahçede top oynarız.**

B: Put into past continuous - question form.
1. **Balkonda oturuyoruz.** 2. **Onun fiyatını biliyorsun.** 3. **O kitapları topluyor.** 4. **İlginç bir film seyrediyorsunuz.** 5. **Onların evine gidiyoruz.** 6. **Şirkette adamı bekliyor.** 7. **Hızlı koşuyor.**

C: Change into negative form.
1. **Satıcı evin önünde duruyordu.** 2. **Kadının evine gidiyordu.** 3. **Bavulları taşıyorduk.** 4. **Akşam için yemek pişiriyordum.** 5. **Arabanı satıyordun.** 6. **O resimlere bakıyordunuz.**

D: Make sentences as shown using the **-ği zaman** structure. Example : O geldi. Kitap okuyorduk.
→ O geldiği zaman kitap okuyorduk.
1. **Biz telefon ettik. Annem uyuyordu.** 2. **Ablam geldi. Bahçede oturuyorlardı.** 3. **Onu gördüm. Mektup yazıyordu.** 4. **Kitabı verdik. Ders çalışıyordun.** 5. **Odaya girdiniz. Filmi seyrediyorduk.**

E: Translate into English.
1. **Polis o adamı izlemiyordu.** 2. **Siz geldiğiniz zaman evden çıkıyorduk.** 3. **Babanın kamyonu bizimkinden daha büyüktü.** 4. **Bize çok garip bir öykü anlattı.** 5. **Ara sıra bizim eve gel.** 6. **Bu çantanın fiyatını biliyor musun?** 7. **Geç kalacağız. Çabuk ol.**

F: Translate into Turkish.
1. When I saw him I was walking in the street. 2. We see this salesman now and then. 3. Was she smoking? 4. When she came in the worker was using the machine. 5. Do you know the meaning of this word? 6. We weren't telling her the story. 7. She is late. Call her.

440

PRACTICE 78 - ANSWERS

A. 1. **Her gün oraya gidiyordum.** 2. **O adamları izliyorduk.** 3. **Ona bir gül veriyordu.** 4. **Kamyon geliyordu.** 5. **Garip bir ses duyuyorduk.** 6. **Bu sokakta oturuyorlardı.** 7. **Bahçede top oynuyorduk.**

B. 1. **Balkonda oturuyor muyduk?** 2. **Onun fiyatını biliyor muydun?** 3. **O kitapları topluyor muydu?** 4. **İlginç bir film seyrediyor muydunuz?** 5. **Onların evine gidiyor muyduk?** 6. **Şirkette adamı bekliyor muydu?** 7. **Hızlı koşuyor muydu?**

C. 1. **Satıcı evin önünde durmuyordu.** 2. **Kadının evine gitmiyordu.** 3. **Bavulları taşımıyorduk.** 4. **Akşam için yemek pişirmiyordum.** 5. **Arabanı satmıyordun.** 6. **O resimlere bakmıyordunuz.**

D. 1. **Biz telefon ettiğimiz zaman annem uyuyordu.** 2. **Ablam geldiği zaman bahçede oturuyorlardı.** 3. **Onu gördüğüm zaman mektup yazıyordu.** 4. **Kitabı verdiğimiz zaman ders çalışıyordun.** 5. **Odaya girdiğiniz zaman filmi seyrediyorduk.**

E. 1. The policeman wasn't follow that man. 2. We were go out of the house when you came. 3. Your father's truck was bigger than ours. 4. She told us a very strange story. 5. Come to our house now ant then. 6. Do you know the price of this bag? 7. We'll be late. Be quick.

F. 1. **Onu gördüğüm zaman caddede yürüyordum.** 2. **Bu satıcıyı arasıra görürüz.** 3. **Sigara içiyor muydu?** 4. **İçeri girdiği zaman işçi makineyi kullanıyordu.** 5. **Bu sözcüğün anlamını biliyor musun?** 6. **Öyküyü ona anlatmıyorduk.** 7. **Geç kaldı. Ona telefon et.**

VOCABULARY

TAMİRCİ Tamirci geldi mi? Asansör bozuldu.	REPAIRMAN Did the repairman come? The lift has broken down.
FİKİR Bu konu hakkında fikrin nedir?	IDEA What is your idea about this subject?
TARTIŞMAK İçeri girdiğim zaman müdür ve sekreter tartışıyorlardı.	TO DISCUSS, TO ARGUE When I came in the manager and the secretary were discussing.
RESEPSİYON Anahtarınız resepsiyondadır.	RECEPTION Your key is at the reception.
FATURA Elbisenin faturasını aldın mı?	BILL Did you take the bill of the dress?
GARAJ Araba garajda değildir.	GARAGE The car isn't in the garage.
NOT Masanın üstünde senin için bir not var. Senin notunu bilmiyorum.	NOTE; MARK, GRADE There is a note for you on the table. I don't know your mark?
MESAJ Bir mesajınız var mı?	MESSAGE Have you got any message?

(y)arak, (y)erek

This suffix is used to talk about things happening at the same time. English translations would use the
– ing form (as present participle or continuous tense).

televizyon seyretmek	to watch TV
televizyon seyret	watch TV
televizyon seyrederek	watching TV
evde kalmak	to stay at home
evde kal	stay at home
evde kalarak	staying at home
gazete okumak	to read a newspaper
gazete oku	read a newspaper
gazete oyuyarak	reading a newspaper

telefon etmek	to telephone
telefon et	telephone
telefon ederek	telephoning

televizyon seyrederek ...	watching TV
Yemek yiyorlar.	They are eating.
Televizyon seyrederek yemek yiyorlar.	They are eating and watching TV.

The sense of two things happening at the same time could be expressed in English using 'while'.

Bira içerek arkadaşıyla konuştu.	He talked to his friends while drinking beer.
Müzik dinleyerek ders çalışacağız.	We'll study listening to music.
Arkadaşım gülerek bize baktı.	My friend looked at us laughing.
Çocuk ağlayarak süt içti.	The child drank milk crying.
Şarkı söyleyerek duş alır.	She sings in the shower.
Arkadaşımla konuşarak otobüsü bekledim.	I waited for the bus talking to my friend.

(y)ıp, (y)ip, (y)up, (y)üp

This suffix is added to the first verb when two are used to give a sequence of events.

yat	go to bed
yatıp	going to bed, after going to bed

gel	come
gelip	coming, after coming
otur	sit down
oturup	sitting down, after sitting down

yürü	walk
yürüyüp	walking, after walking

konuşup	speaking, after speaking
temizleyip	cleaning, after cleaning
borç alıp	borrowing, after borrowing
evlenip	getting married, after getting married
yakalayıp	catching, after catching

bir şişe süt alıp ...	buying a bottle of milk
Geldi.	He came.
Bir şişe süt alıp geldi.	He came back after buying a bottle of milk.
	After buying a bottle of milk he came back.
	He bought a bottle of milk and came back.

In the example above the two actions occurred one after another.

İngilizceyi öğrenip dönecek.	After learning English he will come back.
Oturup bir fincan kahve içtiler.	They drank a cup of coffee after sitting

	down.
Kalkıp kahvaltı etti.	After getting up he had breakfast.
Duş yapıp yemek yedim.	I had a shower and had a meal.
Yukarı çıkıp çantanı alacak mısın?	Will you go up and take your bag?
Borç alıp bize verdi.	Borrowing some money he gave it to us.
Filmi izleyip yatacağım.	After watching the film I'll go to bed.
İşadamı tıraş olup ofise gitti.	After shaving the businessman went to the office.
Evimi satıp annemle oturacağım.	I'll sell my house and live with my mother.

-(ı/i/u/ü)yorken

The vowel **ı, i, u, ü** as appropriate is used when this suffix is added to verb roots ending in a consonant. This suffix is used to when one action begins after another has begun but before it finishes. It expresses the idea of an action/event being interrupted. English uses the -ing form with 'when, while' or 'as'.

yüzmek	to swim
yüz	swim
yüzüyorken	while swimming
gelmek	to come
gel	come
geliyorken	while coming
telefon etmek	to telephone
telefon et	telephone
telefon ediyorken	while telephoning
dinlemek	to listen
dinle	listen
dinliyorken	while listening
biz uyuyorken	while we are/were sleeping
kız ona bakıyorken	while the girl is/was looking at him
onlar evden çıkıyorken	while they are/were going out of the house
ben sabahleyin kahvaltı ediyorken	while I am/was having breakfast in the morning
hırsız kaçıyorken	while the thief is/was escaping
biz uyuyorken	while we awere sleeping
Telefon çaldı.	The telephone rang.
Biz uyuyorken telefon çaldı.	While we were sleeping the telephone rang.
Ben telefonda konuşuyorken bana soru sorma.	Don't ask me any questions while I'm talking on the phone.
Müşteriyle konuşuyorken gülümsemelisin.	You must smile while you are speaking to a customer.
Futbol oynuyorken çok su içmezler.	They don't drink too much water while playing football.
Türkçe öğreniyorken bana bu kitabı verdi.	While I was learning Turkish he gave me this book.

444

Hırsız kaçıyorken polis onu gördü.	While the thief was escaping the policeman saw him.
Adam otobüse biniyorken düştü.	While the man was getting on the bus he fell down.
Adam anahtarını arıyorken karısı kapıyı açtı.	While the man was looking for his key his wife opened the door.

DIALOGUE

Nuran : Alo! Ben Meral. Erhan Beyle konuşabilir miyim?	Hello! I'm Meral. Can I talk to Erhan Bey?
Selma : Erhan Bey şimdi burada değil, dışarıda.	Erhan Bey isn't here now, he is out.
Nuran : Ne zaman gelecek?	When will he come?
Selma : Bir saat sonra. Mesajınız var mı?	An hour later. Have you got any message?
Nuran : Evet, yazın lütfen.	Yes, write down please.
Nuran : Bu portakallar kaç para?	How much these oranges?
Manav : Seksen bin lira.	Eighty thousand liras.
Nuran : Tatlı mı?	Are they sweet?
Manav : Evet. Tatlı ve taze.	Yes, sweet and fresh.
Nuran : Üç kilo lütfen. Elmalar kaça?	Three kilos, please. How much the apples?
Manav : Elli bin lira. Serttir.	Fifty thousand liras. They are hard.
Nuran : İki kilo elma, lütfen. Evde hiç soğan yok ama bu soğanlar çok küçük.	Two kilos of apples, please. We don't have any onions at home, but these ones are very small.
Manav : Dükkânın içindekiler büyüktür.	The ones in the shop are big.
Nuran : Tamam. Dört kilo soğan verin, lütfen. Borcum nedir?	Okay. Give four kilos of onions, please. How much?
Manav : Beş yüz bin lira.	Five hundred thousand liras.
Satıcı : Yardım edebilir miyim?	Can I help you?
Nuran : Büyük bir diş fırçası istiyorum.	I want a big toothbrush.
Satıcı : Sert mi, yumuşak mı, yoksa orta mı olsun?	Hard, soft or medium?
Nuran : Sert, lütfen.	Hard, please.
Satıcı : Hangi renk istersiniz?	What colour would you like?
Nuran : Hangi renkleriniz var?	What colours have you got?
Satıcı : Yeşil, mavi ve kırmızı var.	We've got green, blue and red.
Nuran : Kırmızı, lütfen. Kaç para?	Red one, please. How much?
Satıcı : İki yüz bin lira.	Two hundred thousand liras.
Nuran : Tamam, alacağım.	Okay, I'll buy.

PRACTICE 79

A: Fill the gaps with -arak, -erek.
1. Konuş ...... yürüyorlar. 2. Yemek ye ...... gazete okurum. 3. Ders çalış ...... onu bekliyoruz. 4. Bira iç ...... yemeğini yedi. 5. Müzik dinle ...... uyudu. 6. Onu izle ...... yürüdük. 7. Toplantıda tartış ...... karar verdiler. 8. Bize kız ...... odadan çıktı.

B: Fill teh gaps with -ıp, -ip, -up, -üp.

1. **Doktor kahvaltı et ...... hastaneye gidecek.** 2. **Sabah erken kalk ...... İngilizce çalışır.** 3. **Otobüse bin ...... oraya gidecek.** 4. **Havuzda yüz ...... yemek yedik.** 5. **Öğretmeni bul ...... konuşacağız.** 6. **Yemek yap ...... onları bekledi.** 7. **Bize gül ...... gitti.** 8. **Adamı öldür ...... kaçtı.**

C: Fill the gaps with **yorken**.
1. **Televizyon seyret ...... babası geldi.** 2. **Ders çalış ...... müzik dinleriz.** 3. **İlacı iç ...... doktor geldi.** 4. **Onu bekle ...... tren gitti.** 5. **Bebek ağla ...... annesi geldi.** 6. **Bizi takip et ...... onu gördük.** 7. **Ders çalış ...... ışığı yakar.** 8. **Sokakta gez ...... para buldu.**

D: Fill the gaps with **-dan/-den önce** or **-madan/-meden önce**.
1. **Ev ...... oraya gidecek.** 2. **Sen ...... o geldi.** 3. **Eve taşın ...... temizlediler.** 4. **Evlen ...... nerede çalışıyordun?** 5. **Kahve ...... yemek yiyelim.** 6. **Eve dön ...... onu ziyaret ettim.** 7. **Bu işi yap ...... babana sor.** 8. **Ona borç ver ...... düşünmelisin.**

E: Translate into English.
1. **Biz odada tartışıyorken annem geldi.** 2. **Anahtarınızı resepsiyondan alabilirsiniz.** 3. **Parayı sayıyorken onu gördüm.** 4. **Tamirci radyoyu tamir ediyorken onu seyrettim.** 5. **Ziyaretçiler odada bekliyorken doktor geldi.** 6. **Dişlerini fırçaladıktan sonra yattı.** 7. **Bu konu hakkındaki fikrini söyledin mi?** 8. **Benim için mesaj var mı?**

F: Translate into Turkish.
1. My son's marks are very high. 2. Before you left home telephone me. 3. You can go after you pay the bill. 4. While he was carrying the suitcases we helped him. 5. While I was showing the photographs my father came. 6. While he was smoking his mother saw. 7. Take the car from the garage. 8. Someone is waiting for you at the reception.

PRACTICE 79 - ANSWERS

A. 1. **konuşarak** 2. **yiyerek** 3. **çalışarak** 4. **içerek** 5. **dinleyerek** 6. **izleyerek** 7. **tartışarak** 8. **kızarak**
B. 1. **edip** 2. **kalkıp** 3. **binip** 4. **yüzüp** 5. **bulup** 6. **yapıp** 7. **gülüp** 8. **öldürüp**
C. 1. **seyrediyorken** 2. **çalışıyorken** 3. **içiyorken** 4. **bekliyorken** 5. **ağlıyorken** 6. **ediyorken** 7. **çalışıyorken** 8. **geziyorken**
D. 1. **den önce** 2. **den önce** 3. **madan önce** 4. **meden önce** 5. **den önce** 6. **meden önce** 7. **madan önce** 8. **meden önce**
E. 1. While we were discussing my mother came. 2. You can take your key from the reception. 3. I saw him while I was counting the money. 4. While the repairman was repairing the radio I watched him. 5. While the visitors were waiting in the room the doctor came. 6. He went to bed after he brushed his teeth. 7. Did you say your idea about this subject? 8. Is there a message for me?
F. 1. **Oğlumun notları çok yüksektir.** 2. **Evden ayrılmadan önce bana telefon et.** 3. **Faturayı ödedikten sonra gidebilirsin.** 4. **Bavulları taşıyorken ona yardım ettik.** 5. **Ben fotoğrafları gösteriyorken babam geldi.** 6. **Sigara içiyorken annesi gördü.** 7. **Arabayı garajdan al.** 8. **Birisi sizi resepsiyonda bekliyor.**

VOCABULARY

KAZA	ACCIDENT
Kazayı gördün mü?	Did you see the accident?
OLAY	EVENT
Bu olayı gazeteden okudum.	I read about this event in the newspaper.
LASTİK	TYRE
Arabanın lastiklerini değiştireceğim.	I'll change the tyres of the car.
BENZİN	PETROL
Biraz benzinimiz var.	I have got some petrol.
TUZLUK	SALT-CELLAR
Tuzluğu verebilir misin?	Can you give the salt-cellar?
GÖL	LAKE
Evin penceresinden gölü	I can see the lake from the
görebilirim.	window of the house.
GELİR	INCOME
Kocasının geliri nedir?	What is her husband's income?

We looked at quite a few subjects in the last lessons. In this lesson we will review them.

The Past Continuous Tense

Adamlar tartışıyordu.	The men were discussing.
Arkadaşlarım yürüyordu.	My friends were walking.
Resime bakıyordunuz.	You were looking at the picture.
Bir film seyrediyorlardı.	They were watching a film.
Dişlerini fırçalıyor muydu?	Was he brushing his teeth?
Faturayı ödüyor muydun?	Were you paying the bill?
Şarkı söylüyor muydunuz?	Were you singing?
Durakta beklemiyordum.	I wasn't waiting at the stop.
Fotoğraflar çekmiyordu.	He wasn't taking photographs.
Parayı harcamıyorduk.	We weren't spending the money.

The past continuous is typically used in sentences with two clauses, the other in past simple form.

Ben sesi duyduğum zaman kızım	When I heard the noise my daughter was
uyuyordu.	sleeping.

| Kapıyı açtığı zaman satıcı gidiyordu. | When she opened the door the salesman was going. |
| Onları gördüğümüz zaman balkonda oturuyorlardı. | When we saw them they were sitting on the balcony. |

Gerunds, Present Participles

-Mayı, -meyi is added to make gerunds which are the objects of sentences (**-ma/-me + (y)ı/i**). (Notice in the examples below with **başlamak** which uses the directional suffix that the ing-form becomes -maya/-meye).

iç
içmeyi

Adam sigara içmeyi sever.	The man likes smoking.
İngilizce çalışmayı sevmeyiz.	We don't like studying English.
Kadın ütü yapmayı sever mi?	Does the woman like ironing?

oku
okumaya

Yemek yemeye başladık.	We began eating.
Hikâyeyi anlatmaya başladın mı?	Did you begin telling the story?
Kitabı okumaya başlamadım.	I didn't begin reading the book.

-Mek Zorunda Olmak

This is added to the verb root to express obligation.

Çorbayı içmek zorundayım.	I have to drink the soup.
Orada beklemek zorundasın.	You have to wait here.
Bu mektubu çevirmek zorundadır.	He has to translate this letter.

| Bu yemeği yemek zorunda mıyız? | Do we have to eat this food? |
| Kapıyı kapatmak zorunda mısın? | Do you have to shut the door? |

| Parayı vermek zorunda değilsin. | You don't have to pay the money. |
| Hafta sonu gitmek zorunda değilsiniz. | You don't have to go at the weekend. |

Ordinal Numbers

These are made by adding **-(ı)ncı, -(i)nci, -(u)ncu, -(ü)ncü** to cardinal numbers.

| iki | two |
| ikinci | second |

| birinci kat | the first floor |
| üçüncü ev | the third house |

| Altıncı soruyu yanıtla. | Answer the sixth question. |

The expression **Bugün ayın kaçı?** is used to ask the date.

Bugün ayın kaçıdır?	What is the date today?
Bugün ayın biridir.	It is the first.
ikisidir.	second.
üçüdür.	third.
dördüdür.	fourth.
yirmi beşidir.	twenty fifth.

Ağustosun dördüdür.	It is the fourth of August.
Kasımın altısıdır.	It is the sixth of November.
Ayın dokuzunda burada olacak.	She will be here on the ninth (of the month).

Conditional Sentences

These are formed with an if-clause giving the condition, and a result-clause saying that will happen (or happens generally) if the condition is met.

Onu görürsem parayı vereceğim.	If I see him, I'll give the money.
Geç kalırsak siz gidebilirsiniz.	If we are late you can go.
İstersen bizimle gelebilirsin.	If you want you can come with us.
Elbise ucuzsa alacak.	If the dress is cheap he'll buy.

Evlenirse Amerikaya gitmeyecek.	If she marries she won't go to America.
Odayı temizlemezsek annem kızacak.	If we don't clean the room my mother will
Patron meşgul değilse onunla konuşmak istiyorum.	If the boss isn't busy I want to talk to him.

ÖNCE

A. As an Adverb
(pro)noun + -dan/-den önce

benden önce	before me
tatilden önce	before the holiday
Müdürden önce fabrikaya geldi.	She came to the factory before the manager.
Filmden önce yemek yiyelim mi?	Shall we eat before the film?

verb + -madan/-meden önce

yat	go to bed
yatmadan önce	before going to bed
Yatmadan önce bir bardak süt iç.	Drink a glass of milk before going to bed.
Evlenmeden önce burada çalışıyordum.	I was working here before getting married.

B. As a Conjunction

clause + -meden/-madan önce

Karar vermeden önce seninle konuşacağız.	We'll talk to you before we decide.

SONRA

A. As an Adverb
(pro)noun + -dan/-den sonra

sizden sonra	after you
bu aydan sonra	after this month
Senden sonra mektubu bitirebilirim.	I can finish the lettor after you.
Tatilden sonra sizim eve gel.	Come to our house after the holiday.

verb + -d(t)ıktan sonra

yat	go to bed
yattıktan sonra	after going to bed
Mektubu yazdıktan sonra postaneye gitti.	She went to the post office after writing the letter.

B. As a Conjunction
clause + -d(t)ıktan sonra

Karar verdikten sonra konuşacağız.	We'll talk to you after we decide.
Evlendikten sonra burada çalışacağım.	I'll work here after I get married.

PARTICIPLES

1. (y)arak, (y)erek

This is used for actions occurring at the same time.

televizyon seyrederek	watching TV
Yemek yiyorlar.	They are eating.
Televizyon seyrederek yemek yiyorlar.	Watching TV they are eating.
Arkadaşım gülerek bana baktı.	Smiling, my friend looked at me.
Sahilde yürüyerek konuştular.	They spoke walking along the beach.

2. (y)ıp, (y)ip, (y)up, (y)üp

This is used when one action starts after another finishes.

konuşup	speaking, after speaking
izleyip	watching, after watching
Evlenip Almanyaya gidecek.	After getting married, he will go to Germany.
Kalkıp kahvaltı etti.	She got up and had breakfast.

3. (ı/i/u/ü/)yorken

This is used when one action begins after another has started but before it finishes.

biz uyuyorken	while we were sleeping

Telefon çaldı.	The telephone rang.
Biz uyuyorken telefon çaldı.	While we were sleeping the telephone rang.
Hırsız kaçıyorken polis onu gördü.	While the thief was escaping the policeman saw him.
Tıraş oluyorken yüzünü keser.	While he is shaving he cuts his face.

PRACTICE 80

A: Put into negative form.
1. **kazayı görürse** 2. **benzinimiz varsa** 3. **onunla tartışırsan** 4. **faturayı ödersem** 5. **adam meşgulse** 6. **otobüse yetişirseniz.** 7. **ondan borç alırsak** 8. **onu uyandırırlarsa**

B: Put into question and negative forms.
1. **Adam lastiği tamir ediyordu.** 2. **Hayvanat bahçesinde geziyorduk.** 3. **Bana telefon ediyordun.**
4. **Onu görmek için aşağı iniyordum.** 5. **O geliyorken biz evden çıkıyorduk.** 6. **Bizi izliyorlardı.**
7. **Doktor adamın bacağına bakıyordu.**

C: Fill the gaps with **yorken**.
1. **Resepsiyondan anahtarı al ...... onu gördüm.** 2. **Yemek ye ...... arkadaşım geldi.** 3. **Onu eve götür ...... bir kaza gördü.** 4. **İşçiler tartış ...... patron içeri girdi.** 5. **Televizyonu seyret ...... bozuldu.**

D: Fill the gaps with **-ıp, -ip, -up, -üp**.
1. **Filmi seyret ...... yattılar.** 2. **Evlen ...... bu şehirden ayrıldı.** 3. **Bize kız ...... evden çıktınız.** 4. **Çantaları taşı ...... oturduk.** 5. **Telefon et ...... bekledim.**

E: Rewrite as shown. Example : Bugün ayın (1) → Bugün ayın biridir.
1. **Kasımın (10) gelecek.** 2. **Ayın (6) nerede olacaksın?** 3. **Eylülün (14) eve dönecek.** 4. **Ayın (3) neredeydin?** 5. **Martın (9) parayı verdik.**
F: Translate into English.
1. **Kazadan sonra onu görmedim.** 2. **Yarın gelirse burada olmayacağız.** 3. **Kahveyi içiyorken olayı anlattı.** 4. **Onlar tartıştığı zaman biz uyuyorduk.** 5. **Borç aldıktan sonra faturayı ödedim.**

G: Translate into Turkish.
1. Before he went out of the hotel he gave the key. 2. While we were writing the questions the teacher came in. 3. She lives on the third floor. 4. If you don't give that money to us we can't pay the bill. 5. He closed his shop in May.

PRACTICE 80 - ANSWERS

A. 1. kazayı görmezse 2. benzinimiz yoksa 3. onunla tartışmazsan 4. Faturayı ödemezsem 5. adam meşgul değilse 6. otobüse yetişmezseniz 7. ondan borç almazsak 8. onu uyandırmazlarsa

B. 1. Adam lastiği tamir ediyor muydu? Adam lastiği tamir etmiyordu. 2. Hayvanat bahçesinde geziyor muyduk? Hayvanat bahçesinde gezmiyorduk. 3. Bana telefon ediyor muydun? Bana telefon etmiyordun. 4. Onu görmek için aşağı iniyor muydum? Onu görmek için aşağı inmiyordum. 5. O geliyorken biz evden çıkıyor muyduk? O geliyorken biz evden çıkmıyorduk. 6. Bizi izliyorlar mıydı? Bizi izlemiyorlardı. 7. Doktor adamın bacağına bakıyor muydu? Doktor adamın bacağına bakmıyordu.

C. 1. yiyorken 2. iyorken 3. üyorken 4. ıyorken 5. seyrediyorken

D. 1. seyredip 2. evlenip 3. kızıp 4. taşıyıp 5. edip

E. 1. Kasımın onunda gelecek. 2. Ayın altısında nerede olacaksın? 3. Eylülün on dördünde eve dönecek. 4. Ayın üçünde neredeydin? 5. Martın dokuzunda parayı verdik.

F. 1. I didn't see him after the accident. 2. If she comes tomorrow we won't be here. 3. While he was drinking the coffee he told the event. 4. When they discussed we were sleeping. 5. After I borrowed I paid the bill.

G. 1. Otelden çıkmadan önce anahtarı verdi. 2. Biz soruları yazıyorken öğretmen içeri girdi. 3. Üçüncü katta yaşar. 4. (Eğer) o parayı bize vermezsen faturayı ödeyemeyiz. 5. Dükkânını mayısta kapattı.

VOCABULARY

ISMARLAMAK Bir şişe beyaz şarap ısmarladık.	TO ORDER We ordered a bottle of white wine.
VAZGEÇMEK O fikirden vazgeçtik.	TO GIVE UP We gave up that idea.
HER ŞEY Her şeyi onun için aldılar.	EVERYTHING They bought everything for her.
HERKES Dün akşam herkes evdeydi.	EVERYBODY Last evening everybody was at home.
HİÇ KİMSE Buraya hiç kimse gelmedi.	NOBODY, NO ONE Nobody came here.
HİÇBİR ŞEY O dükkândan hiçbir şey almayacak.	NOTHING She will buy nothing from that shop.
SAYFA Bu sayfayı oku.	PAGE Read this page.
TEKLİF Teklifinizi bilmek isterim.	OFFER, SUGGESTION I want to know your suggestion.
KABUL ETMEK Teklifi kabul etti mi?	TO ACCEPT Did he accept the offer?
UĞRAMAK Arkadaşının evine uğradın mı?	TO CALL AT Did you call at your friend's house?

VAZGEÇMEK

When used with a noun (to indicate the thing being given up) the noun takes the ablative case.

(-den) vazgeçmek   to give up

Vazgeçtim.   I gave up.
Vazgeçtik.   We gave up.
Ondan vazgeçtik.   We gave it up.
Bu fikirden vazgeçti.   She gave up this idea.
Kahve içmekten vazgeçti.   She gave up drinking coffee.
O fabrikada çalışmaktan vazgeçtiniz.   You gave up working in that factory.
Bu mektubu göndermekten vazgeçebilir.   He can give up sending this letter.

453

Yemek yemekten vazgeçtik.	We gave up eating.
Onunla oturmaktan vazgeçtiniz mi?	Did you give up sitting with him?
Bize borç vermekten vazgeçti mi?	Did she give up lending us?
Onunla oturmaktan vazgeçmedi.	She didn't give up sitting with him.
O kızla evlenmekten vazgeçmedi.	He didn't give up marrying that girl.

HİÇ, HİÇ KİMSE, HİÇBİR ŞEY / NO, NOBODY, NOTHING

We have seen **hiç** previously.

Mutfakta biraz şeker var.	There is some sugar in the kitchen.
Mutfakta hiç şeker yok.	There isn't any sugar in the kitchen.
Birkaç kitabı var.	She has got some books.
Hiç kitabı yok.	She hasn't got any books.

The sentence above can be translated into English in two ways. In Turkish, unlike English, when **hiç** is used, the verb must be in the negative form.

Hiç param yok.	I have got no money.
Hiç arkadaşı yok.	She has got no friends.
Bahçede hiç ağaç yok.	There are no trees in the garden.
Caddede hiç otobüs yok.	There are no buses in the street.
Hiç film izlemedik.	We watched no films.
Ondan hiç para almadılar.	They took no money from him.
Orada hiç doktor görmedim.	I saw no doctors there.
Bize hiç su vermediniz.	You gave no water to us.

We have previously looked at **birisi** and **bir şey**.

Orada birisi var.	There is somebody there.
Bahçede birisi vardı.	There was somebody in the garden.
Orada birisini gördüm.	I saw somebody there.
Parayı birisine verdik.	We gave the money to somebody.
Masada bir şey vardı.	There was something on the table.
Bahçede bir şey var.	There is something in the garden.
Orada bir şey gördüm.	I saw something there.
Bize bir şey verecek.	She will give something to us.

Like **hiç, hiç kimse** and **hiçbir şey** are always used in sentences with the verb in negative form.

Bahçede hiç kimse yok.	There is nobody in the garden.
Salonda hiç kimse yoktu.	There was nobody in the hall.
Orada hiç kimse yok.	There is nobody there.
Orada hiç kimse görmedim.	I saw nobody there.
Hiç kimseyle konuşmak istemiyor.	He wants to talk to nobody.
Evde hiç kimse kalmayacak.	Nobody will stay at home.
Hiç kimse bunu yapamaz.	Nobody can do it.
Hiç kimse buraya gelmedi.	Nobody came here.

Masada hiçbir şey yok.	There is nothing on the table.
Yatak odasında hiçbir şey yoktu.	There was nothing in the bedroom.
Bugün hiçbir şey almadım.	I bought nothing today.
Burada hiçbir şey öğrenmedik.	We learnt nothing here.
Bahçede hiçbir şey görmedi.	He saw nothing in the garden.
Dün hiçbir şey yemediniz.	You ate nothing yesterday.
Hiçbir şey anlayamazlar.	They can understand nothing.

HERKES, HER ŞEY / EVERYBODY, EVERYTHING

As in English, these expressions are used in the singular despite referring to many people/things.

Herkes evdedir.	Everybody is at home.
Herkes oradadır.	Everybody is there.
Herkes hastaydı.	Everybody is ill.
Herkes meşgul değildir.	Everybody isn't busy.
Herkes ofiste değildi.	Everybody wasn't in the office
Herkes üzgün müdür?	Is everybody sad?
Herkes evde miydi?	Was everybody at home?
Herkes gitti.	Everybody went.
Herkes bize bakıyor.	Everybody is looking at us.
Herkes onu yapabilir.	Everybody can do it.
Onu herkese anlattın mı?	Did you tell it to everybody?
Herkes oturuyor mu?	Is everybody sitting?
Herkes gitmedi.	Everybody didn't go.
Herkes onu kabul etmeyecek.	Everybody won't accept it.
Her şey senin odandadır.	Everything is in your room.
Her şey tazedir.	Everything is fresh.
Her şey arabada değildir.	Everything isn't in the car.
Her şey evde değildir.	Everything isn't at home.
Her şey bayat mıdır?	Is everything stale?
Her şey odada mıdır?	Is everything in the room?
Her şeyi yemezler.	They don't eat everything.
Her şeyi aldık.	We took everything.
Her şeyi ona vermeyeceğiz.	We won't give him everything.
Her şeyi anlatmamalı.	He mustn't tell everything.
Her şeyi aldın mı?	Did you take everything?
Her şeye bakacak mısınız?	Will you look at everything?

NEGATIVE QUESTIONS

We have looked at various tenses in negative and question forms. Now we will look at them in negative question form.

O bir doktordur.	He is a doctor.
O bir doktor değildir.	He isn't a doctor.
O bir doktor değil midir?	Isn't he a doctor?

As you can see from the above examples, negative questions are made by inserting the question marker into negative sentences.

Bu kız hastadır.	This girl is ill.
Bu kız hasta değildir.	This girl isn't ill.
Bu kız hasta değil midir?	Isn't this girl ill?
Arabanın içindeydi.	He was in the car.
Arabanın içinde değildi.	He wasn't in the car.
Arabanın içinde değil miydi?	Wasn't he in the car?
Seni evde bekliyor.	She is waiting for you at home.
Seni evde beklemiyor.	She isn't waiting for you at home.
Seni evde beklemiyor mu?	Isn't she waiting for you at home?
Her gün oraya gider.	She goes there every day.
Her gün oraya gitmez.	She doesn't go there every day.
Her gün oraya gitmez mi?	Doesn't she go there every day?
Kapıyı kapattı.	She closed the door.
Kapıyı kapatmadı.	She didn't close the door.
Kapıyı kapatmadı mı?	Didn't she close the door?
Ağustosta evlendiler.	They married in August.
Ağustosta evlenmediler.	They didn't marry in August.
Ağustosta evlenmediler mi?	Didn't they marry in August?
Yarın evden ayrılacaklar.	They will left home tomorrow.
Yarın evden ayrılmayacaklar.	They won't left home tomorrow.
Yarın evden ayrılmayacaklar mı?	Won't they left home tomorrow?
Gazeteyi okuyordu.	He was reading the newspaper.
Gazeteyi okumuyordu.	He wasn't reading the newspaper.
Gazeteyi okumuyor muydu?	Wasn't he reading the newspaper?
Yerde bir halı var.	There is a carpet on the floor.
Yerde bir halı yok.	There isn't a carpet on the floor.
Yerde bir halı yok mu?	Isn't there a carpet on the floor?
Bahçede bir adam vardı.	There was a man in the garden.
Bahçede bir adam yoktu.	There wasn't a man in the garden.
Bahçede bir adam yok muydu?	Wasn't there a man in the garden?
O havuzda yüzebilir.	She can swim in that pool.

O havuzda yüzemez.	She can't swim in that pool.
O havuzda yüzemez mi?	Can't she swim in that pool?
Bu olayı anlatabilirsin.	You can tell this event.
Bu olayı anlatamazsın.	You can't tell this event.
Bu olayı anlatamaz mısın?	Can't you tell this event?
O soruya cevap vermeliyiz.	We must answer that question.
O soruya cevap vermemeliyiz.	We mustn't answer that question.
O soruya cevap vermemeli miyiz?	Mustn't we answer that question?

PRACTICE 81

A: Fill the gaps with **birisi, bir şey, hiç kimse, hiçbir şey**.
1. ...... bekliyoruz. 2. Orada ...... görmediler. 3. Bugün onlar için ...... yapacak mısın? 4. Dün bize
...... gelmedi. 5. Oradan ...... almayacak. 6. Evde ...... var mıydı? 7. ...... içelim. 8. ...... yemedik.

B: Change into negative question form.
1. Orada birisi var. 2. Kız kardeşi bir doktordu. 3. Pikniğe gidiyoruz. 4. İşi bugün bitirecek. 5.
Dün bu evden ayrıldılar. 6. O evde oturuyorduk. 7. Her gün ona telefon edersin. 8. Evinizi
satmalısınız. 9. Bunu tamir edebilirim. 10. İki çocuğu var.

C: Fill the gaps with **herkes** or **her şey**.
1. ...... onu görecek. 2. ...... o yapıyor. 3. Onlar ...... sattı. 4. ...... bize bakıyor. 5. ...... bize verdi.

D: Fill the gaps with **-arak, -erek**.
1. Yemeği konuş...... yediler. 2. Müzik dinle...... konuşuyorlar. 3. Gül...... bize baktı. 4. Ağla......
olayı anlattılar. 5. Şarkı söyle...... duş aldı.

E: Translate into English.
1. **Ne ısmarladınız?** 2. **Her şey çok kötüydü.** 3. **O mağazadan hiçbir şey almadık.** 4. **Sizin
teklifiniz nedir?** 5. **Patron fabrikaya gelmiyor mu?** 6. **Hırsızı yakalamadılar mı?** 7. **Hiç kimseyi
görmek istemiyor.**

F: Translate into Turkish.
1. Won't you repeat the sentences? 2. Can't he repair the radio? 3. There was nobody at home last
night. 4. They ate nothing. 5. Read this page. 6. Hasn't she got a blue skirt? 7. We'll tell him
everything.

PRACTICE 81 - ANSWERS

A. 1. **Birisini/birşey** 2. **hiç kimse/hiçbir şey** 3. **bir şey** 4. **hiç kimse** 5. **bir şey** 6. **birisi/bir şey** 7. **bir
şey** 8. **hiçbir şey**
B. 1. **Orada birisi yok mu?** 2. **Kız kardeşi bir doktor değil miydi?** 3. **Pikniğe gitmiyor muyuz?** 4.
İşi bugün bitirmeyecek mi? 5. **Dün bu evden ayrılmadılar mı?** 6. **O evde oturmuyor muyduk?** 7.
Her gün ona telefon etmez misin? 8. **Evinizi satmamalı mısınız?** 9. **Bunu tamir edemez miyim?**
10. **İki çocuğu yok mu?**
C. 1. **herkes** 2. **her şeyi** 3. **her şeyi** 4. **herkes** 5. **her şeyi**
D. 1. **arak** 2. **yerek** 3. **erek** 4. **yarak** 5. **yerek**
E. 1. What did you order? 2. Everything was very bad. 3. We bought nothing from that store. 4. What
is your suggestion? 5. Isn't the boss coming to the factory? 6. Didn't they catch the thief? 7. She
wanted to see nobody.
F. 1. **Cümleleri tekrarlamayacak mısın?** 2. **Radyoyu tamir edemez mi?** 3. **Dün gece evde hiç
kimse yoktu.** 4. **Hiçbir şey yemediler.** 5. **Bu sayfayı oku.** 6. **Mavi bir eteği yok mu?** 7. **Ona her
şeyi anlatacağız.**

VOCABULARY

TEKLİF ETMEK	TO SUGGEST, TO OFFER
Ne teklif ettiler?	What did they suggest?
DÖVMEK	TO BEAT
Çocuğu dövme.	Don't beat the child.
İTHAL ETMEK	TO IMPORT
Türkiye Almanyadan ne ithal eder?	What does Türkiye import from Germany?
İHRAÇ ETMEK	TO EXPORT
Onu Avrupaya ihraç edecekler.	They will export it to Europe.
ALTIN	GOLD
Karısı için altın bir yüzük aldı.	He bought a gold ring for his wife.
GÜMÜŞ	SILVER
Gümüş bir kolye ister misiniz?	Do you want a silver necklace?
BAKIR	COPPER
Turistler bakır tepsiler aldılar.	The tourists bought copper trays.
PLAN	PLAN
Tatil için planın nedir?	What is your plan for the holiday.

NEGATIVE QUESTIONS

Here are some more examples of negative questions using the different tenses/structures we have looked at.

Fotoğraf çekmiyor musunuz?	Aren't you taking photograph?
Bu adam sizin doktorunuz değil midir?	Isn't this man your doctor?
Evde televizyon yok mu?	Isn't there a television at home?
Senin bir kızkardeşin yok muydu?	Hadn't you got a sister?
Oraya bizimle gelmeyecek misin?	Won't you come there with us?
Borç vermedi mi?	Didn't she lend?
Bu teklifi kabul etmez misiniz?	Don't you accept this suggestion?
Adam bu bavulu taşıyamaz mı?	Can't the man carry this suitcase?
Dün hava yağmurlu değil miydi?	Wasn't it rainy yesterday?
Bu caddede bir dükkânınız yok mu?	Haven't you got a shop in this street?

KENDİ

With the English equivalent of 'self', **kendi** is used to make reflexive pronouns by adding personal suffixes.

ben	I
kendim	myself
sen	you
kendin	yourself
o	he/she
kendi	himself/herself
biz	we
kendimiz	ourselves
siz	you
kendiniz	yourselves
onlar	they
kendileri	themselves

Bavulu taşıdım.	I carried the suitcase.
Bavulu kendim taşıdım.	I carried the suitcase myself.
Bu soruyu yapabilirsin.	You can do this question.
Bu soruyu kendin yapabilirsin.	You can do this question yourself.
Hırsızı yakaladı.	She caught the thief.
Hırsızı kendi yakaladı.	She caught the thief herself.
Bu evde kalacağız.	We'll stay at this house.
Bu evde kendimiz kalacağız.	We'll stay at this house ourselves.
Oraya gidemezsiniz.	You can't go there.
Oraya kendiniz gidemezsiniz.	You can't go there yourselves.
Onu kabul ettiler.	They accepted it.
Onu kendileri kabul ettiler.	They accepted it themselves.

Bu odayı kendin temizleyebilir misin?	Can you clean this room yourself?
Onu kendim yaptım.	I did it myself.
Ütüyü kendimiz kullanacağız.	We'll use the iron ourselves.
Otobüse kendileri binemezler.	They can't get on the bus themselves.
Bu odada kendin kalmalısın.	You must stay at this room yourself.
Evi kendiniz satabilirsiniz.	You can sell the house yourselves.

Used as shown below, **kendi** can be used to express the idea of doing something alone, without help.

ben	I
kendi kendime	by myself
sen	you
kendi kendine	by yourself
o	he/she
kendi kendine	by himself/herself
biz	we

kendi kendimize	by ourselves
siz	you
kendi kendinize	by yourselves
onlar	they
kendi kendilerine	by themselves

Japonca öğrendim.	I learnt Japanese.
Kendi kendime Japonca öğrendim.	I learnt Japanese by myself.
Odada otur.	Sit in the room.
Odada kendi kendine otur.	Sit in the room by yourself.
Oraya gidemez.	She can't go there.
Oraya kendi kendine gidemez.	She can't go there by herself.
Soruları yanıtladık.	We answered the questions.
Soruları kendi kendimize yanıtladık.	We answered the questions by ourselves.
Onu tamir edebilir misiniz?	Can you repair it?
Onu kendi kendinize tamir edebilir misiniz?	Can you repair it by yourselves?
Bu dili öğrenecekler.	They'll learn this language.
Bu dili kendi kendilerine öğrenecekler.	They'll learn this language by themselves.
Odada kendi kendine oturdu.	He sat in the room by himself.
İzmire kendi kendimize gittik.	We went to Izmir by ourselves.
Mektubu kendi kendine çevir.	Translate the letter by yourself.
Niçin kendi kendinize oturuyorsunuz?	Why are you sitting by yourselves?
Burada kendi kendime beklemeliyim.	I must wait here by myself.

Words Used in the Reading Passage

lunapark	Luna Park, amusement park
eğlenmek	to have fun, to have a good time
özlemek	to miss, to long for
Görüşürüz.	See you.

BİR MEKTUP

A LETTER

Sevgili Nesrin

Dear Nesrin

Sana bu mektubu Samsundan yazıyorum. Buraya iki gün önce geldik. Büyük Samsun Otelinde kalıyoruz. Çok güzel ve rahat bir otel.

I wrote this letter from Samsun. We came here two days ago. We are staying at Büyük Samsun Hotel. It is a very beautiful and comfortable hotel.

Samsundan önce Erzurum, Gümüşhane, Trabzon ve Giresuna gittik. Bu şehirlerde çok iyi çalıştık ama Gümüşhane ve Erzurum çok soğuktu. Erzurumda kar yağıyordu. Kar

I went to Erzurum, Gümüşhane, Trabzon and Giresun before Samsun. We worked at these cities very well but Gümüşhane and Erzurum were very cold. It was snowing in Erzurum. While it was

yağıyorken biz çalıştık. Bakkal ve marketlere malları verdik. Bu şehirlerin değişik yiyeceklerini yedik.

snowing we worked. We gave the goods to the grocers and the supermarkets. We ate various food of these cities.

Samsunda hava daha sıcak. Dün güneşliydi. Bugün yağmur yağıyor ama soğuk değil. İşimizi öğleden sonra bitiriyoruz. Sonra şehirdeki ilginç yerlere gidiyoruz. Dün bir müzeye gittik. Otele gidiyorken bir lunapark gördük. Orada eğlendik.

It is hotter in Samsun. It was sunny yesterday. It is raining today but it isn't cold. We finish our work in the afternoon. Later we go to interesting places in the city. We went to a museum yesterday. While we were going to the hotel we saw an amusement park. We had a good time there.

Yağmur durdu. Bir süpermarkete gidiyorken güzel bir park gördüm. Daha sonra kendi kendime oraya gideceğim.

It stopped raining. I saw a nice park while I was going to a supermarket I'll go there later by myself.

Yarın Samsundan ayrılacağız. Son şehir Ankara olacak. Ankaradan sonra İstanbula döneceğiz.

We'll left Samsun tomorrow. The last city will be Ankara. We'll return to Istanbul after Ankara.

Seni ve diğer arkadaşları özledim. Görüşürüz.

I missed you and the other friends. See you.

Aynur

Aynur

Questions and Answers to the Reading Passage

Nesrin mektubu nereden yazıyor?
Where is Nesrin writing the letter from?

Samsundan yazıyor.
She is writing it from Samsun.

Samsuna ne zaman geldiler?
When did they come to Samsun?

İki gün önce geldiler.
They came two days ago.

Samsunda nerede kalıyorlar?
Where are they staying at in Samsun?

Büyük Samsun Otelinde kalıyorlar.
They arey staying at Büyük Samsun Hotel.

Samsundan önce hangi şehirlere gittiler?
Which cities did they go before Samsun?

Erzurum, Gümüşhane, Trabzon ve Giresuna gittiler.
They went to Erzurum, Gümüşhane, Trabzon and Giresun.

Erzurum soğuk muydu?
Was Erzurum cold?

Evet, soğuktu.
Yes, it was.

Malları nereye verdiler?
Where did they give the goods?

Bakkal ve süpermarketlere verdiler.
They gave to grocers and süpermarkets.

Samsunda hava nasıldır?
How is the weather in Samsun?

Sıcaktır.
It is hot.

İşi ne zaman bitirirler?
When do they finish the work?

Öğleden sonra bitirirler.
They finish afternoon.

İşten sonra ne yaparlar?
What do they do after the work?

Şehirdeki ilginç yerlere giderler?
They go to interesting places in the city.

Dün nereye gittiler?
Where did they go yesterday?

Bir müze ve lunaparka gittiler.
They went to a museum and an amusement park.

Nesrin kendi kendine nereye gidecek?
Where will Nesrin go by herself?

Bir parka gidecek.
She will go to a park.

Samsundan sonra nereye gidecekler?
Where will they go after Samsun?

Ankaraya gidecekler.
They'll go to Ankara.

PRACTICE 82

A: Change into question form.
1. **Babası oğlunu dövdü.** 2. **Her hafta pazarda karşılaşırız.** 3. **Gelecek ay bu evden taşınacağız.** 4. **Bu odada bir şey var.** 5. **Şimdi otelden ayrılıyorlar.** 6. **Bu fikirden vazgeçmelisiniz.** 7. **Bu malı ithal edebilirsin.** 8. Telefon ettikleri zaman uyuyordu.

B: Change into negative form.
1. **Geç kaldılar.** 2. **Çok para harcayacak.** 3. **Teklifi kabul ettin.** 4. **Lunaparkta eğleniyoruz.** 5. **Turistler bakır tepsiler alacaklar.** 6. **Sık sık karısını döver.** 7. **Onu uyandırmalısınız.** 8. **Işığı yaktım.**

C: Rewrite using **kendi** and the personal suffix indicated. Example : Bu soruyu (ben) yaptım. → Bu soruyu kendim yaptım.
1. **O evde (sen) oturacaksın.** 2. **Arabayı (biz) süreceğiz.** 3. **Televizyonu (o) tamir etti.** 4. **Bu parkta (siz) yürüyebilirsiniz.** 5. **Çantayı (onlar) bulabilirler.** 6. **Pencereleri (ben) kapatacağım.**

D: Rewrite as shown in the example.

Example : Bu soruyu (ben) yaptım. → Bu soruyu kendi kendime yaptım.
1. **Evde (biz) onu bekledik.** 2. **Okuldan (sen) dön.** 3. **Orada (o) ne yapıyor?** 4. **Bir şişe viskiyi (onlar) bitirdiler.** 5. **Bilgisayarı (ben) kullanacağım.** 6. **Sorulara (siz) cevap vermelisiniz.**

E: Translate into English.
1. **Çocuk havuzda kendi kendine yüzdü.** 2. **Karısını çok özledi.** 3. **Onun bu konu hakkındaki planlarını biliyor musun?** 4. **Polis hırsızı kendi kendine yakaladı.** 5. **Bu ülke ne ihraç eder?** 6. **Bahçede hiç kimseyi görmedik.** 7. **Herkes bize bakıyor.**

F: Translate into Turkish.
1. She came here herself. 2. The woman cleaned the house by herself. 3. We gave nothing to him. 4. Do you want a silver bracelet? 5. This man is very bad. I want to beat him. 6. They talked to the manager by themselves. 7. I can walk in the street at night by myself.

PRACTICE 82 - ANSWERS

A. 1. Babası oğlunu dövdü mü? 2. Her hafta pazarda karşılaşır mıyız? 3. Gelecek ay bu evden taşınacak mıyız? 4. Bu odada bir şey var mı? 5. Şimdi otelden ayrılıyorlar mı? 6. Bu fikirden vazgeçmeli misiniz? 7. Bu malı ithal edebilir misin? 8. Telefon ettikleri zaman uyuyor muydu?

B. 1. Geç kalmadılar mı? 2. Çok para harcamayacak mı? 3. Teklifi kabul etmedin mi? 4. Lunaparkta eğlenmiyor muyuz? 5. Turistler bakır tepsiler almayacaklar mı? 6. Sık sık karısını dövmez mi? 7. Onu uyandırmamalı mısınız? 8. Işığı yakmadım mı?

C. 1. O evde kendin oturacaksın. 2. Arabayı kendimiz süreceğiz. 3. Televizyonu kendi tamir etti. 4. Bu parkta kendiniz yürüyebilirsiniz. 5. Çantayı kendileri bulabilirler. 6. Pencereleri kendim kapatacağım.

D. 1. Evde kendi kendimize onu bekledik. 2. Okuldan kendi kendine dön. 3. Orada kendi kendine ne yapıyor? 4. Bir şişe viskiyi kendi kendilerine bitirdiler. 5. Bilgisayarı kendi kendime kullanacağım. 6. Sorulara kendi kendinize cevap vermelisiniz.

E. 1. The child swam in the pool by himself. 2. He missed his wife very much. 3. Do you know his plans about this subject? 4. The policeman caught the thief by himself. 5. What does this country export? 6. We saw nobody in the garden. 7. Everybody is looking at us.

F. 1. Buraya kendi geldi. 2. Kadın evi kendi kendine temizledi. 3. Ona hiçbir şey vermedik. 4. Gümüş bir bilezik ister misin? 5. Bu adam çok kötüdür. Onu dövmek istiyorum. 6. Müdürle kendi kendilerine konuştular. 7. Geceleyin caddede kendi kendime yürüyebilirim.

VOCABULARY

DİKMEK Elbisesini dikeceğim.	TO SEW I'll sew her dress.
ARASINDA Ağaçların arasında bir adam vardı.	BETWEEN, AMONG There was a man among the trees.
OLDUKÇA Bu çanta oldukça eskidir. Yenisini alacağız.	RATHER This bag is rather old. We'll buy the new one.
ÖKSÜRMEK Öksürüyorsun. Hasta mısın?	TO COUGH You are coughing. Are you ill?
UYANMAK Saat sekizde uyanır.	TO WAKE She wakes at eight o'clock.
DERİN Derin denizde yüzemez.	DEEP She can't swim in deep water.
DOĞMAK Mayısta doğdu.	TO BE BORN She was born in May.
BAŞARILI Babası başarılı bir avukattı.	SUCCESSFUL Her father was a successful lawyer.

PARTICIPLES AS ADJECTIVES

When the suffix **-(y)an, -(y)en** is added to verbs they act like adjectives.

koş koş - an	run running
ver ver - en	give giving
oku oku - yan iç içen	read reading drink drinking
ye yiyen	eat eating

telefon et	telephone
telefon eden	telephoning

ağlayan bebek	the crying baby (the baby crying)

In the example above **(y)an** is added to **ağla** to make an adjective describing **bebek**.

bahçede oturan kız	the girl sitting in the garden
durakta bekleyen insanlar	the people waiting at the stop
koşan çocuk	the child running
ağacın altında uyuyan adam	the man sleeping under the tree.
bu otelde kalan arkadaşım	my friend staying at this hotel
mektubu yazan sekreter	the secretary writing the letter
elbiseyi diken kadın	the woman sewing the dress

Bahçede oturan kızı gördün mü?	Did you see the girl sitting in the garden?
Hastaneye gelen doktoru tanıyorum.	I know the doctor coming to the hospital.
Elbiseyi diken kadına parayı verdik.	We gave the money to the woman sewing the dress.
Mektubu yazan sekreter şu odadadır.	The secretary writing the letter is in that room.
Öksüren hastayı doktor görecek.	The doctor will see the patient coughing.
Telefon eden adam avukatındı.	The man telephoning was your lawyer.
Hızlı araba süren adamı polis gördü.	The policeman saw the man driving fast.
Faturayı ödeyen kadın kimdi?	Who was the woman paying the bill?
Teklifi kabul eden müdürle konuşacağız.	We'll talk to the manager accepting the suggestion.
Şarkı söyleyen kadını dinledik.	We listened to the woman singing.
Onun adını hatırlayan adam Ahmetti.	The man remembering her name was Ahmet.

DOĞMAK / TO BE BORN

Like the English 'was/were born', this verb is usually used in the past.

Burada doğdu.	He was born here.
Ne zaman doğdun?	When were you born?
Nerede doğdunuz?	Where were you born?
Sumru Mayısın yirmi üçünde doğdu.	Sumru was born on the twenty third of May.

It is also used in the future.

Onların bebeği gelecek ay doğacak.	Their baby will be born next month.

KADAR / TO, UNTIL

A. As a Preposition

When **kadar** is used as a preposition, the relevant noun takes the directional suffix **-(y)a, -(y)e** (and pronouns take the dative form).

ben	I
bana kadar	to me (to my house)
sen	you
sana kadar	to you (to your house)
o	he, she
ona kadar	to him/her (to his/her house)
biz	we
bize kadar	to us (to our house)
siz	you
size kadar	to you (to your house)
onlar	they
onlara kadar	to them (to their house)
Ankaraya kadar	to Ankara
okula kadar	to the school
ağaca kadar	to the tree
gelecek aya kadar	until next month
şubata kadar	until February
akşama kadar	until the evening

Kadar can be used for both time an place. Used for time, the English equivalent is 'until' or 'by'; used for place, **kadar** translates as 'to'.

Bize kadar gel.	Come to us/ Come to our house.

In the above sentence, **kadar** is used for place. **Bize kadar gel** meaning 'come to where we are'.

Onlara kadar gitti.	They went to them. (They went to their house.)
Onu ofise kadar götürdü.	He took her to the office.
Otele kadar seninle geleyim mi?	Shall I come with you to the hotel?
Sabaha kadar ders çalıştı.	She studied lesson until the morning.
Akşama kadar evde kaldık.	We stayed at home until the evening.
Mayısa kadar bu evde kalacağız.	We'll stay at this house until May.

Kadar can also be used with verbs, in which case the verb root takes the suffix **-(y)ana/-(y)ene**.

yap	do
yapana kadar	until doing
git	go
gidene kadar	until going
ısmarla	order
ısmarlayana kadar	until ordering
kaç	escape
kaçana kadar	until escaping

ye	eat
yiyene kadar	until eating

Bürodan ayrılana kadar sıkı çalışacağım.	I'll work hard until leaving the office.

B. As a Conjunction

The form **-(y)ana kadar, -(y)ene kadar** is used to make a conjunction. This form refers to time and the personal suffix not used (this is found with the verb in the other clause of the conjunction).

çıktım	I went out
çıkana kadar	until I went out

çıkar	he goes
çıkana kadar	until he goes

Evi satana kadar orada oturacağız.	We'll stay there until we sell the house.
Onu bulana kadar yürüdüler.	They walked until they found him.
Yemek yiyene kadar konuşmayacağız.	We won't speak until we eat the food.
Annem gelene kadar orada bekledim.	I waited there until my mother came.
O gidene kadar sizin eve gelmeyecek.	He won't come to your house until she goes.
Bu dili öğrenene kadar o ülkede kaldı.	She stayed at that country until she learned this language.
Çocuk uyuyana kadar odada kal.	Stay at the room until the child sleeps.

-DEN ...... -E KADAR

The structure **-den/-dan ... -(y)e/-(y)a kadar** is used meaning 'from ... to...'.

pazartesiden cumaya kadar	from Monday to Friday
saat ikiden beşe kadar	from two o'clock to five o'clock
hazirandan eylüle kadar	from June to September
evden okula kadar	from the house to school

Pazartesiden cumaya kadar çalıştılar.	They worked from Monday to Friday.
Müdür saat ikiden beşe kadar odasındaydı.	The manager was in his room from two o'clock to five o'clock.
Bizim evden sizin fabrikaya kadar yürüyeceğiz.	We'll walk from our house to your factory.
Evden okula kadar koştun mu?	Did you run from the house to school?
Evden parka kadar iki arkadaşını gördü.	He saw his two friends from the house to the park.

-madan, -meden

We have seen the structure **-madan/-meden önce**.

Biz oraya varmadan önce evden çıktı.	He went of of the house before we arrived there.

-Madan/-meden can also be used to make the negative of the present participle.

para vermek	to pay
para vermeden	without paying

Bana sormadan onu aldı.	She took it without asking me.
Bakmadan onu tanıdı.	He knew her without looking.
Pencereyi kapatmadan uyudu.	She slept without closing the window.
Gülmeden konuş.	Talk without laughing.
Olayı ağlamadan anlattık.	We told the event without crying.

PRACTICE 83

A: Rewrite as shown.

Example : parkta (uyumak) adam → parkta uyuyan adam

1. evde (beklemek) kadın 2. muzu (yemek) çocuk 3. birayı (içmek) adam 4. bize telefon (etmek) işçi 5. onu (izlemek) polis 6. geçen ay (doğmak) bebek 7. (öksürmek) hasta 8. hırsızı (yakalamak) adam 9. şarabı (ısmarlamak) mühendis 10. faturayı (ödemek) arkadaş

B: Fill the gaps with -(y)a/e kadar or -(y)ana/ene kadar.

1. Akşam...... bu işi bitir. 2. Yat...... televizyon seyretti. 3. Ekim...... o evde kalacak. 4. Ben gel...... evden çıkma. 5. Telefon et...... bekledik. 6. Annesi evden çık...... oturdu. 7. Tren nere...... gidiyor? 8. İşi bitir...... odadan çıkmadı.

C: Fill the gaps as shown.

Example : Pazartesi...... çarşamba...... çalıştık. → Pazartesiden çarşambaya kadar çalıştık.

1. Ev...... otobüs durağı...... koştu. 2. Saat bir...... beş...... neredeydin? 3. Ofis...... havaalanı...... taksiyle gitti. 4. Fabrika...... ev....... iki otobüse bindik. 5. Bizi hastane...... ora...... götürdüler. 6. Çantaları bizim ev...... dükkân...... taşı. 7. Hazirandan eylüle kadar okullar kapalıdır.

D: Rewrite using the information given.Example : Soruları (ben) yaptım. → Soruları kendim yaptım.

1. Tabakları (o) yıkadı. 2. Patronla (biz) konuştuk. 3. Bu elbiseyi (sen) dikmelisin. 4. Şarabı (onlar) ısmarladılar. 5. Arabayı (siz) sattınız. 6. Ona (ben) telefon edebilirim. 7. Mektubu (o) tercüme edecek.

E: Change into negative question form.

1. Her gün bizim eve gelebilirsin. 2. Kadın elbiseyi dikecek. 3. Haziranda evlendiler. 4. Her sabah erken uyanırsınız. 5. O teklifi kabul ettik. 6. Bu oda geniştir. 7. İki kız kardeşi var.

F: Translate into English.

1. Bize bakan adamı gördün mü? 2. Bu dili öğreten öğretmeni tanırım. 3. Kızın ne zaman doğdu? 4. Onların evi oldukça eskiydi. 5. Başarılı bir işadamı olmak ister misin? 6. Saat kaçta uyanırsın? 7. Akşama kadar kitabı okudu.

G: Translate into Turkish.

1. Tell it without crying. 2. He didn't work from May to July. 3. Until your father comes we won't eat the food. 4. Do you know the man paying the bill? 5. He ate it without washing. 6. The secretary translating the letter went. 7. She sat between her mother and father.

PRACTICE 83 - ANSWERS

A. 1. evde bekleyen kadın 2. muzu yiyen çocuk 3. birayı içen adam 4. Bize telefon eden işçi 5. onu izleyen polis 6. geçen ay doğan bebek 7. Öksüren hasta 8. hırsızı yakalayan adam 9. şarabı ısmarlayan mühendis 10. Faturayı ödeyen arkadaş

B. 1. akşama kadar 2. yatana kadar 3. ekime kadar 4. gelene kadar 5. Telefon edene kadar 6. çıkana kadar 7. nereye kadar 8. işi bitirene kadar

C. 1. Evden otobüs durağına koştu. 2. Saat birden beşe kadar neredeydin? 3. Ofisten havaalanına kadar taksiyle gitti. 4. Fabrikadan eve kadar iki otobüse bindik. 5. Bizi hastaneden oraya götürdüler. 6. Çantaları bizim evden dükkâna taşı. 7. Hazirandan eylüle kadar okullar kapalıdır.

D. 1. Tabakları kendisi yıkadı. 2. Patronla kendimiz konuştuk. 3. Bu elbiseyi kendin dikmelisin. 4. Şarabı kendileri ısmarladılar. 5. Arabayı kendiniz sattınız. 6. Ona kendim telefon edebilirim. 7. Mektubu kendisi tercüme edecek.

E. 1. Her gün bizim eve gelemez misin? 2. Kadın elbiseyi dikmeyecek mi? 3. Haziranda evlenmediler mi? 4. Her sabah erken uyanmaz mısınız? 5. O teklifi kabul etmedik mi? 6. Bu oda geniş değil midir? 7. İki kız kardeşi yok mu?

F. 1. Did you see the man looking at us? 2. I know the teacher teaching this language. 3. When was your daughter born? 4. Their house was rather old. 5. Do you want to be a successful businessman? 6. What time do you wake? 7. He read the book until the evening.

G. 1. Onu ağlamadan anlat. 2. Mayıstan temmuza kadar çalışmadı. 3. Baban gelene kadar yemek yemeyeceğiz. 4. Faturayı ödeyen adamı tanır mısın? 5. Onu yıkamadan yedi. 6. Mektubu çeviren sekreter gitti. 7. Annesiyle babası arasında oturdu.

VOCABULARY

KAVGA ETMEK
Arkadaşlarınla kavga etmemelisin.

TO QUARREL; TO FIGHT
You mustn't fight with your friends.

ÖBÜR GÜN
Patron öbür gün gelebilir.

THE OTHER DAY
The boss can come the other day.

EVVELSİ GÜN
Evvelsi gün onu caddede gördüm.

THE DAY BEFORE YESTERDAY
I saw him in the street the day before
yesterday.

TABANCA
Hırsızın tabancası var mıydı?

PISTOL
Had the thief got a pistol?

BİTMEK
Film ne zaman bitti?

TO FINISH, TO END
When did the film finish?

DAKTİLO
Mektupları daktiloyla yazdı.

TYPEWRITER
He wrote the letters by the typewriter.

FENA
Dün fenaydı; bu yüzden ofise gitmedi.

BAD
She was bad, so she didn't go to the office.

-İ İSTEMEK

This structure is used to talk about wanting or asking someone to do something.

In the first person singular the suffix added to verb root is **-mamı, -memi**.

yap
yapmamı

yaz
yazmamı

gel
gelmemi

telefon et
telefon etmemi

Oraya gelmemi istedi.
Arkadaşıma telefon etmemi istedin.
Evimi satmamı isteme.

He wanted me to come there.
You wanted me to telephone my friend.
Don't want me to sell my house.

Bu dili öğrenmemi istemediniz.
Bu parayı ona vermemi istedi mi?
Cümleleri çevirmemi istedi.
Öğretmenle konuşmamı istememeli.

Bu konu hakkında düşünmemi istedi.

You didn't want me to learn this
Did he want me to give this money to
He wanted me to translate the sentences.
He mustn't want me to talk to the teacher.
She wanted me to think of this subject.

For the second person singular, use the suffix **-manı, -meni**.

yap
yapmanı

sat
satmanı

telefon et
telefon etmeni

öğren
öğrenmeni

Oraya gelmeni istedik.
Durakta beklemeni istedi.
Arkadaşına telefon etmeni istediler.
Müdür mektubu yazmanı isteyecek.

We wanted you to come there.
She wanted you to wait at the stop.
They wanted you to telephone your friend.
The manager will want you to write the letter.

Bu dili öğrenmeni istemedik.
Bu parayı ona vermeni istedi mi?
Parayı harcamanı istemedik.
Kadın yemek pişirmeni istedi.

We didn't want you to learn this
Did he want you to give this money to
We didn't want you to spend the money.
The woman wanted you to cook.

For the third person singular, the suffix is **-masını, -mesini**.

sat
satmasını

yaz
yazmasını

telefon et
telefon etmesini

öğren
öğrenmesini

Oraya gelmesini istedik.
Arkadaşına telefon etmesini istediler.
Kapıyı kapatmasını istedim.
Evini satmasını istemedi.
Bu olayı öğrenmesini istemedik.
Bu dükkânda çalışmasını istediniz mi?
Şarkı söylemesini isteyeceğiz.
Doktor evde dinlenmesini istedi.

We wanted him to come there.
They wanted him to telephone his friend.
I wanted her to close the door.
He didn't want her to sell her house.
We didn't want him to learn this event.
Did you want her to work in this shop?
We'll want her to sing.
The doctor wanted him to rest at home.

For the first person plural, the suffix is **-mamızı, -memizi**.

sat
satmamızı

al
almamızı

temizle
temizlememizi

öğren
öğrenmemizi

Durakta beklememizi isteyecek.	She will want us to wait at the stop.
Erken kalkmamızı istememelisin.	You mustn't want us to get up erly.
Bu otobüse binmemizi istediler.	They wanted us to get on this bus.
Bu olayı öğrenmemizi istemediler.	They didn't want us to learn this event.
Bu dükkânda çalışmamızı istedi mi?	Did she want us to work in this shop?
Adını öğrenmemizi istemedi.	He didn't want us to learn her name.
Adını hatırlamamızı ister.	She wants us to remember her name.

For the second person plural, the suffix is **-manızı, -menizi**.

sat
satmanızı

al
almanızı

gel
gelmenizi

temizle
temizlemenizi

Durakta beklemenizi isteyecek.	She'll want you to wait at the stop.
Erken kalkmanızı isteyecekler.	They'll want you to get up early.
Bu otobüse binmenizi istemedi.	He didn't want you to get on this bus.
Evinizi satmanızı istemedim.	I didn't want you to sell your house.
Bu dükkânda çalışmanızı istedi mi?	Did he want you to work in this shop?
Bizim için bir şey almanızı istemeyiz.	We don't want you to buy anything for us.
Adını hatırlamanızı ister.	He wants you to remember her name.

The Word Used in the Reading Passage

trafik   traffic

TRAFİK

Kenan Bey ve Ali Bey aynı şirket için çalışırlar. Onlar sık sık yolculuk ederler.

TRAFFIC

Kenan Bey and Ali Bey work for the same company. They often travel.

Kenan Beyin karısı da aynı
şirkettedir. O bir Japondur.
Adı Junridir. On yıldır
Türkiyededir. O her sabah
Kenan Beyle ofise gelir.

Kenan Bey's wife is also in the same
company. She is Japanese. Her name
is Junri. She is in Türkiye for ten
years. She comes to the office with
Kenan Bey every morning.

Dün Kenan Bey ve Ali Bey Taylanda
gittiler. Orada on beş gün
kalacaklar. Junri Hanım şirkette
çalışacak. Onu şirkete Aydın Bey
götürecek. Aydın Bey, Ali Beyin
arkadaşıdır. O bir şofördür.
Ali Bey, evvelsi gün Aydın Beye
telefon etti. Onlar Taylanda
gittikleri zaman Junri Hanımı
şirkete götürmesini istedi.

Yesterday, Kenan Bey and Ali Bey
went to Thailand. They will stay
there for fifteen days. Junri Hanım
will work in the company. Aydın Bey
will take her to the company. Aydın
Bey is Ali Bey's friend. He is a
driver. Ali Bey telephoned Aydın Bey
the day before yesterday. He wanted
him to take Junri Hanım to the company
when they went to Thailand.

Onlar şimdi yoldalar. Yağmur
yağıyor. Yağmur yağdığı zaman
İstanbulda trafik çok kötüdür.
Yollar çok kalabalıktır. Arabalar
çok yavaş gider. Kazalar olur.
O sabah şirkete çok geç varacaklar.

They are on their way there now. It is
raining. When it rains, the traffic
is very bad in Istanbul. The roads are
very crowded. The cars go very slowly.
The accidents happen. They'll arrive
at the company very late that morning.

Questions and Answers to the Reading Passage

**Kenan Bey ve Ali Bey aynı şirket
için çalışırlar mı?**
Do Kenan Bey and Ali Bey work for
the same company?

Evet, çalışırlar.
Yes, they do.

Kenan Beyin karısı nerede çalışır?
Where does Kenan Bey's wife work?
O nerelidir?
Where is she from?

Aynı yerde çalışır.
She works in the same place.
Japondur.
She is Japanese.

Adı nedir?
What is her name?

Junridir.
Her name is Junri.

Şirkete kiminle gelir?
Who does she come to the company with?

Kocasıyla gelir.
She comes with her husband.

**Dün Kenan Bey ve Ali Bey nereye
gittiler?**
Where did Kenan Bey and Ali Bey
go yesterday?

Taylanda gittiler.
They went to Thailand.

Orada kaç gün kalacaklar?
How many days will they stay there?

On beş gün kalacaklar.
They will stay fifteen days.

Junri Hanımı şirkete kim götürecek?
Who will take Junri Hanım to the company?

Aydın Bey götürecek.
Aydın Bey will take.

Aydın Bey kimdir?	**Ali Beyin arkadaşıdır.**
Who is Aydın bey?	He is Ali Bey's friend.
O ne iş yapar?	**Şofördür.**
What is his job?	He is a driver.
Onlar şimdi neredeler?	**Yoldalar.**
Where are they now?	They are on their way.
Yağmur yağıyor mu?	**Evet, yağıyor.**
Is it raining?	Yes, it is.
Yağmur yağdığı zaman trafik nasıldır?	**Çok kötüdür.**
How is the traffic when it rains?	It is very bad.
Arabalar nasıl gider?	**Çok yavaş gider.**
How do the cars go?	They go very slowly.

PRACTICE 84

A: Rewrite as shown. Example : yap (ben) → yapmamı
1. sat (ben) 2. bekle (sen) 3. ağla (o) 4. vazgeç (biz) 5. teklif et (siz) 6. anlat (sen) 7. geç kal (ben)

B: Rewrite as shown. Example : Eve gitmek (ben) istedi. →Eve gitmemi istedi.
1. **Bulaşıkları yıkamak (ben) ister misin?** 2. **Televizyon ithal etmek (o) istedi.** 3. **Erken yatmak (biz) istediler.** 4. **Tıraş olmak (sen) isteriz.** 5. **O kitabı okumak (siz) istedi.** 6. **Hırsızı izlemek (o) istedi.** 7. **Işığı yakmak (biz) istemedi.**

C: Fill the gaps as shown. Example : Ev...... okul...... koştu. → Evden okula kadar koştu.
1. **Oda...... balkon...... geldi.** 2. **Salı...... perşembe...... çalışmadı.** 3. **Ofis...... otobüs durağı...... koşuyor.** 4. **Pazar...... evleri...... çantaları taşıdı.** 5. **Otel...... lokanta...... yürüdüler.** 6. **Eylül...... kasım...... sık sık yağmur yağar.**

D: Translate into English.
1. **Babası onunla evlenmesini istedi.** 2. **Parasını kaybeden kadın ağladı.** 3. **Sınıfta kavga etme.** 4. **Öbür gün bankaya gelmeni istediler.** 5. **Onu gördüğüm zaman öksürüyordu.** 6. **Annem evden gitmemizi istedi.**

E: Translate into Turkish.
1. The man wanted me to wait at the reception. 2. I wanted him to catch the train. 3. He has got a pistol. She can be afraid of him. 4. Do you know the woman laughing at us? 5. She wanted us to accept it. 6. He wants you to turn off the radio.

PRACTICE 84 - ANSWERS

A. 1. satmamı 2. beklemeni 3. ağlamasını 4. vazgeçmemizi 5. teklif etmenizi 6. anlatmanı 7. geç kalmamı

B. 1. **Bulaşıkları yıkamamı ister misin?** 2. **Televizyon ithal etmesini istedi.** 3. **Erken yatmamızı istediler.** 4. **Tıraş olmanı isteriz.** 5. **O kitabı okumanızı istedi.** 6. **Hırsızı izlemesini istedi.** 7. **Işığı yakmamızı istemedi.**

C. 1. **Odadan balkona kadar geldi.** 2. **Salıdan perşembeye kadar çalışmadı.** 3. **Ofisten otobüs durağına kadar koşuyor.** 4. **Pazardan evlerine kadar çantaları taşıdı.** 5. **Otelden lokantaya kadar yürüdüler.** 6. **Eylülden kasıma kadar sık sık yağmur yağar.**

D. 1. His father wanted him to marry her. 2. The woman losing her money cried. 3. Don't quarrel in the classroom. 4. They wanted you to come to the bank the following day. 5. When I saw him he was coughing. 6. My mother wanted us to go from the house.

E. 1. **Adam resepsiyonda beklememi istedi.** 2. **Trene yetişmesini istedim.** 3. **Bir tabancası var. Ondan korkabilir.** 4. **Bize gülen kadını tanıyor musun (tanır mısın)?** 5. **Onu kabul etmemizi istedi.** 6. **Radyoyu kapatmanı ister.**

VOCABULARY

SÜRMEK (Zaman Almak) Evden okula yirmi dakika sürer.	TO TAKE It takes twenty minutes from the house to school.
BİRİKTİRMEK Para biriktiremedik.	TO SAVE We couldn't save money.
GÖZLÜK Gözlüksüz göremez.	GLASSES, SPECTACLES She can't see without the glasses.
İZİN Sinemaya gitmek için izin aldın mı?	PERMISSION Did you get permission to go to the cinema?
İZİN VERMEK İzin vermek istemedi.	O LET, TO ALLOW, TO, PERMIT, TO GIVE PERMISSION She didn't want to give permission.
HABER Gazetedeki haberi okudun mu?	NEWS Did you read the news in the newspaper?
İMZALAMAK Müdür mektubu imzaladı mı?	TO SIGN Did the manager sign the letter?
KAFES Kuş için bir kafes alacak.	CAGE She'll buy a cage for the bird.
GEREKLİ Bu işçi fabrika için gereklidir.	NECESSARY This worker is necessary for the factory.
GEREKSİZ Bu bilgisayar ofis için gereksizdir.	UNNECESSARY This computer is unnecessary for the office.

-İİstemek (Continued)

For the third person plural, the suffix used is **-malarını, -melerini**.

yap
yapmalarını

sat
satmalarını

476

gel
gelmelerini

öğren
öğrenmelerini

Oraya gelmelerini istedi.	She wanted them to come there.
Erken kalkmalarını isteyecekler.	They will want them to get up early.
Bu otobüse binmelerini istemedi.	He didn't want them to get on this bus.
Mektubu göndermelerini istedi.	He wanted them to send the letter.
Evi temizlemelerini istediniz mi?	Did you want them to clean the house?
Haberi okumalarını istemedik.	We didn't want them to read the news.
Bu odada beklememizi ister misin?	Do you want us to wait in this room?
Radyoyu kapatmamı istemedi.	He didn't want me to turn off the radio.
Soruları yanıtlamalarını istedik.	We wanted them to answer the questions.
Faturayı ödemeni istedi.	He wanted you to pay the bill.
Doktor hastaya dokunmamı istemedi.	The doctor didn't want me to touch the patient.
Olayı ona anlatmanızı istemedik.	We didn't want you to tell him the event.
Onu bize vermelerini istedik.	We wanted them to give it to us.

SÜRMEK / TAKE TO

The verb **sürmek** has more than one meaning. We introduce it here in its meaning related to time, the amount of time it takes to do something.

Fabrikaya kadar ne kadar sürer?	How long does it take to the factory?
Antalyadan İstanbula ne kadar sürer?	How long does it take from Antalya to Istanbul?
İstanbuldan Giresuna on beş saat sürer.	It takes fifteen hours from Istanbul to Giresun.

YEARS

The names of years are made in English by breaking them into two. 1975, for example, is broken into 19 and 75. **In Turkish the whole number is used.**

1975	nineteen seventy five

1975	bin dokuz yüz yetmiş beş
1617	bin altı yüz on yedi
1960	bin dokuz yüz altmış
1997	bin dokuz yüz doksan yedi

Prepositional use can be constructed thus:

1995 yılında	in (the year) 1995
1970 yılında	in (the year) 1970

Or, in short:

1995'de	in 1995
1983'te	in 1983

Bin dokuz yüz altmış yılında doğdum.	I was born in 1960.
Bin dokuz yüz altmışta doğdum.	I was born in 1960.
Bu eve bin dokuz yüz doksan yılında taşındık.	We moved to this house in 1990.
Bin dokuz yüz kırk beşte İstanbulda değildik.	We weren't in Istanbul in 1945.
Bin dokuz yüz doksan sekizde bu ülkede olmayacağız.	We won't be in this country in 1998.
Bin dokuz yüz doksan yedi bizim için iyi bir yıl olacak.	1997 will be a good year for us.

- İ SÖYLEMEK

This structure is similar to the **-i istemek** structure we looked at in the last lesson.

Annem odayı temizlememi söyledi.	My mother told me to clean the room.
Para biriktirmemi söylediniz.	You told me to save money.
Elbiseyi dikmemi söyledi.	She told me to sew the dress.
O teklifi kabul etmemi söyledi mi?	Did she tell me to accept that offer?
Bu sandalyede oturmanı söylediler.	They told you to sit on this chair.
O cümleleri çevirmeni söyleyeceğiz.	We'll tell you to translate those sentences.
Baban o kızla evlenmeni söyler.	Your father tells you to marry that girl.
Parayı harcamanı söyledi mi?	Did you tell you to spend the money?
Kapıyı kapatmasını söyledi.	He told her to close the door.
Oğluna erken yatmasını söyledi.	She told her son to go to bed early.
Şu adamı izlemesini söylemedi.	He didn't tell her to follow that man.
Olayı anlatmamızı söyledi.	She told us to tell the event.
Arabayı satmamızı söyleyebilirler.	They can tell us to sell the car.
Erken kalkmamızı söyledi.	He told us to get up early.
O trene binmenizi söylemedik.	We didn't tell you to get on that train.
Erken kalkmanızı söylediler mi?	Did they tell you to get up early?
O mektubu imzalamanızı söyleyebilir.	He can tell you to sign that letter.
Bu otelde kalmanızı söyleyecek.	He will tell you to stay at this hotel.
Bizi evde beklemelerini söyledik.	We told them to wait for us at home.
Parayı harcamalarını söylediniz mi?	Did you tell them to spend the money?
Beni eve götürmelerini söyledim.	I told them to take me to the house.

- E YARDIM ETMEK

When **yardım etmek** (= to help) is used with another verb, a similar structure is used, but with the directional suffix ending.

git
gitmeme

Otobüse binmeme yardım etti.	He helped me to get on the bus.
Kaçmama yardım edecek.	She'll help me to escape.
Parayı bulmama yardım et.	Help me to find the money.

al
almana

Yemek pişirmene yardım edecek.	She'll help you to cook.
Soruları yanıtlamana yardım etti mi?	Did he help you to answer the questions?

Odayı temizlemene yardım etmedi.	She didn't help you to clean the room.

git
gitmesine

Oraya gitmesine yardım ettik.	We helped him to go there.
Küçük kızın yüzmesine yardım ettiler.	They helped the little girl to swim.
Mektubu yazmasına yardım edeceğim.	I'll help her to write the letter.

al
almamıza

Parayı bulmamıza yardım etti.	He helped us to find the money.
Çantayı taşımamıza yardım edecek mi?	Will she help us to carry the bag?
Oteli bulmamıza yardım etmelisin.	You must help us to find the hotel.

git
gitmenize

Oteli bulmanıza yardım etti mi?	Did they help you to find the hotel?
Mektubu çevirmenize yardım eder.	She helps you to translate the letter.
Kapıyı açmanıza yardım ettik.	We helped you to open the door.

al
almalarına

Otobüse binmelerine yardım etmedik.	We didn't help them to get on the bus.
Evi bulmalarına yardım edebilir.	She can help them to find the house.
Kadın elbiseyi dikmelerine yardım etmedi.	The woman didn't help them to sew the dress.
Bir çanta almamı istedi.	He wanted me to buy a bag.
Burada beklememizi istemediler.	They didn't want us to wait here.
Evden çıkmalarını istedik.	We wanted them to go out of the house.
Radyoyu tamir etmesini söyledik.	We told him to repair the radio.
Evimizi satmamızı söylemedi.	She didn't tell us to sell our house.
Bursaya gitmelerini söylediniz mi?	Did you tell them to go to Bursa?
Taşınmamıza yardım edecek.	She'll help us to move.
Okulu bulmama yardım etti.	He helped me to find the school.
Japonca öğrenmene yardım ettiler mi?	Did they help you to learn Japanese?

PRACTICE 85

A: Rewrite as shown. Example : Masayı temizlemek (ben) istedi. → Masayı temizlememi istedi.
1. **Kitabı okumak (biz) ister.** 2. **Saçını taramak (sen) istedi.** 3. **Arkadaşına uğramak (o) istemedi.**
4. **Borç vermek (siz) istediler.** 5. **Bizi beklemek (onlar) istedik.** 6. **Adam onu izlemek (ben) istedi.**

B: Rewrite as shown. Example : Masayı temizlemek (ben) söyledi. → Masayı temizlememi söyledi.
1. **Şirketten ayrılmak (ben) söylediler.** 2. **Parkta gezmek (biz) söylediler mi?** 3. **Annen para biriktirmek (sen) söyler.** 4. **Onu affetmek (siz) söyledi.** 5. **Teklifi kabul etmek (o) söyleyeceğim.**
6. **Bizi sinemaya götürmek (onlar) söyledik.**

C: Rewrite as shown. Example : Masayı temizlemek (ben) yardım etti. → Masayı temizlememe yardım etti.
1. **Oturmak (o) yardım ettik. 2. Odayı temizlemek (ben) yardım edecek. 3. Evi bulmak (biz) yardım etmedi. 4. Onu tamir etmek (onlar) yardım etmeyeceğim. 5. Annen ödevini yapmak (sen) yardım etti. 6. Bilgisayar kullanmak (siz) yardım etmeli.**

D: Write out the years.
1. **1945** 2. **1952** 3. **1453** 4. **1996** 5. **1987** 6. **1715**

E: Translate into English.
1. **Annesi para biriktirmesini söyledi. 2. Sekreter müdürün mektupları imzalamasını istedi. 3. Buradan Taksime yirmi dakika sürer. 4. Gözlüğüm nerede? Gözlüksüz okuyamam. 5. Bu kitaplar okul için gerekli midir? 6. Taşınmamıza yardım ettiler.**

F: Translate into Turkish.
1. We helped her to sit. 2. They told me to open the door. 3. He didn't want you to wait for him. 4. She bought a cage for her bird. 5. The doctor helped him to walk. 6. We told them to play in the garden.

PRACTICE 85 - ANSWERS

A. 1. **Kitabı okumamızı ister. 2. Saçını taramanı istedi. 3. Arkadaşına uğramasını istemedi. 4. Borç vermenizi istediler. 5. Bizi beklemelerini istedik. 6. Adam onu izlememi istedi.**
B. 1. **Şirketten ayrılmamı söylediler. 2. Parkta gezmemizi söylediler mi? 3. Annen para biriktirmeni söyler. 4. Onu affetmenizi söyledi. 5. Teklifi kabul etmesini söyleyeceğim. 6. Bizi sinemaya götürmelerini söyledik.**
C. 1. **Oturmasına yardım ettik. 2. Odayı temizlememe yardım edecek. 3. Evi bulmamıza yardım etmedi. 4. Onu tamir etmelerine yardım etmeyeceğim. 5. Annen ödevini yapmana yardım etti. 6. Bilgisayar kullanmanıza yardım etmeli.**
D. 1. **bin dokuzyüz kırkbeş** 2. **bin dokuzyüz elliiki** 3. **bin dörtyüz elliüç** 4. **bin dokuzyüz doksanaltı** 5. **bin dokuzyüz seksenyedi** 6. **bin yediyüz onbeş**
E. 1. Her father told her to save money. 2. The secretary wanted the manager to sign the letters. 3. It takes twenty minutes from here to Taksim. 4. Where are my eyeglasses? I can't read without eyeglasses. 5. Are these books necessary for the school? 6. They helped us to move.
F. 1. **Oturmasına yardım ettik. 2. Kapıyı açmamı söylediler. 3. Onu beklemeni/beklemenizi istemedi. 4. Kuşu için bir kafes satın aldı. 5. Doktor yürümesine yardım etti. 6. Bahçede oynamalarını söyledik.**

VOCABULARY

GİBİ Patronumuz işçi gibidir. Bizimle çalışır.	LIKE Our boss is like a worker. He works with us.
TERCİH ETMEK Hangisini tercih edersin?	TO PREFER Which do you prefer?
SESLENMEK Annesine seslendi.	TO CALL She called her mother.
ÇAĞIRMAK Onu çağırdın mı? Toplantıya arkadaşını çağırdı.	TO CALL; TO INVITE Did you call him? He called his friend to the meeting.
ANİDEN Kocası aniden içeri girdi.	SUDDENLY Her husband came in suddenly.
BULUŞMAK Yarın nerede buluşacağız?	TO MEET Where will we meet tomorrow?
RANDEVU Yarın için bir randevunuz var mı?	APPOINTMENT Have you got an appointment for tomorrow?
GERÇEK Gerçeği söyleyeceğiz. Bu öykü gerçektir.	TRUE, TRUTH We'll tell the truth. This story is true.

ÇAĞIRMAK

The verb **çağırmak** has two meanings, 'to call out to someone' (to call their name), and 'to invite'.

Caddede teyzesini gördü ve çağırdı.	She saw her aunt in the street and shecalled.
Doğum gününe beni çağırmadı.	She didn't invite me to her birthday.

GİBİ

Another preposition, **gibi** (= like) is used after nouns (which do not take a suffix) to express similarity.

annen gibi	like your mother
çocuk gibi	like a child

481

otel gibi	like a hotel
doktorun gibi	like your doctor
kız kardeşi gibi	like her sister

Bu ev otel gibidir.	This house is like a hotel.
O işçi patron gibidir.	That worker is like the boss.
Mutfakları oda gibidir.	Their kitchen is like a room.
Çay bal gibi tatlıdır.	The tea is sweet like honey.
Çocuk gibi ağladı.	He cried like a child.
Kız kardeşin gibi yapma.	Don't do like your sister.

When **gibi** is used with pronouns, they take the possessive form.

ben	I
benim gibi	like me

o	he/she
onun gibi	like him/her

biz	we
bizim gibi	like us

siz	you
sizin gibi	like you

TERCİH ETMEK

Nouns used with **tercih etmek** (= to prefer) take the accusative form.

meyve suyunu tercih etmek = to prefer fruit juice   **çayı tercih etmek** = to prefer tea

When **tercih etmek** is used with verbs, they take the suffix **-mayı, -meyi**.

yapmak	to do
yapmayı tercih etmek	to prefer doing

gelmek	to come
gelmeyi tercih etmek	to prefer coming

beklemek	to wait
beklemeyi tercih etmek	to prefer waiting

Kahveyi tercih ederim.	I prefer coffee.
Sabahleyin çayı tercih eder.	She prefers tea in the morning.
Meyve suyunu tercih ettik.	We preferred fruit juice.
Elbiseyi bu dükkândan almayı tercih etti.	He preferred buying the dress at this shop.
Bu odada beklemeyi tercih ettiler.	They preferred waiting at this room.
Onun evine gitmeyi tercih etti.	We preferred going to his house.
Ayakta durmayı tercih ederler.	They prefer standing.
Otobüse binmeyi tercih eder.	He prefers getting on the bus.

To express a preference of one thing over another, the first object (the preference) takes the accusative, and the second object takes the directional suffix.

çay kahve = çayı kahveye
bira şarap = birayı şaraba
Eti balığa tercih eder.
Peyniri zeytine tercih ederler.
Bu odayı diğerine tercih ederiz.
Doktor çayı kahveye tercih etti.
Annesi gümüşü altına tercih eder.

et balık= eti balığa
bu elbise diğer = bu elbiseyi diğerine
He prefers meat to fish.
They prefer cheese to olives.
We prefer this room to the other one.
The doctor preferred tea to coffee.
Her mother prefers silver to gold.

GERÇEK / TRUE, TRUTH

The same word **gerçek** functions as both noun (truth) and adjective (true).

Gerçeği biliyorum.
Gerçeği söyle.
Bu gerçek bir öyküdür.

I know the truth.
Tell the truth.
This is a true story.

Words Used in the Reading Passage

emekli   retired
çikolatalı kek   chocolate cake

EMEKLİ BİR KADIN

A RETIRED WOMAN

Nergis Hanım bir ev hanımıdır.
İki yıl önce bir bankada çalışı-
yordu. Şimdi emeklidir. Kocası
da emeklidir, ama o çalışır.

Nergis Hanım is a housewife. She was
working in a bank two years ago.
She is retired now. Her husband is
also retired, but he works.

Nergis Hanımın bir kızı ve bir
oğlu var. Kızı bir doktordur.
Oğlu üniversitededir. Kızı bir
hastanede çalışır. Başarılı bir
doktordur.

Nergis Hanım has got one daughter and
one son. Her daughter is a doctor
Her son is at university. Her
daughter works in a hospital. She is
a successful doctor.

Onlar Bakırköyde yaşarlar. Bakır-
köy çok kalabalık bir yerdir, ama
onların evinin yeri daha sessizdir.
Evin önünde küçük bir bahçe var.

They live in Bakırköy. Bakırköy is
a very crowded place, but the place
of their house is more quiet.
There is a small garden in front of the
house.

Bugün perşembedir. Perşembe günleri
genellikle Nergis Hanımın evine arka-
daşları gelir. Onlar çeşitli konular hak-
kında konuşurlar. Bankadan arkadaşları
da gelir. Eski günleri hatırlarlar.

Today is Thursday. On Thursday, usually
Nergis Hanım's friends come to her
house. They talk about different subjects.
Her friends from the bank also come.
They remember the old days.

Nergis Hanım onlar için çeşitli
yiyecekler hazırlar. Misafirler
çayı kahveye tercih eder.

Nergis Hanım prepares different food
for them. The guests prefer tea to
coffee.

Kızı sabahleyin evden çıkıyorken
çikolatalı kek yapmasını söyledi.
O çikolatalı keki çok sever.

While her daughter was going out of
the house she told her to make a
chocolate cake. She likes chocolate

483

> Oğlu ekşi yiyecekleri tatlı
> yiyeceklere tercih eder.
> Zil çaldı. Misafirler geldi. Onlar
> da çeşitli yiyecekler getirdiler.

cake very much. Her son prefers sour
food to sweet food.
The bell rang. The guests came. They
also brought different food.

Questions and Answers to the Reading Passage

Nergis Hanım emekli midir?
Is Nergis Hanım retired?

Evet, emeklidir.
Yes, she is.

Onun kaç çocuğu var?
How many children has she got?

İki çocuğu var.
She has got two children.

Kızı ne iş yapar?
What is her daughter's job?

Doktordur.
She is a doctor.

Onlar nerede yaşarlar?
Where do they live?

Bakırköyde yaşarlar.
They live in Bakırköy.

Bakırköy kalabalık mıdır?
Is Bakırköy crowded?

Evet, kalabalıktır.
Yes, it is.

Evin önünde ne vardır?
What is there in front of the house?

Küçük bir bahçe vardır.
There is a small garden.

**Perşembe günü Nergis Hanımın
evine kim gelir?**
Who comes to Nergis Hanım's house
on Thursday?

Arkadaşları gelir.
Her friends come.

Onlar ne yaparlar?
What do they do?

Çeşitli konular hakkında konuşurlar.
They talk about different subjects.

Nergis Hanım onlar için ne hazırlar?
What does Nergis Hanım prepare for
them.

Çeşitli yiyecekler hazırlar.
She prepares different food.

Misafirler neyi tercih eder?
What do the guests prefer?

Çayı tercih ederler.
They prefer tea.

Kızı neyi çok sever?
What does her daughter like very
much?

Çukulatalı keki çok sever.
She likes chocolate cake.

Oğlu neyi tercih eder?
What does her son prefer?

Ekşi yiyecekleri tercih eder.
He prefers sour food.

Misafirler yiyecek getirdiler mi?
Did the guests bring food?

Evet, getirdiler.
Yes, they did.

PRACTICE 86

A: Put the words in order and add appropriate suffixes to make sentences.

1. ben / yapın / gibi / soruları 2. çıkıyorken / biz / etti / o / telefon 3. ev / bu / eder / tercih / ona 4. yediler / seyrederek / televizyon / yemek 5. temizleyip / ev / gittiler / sinema 6. evimiz / daha / bizim / sizinkinden / büyüktür 7. yemeden / yemek / önce / almalısın / duş

B: Rewrite as shown. Example : süt çay → Sütü çaya tercih eder.
1. çay kahve 2. et balık 3. mavi elbise kırmızı 4. şarap bira 5. bu bilgisayar diğer 6. uçak otobüs 7. elma muz

C: Rewrite as shown. Example : Evi temizlemek (ben) yardım etti. → Evi temizlememe yardım etti.
1. Pencereleri kapatmak (sen) yardım etti mi? 2. Yemek pişirmek (o) yardım edeceğiz. 3. Ayağa kalkmak (siz) yardım eder. 4. Çantayı taşımak (ben) yardım et. 5. Bulaşıkları yıkamak (biz) yardım ettiler. 6. Taşınmak (onlar) yardım ettik.

D: Rewrite as shown. Example : bizi (beklemek) kadın →bizi bekleyen kadın
1. evde (oturmak) adam 2. (kavga etmek) çocuklar 3. (ağlamak) bebek 4. parayı (biriktirmek) arkadaşım 5. hırsızı (yakalamak) polis 6. (öksürmek) hasta

E: Translate into English.
1. Bu odayı diğerine tercih etti. 2. Kız o şarkıyı buna tercih eder. 3. Saçını onun gibi taradı. 4. Su buz gibi soğuktur. 5. Toplantıya seni çağırdı mı? 6. Saat altıda bir randevumuz var. 7. Evin önünde buluşalım mı?

F: Translate into Turkish.
1. They preferred this small house. 2. The businessman prefers planes to buses. 3. Their house is like a hotel. A lot of people stay. 4. The child runs like his father. 5. She wanted me to help her. 6. He helped us to go upstairs. 7. She called her husband, but he didn't hear.

PRACTICE 86 - ANSWERS

A. 1. Soruları benim gibi yapın. 2. Biz çıkıyorken o telefon etti. 3. Bu evi ona tercih eder. 4. Televizyon seyrederek yemek yediler. 5. Evi temizleyip sinemaya gittiler. 6. Bizim evimiz sizinkinden daha büyüktür. 7. Yemek yemeden önce duş almalısın.
B. 1. Çayı kahveye tercih eder. 2. Eti balığa tercih eder. 3. Mavi elbiseyi kırmızıya tercih eder. 4. Şarabı biraya tercih eder. 5. Bu bilgisayarı diğerine tercih eder. 6. Uçağı otobüse tercih eder. 7. Elmayı muza tercih eder.
C. 1. Pencereleri kapatmana yardım etti mi? 2. Yemek pişirmesine yardım edeceğiz. 3. Ayağa kalkmanıza yardım eder. 4. Çantayı taşımama yardım et. 5. Bulaşıkları yıkamamıza yardım ettiler. 6. Taşınmalarına yardım ettik.
D. 1. evde oturan adam 2. kavga eden çocuklar 3. ağlayan bebek 4. Parayı biriktiren arkadaşım 5. hırsızı yakalayan polis 6. öksüren hasta
E. 1. She preferred this room to the other one. 2. The girl prefers that song to this one. 3. She combed her hair like her. 4. The water is cold like an ice. 5. Did he call you to the meeting? 6. We have got an appointment at six o'clock. 7. Shall we meet in front of the house?
F. 1. Bu küçük evi tercih ettiler. 2. İşadamı uçağı otobüse tercih eder. 3. Evleri otel gibidir. Birçok insan kalır. 4. Çocuk babası gibi koşar. 5. Ona yardım etmemi istedi. 6. Yukarıya çıkmamıza yardım etti. 7. Kocasına seslendi, ama o duymadı.

VOCABULARY

OKUMAK (ÖĞRENİM GÖRMEK) Hangi okulda okur?	TO STUDY Which school does she study at?
MEZUN OLMAK Geçen yıl üniversiteden mezun oldu.	TO GRADUATE She graduated from the university last year.
DÜĞÜN Düğününe beni çağırmadı.	WEDDING CEREMONY She didn't call me to her wedding ceremony.
KOMŞU Komşularımız bugün pikniğe gidiyorlar.	NEIGHBOUR Our neighbours are going for a picnic today.
İMKÂNSIZ Oraya gitmek imkânsızdır.	IMPOSSIBLE It is impossible to go there.
EHLİYET Ehliyetin var mı?	DRIVING LICENCE Have you got a driving licence?
UTANGAÇ Kız kardeşin çok utangaçtır. Bizimle konuşmadı.	SHY Your sister is very shy. She didn't talk to us.
DEĞERLİ Bu yüzük değerli midir?	VALUABLE Is this ring valuable?

OKUMAK

Okumak has two meanings, 'to read' and 'to study.

İlginç bir kitap okuyor. — She is reading an interesting book.
Kitabı okuduktan sonra bana ver. — After you read the book give it to me.

Bu okulda okumak ister. — He wants to study in this school.
Üniversitede okumak istemedi. — She didn't want to study at the university.

MEZUN OLMAK

Mezun olmak (= to graduate) is used with the ablative.

-den mezun olmak
okuldan mezun olmak — graduate from the school

Hangi okuldan mezun oldunuz?
Which school did you graduate from?
Üniversiteden geçen yıl mezun oldu.
She graduated from the university last

İMKÂNSIZ / IMPOSSIBLE

This word can be used in different structures. It can be used after verbs in the infinitive.

yapmak imkânsız	impossible to do
gelmek imkânsız	impossible to come
para biriktirmek imkânsız	impossible to save money
otobüse binmek imkânsız	impossible to get on the bus

Oraya gelmek imkânsız(dır).
It is impossible to come there.

Burada para biriktirmek imkânsız(dır).
It is impossible to save money here.

Otobüse binmek imkânsız. Çok kalabalık.
It is impossible to get on the bus. It is very crowded.

Agency can be indicated by using **imkânsız** after verbs in the structure we saw with **istemek**, **söylemek** and **yardım etmek**.

yapmam imkânsız
impossible for me to do

gelmem imkânsız
impossible for me to come

Bu teklifi kabul etmem imkânsız.
It is impossible for me to accept this offer.

Saat yedide oraya gelmem imkânsız.
It is impossible for me to come there at seven.

Onunla evlenmem imkânsız.
It is impossible for me to marry him.

Otobüse yetişmem imkânsız.
It is impossible for me to catch the bus.

yapman imkânsız
impossible for you to do

gelmen imkânsız
impossible for you to come

Bu yemeği yemen imkânsız.
It is impossible for you to eat this food.

Bugün evi temizlemen imkânsız.
It is impossible for you to clean the house

O dili öğrenmen imkânsız.
It is impossible for you to learn that language.

yapması imkânsız
impossible for him to do

gelmesi imkânsız
impossible for him to come

Burada sigara içmesi imkânsız.
It is impossible for him to smoke here.

Evden ayrılması imkânsız.
It is impossible for him to leave home.

İzin vermesi imkânsız.
It is impossible for her to give permission.

yapmamız imkânsız
impossible for us to do

gelmemiz imkânsız
impossible for us to come

Bugün çalışmamız imkânsız.
It is impossible for us to work today.

İşi bitirmemiz imkânsız.
It is impossible for us to finish the work. questions.

beklemeniz imkânsız
impossible for you to wait

kabul etmeniz imkânsız
impossible for you to accept

Ona yardım etmeniz imkânsız.	It is impossible for you to help her.
İçeriye girmeniz imkânsız.	It is impossible for you to enter.

beklemeleri imkânsız	impossible for them to wait
kabul etmeleri imkânsız	impossible for them to accept

Bizimle gelmeleri imkânsız.	It is impossible for them to come with us.
Onu duymaları imkânsız.	It is impossible for them to hear her.

TERCİH ETMEK (Continued)

We have seen **tercih etmek** (= to prefer) used with nouns. Now, some examples with verbs.

Bu evi o eve tercih ettik.	We preferred this house to that house.
Sinemayı tiyatroya tercih etti.	She preferred cinema to theatre.

Oraya gitmeyi burada kalmaya tercih ederler.	They prefer going there to staying here.
Uyumayı film seyretmeye tercih ettik.	We preferred sleeping to watching the film.
Gitmeyi beklemeye tercih etti.	He preferred going to waiting.
Telefon etmeyi mektup yazmaya tercih ettim.	I preferred telephoning to writing the letter.

-ar/-er ...... -maz/-mez

The English expression 'as soon as' is made in Turkish by repeating the verb, to the first adding the suffix **-ar/-er, -ır/-ir/-ur/-ür**, and to the second adding **-maz/-mez**. (The first is a positive form and the second negative).

yapmak	görmek
yapar yapmaz	görür görmez

gelmek	bitirmek
gelir gelmez	bitirir bitirmez

oturmak	çağırmak
oturur oturmaz	çağırır çağırmaz

o onu görür görmez	as soon as he sees her
sen o mektubu yazar yazmaz	as soon as you write that letter
biz evden çıkar çıkmaz	as soon as we leave home
onlar uyanır uyanmaz	as soon as they wake up
o parayı alır almaz	as soon as she takes the money

Onu görür görmez kaçtı.	As soon as he saw her he escaped.
Duş alır almaz yatacağım.	I'll go to bed as soon as I have a shower.
Biz evden çıkar çıkmaz o geldi.	As soon as we went out of the house he came.
Uyanır uyanmaz bir bardak çay içerler.	They drink a glass of tea as soon as they wake up.
Parayı alır almaz alışverişe çıktı.	As soon as she took the money she went for shopping.
Mektubu yazar yazmaz gönderdi.	As soon as he wrote the letter he sent it.

488

Kitabı okur okumaz bana ver.   As soon as you read the book, give me.

DIALOGUE

Ayşe : Bir bardak çay içeceğim. Sen ister misin?
Sema : İstemem. Evde hiç kahve var mı?

Ayşe : Evet, var. Sana kahve yapayım mı? Ben şimdi istemiyorum. Çayı kahveye tercih ederim.
Sema : Süt var mı? Sütlü kahve severim.

Ayşe : Yok, ama alabilirim.
Sema : Yoksa alma. Sütsüz içebilirim.

Ayşe : Arkadaşıma telefon eder etmez markete gideceğim.
Sema : Seninle geleyim mi?
Ayşe : Gelme. Kendim giderim.
Sema : Tamam. Ben filmi seyredeceğim.

I'll drink a glass of tea. Would you like?
No, thanks. Have we got any coffee at home?
Yes, we have. Shall I make you coffee?
I don't want it now. I prefer tea to coffee.

Have we got any milk? I like coffee with milk.
No, we haven't, but I can buy.
If we haven't got any milk, don't buy. I can drink it without milk.
I'll go to the supermarket as soon as I telephone my friend.
Shall I come with you?
Don't come. I'll go myself.
Okay. I'll watch the film.

PRACTICE 87

A: Rewrite as shown. Example : Orada oturmak imkânsız. (ben) → Orada oturmam imkânsız.
1. Kapının önünde beklemek imkânsız. (sen) 2. İşi yarına kadar bitirmek imkânsız. (o) 3. Kapıyı açmak imkânsız. (siz) 4. Bu otelde kalmak imkânsız. (biz) 5. Size fotoğrafları göstermek imkânsız. (ben) 6. Olayı bize anlatmak imkânsız. (onlar)

B: Rewrite as shown. Example : gitmek beklemek → Gitmeyi beklemeye tercih ederim.
1. televizyon seyretmek sinemaya gitmek 2. ayakta durmak oturmak 3. kitap okumak müzik dinlemek 4. bulaşık yıkamak ütü yapmak 5. evde kalmak otelde kalmak 6. çalışmak evde oturmak

C: Rewrite as shown. Example : Biz evden (çıkmak) o geldi. → Biz evden çıkar çıkmaz o geldi.
1. (Uyanmak) telefon çaldı. 2. Sekreter ofise (gelmek) mektupları yazdı. 3. Yatağa (yatmak) uyudum. 4. Eve (gelmek) bana söyle. 5. Durağa (varmak) otobüs geldi. 6. Adam parayı (biriktirmek) araba aldı. 7. Aşağı (inmek) masayı hazırla.

D: Rewrite as shown. Example : Soruları (ben) yaptım. → Soruları kendi kendime yaptım.
1. Oraya (sen) git. 2. Yemeği (o) yiyor. 3. (biz) durakta bekliyoruz. 4. Masayı (siz) hazırlayabilirsiniz. 5. Lokantaya (onlar) gidiyorlar. 6. O evde (ben) oturuyorum.

E: Translate into English. 1. Burada beklemek imkânsızdır. 2. Sabah kalkar kalkmaz bir fincan kahve içerim. 3. Odaya girer girmez bizi gördü. 4. Ehliyeti yok. Arabayı süremez. 5. Bu okulda okumak ister. 6. 1981 de mezun oldu.

F: Translate into Turkish.
1. It was impossible to stay at that hotel. 2. I prefer orange to banana. 3. As soon as she arrived at the bus-stop the bus came. 4. As soon as I graduated from the university I found a good job. 5. She has got a shy daughter. She doesn't come with us. 6. Did you go to her wedding ceremony?

PRACTICE 87 - ANSWERS

A. 1. **Kapının önünde beklemen imkânsız.** 2. **İşi yarına kadar bitirmesi imkânsız.** 3. **Kapıyı açmanız imkânsız.** 4. **Bu otelde kalmamız imkânsız.** 5. **Size fotoğrafları göstermem imkânsız.** 6. **Olayı bize anlatmaları imkânsız.**

B. 1. **Televizyon seyretmeyi sinemaya gitmeye tercih ederim.** 2. **Ayakta durmayı oturmaya tercih ederim.** 3. **Kitap okumayı müzik dinlemeye tercih ederim.** 4. **Bulaşık yıkamayı ütü yapmaya tercih ederim.** 5. **Evde kalmayı otelde kalmaya tercih ederim.** 6. **Çalışmayı evde oturmaya tercih ederim.**

C. 1. **Uyanır uyanmaz telefon çaldı.** 2. **Sekreter ofise gelir gelmez mektupları yazdı.** 3. **Yatağa yatar yatmaz uyudum.** 4. **Eve gelir gelmez bana söyle.** 5. **Durağa varır varmaz otobüs geldi.** 6. **Adam parayı biriktirir biriktirmez araba aldı.** 7. **Aşağı iner inmez masayı hazırla.**

D. 1. **Oraya kendi kendine git.** 2. **Yemeği kendi kendine yiyor.** 3. **Kendi kendimize durakta bekliyoruz.** 4. **Masayı kendi kendinize hazırlayabilirsiniz.** 5. **Lokantaya kendi kendilerine gidiyorlar.** 6. **O evde kendi kendime oturuyorum.**

E. 1. It is impossible to wait here. 2. I have a cup of coffee as soon as I get up in the morning. 3. He saw us as soon as he entered the room. 4. She hasn't got a driving licence. She can't drive the car. 5. She wants to study in this school. 6. He graduated in nineteen eighty one.

F. 1. **O otelde kalmak imkânsızdı.** 2. **Portakalı muza tercih ederim.** 3. **Otobüs durağına varır varmaz otobüs geldi.** 4. **Üniversiteden mezun olur olmaz iyi bir iş buldum.** 5. **Utangaç bir kızı var. Bizimle gelmez.** 6. **Onun düğününe gittin mi?**

VOCABULARY

REKLAM
Yeni mallar için reklam çok önemlidir.

ADVERTISEMENT
Advertisement is very important for new goods.

SÜRPRİZ
Bir sürpriz yaptı. Telefon etmeden bize geldi.

SURPRISE
He made a surprise. He came to us without phoning.

VİDEO
Videosunu sattı.

VIDEO PLAYER
He sold his video player.

KASET
Bu şarkıcının kasetini almak ister.

CASSETTE
She wants to buy this singer's cassette.

PLAK
O plakları dinledin mi?

RECORD
Did you listen to those records?

BENZEMEK
Kızım babasına benzer.

LOOK LIKE
My daughter looks like her father.

YUVARLAK
Halının üstünde yuvarlak bir şey var.

ROUND
There is a round thing on the carpet.

SARAY
Saray gibi bir evde yaşarlar.

PALACE
They live in a house like a palace.

THE PAST PERFECT TENSE - MİŞLİ GEÇMİŞ ZAMAN

This tense is also known as **Uzak Geçmiş Zaman** (The Distant Past). Let us first look at its structure with the person endings.

To the verb root is added **-mıştı, -mişti, -muştu, -müştü** and then the personal suffix.

gel
Gelmiştim.

to come
I had come.

sat
Satmıştım.

to sell
I had sold.

gül
Gülmüştüm.

to laugh
I had laughed.

bul

to find

491

Bulmuştum.	I had found.
Telefon etmiştim.	I had telephoned.
Geçen yıl orada çalışmıştım.	I had worked there last year.
Sorulara cevap vermiştim.	I had answered the questions.
Radyoyu tamir etmiştim.	I had repaired the radio.
git	to go
Gitmiştin.	You had gone.
sat	to sell
Satmıştın.	You had sold.
ye	to eat
Yemiştin.	You had eaten.
Geçen yıl orada çalışmıştın.	You had worked there last year.
Erken kalkmıştın.	You had got up early.
Mektubu göndermiştin.	You had sent the letter.
Sorulara cevap vermiştin.	You had answered the questions.
gel	to come
Gelmişti.	She had come.
gül	to laugh
gülmüştü.	He had laughed.
bul	to find
Bulmuştu.	She had found.
Telefon etmişti.	She had telephoned.
Geçen yıl orada çalışmıştı.	She had worked there last year.
Sorulara cevap vermişti.	She had answered the questions.
Gözlüğünü bulmuştu.	He had found his glasses.
git	to go
Gitmiştik.	We had gone.
sat	to sell
Satmıştık.	We had sold.
gül	to laugh
Gülmüştük.	We had laughed.
Erken kalkmıştık.	We had got up early.
Mektubu göndermiştik.	We had sent the letter.
Sorulara cevap vermiştik.	We had answered the questions.
Sinemanın önünde buluşmuştuk.	We had met in front of the cinema.
gel	to come
Gelmiştiniz.	You had come.
sat	to sell
Satmıştınız.	You had sold.
gül	to laugh

Gülmüştünüz.	You had laughed.
Geçen yıl orada çalışmıştınız.	You had worked there last year.
Fotoğrafları göstermiştiniz.	You had showed the photographs.
Ondan parayı almıştınız.	You had taken the money from him.
Sinemanın önünde buluşmuştunuz.	You had met in front of the cinema.
gel	to come
Gelmiş(ler)di.	They had come.
sat	to sell
Satmış(lar)dı.	They had sold.
bul	to find
Bulmuş(lar)dı.	They had found.
Derslerini bitirmişlerdi.	They had finished their lessons.
Sorulara cevap vermişlerdi.	They had answered the questions.
O otobüse binmişlerdi.	They had got on that bus.

Words Used in the Reading Passage

cami	mosque
Kapalıçarşı	Grand Bazaar
mücevher	jewellery
kuyumcu	jeweler

TUR / TOUR

Adnan bir turist rehberidir. İngilizce ve Japonca bilir. Başarılı bir rehberdir. İyi konuşur. Turistler onu sever. Yazın İngiliz turistler, kışın Japon turistler gelir.

Adnan is a tourist-guide. He knows English and Japanese. He is a successful guide. He speaks well. Tourist like him. In the summer English tourists and in the winter Japanese tourists come.

O gün Japon turistlerle birliktedir. Havaalanından otobüsle otele geldiler. Orada kahvaltı ettiler. Odalarında dinlendiler ve duş aldılar.

He is together with Japanese tourists. They came to the hotel by bus from the airport. They had breakfast there, they rested in their house and they had a shower.

Öğleden sonra Topkayı Sarayı, Sultanahmet Camii ve Ayasofya Müzesine gittiler.

They went to Topkapı Palace, Sultanahmet Mosque and Haghia Sophia Museum afternoon.

Turistlerden bazıları alışverişe gitmek istedi. Adnan onları Kapalıçarşıya götürdü. Burası çok eski ve büyük bir çarşıdır. Birçok turist Kapalıçarşıya gelir. Orada çeşitli mallar vardır.

Some of the tourists wanted to go shopping. Adnan took them to Grand Bazaar. This place is very old an big bazaar. A lot of tourist come to Grand Bazaar. There are different goods there.

Turistler halılara baktılar. Onlardan biri küçük bir halı aldı. Mücevherlere

The tourists looked at the carpets. One of them bought a small carpet.

de baktılar. Bir yüzük, bir bilezik ve bir kolye aldılar.	They also looked at jewellery. They bought a ring, a bracelet and a necklace.
Çarşıdan sonra otele döndüler ve akşam yemeği yediler. Çok yorgundular, bu yüzden erken yattılar.	After the bazaar they came back to the hotel and they had dinner. They were very tired, so they went to bed early.

Questions and Answers to the Reading Passage

Adnan ne iş yapar?
What is Adnan's job?

Turist rehberidir.
He is a tourist guide.

Hangi dilleri bilir?
Which languages does he know?

İngilizce ve Japonca bilir.
He knows English and Japanese.

İyi konuşur mu?
Does he speak well?

Evet, konuşur.
Yes, he does.

Japon turistler ne zaman gelir?
When do Japanese tourists come?

Kışın gelirler.
They come in the winter.

Turistler otele nasıl geldiler?
How did the tourists come to the hotel?

Otobüsle geldiler.
They came by bus.

Otelde kahvaltı ettiler mi?
Did they have breakfast in the hotel?

Evet, ettiler.
Yes, they did.

Nerede dinlendiler?
Where did they rest?

Odalarında dinlendiler.
They rested in their rooms.

Öğleden sonra nereye gittiler?
Where did they go afternoon?

Topkapı Sarayı, Sultanahmet Camii, Ayasofya Müzesine gittiler.
They went to Topkapı Palace, Sultanahmet Mosque, Haghia Sophia Museum.

Turistler alışveriş için nereye gittiler?
Where did the tourists go for shopping?

Kapalıçarşıya gittiler.
They went to Grand Bazaar.

Hiç halı aldılar mı?
Did they buy any carpet?

Evet, aldılar.
Yes, they did.

Kuyumcudan neler aldılar?
What did they buy from the jeweler?

Bir yüzük, bir bilezik ve bir kolye aldılar.
They bought a ring, a bracelet and a necklace.

Çarşıdan sonra nereye gittiler?
Where did they go after the bazaar?

Otele gittiler.
They went to the hotel.

Niçin erken yattılar?
Why did they go to bed early?

Çünkü çok yorgundular.
Because they were very tired.

PRACTICE 88

494

A: Put into the past perfect tense.
1. Bu okuldan mezun oldum. 2. Saray gibi bir evde yaşıyorsun. 3. Faturaları imzaladı. 4. Çok para biriktirdik. 5. Her akşam bahçede oturursunuz. 6. İki yıl önce evlendiler. 7. Dün sabah ofiste kavga ettim. 8. Teklifi kabul edeceğiz.

B: Put into the tense given.
1. Oğlu babasına benzedi. (Present Simple) 2. Onlara seslendi. (Future Tense) 3. Yüzüğü bileziğe tercih ettiler. (Past Perfect) 4. Yarın bu lokantada buluşacağız. (Present Progressive) 5. Banyoda dişlerini fırçalar. (Simple Past) 6. Masadaki fotoğraflara baktınız. (Past Continuous) 7. İşimi çabuk bitireceğim. (Past Perfect)

C: Rewrite as shown.
Example : Eve (girmek) telefon çaldı. → Eve girer girmez telefon çaldı.
1. Duş (almak) yattım. 2. Pazara (varmak) arkadaşını gördü. 3. Eve (gitmek) yemek yapacağız. 4. Salona (girmek) müdürü gördük. 5. Adam pencereden (düşmek) öldü. 6. Masayı (hazırlamak) misafirler geldi.

D: Rewrite as shown.
Example : Oraya gitmek imkânsız. (ben) → Oraya gitmem imkânsız.
1. Bu soruları yapmak imkânsız. (sen) 2. Bu yıl mezun olmak imkânsız. (o) 3. Onu toplantıya çağırmak imkânsız. (biz) 4. Burada buluşmak imkânsız. (siz) 5. Evde sigara içmek imkânsız. (onlar) 6. Saat beşe kadar işi bitirmek imkânsız. (ben)

E: Translate into English.
1. Bu adam amcama benzer. 2. Televizyonda ilginç bir reklam var. 3. O adamı evin önünde görmüştük. 4. Bu şarkıyı orada dinlemiştik. 5. Evi satar satmaz parayı bankaya getireceğiz. 6. İstanbulda birçok eski cami vardır.

F: Translate into Turkish.
1. They made a surprise for her birthday. 2. We had worked there two years ago. 3. There was a round thing in her hand. 4. As soon as I opened the door I saw her. 5. They had helped us yesterday. 6. As soon as the man went to bed he slept.

PRACTICE 88 - ANSWERS

A. 1. Bu okuldan mezun olmuştum. 2. Saray gibi bir evde yaşamıştın. 3. Faturaları İmzalamıştı. 4. Çok para biriktirmiştik. 5. Her akşam bahçede oturmuştunuz. 6. İki yıl önce evlenmişlerdi. 7. Dün sabah ofiste kavga etmiştim. 8. Teklifi kabul etmiştik.
B. 1. Oğlu babasına benzer. 2. Onlara seslenecek. 3. Yüzüğü bileziğe tercih etmişlerdi. 4. Yarın bu lokantada buluşuyoruz. 5. Banyoda dişlerini fırçaladı. 6. Masadaki fotoğraflara bakıyordunuz. 7. İşimi çabuk bitirmiştim.
C. 1. Duş alır almaz yattım. 2. Pazara varır varmaz arkadaşını gördü. 3. Eve gider gitmez yemek yapacağız. 4. Salona girer girmez müdürü gördük. 5. Adam pencereden düşer düşmez öldü. 6. Masayı hazırlar hazırlamaz misafirler geldi.
D. 1. Bu soruları yapman imkânsız. 2. Bu yıl mezun olması imkânsız. 3. Onu toplantıya çağırmamız imkânsız. 4. Burada buluşmanız imkânsız. 5. Evde sigara içmeleri imkânsız. 6. Saat beşe kadar işi bitirmem imkânsız.
E. 1. This man looks like my uncle. 2. There is an interesting advertisement on TV. 3. We had seen that man in front of the house. 4. We had listened to this song there. 5. We'll bring the money to the bank as soon as we sell the house. 6. There are a lot of old mosques in Istanbul.
F. 1. Onun doğum günü günü için bir sürpriz yaptılar. 2. İki yıl önce orada çalışmıştık. 3. Elinde yuvarlak bir şey vardı. 4. Kapıyı açtığım zaman onu gördüm. 5. Dün bize yardım etmişlerdi. 6. Adam yatar yatmaz uyudu.

VOCABULARY

KRAL Dün bir kral Ayasofya Müzesini ziyaret etti.	KING Yesterday, a king visited Haghia Sophia Museum.
KRALİÇE Annesi bir kraliçe gibi oturuyor.	QUEEN Her mother is sitting like a queen.
YETERLİ Bu kitaplar bizim için yeterlidir.	ENOUGH These books are enough for us.
KURU Babana kuru bir gömlek ver.	DRY Give a dry shirt to your father.
ISLAK Bu sandalye ıslaktır. Oturma.	WET This chair is wet. Don't sit.
AŞIK OLMAK Sekreter patronuna âşık oldu.	TO FALL IN LOVE (WITH) The secretary fell in love with her boss.
SÖZ Onun sözlerini hatırlamadık.	WORD, STATEMENT We didn't remember her words.

PAST PERFECT TENSE - Continued

In the last lesson we saw the past perfect in the positive. In this lesson we will look at question and negative forms.

İşi bitirmiştim.	I had finished the work.
Öyküyü bize anlatmıştın.	You had told us the story.
Bu elbiseyi o mağazadan almışlardı.	They had bought that dress from that store.
Kadın iki yıl önce buraya gelmişti.	The woman had come here two years ago.
Onu sizin evinizde görmüştüm.	I had seen him in your house.
Arkadaşının kız kardeşine aşık olmuştu.	He had fallen in law with his friend's sister.
Biz gelmeden önce onlar evden çıkmış(lar)dı.	Before we came they had gone out of the house.
Telefon çalmadan önce o yatmıştı.	Before the telephone rang he had gone to bed.
Evi satmadan önce babama sormuştuk.	Before we sold the house we had asked my father.
Eve vardığımız zaman onlar gitmişti.	When we arrived at home they had gone.
Otobüsten indiği zaman çantasını unutmuştu.	When she got off the bus she had forgotten her bag.

Question Form

Gelmiştim.	I had come.
Gelmiş miydim?	Had I come?
Bulmuştum.	I had found.
Bulmuş muydum?	Had I found?
Telefon etmiş miydim?	Had I telephoned?
Erken kalkmış mıydım?	Had I got up early?
Caddede sizi görmüş müydüm?	Had I seen you in the street?
Satmıştın.	You had sold.
Satmış mıydın?	Had you sold?
Gülmüştün.	You had laughed.
Gülmüş müydün?	Had you laughed?
Fotoğrafları göstermiş miydin?	Had you showed the photographs?
O otobüse binmiş miydin?	Had you got on that bus?
Derslerini bitirmiş miydin?	Had you finished your lessons?
Satmıştı.	He had sold.
Satmış mıydı?	Had he sold?
Bulmuştu.	She had found.
Bulmuş muydu?	Had she found?
Geçen yıl orada çalışmış mıydı?	Had she telephoned?
O reklamı görmüş müydü?	Had she seen that advertisement?
O otobüse binmiş miydi?	Had she got on that bus?
Gelmiştik.	We had come.
Gelmiş miydik?	Had we come?
Gülmüştük.	We had laughed.
Gülmüş müydük?	Had we laughed?
Telefon etmiş miydik?	Had we telephoned?
Ondan parayı almış mıydık?	Had we taken the money from him?
Mektubu göndermiş miydik?	Had we sent the letter?
Gelmiştiniz.	You had come.
Gelmiş miydiniz?	Had you come?
Satmıştınız.	You had sold.
Satmış mıydınız?	Had you sold?
Sorulara cevap vermiş miydiniz?	Had you answered the questions?
Ondan parayı almış mıydınız?	Had you taken the money from him?
Fotoğrafları göstermiş miydiniz?	Had you showed the photographs?
Bulmuşlardı.	They had found.

Bulmuşlar mıydı?	Had they found?
Gülmüşlerdi.	They had laughed.
Gülmüşler miydi?	Had they laughed?
Geçen yıl orada çalışmışlar mıydı?	Had they worked there last year?
Derslerini bitirmişler miydi?	Had they finished their lessons?
Caddede sizi görmüşler miydi?	Had they saw you in the street?
Onu sizin evinizde görmüş müydüm?	Had I seen him in your house?
Öğretmen soruları yanıtlamış mıydı?	Had the teacher answered the questions?
Adam o yüzüğü karısı için almak istemiş miydi?	Had the man wanted to buy that ring for his wife?
Biz gelmeden önce onlar evden çıkmış(lar) mıydı?	Had they gone out of the house before we came?
Film başlamadan önce uyumuş muydu?	Had she slept before the film began?
Okuldan mezun olmadan önce iyi bir iş bulmuş muydun?	Had you found a good job when you graduated from the school?
Ona seslendiğiniz zaman sizi duymuş muydu?	Had he had heard you when you called him?

Negative Form

Gelmiştim.	I had come.
Gelmemiştim.	I hadn't come.
Bulmuştum.	I had found.
Bulmamıştım.	I hadn't found.
Telefon etmemiştim.	I hadn't telephoned.
Erken kalkmamıştım.	I hadn't got up early.
Islak çorapları giymemiştim.	I hadn't put on the wet socks.
Satmıştın.	You had sold.
Satmamıştın.	You hadn't sold.
Bulmuştun.	You had found.
Bulmamıştın.	You hadn't found.
Erken kalkmamıştın.	You hadn't got up early.
Fotoğrafları göstermemiştin.	You hadn't show the photographs.
Caddede bizi görmemiştin.	You hadn't seen us in the street.
Bulmuştu.	She had found.
Bulmamıştı.	She hadn't found.
O reklamı görmemişti.	He hadn't seen that advertisement.
Ondan parayı almamıştı.	She hadn't taken the money from him.
Mektubu göndermemişti.	He hadn't sent the letter.
Gelmiştik.	We had come.
Gelmemiştik.	We hadn't come.
Gülmüştük.	We had laughed.

Gülmemiştik.	We hadn't laughed.
Sorulara cevap vermemiştik.	We hadn't answered the questions.
Derslerimizi bitirmemiştik.	We hadn't finished our lessons.
Caddede sizi görmemiştik.	We hadn't seen you in the street.
Gelmiştiniz.	You had come.
Gelmemiştiniz.	You hadn't come.
Satmıştınız.	You had sold.
Satmamıştınız.	You hadn't sold.
Geçen yıl orada çalışmamıştınız.	You hadn't worked there last year.
Radyoyu tamir etmemiştiniz.	You hadn't repaired the radio.
Gözlüğünüzü bulmamıştınız.	You hadn't found your glasses.
Gelmişlerdi.	They had come.
Gelmemişlerdi.	They hadn't come.
Satmışlardı.	They had sold.
Satmamışlardı.	They hadn't sold.
Erken kalkmamışlardı.	They hadn't got up early.
Mektubu göndermemişlerdi.	They hadn't sent the letter.
Evi temizlememişlerdi.	They hadn't cleaned the house.
Kız kardeşim o filmi seyretmemişti.	My sister hadn't watched that film.
Adam o yüzüğü karısı için almak istememişti.	The man hadn't wanted to buy that ring for his wife.
Biz gelmeden önce o evden çıkmamıştı.	Before we came they hadn't left home.
Yatmadan önce dişlerini fırçalamamıştım.	I hadn't brushed his teeth before he went to bed.
Otobüsten indiği zaman çantasını unutmamıştı.	When she got off the bus she hadn't forgotten her bag.

PRACTICE 89

A: Put into the past pefect tense.
1. İçeri girdiğimiz zaman gazete okuyordu. 2. Karısına bir bulaşık makinesi almak istedi. 3. Onlar tuvalete girdiğl zaman dışarıda bekleriz. 4. Bir şişe kırmızı şarap ısmarlıyorlar. 5. Ondan borç aldınız. 6. Öğrenciler sözcükleri tekrarlayacaklar.

B: Change to negative form.
1. İki yıl önce buraya gelmişti. 2. Bu kitabı o kltapçıda bulmuştuk. 3. Karısını lokantada görmüşlerdi. 4. On yıl önce o okuldan mezun olmuştum. 5. Paranızı kaybetmiştiniz. 6. Onun teklifini kabul etmiştin.

C: Change to question form.
1. Çok para biriktirmişlerdi. 2. Müdür mektupları imzalamıştı. 3. Odaya girip onu uyandırmıştın. 4. Bira içerek filmi izlemiştik. 5. Oraya erken varmıştınız. 6. Onunla hastanede karşılaşmıştım.

D: Rewrite as shown. Example : Eve (gelmek) yattı. → Eve gelir gelmez yattı.

1. Oraya (varmak) bana telefon et. 2. Fransaya (gitmek) mektup yazdı. 3. Onu (öğrenmek) bana öğretecek. 4. Mezun (olmak) çalışacak. 5. Çantayı (bulmak) polis geldi. 6. Arabayı (satmak) buradan gidecek.

E: Translate into English.
1. **Bu para sizin için yeterli midir?** 2. **Yer ıslaktı.** 3. **Kuru bir etek istiyorum.** 4. **Dün sabah geç kalmıştık.** 5. **Sandalyeye oturmadan önce onu temizlemişti.** 6. **Bizi beklememişlerdi.** 7. **Onun adresini öğrenmiş miydiniz?**

F: Translate into Turkish.
1. Her words aren't right. 2. He had fallen in love with his boss' daughter. 3. They sat on the wet grass. 4. Before we got on the train our friends had called. 5. Had you taken her to the hospital? 6. Before the man went out of the house he hadn't shaved. 7. Have we got enough wine for the party?

PRACTICE 89 - ANSWERS

A. 1. İçeri girdiğimiz zaman gazete okumuştu. 2. Karısına bir bulaşık makinesi almak istemişti. 3. Onlar tuvalete girdiği zaman dışarıda beklemiştik. 4. Bir şişe kırmızı şarap ısmarlamışlardı. 5. Ondan borç almıştınız. 6. Öğrenciler sözcükleri tekrarlamışlardı.
B. 1. İki yıl önce buraya gelmemişti. 2. Bu kitabı o kitapçıda bulmamıştık. 3. Karısını lokantada görmemişlerdi. 4. On yıl önce o okuldan mezun olmamıştım. 5. Paranızı kaybetmemiştiniz. 6. Onun teklifini kabul etmemiştin.
C. 1. Çok para biriktirmişler miydi? 2. Müdür mektupları imzalamış mıydı? 3. Odaya girip onu uyandırmış mıydın? 4. Bira içerek filmi izlemiş miydik? 5. Oraya erken varmış mıydınız? 6. Onunla hastanede karşılaşmış mıydım?
D. 1. **Oraya varır varmaz bana telefon et. 2. Fransaya gider gitmez mektup yazdı. 3. Onu öğrenir öğrenmez bana öğretecek. 4. Mezun olur olmaz çalışacak. 5. Çantayı bulur bulmaz polis geldi. 6. Arabayı satar satmaz buradan gidecek.**
E. 1. Is this money enough for you? 2. The floor was wet. 3. I want a dry skirt. 4. We had been late yesterday morning. 5. Before she sat on the chair she had cleaned it. 6. They hadn't waited for us. 7. Hadn't you learned her address?
F. 1. **Sözleri doğru değildir. 2. Patronunun kızına aşık olmuştu. 3. Islak çimenin üstüne oturdular. 4. Biz trene binmeden önce arkadaşlarımız seslenmişti. 5. Onu hastaneye götürmüş müydünüz/müydün? 6. Adam evden çıkmadan önce tıraş olmuştu. 7. Parti için yeterli şarabımız var mı?**

VERB TENSES

In this lesson we will gather all the verb tenses introduced so far to review their structure.

PRESENT CONTINUOUS

Positive Form

Sekreter şimdi bir mektup yazıyor.	The secretary is writing a letter now.
Bavulları taşıyorlar.	They are carrying the suitcases.
Arabanın arkasında bekliyorum.	I am waiting behind the car.

Negative Form

O adama bakmıyorum.	I am not looking at that man.
Sözcükleri tekrarlamıyorlar.	They aren't repeating the words.
Cümleleri tercüme etmiyorsun.	You aren't translating the sentences.

Question Form

Baban tıraş oluyor mu?	Is your father shaving?
Elbiseyi dikiyor musunuz?	Are you sewing the dress?
Mektubu imzalıyor muyuz?	Are we signing the letter?

PRESENT SIMPLE

Positive Form

Her sabah bu durakta bekler.	She waits at this stop every morning.
Akşam yemeğini balkonda yeriz.	We eat dinner on the balcony.
Bize biraz para verirsin.	You give us some money.

Negative Form

Annesine benzemez.	He doesn't look like his mother.
Seninle orada buluşmam.	I don't meet you there.
Birayı şaraba tercih etmezsiniz.	You don't prefer beer to wine.

Question Form

Her sabah yüzer misin?	Do you swim every morning?
Annesi İngilizce öğretir mi?	Does her mother teach English?
Sütçü her pazartesi gelir mi?	Does the milkman come every Monday?

PAST SIMPLE

Positive Form

Geçen yıl Londraya gittik.	We went to London last year.
Dün sabah altıda kalktım.	I got up at six o'clock yesterday morning?
Babam odasında gazete okudu.	My father read the newspaper in his

Negative Form

Dün ders çalışmadık.	We didn't study yesterday.
Geçen ay bu evi satın almadılar.	They didn't buy this house last month.
Kadın arkadaşıyla yüzmedi.	The woman didn't swim with her friend.

Question Form

Oraya erken vardınız mı?	Did you arrive there early?
Onun teklifini kabul ettin mi?	Did you accept her offer?
Sizi takip ettiler mi?	Did they follow you?

FUTURE

Positive Form

Çocuk için bisiklet alacak.	She'll buy a bicycle for the child.
Oraya uçakla gideceksiniz.	You'll go there by plane.
Bu mektupları imzalayacaksın.	You'll sign these letters.

Negative Form

Bülent Bey otobüsle dönmeyecek.	Bülent Bey won't return by bus.
İşçiler burada çalışmayacaklar.	The workers won't work here.
Şemsiyesini almayacak.	She won't take her umbrella.

Question Form

Sizin için bir şey pişirecek mi?	Will she cook anything for you?
Onunla evlenecek misin?	Will you marry him?
Elbisemi dikecek misiniz?	Will you sew my dress?

PAST CONTINUOUS

Positive Form

Sekreter işadamı için mektuplar yazıyordu.	The secretary was writing the letters for the businessman.
Dün orada yağmur yağıyordu.	It was raining there yesterday.
Geçen yıl Türkçe öğretiyorduk.	We were teaching Turkish last year.

Negative Form

İki yıl önce burada oturmuyorlardı.	They weren't sitting here two years ago.
Onu beklemiyorduk.	We weren't waiting for him.

Her gün bir mektup yazmıyordun.

You weren't writing a letter every day.

Question Form

Her sabah süt içiyor muydun?
Size bakıyorlar mıydı?
Onu ofise götürüyor muyduk?

Were you drinking milk every morning?
Were they looking at you?
Were we taking her to the office?

PAST PERFECT

Positive Form

İki yıl önce buraya gelmiştim.
Bu haberi ona söylemiştin.
Siz kapıyı açmadan önce biz zili
çalmıştık.

I had come here two years ago.
You had told this news to him.
We had rung the bell before you opened
the door.

Negative Form

Bu olayı bize anlatmamıştın.
Cümleleri tercüme etmemişlerdi.
Pencereleri kapatmamıştınız.

You hadn't told this event to us.
They hadn't translated the sentences.
You hadn't closed the windows.

Question Form

Hasta dün gece öksürmüş müydü?
Parayı bankadan almış mıydık?
Bizim yanımızda oturmuş muydu?

Had the patient coughed last night?
Had we taken the money from the bank?
Had he sat near us?

TO BE - Present

Positive Form

Bugün evdeyim.
Şimdi bahçedeyiz.
Annesi çok gençtir.

I am at home today.
We are in the garden now.
Her mother is very young.

Negative Form

Kadın güzel değildir.
Kocası bir dişçi değildir.
Yarın evde değiliz.

The woman isn't beautiful.
Her husband isn't a dentist.
We aren't at home tomorrow.

Question Form

Oğlu tembel midir?
Bu yol tehlikeli midir?
Üzgün müsün?

Is her son lazy?
Is this road dangerous?
Are you sad?

OLMAK - Past

Positive Form

Hastaydım.	I was ill.
İki yıl önce bir öğretmendi.	He was a teacher two years ago.
Uzun boyluydular.	They were tall.

Negative Form

Evleri eski değildi.	Their house wasn't old.
Şanslı değildiniz.	You weren't lucky.
Bu yol tehlikeli değildi.	This road wasn't dangerous.

Question Form

Dün akşam evde miydiniz?	Were you at home last evening?
Otobüs kalabalık mıydı?	Was the bus crowded?
Hırsız mıydılar?	Were they thief?

-EBİLMEK

Positive Form

Oraya gidebilirsin.	You can go there.
Annem bugün gelebilir.	My mother can come today.
Bu odada bekleyebiliriz.	We can wait in this room.

Negative Form

Bu bavulları taşıyamam.	I can't carry these suitcases.
Bu odadan telefon edemeyiz.	We can't telephone from this room.
Kapıyı açamazlar.	They can't open the door.

Question Form

Polis hırsızı yakalayabilir mi?	Can the policeman catch the thief?
Masayı hazırlayabilir misin?	Can you prepare the table?
Faturayı ödeyebilirler mi?	Can they pay the bill?

-MELİ, -MALI

Positive Form

Onun adını hatırlamalısın.	You must remember her name.
Çocuklar burada oynamalılar.	The children must play here.
Kapıyı açmalıyız.	We must open the door.

Negative Form

Bu havuzda yüzmemeliyiz.	We mustn't swim in this pool.
Hasta bu çorbayı içmemeli.	The patient mustn't drink this soup.
Orada oturmamalılar.	They mustn't sit there.

Question Form

Bu evden taşınmalı mıyız?	Must we move from this house?

Faturayı ödemeli misiniz?
Tıraş olmalı mı?

Must you pay the bill?
Must he shave?

PRACTICE 90

A: Change into present simple.
1. Ödevini bitiriyordu. 2. Onun hakkında konuştuk. 3. Adresini hatırlamadılar. 4. İşe başlıyor mu? 5. Piyano çalacaksınız. 6. Elbisemi değiştireceğim. 7. Bize sebze getiriyor mu?

B: Change into past perfect.
1. Film başlıyordu. 2. Soruları bildim. 3. Doğum günü için bir hediye alıyor. 4. Otobüs orada durdu. 5. Onu düğünümüze çağıracağız. 6. Onunla oturmayı tercih etti mi? 7. Orada duş almazsınız.

C: Change into past continuous.
1. Doktorun sözlerini dinlemiştik. 2. Yemek yaptığı zaman o oturmuştu. 3. Onun için bir hediye almayacağım. 4. Hasta biraz tavuk yiyor. 5. O koltukta oturmazsın. 6. Ressam o resmi yaptı mı? 7. Hastanenin önünde bizi bekleyeceksiniz.

D: Change into the structure for necessity.
1. Birlikte seyahat ederler. 2. Buzdolabı ithal ediyoruz. 3. Bu parkta gezmiyorum. 4. O evden taşınmıyoruz. 5. Bizi eve kadar takip etti mi? 6. Ona söz verdi. 7. Babam bize kızmayacak.

E: Translate into English.
1. On yıl önce bu üniversiteden mezun olmuştuk. 2. Onu gördüğümüz zaman süpermarketteydi. 3. Bu konu hakkında ne zaman karar verdiniz? 4. Bu yıl mezun olabilir mi? 5. Bizden biraz para istediler. 6. Onun için bir şey hazırlamayacak. 7. Onu toplantıya çağırmamalısınız.

F: Translate into Turkish.
1. She can't use this computer. 2. This is the last bus. You must get on. 3. This train was more crowded than the other one. 4. I'll think of you. 5. The students were repeating the sentences in the classroom. 6. Where did they meet? 7. The oranges were rather sweet.

PRACTICE 90 - ANSWERS

A. 1. Ödevini bitirir. 2. Onun hakkında konuşuruz. 3. Adresini hatırlamazlar. 4. İşe başlar mı? 5. Piyano çalarsınız. 6. Elbisemi değiştiririm. 7. Bize sebze getirir mi?
B. 1. Film başlamıştı. 2. Soruları bilmiştim. 3. Doğum günü için bir hediye almıştı. 4. Otobüs orada durmuştu. 5. Onu düğünümüze çağırmıştık. 6. Onunla oturmayı tercih etmiş miydi? 7. Orada duş almamıştınız.
C. 1. Doktorun sözlerini dinliyorduk. 2. Yemek yaptığı zaman o oturuyordu. 3. Onun için bir hediye almıyordum. 4. Hasta biraz tavuk yiyordu. 5. O koltukta oturmuyordun. 6. Ressam o resmi yapıyor muydu? 7. Hastanenin önünde bizi bekliyordunuz.
D. 1. Birlikte seyahat etmeliler. 2. Buzdolabı ithal etmeliyiz. 3. Bu parkta gezmemeliyim. 4. O evden taşınmamalıyız. 5. Bizi eve kadar takip etmeli mi? 6. Ona söz vermeli. 7. Babam bize kızmamalı.
E. 1. We had graduated from this university ten years ago. 2. She was in the supermarket when we saw him. 3. When did you decide about this subject? 4. Can she graduate this year? 5. They wanted some money from us. 6. She won't prepare anything for him. 7. You mustn't call him to the meeting.
F. 1. Bu bilgisayarı kullanamaz. 2. Bu son otobüstür. Binmelisin. 3. Bu tren diğerinden daha kalabalıktı. 4. Seni düşüneceğim. 5. Öğrenciler sınıfta cümleleri tekrarlıyorlardı. 6. Nerede karşılaştılar? 7. Portakallar oldukça tatlıydı.

VOCABULARY

BEZ Masayı pis bir bezle temizledi.	CLOTH She cleaned the table with a dirty cloth.
SAKLAMAK Parayı nereye sakladınız?	TO HIDE Where did you hide the money?
TIRMANMAK Bu ağaca tırmanabilir misin?	TO CLIMB Can you climb up this tree?
AİT OLMAK Bu dükkân amcasına aittir.	TO BELONG (TO) This shop belongs to her uncle.
SARHOŞ Dün gece sarhoş muydun?	DRUNK Were you drunk last night?
YIRTMAK Babası gazeteyi okuyorken çocuk onu yırttı.	TO TEAR His father was reading the newspaper the child tore it.
YALAN Bu bir yalandı.	LIE This was a lie.
YALAN SÖYLEMEK Yalan söyleme. Baban sana kızacak.	TO LIE Don't lie. Your father will be angry with you.
ESKİDEN Eskiden bu evde yaşardık.	IN THE PAST, IN THE OLD; DAYS; USED TO We used to live in this house.

AİT OLMAK / TO BELONG TO

This structure is used in the simple tense forms, as in English.

Bu ev babasına aittir. **Bu pipo dedesine aittir.**	This house belongs to her father. This pipe belongs to her grandfather.
Bu anahtar bana aittir. **Bu bilgisayar onlara aittir.**	This key belongs to me. This computer belongs to them.
Bu kitaplar öğretmene ait değildir. **O fotoğraf makinesi size ait değildir.**	These books don't belong to the teacher. That camera doesn't belong to you.

Bu plaklar sana ait mi?	Do these records belong to you?
Bu bavullar onlara ait mi?	Do these suitcases belong to them?

-ARDI, -ERDİ / USED TO

The suffix **-ardı, -erdi, -ırdı, -irdi, -urdu, -ürdü** is added to the verb root and followed by the personal suffix to refer to actions/events which occurred in the past but no longer do so.

yap	do
Yapardım.	I used to do.

gel	come
Gelirdim.	I used to come.

bul	find
Bulurdum.	I used to find.

gör	see
Görürdüm.	I used to see.

Seni burada beklerdim.	I used to wait for you here.
Bu parkta oynardım.	I used to play in this park.
Bu otobüse binerdim.	I used to get on this bus.
Akşam erken uyurdum.	I used to sleep early in the evening.

gel	come
Gelirdin.	You used to come.

bul	find
Bulurdun.	You used to find.

kal	stay
Kalırdın.	You used to stay.

Bahçede onu görürdün.	You used to see him in the garden.
Bu parkta oynardın.	You used to play in this park.
Soruları bilirdin.	You used to know the questions.

yap	do
Yapardı.	She used to do.

bekle	wait
Beklerdi.	She used to wait.

bul	find
Bulurdu.	He used to find.

Bu şarkıyı dinlerdi.	She used to listen to this song.
İlginç öyküler anlatırdı.	She used to tell interesting stories.
Her sabah duş alırdı.	He used to have a shower every

gel	come
Gelirdik.	We used to come.

bul	find
Bulurduk.	We used to find.
kal	stay
Kalırdık.	We used to stay.

Fotoğraflar çekerdik.	We used to take photographs.
Seni orada beklerdik.	We used to wait for you there.
Bu yatakta uyurduk.	We used to sleep on this bed.

yap	do
Yapardınız.	You used to do.

bekle	wait
Beklerdiniz.	You used to wait.

gör	see
Görürdünüz.	You used to see.

Bu kitapları okurdunuz.	You used to read these books.
Bize yardım ederdiniz.	You used to help us.
Para biriktirirdiniz.	You used to save money.

bekle	wait
Beklerlerdi.	They used to wait.

bul	find
Bulurlardı.	They used to find.

kal	stay
Kalırlardı.	They used to stay.

Bahçede onu görürlerdi.	They used to see him in the garden.
O bilgisayarı kullanırlardı.	They used to use that computer.
Sabahleyin pencereleri açarlardı.	They used to open the windows in the morning.

Her sabah geç kalırdı.	She used to be late every morning.
Yaşlı adam bu sandalyede otururdu.	The old man used to sit on this chair.
Bize gülerdi.	She used to laugh at us.
Her sabah onu uyandırırdı.	Every morning he used to wake up her.
O parkta buluşurlardı.	They used to meet at that park.
Her hafta sonu eve dönerdi.	He used to return home every week-end.

-E/-A GÖRE / ACCORDING TO

This structure is used which can be translated 'according to'.

ben	I
bana göre	according to me

sen	you
sana göre	according to you

o	he/she
ona göre	according to her/him

biz	we
bize göre	according to us

siz	you
size göre	according to you

onlar	they
onlara göre	according to them

öğretmene göre	according to the teacher
babama göre	according to my father
gazeteye göre	according to the newspaper

Ona göre bu soru çok kolaydır.	According to her this question is very easy.
Gazeteye göre bugün hava yağmurlu.	According to the newspaper it is rainy today.
Arkadaşıma göre yarın o gelebilir.	According to my friend she can come tomorrow.
Doktora göre bir hafta evde kalmalısın.	According to the doctor you must stay at home for one week.

PRACTICE 91

A: Rewrite as shown. Example : Bu defter (ben) aittir. → Bu defter bana aittir.
1. **O ev (babası) aittir.** 2. **Bu bavullar (onlar) aittir.** 3. **O fotoğraf (ben) aittir.** 4. **Bu para (sen) ait mi?** 5. **Bisiklet (çocuk) aittir.** 6. O çanta (biz) ait değildir.

B: Rewrite as shown. Example : O bahçede oturmak (biz) → O bahçede otururduk.
1. **Akşamleyin denizde yüzmek (onlar)** 2. **Her gün bir paket sigara içmek (o)** 3. **Her akşam duş almak (biz)** 4. **Fabrikanın önünde buluşmak (siz)** 5. **Mektupları bize göndermek (sen)** 6. **Eve erken dönmek (ben)** 7. **Çabuk karar vermek (biz)** 8. **Sık sık bana telefon etmek (o)**

C: Rewrite as shown. Example : (Öğretmen) bu ders çok zordur. → Öğretmene göre bu ders çok zordur.
1. **(Ben) burası çok sıcak.** 2. **(O) bu elbiseyi almalıyız.** 3. **(Biz) onun evi küçüktür.** 4. **(Doktor) hastanede kalmalı.** 5. **(Onlar) bugün kar yağabilir.** 6. **(Sen) orası nasıl bir yerdir?**

D: Put into the past perfect.
1. **Çocuk ağaca tırmanıyordu.** 2. **Parayı kutuya sakladık.** 3. **Geçen yıl mezun oldular.** 4. **Oradan taşındık.** 5. **Onları bizim eve çağırırım.** 6. **Size kahve getirmeyeceğim.** 7. **Bizi dinlemiyor.** 8. **Evinizi gösterdiniz mi?**

E: Change into question form.
1. **Sık sık yalan söyler.** 2. **O kıza aşık oldu.** 3. **Kırmızı elbiseyi tercih edecekler.** 4. **Bu yıl mezun olacağız.** 5. **Bugün ofiste çalışıyor.** 6. **İşi bitirmiştiniz.** 7. **Bu ağaca tırmanabilirsin.**

F: Translate into English.

1. O parkta buluşurlardı. 2. Bizim için hediyeler alırdı. 3. O resimler bize aittir. 4. Bu dükkân amcasına aittir. 5. Elbiselerimi nereye sakladın? 6. Kız mektubu yırttı. 7. Bana göre arkadaşın orada çalışamaz.

G: Translate into Turkish.
1. According to the businessman that worker is very lazy. 2. This bag doesn't belong to you. 3. Were you drunk last night? 4. Do you sometimes lie? 5. She used to swim in this sea every morning. 6. The woman used to go shopping every Wednesday. 7. Don't clean with a dirty cloth.

PRACTICE 91 - ANSWERS

A. 1. O ev babasına aittir. 2. Bu bavullar onlara aittir. 3. O fotoğraf bana aittir. 4. Bu para sana ait mi? 5. Bisiklet çocuğa aittir. 6. O çanta bize ait değildir.
B. 1. Akşamleyin denizde yüzerlerdi. 2. Her gün bir paket sigara içerdi. 3. Her akşam duş alırdık. 4. Fabrikanın önünde buluşurdunuz. 5. Mektupları bize gönderirdin. 6. Eve erken dönerdim. 7. Çabuk karar verirdik. 8. Sık sık bana telefon ederdi.
C. 1. Bana göre burası çok sıcak. 2. Ona göre bu elbiseyi almalıyız. 3. Bize göre onun evi küçüktür. 4. Doktora göre hastanede kalmalı. 5. Onlara göre bugün kar yağabilir. 6. Sana göre orası nasıl bir yerdir?
D. 1. Çocuk ağaca tırmanmıştı. 2. Parayı kutuya saklamıştık. 3. Geçen yıl mezun olmuşlardı. 4. Oradan taşınmıştık. 5. Onları bizim eve çağırmıştım. 6. Size kahve getirmemiştim. 7. Bizi dinlememişti. 8. Evinizi göstermiş miydiniz?
E. 1. Sık sık yalan söyler mi? 2. O kıza aşık oldu mu? 3. Kırmızı elbiseyi tercih edecekler mi? 4. Bu yıl mezun olacak mıyız? 5. Bugün ofiste çalışıyor mu? 6. İşi bitirmiş miydiniz? 7. Bu ağaca tırmanabilir misin?
F. 1. They used to meet at that park. 2. He used to buy the presents for us. 3. Those pictures belong to us. 4. This shop belongs to his uncle. 5. Where did you hide my dresses? 6. The girl tore the letter. 7. According to me your friend can't work there.
G. 1. İşadamına göre o işçi çok tembeldir. 2. Bu çanta sana/size ait değildir. 3. Dün gece sarhoş muydun? 4. Bazen yalan söyler misin? 5. Her sabah bu denizde yüzerdi. 6. Kadın her çarşamba alışverişe giderdi. 7. Kirli bir bezle temizleme.

510

VOCABULARY

YALANCI	LIAR
Arkadaşın bir yalancıdır.	Your friend is a liar.
SİLMEK	TO WIPE
Pencereleri ne zaman silecek?	When will she wipe the windows?
OYUNCU	PLAYER
Bu oyuncuyu tanır mısın?	Do you know this player?
BASKETBOL	BASKETBALL
Basketbol oynamayı severler.	They like playing basketball.
SEBEP	CAUSE, REASON
Onun sebebini bilmiyorum.	I don't know the reason of it.
ÇIKARMAK (giysi)	TAKE OFF, PUT OFF
Eteğimi çıkar. Ben giyeceğim.	Take off my skirt. I'll put it on.
KIZGIN	ANGRY
Babası çok kızgındı. Çünkü kız geç kaldı.	Her father was very angry. Because the girl was late.
NEDEN	CAUSE, REASON
Bu olayın nedenl nedir?	What is the reason of this event?

-ardı, -erdi - Question and Negative Forms

Question Form

Yapardım.	I used to do.
Yapar mıydım?	Did I use to do?
Seni burada bekler miydim?	Did I use to wait for you here?
Yapardın.	You used to do.
Yapar mıydın?	Did you use to do?
Bu parkta oynar mıydın?	Did you use to play in this park?
Yapardı.	She used to do.
Yapar mıydı?	Did she use to do?
Seni burada bekler miydi?	Did he use to wait for you here?
Yapardık.	We used to do.
Yapar mıydık?	Did we use to do?

Camları siler miydik?	Did we use to wipe the windows?
Yapardınız.	You used to do.
Yapar mıydınız?	Did you use to do?
Her sabah duş alır mıydınız?	Did you use to have a shower every morning?
Yaparlardı.	They used to do.
Yaparlar mıydı?	Did they use to do?
Balkonda kahvaltı ederler miydi?	Did they use to have breakfast on the balcony?
Her sabah geç kalır mıydı?	Did she use to be late every morning?
Bize güler miydi?	Did she use to laugh at us?
Sesimizi duyar mıydın?	Did you use to hear our voice?
Adam işe erken başlar mıydı?	Did the man use to begin the work early?
Her hafta sonu eve döner miydi?	Did he used to return home every weekend?

Negative Form

Yapardım.	I used to do.
Yapmazdım.	I didn't use to do.
Seni burada beklemezdim.	I didn't use to wait for you here.
Yapardın.	You used to do.
Yapmazdın.	You didn't use to do.
Kapının önünde beklemezdin.	You didn't use to wait in front of the door.
Yapardı.	He used to do.
Yapmazdı.	He didn't use to do.
Sigara içmezdi.	She didn't use to smoke.
Yapardık.	We used to do.
Yapmazdık.	We didn't use to do.
Parayı saklamazdık.	We didn't use to hide the money.
Yapardınız.	You used to do.
Yapmazdınız.	You didn't use to do.
Her sabah duş almazdınız.	You didn't use to have a shower every morning.
Yaparlardı.	They used to do.
Yapmazlardı.	They didn't use to do.
O şarkıcıyı dinlemezlerdi.	They didn't use to listen to that singer.
Babasından korkmazdı.	He didn't use to be afraid of his father.
Yaşlı adam bu sandalyede oturmazdı.	The old man didn't use to sit on this chair.
Patron mektupları imzalamazdı.	The boss didn't use to sign the letters.
O adamdan hoşlanmazdık.	We didn't use to like that man.
Kadın elbiseler dikmezdi.	The woman didn't use to sew the dresses.

-KEN

This suffix can be added to nouns to make time clauses about the past.

genç	young
gençken	when young
evli	married
evliyken	when married
orada	there
oradayken	when there
arabada	in the car
arabadayken	whin in the car
çocuk	child
çocukken	when child

Çocukken bu bahçede oynardık.
We used to play in this garden when we were children.

Gençken hızlı yüzerdi.
She used to swim fast when she was young.

Üniversitedeyken arkadaşlarımla bu lokantada yemek yerdim.
When I was at university I used to eat with my friends in this restaurant.

Japonyadayken Japonca öğrendin mi?
Did you learn Japanese when you were in Japan?

Toplantıdayken neden konuşmadı?
Why didn't he speak when he was in the meeting?

Odadayken kızla konuş.
Talk to the girl when you are in the room.

-Ken Used with Verbs

-Ken can also be added to verbs to make time clauses (about the past, present or future).

gel	come
gelirken	while coming, when coming .
öğren	learn
öğrenirken	while learning, when learning
ye	eat
yerken	while eating, when eating
oyna	play
oynarken	while playing, when playing

Geceleyin araba sürerken dikkatli olmalısın.
You must be careful when driving at night.

Futbol oynarken çok su içme.
Don't drink too much water when playing football.

Personal suffixes are nod added to **-ken** - agency is indicated by the personal suffix attached to the verb(s) in the main clause(s).

geliyorum
gelirken

I'm coming
while I'm coming, when I'm coming

satıyordum
satarken

I was selling
as I was selling

konuşuyordu
konuşurken

he was speaking
as he was speaking

Here are some examples of **-ken** used with verbs in sentences.

Eve dönerken burada otururuz.
Yemek yerken ne söyleyeceksiniz?
Otobüs kalkarken biz geldik.
İngilizce öğrenirken bana yardım etti.

Parayı saklarken onu gördünüz mü?

We sit here when we return home.
What will you say when you are eating?
As the bus was leaving, we came.
He helped me when I was learning English.
Did you see him when he was hiding the money?

ANAOKULU

Ahmet Bey ve Dilek Hanımın bir kızı var. Adı Ece. Şimdi dört yaşındadır. Dilek Hanım dört yıldır kızıyla birlikte evdeydi, ama şimdi çalışmak istiyor. Bu yüzden Ece için iyi bir anaokulu bulacaklar.

Şimdi eve yakın bir anaokuluna gidiyorlar. Yolda bu konu hakkında konuştular. Beş dakika sonra oradaydılar. Müdürün odasına girdiler. Adı İpek. Genç ve hoş bir kadındır. O, anaokulu hakkında konuştu. Sabah yedi buçuktan akşam altıya kadar çocuklar orada kalabilirler. Günde üç kez yemek yerler. Kahvaltı yapar, öğle yemeği yer ve öğleden sonra çay içerler.

Onlar için bir öğretmen ve oyuncaklar var. Birlikte oyunlar oynarlar. Şarkılar söylerler. Resimler çizerler. Uyurlar. Dilek Hanım ve Ahmet Bey anaokulunun odalarına, mutfağına ve tuvaletine baktılar. Temiz ve aydınlık bir yerdi. Anaokulunu beğendiler. Ece için orası iyi bir yer olacak.

KINDERGARTEN

Ahmet Bey and Dilek Hanım have a daughter. Her name is Ece. She is four years old now. Dilek Hanım was at home with her daughter for four years, but she wants to work now. So they will find a good kindergarten for Ece.

They are going to a kindergarten near the house now. They talked about this subject. They were there five minutes later. They came into the manager's room. Her name is İpek. She is a young and nice woman. She talked about the kindergarten. The children can stay there from half past seven in the morning to six o'clock in the evening. They eat three times a day. They have breakfast, lunch and tea in the afternoon.

There is a teacher and toys for them. They play games together. They sing songs. They draw pictures. They sleep. Dilek Hanım and Ahmet Bey looked at the rooms, kitchen and toilet of the kindergarten. It was a clean and light place. They liked the kindergarten. That place will be a good place for Ece.

Questions and Answers to the Reading Passage

Dilek Hanım ve Ahmet Beyin kızı kaç yaşındadır?
How old is Dilek Hanım and Ahmet
Bey's daughter?

Dört yaşındadır.
She is four years old.

Dilek Hanım şimdi ne yapmak istiyor?
What does Dilek Hanım want to do?

Çalışmak istiyor.
She want to work.

Onlar Ece için ne bulacaklar?
What will they find for Ece?

İyi bir anaokulu bulacaklar.
They'll find a good kindergarten.

Onlar nerede konuştular?
Where did they talk?

Yolda konuştular.
They talked on the road.

Müdürün adı nedir?
What is the manager's name?

İpektir.
Her name is İpek.

Genç midir?
Is she young?

Evet, gençtir.
Yes, she is young.

Çocuklar orada kaç kez yemek yerler?
How many times do the children eat there?

Üç kez yerler.
They eat three times.

Onlar için bir öğretmen var mı?
Is there a teacher for them?

Evet, var.
Yes, there is.

Çocuklar orada ders çalışırlar mı?
Do the children study?

Hayır, çalışmazlar.
No, they don't.

Onlar nerelere baktılar?
Where did they look at?

Odalara, mutfağa ve tuvalete baktılar.
They looked at the rooms, kitchen and the
toilet.

Anaokulunu beğendiler mi?
Did they like the kindergarten?

Evet, beğendiler.
Yes, they did.

PRACTICE 92

A: Change into question form.
1. **Oraya erken giderdik.** 2. **O bahçede futbol oynarlardı.** 3. **Ofise geç kalırdı.** 4. **Çok para harcardın.** 5. **Taze balık yerdiniz.** 6. **Akşamleyin perdeleri kapatırdım.** 7. **Babam her pazar bizi sinemaya götürürdü.**

B: Change into negative form.
1. **Yalan söylerdi.** 2. **Kitaplarımızı odamıza saklardık.** 3. **Çocuk defterini yırtardı.** 4. **O parkta buluşurlardı.** 5. **Eti tercih ederdim.** 6. **Sabahleyin bize seslenirdiniz.** 7. **İşini çabuk bitirirdin.**

C: Fill the gaps with -ken.
1. **Orada...... bize bakıp gitti.** 2. **Genç....... orada oturdu.** 3. **Eve git...... onu bekleyeceğiz.** 4. **Fabrikadan dön...... bize uğrardınız.** 5. **Üniversitede...... orada ders çalışırdım.** 6. **Duş yap...... şarkı söylerdi.** 7. **Mutfakta...... karısı geldi.**

D: Rewrite as shown. Example : (Doktor) hasta iyidir. → Doktora göre hasta iyidir.

1. **(Ben) ev çok büyüktür.** 2. **(Biz) o işi yapamaz.** 3. **(Sen) onlar ne zaman dönecek?** 4. **(Onlar) biz çok zenginiz.** 5. **(O) bu doktor daha iyi.** 6. **(Polis) hırsız kaçtı.**

E: Translate into English.

1. **Bu evde yaşamazlardı.** 2. **Kolye ve yüzüğünü bana verirdi.** 3. **Her sabah duş yapar mıydın?** 4. **Telefon ederken zil çaldı.** 5. **Gençken hızlı koşardı.** 6. **Parayı saklarken karısı onu gördü.**

F: Translate into Turkish.

1. He didn't use to know us. 2. Did they use to get off the bus at this stop? 3. According to me you must work there. 4. When I was a child my father used to take me to the zoo. 5. When she returned home she used to go shopping. 6. They used to smoke in the classroom.

PRACTICE 92 - ANSWERS

A. 1. **Oraya erken gider miydik?** 2. **O bahçede futbol oynarlar mıydı?** 3. **Ofise geç kalır mıydı?** 4. **Çok para harcar mıydın?** 5. **Taze balık yer miydiniz?** 6. **Akşamleyin perdeleri kapatır mıydım?** 7. **Babam her pazar bizi sinemaya götürür müydü?**

B. 1. **Yalan söylemezdi.** 2. **Kitaplarımızı odamıza saklamazdık.** 3. **Çocuk defterini yırtmazdı.** 4. **O parkta buluşmazlardı.** 5. **Eti tercih etmezdim.** 6. **Sabahleyin bize seslenmezdiniz.** 7. **İşini çabuk bitirmezdin.**

C. 1. **Oradayken** 2. **Gençken** 3. **giderken** 4. **dönerken** 5. **Üniversitedeyken** 6. **yaparken** 7. **Mutfaktayken**

D. 1. **Bana göre ev çok büyüktür.** 2. **Bize göre o işi yapamaz.** 3. **Sana göre onlar ne zaman dönecek?** 4. **Onlara göre biz çok zenginiz.** 5. **Ona göre bu doktor daha iyi.** 6. **Polise göre hırsız kaçtı.**

E. 1. They didn't use to live in this house. 2. She used to give me her necklace and ring. 3. Did you use to have a shower every morning? 4. While she telephoned the bell rang. 5. When he was young he used to run fast. 6. When he hid the money his wife saw him.

F. 1. **Bizi tanımazdı.** 2. **Bu durakta otobüsten inerler miydi?** 3. **Bana göre orada çalışmalısın.** 4. **Ben bir çocukken babam beni hayvanat bahçesine götürürdü.** 5. **Eve dönerken alışverişe giderdi.** 6. **Sınıfta sigara içerlerdi.**

VOCABULARY

YERİNE Et yerine balık yiyebilirsin.	INSTEAD OF You can eat fish instead of meat.
TENİS Gençken tenis oynardı.	TENNIS When he was young he used to play tennis.
AĞRIMAK Başım ağrıyor. (ağrır.)	TO ACHE, TO HURT My head aches.
MİDE Dün gece midesi ağrıdı.	STOMACH He had got a stomach ache last night.
FİYAT Şu çantanın fiyatı nedir?	PRICE What is the price of that bag?
ODUN Bu kış için odununuz var mı?	WOOD, FIREWOOD Have you got any wood for this winter?
KÖMÜR Biraz kömür aldınız mı?	COAL Did you buy some coal?
İNCELEMEK Mühendisler onların bahçesini incelediler.	TO RESEARCH, TO EXAMINE, TO INVESTIGATE The engineers examined their garden

YERİNE

Yerine (= instead of) is used as shown below.

benim yerime	instead of me
senin yerine	instead of you
onun yerine	instead of him/her
bizim yerimize	instead of us
sizin yerinizi	instead of you
onların yerine	instead of them
bunun yerine	instead of this
şunun yerine	instead of that
adamın yerine	instead of the man
annemin yerine	instead of my mother
ev yerine	instead of the house
araba yerine	instead of the car

senin yerine onu	him instead of you
bunun yerine şunu	that instead of this
doktorun yerine hemşireyi	the nurse instead of the doctor
Japonya yerine Taylanda	to Thailand instead of Japan

Parayı benim yerine ona ver.	Give the money to him instead of me.
Senin yerine kim gelecek?	Who will come instead of you?
Onun yerine ben çalıştım.	I worked instead of him.
Bizim yerimize onlarla şinemaya gitti.	She went to the cinema with them instead of us.
Sizin yerinize arkadaşlarınızı görmek ister.	She wants to see your friends instead of you.
Onların yerine bana mektup yazdı.	She wrote a letter to me instead of them.
Hemşire yerine doktora sor.	Ask to the doctor instead of the nurse.
Uçak yerine otobüse binerler.	They get on the bus instead of aeroplane.
Çay yerine kahve içeceğim.	I'll drink coffee instead of tea.
Elbise yerine etek satın aldı.	She bought a skirt instead of a dress.

-LIK, -LİK, -LUK, -LÜK

This suffix is used to make (abstract) nouns from adjectives, and to make adjectives from nouns.

güzel	beautiful
güzellik	beauty

hasta	ill
hastalık	illness

gün	day
günlük	daily

ay	month
aylık	monthly

iki kişi	two people
iki kişilik	for two (people)

üç hafta	three weeks
üç haftalık	for three weeks

Ona göre güzellik önemli değildir.	According to him beauty isn't important.
Bu hastalık çok önemlidir.	This disease is very important.
Günlük gazeteleri okudun mu?	Did you read the daily newspapers?
İki kişilik bir oda istiyoruz.	We want a room for two.
Üç haftalık bir tatil yaptım.	I had a three-week holiday.
Bir yıllık bir işim var.	I have got one-year job.

AĞRIMAK / TO ACHE/HAVE A PAIN

The English and Turkish structures here are quite different. In English the verb 'have' is used with bodypart attached to 'ache' (eg 'I have a headache'). In Turkish the bodypart takes the person ending for possession followed by the verb, so **Başım ağrıyor** translates literally as 'My head is aching.'

Başım ağrıyor.	I have a headache.
Dişim ağrıyor.	I have a toothache.
Başı ağrıdı.	She had a headache.
Kızın midesi ağrıdı.	The girl had a stomachache.

YA ... YA (DA)

The structure **ya ... ya(da)** is like the English 'either ... or'. Below are some example sentences.

Ya baban ya da annen seninle konuşacak.	Either your father or your mother will talk to you.
Orada ya iki gün kalacaklar ya üç gün.	They will stay there either for two or for three days.
Ya babasından para alacak ya da evi satacak.	She will either take money from her father or sell the house.
Yazın ya Bodruma ya Kaşa gitmek istiyorum.	I want to go either to Bodrum or to Kaş in the summer.

NE ... NE (DE) / NEITHER ... NOR ...

Below are example sentences of this negative structure.

Ne müdürü ne de sekreteri görebilirsiniz.	You can neither the manager nor the secretary.
Kız ne onunla ne arkadaşıyla evlendi.	The girl married neither him nor his friend.
Hasta ne doktoru görebildi ne de ilaç alabildi.	The patient could neither see the doctor nor take the medicine.
Onu ne evde ne bahçede bulabildi.	He could find her neither at home nor in the garden.
Babası ona ne evi ne de arabayı verecek.	His father will give him neither the house nor the car.

HEM ... HEM (DE) / BOTH ... AND ...

Again this is quite straight-forward.

Kızı hem çok çalışkan hem de çok akıllıdır.	Her daughter is both very hard-working and very clever.
Hem iyi bir iş buldu hem de evlendi.	He both found a good job and married.
Kızın hem annesini hem babasını tanır.	He knows both the girl's mother and father.
Yarın hem doktorla hem de hemşireyle konuşacağım.	I'll talk to both the doctor and the nurse tomorrow.

OLARAK / AS

Study the examples below to see how **olarak** is used.

Oraya turist olarak gitti.	He went there as a tourist.
Öğretmen olarak iş buldu.	She found a job as a teacher.
O yüzüğü hediye olarak verdi.	He gave that ring as a present.
Çorba olarak ne var?	What soup have you got?

YOKSA / OR, OR ELSE, OTHERWISE

This is another conjunction, used as shown below.

Şimdi evden çıkmalıyız, yoksa geç kalacağız.

We must go out of the house, or we'll be late.

Burada bekle, yoksa onu göremezsin.

Wait here, or you can't see him.

Bu yıl mezun olmalı, yoksa o fabrikada çalışamaz.

He must graduate this year, otherwise he can't work in that factory.

Erken yat, yoksa sabahleyin erken kalkamazsın.

Go to bed early, otherwise you can't get up early in the morning.

DIALOGUE

E : Bir daire satın almak istiyorum.
I want to buy a flat.

S : Bu sokakta bir tane var.
There is one in this street.

E : Kaçıncı katta?
On which floor?

S : İkinci katta.
On the second floor.

E : Kaç tane odası var?
How many rooms has it got?

S : Üç oda, bir salon, mutfak ve banyo.
It has three rooms, one hall, one kitchen and one bathroom.

E : Mutfak ve banyo büyük mü?
Are the kitchen and the bathroom big?

S : Banyo büyük ama mutfak küçük.
The bathroom is big but the kitchen is small.

E : Fiyatı ne kadar?
How much is it? (What is the price?)

S : Beş milyar.
Five milliard.

E : Oh! Çok pahalı! Başka var mı?
Oh! It is very expensive! Is there another one?

S : Diğer caddede bir tane var.
There is one in the other street.

E : Nasıl bir yer?
What is it like?

S : Orası daha küçük. İki oda bir salon.
That place is smaller. Two rooms and a hall.

E : Kaçıncı katta?
On which floor?

S : Dördüncü katta. Banyo ve mutfak büyüktür.
On the fourth floor. The bathroom and the kitchen are big.

E : Fiyatı nedir?
What is the price?

S : Dört milyar. Görmek ister misiniz?
Four milliard. Would you like to see?

E : Evet. Şimdi görebilir miyim?
Yes. Can I see now?

S : Elbette.
Certainly.

PRACTICE 93

A: Rewrite as shown. Example : (Ben) sen git. → Benim yerime sen git.
1. (Onlar) bizi götürdü. 2. (Kız) arkadaşıyla konuşacağız. 3. (Sen) kadın odayı temizledi. 4. (Biz) evi ona satabilirsin. 5. (O) patronu gördük. 6. (Kocası) kadın telefon etti. 7. (Bu) onu göster. 8. (Siz) onlar pikniğe gittiler.

B: Fill the gap with -lık, -lik, -luk, -lük.
1. Onun için güzel...... önemlidir. 2. dört hafta...... tatil 3. üç ay...... iş 4. Bize çok iyi...... yaptı. 5. O hastanede doktor...... yapıyor. 6. Bu gün...... bir gazetedir. 7. Yıl...... fiyat nedir?

C: Rewrite as shown. Example : Fransaya gideceğim. Almanyaya gideceğim. → Ya Fransaya ya da Almanyaya gideceğim.

→ Ne Fransaya ne de Almanyaya gideceğim. → Hem Fransaya hem de Almanyaya gideceğim.
1. İngilizce bilir. İtalyanca bilir. 2. İşadamı uçağa bindi. İşadamı otobüse bindi. 3. Orada onu gördü. Orada kız kardeşini gördü. 4. Pazar günleri sinemaya gideriz. Pazar günleri tenis oynarız. 5. Oraya erkek arkadaşını götürecek. Oraya beni götürecek. 6. Marketten muz aldılar. Marketten elma aldılar.

D: Rewrite as shown. Example : Çalıştı. (işçi) → İşçi olarak çalıştı.
1. İki yıl burada çalışacağız. (garson) 2. Kadın onu kullandı. (tabak) 3. Bu hastanedeydi (doktor) 4. İş buldu (aşçı) 5. Ne var? (yemek) 6. O ülkede kaldı. (turist) 7. Bunu bize verdi. (hediye)

E: Translate into English.
1. Bizim yerimize karar verme. 2. Başın ağrıyor mu? 3. Doktor ya bir ya iki saat sonra gelecek. 4. Ne Almanyaya ne Fransaya gitti. 5. O mağazada satıcı olarak çalıştı. 6. Çabuk ol. Yoksa seni beklemeyecek.

F: Translate into Turkish.
1. The workers will have a two-week holiday. 2. She had a stomachache last night. 3. I talked to his daughter instead of the boss. 4. I don't know the price of this coat. 5. He both had a shower and shaved. 6. She knows neither her name nor her address.

PRACTICE 93 - ANSWERS

A. 1. Onların yerine 2. Kızın yerine 3. Senin yerine 4. Bizim yerimize 5. Onun yerine 6. Kocasının yerine 7. Bunun yerine 8. Sizin yerinize
B. 1. güzellik 2. haftalık 3. aylık 4. iyilik 5. doktorluk 6. günlük 7. yıllık
C. 1. Ya İngilizce ya İtalyanca bilir. Ne İngilizce ne İtalyanca bilir. Hem İngilizce hem İtalyanca bilir. 2. İşadamı ya uçağa ya otobüse bindi. İşadamı ne uçağa ne de otobüse bindi. İşadamı hem uçağa hem de otobüse bindi. 3. Orada ya onu ya da kız kardeşini gördü. Orada ne onu ne de kız kardeşini gördü. Orada hem onu hem de kız kardeşini gördü. 4. Pazar günleri ya sinemaya gideriz ya da tenis oynarız. Pazar günleri ne sinemaya gideriz ne de tenis oynarız. Pazar günleri hem sinemaya gideriz hem tenis oynarız. 5. Oraya ya erkek arkadaşını ya beni götürecek. Oraya ne erkek arkadaşını ne de beni götürecek. Oraya hem erkek arkadaşını hem de beni götürecek. 6. Marketten ya muz ya da elma aldılar. Marketten ne muz ne de elma aldılar. Marketten hem muz hem de elma aldılar.
D. 1. Garson olarak iki yıl burada çalışacağız. (İki yıl burada garson olarak çalışacağız.) 2. Kadın onu tabak olarak kullandı. 3. Doktor olarak bu hastanedeydi. 4. Aşçı olarak iş buldu. 5. Yemek olarak ne var? 6. Turist olarak o ülkede kaldı. (O ülkede turist olarak kaldı.) 7. Bunu bize hediye olarak verdi.
E. 1. Don't decide instead of us. 2. Have you got a headache? 3. The doctor will come either one hour or two hours later. 4. He went to neither Germany nor France. 5. She worked in that department store as a saleswoman. 6. Be quick, or else she won't wait for you.
F. 1. İşçiler iki haftalık tatil yapacaklar. 2. Dün gece midesi ağrıdı. 3. Patron yerine kızıyla konuştum. 4. Bu paltonun fiyatını bilmem. 5. Hem duş aldı hem tıraş oldu. 6. Ne adını ne adresini bilir.

VOCABULARY

SOBA Odada eski bir soba vardı.	STOVE There was an old stove in the room.
BEL Belinde ne var?	WAIST What is there around your waist?
SIRT Sırtı ağrıyor.	BACK She has a backache.
MATEMATİK Matematik yerine İngilizce çalıştık.	MATHEMATICS We studied English instead of Mathematics.
TARİH Yeni bir tarih öğretmeni geldi.	HISTORY A new history teacher came.
BAHSETMEK Neden bahsediyorsunuz?	TALK ABOUT, MENTION What are you talking about?
SUÇLU O adam suçlu değildi.	GUILTY That man wasn't guilty.
BAŞARMAK Çalışırsan onu başarabilirsin.	TO SUCCEED If you work you can succeed it.

BAHSETMEK / To Talk About

This verb uses the ablative **-dan/-den**.

Benden bahsediyorlar.	They are talking about me.
Senden bahsettik.	We talked about you.
Ondan bahsetmek istiyorum.	I want to talk about him.
Bizden bahsedecekler.	They'll talk about us.
Sizden bahsetmedik.	We didn't talk about you.
Niçin onlardan bahsettiniz?	Why did you talk about them?
Mektuptan bahsettin mi?	Did you talk about the letter?
O paradan bahsetme.	Don't talk about that money.
Erkek arkadaşından bahsedebilir.	She can talk about her boy friend.

-MEK GEREK / LAZIM

We have seen structures used to express necessity or obligation.

Yarın gitmeliyim.	I must go tomorrow.
Onu başarmalısın.	You must succeed it.
Burada beklemeli miyiz?	Must we wait here?
Yalan söylememelisin.	You mustn't lie.
Yarın gitmek zorundayım.	I have to go tomorrow.
Kadın evi temizlemek zorunda mı?	Does the woman have to clean the
Işığı açmak zorunda mısın?	Do you have to turn on the light?
Bugün çalışmak zorunda değildir.	He doesn't have to work today.

Let us recall the person forms used with **gerek**.

git	go
Gitmem gerek(li).	I need to go.
Bu kâğıdı yırtmam gerek.	I need to tear this paper.
Parayı saklamam gerek.	I need to hide the money.
Bu dili öğrenmem gerek.	I need to learn this language.
çalış	work
Çalışman gerek(li).	You need to work.
Bu dili öğrenmen gerek.	You need to learn this language.
Sütü içmen gerek.	You need to drink the milk.
Babanı bulman gerek.	You need to find your father.
git	go
Gitmesi gerek(li).	She needs to go.
O otobüse binmesi gerek.	He needs to get on that bus.
Soruyu bilmesi gerek.	She needs to know the question.
Evi göstermesi gerek.	He needs to show the house.
çalış	work
Çalışmamız gerek(li).	We need to work.
Gelecek yıl evlenmemiz gerek.	We need to marry next year.
Trene yetişmemiş gerek.	We need to catch the train.
Erken yatmamız gerek.	We need to go to bed early.
çalış	work
Çalışmanız gerek(li).	You need to work.
Adını hatırlamanız gerek.	You need to remember her name.
Masayı hazırlamanız gerek.	You need to prepare the table.
Mektubu çevirmeniz gerek.	You need to translate the letter.
git	go
Gitmeleri gerek(li).	They need to go.
Taşınmaları gerek.	They need to move.
Bizi oraya götürmeleri gerek.	They need to take us there.
Faturayı ödemeleri gerek.	They need to pay the bill.

Lazım may be used instead of **gerek**.

Bu kâğıdı yırtmam lazım.	I need to tear this paper.
Bu dili öğrenmen lazım.	You need to learn this language.
Hafta sonu çalışması lazım.	He needs to work at the week-end.
Para biriktirmemiz lazım.	We need to save money.
Adını hatırlamanız lazım.	You need to remember her name.
Faturayı ödemeleri lazım.	They need to pay the bill.
Kadının teklifi kabul etmesi gerek.	The woman needs to accept the offer.

If there is a subject, it takes the genitive form (for example, in the sentence above, **kadın + ın**.

Arkadaşının bize yardım etmesi gerek.	Your friend needs to help us.
Ahmetin koşması gerek.	Ahmet needs to run.
Öğretmenin bu dersi anlatması gerek.	The teacher needs to tell this lesson.
Kadının elbiseleri dikmesi lazım.	The woman needs to sew the dresses.
Yukarı çıkmaları lazım.	They need to go upstairs.
Polisin onu takip etmesi lazım.	The policeman needs to follow him.

Words Used in the Reading Passage

otogar	bus station
seyahat acentası	travel agency
yalnız	alone

OTOBÜS YOLCULUĞU

Aydın Bey otobüs yolculuğunu sever. Her yaz otobüsle bir yere gider. Bu yıl Rizeye gidecek.

Öğleden sonra otogara geldi. Bavulunu seyahat acentasındaki adama verdi. İki sandviç yedi. Otobüs beşte otogardan ayrıldı. O şimdi otobüstedir. Otobüs yeni ve çok rahat. İki tane hostes var. Onlar yolculara çay, kahve ve meşrubat veriyorlar. Aydın Bey bir bardak kahve içti. Yanında bir adam var. Onunla konuşmaya başladı.

Aydın Bey emekli bir öğretmendir. Karısı iki yıl önce öldü. Bir kızı var. Adı Şenay. Evlidir. Aydın Bey Küçükyalıda bir dairede yalnız yaşar.

Şimdi saat dokuzdur. Otobüs Boluda durdu. Aydın Bey bir lokantada akşam yemeği yedi. Hava serin ama çok güzeldi. Dışarıda bir bardak çay içti.

Şimdi yine otobüsteler. Şoför çok

BUS TRAVEL

Aydın Bey likes travelling by bus. He goes somewhere by bus every summer. He will go to Rize this year.

He came to the bus station afternoon. He gave his suitcase to the man in the travel agency. He ate two sandwiches. The bus left the bus station at five o'clock. He is in the bus now. The bus is new and very comfortable. There are two hostesses. They are giving tea, coffee and bewerages to the travellers. Aydın Bey drank a glass of coffee. There is a man near him. He began to talk to him.

Aydın Bey is a retired teacher. His wife died two years ago. He has got a daughter. Her name is Şenay. She is married. Aydın Bey lives in a flat in Küçükyalı alone.

Now, it is nine o'clock. The bus stopped in Bolu. Aydın Bey had dinner in a restaurant. It was cool but very beautiful. He drank a glass of tea outside.

Now, they are in the bus again. The

> dikkatlidir. Hızlı sürmüyor. Aydın Bey uyumak istiyor. Otobüs yarın sabah onbirde Rizeye varacak.

driver is very careful. He isn't driving fast. Aydın Bey wants to sleep. The bus will arrive at Rize at eleven o'clock tomorrow morning.

Questions and Answers to the Reading Passage

Aydın Bey otobüs yolculuğunu sever mi?
Does Aydın Bey like travelling by bus?

Evet, sever.
Yes, he does.

Bu yıl nereye gidecek?
Where will he go this year?

Rizeye gidecek?
He will go to Rize.

Otogara ne zaman geldi?
When did he come to the bus station?

Öğleden sonra geldi.
He came afternoon.

Otogarda ne yedi?
What did he eat at the bus station?

İki sandviç yedi.
He ate two sandwiches.

Otobüs kaçta otogardan ayrıldı?
What time did the bus leave the bus station?

Beşte ayrıldı.
It left at five o'clock.

Otobüste kaç tane hostes var?
How many hostesses are there in the bus?

İki tane hostes var.
There are two hostesses.

Aydın Bey otobüste ne içti?
What did Aydın Bey drink in the bus?

Bir bardak kahve içti.
He drank a glass of coffee.

Kiminle konuştu?
Who did he talk to?

Yanındaki adamla konuştu.
He talked to the man near him.

Karısı ne zaman öldü?
When did his wife die?

İki yıl önce öldü.
She died two years ago.

Kızının adı nedir?
What is his daughter's name?

Şenaydır.
Her name is Şenay.

Nerede oturur?
Where does he live?

Küçükyalıda oturur.
He lives in Küçükyalı.

Otobüs nerede durdu?
Where did the bus stop?

Boluda durdu.
It stopped in Bolu.

Aydın Bey orada ne yaptı?
What did Aydın Bey do there?

Akşam yemeği yedi.
He had dinner.

Hava nasıldı?
How was the weather?

Serin ama çok güzeldi.
It was cool but very beautiful.

Şoför dikkatli midir?
Is the driver careful?

Evet, dikkatlidir.
Yes, he is.

Otobüs ne zaman Rizeye varacak?
When will the bus arrive in Rize?

Yarın sabah on birde varacak.
It will arrive at eleven o'clock tomorrow morning.

PRACTICE 94

A: Rewrite using the **-mak gerek** structure.
1. **Ondan bahsetmeliyiz.** 2. **Adam bu işi başarmalı.** 3. **Gömlekleri ütülemelisin.** 4. **Onu düğüne çağırmalısınız.** 5. **Kâğıtları yırtmalılar.** 6. **Kız bu yıl mezun olmalı.** 7. **Elbisemi değiştirmeliyim.** 8. **Bu şarkıyı dinlemeliyiz.**

B: Rewrite using the **-mak lazım** structure.
1. **Adam para biriktirmeli.** 2. **Bu konuyu tartışmalıyız.** 3. **Erken uyanmalılar.** 4. **Bu fikri kabul etmeli.** 5. **Çocuk oradan kaçmalı.** 6. **O kızla evlenmelisin.** 7. **Kız kardeşimi affetmeliyim.** 8. **Tıraş olmalısınız.**

C: Join the sentence pairs with **yoksa**. Example : Çabuk ol. Geç kalacaksın. → Çabuk ol, yoksa geç kalacaksın.
1. **Buraya gelme. Seni görür.** 2. **Evde oturmalısın. Seninle konuşamaz.** 3. **Bugün dinlen. Yarın yorgun olacaksın.** 4. **Işığı açmalı. Onu göremez.** 5. **Sessiz konuş. Bebek uyanacak.** 6. **Otobüse koşmalıyım. Kaçacak.**

D: Rewrite as shown. Example : Çalıştı. (sekreter) → Sekreter olarak çalıştı.
1. **Çalışmak ister misiniz? (işçi)** 2. **Ne var? (tatlı)** 3. **Onu kullandı. (çanta)** 4. **O hastanede çalıştı. (hemşire)** 5. **Almanyaya gitti. (mühendis)** 6. **Onu verdi. (hediye)**

E: Translate into English.
1. **Sırtın ağrıyor mu?** 2. **Biz geldiğimiz zaman kocasından bahsediyordu.** 3. **Onu başarmam gerek.** 4. **Otogarda beklemeleri gerek.** 5. **Polis adamı yakaladı ama adam suçlu değildi.** 6. **Kızın dişlerini fırçalaması lazım.**

F: Translate into Turkish.
1. She needs to put off her coat. 2. I need to remember his address. 3. She doesn't want to work as a worker. 4. Come early, or else your father will be angry with you. 5. This student prefers mathematics to history. 6. She stayed neither at home nor at the hotel.

PRACTICE 94 - ANSWERS

A. 1. **Ondan bahsetmemiz gerek.** 2. **Adamın bu işi başarması gerek.** 3. **Gömlekler ütülemen gerek.** 4. **Onu düğüne çağırmanız gerek.** 5. **Kâğıtları yırtmaları gerek.** 6. **Kızın bu yıl mezun olması gerek.** 7. **Elbisemi değiştirmem gerek.** 8. **Bu şarkıyı dinlememiz gerek.**

B. 1. **Adamın para biriktirmesi lazım.** 2. **Bu konuyu tartışmamız lazım.** 3. **Erken uyanmaları lazım.** 4. **Bu fikri kabul etmesi lazım.** 5. **Çocuğun oradan kaçması lazım.** 6. **O kızla evlenmen lazım.** 7. **Kız kardeşimi affetmem lazım.** 8. **Tıraş olmanız lazım.**

C. 1. **Buraya gelme, yoksa seni görür.** 2. **Evde oturmalısın, yoksa seninle konuşamaz.** 3. **Bugün dinlen, yoksa yarın yorgun olacaksın.** 4. **Işığı açmalı, yoksa onu göremez.** 5. **Sessiz konuş, yoksa bebek uyanacak.** 6. **Otobüse koşmalıyım, yoksa kaçacak.**

D. 1. **İşçi olarak çalışmak ister misiniz?** 2. **Tatlı olarak ne var?** 3. **Onu çanta olarak kullandı.** 4. **O hastanede hemşire olarak çalıştı.** 5. **Mühendis olarak Almanyaya gitti.** 6. **Onu hediye olarak verdi.**

E. 1. Have you got a backache? 2. When we came she was talking about her husband. 3. I need to succeed it. 4. They need to wait at the bus station. 5. The policeman catched the man but the man wasn't guilty. 6. The girl needs to brush her teeth.

F. 1. **Paltosunu çıkarması gerek.** 2. **Onun adresini hatırlamam gerek./hatırlamam lazım.** 3. **Bir işçi olarak çalışmak istemez.** 4. **Erken gel, yoksa baban sana kızacak.** 5. **Bu öğrenci matematiği tarihe tercih eder.** 6. **Ne evde ne de otelde kaldı.**

VOCABULARY

TORUN İki torunu var.	GRANDSON, GRANDDAUGHTER She has got two grandsons.
HARİÇ Ayşe hariç arkadaşlarının hepsini çağırdı.	EXCEPT She called all of her friends except Ayşe.
SEVİMLİ Çok sevimli bir odası var.	LOVELY She has got a lovely room.
NÜFUS KÂĞIDI (KİMLİK) Nüfus kâğıdını kaybetti.	IDENTIFICATION CARD He lost his identification card.
HER YER Her yerde hastalar vardı.	EVERYWHERE There were patients everywhere.
MERKEZ Burası İstanbulun alışveriş merkezidir.	CENTER This is the shopping center of Istanbul.
BÜTÜN Bütün sorular kolaydı.	ALL All the questions were easy.
KONTROL ETMEK Öğretmen yanıtları kontrol etti mi?	TO CONTROL, TO CHECK Did the teacher check the answers?

-MAK GEREK - Negative and Question Form

Negative Form

Gitmem gerekli değil. Parayı saklamam gerekli değil.	I don't need to go. I don't need to hide the money.
Adını hatırlaman gerekli değil. Söz vermen gerekli değil.	You don't need to remember his name. You don't need to promise.
O otobüse binmesi gerekli değil. Mektupları göndermesi gerekli değil.	She doesn't need to get on that bus. She doesn't need to send the letters.
Trene yetişmemiz gerekli değil. Para biriktirmemiz gerekli değil.	We don't need to catch the train. We don't need to save money.
Babamı bulmanız gerekli değil. Bu dili öğrenmeniz gerekli değil.	You don't need to find my father. You don't need to learn this language.

Taşınmaları gerekli değil.	They don't need to move.
Bizi oraya götürmeleri gerekli değil.	They don't need to take us there.
Onu uyandırmamız gerekli değil.	We don't need to wake him up.
Yukarı çıkmaları gerekli değil.	They don't need to go upstairs.
Oraya erken varman gerekli değil.	You don't need to arrive there early.
O kitapları bulmamız gerekli değil.	We don't need to find those books.

Gereksiz may be used instead of **gerekli değil**.

Gitmem gereksiz.	I don't need to go.
Para biriktirmemiz gereksiz.	We don't need to save money.
Taşınmaları gereksiz.	They don't need to move.
O kitapları bulmanız gereksiz.	You don't need to find the books.

Question Form

Gitmem gerekli mi?	Do I need to go?
Bu kâğıdı yırtmam gerekli mi?	Do I need to tear this paper?
Adını hatırlaman gerekli mi?	Do you need to remember his name?
Masayı hazırlaman gerekli mi?	Do you need to prepare the table?
O otobüse binmesi gerekli mi?	Does she need to get on that bus?
Soruyu bilmesi gerekli mi?	Does he need to know the question?
Trene yetişmemiz gerekli mi?	Do we need to catch the train?
Para biriktirmemiz gerekli mi?	Do we need to save money?
Babamı bulmanız gerekli mi?	Do you need to find my father?
Bu dili öğrenmeniz gerekli mi?	Do you need to learn this language?
Taşınmaları gerekli mi?	Do they need to move?
Bizi oraya götürmeleri gerekli mi?	Do they need to take us there?
Onu uyandırmamız gerekli mi?	Do we need to wake him up?
Soruları yanıtlaman gerekli mi?	Do you need answer the questions?
Oraya erken varman gerekli mi?	Do you need to arrive there early?
O kitapları bulmamız gerekli mi?	Do we need to find those books?

HARİÇ

Hariç (= except) is used as shown below. **Dışında** can also be used.

O hariç bütün öğrencilere sorular sordu.	He asked the questions to all students except him.
Bu soru hariç bütün soruları bildin.	You knew all the questions except this question.
O gazete hariç bütün gazeteleri okur.	She reads all the newspapers except this newspaper.
Patron sen hariç bütün işçilerle konuştu.	The boss talked to all the workers except you.
O kitap hariç tüm kitapları okuyacaksınız.	You will read all the books except that

-DIĞI İÇİN / BECAUSE, SINCE

This structure makes a conjunction. **-Diği** is added as a suffix to verbs, and followed by the personal suffix.

gel	come
geldiğim için	since I came, as I came, because I came

Erken geldiğim için onu göremedim.	Since I came early, I couldn't see him.
Uzun boylu olduğum için onu alabilirim.	I can take it because I am tall.
Pencereyi kapattığım için oda sıcaktı.	Since I closed the window, the room was warm.

ver	give
verdiğin için	since you gave, as you gave, because you gave

Geç kaldığın için bizi görmedin.	Since you were late, you didn't see us.
Parayı harcadığın için onu satın alamazsın.	Since you spent the money, you can't buy it.

gel	come
geldiği için	since you came, as you came because you came

Yalan söylediği için annesi ona kızdı.	Since she lied, her mother was angry with her.
Adresi öğrendiği için buraya gelebilir.	Since he learned the address, he can come here.

gel	come
geldiğimiz için	since we came, as we came, because we came

Telefon ettiğimiz için bizi bekliyordu.	Since we telephoned, she was waiting for us.
Pencereyi kapattığımız için oda sıcaktı.	Since we closed the window, the room was warm.
Bahçede oturduğumuz için sesi duymadık.	We didn't hear the sound because we were sitting in the garden.

ver	give
verdiğiniz için	since you gave, as you gave, because you gave

Çantayı kaybettiğiniz için size kızdı.	Since you lost the bag, he was angry with you.
Geçen yıl mezun olduğunuz için o öğretmeni bilmezsiniz.	Since you graduated last year, you don't know that teacher.
Koştuğunuz için yoruldunuz.	Since you ran, you were tired.

gel	come

geldikleri için	since they came, as they came, because they came
Onu özledikleri için geldiler.	Since they missed her, they came.
Parayı harcadıkları için onu satın alamadılar.	Since they spent the money, they couldn't buy it.
Kapı kapalı olduğu için içeri giremedik.	Since the door was closed, we couldn't enter.
Hava soğuk olduğu için evde oturdular.	Since the weather was cold, they stayed in.

Let us look at this structure in negative form.

gel	come
gelmediğim için	since I didn't come, as I didn't come, because I didn't come
Erken gelmediğim için onu göremedim.	Since I didn't come early, I couldn't see him.
Pencereyi kapatmadığım için oda soğuktu.	Since I didn't close the window, the room was cold.
gel	come
gelmediğin için	since you didn't come, as you didn't come, because you didn't come
Telefon etmediğin için sana kızacak.	Since you didn't telephone, she will be angry with you.
gel	come
gelmediği için	since he didn't come, as he didn't come, because he didn't come
Radyoyu onarmadığı için ona para vermediler.	Since he didn't repair the radio, they didn't pay him.
gel	come
gelmediğimiz için	since we didn't come, as we didn't come, because we didn't come
Aşağı inmediğimiz için bizi görmedi.	Since we didn't go downstairs, he didn't see us.
gel	come
gelmediğiniz için	since you didn't come, as you didn't come, because you didn't come
Parayı saklamadığınız için onu buldu.	Since you didn't hide the money, he found it.
gel	come
gelmedikleri için	since they didn't come, as they didn't come, because you didn't come

Erken kalkmadıkları için trene yetişemediler.	Since they didn't get up early, they couldn't catch the train.
Kapı kapalı olmadığı için içeri girdik.	Since the door wasn't closed, we entered.
Param olmadığı için sana bir hediye almadım.	Since I didn't have any money, I didn't buy a present for you.

PRACTICE 95

A: Rewrite using -mak gerek.
1. Öğretmen soruları kontrol etmeli. 2. Bu işi başarmalıyım. 3. Onu çağırmamalısın. 4. Bu mektubu saklamalı mıyız? 5. Çabuk karar vermelisiniz. 6. Kâğıtları yırtmamalılar. 7. Bize ondan bahsetmelisin.

B: Fill the gaps with herkes, her şey, her yer.
1. ...... bize baktı. 2. İstanbulda ...... gidecekler. 3. ...... aldınız mı? 4. Buradaki ...... çok pahalıdır. 5. ...... baktık ama onu bulamadık. 6. Partiye ...... geldi mi?

C: Rewrite using the -dığı için structure with personal suffix indicated. Example : Bize gel (o) çok mutluydu. → Bize geldiği için çok mutluydu.
1. Onu uyandır (ben) bana kızdı. 2. Bize gel (sen) onu göremedin. 3. Erken çık (siz) patronla konuşamadınız. 4. Onu sakla (biz) bulamadı. 5. Erken kalk (onlar) otobüsü kaçırmadılar. 6. Başı ağrı (o) ilaç içti.

D: Join the sentence pairs with ya ... ya da, ne ... ne de.
1. Pazar günleri evde kalırız. Pazar günleri sinemaya gideriz. 2. Bana telefon eder. Anneme telefon eder. 3. Yemekte şarap içerler. Yemekte bira içerler. 4. Yarın markete gidecek. Yarın pazara gidecek. 5. Adını unuttu. Adresini unuttu. 6. Ayşe yalan söyledi. Kadir yalan söyledi. 7. Bir ev almak istiyor. Bir araba almak istiyor.

E: Translate into English.
1. Nüfus kâğıdını kaybettiği için ehliyetini alamadı. 2. Herkes onu tanımaz. 3. Her yerde bizi aradılar. 4. Bu işçi hariç fabrikadaki herkesle konuştu. 5. O dükkândaki elbiseyi beğendiğim için bunu almayacağım. 6. Evi temizlemediği için onları çağırmadı.

F: Translate into Turkish.
1. Since she tore the letter, her friend was angry with her. 2. She told us everything. 3. I saw all my friends except Ayşe. 4. Since she studied in that school, she used to know this teacher. 5. How old is his grandson? 6. Since the policeman didn't follow the thief, he escaped.

PRACTICE 95 - ANSWERS

A. 1. Öğretmenin soruları kontrol etmesi gerek. 2. Bu işi başarmam gerek. 3. Onu çağırman gerekli değil. 4. Bu mektubu saklamamız gerekli mi? 5. Çabuk karar vermeniz gerekir. 6. Kâğıtları yırtmaları gerekli değil. 7. Bize ondan bahsetmen gerek.

B. 1. Herkes 2. her yere 3. her şeyi 4. her şey 5. her yere 6. herkes

C. 1. Onu uyandırdığım için bana kızdı. 2. Bize geldiğin için onu göremedin. 3. Erken çıktığınız için patronla konuşamadınız. 4. Onu sakladığımız için bulamadı. 5. Erken kalktıkları için otobüsü kaçırmadılar. 6. Başı ağrıdığı için ilaç içti.

D. 1. Pazar günleri ya evde kalırız ya da sinemaya gideriz. Pazar günleri ne evde kalırız ne de sinemaya gideriz. 2. Ya bana ya anneme telefon eder. Ne bana ne de anneme telefon eder. 3. Yemekte ya şarap ya da bira içerler. Yemekte ne şarap ne de bira içerler. 4. Yarın ya markete ya da pazara gidecek. Yarın ne markete ne de pazara gidecek. 5. Ya adını ya adresini unuttu. Ne adını ne adresini unuttu. 6. Ya Ayşe ya da Kadir yalan söyledi. Ne Ayşe ne de Kadir yalan söyledi. 7. Ya bir ev ya da bir araba almak istiyor. Ne bir ev ne de bir araba almak istiyor.

E. 1. Since he lost his identity card, he couldn't take his driving licence. 2. Everybody knows him. 3. They looked for us everywhere. 4. She talked to everybody in the factory except this worker. 5. Since I like the dress in that shop, I won't buy this one. 6. Since she didn't clean the house, she didn't call them.

F. 1. Mektubu yırttığı için, arkadaşı ona kızdı. 2. Bize her şeyi anlattı. 3. Ayşe dışında (hariç) bütün arkadaşlarımı gördüm. 4. O okulda okuduğu için, bu öğretmeni bilirdi. 5. Torunu kaç yaşındadır? 6. Polis hırsızı izlemediği için kaçtı.

VOCABULARY

KÜLTÜR O ülkenin kültürü çok ilginçtir.	CULTURE The culture of that country is very interesting.
BAŞBAKAN Başbakan bugün Fransaya gidiyor.	PRIME MINISTER The prime minister is going to France today.
HÜKÜMET Halk yeni bir hükümet istiyor.	GOVERNMENT The people want a new government.
GÜMRÜK Arabası gümrüktedir.	CUSTOMS Her car is at customs.
ÜZÜLMEK Senin için üzüldüm.	TO BE SORRY, TO FEEL SORRY I felt sorry for you.
HİÇBİR YER Onu hiçbir yerde bulamadık.	NOWHERE We could find it nowhere.
YAKA Gömleğin yakası çok kirlidir.	COLLAR The collar of the shirt is very dirty.

ÜZÜLMEK

The verb **üzülmek** has various translations; to be sorry, to feel sorry, to be upset, to be worried.

Kızı için üzülür.	She feels sorry for her daughter.
Annen üzüldü mü?	Was your mother worried?
Bu olayı anlatırsan üzülecek.	If you tell this event, she will be upset.

In this last lesson we will summarize time clauses and the present participle.

-(me)den önce / before

Önce is used with nouns and verbs. To nouns, **-dan/-den** is added, to verbs **-madan/-meden**.

benden önce	before me
bizden önce	before us
kızdan önce	before the girl
lokantadan önce	before the restaurant

Ondan önce eve varacağız.	We will arrive at home before her.

Çarşambadan önce gelmez.	She doesn't come before Wednesday.
Hafta sonundan önce burada olmayacaklar.	They won't be here before the weekend.
Filmden önce yemek yiyelim mi?	Shall we eat before the film?
Mayıs hazirandan öncedir.	May is before June.

-madan/-meden önce

This is added to the verb root to make the present participle for time clauses.

sat	sell
satmadan önce	before selling
evlenmeden önce	before marrying
varmadan önce	before arriving

Evimi satmadan önce sana telefon edeceğim. I'll telephone you before selling my house.

İstanbula dönmeden önce seninle konuşacak.	She will talk to you before returning to Istanbul.

-madan/-meden önce

This structure used to make subordinate clauses is added to verbs without personal suffixes.

kontrol etti	he controlled
kontrol etmeden önce	before he controlled

vardım	I arrived
varmadan önce	before I arrived

Yatmadan önce bir bardak süt iç.	Drink a glass of milk before you go to bed.
Parayı harcamadan önce evin kirasını düşün.	Think of the rent of the house before you spend the money.

-dan/-den sonra / after

This is used after nouns and pronouns.

benden sonra	after me
arkadaşımdan sonra	after my friend
kahvaltıdan sonra	after the breakfast
pazartesiden sonra	after Monday

Ondan sonra eve varacağız.	We will arrive at home after her.
Müdürden sonra fabrikaya geldi.	She came to the factory after the manager.
Toplantıdan sonra çay içtiniz mi?	Did you drink tea after the meeting?
Tatilden sonra bizim eve gel.	Come to our house after the holiday.
Ağustostan sonra okullar açıktır.	The schools are open after August.

-d(t)ıktan/-d(t)ikten/-d(t)uktan/-d(t)ükten sonra

This structure is used with verbs to make subordinate time clauses. First, some examples with the present participle.

yat	go to bed
yattıktan sonra	after going to bed
taşındıktan sonra	after moving
ayrılmadan önce	after lefting

Evimi sattıktan sonra sana telefon edeceğim.	I'll telephone you after selling my house.
Evlendikten sonra burada çalışacağım.	I will work here after getting married.

Again, personal suffixes are not used.

yıkarım	I wash
yıkadıktan sonra	after I wash
yıkarız	we wash
yıkadıktan sonar	after we wash

Biz oraya vardıktan sonra doktor gitti.	The doctor went after we arrived there.
Babası gittikten sonra televizyon izler.	She watches TV after her father goes.
Bu kitabı okuduktan sonra bana ver.	After you read this book give it to me.

(y)arak, (y)erek

This suffix is used for actions/events occurring at the same time.

televizyon seyret	watch TV
televizyon seyrederek	watching TV
gazete oku	read a newspaper
gazete oyuyarak	reading a newspaper

Sigara içerek bekledim.	I waited, smoking.
Çocuk ağlayarak süt içti.	The child dank milk, crying.
Kocam yatarak televizyon seyreder.	My husband watches TV lying.
Onunla konuşarak otobüsü bekledim.	Talking to him I waited for the bus.

(y)ıp, (y)ip, (y)up, (y)üp

This suffix is used when one action/event starts after another is completed.

yat	go to bed
yatıp	going to bed, after going to bed

mezun olup ...	after graduating ...
Türkiyeye geldi.	he came to Türkiye.

İngilizceyi öğrenip dönecek.	She will come back after learning English.
Parayı harcayıp döndünüz.	You spent the money and came back.
Yukarı çıkıp çantanı alacak mısın?	Will you go upstairs and take your bag?
Oturup konuyu tartıştılar.	They sat down and discussed the matter.
Evimi satıp annemle oturacağım.	Selling my house I will live with my mother.

-(ı/i/u/ü)yorken

This suffix is used for actions/events during the continuation of which, another begins.

yüzüyoruz	we are swimming
yüzüyorken	while we are swimming, as we are swimming
biz uyuyorken	while we are sleeping
kız ona bakıyorken	while the girl is looking at him
hırsız kaçıyorken	while the thief is escaping
Çocuklar oyunuyorlarken ben alışverişe gideceğim.	While the children are playing, I'll go shopping.
Öğrenci sınıfta sigara içiyorken öğretmen geldi.	While the student was smoking in the classroom the teacher came.
Sekreter mektubu yazıyorken çay içti.	While the secretary was writing the letter she drank tea.
Adam otobüse biniyorken düştü.	While the man was getting on the bus he fell down.
Tıraş oluyorken yüzünü kesti.	While he was shaving he cut his face.

-(y)a kadar, -(y)e kadar

A preposition, **kadar** can refer to time (until, till, by) or place (to).

gelecek aya kadar	until next month
akşama kadar	until the evening
bana kadar	to me (to my house)
bize kadar	to us (to our house)
Ankaraya kadar	to Ankara
uçağa kadar	to the aeroplane
Sabaha kadar ders çalıştı.	She studied lesson until the morning.
Mayısa kadar bu evde kalacağız.	We'll stay at this house until May.
Ankaraya kadar seninle gelecek.	She will come with you to Ankara.
O adamı evine kadar izledik.	We followed that man to his house.

With verbs, the structure used is **-(y)ana kadar, -(y)ene kadar**.

yap	do
yapana kadar	until doing
Karar verene kadar bir şey yapma.	Don't do anything until making up your mind.

As a conjunction, the structure used is **-(y)ana kadar, -(y)ene kadar**. As with subordinate clauses, personal suffixes are not used.

satarım	I sell
satana kadar	until I sell
sattım	I sold
satana kadar	until I sold
beklersin	you wait
bekleyene kadar	until you wait
Evi satana kadar orada oturacağız.	We'll stay there until we sell the house.

Annem gelene kadar orada bekledim.

I waited there until my mother came.

-den/-dan ...... -(y)a/e kadar

This has the English equivalent 'from ... to ... .

pazartesiden cumaya kadar

from Monday to Friday

saat ikiden beşe kadar

from two o'clock to five o'clock

Pazartesiden cumaya kadar çalıştılar.

They worked from Monday to Friday.

Ankaradan İstanbula kadar o adamla geldi.

She came with that man from Ankara to Istanbul.

Evden okula kadar koştun mu?

Did you run from the house to school?

-madan, -meden

This suffix is added to verbs to make the negative present participle.

sor + madan

without asking

bil + meden

without knowing

Bana sormadan onu aldı.

She took it without asking me.

Bakmadan onu tanıdı.

He knew her without looking.

Gülmeden konuş.

Talk without laughing.

Bu portakalı yıkamadan yeme.

Don't eat this orange without washing.

-ar/-er ...... -maz/-mez

The English 'as soon as', or 'immediately' is made with this structure. The verb root is repeated, first in positive from with the suffix **-ar/-er/ -ır/-ir/-ur/-ür**, and then in negative form with the suffix **-maz/mez**.

yapar yapmaz

as soon as doing

oturur oturmaz

as soon as sitting

ben onu görür görmez

as soon as I see him

kadın buraya gelir gelmez

as soon as the woman comes here

biz haberi duyar duymaz

as soon as we hear the news

Onu görür görmez kaçtı.

As soon as he saw her he escaped.

Duş alır almaz yatacağım.

I'll go to bed as soon as I have a shower.

Otobüse biner binmez arkadaşını gördü.

He saw his friend as soon as he got on the bus.

Arkadaşım evlenir evlenmez Amerikaya gitti.

As soon as my friend married she went to America.

Şehire varır varmaz otele gittik.

We went to the hotel as soon as we arrived at the city.

adjective/adverb + -KEN

gençken

when I was young

oradayken

when I was there

Gençken hızlı yüzerdi.	She used to swim fast when she was young.
Evdeyken yemek yapar mı?	Does she cook when she is at home?

verb + -KEN

gelirken	as I was coming, while I was coming
öğrenirken	as I was learining, while I was learning
Ofise giderken onu beklerdi.	When she went to the office he used to wait for her.
Parayı saklarken onu gördünüz mü?	Did you see him when he hid the money?